JURA INTENSIV

Skript
Grundfall
Klausurfall

GRUNDRECHTE

- Allgemeine Grundrechtslehre
- Prüfung der Freiheitsgrundrechte
- Prüfung der Gleichheitsgrundrechte
- Verfassungsbeschwerde

RA Frank Schildheuer

5. Auflage, November 2017

RA Frank Schildheuer war über 15 Jahre Dozent des bundesweiten Repetitoriums **JURA INTENSIV** und wirkte als Chefredakteur an der Ausbildungszeitschrift RA – Rechtsprechungs-Auswertung mit. Zudem ist er Co-Autor des Skriptes Verwaltungsprozessrecht und des Pockets Verwaltungsrecht AT & Verwaltungsprozessrecht aus der **JURA INTENSIV** Skriptenreihe. Nun ist er als Rechtsanwalt in Münster tätig.

Autor
RA Frank Schildheuer

Verlag und Vertrieb
Jura Intensiv Verlags UG (haftungsbeschränkt) & Co. KG
Zeil 65
60313 Frankfurt am Main
info@verlag.jura-intensiv.de
www.verlag.jura-intensiv.de

Verlagslektorin
Ines Hickl

Konzept und Gestaltung
Stefanie Körner

Druck und Bindung
Copyline GmbH, Albrecht-Thaer-Straße 10, 48147 Münster

ISBN 978-3-946549-38-3

VORWORT

Das Skript enthält eine systematische Darstellung der **Grundrechte** und **grundrechtsgleichen Rechte**, die sich an den Bedürfnissen von Studierenden orientiert. Es wendet sich an Anfänger zur Vorbereitung auf universitäre Klausuren und Examenskandidaten gleichermaßen, indem es zunächst die Grundstrukturen erklärt, um sodann das examensnotwendige Detailwissen zu vermitteln. Didaktisches Ziel dieses Skripts ist es, Klausurwissen und Klausurtechnik zu vermitteln.

Zu diesem Zweck ist das Skript in vier Schritte unterteilt:

1. Schritt: Kurze Einführung zu jedem Grundrecht

2. Schritt: Prüfungsschema
Allen Grundfällen sind Aufbauschemata vorangestellt, welche die Gliederung einer entsprechenden Klausur veranschaulichen. Innerhalb der Falllösungen wird besonderer Wert auf eine gelungene Schwerpunktsetzung gelegt: Unproblematisches ist kurz, Problematisches ausführlich behandelt.

3. Schritt: Details zu jedem Grundrecht
Systematisch werden die klausurrelevanten Probleme und die gängigen Meinungsstreitigkeiten dargestellt.

4. Schritt: Hinweise zur gutachterlichen Falllösung
Alle Fälle sind im Gutachtenstil gelöst. Immer wieder werden Merksätze gebildet, Formulierungsbeispiele gegeben und Klausurhinweise zur Gutachtentechnik erteilt. Marginalien am Rande weisen auf Alternativen hin, ohne den Lesefluss zu stören.

Die Ausführungen sind mit stets anschaulichen Beispielen versehen. Definitionen und Merksätze sind besonders hervorgehoben. Über 1.900 Fußnoten geben vertiefende Hinweise auf aktuelle Rechtsprechung und Literatur.

Neben den einzelnen Grundrechten und grundrechtsgleichen Rechten wird auch die **Verfassungsbeschwerde** ausführlich behandelt.

Für Anregungen, Verbesserungsvorschläge und Kritik sind wir besonders dankbar. Sie erreichen uns im Internet unter **www.verlag.jura-intensiv.de** und per E-Mail über **info@verlag.jura-intensiv.de**.

Frank Schildheuer

INHALT

ALLGEMEINE GRUNDRECHTSLEHRE 1

1. Teil – Die geschichtliche Entwicklung der Grundrechte 1

2. Teil – Der Begriff „Grundrechte" 2

3. Teil – Die Funktion der Grundrechte 7

4. Teil – Grundrechtsfähigkeit 18

5. Teil – Grundrechtsbindung 35

DIE PRÜFUNG DER FREIHEITSGRUNDRECHTE 37

1. Teil – Einleitung 37

2. Teil – Prüfungsschema 38

3. Teil – GRUNDFALL: Polizist contra Pazifist 39

4. Teil – Systematik und Vertiefung 42

DIE FREIHEITSGRUNDRECHTE IM EINZELNEN 80

1. Teil – Die Menschenwürde, Art. 1 I 1 GG 80

2. Teil – Art. 2 I GG - Freie Entfaltung der Persönlichkeit 87

3. Teil – Art. 2 I i.V.m. Art. 1 I 1 GG - Allg. Persönlichkeitsrecht 98

KLAUSURFALL: Die offene Videoüberwachung 109

4. Teil – Art. 2 II 1 GG - Leben und körperliche Unversehrtheit 112

5. Teil – Art. 2 II 2 GG - Freiheit der Person 118

6. Teil – Art. 4 I, II GG - Glaubens- und Gewissensfreiheit 124

KLAUSURFALL: Gewissensbisse 139

7. Teil – Art. 5 I GG - Kommunikationsgrundrechte 143

KLAUSURFALL: Der unbelehrbare Neonazi 172

8. Teil – Art. 5 III 1 1. Fall GG - Kunstfreiheit 175

9. Teil – Art. 5 III 1 2. Fall GG - Wissenschaft, Forschung, Lehre 181

10. Teil – Art. 6 GG - Ehe, Familie, Erziehung 185

11. Teil – Art. 7 GG - Schule 199

12. Teil – Art. 8 GG - Versammlungsfreiheit 204

KLAUSURFALL: Der Anarchist 229

13. Teil – Art. 9 GG - Vereinigungs- und Koalitionsfreiheit 234

14. Teil – Art. 10 GG - Brief-, Post- und Fernmeldegeheimnis 247

15. Teil – Art. 11 GG - Freizügigkeit 257

16. Teil – Art. 12 GG - Berufsfreiheit 264

KLAUSURFALL: Der Losemilchverkäufer 281

17. Teil – Art. 13 GG - Unverletzlichkeit der Wohnung 286

18. Teil – Art. 14 GG - Eigentum und Erbrecht 301

KLAUSURFALL: Die Baulandumlegung 322

19. Teil – Art. 16 GG - Ausbürgerung und Auslieferung 325

20. Teil – Art. 16a GG - Asylrecht 330

21. Teil – Art. 17 GG - Petitionsrecht 335

22. Teil – Art. 19 IV 1 GG - Effektiver Rechtsschutz 338

23. Teil – Art. 20 IV GG - Widerstandsrecht 346

24. Teil – Art. 33 V GG - Grundsätze des Berufsbeamtentums 347

25. Teil – Art. 38 I 1 GG - Wahlrecht 351

26. Teil – Art. 101 I 2 GG - Gesetzlicher Richter 356

27. Teil – Art. 103 I GG - Rechtliches Gehör 361

28. Teil – Art. 103 II GG - Keine Strafe ohne Gesetz 365

29. Teil – Art. 103 III GG - Verbot der Doppelbestrafung 370

DIE PRÜFUNG DER GLEICHHEITSGRUNDRECHTE 373

1. Teil – Einleitung 373

2. Teil – Prüfungsschema 374

3. Teil – GRUNDFALL: Der verschwiegene Sozialarbeiter 375

4. Teil – Systematik und Vertiefung 377

DIE GLEICHHEITSGRUNDRECHTE IM EINZELNEN 387

1. Teil – Art. 3 I GG - Allgemeiner Gleichheitssatz 387

2. Teil – Art. 3 II, III GG - Besondere Gleichheitsgebote 391

KLAUSURFALL: Der neidische Mietwagenunternehmer 400

3. Teil – Art. 6 V GG - Eheliche und uneheliche Kinder 403

4. Teil – Art. 33 GG - Staatsbürgerliche Rechte 404

5. Teil – Art. 38 I 1 GG - Allgemeine, gleiche Wahl 412

DIE VERFASSUNGSBESCHWERDE 416

1. Teil – Einleitung 416

2. Teil – Prüfungsschema 416

3. Teil – GRUNDFALL: Die genehmigungspflichtige Versammlung 417

4. Teil – Systematik und Vertiefung 420

ALLGEMEINE GRUNDRECHTSLEHRE

1. Teil – Die geschichtliche Entwicklung der Grundrechte

Die Existenz von Grundrechten ist ein unabdingbares, die Staatsgewalt beschränkendes Element des Rechtsstaats.[1] Es erscheint heute vielfach selbstverständlich, dass staatliche Organe nicht ohne weiteres Wohnungen betreten, Eigentum enteignen oder die freie Meinungsäußerung unterbinden dürfen. Gleichwohl mussten diese Freiheiten hart erkämpft werden.[2] Bis heute existieren sie in vielen Staaten der Erde nicht. 1

A. Internationale Entwicklung

Magna Charta als Geburtsstunde der Grundrechte

Die Grundrechte haben ihren Ursprung in England. Mit der „Magna Charta libertatum" von 1215 rangen Klerus und Hochadel dem bis dato allmächtigen König zunächst bestimmte Freiheitsrechte ab. 2

BEISPIEL: In Nr. 39 hieß es: „Kein freier Mann soll verhaftet, gefangen gesetzt, enteignet, verbannt oder in anderer Weise an Leib und Gut verletzt werden (...), außer aufgrund eines nach den Gesetzen des Landes ergangenen Urteils seiner Pairs".

Es folgten die Habeas-Corpus-Akte von 1679, die Declaration of Rights und die Bill of Rights, jeweils von 1689, in denen neben Parlaments- auch Bürgerrechte gegenüber der Krone begründet wurden. Auf dem europäischen Festland wird die „Menschen- und Bürgerrechtserklärung"[3] der französischen Nationalversammlung von 1789 gewöhnlich als Meilenstein der Grundrechtskodifikation genannt, wenngleich die dort verbrieften Rechte noch unverbindliche Zielvorgaben waren. Die in Art. 1 normierte Freiheit und Gleichheit spiegelt das Leitsymbol der Französischen Revolution wieder. Die französische Verfassung von 1791 präzisierte und erweiterte schließlich den Inhalt der Erklärung.

B. Entwicklung in Deutschland

Paulskirchenverfassung als Ausgangspunkt in Deutschland

Die Grundrechte des Grundgesetzes knüpfen an die Tradition der deutschen Verfassungen des 19. Jahrhunderts an. Obschon die von der Paulskirchenversammlung 1848/49 verabschiedeten „Grundrechte des deutschen Volkes" nach dem Scheitern der Revolution nur von kurzer Dauer waren, können sie doch als Ausgangspunkt der Grundrechtsentwicklung in Deutschland gelten. So bildeten sie 1850 die Grundlage für den II. Titel der Preußischen Verfassungsurkunde, in der Grundfreiheiten wie Meinungs-, Presse-, Wissenschafts- und Versammlungsfreiheit enthalten waren, wenngleich überwiegend als Programmsätze, denen keine Art. 1 III GG vergleichbare Bindungswirkung zukam. Auch die Weimarer Reichsverfassung vom 11.8.1919 knüpfte in ihren Art. 109-165 an die von der Paulskirchenversammlung verabschiedeten Grundprinzipien an. Der dort enthaltene Grundrechtskatalog wiederum diente 3

1 *BVerfGE 37, 271, 280; v.Münch/Kunig-v.Münch, GG, Vorbem. Art. 1-19 Rn 3*
2 *Zur Grundrechtsentwicklung allgemein vgl. Pieroth, JURA 1984, 568, 568 ff.*
3 *«Déclaration des droits de l'homme et du citoyen»*

dem Parlamentarischen Rat 1948/49 als Grundlage für die Formulierung der im Bonner Grundgesetz enthaltenen Grundrechte. Darin galt es, aus den Erfahrungen von Weimar und der konsequenten Missachtung der Grundrechte im nationalsozialistischen Unrechtsstaat zu lernen. Dies führte dazu, dass die Grundrechte einerseits zur Betonung ihrer elementaren Bedeutung - im Unterschied zur WRV - an die Spitze des Grundgesetzes gesetzt wurden, andererseits auf soziale und ökonomische Grundrechte, wie sie noch in der WRV enthalten waren (z.B. Garantie der Sozialversicherung, Unentgeltlichkeit der Schulbildung etc.), bewusst verzichtet wurde.

Historische Auslegung von Grundrechten

Die historischen Wurzeln sind nach wie vor von praktischer Bedeutung. So kann für die Auslegung der Grundrechte auf die historischen Bestimmungen zurückgegriffen werden.[4]

BEISPIEL (nach BVerfGE 32, 54): Dass Geschäftsräume am Schutz der „Wohnung" i.S.v. Art. 13 I GG teilnehmen, begründet das BVerfG u.a. mit einer historischen Auslegung unter Verweis auf die Paulskirchenverfassung von 1849 und die Preußische Verfassung von 1850, in denen dies der Fall war.

Gleichwohl ist bei der historischen Auslegung von Normen des Grundgesetzes Vorsicht geboten. Teilweise sind diese mit ihren Vorgängern in der WRV gerade nicht vergleichbar.

BEISPIEL (nach BVerfGE 33, 23): Das BVerfG betont die erheblich stärkere Stellung der Glaubensfreiheit aus Art. 4 GG im Vergleich zu ihren Vorgängern in Art. 135 ff. WRV, was zur Folge habe, dass auch die über Art. 140 GG fortgeltenden Schranken der Art. 136 I, III 2 WRV nicht auf Art. 4 GG anwendbar seien.

2. Teil – Der Begriff „Grundrechte"

4 Die Definition des Begriffs „Grundrechte" ist schon deshalb von entscheidender Bedeutung, weil über Art. 93 I Nr. 4a GG jedermann eine Verletzung seiner „Grundrechte" mit der Verfassungsbeschwerde rügen kann. Der Umfang dessen, was mit der Verfassungsbeschwerde geltend gemacht werden kann, orientiert sich also daran, was unter „Grundrechte" in diesem Sinne zu verstehen ist.

A. Grundrechte als subjektive Rechte

Naturrechtlicher Ansatz

5 Grundrechte sind nicht etwa erst vom Staat gewährte Rechte, mit denen dieser freiwillig seinen Einflussbereich begrenzt, sondern ureigene, von der Natur gegebene Rechte des Menschen, die jeder staatlichen Gewalt voraus liegen.[5] Charakteristisches Merkmal der Grundrechte ist also, dass auf der einen Seite der Staat als Verpflichteter, auf der anderen Seite der Bürger als Berechtigter steht, der vor staatlichen Eingriffen in seine ureigenen Rechte geschützt ist. Grob gesprochen lässt sich daher festhalten:

---

4 *v.Münch/Kunig-v.Münch, GG, Vorbem. Art. 1-19 Rn 5*

5 *v.Münch/Kunig-v.Münch, GG, Art. 1 Rn 36; Bleckmann, Staatsrecht II, § 4 Rn 4*

DEFINITION
Grundrechte sind Abwehrrechte des Bürgers gegen den Staat.[6]

Indem Grundrechte auf den Bürger als berechtigtes Zuordnungssubjekt beschränkt werden, ist zugleich klargestellt, dass organschaftliche Rechte staatlicher Funktionsträger keine Grundrechte sein können.

Keine Grundrechte für staatl. Organe

BEISPIEL: Art. 65 GG enthält Kompetenzen des Bundeskanzlers, der Bundesminister und der Bundesregierung. Diese sind in ihrer staatlichen Funktion Organe des Bundes, keine Bürger.

B. Grundrechte im Grundgesetz

Kennzeichnend für den Grundrechtsbegriff ist ferner, dass es sich um eine Norm des Grundgesetzes handelt. Nur diese sind Prüfungsmaßstab des BVerfG und in Art. 93 I Nr. 4a GG gemeint.[7] Zweites Merkmal eines „Grundrechts" in diesem Sinne ist also der Verfassungsrang des subjektiven Rechts. Das BVerfG prüft im Rahmen einer Verfassungsbeschwerde nur Grundrechte, die im Grundgesetz stehen. 6

BEISPIEL: Das BVerfG prüft folglich weder die UN-Menschenrechtserklärung,[8] noch die Europäische Menschenrechtskonvention,[9] noch Landesverfassungsrecht.[10]

Innerhalb des Grundgesetzes lassen sich wiederum zwei Ansätze für eine weitere Einengung des Grundrechtsbegriffs finden:

I. GRUNDRECHTE IM ENGEREN SINN (Art. 1 - 19 GG)

Ansatzpunkt könnte zunächst der Titel des 1. Abschnitts (Art. 1 - 19 GG) sein, der mit „I. Die Grundrechte" überschrieben ist. Danach sind Grundrechte im engeren, formellen Sinn nur die in Art. 1 - 19 enthaltenen subjektiven Rechte, , wobei selbstverständlich keineswegs alle Artikel des 1. Abschnitts subjektive Rechte und damit Grundrechte enthalten. 7

BEISPIELE: Art. 18 GG regelt die Verwirkung von Grundrechten, schließt also bestimmte Personen aus dem Kreis der Grundrechtsberechtigten aus. Art. 19 III GG regelt die Grundrechtsfähigkeit juristischer Personen; er gewährt diesen jedoch nicht selbst Rechte.

Ausgerechnet für die **Menschenwürde** aus Art. 1 I 1 GG - das Leitbild des Grundgesetzes und der gesamten Rechtsordnung der BRD - ist die Grundrechtseigenschaft umstritten. 8

Teilweise wird vertreten, Art. 1 I 1 GG sei selbst kein Grundrecht.[11] Argumentiert wird mit Wortlaut (Art. 79 III GG: „Grundsätze" statt „Grundrechte") und Systematik (Art. 1 III GG: „Die nachfolgenden Grundrechte"), der Unbestimmtheit des Begriffs „Menschenwürde" und der Behauptung, ein Rückgriff auf Art. 1 I 1 GG sei wegen des umfassenden Schutzkatalogs der Art. 2 ff. GG nicht erforderlich.

---

6 *BVerfGE 68, 193, 205; 50, 290, 336; 1, 97, 104*
7 *JP-Pieroth, GG, Art. 93 Rn 72*
8 *BVerfGE 41, 88, 106*
9 *BVerfGE 41, 126, 149; 10, 271, 274*
10 *BVerfGE 41, 88, 118*
11 *Elsner/Schobert, DVBl 2007, 278, 285; grundlegend MD-Dürig, GG, Art. 1 I Rn 13*

Diese Meinung lässt sich schon mit Blick auf die Überschrift des 1. Abschnitts, unter der auch Art. 1 I 1 GG steht, nicht halten. Auch bestand Sinn und Zweck des Art. 1 III GG nicht darin, Art. 1 I 1 GG aus dem Bereich der Grundrechte auszuschließen, sondern die unmittelbare Bindung der staatlichen Gewalt an die in Art. 2 - 19 GG enthaltenen Grundrechte festzuschreiben, was für Art. 1 I 1 GG wegen Art. 1 I 2 GG nicht nötig war. So geht die ganz h.M. heute auch wie selbstverständlich davon aus, dass Art. 1 I 1 GG ein einklagbares Grundrecht ist.[12] Das BVerfG hat dies zwar bisher nicht explizit festgestellt, Art. 1 I 1 GG jedoch mehrfach wie ein Grundrecht geprüft.[13]

II. GRUNDRECHTSGLEICHE RECHTE

Katalog des Art. 93 I Nr. 4a GG

9 Andererseits finden sich auch außerhalb der Art. 1-19 GG subjektive Rechte. Dazu gehören insbesondere die Art. 20 IV, 33, 38, 101, 103 und 104 GG, die über Art. 93 I Nr. 4 a GG ebenfalls im Wege der Verfassungsbeschwerde geltend gemacht werden können. Diese Normen werden wegen ihrer Stellung außerhalb des 1. Abschnitts allgemein als „grundrechtsgleiche Rechte"[14] bezeichnet, sind in diesem weiteren, materiellen Sinne aber ebenfalls Grundrechte. Auch hier gilt jedoch das zuvor Gesagte: Nicht alle Regelungen der genannten Vorschriften enthalten subjektive Rechte, sodass sie schon aus diesem Grund keine „Grundrechte" darstellen.

BEISPIEL: Art. 33 IV GG enthält Vorgaben für die Übertragung hoheitlicher Aufgaben, Art. 38 III GG eine Gesetzgebungskompetenz des Bundes für die Wahlen zum Bundestag.

III. GRUNDRECHTE AUSSERHALB DES KATALOGS DES Art. 93 I Nr. 4a GG

Politische Parteien und Abgeordnete

10 Andererseits vertritt das BVerfG gelegentlich, dass auch in Art. 93 I Nr. 4a GG nicht erwähnte Normen außerhalb der Art. 1-19 GG mit der Verfassungsbeschwerde einklagbar seien:

- **Art. 21 GG:**
  Art. 21 GG ist lex specialis zu Art. 9 I GG, soweit es um die Gründung, Betätigung und innere Organisation von politischen Parteien geht.[15]
- **Art. 47 GG:**
  Zeugnisverweigerungsrecht und Beschlagnahmeverbot nach Art. 47 GG können von Abgeordneten mittels Verfassungsbeschwerde geltend gemacht werden, wenn andere Rechtsbehelfe vor dem BVerfG nicht statthaft sind.[16]

Zur Begründung wird angeführt, die entsprechenden Rechte hätten sich aus in Art. 93 I Nr. 4a GG genannten Rechten entwickelt, sodass keine Umgehung vorliege.[17]

BEISPIELE: Zeugnisverweigerungsrecht und Beschlagnahmeverbot nach Art. 47 GG seien nur spezielle Ausprägungen der in Art. 38 GG geschützten Abgeordnetenrechte. Art. 21 GG regele die ansonsten ohnehin aus Art. 9 GG folgende Vereinigungsfreiheit für Parteien spezieller.

---

12 *v.Münch/Kunig-Kunig, GG, Art. 1 Rn 3; Schill/Steinhauer, JA 2006, 122, 125*
13 *BVerfGE 72, 105, 114; 61, 126, 137; 15, 249, 255; 12, 113, 123; 1, 332, 343*
14 *Sachs-Sachs, GG, Vor Art. 1 GG Rn 17*
15 *BVerfGE 25, 69, 78; 17, 155, 166*
16 *BVerfG, DVBl 2003, 1316 = RA 2003, 525*
17 *Sachs-Ipsen, GG, Art. 21 Rn 29*

C. Grundrechte in anderen Rechtsquellen

11 Neben dem Grundgesetz enthalten auch andere Rechtsquellen **subjektive Rechte**, die dort z.T. auch als „Grundrechte" bezeichnet werden. Diese können auch für das Verständnis der Grundrechte i.S.d. Grundgesetzes von Bedeutung sein.

I. LANDESVERFASSUNGEN

12 Erweiterung in Landesverfassungen möglich

Viele Landesverfassungen enthalten einen das Grundgesetz ergänzenden, teilweise sich mit diesem überschneidenden Grundrechtskatalog. Dies ist wegen Art. 142 GG trotz Art. 31 GG jedenfalls möglich, wenn die Landesgrundrechte inhaltsgleich mit denen des Grundgesetzes sind.[18] Darüber hinaus wird überwiegend auch eine Erweiterung für zulässig gehalten,[19] jede Einschränkung führt hingegen zur Nichtigkeit der landesverfassungsrechtlichen Regelung. Dabei spielt es keine Rolle, ob die Regelung mit dem Grundgesetz oder mit einfachem Bundesrecht unvereinbar ist, denn beides geht nach Art. 31 GG dem Landesrecht vor.

BEISPIEL: Das vollständige Aussperrungsverbot in Art. 29 V LVerf Hess ist mit Art. 9 III GG unvereinbar und daher ebenso nichtig wie das Zeugnisverweigerungsrecht nach Art. 19 V LVerf Bbg wegen seiner Unvereinbarkeit mit § 53 I Nr. 5 StPO.[20]

Tendenziell werden in den Landesverfassungen vom Grundgesetz knapp oder gar nicht behandelte Bereiche geregelt.

BEISPIEL: Datenschutz aus Art. 4 II 1 LVerf NRW; Schutz der nichtehelichen Lebensgemeinschaft in Art. 12 II LVerf Bbg.

Gehen Landesgrundrechte über den Schutzbereich des Grundgesetzes hinaus, können sie jedenfalls bei Eingriffen durch oder aufgrund Landesrechts mit der Landesverfassungsbeschwerde geltend gemacht werden, sofern das jeweilige Bundesland von der Möglichkeit, eine solche zu normieren, Gebrauch gemacht hat.[21] Diese steht dann gem. § 90 III BVerfGG neben der Verfassungsbeschwerde vor dem BVerfG, ist also kein vor dieser zu erschöpfender Rechtsweg i.S. des § 90 II 1 BVerfGG.[22]

II. EUROPÄISCHE MENSCHENRECHTSKONVENTION (EMRK)

13 Die vom Europarat beschlossene, 1953 in Kraft getretene „Europäische Konvention zum Schutz der Menschenrechte und Grundfreiheiten" (EMRK) enthält - ergänzt durch das erste und vierte Zusatzprotokoll zur EMRK - ebenfalls einen Grundrechtskatalog.[23]

BEISPIEL: Recht auf Leben (Art. 2), Meinungsfreiheit (Art. 10) Versammlungsfreiheit (Art. 11) u.v.m.

---

18 *BVerfG, DVBl 1998, 390, 390*

19 *Böckenförde/Grawert, DÖV 1971, 119, 120*

20 *Dietlein, JURA 1994, 58, 61*

21 *So in Bayern, Berlin, Brandenburg, Hessen, Mecklenburg-Vorpommern, Rheinland-Pfalz, Saarland, Sachsen, Sachsen-Anhalt und Thüringen.*

22 *BVerfG, NJW 1996, 1464, 1464; Dietlein, NVwZ 1994, 6, 7; Sobota, DVBl 1994, 793, 793*

23 *Ausführlich Bleckmann, Staatsrecht II, § 3 Rn 1*

EMRK (nur) einfaches Bundesrecht

Die EMRK ist ein **völkerrechtlicher Vertrag**, der über Art. 59 II 1 GG in einfaches Bundesrecht transformiert worden ist (Gesetz vom 7.8.1952, BGBl. II, 685). Die Zusatzprotokolle wurden ebenfalls durch Gesetze (BGBl. 1956 II, 1879 bzw. BGBl. 1968 II, 422) in innerstaatliches Recht transformiert. Innerstaatlich hat die EMRK daher (nur) den Rang eines einfachen Bundesgesetzes,[24] weshalb das BVerfG auch keine Verstöße gegen die EMRK prüft.[25] Das bedeutet jedoch nicht, dass die EMRK für die Grundrechtsprüfung völlig belanglos ist. Vielmehr kann bei der Auslegung der Grundrechte des Grundgesetzes die Entwicklung der EMRK, insbesondere die Rechtsprechung des Europäischen Gerichtshofs für Menschenrechte (EGMR), berücksichtigt werden.[26]

BEISPIEL: Im sog. „Babycaust"-Fall hatte das BVerfG die Verfassungsbeschwerde eines Aktivisten, der vor einer Abtreibungsklinik Flyer verteilte, in denen er die Abtreibung mit dem Holocaust gleichsetzte, gegen seine Verurteilung auf Unterlassen nicht zur Entscheidung angenommen; der Aktivist zog daraufhin vor den EGMR, der in der Verurteilung einen Verstoß gegen die Meinungsfreiheit aus Art. 10 EMRK sah (EGMR, NJW 2016, 1867). Dies änderte zwar nichts an der rechtskräftigen Verurteilung des Aktivisten, da den Urteilen des EGMR nur Feststellungswirkung zukommt, die deutschen Gerichte - auch das BVerfG - müssen die Ansicht des EGMR aber bei künftigen, ähnlich gelagerten Fällen beachten.

KLAUSURHINWEIS

Wenn in Klausuren auf die EMRK eingegangen werden soll, finden sich im Sachverhalt bzw. Bearbeitervermerk eindeutige Hinweise hierauf. Prüfungsstandort ist dann i.d.R. die Verhältnismäßigkeit - die EMRK kann den Grundrechtsschutz verstärken und so in die Abwägung einfließen.

III. GRUNDRECHTE IN DER EUROPÄISCHEN UNION

Grundrechtscharta noch unverbindlich

14 Der EU-Vertrag von Lissabon enthält zwar nicht selbst Grundrechte, erklärt aber die Grundrechtscharta der Europäischen Union durch den Verweis in Art. 6 I EUV für verbindlich. Man darf also auch auf EU-Ebene von verbindlichen, kodifizierten Grundrechten sprechen.

Das BVerfG geht mit seiner „Solange II"-Rechtsprechung[27] vom Anwendungsvorrang der europäischen Grundrechte vor denen des Grundgesetzes aus, solange sie - was gegenwärtig der Fall ist - einen vergleichbaren Schutzumfang gewährleisten. Sind also europäische Grundrechte einschlägig, weil es sich um einen Sachverhalt mit unionsrechtlichem Bezug handelt, ist der EuGH - und nicht das BVerfG - für den Grundrechtsschutz zuständig.

BEISPIEL: Wird eine Richtlinie des Rates der EU in nationales Recht umgesetzt, ist der Umsetzungsakt nicht am GG, sondern nur an unionsrechtlichen Vorgaben zu messen. Ebenso läge es bei einem Verwaltungshandeln, das auf einer EU-Verordnung beruht.

---

24 *BVerfG, DVBl 2007, 248, 252; Kreutzer, JURA 1996, 481, 485*

25 *BVerfGE 41, 126, 149; 41, 88, 105; 34, 384, 395; 10, 271, 274*

26 *BVerfG, NVwZ 2009, 1494, 1498; DVBl 2007, 248, 252; Kreutzer, JURA 1996, 481, 485*

27 *BVerfGE 73, 339, 378*

Etwas anderes gilt nur, wenn der nationale Gesetzgeber bei der Umsetzung von Unionsrecht seinen Spielraum verfassungswidrig überschritten hat[28] (wobei die Frage, ob ein Umsetzungsspielraum überhaupt besteht, im Zweifelsfall zuvor vor dem EuGH im Wege der Vorabentscheidung nach Art. 267 AEUV zu klären ist, wenn ein deutsches Fachgericht dem BVerfG eine solche Frage nach Art. 100 GG vorlegen will)[29] oder die Europäische Union bei der Schaffung des Unionsrechts selbst ihre Kompetenzen offensichtlich und willkürlich überschritten hat (sog. **„ultra-vires"-Kontrolle**).[30]

IV. UN-CHARTA

Schließlich ist Art. 55 lit. c der Charta der Vereinten Nationen (UN) zu nennen, nach 15 Rechte in der UN-Charta
dem die allgemeine Achtung und Verwirklichung der Menschenrechte und Grundfreiheiten zu den Zielen der UN gehört. In Umsetzung dieser Bestimmung wurde 1948 eine „Allgemeine Menschenrechtserklärung" verabschiedet, die inhaltlich sehr weitgehende Bestimmungen enthält.

BEISPIEL: Art. 25 sichert jedem Menschen einen „Anspruch auf Gesundheit und Wohlbefinden einschließlich Nahrung, Kleidung, Wohnung und ärztlicher Betreuung" zu.

Allerdings handelt es sich dabei nur um Programmsätze und nicht um einklagbare Rechte, weshalb auch die „Allgemeine Menschenrechtserklärung" in Deutschland neben den Grundrechten kaum Bedeutung erlangt hat.

3. Teil – Die Funktion der Grundrechte

Grundrechte berechtigen den Bürger und verpflichten den Staat; sie sind zunächst 16
und vor allem subjektive Rechte (Rn 5). Damit ist jedoch noch nichts darüber ausgesagt, welchen Inhalt diese subjektiven Rechte haben. Auch bleibt die moderne Grundrechtslehre nicht bei diesem klassischen Verständnis der Grundrechte stehen, sondern billigt ihnen darüber hinaus weitere Funktionen, insbesondere als Einrichtungsgarantien und objektive Wertentscheidungen zu.

A. Grundrechte als Abwehrrechte

Wie bereits erwähnt, sind Grundrechte vorrangig als **Abwehrrechte des Bürgers** 17 Status negativus
gegen den Staat konzipiert.[31] Sie begründen damit zunächst einen **„Status negativus"**,[32] der den Bürger vor Übergriffen durch die staatliche Gewalt in seine Sphäre schützt. Dieser Schutz bedeutet primär, dass der Staat sich eines Eingriffs in die dem Bürger von den Grundrechten vermittelten Freiheiten zu enthalten hat, sofern nicht die Schranken des Grundrechts einen solchen Eingriff decken.

---

28 *BVerfGE 125, 260, 308 - Vorratsdatenspeicherung; BVerfG, NJW 2005, 2289, 2289 = RA 2005, 491, 491 - Europäischer Haftbefehl*
29 *BVerfG, NJW 2012, 45, 45 = RA 2011, 615, 616*
30 *BVerfG, NJW 2010, 3422, 3423 = RA 2010, 559, 561*
31 *BVerfGE 50, 290, 337; 1, 97, 104*
32 *Begriffe nach Jellinek, Das System der subjektiv öffentlichen Rechte, 2. Aufl. 1919, S. 87*

BEISPIEL: Art. 8 I GG schützt den Teilnehmer einer Versammlung davor, dass diese von der Polizei ohne gesetzliche Grundlage (Art. 8 II GG) aufgelöst wird. Art. 14 I GG schützt den Eigentümer vor staatlicher Enteignung, sofern diese nicht auf gesetzlicher Grundlage zum Wohle der Allgemeinheit ergeht und ihm eine Entschädigung gewährt wird, Art. 14 III 2 GG.

Eine solche **Schutzfunktion** wäre aber wertlos, wenn dem Bürger nicht auch die Möglichkeit an die Hand gegeben wäre, sich gegen solche Eingriffe zu wehren und ihm ein Anspruch auf die Beseitigung der Folgen derselben zustünde. Diese Möglichkeiten gehören daher ebenfalls noch zum Status negativus.

BEISPIEL: Hat die Stadt im Rahmen von Straßenbauarbeiten eine in Privateigentum stehende Grundstücksmauer beschädigt, hat der Eigentümer einen Anspruch auf Beseitigung der Folgen, d.h. auf Wiederaufbau der Mauer. Als Anspruchsgrundlage dient der sog. **öffentlich-rechtliche Folgenbeseitigungsanspruch** (FBA), der sich nach dem zuvor Gesagten unmittelbar aus den Grundrechten ableiten lässt.[33] Der FBA gehört hierher und nicht in die Kategorie der Forderungsrechte, da er lediglich dazu dient, den status quo ante wiederherzustellen, und nicht dazu, eine Erweiterung des vorhandenen Rechtskreises zu ermöglichen.[34]

B. Grundrechte als Forderungsrechte

Status positivus

18 Die Abwehr staatlicher Übergriffe ist die in Praxis und Examen mit Abstand wichtigste Funktion der Grundrechte. Es lassen sich aber auch Fallkonstellationen finden, in denen es nicht um eine Abwehr-, sondern um eine Forderungssituation geht, die Grundrechte dem Bürger also **Ansprüche gegen den Staat** vermitteln sollen („**Status positivus**"). Hier sind Grundrechte als Anspruchsgrundlage in Betracht zu ziehen.

I. LEISTUNGSRECHTE

Originäre Anspruchsgrundlagen

19 Leistungsrechte in diesem Sinne sind originäre Ansprüche, d.h. solche, die unabhängig von der Leistungsgewährung an Dritte auf Schaffung einer selbständigen staatlichen Vorkehrung gerichtet sind. Solche Leistungsrechte aus Grundrechten kommen einmal dann in Betracht, wenn das Grundrecht selbst als Leistungsrecht formuliert ist;[35] dies ist allerdings nur sehr selten der Fall.

BEISPIEL: Art. 6 V GG gibt dem unehelichen Kind einen Anspruch auf Gleichstellung mit ehelichen Kindern. Art. 16a I GG begründet einen Anspruch auf Asylgewährung. Art. 7 VI 3 GG gibt Privatschulbetreibern einen Anspruch auf Genehmigungserteilung.

Verfahrensrechte

Hierher gehören auch die sog. **Verfahrensrechte**, die teilweise wegen ihres rein verfahrensrechtlichen Gehalts in Abgrenzung zur vorgenannten, inhaltlich materiell ausgestalteten Gruppe als eigener Bereich dargestellt werden, systematisch jedoch ebenfalls originäre Leistungsansprüche beinhalten.

BEISPIEL: Art. 103 I GG spricht explizit von einem Anspruch auf rechtliches Gehör.

33 *Ossenbühl, Staatshaftungsrecht, S. 297*

34 *Dreier, JURA 1994, 505, 507*

35 *JP-Jarass, Vor Art. 1 Rn 10; Dreier, JURA 1994, 505, 505*

Darüber hinaus können aber auch als reine **Abwehrrechte** konzipierte Grundrechte dann einen Leistungsanspruch gewähren, wenn die Grundrechtsausübung ohne staatliche Hilfe praktisch nicht mehr möglich wäre. Abwehr- als Leistungsrechte

BEISPIEL (nach BVerfGE 82, 60): Ein menschenwürdiges Dasein beinhaltet die Notwendigkeit einer gewissen finanziellen Ausstattung. Daher folgt ein Anspruch auf Gewährung des Existenzminimums unmittelbar aus Art. 1 I 1 GG.[36]

Allerdings sind die grundrechtlichen Schutz genießenden Ansprüche in aller Regel durch einfache Gesetze konkretisiert und ausgeformt, sodass insoweit nicht auf die Grundrechte als Anspruchsgrundlage zurückgegriffen werden muss bzw. kann. Diese sind nämlich mangels eines Anspruchstatbestands für Leistungsrechte grundsätzlich zu unbestimmt. Zudem muss dem Gesetzgeber ein gewisser Spielraum beim Umfang der Leistungsbewilligung zugestanden werden, den er durch einfache Gesetze ausfüllen kann.[37]

BEISPIEL: Selbst wenn man einen Anspruch auf Gewährung des Existenzminimums unmittelbar aus Art. 1 I 1 GG herleitet, müssen Voraussetzungen, Höhe usw. durch die Gesetze konkretisiert werden.

Das Grundrecht erhält seine Bedeutung in diesen Fällen vor allem dann, wenn die vorhandenen Gesetze unzureichend sind.

BEISPIEL (nach OVG Berlin, DVBl 2015, 910, 910 = RA 2015, 377, 378): Anspruch auf Auskunft aus dem Rechtsinstitut der „freien Presse", weil keine andere Anspruchsgrundlage ersichtlich war, die „freie Presse" ohne Auskunftsansprüche von Journalisten aber nicht gewährleistet wäre.

Die Unterscheidung zwischen dem Grundrecht als Abwehr- oder Leistungsrecht ist dann oftmals nur noch eine Formulierungsfrage.

BEISPIEL: Wenn das Existenzminimum durch Gesetze besteuert wird, kann man dies als Eingriff in die Menschenwürde deuten, und die entsprechende Bestimmung als mit Art. 1 I 1 GG unvereinbar für verfassungswidrig erklären (Abwehrrecht).[38] Man kann aber auch sagen, dass der Bürger einen Anspruch darauf habe, ein steuerfreies Existenzminimum zu erhalten (Leistungsrecht).

II. TEILHABERECHTE

Teilhaberechte unterscheiden sich von den Leistungsrechten dadurch, dass der Bürger 20 Anspruch auf Teilhabe bei staatl. Monopolstellung
nicht zur Forderung einer originären Leistung berechtigt ist, sondern nur an bereits vorhandenen Einrichtungen oder Leistungen partizipieren kann. Teilhaberechte sind daher **derivativer Natur**.[39] Diese Funktion der Grundrechte wurde vom BVerfG

---

36 *BVerfG, NJW 2010, 505, 508 = RA 2010, 61, 63; BVerfGE 82, 60, 85; 71, 139, 141*
37 *BVerfGE 33, 303, 333*
38 *BVerfG, NJW 1990, 2869, 2869*
39 *Sachs-Tettinger/Mann, GG, Art. 12 Rn 11*

erstmals in seiner „numerus-clausus"-Entscheidung[40] anerkannt. Danach vermitteln die Grundrechte (im numerus-clausus-Fall Art. 12 I 1 GG i.V.m. Art. 3 I GG) immer dann, wenn der Staat faktisch das Monopol für eine Leistungsgewährung innehat (z.B. im Bereich der Hochschulen) und bereits anderen eine Leistung oder den Zugang zu einer Institution gewährt (z.B. anderen Studenten zur Universität), allen die Zugangsvoraussetzungen erfüllenden Bewerbern gleichermaßen einen Zugangsanspruch. Auch hier ist jedoch wieder zu beachten, dass solche Teilhaberechte vielfach durch einfache Gesetze konkretisiert sind, sodass diese als Anspruchsgrundlage dienen.

BEISPIEL: § 5 PartG verpflichtet jeden Träger öffentlicher Gewalt, der Leistungen zur Verfügung stellt, bei der Leistungsvergabe alle Parteien gleich zu behandeln.

III. MITWIRKUNGSRECHTE

Status activus

21 Schließlich hat sich unter der Bezeichnung „**Status activus**" noch die Gruppe der sog. Mitwirkungsrechte herausgebildet, die dem Bürger Einfluss auf die Willensbildung im Staat geben. Hier geht es im Unterschied zu den Abwehr- und Forderungsrechten nicht um ein Vorgehen gegen den Staat, sondern eine Betätigung im Staat.[41]

BEISPIEL: Art. 38 I 1 GG gewährleistet das Wahlrecht, durch welches die Wähler die Willensbildung im Parlament in ihrem Sinne beeinflussen können. Art. 4 III 1 GG und Art. 12a II 1 GG lassen dem Bürger die Wahl, ob er sich im Rahmen des Wehr- oder Ersatzdienstes betätigen will.

C. Grundrechte als objektive Wertentscheidungen

Objektiver Gehalt der Grundrechte

22 Neben der den Grundrechtsbegriff prägenden subjektiven Komponente hat sich zunehmend herausgebildet, dass den Grundrechten auch ein „**objektiver Gehalt**" zukommt.[42] Damit ist zunächst - aber keineswegs ausschließlich - ein Perspektivwechsel gemeint: Was dem einzelnen Bürger (dem Subjekt) an Freiheit gegeben wird, wird dem Staat genommen, und zwar objektiv, d.h. unabhängig davon, ob der Einzelne sich auf sein Grundrecht beruft oder sich desselben auch nur bewusst ist.

BEISPIEL: Art. 14 I 1 GG enthält die Eigentumsgarantie. Dadurch wird objektiv, d.h. unabhängig von Kenntnis, Bewusstsein oder Geltendmachung durch den Einzelnen, für jedermann ein Freiheitsbereich begründet (Eigentum zu erwerben und mit diesem nach Belieben zu verfahren).

Mit dem „objektiven Gehalt" der Grundrechte ist aber noch etwas anderes gemeint, nämlich deren Ausstrahlungswirkung auf alle Bereiche des Rechts. Diese kommt insbesondere in Art. 1 III GG zum Ausdruck, der - ebenso wie Art. 1 I 2 GG für Art. 1 I 1 GG - die drei Staatsgewalten unmittelbar an die Grundrechte bindet. Folglich haben sowohl die Parlamente beim Erlass von Gesetzen (Legislative), als auch die Behörden (Exekutive) und Gerichte (Judikative) bei der Anwendung dieser Gesetze die Grundrechte zu beachten. Dies hat bereits erhebliche Auswirkungen auf die Grundrechtsprüfung.

40 *BVerfGE 33, 301, 331*
41 *Pieroth/Schlink, GR, Rn 83*
42 *Sachs-Sachs, GG, Vor Art. 1 Rn 16 ff.; Scherzberg, DVBl 1989, 1128, 1128*

BEISPIEL: Eine gegen ein Gesetz gerichtete Verfassungsbeschwerde ist begründet, wenn das Gesetz verfassungswidrig ist. Richtet sich die Verfassungsbeschwerde hingegen gegen ein Verhalten der Exekutive (z.B. einen Verwaltungsakt) oder Judikative (z.B. ein Urteil), kann der Verfassungsverstoß auch darin liegen, dass ein - für sich genommen verfassungsgemäßes - Gesetz verfassungswidrig angewandt worden ist.

Die inhaltliche Bedeutung des objektiven Gehalts der Grundrechte lässt sich in vier Fallgruppen unterteilen: Staatliche Schutzpflichten, die grundrechtskonforme Auslegung, die Ermessensbindung und die sog. **Drittwirkung der Grundrechte** im Zivilrecht.

I. SCHUTZPFLICHTEN DES STAATES

Das BVerfG spricht im Zusammenhang mit dem objektiven Gehalt der Grundrechte **23**
oftmals von „Schutzpflichten des Staates".[43]

BEISPIEL (nach BVerfG, NJW 1993, 1751): In der Diskussion um den Schutz des ungeborenen Lebens (§ 218 StGB) formulierte das BVerfG im Leitsatz: „Das Grundgesetz verpflichtet den Staat, menschliches Leben, auch das ungeborene, zu schützen. Diese Schutzpflicht hat ihren Grund in Art. 1 I GG."

Regelungspflicht

Gemeint ist zunächst, dass die Grundrechte vom Staat über das Unterlassen beeinträchtigender Maßnahmen hinaus ein positives Tun verlangen können, etwa durch den Erlass von Gesetzen oder die Schaffung staatlicher Einrichtungen, um das Ausleben des Grundrechts möglich zu machen und ihm so auch praktisch zur Geltung zu verhelfen. Teilweise sind diese Schutzpflichten sogar ausdrücklich normiert, teilweise werden sie aus den Grundrechten abgeleitet.

BEISPIEL: Art. 6 I GG normiert ausdrücklich die staatliche Schutzpflicht gegenüber Ehe und Familie. Art. 6 IV GG stellt Mütter explizit unter den besonderen Schutz der Gemeinschaft. Aus Art. 5 III 1 GG wird objektiv die Pflicht des Staates hergeleitet, die wissenschaftliche Funktionsfähigkeit der Universitäten zu gewährleisten.[44]

Konkretes Verhalten grds. nicht einklagbar

Diese zunächst im Urteil zur Fristenlösung [45] entwickelte und in späteren Urteilen zum Schutz von Leib und Leben bestätigte[46] Rechtsprechung hat das BVerfG mittlerweile auch auf andere Rechtsbereiche, wie z.B. den Umweltschutz,[47] ausgedehnt. Allerdings hat der Staat einen weitgehenden Gestaltungsspielraum bei der Frage, ob und wie er dem grundrechtlichen Schutzauftrag nachkommt. Auch ist die objektive Verpflichtung des Staates zum Tätigwerden zu unterscheiden vom subjektiven Anspruch des Bürgers auf eine staatliche Leistung. Zwar ist die Schutzpflicht oftmals die Grundlage dafür, dass das BVerfG dem Bürger Leistungsrechte aus Grundrechten zuspricht; Schutzpflicht (objektiv) und Leistungsrecht (subjektiv) sind jedoch nicht identisch und daher streng zu trennen. Nicht alles, was dem Staat objektiv geboten ist, kann vom Bürger auch eingeklagt werden. Aus diesen Gründen besteht i.d.R. kein

43 *BVerfG, NVwZ 2010, 702, 703 = RA 2010, 378, 380*
44 *BVerfGE 47, 327, 370; 35, 79, 124*
45 *BVerfG, NJW 1993, 1751, 1751*
46 *BVerfGE 46, 160, 164 („Schleyer"); BVerfG, NVwZ 2010, 702, 703 (CERN-Teilchenbeschleuniger)*
47 *BVerfGE 53, 30, 57; 49, 89, 141*

Anspruch des Bürgers auf ein bestimmtes gesetzgeberisches Tätigwerden aus den Grundrechten. Nur wenn die öffentliche Gewalt Schutzvorkehrungen überhaupt nicht oder in offensichtlich gänzlich ungeeignetem Maße getroffen hat, spricht das BVerfG eine Verletzung subjektiver Rechte des Bürgers infolge der Nichterfüllung (objektiver) staatlicher Schutzpflichten aus.[48]

BEISPIEL (nach VG Berlin, NVwZ 2009, 1120): Der Kapitän eines von Seepiraten entführten Schiffes hat keinen Anspruch darauf, dass die Bundesregierung bestimmte Maßnahmen zu seiner Befreiung unternimmt, obwohl den Staat eine objektive Schutzpflicht aus Art. 2 II 1 und 2 i.V.m. Art. 1 I 2 GG trifft. Der Staat hat einen weiten Spielraum, wie er dieser Schutzpflicht nachkommt. Solange er sich überhaupt in geeigneter Weise um die Befreiung bemüht, genügt er seiner objektiven Schutzpflicht bereits.

II. GRUNDRECHTSKONFORME AUSLEGUNG

Ausstrahlung auf unbestimmte Rechtsbegriffe

24 Eine weitere Ausprägung des objektiven Gehalts der Grundrechte ist die grundrechtskonforme Auslegung als Unterfall der verfassungskonformen Auslegung. Sie hat auf Tatbestandsebene einer Norm ihre Bedeutung, wenn unbestimmte Rechtsbegriffe vor ihrer Anwendung auf einen konkreten Sachverhalt (Subsumtion) zunächst konkretisiert werden müssen (Definition). Hier muss der Inhalt der Grundrechte wertend berücksichtigt werden; er strahlt somit auf die Normen des einfachen Rechts aus (sog. **Ausstrahlungswirkung**).[49]

MERKSATZ

Die Ausstrahlungswirkung der Grundrechte gilt nicht nur für das öffentliche Recht, sondern auch für das Strafrecht[50] und das Zivilrecht.[51]

Die grundrechtskonforme Auslegung geht davon aus, dass der Gesetzgeber im Zweifel eine wirksame Norm schaffen wollte. Da ein Verstoß gegen die Grundrechte als höherrangiges Recht (vgl. Art. 1 III GG) zur Nichtigkeit der Norm führt, kann folglich unterstellt werden, dass der Gesetzgeber im Zweifel ein den grundrechtlichen Anforderungen genügendes Verständnis seines unbestimmten Rechtsbegriffs gewollt hat. Dies gilt selbst dann, wenn der Wortlaut zunächst eindeutig etwas anderes bestimmt.

BEISPIEL (nach BVerfGE 69, 315): Eine wörtliche Anwendung des § 14 VersG würde sog. **Eilversammlungen** als kurzfristige Reaktion auf ein Ereignis unmöglich machen, da in diesen Fällen die Meldefrist von 48 Stunden nicht eingehalten werden könnte. Es besteht Einigkeit darüber, dass dies mit der Versammlungsfreiheit des Art. 8 I GG nicht zu vereinbaren ist. Während eine m.M. daraus die Teilverfassungswidrigkeit des § 14 I VersG folgert, geht die h.M. den Weg der grundrechtskonformen Auslegung, indem sie die in § 14 I VersG vorgesehenen 48 Stunden bei Eilversammlungen auf eine „unverzügliche" Meldefrist reduziert.[52]

---

48 BVerfGE 79, 174, 202; BAG, NZA 1998, 716, 716
49 BVerfGE 90, 1, 18; Dreier, JURA 1994, 505, 509
50 BVerfGE 89, 276, 285; 85, 1, 13
51 BVerfGE 90, 27, 33; 7, 198, 205
52 BVerfGE 85, 69, 75; 69, 315, 350

III. ERMESSENSBINDUNG

Ermessensfehler bei Verkennung der Grundrechte

Die Ermessensbindung hat auf Rechtsfolgenebene einer öffentlich-rechtlichen Norm ihre Bedeutung. Gewährt diese ein Ermessen, muss die Behörde im Rahmen ihrer Abwägung insbesondere die Grundrechte der zu schützenden bzw. zu belastenden Parteien gegeneinander abwägen. Dies kann zu einer sog. **Ermessensreduzierung auf null** führen, wenn auf einer Seite Grundrechte derart stark betroffen sind, dass jede Entscheidung gegen diese Seite eine im Lichte der Grundrechte verfassungswidrige Anwendung der Norm darstellen würde. 25

BEISPIEL: Die X-GmbH leitet giftige Chemikalien in das Grundwasser, um Entsorgungskosten zu sparen. Dies führt zu einer Gefahr für Leib und Leben der Anwohner. Prüft die zuständige Behörde nun, ob ein Einschreiten erforderlich ist, mag ihr in den Gefahrenabwehrgesetzen der Länder ein Ermessen eingeräumt sein. Sie muss bei der im Rahmen des Ermessens zu treffenden Entscheidung jedoch insbesondere die Grundrechte der Beteiligten berücksichtigen. Hier überwiegt das Recht auf Leben und körperliche Unversehrtheit (Art. 2 II 1 GG) der Anwohner die Berufsfreiheit (Art. 12 GG) der X-GmbH derart stark, dass jede andere Entscheidung als ein Einschreiten gegen die X-GmbH ermessensfehlerhaft wäre. Das Entschließungsermessen hat sich im Lichte der Grundrechte auf Null reduziert.

Die Ermessensreduzierung kann sogar dazu führen, dass eine als Ermessensnorm konzipierte Vorschrift schon allgemein, d.h. losgelöst von einem konkreten Einzelfall, nur als gebundene Entscheidung aufgefasst werden kann.

BEISPIEL: Wegen der Baufreiheit als Ausprägung der allgemeinen Handlungsfreiheit aus Art. 2 I GG[53] hat der Bauherr über § 35 II BauGB bei Vorliegen der Tatbestandsvoraussetzungen in jedem Fall einen gebundenen Rechtsanspruch auf Genehmigung seines Bauvorhabens, auch wenn der Wortlaut („können") zunächst ein behördliches Ermessen suggeriert.[54]

IV. DRITTWIRKUNG DER GRUNDRECHTE IM ZIVILRECHT

Mit der Dritwirkung der Grundrechte wird das Problem angesprochen, ob und wie Privatpersonen untereinander - im Gegensatz zur klassischen Grundrechtsbeziehung zwischen Bürger und Staat - an die Grundrechte gebunden sind. 26

BEISPIEL: Darf der Vater seinem minderjährigen Sohn verbieten, Friseur zu werden und für ihn stattdessen einen Lehrvertrag als Automechaniker unterschreiben (Art. 12 I 1 GG)? Hat die Ehefrau einen Unterlassungsanspruch gegen die Geliebte des Ehemannes (Art. 6 I GG)?

1. Problemfeld

Hiervon zu unterscheiden ist zunächst das gesetzgeberische Tätigwerden des Staates im Bereich des Zivilrechts; hier handelt es sich nicht um eine „Drittwirkung" (es ist ja wieder der Staat beteiligt), sodass die Grundrechtsbindung unproblematisch zu bejahen ist. 27

---

53 *BVerwGE 42, 115, 116*

54 *BVerwGE 18, 247, 250; Battis/Krautzberger/Löhr, BauGB, § 35 Rn 47*

BEISPIEL: Die Regelung des Ehenamens in § 1355 II BGB hat das BVerfG mittlerweile zweimal für verfassungswidrig erklärt.[55]

Auch gibt es einige Grundrechte, bei denen sich die Drittwirkungsproblematik nicht stellt, weil sie sich ob ihres Inhalts ohnehin nicht auf das Zivilrecht übertragen lassen.

BEISPIEL: Der Entzug der deutschen Staatsangehörigkeit (Art. 16 I GG) setzt schon begrifflich eine Beziehung zwischen Bürger und Staat voraus.

Kein Problem der Drittwirkung sind schließlich die Fälle, in denen der Bürger selbst hoheitlich tätig wird, insbesondere als Beliehener. Er ist dann selbst in die Staatsorganisation eingebunden und unterliegt daher nach allg.M. unproblematisch der Grundrechtsbindung.[56]

BEISPIEL: Wenn ein Notar beurkundet, handelt er nach § 1 BNotO als Beliehener. Er darf Beurkundungen nicht willkürlich zurückweisen, sonst verstößt er gegen Art. 3 I GG. Ein Rechtsanwalt hingegen ist nicht Beliehener, sondern handelt privatrechtlich. Es verstößt jedenfalls nicht unmittelbar gegen Art. 3 I GG, wenn er ein Mandat nach seinem Gutdünken ablehnt, weil er privatautonom handeln kann, an Grundrechte also nicht gebunden ist.

2. Unmittelbare und mittelbare Drittwirkung

28 Innerhalb der Drittwirkungsproblematik lassen sich sodann die unmittelbare und die mittelbare Drittwirkung unterscheiden:

a) Unmittelbare Drittwirkung

Art. 9 III 2 GG und Art. 20 IV GG

29 Zunächst besteht die Möglichkeit, dass die Drittwirkung bereits unmittelbar in den Grundrechten festgeschrieben ist. Namentlich in Art. 9 III 2 GG sind Normadressaten bereits Privatpersonen, sodass dessen unmittelbare und zwingende Wirkung unter diesen unzweifelhaft zu bejahen ist.[57] Teilweise wird Art. 9 III 2 GG als einziger Fall einer solchen unmittelbaren Drittwirkung bezeichnet,[58] teilweise wird diese auch für Art. 20 IV GG und Art. 38 I 1 i.V.m. 48 II GG angenommen.[59] Grundsätzlich ist bei der Bejahung unmittelbarer Drittwirkung mit Blick auf Art. 1 III GG, der zunächst (nur) die Staatsgewalt an die Grundrechte bindet, Zurückhaltung geboten. Da zumindest das Widerstandsrecht des Art. 20 IV GG sich aber explizit „gegen jeden" richtet, also auch gegen Privatpersonen, wird man zumindest in diesem Fall mit dem Wortlautargument eine unmittelbare Drittwirkung ebenfalls bejahen können.

Keine unmittelbare Wirkung der übrigen Grundrechte

Darüber hinaus wurde - namentlich vom BAG[60] sowie von überwiegend älteren Literaturstimmen[61] - die Ansicht vertreten, den Grundrechten komme insgesamt eine unmittelbare Drittwirkung zu. Dieses Ergebnis lässt sich aber angesichts der eindeutigen Formulierung des Art. 1 III GG sowie der Entstehungsgeschichte der Grundrechte, die

---

55 *BVerfG, NJW 1991, 1602; BVerfG, NJW 2004, 1155, 1155 = RA 2004, 211, 211*
56 *v.Münch/Kunig-Kunig, GG, Art. 1 Rn 60; Bleckmann, Staatsrecht II, § 10 Rn 66*
57 *Sachs-Höfling, GG, Art. 9 Rn 124; Bleckmann, Staatsrecht II, § 10 Rn 68*
58 *v.Münch/Kunig-Löwer, GG, Art. 9 Rn 85*
59 *Pieroth/Schlink, GR, Rn 191*
60 *BAGE 24, 438, 441; 1, 185, 193; einschränkend BAGE 48, 122, 138*
61 *Nipperdey, DVBl 1958, 445, 445; ders., RdA 1950, 121, 124*

zur Einschränkung der staatlichen Allmacht in das Grundgesetz aufgenommen[62] und historisch dieser abgerungen werden mussten, nicht halten. Auch systematisch hätte es der Ausnahmevorschrift des Art. 9 III 2 GG nicht bedurft, wenn eine unmittelbare Drittwirkung ohnehin die Regel wäre. Ein durchschlagendes Argument ist schließlich, dass eine unmittelbare Drittwirkung mit der Privatautonomie schlicht unvereinbar wäre.

BEISPIEL: Würde Art. 3 I GG unmittelbar gelten, müsste man für die Wahl seines Metzgers, Friseurs usw. einen „sachlichen Grund" vorweisen, um nicht gegen das Willkürverbot zu verstoßen. In Abwesenheit eines solchen (Beispiel: Identität der Leistungen in Qualität und Preis), müsste man alle Anbieter gleichermaßen bedienen.

Aus diesen Gründen geht die heute ganz h.M. davon aus, dass über die genannten Fälle hinaus keine unmittelbare Grundrechtsbindung unter Privatpersonen existiert.[63]

b) Mittelbare Drittwirkung

Unstreitig bedeutet dies aber nicht, dass die Grundrechte für das Zivilrecht **30** bedeutungslos sind. Es besteht vielmehr Einigkeit darüber, dass die objektiven Wertentscheidungen des Grundgesetzes über die Generalklauseln des Zivilrechts mittelbare Drittwirkung auch unter Privatleuten entfalten.

Grundlegend: Lüth-Urteil des BVerfG

BEISPIEL (nach BVerfGE 7, 198): Der damalige Vorsitzende des Hamburger Presseklubs, Erich Lüth, hatte 1950 öffentlich zum Boykott des Films „Unsterbliche Geliebte" aufgerufen. Bei diesem Film handelte es sich um eine Arbeit des Regisseurs Veith Harlan, der zu Zeiten des Dritten Reichs den antisemitischen Film „Jud Süß" gedreht hatte. Fraglich war, ob der Produktions- und Vertriebsfirma nun ein Unterlassungsanspruch aus § 826 BGB gegen Lüth wegen vorsätzlicher sittenwidriger Schädigung zusteht. Im Leitsatz seiner Entscheidung führt das BVerfG aus:

„1. Die Grundrechte sind in erster Linie Abwehrrechte des Bürgers gegen den Staat; in den grundrechtlichen Bestimmungen des GG verkörpert sich aber auch eine objektive Wertordnung, die als verfassungsrechtliche Grundentscheidung für alle Bereiche des Rechts gilt.

2. Im bürgerlichen Recht entfaltet sich der Rechtsgehalt der Grundrechte mittelbar durch die privatrechtlichen Vorschriften. Er ergreift vor allem Bestimmungen zwingenden Charakters und ist für den Richter besonders realisierbar durch die Generalklauseln."

Insbesondere der zweite Teil des Leitsatzes gab den entscheidenden Impuls zu der Erkenntnis, dass zunächst und vor allem die Generalklauseln des bürgerlichen Rechts die Einbruchstellen liefern, an denen der objektive Gehalt der Grundrechte wertend zu berücksichtigen ist.
So musste im Lüth-Urteil bei der Beurteilung der Frage, ob der Boykottaufruf „sittenwidrig" i.S.d. § 826 BGB war, die Meinungsfreiheit aus Art. 5 I 1 GG entscheidend berücksichtigt, zu den Grundrechten der Gegenseite (Berufsfreiheit der

62 *Pieroth/Schlink, GR, Rn 191*
63 *BVerfGE 73, 261, 269; 25, 256, 263; Starck, JuS 1981, 237, 243; Fehling, JuS 1994, 431, 432*

Produktionsfirma aus Art. 12 I 1 GG sowie die Kunstfreiheit Harlans aus Art. 5 III GG) in Bezug gesetzt und mit diesen abgewogen werden. Das BVerfG kam zu dem Ergebnis, dass die Äußerungen Lüths im Lichte des Art. 5 I 1 GG nicht sittenwidrig waren und gab dessen Verfassungsbeschwerde gegen die anders lautenden Urteile der Zivilgerichte statt.

D. Grundrechte als Einrichtungsgarantien

31 Abwehr-, Leistungs- und Mitwirkungsrechte sind Ausfluss der Gewährung subjektiver Rechte durch die Grundrechte. Diese enthalten aber zugleich objektive, von der Staatsgewalt zu respektierende Wertentscheidungen des Verfassungsgebers (Rn 22). Unterschieden wird dabei zwischen Institutsgarantie und institutioneller Garantie:[64]

I. INSTITUTSGARANTIEN

32 Unter Institutsgarantien ist der Bestand privatrechtlicher Rechtsinstitute zu verstehen, die von Verfassungs wegen der Disposition des Gesetzgebers entzogen sind. Ihm ist es damit verwehrt, diese zur Gänze abzuschaffen. Unstreitig enthalten Institutsgarantien:

- Art. 14 I 1 GG (Eigentum, Erbrecht)
- Art. 2 I GG (Privatautonomie
- Art. 6 I GG (Ehe und Familie)
- Art. 7 IV 1 GG (Privatschulen

„Freie Presse" als Problemfall

Für die „freie Presse" aus Art. 5 I 2 1. Fall GG ist streitig, ob auch sie eine solche Institutsgarantie enthält. Dies wird teilweise unter Hinweis darauf abgelehnt, bei der „freien Presse" handle es sich überhaupt nicht um ein Rechtsinstitut, sondern um einen „gesellschaftlichen Befund".[65] Führt man sich jedoch vor Augen, dass auch Eigentum, Privatautonomie, Ehe usw. eine die Gesellschaft prägende Funktion haben, schließt das eine das andere nicht aus. Man wird daher mit der h.M. auch ein Rechtsinstitut „freie Presse" anerkennen können.[66]

II. INSTITUTIONELLE GARANTIEN

33 Institutionelle Garantien gewährleisten demgegenüber den Bestand öffentlich-rechtlicher Einrichtungen. Klassischer Fall ist hier das Berufsbeamtentum über Art. 33 V GG.[67]

Berufsbeamtentum und Universitäten

Darüber hinaus gehören die staatlichen Universitäten über Art. 5 III GG dazu. Zwar werden sie in Art. 5 III GG im Gegensatz zum Berufsbeamtentum in Art. 33 V GG nicht explizit erwähnt. Jedoch hatte der Verfassungsgeber bei der Aufnahme der Freiheit von Forschung und Lehre in den Grundrechtskatalog die Universitäten als deren klassisches Betätigungsfeld vor Augen. Bejaht man dann noch die Grundrechtsträgereigenschaft von Universitäten im Rahmen von Art. 5 III GG,[68] so ist es nur konsequent, diese auch als Institution in ihrem Bestand zu schützen.[69]

---

64 Begriffe nach Schmidt, Verfassungsrechtliche Aufsätze, 2. Aufl. 1973, S. 140
65 Pieroth/Schlink, GR, Rn 90
66 BVerfGE 80, 124, 133; 20, 162, 175; OVG Berlin, DVBl 2015, 910, 910 = RA 2015, 377, 378; Sachs-Bethge, GG, Art. 5 GG Rn 72
67 BVerfGE 107, 218, 236; 71, 39, 60; 64, 367, 379; 3, 58, 136; JP-Pieroth, Art. 33 Rn 43
68 BVerfGE 75, 192, 196; 68, 193, 267; Sachs-Bethge, GG, Art. 5 Rn 210
69 Sachs-Bethge, GG, Art. 5 Rn 202

III. UMFANG DES EINRICHTUNGSSCHUTZES

Da die Einrichtungsgarantien auf der Schnittstelle zwischen objektiver Wertent- 34
scheidung des Verfassungsgebers und subjektivem Recht des Bürgers liegen, haben sie einen doppelten Schutzumfang:

1. Objektive Komponente

Zunächst wird (objektiv) der Bestand der Einrichtung gewährleistet. Das bedeutet mit 35 Bestand geschützt
anderen Worten, dass der Staat das Rechtsinstitut bzw. die institutionelle Garantie nicht einfach abschaffen darf, er dafür vielmehr die Verfassung ändern müsste.

BEISPIEL: So ist es dem Staat verboten, die „freie Presse" durch Überführung in öffentliche Organisationsformen vom Staat abhängig zu machen.[70]

Die Einrichtungsgarantien schützen jedoch nicht den Einzelnen, sondern dienen der Allgemeinheit. Sie sind daher als solche keine subjektiven Rechte und demzufolge als solche auch nicht mit der Verfassungsbeschwerde einklagbar.

2. Subjektive Komponente 36 Betätigung geschützt

Der Bestand einer solchen Einrichtung ist aber immer auch mit subjektiven Rechten des Bürgers verknüpft. Deshalb kann der Bürger sich gegen eine Verletzung einer Einrichtungsgarantie sehr wohl mittels Verfassungsbeschwerde wehren, wenn hierdurch zugleich seine Grundrechte verkürzt werden.

BEISPIEL: Würde das Rechtsinstitut der „freien Presse" abgeschafft, könnte sich hiergegen nicht jedermann wehren, wohl aber ein Journalist, gestützt auf Art. 12 I 1 GG, weil ihm seine Berufsausübung unmöglich gemacht wird, oder ein Verlag, gestützt auf Art. 14 I 1 GG, weil in seinen eingerichteten und ausgeübten Gewerbebetrieb eingegriffen wird.

KLAUSURHINWEIS
Dogmatisch sind Einrichtungsgarantien „Schranken-Schranken" und daher auch dort zu prüfen (siehe Rn 148): Greift der Gesetzgeber in ein Grundrecht ein, indem er ein Rechtsinstitut oder eine institutionelle Garantie abschafft oder unverhältnismäßig beschneidet, ist dessen Wesensgehalt verletzt (Art. 19 II GG).

Darüber hinaus darf sich der Staat nicht „zurücklehnen" und darauf verweisen, er habe bereits alles getan, indem er bestimmte Einrichtungen geschaffen habe. Vielmehr müssen einfacher Gesetzgeber und Verwaltung auch praktisch alles tun, um die objektive Wertentscheidung des Verfassungsgebers umzusetzen.[71] Dies kann sogar soweit gehen, dass aus Institutsgarantien Leistungsansprüche folgen, obschon Grundrechte normalerweise nur Abwehrcharakter haben.

---

70 *BVerfGE 66, 116, 133; 20, 162, 175; Sachs-Bethge, GG, Art. 5 Rn 72*
71 *Bleckmann, Staatsrecht II, § 11 Rn 61*

BEISPIEL (nach OVG Berlin, DVBl 2015, 910, 910 = RA 2015, 377, 378): Eine „freie Presse" kann nur existieren, wenn dieser Zugang zu bestimmten Informationen ermöglicht wird. Unmittelbar aus dem Rechtsinstitut der „freien Presse" können Journalisten daher – in Ermangelung einer anderen Anspruchsgrundlage – Ansprüche gegen den Staat auf Auskunft über bestimmte staatsinterne Vorgänge erwachsen.

4. Teil – Grundrechtsfähigkeit

37 Grundrechtsfähigkeit ist die Fähigkeit, Träger von Grundrechten zu sein. Sie ist zu prüfen, wann immer sich jemand auf Grundrechte beruft, wobei folgende Fälle besonders häufig vorkommen:

Personaler Schutzbereich

38 Ist in der Fallfrage danach gefragt, ob jemand in seinen Grundrechten verletzt ist, muss zunächst erörtert werden, ob der Betroffene überhaupt Träger dieses Grundrechts ist.

BEISPIEL: Wenn zu erörtern ist, ob die X-GmbH infolge einer Durchsuchung ihrer Geschäftsräume in ihren Grundrechten verletzt ist, darf nicht sofort die Frage erörtert werden, ob Geschäftsräume auch „Wohnung" i.S.d. Art. 13 I GG sind;[72] vielmehr ist zunächst im Rahmen des personalen Schutzbereichs zu klären, ob eine GmbH überhaupt Träger dieses Grundrechts sein kann.

Beteiligtenfähigkeit bei Verfassungsbeschwerde

39 Ist nach den Erfolgsaussichten einer Verfassungsbeschwerde gefragt, stellt sich die Problematik schon in der Zulässigkeit im Rahmen der Beteiligtenfähigkeit gem. Art. 93 I Nr. 4 a GG i.V.m. § 90 I BVerfGG, wonach „jedermann" Verfassungsbeschwerde erheben kann. „Jedermann" in diesem Sinne ist aber nur, wer (abstrakt) Grundrechtsträger sein kann. In der sog. „**Beschwerdebefugnis**" gem. Art. 93 I Nr. 4a GG, § 90 I BVerfGG muss der Beschwerdeführer ferner geltend machen, in einem seiner Grundrechte verletzt zu sein. Eine Grundrechtsverletzung erscheint aber nicht möglich, wenn jemand gar nicht Träger des Grundrechts ist. An dieser Stelle ist also die Fähigkeit in Bezug auf die konkret in Rede stehenden Grundrechte zu erörtern. Wird diese hier bejaht, kann in der Begründetheit der Verfassungsbeschwerde im personalen Schutzbereich dann auf oben verwiesen werden.

BEISPIEL: Erhebt eine GmbH gestützt auf Art. 13 I GG Verfassungsbeschwerde, sollte ihre Grundrechtsfähigkeit als juristische Person durch einen kurzen Hinweis auf Art. 19 III GG schon in der Zulässigkeit unter „Beteiligtenfähigkeit" angesprochen werden. Breitere Ausführungen wären hier vonnöten, wenn es sich z.B. um eine OHG oder eine Gewerkschaft handeln würde. In der „Beschwerdebefugnis" ist dann der Tatbestand des Art. 19 III GG zu prüfen, also ob Art. 13 I GG „dem Wesen nach" auf eine (inländische) GmbH wie die X anwendbar ist. Bei der in der Begründetheit vorzunehmenden Prüfung der Schutzbereichsbetroffenheit des Art. 13 I GG kann unter „personaler Schutzbereich" sodann auf die Ausführungen zur Beschwerdebefugnis verwiesen und sogleich mit der Prüfung des sachlichen Schutzbereichs begonnen werden.

---

72 *BVerfGE 76, 83, 88*

Eine oft übersehene Fallgruppe sind schließlich die verwaltungsrechtlichen Klausuren, in denen (z.B. im Rahmen von Ermessenserwägungen) die Grundrechte zu berücksichtigen sind. Hier darf zugunsten eines Betroffenen ein Grundrecht natürlich nur dann angeführt werden, wenn dieser auch in dessen Schutzbereich fällt. 40 Ermessensausübung

BEISPIEL: Wird einem in Deutschland tätigen ausländischen Arzt wegen seiner Unzuverlässigkeit die Approbation entzogen, darf im Rahmen der Ermessensprüfung zu seinen Gunsten nicht auf Art. 12 I 1 GG abgestellt werden, da dieser lediglich „alle Deutschen" berechtigt; es ist vielmehr nur auf Art. 2 I GG abzustellen.

A. Natürliche Personen

Indem die herrschende naturrechtliche Auffassung[73] die Grundrechte als jedem Menschen immanente, der staatlichen Gewalt vorgelagerte Werte begreift, impliziert dies zugleich, dass zunächst alle Menschen grundrechtsfähig sind. Der Bezugspunkt „Mensch" stellt klar, dass z.B. Tiere als Grundrechtsträger ausscheiden.[74] 41

BEISPIEL: Wird der Hund der Witwe W wegen Tollwut zur Gefahrenabwehr getötet, ist nicht das Lebensrecht des Hundes, sondern das Eigentum der W betroffen.

„Alle" Menschen bedeutet, dass deren Eigenschaften wie Rasse, Geschlecht, Herkunft usw. für die Grundrechtsfähigkeit zunächst belanglos sind. Gewisse Probleme werfen allerdings die Eigenschaften Alter, Nationalität und Status auf:

I. ALTER

1. Minderjährige

Zunächst sind jedenfalls die Altersgrenzen beachtlich, die das Grundgesetz selbst vorsieht, also namentlich Art. 12a I und 38 II GG. Von diesen Ausnahmen abgesehen macht die h.M. jedoch keine weiteren Einschränkungen bei der Grundrechtsfähigkeit Minderjähriger.[75] 42

BEISPIEL: Auch der Säugling ist danach Träger aller Grundrechte. Dass er weder heiraten (Art. 6 I GG) noch einen Beruf ergreifen (Art. 12 I GG) kann, spielt dabei keine Rolle; auch ein künstlerisch völlig unbegabter Erwachsener ist Träger der Kunstfreiheit aus Art. 5 III 1 GG.

Gegen diese Betrachtungsweise wendet sich allerdings eine m.M., die unter dem Begriff der „Grundrechtsmündigkeit"[76] die Innehabung von Grundrechten von einem bestimmten Alter abhängig machen will. Diesbezüglich wird teilweise auf ein Mindestalter (sog. starre Altersgrenze), teilweise auf eine gewisse Reife abgestellt, kraft derer jemand Inhalt und Umfang seiner Grundrechte erst erfassen kann (sog. gleitende Altersgrenze). 43 Grundrechtsmündigkeit im Unterschied zur Grundrechtsfähigkeit

---

73 *Bleckmann, Staatsrecht II, § 4 Rn 4*
74 *a.A. OVG Hamburg, NVwZ 1994, 592, 594 („Tierwürde" aus Art. 1 I 1 GG).*
75 *BVerfGE 75, 201, 215; 47, 46, 74; Sachs-Sachs, GG, Vor Art. 1 Rn 75*
76 *Bleckmann, Staatsrecht II, § 17; v. Mutius JURA 1987, 272, 274*

BEISPIEL: Träger des Grundrechts aus Art. 6 I GG wäre nach den Vertretern der starren Altersgrenze nur, wer die Ehemündigkeit i.S.d. § 1303 I BGB besitzt. Grundrechtsfähiger i.S.d. Art. 4 I 1 GG wäre nach den Vertretern der gleitenden Altersgrenze nur, wer nach seiner persönlichen Entwicklung und Bildung erfassen kann, was es bedeutet, einen Glauben zu haben und zu leben; dies mag von Person zu Person unterschiedlich sein

Gegen diese Einschränkungen spricht jedoch vor allem, dass sie im Grundgesetz keine normative Grundlage finden.[77] Auch bestünde jedenfalls bei Bejahung starrer Altersgrenzen die Gefahr, dass die Grundrechtsfähigkeit zur Disposition des einfachen Gesetzgebers gestellt würde.

BEISPIEL: Würde die Grenze für die Ehemündigkeit im BGB heraufgesetzt, wirkte sich dies unmittelbar auf den Grundrechtsschutz des Art. 6 I GG aus.

Nach der h.M. hat daher die „Grundrechtsmündigkeit" keinerlei Auswirkungen auf die Grundrechtsfähigkeit. Davon streng zu trennen ist die Frage, ob und unter welchen Voraussetzungen Minderjährige ihre Grundrechte einklagen, also z.B. Verfassungsbeschwerde erheben können.

BEISPIEL: Dass ein Säugling, der i.S.d. Art. 14 I GG erben und Eigentum erwerben kann, diese Rechte nicht selbst über eine Verfassungsbeschwerde einklagen kann, liegt auf der Hand. Aber auch bei Minderjährigen, die sich z.B. auch im Grundschulalter versammeln und ihre Meinung äußern können, sind gewisse Einschränkungen unerlässlich.

KLAUSURHINWEIS

„Grundrechtsmündigkeit" lässt sich mit der „Prozessfähigkeit" gleichsetzen und ist in der Zulässigkeit einer Verfassungsbeschwerde ggf. unter diesem Punkt zu prüfen, während die „Grundrechtsfähigkeit" unter die „Beteiligtenfähigkeit" gehört.

2. Ungeborene

44 Kontrovers diskutiert wird die Frage, ob das ungeborene Leben (nasciturus) Grundrechtsträger sein kann. In Betracht kommen insoweit nur die Grundrechte aus Art. 1 I GG (Menschenwürde), 2 II 1 GG (Leben und körperliche Unversehrtheit) sowie Art. 14 I GG (Eigentum und Erbrecht).

a) Beginn ungeborenen Lebens

Schutz extrakorporalen Lebens

45 Streitig ist schon, wann das ungeborene Leben beginnt. Differenzen zeigen sich insbesondere bei künstlicher Befruchtung. Stellt man mit der h.M. auf die Verbindung von Samen und Eizelle ab,[78] ist extrakorporal erzeugtes Leben bereits ebenso geschützt wie im Mutterleib entstandenes Leben. Stellt man hingegen auf die Nidation ab,[79] beginnt ungeborenes Leben erst mit der Einnistung der befruchteten Eizelle in den Uterus, also im Leib der Mutter. „Extrakorporales Leben" wäre danach ein Widerspruch in sich.

---

77 *Sachs-Sachs, GG, Vor Art. 1 Rn 75; Hohm, NJW 1986, 3107, 3107*

78 *v.Münch/Kunig-Kunig, GG, Art. 2 Rn 49; Sternberg/Lieben, JuS 1986, 673, 677*

79 *Anderheiden, KritV 2001, 353, 380*

Das BVerfG hat die Frage ausdrücklich offen gelassen.[80] Zwar hat das Gericht hinsichtlich des Zeitpunktes der Entstehung von Leben vom „14. Tag nach der Empfängnis"[81] gesprochen, dies jedoch nicht im Zusammenhang mit künstlicher Befruchtung, sondern in einer Entscheidung zu § 218 StGB. Die Literatur spricht sich mehrheitlich für die Einbeziehung extrakorporal entstandenen Lebens aus.[82]

KLAUSURHINWEIS

Letztlich handelt es sich bei der Entstehung des Lebens nicht um eine juristische, sondern eine ethisch-medizinisch-philosophische Frage, von der nicht zu erwarten ist, dass sie in einer juristischen Prüfungsaufgabe beantwortet werden muss. Sollte doch einmal eine Stellungnahme erforderlich sein, sollte der Schutz extrakorporal erzeugten Lebens der h.M. folgend mit einbezogen werden. Keinesfalls sind philosophische Gesinnungsaufsätze angezeigt.

b) Schutz ungeborenen Lebens

Liegt ungeborenes Leben vor, bejaht die h.M.[83] dessen Grundrechtsschutz unter Hinweis darauf, dass auch das ungeborene Leben „Leben" sei (Herztöne, Kindsbewegungen im Mutterleib etc.), während die m.M.[84] die Grundrechtsfähigkeit wegen der fehlenden Rechtsfähigkeit ablehnt. **46**

Entscheidend für eine Stellungnahme ist, dass die Rechtsfähigkeit ein durch einfaches Recht (§ 1 BGB) geprägter Begriff ist, der für die Bestimmung des Schutzumfanges von Verfassungsrecht nicht maßgeblich sein kann. Die h.M. ist folglich konsequent, wenn sie den Lebensschutz mit Entstehung des Lebens und nicht erst mit Vollendung der Geburt (=Rechtsfähigkeit) beginnen lässt.

BVerfG lässt subjektive Komponente offen

Das BVerfG hat in seiner Entscheidung zu § 218 StGB die (subjektive) Grundrechtsfähigkeit der nasciturі ausdrücklich offen gelassen,[85] jedoch anerkannt, dass aus den Grundrechten jedenfalls objektive Schutzpflichten des Staates zu ihren Gunsten folgen, die mit den Grundrechten der werdenden Mutter abgewogen werden können und müssen. Zumindest diese objektive Schutzpflicht ist - soweit ersichtlich - unstreitig.[86]

3. Verstorbene

Postmortales Persönlichkeitsrecht

Die Würde des Menschen aus Art. 1 I 1 GG wirkt über seinen Tod hinaus fort. Dieser „postmortale Persönlichkeitsschutz" schwächt sich zwar mit der Zeit ab, kann aber von erheblicher Dauer sein.[87] **47**

80 *BVerfGE 88, 203, 251*
81 *BVerfGE 39, 1, 37*
82 *v.Münch/Kunig-Kunig, GG, Art. 2 Rn 49; Sternberg-Lieben, JuS 1986, 673, 677*
83 *Kunig, JURA 1991, 415, 417*
84 *Hoerster, JuS 1989, 172, 172; Hartleb, DVBl 2006, 672, 672*
85 *BVerfGE 39, 1, 41*
86 *v.Münch/Kunig-Kunig, GG, Art. 2 Rn 47; Hartleb, DVBl 2006, 672, 680*
87 *BGH, MDR 1989, 1076, 1076: 30 Jahre bei einem bekannten Maler.*

BEISPIEL (nach BVerfGE 30, 137): Klaus Manns Roman „Mephisto" erzählt den Aufstieg der Romanfigur Hendrik Höffgen, die im Dritten Reich Karriere macht. Historisches Vorbild der Romanfigur war der Schauspieler Gustav Gründgens, dessen Hinterbliebene im Fall der Veröffentlichung des Romans um das Ansehen des inzwischen Verstorbenen fürchteten. Das BVerfG entschied, dass zwar die Kunstfreiheit des Autors Mann aus Art. 5 III 1 GG keinem Gesetzesvorbehalt unterliege, jedoch durch verfassungsimmanente Schranken, nämlich das postmortale Persönlichkeitsrecht von Gründgens, beschränkt sei, welchem i.E. der Vorrang vor der Kunstfreiheit Manns gegeben wurde. Lediglich aufgrund der Endlichkeit des postmortalen Persönlichkeitsschutzes konnte der Roman später veröffentlicht werden.

Weitere Fälle des postmortalen Persönlichkeitsschutzes sind z.B. die Unzulässigkeit von Organentnahmen gegen den Willen des Verstorbenen[88] und die Aussage, verstorbene Politiker würden heute eine andere als ihre eigene Partei wählen.[89]

II. NATIONALITÄT

Menschen- und Bürgerrechte

48 Soweit die Grundrechte selbst keine Einschränkungen vorsehen, gelten sie unabhängig von der Nationalität für alle Menschen. Man spricht daher auch von „Menschenrechten" oder „Jedermannsrechten".

BEISPIEL: Art. 4 I, II; 5 III; 6 I; 10 I; 13 I; 14 I 1 GG.

Einige Grundrechte enthalten sogar die explizite Klarstellung, dass es sich um Jedermanns- bzw. Menschenrechte handelt:

BEISPIEL: Art. 2 I und 5 I GG („Jeder"); Art. 17 GG („Jedermann"); Art. 3 I GG („Alle Menschen"); Art. 12 II GG („Niemand darf... gezwungen werden").

Demgegenüber stehen manche Grundrechte explizit nur Deutschen zu. Wer „Deutscher" in diesem Sinne ist, wird durch Art. 116 GG bestimmt.[90] Man spricht dann von „Bürgerrechten" oder „Deutschenrechten".

BEISPIEL: Art. 8 I; 9 I; 11 I; 12 I 1; 16 I 1, II; 20 IV; 33 I, II, III GG.

Ein weiteres Bürgerrecht enthält Art. 38 I 1 GG. Zwar ist das Wahlrecht dort nicht explizit auf die Deutschen beschränkt, da aber das Wahlrecht Ausfluss des **Demokratieprinzips** aus Art. 20 I, II GG ist und unter „Volk" i.S.d. Art. 20 II GG nur das Staatsvolk, also alle Deutschen zu verstehen sind, hat das BVerfG das Ausländerwahlrecht für verfassungswidrig erklärt.[91]

Die Beschränkung mancher Grundrechte auf Deutsche wird teilweise als unbillig empfunden. Bestrebungen in der Literatur,[92] auch Ausländer in den Schutzbereich der Bürgerrechte einzubeziehen, lassen sich angesichts des eindeutigen Wortlauts dieser Normen aber nicht halten.[93]

---

88 *Beckmann, ZRP 1996, 219; Heun, JZ 1996, 213; Höfling, MedR 1996, 6*

89 *BVerfG, DVBl 2001, 985 = RA 2001, 429; LG Köln, NJW 1999, 1970*

90 *BVerfGE 78, 179, 196; Sachs-Tettinger/Mann, GG, Art. 12 Rn 18*

91 *BVerfGE 83, 37*

92 *Sachs, BayVBl. 1990, 385, 385*

93 *Sachs-Tettinger, GG, Art. 12 Rn 18*

Lediglich für EU-Bürger (Art. 20 AEUV) wird zunehmend eine Gleichstellung befürwortet.[94] Diese lässt sich im Hinblick auf das Diskriminierungsverbot aus Art. 18 I AEUV begründen. Dogmatisch bieten sich zwei Wege an: Entweder man öffnet konsequent alle Bürgerrechte auch für EU-Bürger,[95] oder man stellt diese über Art. 2 I GG den Deutschen gleich, indem man diesen statt der (weiten) Schrankentrias des Art. 2 I GG lediglich den (engeren) Schranken unterwirft, denen auch das entsprechende Bürgerrecht eines Deutschen unterliegen würde.[96] Für letzteres spricht der Wortlaut der Bürgerrechte, denn auch Art. 20 AEUV macht aus anderen EU-Bürgern keine Deutschen. Allerdings tendiert das BVerfG wohl eher zur ersten Ansicht, indem es EU-Gesellschaften auch als „inländisch" i.S.d. Art. 19 III GG bezeichnet.[97] Dabei geht das Gericht explizit darauf ein, dass diesem Verständnis zwar der Wortlaut des Art. 19 III GG entgegen stehe, dieser jedoch durch das EU-Recht (namentlich Art. 18 AEUV), welches Anwendungsvorrang genieße, „zurückgedrängt" werde.[98] Die Ansicht des BVerfG ist also nichts anderes als eine unionsrechtskonforme Auslegung des Grundgesetzes. Diese Argumentation wird man von Art. 19 III GG auf die Bürgerrechte übertragen können. 49

Behandlung von EU-Bürgern

Ausländer aus Staaten außerhalb der EU, die nicht in den personalen Schutzbereich eines Bürgerrechts fallen, können sich aber nach ganz h.M.[99] jedenfalls auf Art. 2 I GG berufen. Dadurch wird - entgegen einer m.M.[100] - auch nicht die Privilegierung der Deutschen unterlaufen, da Art. 2 I GG in aller Regel wesentlich weiteren Schranken unterliegt als die Bürgerrechte, die Deutschen also zumindest auf Schrankenebene besser gestellt werden.

III. STATUS

Streitig ist, ob sich eine Einschränkung der Grundrechtsfähigkeit aus einer besonderen Nähebeziehung zum Staat ergeben kann, wie sie z.B. bei Richtern, Beamten, Strafgefangenen, Soldaten, Schülern usw. besteht. 50

Grundrechte in besonderen Gewaltverhältnissen

Eine ältere Literaturansicht ging davon aus, dass in solchen „besonderen Gewaltverhältnissen" generell keine Grundrechtsfähigkeit bestehe, weil der Staat seine Aufgaben nicht mehr erfüllen könnte, wenn seine eigenen Amtswalter Grundrechte als Abwehrrechte gegen ihn ins Feld führten.[101]

BEISPIEL: Ein Soldat, der mitten in einem Einsatz beten möchte und sich zur Rechtfertigung seines Verhaltens auf Art. 4 I, II GG berufen könnte, gefährdet das Einsatzziel.

Von der „Strafgefangenen"-Entscheidung zum „Kopftuch"-Urteil des BVerfG

Der **Lehre vom besonderen Gewaltverhältnis** hatte das BVerfG in seiner „Strafgefangenen-Entscheidung"[102] eine Absage erteilt, weil sie mit der Werteordnung des Grundgesetzes nicht vereinbar sei. Damit schien das Thema geklärt, und die ganz h.L. ging in der Folgezeit wie selbstverständlich davon aus, dass auch im „besonderen Gewaltverhältnis" Grundrechte gelten.[103]

---

94 *EuGH, NJW 1988, 2165, 2166; OVG Münster, NWVBl. 1995, 18, 18; vgl. auch BVerfG, NJW 2011, 3428, 3429 = RA 2012, 25, 28 zu EU-Gesellschaften*
95 *Ehlers, JZ 1996, 776, 781; Wernsmann, JURA 2000, 657, 659*
96 *Bauer/Kahl, JZ 1995, 1077, 1085; Lege, JURA 2002, 753, 756*
97 *BVerfG, NJW 2011, 3428, 3429 = RA 2012, 25, 28*
98 *BVerfG, NJW 2011, 3428, 3429 = RA 2012, 25, 28*
99 *BVerfGE 35, 382, 399; 78, 179, 196*
100 *Schwabe, NJW 1974, 1044, 1044*
101 *Bleckmann, Staatsrecht II, § 12 Rn 94*
102 *BVerfG, NJW 1972, 811*
103 *AK-Denninger, GG, Art. 1 II, III Rn 27*

Durch die Sondervoten zur „Kopftuch"-Entscheidung des BVerfG lebte die Diskussion wieder neu auf.[104] Dort wurde die Ansicht vertreten, dass jedenfalls in den Fällen, in denen die Person freiwillig die Nähe zum Staat suche (wie z.B. bei Beamten, Richtern, Zeitsoldaten, nicht mehr schulpflichtigen Schülern), sie sich nicht auf Grundrechte berufen könne, weil sie staatsintern grundrechtsgebunden sei, also nicht zugleich grundrechtsfähig sein könne (sog. „**Konfusionsargument**"). Die Senatsmehrheit des 2. Senats des BVerfG hingegen meinte, man könne zwischen staatsintern und -extern nicht trennen, weshalb eine Einschränkung der Grundrechtsfähigkeit im besonderen Gewaltverhältnis nach wie vor abzulehnen sei.[105]

BEISPIEL: Die Lehrerin steht in Erfüllung ihrer dienstlichen Pflichten vor der Klasse, trägt ihr Kopftuch aber wegen ihrer privaten Glaubensüberzeugung. Für die Schüler ist eine klare Trennung von Privatperson und Amtswalterin nicht möglich.

Einer möglichen Gefährdung der Erfüllung staatlicher Aufgaben könne zudem über die Schranken der Grundrechte entgegen gewirkt werden.

BEISPIEL: Die Lehrerin unterliegt als Beamtin der Neutralitätspflicht, die ihrer Glaubensfreiheit aus Art. 4 I, II GG über die hergebrachten Grundsätze des Berufsbeamtentums nach Art. 33 V GG als verfassungsimmanente Schranke entgegen gehalten werden kann. Entsprechendes gilt für die Einsatzbereitschaft der Bundeswehr gegenüber dem betenden Soldaten.

Mittlerweise hat die Diskussion wieder an Intensität eingebüßt, die h.M. scheint sich durchgesetzt zu haben. Für den Fall einer (nicht mehr schulpflichtigen) Schülerin, die ihr Gesicht mittels eines Niqabs verhüllte, hat der VGH München z.B. nicht einmal mehr erwogen, ihr die Grundrechtsfähigkeit abzusprechen,[106] ebensowenig der VGH Kassel im Falle einer Kopftuch tragenden Rechtsreferendarin.[107]

KLAUSURHINWEIS
Die Frage der Grundrechtsfähigkeit im besonderen Gewaltverhältnis sollte daher nur noch knapp behandelt werden, es sei denn, der Sachverhalt bietet besonderen Anlass, hierauf näher einzugehen, etwa weil sie von einer Seite explizit gerügt wird.

Abgrenzung zu staatl. Organen

51 Nicht zu verwechseln ist diese Problematik übrigens mit der Wahrnehmung organschaftlicher Rechte durch staatliche Organe (Bundestag, Bundesrat usw.) oder Organteile (Minister, Abgeordnete usw.). Hier greift das „Konfusionsargument", denn hier wird nicht in staatlicher Nähe gehandelt, sondern hier handelt der Staat (durch seine Organe) selbst. Deshalb gelten die Grundrechte für staatliche Organe nicht.

104 *BVerfGE 108, 282 = RA 2003, 601*
105 *BVerfGE 108, 282; vgl. auch die Anm. von Ipsen, NVwZ 2003, 1210; Pofalla, NJW 2004, 1218*
106 *VGH München, NVwZ 2014, 1109, 1109 = RA 2014, 310, 313*
107 *VGH Kassel, DÖV 2017, 782 = RA 2017, 421*

BEISPIEL (nach BVerfG, DÖV 2014, 673 = RA 2014, 361): Bezeichnet der Bundespräsident die Angehörigen einer Partei – hier: der NPD – als „Spinner", so folgen sein Rederecht und dessen Schranken nicht aus der Meinungsfreiheit des Art. 5 I 1 1. Hs GG, sondern aus der Integrationsfunktion seines Amtes gem. Art. 54 ff. GG.

Eine Ausnahme mag lediglich für Bundestagsabgeordnete gelten, die sich auf Art. 38 I 2 GG berufen. Dieser wird immerhin in Art. 93 I Nr. 4a GG erwähnt, weshalb das BVerfG ihn wiederholt als grundrechtsgleiches Recht angesehen und eine Verfassungsbeschwerde zugelassen hat.[108]

Manchmal ist die Trennung von staatlichem Organ und Privatperson nicht einfach; 52 Sphärentheorie
es sollte dann danach gefragt werden, in welcher **Sphäre** sich die Person bewegt.

BEISPIEL: Äußert sich ein Minister im Bundestag, spricht er als staatliches Organteil, kann sich also nicht auf Art. 5 I 1 GG berufen (wohl aber auf seine Redefreiheit aus Art. 38 I 2 GG). Spricht er hingegen auf einer Wahlkampfveranstaltung seiner Partei, handelt er als Parteimitglied und damit nicht als staatliches Organ (vgl. OVG Münster, RA 2016, 32, das einem Ratsmitglied außerhalb von Ratssitzungen Art. 5 I 1 GG zugesprochen hat, innerhalb von Ratssitzungen hingegen „nur" zur Anwendung der einfachgesetzlichen Redefreiheit aus § 43 GO NRW tendiert).

KLAUSURHINWEIS
Wird eine Verfassungsbeschwerde erhoben, ist die Frage der Grundrechtsberechtigung schon in der Zulässigkeit (Beteiligtenfähigkeit) zu erörtern; geht es nur um die materielle Prüfung eines Grundrechts, ist Prüfungsstandort der personale Schutzbereich (vgl.oben Rn 39 und unten Rn 959).

Bei ausländischen Staatsorganen (Regierungschefs, Minister usw.) greift das Kon- 53 Ausländische Staatsorgane
fusionsargument zwar nicht; das Ergebnis ist jedoch dasselbe, weil das BVerfG Maßnahmen ihnen gegenüber nicht als solche innerstaatlicher Gewalt ansieht, die an Grundrechten nach dem GG zu messen wären, sondern als interstaatliche Akte der Außenpolitik, die allein am Völkerrecht zu messen sind.

BEISPIEL: Deshalb durfte die Bundesregierung dem türkischen Präsidenten Erdoğan das Rederecht in Deutschland verweigern, ohne dass dieser sich auf Grundrechte hätte berufen können.[109] Anders würde es nach der o.g. Sphärentheorie aussehen, wenn Herr Erdoğan sich nicht in seiner Eigenschaft als Präsident, sondern als Privatmann hätte betätigen wollen.

B. Juristische Personen

Schließen sich Menschen zu Organisationen oder Personenmehrheiten zusammen, 54 Art. 19 III GG
bleiben die einzelnen Individuen selbstverständlich grundrechtsfähig. Ob dann auch der Organisation selbst eine Grundrechtsfähigkeit zukommt, ist in Art. 19 III GG geregelt. Danach sind juristische Personen grundrechtsfähig, soweit sie inländisch und die Grundrechte ihrem Wesen nach auf sie anwendbar sind.

108 *BVerfG, NVwZ 2013, 1468, 1468 ff. = RA 2013, 769, 769 ff.; DVBl 2003, 1316, 1316 = RA 2003, 525, 525*
109 *BVerfG, NJW 2017, 1166 = RA 2017, 197*

I. BEGRIFF

55 Juristische Personen i.S.d. Art. 19 III GG sind zunächst alle Organisationen oder Personenmehrheiten, denen die Rechtsordnung die Fähigkeit zubilligt, selbst Träger von Rechten und Pflichten zu sein.[110]

1. Juristische Personen i.e.S.

Privatrecht und öffentliches Recht

56 Im bürgerlichen Recht sind dies zunächst alle vollrechtsfähigen Vereinigungen, also der rechtsfähige Verein gem. § 21 BGB, die Gesellschaft mit beschränkter Haftung gem. § 13 GmbHG, die Aktiengesellschaft gem. § 1 AktG, die Kommanditgesellschaft auf Aktien gem. § 278 AktG, die eingetragene Genossenschaft gem. § 17 GenG, der Versicherungsverein auf Gegenseitigkeit gem. § 15 VAG sowie rechtsfähige Stiftungen des Privatrechts gem. § 80 BGB. Auch juristische Personen des öffentlichen Rechts, namentlich Körperschaften, Anstalten und Stiftungen, fallen unter „juristische Personen" in diesem Sinne.[111] Ihre Grundrechtsfähigkeit ist nicht an dieser Stelle, sondern unter der Anwendbarkeit der Grundrechte ihrem Wesen nach in Zweifel zu ziehen (dazu sogleich).

2. Teilrechtsfähige Organisationen

Weite Auslegung des Begriffs „juristische Person"

57 Darüber hinaus ist heute allgemein anerkannt, dass auch teilrechtsfähige Organisationen (also solche, denen das einfache Recht wenigstens an einer Stelle ein Recht oder eine Pflicht zuweist) in den Grenzen ihrer Rechtsfähigkeit[112] grundrechtsfähig sein können.[113] Darunter fallen insbesondere OHG, KG, nichtrechtsfähiger Verein (hier insbesondere die politischen Parteien[114] und die Gewerkschaften[115]), Gesellschaft bürgerlichen Rechts,[116] Betriebsrat, Eigentümergemeinschaft und Reederei (§ 489 HGB).[117] Hierher gehören auch juristische Personen im Gründungsstadium, da diese zumindest nichtrechtsfähige Vereine sind.[118]
Dogmatisch handelt es sich um eine Auslegung des verfassungsrechtlichen Begriffs der „juristischen Person", der weiter ist als der bürgerlich-rechtliche, und nicht um eine Analogie. Dieses weite Verständnis lässt sich dadurch rechtfertigen, dass der personale Hintergrund bei Personengesellschaften eher noch stärker ist als bei den o.g. Kapitalgesellschaften[119] und die Abstufung zwischen Rechts- und Teilrechtsfähigkeit i.E. ohnehin nur noch graduell besteht.[120]

3. Nicht rechtsfähige Zusammenschlüsse

58 Teilweise erkennt das BVerfG sogar solchen Personengemeinschaften die Grundrechtsfähigkeit zu, die noch nicht einmal teilrechtsfähig im o.g. Sinne sind.[121] Allerdings setzt dies stets eine hinreichende Verfestigung voraus, also insbesondere

110 Pieroth/Schlink, GR, Rn 158
111 BVerfGE 3, 383, 391 (rechtsfähiger Verein); 3, 359, 363 (GmbH); 50, 290, 319 (AG); BVerwGE 40, 347, 348 (Stiftung); Sachs-Sachs, GG, Art. 19 Rn 60; Bleckmann, Staatsrecht II, § 9 Rn 3
112 Sachs-Sachs, GG, Art. 19 Rn 63
113 BVerfGE 24, 236, 243; 4, 7, 12; 3, 383, 391; v.Münch/Kunig-Krebs, GG, Art. 19 Rn 31
114 BVerfGE 47, 198, 223; 6, 273, 277; Sachs-Sachs, GG, Art. 19 Rn 64
115 Bleckmann, Staatsrecht II, § 9 Rn 14
116 BVerfG, NJW 2002, 3533, 3533 = RA 2002, 693, 693
117 Sachs-Sachs, GG, Art. 19 Rn 64
118 Sachs-Sachs, GG, Art. 19 Rn 64
119 Bethge, AöR 104 (1979), 54, 77
120 v.Münch/Kunig-Krebs, GG, Art. 19 Rn 31
121 BVerfGE 6, 273, 277

eine gewisse organisatorische Eigenständigkeit, Dauerhaftigkeit und ein einheitliches Auftreten nach außen.[122] Ob diese Voraussetzungen vorliegen, ist eine Frage des Einzelfalles. Allerdings ist Zurückhaltung geboten, will man das Merkmal „juristische Person" nicht gänzlich leer laufen lassen.

BEISPIEL: Für eine Bürgerinitiative wird man einheitliches Auftreten und verfestigte Organisationsstrukturen u.U. bejahen können, für eine Essensrunde, eine Fußballmannschaft, die Belegschaft eines Unternehmens oder ein Orchester dagegen verneinen müssen.

II. INLÄNDISCH

Die Subsumtion unter den Begriff „inländisch" setzt zunächst die Definition dessen, 59
was territorial „Inland" ist, voraus. Nach der Wiedervereinigung ist das „Inland" mit dem Geltungsbereich des GG und damit dem Staatsgebiet der jetzigen BRD identisch.[123]

Fraglich ist sodann, ob die juristische Person „inländisch" in diesem Sinne ist. Das ist 60
mit der von der ganz h.M. vertretenen **„Sitztheorie"** der Fall, wenn sie ihren „Sitz", d.h. ihren effektiven Verwaltungsmittelpunkt im Inland hat,[124] was sich wiederum nach dem Tätigkeitsschwerpunkt ihrer Organe lokalisieren lässt. Denn der Staat, in dem gehandelt wird, hat die weitestgehenden Eingriffsmöglichkeiten; es ist daher sachgerecht, der juristischen Person in diesem (und nur in diesem) auch die grundrechtlichen Abwehrrechte zuzubilligen. Art. 19 III GG meint somit das „imperium", nicht das „dominum" der juristischen Person. Auf die satzungsmäßige Bestimmung des Sitzes kommt es also - entgegen einer m.M.[125] - ebenso wenig an, wie auf die Staatsangehörigkeit der hinter der juristischen Person stehenden natürlichen Personen (Mitglieder, Gesellschafter etc.),[126] die Lage ihres Eigentums oder völkerrechtliche Vereinbarungen.[127]

Sitztheorie: Schwerpunkt der Tätigkeit maßgeblich

Ähnlich wie bei den „Bürgerrechten" wird der Grundrechtsschutz auch bei Art. 19 III 61
GG auf ausländische Unternehmen erstreckt, die ihren Sitz im o.g. Sinne innerhalb der EU haben.[128] Hintergrund ist der Anwendungsvorrang des EU-Rechts, der einer Schlechterstellung von EU-Gesellschaften auf nationaler Ebene entgegensteht.

Sitz in der EU genügt

KLAUSURHINWEIS

Es sollte zunächst festgestellt werden, dass die juristische Person mit Sitz im EU-Ausland nicht „inländisch" im Wortsinne des Art. 19 III GG ist, dieser dann aber im Lichte der EU-Grundfreiheiten (i.d.R. der Niederlassungsfreiheit gem. Art. 49, 54 AEUV) so ausgelegt werden, dass auch ein Sitz in der EU genügt.

Andererseits sollen die Bürgerrechte auf inländische, aber von Ausländern beherrschte juristische Personen nicht anwendbar sein, da die kollektiven Rechte nicht weiter gehen könnten als die individuellen.[129]

---

122 *BVerfG, NVwZ 2009, 441, 441; BayVGH, NJW 1984, 2116, 2116; Sachs-Sachs, GG, Art. 19 Rn 65*
123 *Sachs-Sachs, GG, Art. 19 Rn 54; JP-Jarass, GG, Art. 19 Rn 20*
124 *BVerfGE 23, 229, 236; 21, 207, 208; Meessen, JZ 1970, 602, 604*
125 *EuGH, EuZW 1999, 216, 216; Bleckmann, Staatsrecht II, § 9 Rn 142; Streinz, JuS 1999, 810, 810*
126 *BVerfGE 21, 207, 209; BVerfG, NVwZ 2008, 670, 671*
127 *Bleckmann, Staatsrecht II, § 9 Rn 147*
128 *BVerfG, DÖV 2017,120, 121 = RA 2017, 29, 30 f.; NJW 2011, 3428, 3429; Sachs-Sachs, GG, Art. 19 Rn 55*
129 *JP-Jarass, GG, Art. 19 Rn 20; Sachs-Sachs, GG, Art. 19 Rn 56*

Justizgrundrechte

62 Jedenfalls aber stehen die Justizgrundrechte der Art. 19 IV, 101 I und 103 I GG auch ausländischen juristischen Personen zu, da es sich hierbei nicht um „Grundrechte" i.S.d. Art. 19 III GG handelt; dieser bezieht sich nur auf die formellen Grundrechte des I. Abschnitts des Grundgesetzes.[130]

III. DEM WESEN NACH ANWENDBAR

63 Die Anwendbarkeit „dem Wesen nach" wird von Rechtsprechung und Literatur unterschiedlich aufgefasst:

1. Personales Substrat und grundrechtstypische Gefährdungslage

BVerfG: „Personales Substrat"

64 Nach Ansicht des BVerfG lässt sich die den juristischen Personen über Art. 19 III GG zugebilligte Grundrechtsfähigkeit auf die Grundrechte der einzelnen Personen zurückführen, die hinter ihr stehen und sich durch sie betätigen.[131] Dadurch sei aber gleichzeitig die Grenze der Grundrechtsfähigkeit vorgegeben: Nur wenn der „Durchblick" auf die hinter der juristischen Person stehenden natürlichen Personen dies erfordere, die Betätigung der juristischen Person also zugleich Ausdruck der freien Entfaltung der sie beherrschenden natürlichen Personen ist, könnten der juristischen Person Grundrechte zustehen. Dieser „Durchblick" wird als „personales Substrat" bezeichnet.

BEISPIEL: Beschließt ein Kaufmann, aus Gründen der Haftungsbeschränkung eine GmbH zu gründen, und nimmt er durch diese weiter am Erwerbsleben teil, stellt sich die wirtschaftliche Betätigung der GmbH letztlich als Tätigkeit des Kaufmanns (also ihres Gesellschafters) dar. Die GmbH weist folglich insoweit ein „personales Substrat" auf, als es um diese Beteiligung am Erwerbsleben geht. Sie ist danach ihrerseits Träger von Art. 12 I 1 GG. Gleiches gilt z.B. im Hinblick auf Art. 14 I 1 GG, wenn der Kaufmann Eigentumsgegenstände in die Gesellschaft überführt.

Literatur: „Grundrechtstypische Gefährdungslage"

65 In der Literatur wird demgegenüber häufig auf eine „grundrechtstypische Gefährdungslage" abgestellt. Es komme darauf an, ob die juristische Person in gleicher Weise von einer staatlichen Maßnahme betroffen ist, wie es eine natürliche Person an ihrer Stelle wäre (Austauschbarkeit der Betroffenen).[132] Dogmatisch wird die Grundrechtsfähigkeit juristischer Personen also nicht als Ausfluss der Grundrechtsfähigkeit der hinter ihr stehenden natürlichen Personen gesehen, sondern als eigenständige, anderen - natürlichen - Personen vergleichbare Rechtsposition.

Häufig identische Ergebnisse

Eine Stellungnahme zu diesem Streit wird in aller Regel entbehrlich sein, da i.E. kaum unterschiedliche Ergebnisse erzielt werden.[133]

BEISPIEL: Die Tätigkeit der GmbH aus dem obigen Beispiel ist der erwerbswirtschaftlichen Betätigung natürlicher Personen gleichwertig; auch unter dem Erfordernis einer „grundrechtstypischen Gefährdungslage" wäre Art. 12 I 1 GG also dem Wesen nach auf die GmbH anwendbar, ganz gleich ob man nun auf den hinter ihr stehenden Kaufmann oder andere am Erwerbsleben teilnehmende Kaufleute abstellt. Gleiches würde für die Eigentumsposition und Art. 14 I 1 GG gelten.

---

130 *BVerfGE 64, 1, 11; 18, 441, 447; 12, 6, 8; krit. Sachs-Sachs, GG, Art. 19 Rn 49*

131 *BVerfGE 68, 198, 205; 61, 82, 101; 21, 362, 369; v.Münch/Kunig-Krebs, GG, Art. 19 Rn 38*

132 *Erichsen/Scherzberg, NVwZ 1990, 8, 11; Kröger, JuS 1981, 26, 29; v.Mutius, JURA 1983, 30, 35*

133 *v.Münch/Kunig-Krebs, GG, Art. 19 Rn 40*

Letztlich ist nach den jeweiligen Grundrechten zu differenzieren: Knüpfen diese an Eigenschaften an, die denknotwendiger Weise nur natürlichen Personen zukommen können, sind sie nicht „dem Wesen nach" auf juristische Personen anwendbar. Ist hingegen auch die Betätigung einer juristischen Person in ihrem Schutzbereich möglich, ist auch deren Grundrechtsfähigkeit zu bejahen. 66

BEISPIEL: Eine juristische Person kann weder heiraten und eine Familie gründen (Art. 6 I GG), noch an Leben oder Gesundheit (Art. 2 II 1 GG) verletzt werden. Diese Grundrechte sind daher nicht auf juristische Personen anwendbar. Demgegenüber können juristische Personen neben den o.g. Art. 12 I 1 und 14 I 1 GG auch Träger der Grundrechte aus Art. 4 II GG (religiöse Betätigung einer Glaubensgemeinschaft) oder Art. 5 I 2 GG (Pressefreiheit für Verlagsgesellschaften etc.) sein.

3. Problemfälle

a) Juristische Personen des öffentlichen Rechts

Grundsätzlich kein „personales Substrat"

Körperschaften, Anstalten und Stiftungen des öffentlichen Rechts können grundsätzlich nicht grundrechtsfähig sein. Für das BVerfG ergibt sich dies zwanglos daraus, dass das „personale Substrat" fehlt: Hinter juristischen Personen des öffentlichen Rechts stehen keine Menschen, sodass auch keine Einschränkungen auf diese durchschlagen können.[134] Die Literatur muss sich hingegen mit dem „Konfusionsargument" helfen: Begreift man die Grundrechte als Abwehrrechte des Bürgers gegen den Staat, muss Grundrechtsfähiger zwangsläufig ein Privatrechtssubjekt sein; der Staat kann nicht Berechtigter und Verpflichteter zugleich sein.[135] 67

BEISPIEL (nach BVerfGE 61, 82 - „Sasbach"): Die kleine Gemeinde Sasbach wandte sich unter Berufung auf ihr Eigentum an angrenzenden Weinbergen gegen die Genehmigung des Atomkraftwerks Wyhl. Das BVerfG wies die Verfassungsbeschwerde unter der Feststellung zurück: „Die Beschwerdeführerin ist nicht Rechtsinhaberin des Grundrechts aus Art. 14 I 1 GG."[136] Weiter heißt es: „Art. 14 GG schützt nicht das Privateigentum, sondern das Eigentum Privater".[137]

68

Justizgrundrechte

Lediglich die Justizgrundrechte der Art. 101 I 2, 103 I GG gelten auch für juristische Personen des öffentlichen Rechts, weil Art. 19 III GG sich nur auf die in Art. 1-19 GG geregelten Grundrechte bezieht.[138]

Spezifisch zugewiesene Bereiche

Eine Ausnahme gilt ferner dort, wo die juristische Person des öffentlichen Rechts in einem Bereich tätig wird, der ihr spezifisch zugewiesen worden und in dem sie deshalb vom Staat unabhängig ist. Hier soll die juristische Person des öffentlichen Rechts einem Bürger gleichstehen und sich daher auf die Grundrechte berufen können, die ihr Tätigwerden innerhalb dieses Bereichs betreffen. Sie sind dann „Sachwalter des Einzelnen bei der Wahrnehmung seiner Grundrechte".[139] Anerkannt 69

---

134 *BVerfGE 68, 193, 205; 61, 82, 100; 21, 362, 369; ebenso BVerwGE 97, 143, 151*
135 *Sachs-Sachs, GG, Art. 19 Rn 89*
136 *BVerfGE 61, 82, 100*
137 *BVerfGE 61, 82, 109*
138 *BVerfGE 39, 302, 312; 75, 192, 200; BVerfG, NVwZ-RR 2009, 361, 362*
139 *BVerfGE 61, 82, 103*

sind die Rundfunkfreiheit des Art. 5 I 2 2. Fall GG für öffentlich-rechtliche Rundfunkanstalten (WDR etc.)[140] und Wissenschaft, Forschung und Lehre aus Art. 5 III 1 GG für die staatlichen Universitäten..[141] Demgegenüber hat das BVerfG eine Grundrechtsfähigkeit gesetzlicher Krankenkassen verneint.[142]

Kirchen

Eine Sonderstellung nehmen die nach Art. 140 GG i.V.m. 137 V 1 WRV als öffentlich-rechtliche Körperschaften organisierten Religionsgemeinschaften ein. Diese sollen - im Unterschied zu den vorgenannten Institutionen - nicht nur bereichsspezifisch, sondern umfassend grundrechtsfähig sein.[143]

b) Staatlich beherrschte privatrechtliche Gesellschaften

Staatliche Beherrschung entscheidet

70 Von einer staatlich beherrschten privatrechtlichen Gesellschaft ist auszugehen, wenn der Staat alleiniger Gesellschafter ist, ein Beherrschungsvertrag existiert oder er sonstwie eine maßgebliche Einflussnahmemöglichkeit auf die Geschicke der Gesellschaft besitzt. Bei Aktiengesellschaften genügt dazu eine einfache Anteilsmehrheit des Staates, also 50% plus eine Aktie,[144] mag der Aktienbesitz auch in der Hand verschiedener Hoheitsträger sein.[145] Liegt eine staatliche Beherrschung in diesem Sinne vor, ist die Gesellschaft nicht grundrechtsberechtigt, sondern grundrechtsverpflichtet.[146] Dies gilt insgesamt, d.h. auch für die privaten Minderheitsanteilseigner.[147]

Für den Bereich des sog. „**Verwaltungsprivatrechts**", in dem der Staat öffentliche Aufgaben in privatrechtlicher Form erledigt, entsprach dies schon immer der allgemeinen Meinung.[148] Der Staat kann nicht „ins Privatrecht flüchten" und sich so eine Grundrechtsberechtigung verschaffen, obwohl er nach Art. 1 III GG eigentlich grundrechtsverpflichtet ist.

BEISPIEL: Eine Gemeinde gründet eine Stadtwerke-GmbH zur Versorgung der Einwohner mit Erdgas und Trinkwasser. Es handelt sich um Daseinsvorsorge als Ausprägung der öffentlich-rechtlichen Selbstverwaltungsautonomie der Gemeinde, Art. 28 II 1 GG.

„Fraport"-Entscheidung des BVerfG

71 Außerhalb des Verwaltungsprivatrechts, also bei rein privater Betätigung des Staates, wurde dies früher z.T. anders gesehen, u.a. vom BGH[149] und vom BVerwG.[150]

BEISPIELE: Der Staat deckt seinen eigenen Bedarf (kauft Kugelschreiber für die Verwaltung) oder leistet Dienste, zu denen er öffentlich-rechtlich nicht verpflichtet ist (beteiligt sich an einer Flughafenbetreibergesellschaft, einem Autokonzern usw.).

---

140 *BVerfGE 78, 101, 102*
141 *BVerfGE 15, 256, 262*
142 *BVerfG, NVwZ-RR 2009, 361, 361 = RA 2009, 353, 353*
143 *BVerfGE 70, 138, 160; 46, 73, 83*
144 *BVerfG, NJW 2011, 1201, 1204 = RA 2011, 169, 171*
145 *BVerfG, NJW 2011, 1201, 1204 = RA 2011, 169, 171*
146 *BVerfG, NJW 2016, 3153 = RA 2016, 533*
147 *BVerfG, NJW 2011, 1201, 1204 = RA 2011, 169, 171*
148 *BVerfGE 45, 63, 80; BGHZ 91, 4, 96; Zimmermann, JuS 1991, 294, 294*
149 *BGHZ 154, 146, 150; 36, 91, 95*
150 *BVerwGE 114, 160, 189 - Deutsche Post AG*

Das BVerfG hat sich in seiner richtungsweisenden „Fraport"-Entscheidung[151] allerdings der Gegenansicht[152] angeschlossen, sodass nunmehr auch in diesem Bereich ausschließlich eine Grundrechtsbindung - und damit korrespondierend zwangsläufig keinerlei Grundrechtsberechtigung - staatlich kontrollierter Gesellschaften besteht.

KLAUSURHINWEIS
Dies sollte nicht mehr streitig dargestellt, wohl aber mit den nachstehenden Argumenten sorgfältig begründet werden.

Diese Ansicht überzeugt: Erstens gibt es für den Staat keine Ausnahmen zu Art. 1 III GG. Zweitens handelt er auch bei rein privatwirtschaftlicher Betätigung nicht als Privater, sondern als Sachwalter der Allgemeinheit. Und drittens und vor allem ist die Gefahr einer „Flucht ins Privatrecht" eben nicht nur bei öffentlicher Aufgabenwahrnehmung, sondern auch bei rein privatrechtlicher Betätigung des Staates gegeben.

BEISPIEL: Im „Fraport"-Fall hatte die zu 52% staatlich kontrollierte Fraport AG, Betreiberin des Frankfurter Flughafens, Hausverbote gegen Privatpersonen ausgesprochen, die im Flughafenterminal ohne Genehmigung Flugblätter verteilten. Diese wehrten sich hiergegen unter Berufung auf ihre Meinungs- und Versammlungsfreiheit. Wäre die Fraport AG nicht grundrechtsgebunden, könnten sich die Betroffenen ihr gegenüber schon a priori nicht auf Grundrechte berufen.

Im Übrigen liegt in dieser Ansicht auch keine ungerechtfertigte Benachteiligung der privaten Minderheitsanteilseigner, denn diese beteiligen sich freiwillig an einer solchen Gesellschaft, wissen also was sie tun.

MERKSATZ
Staatlich beherrschte Gesellschaften sind insgesamt nicht grundrechtsberechtigt, sondern grundrechtsgebunden.

Anders liegt es freilich bei Gesellschaften, die von **ausländischen Staaten** beherrscht werden. Hier greift das Konfusionsargument nicht, sodass diese grundrechtsberechtigt sind (jedenfalls soweit sie im EU-Ausland sitzen, weil dann auch über das Merkmal "inländisch" hinweggesehen wird, vgl. oben Rn 60).[153] **72**

c) Beliehene

Zu verneinen ist die Grundrechtsfähigkeit von rein privatrechtlichen Gesellschaften, die als Beliehene in einem Bereich tätig werden, der ihnen durch Gesetz übertragen wurde und in dem sie öffentliche Aufgaben in eigenem Namen wahrnehmen (vgl. Rn 82).[154] **73**

BEISPIEL: Technischer Überwachungsverein (TÜV).

---

151 BVerfG, NJW 2011, 1201, 1204 = RA 2011, 169, 171
152 VerfGH Berlin, DÖV 2005, 515, 517; Sachs-Höfling, GG, Art. 1 Rn 103
153 BVerfG, DÖV 2017, 120, 121 = RA 2017, 29, 30 f.
154 BVerfG, NJW 1987, 2501, 2501; Sachs-Sachs, GG, Art. 19 Rn 111

C. Grundrechtsfähigkeit durch Übertragung

74 Die Grundrechtsfähigkeit kann nur originär erworben, d.h. durch die Grundrechte bzw. Art. 19 III GG selbst verliehen werden. Ein abgeleiteter Erwerb, etwa durch treuhänderische Übertragung zwecks Wahrnehmung in eigenem Namen, ist unzulässig.[155]

D. Einschränkung und Verlust der Grundrechtsfähigkeit

I. VERZICHT

75 Auf bestimmte Grundrechte (bzw. die Ausübung derselben) kann explizit oder durch schlüssiges Verhalten verzichtet werden. Bloße Passivität genügt hingegen nicht.

BEISPIEL: Willigt der unschuldig Verdächtigte ausdrücklich in eine Durchsuchung seiner Wohnung ein, obwohl die Polizei keinen Durchsuchungsbeschluss vorweisen kann, verzichtet er damit ebenso auf sein Grundrecht aus Art. 13 I GG wie der Wähler, der seinen ausgefüllten Wahlzettel Dritten zeigt, auf das Wahlgeheimnis aus Art. 38 I 1 GG. Wer hingegen nicht an einer Versammlung teilnimmt, verzichtet damit ebenso wenig auf sein Grundrecht aus Art. 8 I GG, wie jemand der nicht heiratet auf Art. 6 I GG.

Wirksamkeit vielfach problematisch

76 Es stellt sich immer die Frage nach der Wirksamkeit eines solchen Grundrechtsverzichts. Grundrechte sind zum einen subjektive Rechte des Einzelnen (disponibel), zum anderen Kraft objektiver Wertentscheidung Grundlage für das Zusammenleben aller (nicht disponibel). Fraglich ist, welcher Komponente im Einzelfall der Vorrang zu geben ist. Dies ist einfach zu beurteilen, wenn das Grundgesetz selbst einen Verzicht zulässt.

BEISPIEL: Art. 16 I 2 GG stellt die deutsche Staatsangehörigkeit ausdrücklich zur Disposition des Einzelnen; ebenso enthält Art. 9 III 2 GG ein Verfügungsverbot über die Koalitionsfreiheit, indem dieses Grundrecht einschränkende Abreden für nichtig erklärt werden.

Vielfach ist dies jedoch nicht der Fall. Entscheidendes Kriterium ist dann zunächst die Bedeutung des Grundrechts.

BEISPIEL: Die Menschenwürde (Art. 1 I 1 GG) und das Recht auf Leben (Art. 2 I 1 1. Fall GG) sind so bedeutsam, dass allein der Rang dieser Grundrechte eine Disposition über sie ausschließt.[156] Demgegenüber kann jedermann über sein Eigentum verfügen (Art. 14 GG), dieses also auch veräußern.

Umstände des Einzelfalles entscheiden

Gibt der Rang des Grundrechts allein nicht den Ausschlag, kommt es auf den Umfang des Verzichts in sachlicher, räumlicher und zeitlicher Hinsicht an. Ein zeitlich und inhaltlich beschränkter, widerruflicher Grundrechtsverzicht wird eher wirksam sein als der unbefristete, vorbehaltlose und unwiderrufliche Verzicht.

BEISPIEL: Der Verzicht auf Rechtsmittel gegen eine konkrete Entscheidung ist zulässig, nicht aber ein solcher für zukünftige, fiktive Prozesse.[157]

---

155 *BVerfGE 16, 147, 158*

156 *BVerwG, NVwZ 1987, 411, 411; NJW 1982, 664, 664; BGHZ 67, 119, 125*

157 *BVerfGE 22, 49, 81; 9, 194, 199*

Eine Tabelle disponibler Grundrechte gibt es nicht. Es kommt letztlich immer auf die Umstände des Einzelfalles an.

BEISPIEL: Ob die körperliche Unversehrtheit (Art. 2 II 1 2. Fall GG) disponibel ist oder nicht, hängt immer vom Einzelfall ab: In eine ärztliche Heilbehandlung wird man einwilligen können, auch wenn sie eine Körperverletzung beinhaltet (Operation). Problematisch ist dies hingegen schon für die Einwilligung eines gesunden Häftlings, sich für medizinische Versuche zur Verfügung zu stellen.[158] Keinesfalls einwilligen kann man in schwere Misshandlungen, etwa in Form von Prügel durch die Polizei unter Zusicherung anschließender Verschonung von der Strafverfolgung.

Unwirksamkeitskriterien

Jedenfalls unwirksam ist die unter Druck oder Täuschung zustande gekommene Verzichtserklärung. Gleiches gilt, wenn der Verzichtende die notwendige Einsichtsfähigkeit nicht besitzt (Minderjährige, Krankheit, Rausch etc.).[159]

KLAUSURHINWEIS

Zu den Rechtsfolgen eines wirksamen Grundrechtsverzichts wird eine Fülle von Meinungen vertreten.[160] Man kann von fehlender Schutzbereichsbetroffenheit oder von der Einwilligung als Rechtfertigungselement ausgehen. Nimmt man jedoch mit der wohl h.M. an, dass ein „Eingriff" in ein Grundrecht nur eine staatliche Maßnahme sein kann, die gegen den Willen des Grundrechtsberechtigten erfolgt, führt ein wirksamer Grundrechtsverzicht zum Fehlen eines Eingriffs und ist aufbautechnisch daher auch unter diesem Merkmal zu prüfen.

II. VERWIRKUNG

Nach Art. 18 S. 1 GG werden die dort genannten Grundrechte verwirkt, wenn sie zum Kampf gegen die freiheitlich-demokratische Grundordnung missbraucht werden. 77

MERKSATZ

Liegt eine Verwirkung vor, sind alle in Art. 18 S. 1 GG genannten Grundrechte verwirkt, nicht nur das missbrauchte.[161] Keinesfalls verwirkt werden kann aber ihr durch die Menschenwürde garantierter Wesensgehalt.[162]

Entscheidungsmonopol des BVerfG

Über die Verwirkung entscheidet - gem. § 36 BVerfGG auf Antrag der Bundesregierung, des Bundestages oder einer Landesregierung - konstitutiv das BVerfG, Art. 18 S. 2 GG. Die Bedeutung der Vorschrift in Praxis[163] und Examen ist äußerst gering. Noch nie hat das BVerfG eine Verwirkung ausgesprochen.[164] 78

158 *Pietzcker, Der Staat 17 (1978), 527, 550 (verneinend)*
159 *Bleckmann, Staatsrecht II, § 15 Rn 29*
160 *Überblick bei Bleckmann, Staatsrecht II, § 15 Rn 12 m.w.N.*
161 *v.Münch/Kunig-Krebs, GG, Art. 18 Rn 16*
162 *Bleckmann, Staatsrecht II, § 16 Rn 14*
163 *Vgl. die Zusammenstellung bei Butzer/Clever, DÖV 1994, 637*
164 *Es hat bisher zwei entschiedene (BVerfGE 38, 23; 11, 282) und zwei gem. § 24 BVerfGG a-limine abgewiesene Anträge gegeben.*

KLAUSURHINWEIS
Dass das BVerfG eine Grundrechtsverwirkung festgestellt hat, müsste im Sachverhalt angegeben sein. Dann wäre das Grundrecht anzuprüfen und im Urteilsstil knapp festzustellen, dass eine Verletzung desselben schon wegen Verwirkung nicht in Betracht kommt.

Jedoch kann Art. 18 GG für die Falllösung Bedeutung gewinnen, wenn das Entscheidungsmonopol des BVerfG durch Gesetze, Gerichte oder Verwaltungshandeln faktisch unterlaufen wird.

BEISPIEL: Per Gesetz wird die Verwaltung ermächtigt, Journalisten, die nationalsozialistische Parolen verbreiten, ein Berufsverbot für die Dauer von bis zu 5 Jahren zu erteilen. Dieses Gesetz ist verfassungswidrig wegen eines Verstoßes gegen Art. 18 S. 2 GG, da ein Berufsverbot für einen Journalisten der Verwirkung des Art. 5 I 2 1. Fall GG gleichkommt.[165]

III. MISSBRAUCH

79 Die Verwirkung von Grundrechten ist nur eine Folge ihres Missbrauchs. Über Art. 18 GG hinaus verwehrt die Rechtsprechung[166] daher auch unterhalb der Verwirkungsschwelle Personen, die ihre Grundrechte missbrauchen, im entsprechenden Einzelfall den Grundrechtsschutz.

BEISPIEL (nach BVerfGE 12, 1): Ein wegen NS-Verbrechen verurteilter Strafgefangener bietet seinen Mithäftlingen Zigaretten an, um sie zum Kirchenaustritt zu bewegen. Das BVerfG führt aus, das Bemühen, Dritte vom Atheismus zu überzeugen, könne zwar grundsätzlich Ausdruck der (negativen) Glaubensfreiheit des Art. 4 I GG sein; wer jedoch die Abhängigkeit Dritter und die besonderen Umstände des Strafvollzugs benutze, um dieses Ziel zu erreichen, handle missbräuchlich und könne sich daher nicht auf Art. 4 I GG berufen.[167]

Konflikte mit Art. 18 GG

Demgegenüber lehnt eine Literaturansicht den Ausschluss der Grundrechtsfähigkeit unter Missbrauchsgesichtspunkten außerhalb von Art. 18 GG ab, da dies den Grundrechtsschutz des Einzelnen von der Wertauffassung der Mehrheit abhängig mache.[168] Teilweise herrscht auch Streit darüber, ob ein bestimmtes Verhalten missbräuchlich ist oder nicht.

BEISPIEL (nach OVG Münster, NJW 2001, 2113 = RA 2001, 256): Das OVG Münster vertritt die Auffassung, dass Personen oder Gruppen, die es sich zum Ziel gesetzt haben, gegen die freiheitlich-demokratische Grundordnung zu kämpfen, sich zum Schutz dieses Kampfes nicht auf Grundrechte berufen können. Es spricht daher namentlich rechtsgerichteten Versammlungen das Grundrecht aus Art. 8 I GG ab.[169] Das BVerfG hat dieser Ansicht hingegen eine scharfe Absage erteilt, weil sie auf ein Gesinnungsversammlungsrecht hinauslaufe, obschon das Versammlungsrecht in einer Demokratie auch und gerade für Vertreter politischer Mindermeinungen unerlässlich sei.[170]

---

165 Bethge/Rozek, JuS 1994, 774, 774
166 BVerfGE 38, 105, 120; 24, 119, 147
167 BVerfGE 12, 1, 4
168 Bleckmann, Staatsrecht II, § 12 Rn 23
169 OVG Münster, NJW 2001, 2113, 2113 = RA 2001, 256; DVBl 2001, 584, 584
170 BVerfG, DVBl 2004, 697 = RA 2004, 434; NJW 2001, 1409 = RA 2001, 256

In vielen Fällen kann eine Erörterung des Streits wegen identischer Ergebnisse dahinstehen. Es handelt sich letztlich um eine dogmatische Auseinandersetzung darüber, ob die Grundrechtsverletzung auf Schutzbereichs- oder Schrankenebene zu verneinen ist.

BEISPIEL: A wird wegen erwiesenen Mordes an B verurteilt. Er kann dieses Urteil nicht mit Erfolg mittels Verfassungsbeschwerde unter Hinweis auf seine allgemeine Handlungsfreiheit aus Art. 2 I GG angreifen. Für dieses Ergebnis spielt es keine Rolle, ob man Mord als Missbrauch der Handlungsfreiheit ansieht und deshalb schon die Betroffenheit des Schutzbereichs verneint, oder das Urteil bzw. die Rechtsnormen, auf deren Grundlage es ergangen ist, als von den Schranken des Grundrechts gedeckt (§§ 211 ff. StGB als Bestandteil der verfassungsmäßigen Ordnung i.S.d. Art. 2 I, 2. Hs GG; Grundrecht auf Leben des B als verfassungsimmanente Schranke) und damit verfassungsrechtlich gerechtfertigt ansieht.

KLAUSURHINWEIS
Der Missbrauch sollte im Schutzbereich nur erwogen werden, wenn sich im Sachverhalt dazu Anhaltspunkte finden, sich z.B. jemand darauf beruft. Selbst dann spricht die mögliche Umgehung von Art. 18 GG aber dafür, eine Schutzbereichsbetroffenheit i.E. zu bejahen und eine Grundrechtsverletzung erst auf Schrankenebene zu verneinen, zumal dann die oftmals problematische Frage, ob wirklich ein Missbrauch vorliegt, offen gelassen werden kann.

5. Teil – Grundrechtsbindung

A. Der Staat

Über Art. 1 III GG (bzw. für die Menschenwürde des Art. 1 I 1 GG schon über Art. 1 I **80**
2 GG) werden die drei Staatsgewalten unmittelbar an die Grundrechte gebunden. Grundsätzlich hat sich danach schlechthin jedes staatliche Verhalten an den Grundrechten zu orientieren. Der Pflichtenkatalog des Staates ergibt sich dabei aus der Funktion der Grundrechte, reicht also vom Unterlassen grundrechtswidriger Eingriffe in die Freiheitssphäre des Bürgers bis zur Ermessensbindung im Rahmen der objektiven Wertentscheidungen.

I. PRIVATRECHTLICHE BETÄTIGUNG

Problematisch ist die Grundrechtsbindung des Staates zum einen, wenn er sich in **81**
Form von ihm beherrschter privatrechtlicher Unternehmen privatrechtlich betätigt. Die hier erörterte Grundrechtsbindung einer solchen Gesellschaft korrespondiert in diesem Bereich mit der unter Rn 71 erörterten Grundrechtsfähigkeit derselben: Soweit sie grundrechtsfähig ist, ist sie nicht grundrechtsgebunden und umgekehrt. Es kann deshalb in vollem Umfang auf die obigen Ausführungen verwiesen und noch einmal folgender Merksatz festgehalten werden:

MERKSATZ
Staatlich beherrschte Gesellschaften sind in vollem Umfang grundrechtsgebunden, auch soweit es die privaten Minderheitsanteilseigner betrifft.

II. BELIEHENE

82 Beliehene sind Privatpersonen, denen der Staat durch Gesetz öffentliche Aufgaben zur Erfüllung in eigenem Namen übertragen hat.[171]

BEISPIEL: Kapitän auf See (§ 106 II SeemannsG); bestätigte Jagdaufseher (§ 25 II BJagdG); Luftfahrzeugführer an Bord (§ 29 III LuftVG)

Werden diese in ihrer Funktion als Beliehene tätig, handeln sie nicht als Privatperson, sondern als in die Staatsorganisation einbezogene Hoheitsträger. Sie sind deshalb in vollem Umfang grundrechtsgebunden.[172]

III. ÖFFENTLICH-RECHTLICH KORPORIERTE KIRCHEN

Staatliche und nichtstaatliche Aufgaben trennen

83 Die Grundrechtsbindung der öffentlich-rechtlich korporierten Kirchen ist unbestritten, soweit diese - ähnlich wie Beliehene - ihnen übertragene staatliche Hoheitsgewalt ausüben.

BEISPIELE: Erhebung von Kirchensteuer,[173] Ernennung von Kirchenbeamten[174] und Verwaltung kirchlicher Friedhöfe.[175]

Im Bereich nichtstaatlicher Aufgaben können die Kirchen trotz ihres Status als Körperschaften des öffentlichen Rechts (Art. 140 GG i.V.m. Art. 137 V 1 WRV) hingegen grundrechtsfähig sein (dazu ausführlich Rn 69). Dies schließt eine Grundrechtsbindung aus. Hierher gehören vor allem Glaubensfragen und das innerkirchliche Selbstverwaltungsrecht.

BEISPIELE: Andersgläubige können schon deshalb ohne Verstoß gegen Art. 3 III 1 GG oder Art. 4 I, II GG von kirchlichen Veranstaltungen wie der Heiligen Messe, der Kommunion usw. ausgeschlossen werden, weil die Kirchen in diesem Bereich nicht grundrechtsgebunden sind.

Überwiegend wird vertreten, die Kirchen unterlägen in diesem Bereich aber immerhin wie andere Privatpersonen der mittelbaren Drittwirkung der Grundrechte.[176]

B. Privatpersonen

84 Wie bereits bei der Grundrechtsfähigkeit erörtert, entfalten Grundrechte nach ganz h.M. auch unter Privaten zumindest mittelbare Drittwirkung. Diese sind somit einerseits über die Generalklauseln des Zivilrechts aus den Grundrechten berechtigt, andererseits aber auch über sie an die Grundrechte gebunden.

---

171 *Kopp/Ramsauer, VwVfG, § 1 Rn 58; Obermayer, VwVfG, § 1 Rn 73*
172 *v.Münch/Kunig-Kunig, GG, Art. 1 Rn 60; Bleckmann, Staatsrecht II, § 10 Rn 66*
173 *Sachs-Höfling, GG, Art. 1 Rn 110; Bleckmann, Staatsrecht II, § 10 Rn 58*
174 *Wufka, ZEvKR 1971, 190, 198*
175 *Kästner, JuS 1977, 715, 718*
176 *Bleckmann, Staatsrecht II, § 10 Rn 64*

DIE PRÜFUNG DER FREIHEITSGRUNDRECHTE

1. Teil – Einleitung

Die Freiheitsgrundrechte billigen dem Grundrechtsberechtigten einen Freiraum (einen „**Schutzbereich**“) zu, in dessen Rahmen er sich frei betätigen kann und - vorbehaltlich vom Grundgesetz zugelassener Schranken - vor staatlichen Eingriffen geschützt ist. Dadurch unterscheiden sie sich elementar von den sog. Gleichheitsgrundrechten, die nicht per se ein Verhalten schützen, sondern immer nur Gleichheit mit anderen gewähren. **85**

BEISPIEL: Klassische Freiheitsgrundrechte sind die Meinungsfreiheit aus Art. 5 I 1 1. Fall GG oder die Versammlungsfreiheit aus Art. 8 I GG. Sie verleihen originär das Recht, eine Meinung zu äußern bzw. sich zu versammeln. Ein originäres Grundrecht auf den Zugang zu öffentlichen Einrichtungen wie einer städtischen Bibliothek kennt das Grundgesetz hingegen nicht. Allerdings muss der Staat allen Benutzern über Art. 3 I GG gleichen Zugang gewähren, wenn er gleichwohl eine solche Einrichtung schafft.

Aus dieser Überlegung ergibt sich bereits das dreistufige Grobschema zur Prüfung eines Freiheitsgrundrechts aus Schutzbereich, Eingriff und Rechtfertigung.

2. Teil – Prüfungsschema

Im Detail sieht das Aufbauschema wie folgt aus:

PRÜFUNGSSCHEMA

86 **A. Schutzbereich betroffen**
- **I. Sachlicher Schutzbereich**
- **II. Personaler Schutzbereich**

B. Eingriff
- **I. Klassischer Eingriff**
  - **1. Finalität**
  - **2. Unmittelbarkeit**
  - **3. Rechtsakt**
  - **4. Zwangswirkung**
- **II. Erweiterter Eingriff**
  - **1. Staatliches Verhalten**
  - **2. Unmöglichkeit der Grundrechtsausübung**

C. Verfassungsrechtliche Rechtfertigung
- **I. Schranken**
  - **1. Gesetzesvorbehalt**
  - **2. Verfassungsimmanente Schranken**
  - **3. Verfassungsunmittelbare Schranken**
- **II. Schranken-Schranken**
  - **1. Verfassungsmäßigkeit des Gesetzes**
    - **a) Formell**
    - **b) Materiell**
      - **aa) Qualifizierter Gesetzesvorbehalt**
      - **bb) Grundsätze des Art. 19 I, II GG**
        - **(1) Verbot des Einzelfallgesetzes**
        - **(2) Zitiergebot**
        - **(3) Wesensgehalt**
      - **cc) Grundsätze des Art. 20 III GG**
        - **(1) Bestimmtheitsgrundsatz**
        - **(2) Rückwirkungsverbot**
        - **(3) Verhältnismäßigkeit**
      - **dd) Sonstiges Verfassungsrecht**
  - **2. Verfassungsmäßigkeit der Anwendung des Gesetzes**

3. Teil – Grundfall: Polizist contra Pazifist

SACHVERHALT

V möchte mit ca. 100 Gleichgesinnten eine Kundgebung zum Thema „Deutschlands Beitrag zum Weltfrieden" abhalten. Zu diesem Zweck treffen sich alle Teilnehmer an einem Samstagmorgen in der Fußgängerzone der Stadt S im Bundesland B und marschieren los, wobei sie Transparente mitführen und lautstark ihre pazifistische Haltung kundtun. Nachdem die Polizei auf die Menschenmenge aufmerksam geworden ist, erlässt der zuständige Polizeibeamte P nach längerer Diskussion mit V schließlich eine Auflösungsverfügung, weil die Versammlung nicht angemeldet worden und die Fußgängerzone an diesem Samstag so überfüllt sei, dass es schon Konflikte mit dem Kundenverkehr gegeben habe. V hingegen meint, das könne alles sein, es herrsche aber Versammlungsfreiheit. Deshalb habe er seine Kundgebung auch nicht anmelden müssen. 87
Verletzt die Auflösungsverfügung V in seinem Grundrecht aus Art. 8 I GG?

LÖSUNG

V ist in seinem Grundrecht aus Art. 8 I GG verletzt, soweit ein nicht gerechtfertigter Eingriff in den Schutzbereich desselben vorliegt.

A. Schutzbereich betroffen

Dann müsste zunächst der Schutzbereich des Art. 8 I GG betroffen sein. Danach haben alle Deutschen das Recht, sich friedlich und ohne Waffen zu versammeln.

I. SACHLICHER SCHUTZBEREICH

In sachlicher Hinsicht schützt Art. 8 I GG alle Versammlungen, die friedlich und ohne Waffen stattfinden.

1. Versammlung

Unter einer Versammlung ist eine Personenmehrheit zu verstehen, die sich an einem Ort zur Verfolgung eines gemeinsamen Zwecks zusammenfindet. Hinsichtlich der Anzahl der hierzu erforderlichen Personen ist streitig, ob es mindestens drei sein müssen oder auch zwei genügen; dies mag jedoch auf sich beruhen, da an der Kundgebung des V ca. 100 Personen teilgenommen haben.
Weiterhin streitig ist, welche Anforderungen an den gemeinsamen Zweck zu stellen sind. Während die Vertreter des „engen" Versammlungsbegriffs hierzu eine öffentliche Meinungskundgabe fordern, lässt der „erweiterte" Versammlungsbegriff jede Form der Meinungskundgabe genügen. Mit dem „weiten" Versammlungsbegriff würde sogar eine innere Gemeinsamkeit genügen, wie etwa eine einheitliche Grundüberzeugung, ohne dass diese kundgetan werden müsste.
V und seinen Mitstreitern ging es um den Weltfrieden und Deutschlands Beitrag hierzu. Dabei handelt es sich um eine öffentlich diskutierte, politische Frage, die zudem von den Teilnehmern durch Transparente und lautstarkes Rufen artikuliert wurde. Damit liegt selbst nach dem engen Versammlungsbegriff ein hinreichender gemeinsamer Zweck vor. Sind aber schon die strengsten Anforderungen erfüllt, mag auf sich beruhen, ob weniger strenge Anforderungen bestehen.

2. Friedlich und ohne Waffen

Eine Versammlung ist unfriedlich, wenn sie gewalttätig oder aufrührerisch verläuft. Hier traten die Versammlungsteilnehmer jedoch friedlich auf. Sie haben auch keine Waffen mitgeführt.

II. PERSONALER SCHUTZBEREICH

V müsste in personaler Hinsicht zunächst Deutscher sein. Wer Deutscher ist, bestimmt Art. 116 I GG. Mangels gegenteiliger Anhaltspunkte im Sachverhalt ist davon auszugehen, dass V die deutsche Staatsangehörigkeit besitzt und damit Deutscher i.S.d. Art. 116 I GG ist.

B. Eingriff

Ein Eingriff ist jede staatliche Maßnahme, die ein grundrechtlich geschütztes Verhalten ganz oder teilweise unmöglich macht.
Die Auflösung einer Versammlung ist ein Verwaltungsakt i.S.d. § 35 VwVfG und damit eine staatliche Maßnahme. Sie macht die Fortsetzung der Versammlung und damit die weitere Ausübung der Versammlungsfreiheit unmöglich. Ein Eingriff liegt somit vor.

C. Verfassungsrechtliche Rechtfertigung

Die verfassungsrechtliche Rechtfertigung gelingt, soweit der Eingriff durch die Schranken des Grundrechts gedeckt ist.

I. SCHRANKEN

Versammlungen unter freiem Himmel – also solche, die sich ohne bauliche Hindernisse ausdehnen können - sind nach Art. 8 II GG durch oder aufgrund eines Gesetzes beschränkbar. Für Versammlungen in geschlossenen Räumen bestehen demgegenüber nur verfassungsimmanente Schranken. Hier fand die Versammlung in der Fußgängerzone von S statt, also unter freiem Himmel. Mithin unterlag sie dem Gesetzesvorbehalt des Art. 8 II GG.
Als den Eingriff rechtfertigendes Gesetz kommen hier die §§ 14, 15 VersG in Betracht. Nach § 14 I VersG ist eine öffentliche Versammlung unter freiem Himmel spätestens 48 Stunden vor ihrer Bekanntgabe bei der zuständigen Behörde anzumelden. Nach § 15 III VersG kann eine Versammlung u.a. dann aufgelöst werden, wenn sie nicht angemeldet ist.

II. SCHRANKEN-SCHRANKEN

Die Auflösung der Versammlung des V durch P ist aber nur dann verfassungsrechtlich gerechtfertigt, wenn die Gesetze, auf denen sie beruht, ihrerseits verfassungsgemäß sind und sie auch von P in verfassungskonformer Weise angewendet wurden.

1. Verfassungsmäßigkeit der Schranke

a) Formelle Verfassungsmäßigkeit

Ein Gesetz ist formell verfassungsgemäß, wenn es von einem kompetenten Gesetzgebungsorgan nach ordnungsgemäßem Verfahren und in der richtigen Form erlassen worden ist. Das VersG ist ein Bundesgesetz, das nach Art. 74 I Nr. 3 GG a.F. i.V.m. Art. 72 II GG a.F. zustande gekommen ist und über Art. 125a I 1 GG mangels anderweitiger Regelungen im Bundesland B fortgilt, auch nachdem die entsprechende Gesetzgebungskompetenz des Bundes aus Art. 74 I Nr. 3 GG zum 1.9.2006 erloschen ist. Für Verstöße gegen das Gesetzgebungsverfahren nach Art. 76 ff. GG oder die Form des Art. 82 GG ist nichts ersichtlich.

b) Materielle Verfassungsmäßigkeit

In materieller Hinsicht genügen §§ 14, 15 VersG zunächst über § 20 VersG dem Zitiergebot des Art. 19 I 2 GG. Sie müssten ferner im Hinblick auf den aus Art. 20 III GG ableitbaren Grundsatz der Verhältnismäßigkeit zur Erreichung eines legitimen Zwecks geeignet, erforderlich und angemessen sein.

Der legitime Zweck der Anmeldepflicht liegt darin, dass dem Staat Gelegenheit gegeben werden soll, disponieren und rechtzeitig Schutzmaßnahmen treffen zu können, um Konflikte zwischen der Versammlung und Dritten zu verhindern. Die gewährte Zeitspanne von 48 Stunden fördert diesen Zweck und ist somit auch geeignet. Erforderlich wäre sie nicht, wenn mildere, gleich effektive Mittel zur Verfügung stünden. Diesbezüglich ließe sich an eine kürzere Frist oder eine freiwillige Anmeldung denken; diese Mittel mögen milder sein, wären jedoch nicht gleich effektiv und lassen somit die Erforderlichkeit nicht entfallen. Im Rahmen der Angemessenheit ist zwischen dem legitimen Zweck und dem zu seiner Förderung ergriffenen Mittel einerseits und den damit verbundenen Nachteilen für den Betroffenen andererseits abzuwägen. Die Anmeldepflicht stellt u.a. sicher, dass der Verkehr umgeleitet werden kann, wenn öffentliche Straßen benutzt werden, Vorkehrungen gegen Gegendemonstranten getroffen werden können usw. Sie dient folglich nicht zuletzt auch der Versammlung selbst. Für den Veranstalter erschöpft sie sich in der Mühe einer kurzen Meldung bei der zuständigen Behörde. Und selbst wenn gegen die Anmeldepflicht verstoßen wird, stellt es § 15 III VersG noch in das Ermessen der Behörde, ob sie überhaupt einschreitet. Dass §§ 14, 15 VersG überhaupt eine Anmeldung verlangen und ggf. ein Einschreiten gegen nicht angemeldete Versammlungen ermöglichen, ist mithin nicht unverhältnismäßig.

Sonstige Verstöße gegen materielles Verfassungsrecht sind nicht ersichtlich, sodass §§ 14, 15 VersG insgesamt verfassungsgemäß sind.

2. Verfassungsmäßige Anwendung

P müsste die §§ 14, 15 VersG aber auch in verfassungskonformer Weise auf den Einzelfall angewendet haben, d.h. insbesondere verhältnismäßig i.S.d. Art. 20 III GG gehandelt haben. Diesbezüglich ist hier allein fraglich, ob die Auflösung der Versammlung angemessen war. Daran könnten Zweifel bestehen, weil ein Verstoß gegen § 14 I VersG rein formeller Natur ist und § 15 III VersG neben der Auflösung auch mildere Mittel, z.B. Auflagen, zulässt. Neben dem Verstoß gegen § 14 I VersG kam es hier aber zu Konflikten mit den Fußgängern in der stark frequentierten Fußgängerzone, sodass ein über das förmliche Versäumnis hinaus gehender Schutzzweck vorlag. Solchen Konflikten soll durch die Anmeldepflicht gerade vorgebeugt werden, sodass V sich die hieraus entstehenden Nachteile zurechnen lassen muss. Die Auflösung der Versammlung war daher auch im Einzelfall angemessen.

Damit ist der Eingriff in den Schutzbereich des Art. 8 I GG von den Schranken des Art. 8 II GG i.V.m. §§ 14 I, 15 III VersG gedeckt. V ist nicht in seinem Grundrecht aus Art. 8 I GG verletzt.

FALLENDE

4. Teil – Systematik und Vertiefung

Selbstverständlich bedarf es nicht in jedem Gutachten der Prüfung aller Punkte des Aufbauschemas.

BEISPIEL: Wird bereits ein „klassischer Eingriff" (B.I.) bejaht, bedarf es keiner Prüfung eines „erweiterten Eingriffs" (B.II.) mehr. Liegt ein Grundrechtseingriff allein in Form eines Gesetzes vor, kann die Verfassungsmäßigkeit der Anwendung des Gesetzes (C.II.2.) schon deshalb nicht geprüft werden, weil es eine solche nicht gibt. Die Liste solcher Einschränkungen ließe sich beliebig fortsetzen.

Es hängt allein vom konkreten Fall ab, ob einzelne Punkte wegfallen oder zweckmäßigerweise zusammengefasst werden können. Die nachfolgenden Ausführungen sind demgemäß um Vollständigkeit bemüht, werden aber niemals alle in voller Ausführlichkeit Gegenstand eines Gutachtens sein.

A. Schutzbereich betroffen

88 Der Schutzbereich eines Grundrechts lässt sich in den sachlichen und den personalen Schutzbereich unterteilen:

I. SACHLICHER SCHUTZBEREICH

Verhalten geschützt?

89 In sachlicher Hinsicht muss festgestellt werden, ob das Grundrecht tatsächlich die Freiheit schützt, derer sich der Grundrechtsberechtigte rühmt und in die durch den Grundrechtsverpflichteten eingegriffen worden sein soll. Es geht also nicht darum, ob die Person des Betroffenen, sondern darum, ob dessen Verhalten geschützt ist.

BEISPIEL: Wird einer Prostituierten die weitere Ausübung ihrer Tätigkeit aus Gründen des Gesundheitsschutzes untersagt, kann diese Maßnahme sie nur dann in ihrer Berufsfreiheit aus Art. 12 I 1 GG betreffen, wenn Prostitution ein „Beruf" im Sinne dieser Vorschrift ist.

Weiter Begriff des „Verhaltens"

„Verhalten" ist dabei im weitesten Sinne zu verstehen. Dies kann auch in einem Unterlassen bestehen, da die Freiheitsgrundrechte auch das Recht vermitteln, etwas nicht zu tun. Teilweise knüpfen die Grundrechte auch an die bloße Inhaberschaft eines Rechts oder Rechtsguts an. Dann genügt schon die Eigenschaft selbst.

BEISPIEL: Art. 5 I 1 GG schützt neben der Freiheit, die eigene Meinung zu äußern, auch die Freiheit, eine Meinung nicht zu äußern, also ein Unterlassen. Art. 4 I, II GG schützt die Freiheit, einen Glauben zu bilden und auszuleben ebenso wie die Freiheit, nicht religiös zu sein. Das Grundrecht auf Leben aus Art. 2 II 1 GG knüpft an das Rechtsgut Leben, die Eigentumsgarantie des Art. 14 I 1 1. Fall GG an das Recht auf Eigentum an, sodass bereits deren Inhaberschaft genügen, um den Grundrechtsschutz auszulösen.

Zeitliche Dimension

Prüfungsbedarf kann sich schließlich im Hinblick auf die zeitliche Dimension ergeben, wenn danach zu fragen ist, ob der Grundrechtsschutz schon bzw. noch besteht. Dabei handelt es sich jedoch nicht um einen eigenen Prüfungspunkt.

BEISPIEL: Ob der das Druckpapier anliefernde Spediteur schon und der die fertigen Zeitungen ausliefernde Spediteur noch von der Pressefreiheit gem. Art. 5 I 2 1. Fall GG geschützt sind, ist eine Frage der Definition des Begriffs „Presse" und damit des sachlichen Schutzbereichs.

II. PERSONALER SCHUTZBEREICH

Person geschützt?

Hier stellt sich die Frage, ob der oder die Betroffene überhaupt Träger des geltend gemachten Grundrechts ist. 90

BEISPIEL: Bei Art. 12 I GG ist zu prüfen, ob der Betroffene „Deutscher" ist. Bei Art. 2 I GG ist zunächst „jeder" geschützt, sodass die Nationalität keine Rolle spielt. Hier kann jedoch fraglich sein, ob sich z.B. eine juristische Person auf Art. 2 I GG berufen kann, vgl. Art. 19 III GG. Selbstverständlich können diese Problemkreise auch kumulativ auftreten, wenn sich z.B. die deutsche Tochtergesellschaft einer englischen „Ltd." auf Art. 12 I GG berufen will.

Zeitliche Dimension

Ähnlich wie beim sachlichen Schutzbereich gilt auch hier, dass die zeitliche Dimension des Grundrechtsschutzes kein eigener Prüfungspunkt ist, sondern eine Frage des personalen Schutzbereichs sein kann.

BEISPIEL: Ob der nasciturus schon i.S.d. Art. 14 I 1 2. Fall GG erben oder der Verstorbene noch in seiner Persönlichkeit aus Art. 1 I 1 GG geschützt sein kann, ist eine Frage der Grundrechtsfähigkeit und damit des personalen Schutzbereichs.

B. Eingriff

Nachdem festgestellt worden ist, dass der Betroffene in den personalen und sein Verhalten in den sachlichen Schutzbereich fällt, der Schutzbereich eines Grundrechts also betroffen ist, ist zu prüfen, ob das Verhalten des Grundrechtsverpflichteten - also i.d.R. eine staatliche Maßnahme - in diesen Schutzbereich eingreift. Dies versteht sich nicht von selbst; nicht jedes staatliche Handeln im Schutzbereich eines Freiheitsgrundrechts greift auch in dieses ein. Ein Eingriff muss deshalb stets positiv festgestellt werden. 91

BEISPIEL: Wird das Grundstück des Eigentümers E enteignet, liegt offensichtlich ein Eingriff in Art. 14 I 1 1. Fall GG vor. Übereignet er es hingegen auf der Grundlage eines Kaufvertrages freiwillig an den Staat, liegt in dessen Willenserklärung ebenso offensichtlich kein Eingriff.

I. KLASSISCHER EINGRIFFSBEGRIFF

Die vier Elemente des „klassischen" Eingriffs

Der Eingriffsbegriff hat sich vom „klassischen" zum „erweiterten" (oder „modernen") Eingriffsbegriff gewandelt. Nach althergebrachter, klassischer Definition[177] setzt sich der Grundrechtseingriff aus vier Elementen zusammen: Finalität, Unmittelbarkeit, Rechtsakt und Zwangswirkung. 92

177 *BVerfGE 105, 279, 300; Bleckmann, Staatsrecht II, § 12 Rn 34*

DEFINITION
Ein klassischer Grundrechtseingriff liegt vor, wenn ein grundrechtlich geschütztes Verhalten durch einen mit Zwangsmitteln durchsetzbaren Rechtsakt final und unmittelbar eingeschränkt wird.[178]

1. Finalität

93 Das Verhalten des Grundrechtsverpflichteten muss gerade darauf abzielen, eine grundrechtlich geschützte Rechtsposition zu entziehen oder zumindest zu verkürzen. Unbeabsichtigte oder gar unerwünschte Folgen stellen danach keinen finalen Eingriff dar.

BEISPIEL: Der gezielte („finale") Rettungsschuss zur Beendigung einer Geiselnahme stellt insoweit einen Eingriff in das Grundrecht auf Leben (Art. 2 II 1 1. Fall GG) dar, die fehlgehende, die Geisel treffende Kugel hingegen nicht.

2. Unmittelbarkeit

94 Auch beabsichtigte Folgen stellen nur dann einen klassischen Eingriff dar, wenn die Grundrechtsverkürzung unmittelbare Folge des staatlichen Handelns war. Mittelbare Folgen fallen danach aus dem Eingriffsbegriff heraus. Unmittelbarkeit bedeutet, dass das staatliche Verhalten ohne weitere Zwischenschritte zur Grundrechtsverkürzung führt.

Besonderes Problem bei Gesetzen

Häufig wird nicht schon der Legislativakt (das Gesetz), sondern erst dessen Umsetzung durch einen Exekutivakt unmittelbare Auswirkungen haben.

BEISPIEL: Gesetzliche Ermächtigungsgrundlagen zur Enteignung eines Grundstücks, z.B. §§ 85 ff. BauGB, stellen keinen unmittelbaren Eingriff in den Schutzbereich des Art. 14 I 1 GG dar, da sie erst noch der Umsetzung durch einen die Enteignung aussprechenden Verwaltungsakt bedürfen.

Die Unmittelbarkeit entfällt, sobald noch irgendein Zwischenakt hinzutreten muss, um eine Grundrechtsverkürzung auszulösen. Dieser Zwischenakt muss kein staatliches Verhalten sein, sondern kann in einem Umweltereignis oder einem Verhalten Dritter liegen.

BEISPIEL: Warnt der Verbraucherschutzminister vor einem unsicheren Produkt, liegt darin noch kein unmittelbarer Eingriff in die Grundrechte des Herstellers aus Art. 12 I und Art. 14 I 1 GG. Erst das veränderte Käuferverhalten infolge der Warnung (weiterer Zwischenschritt) wird sich für den Hersteller negativ auswirken.

3. Rechtsakt

Regelung und Außenwirkung kennzeichnen den Rechtsakt

95 Ferner muss es sich klassisch um einen Rechtsakt handeln. Darunter ist ein staatliches Verhalten zu verstehen, das rechtliche Folgen gegenüber dem Bürger hat. Dabei handelt es sich genau genommen um zwei Merkmale, nämlich den Regelungscharakter (Setzung einer Rechtsfolge) und die Außenwirkung (gegenüber dem Bürger).[179]

---

178 BVerfGE 105, 279, 300
179 Bleckmann, Staatsrecht II, § 12 Rn 36

Anhand des Regelungscharakters unterscheidet man klassische Eingriffe von sog. **Realakten**, die keine rechtlichen, sondern rein tatsächliche Folgen haben.

BEISPIEL: Richtet die Bundeswehr Manöverschäden im Waldgebiet des W an, hat dies lediglich faktische Folgen, es wird aber keine Rechtsfolge gesetzt (nichts „geregelt"). Ein klassischer Eingriff in das Eigentumsrecht des W liegt nicht vor. Positive Beispiel für Regelungen mit Rechtsfolgen sind demgegenüber Gesetze (Legislativakte), Urteile, Beschlüsse (Judikativakte); Rechtsverordnungen, Satzungen, Verwaltungsakte (Exekutivakte) u.s.w.

Anhand der Außenwirkung gegenüber dem Bürger filtert man staatliche Organisationsakte heraus. Bei ihnen wird es häufig aber schon an anderen Elementen des klassischen Eingriffsbegriffs fehlen.

BEISPIEL: Rüstet der Staat seine Polizeibeamten mit moderneren Waffen aus, liegt keine Außenwirkung gegenüber dem Bürger vor. Gleichzeitig fehlt es an der Unmittelbarkeit, denn erst der Einsatz der Waffen (weiterer Zwischenschritt) könnte zu einer Grundrechtsbeeinträchtigung beim Bürger führen.

4. Zwangswirkung

Aus dem klassischen Eingriffsbegriff fallen schließlich solche Rechtsakte heraus, **96** die nicht als einseitig-hoheitlicher Befehl angeordnet worden sind und mit Zwangsmitteln durchgesetzt werden können, sondern einvernehmlich und/oder unter wirksamem Verzicht des Grundrechtsberechtigten auf seine grundrechtlich geschützte Position zustande kommen.[180]

BEISPIEL: Erteilt der Polizist einem Pflastermaler einen Platzverweis, handelt es sich um einen Verwaltungsakt und damit um einen verbindlichen Befehl, der mit Zwangsmitteln durchgesetzt werden kann (vgl. die Verwaltungsvollstreckungsgesetze des Bundes und der Länder). Bittet der Polizist den Pflastermaler hingegen höflich, doch freiwillig das Feld zu räumen, liegt darin weder ein hoheitlicher Befehl noch besteht die Möglichkeit der zwangsweisen Durchsetzung. Auch alle Verträge mit Hoheitsträgern fallen spätestens hier aus dem klassischen Eingriffsbegriff heraus.

II. ERWEITERTER EINGRIFFSBEGRIFF

Der klassische Eingriffsbegriff erweist sich jedoch in Bezug auf alle vier Merkmale **97** Klassischer Eingriffsbegriff zu eng
als zu eng. Hielte man an selbigen streng fest, hätte der Staat die Möglichkeit, die Grundrechte beinahe nach belieben zu verkürzen und damit letztlich leer laufen zu lassen. Das Erfordernis eines Rechtsakts nimmt den gesamten Bereich der Realakte aus dem Eingriffsbegriff und damit aus dem Grundrechtsschutz heraus. Gerade Realakte können aber gravierende Grundrechtsbeeinträchtigungen auslösen.

180 *Bleckmann, Staatsrecht II, § 12 Rn 34; Sachs, JuS 1995, 303, 305*

BEISPIEL: Die heimliche Überwachung potenzieller Straftäter mit Videokameras greift in das allgemeine Persönlichkeitsrecht aus Art. 2 I i.V.m. Art. 1 I 1 GG ein. Der Schuss aus der Dienstpistole kann Leib und Leben i.S.d. Art. 2 II 1 GG verletzen.

Auch das Merkmal der Zwangswirkung lässt sich insbesondere auf Realakte nicht übertragen, da diese keinen Befehl enthalten, sich die Frage einer zwangsweisen Durchsetzung desselben also gar nicht stellt. Für den Betroffenen macht es auch keinen Unterschied, ob die Grundrechtsbeeinträchtigung gewollt war oder nicht, weshalb auch das Finalitätserfordernis nicht aufrechterhalten werden kann.

BEISPIEL: Ob der Polizist gezielt auf eine Person schießt oder diese nur aus Versehen trifft, macht für den Betroffenen keinen Unterschied.

Auch die Unmittelbarkeit bereitet Probleme, wenn davon auszugehen ist, dass die weitere Zwischenursache nahezu sicher eintreten wird und es dem Bürger schwerlich oder gar nicht möglich ist, dieser Zwischenursache selbst entgegenzuwirken.

BEISPIEL: Warnt ein Minister vor dem Verzehr von Lebensmitteln eines bestimmten Anbieters, handelt es sich nur um einen mittelbaren Grundrechtseingriff durch Realakt;[181] gleichwohl kann eine solche Warnung durch das auf sie zurückgehende veränderte Konsumverhalten gravierende Auswirkungen für den Betroffenen haben. Ein verändertes Konsumverhalten der Verbraucher zu verhindern, wird dem Anbieter nur schwerlich möglich sein.

Erweiterung zur Bagatellformel

98 Zusammenfassend hat sich die Erkenntnis durchgesetzt, dass es beim Eingriff nicht um das Vorliegen bestimmter Merkmale, sondern allgemein um die Frage geht, ob der Staat sich die Folgen seines Handelns zurechnen lassen muss oder nicht. Deshalb werden die Erfordernisse des klassischen Eingriffsbegriffs von der heute nahezu einhelligen Auffassung nicht aufrechterhalten. Durchgesetzt hat sich vielmehr der „**erweiterte**" oder **„moderne" Eingriffsbegriff**,[182] der auf sämtliche Elemente des klassischen Eingriffsbegriffs verzichtet und folgende, auch „**Bagatellformel**" genannte Definition aufstellt:

DEFINITION

Nach dem erweiterten Eingriffsbegriff ist unter einem **Eingriff** jedes staatliche Verhalten zu verstehen, das den Schutzbereich eines Grundrechts verkürzt, d.h. die Grundrechtsausübung ganz oder in Teilbereichen unmöglich macht.[183]

Angesichts der Tatsache, dass die moderne Eingriffslehre den klassischen Eingriffsbegriff nur erweitert, ist bei Vorliegen der „klassischen" Voraussetzungen natürlich erst Recht ein Eingriff gegeben.

181 *BVerwGE 90, 112, 119; Murswiek, NVwZ 2003, 1, 2*
182 *BVerfGE 105, 279, 301; 66, 39, 60*
183 *BVerfGE 105, 279, 301*

KLAUSURHINWEIS
In diesem Fall ist eine vertiefende Behandlung des Eingriffsbegriffs nicht angezeigt. Es empfiehlt es sich vielmehr, nur kurz die o.g. Definition des erweiterten Eingriffsbegriffs zu nennen und dann in wenigen Sätzen unter diese zu subsumieren. Lediglich dann, wenn es an einem oder mehreren klassischen Merkmalen fehlt, sollte der klassische Eingriffsbegriff zuvor kurz erwähnt und als zu eng abgelehnt werden.

Der Eingriffsbegriff hat mit dieser Erweiterung viel von seiner Schärfe verloren. Er reduziert sich nunmehr auf die Prüfungspunkte „staatliches Verhalten" und „Unmöglichkeit der Grundrechtsausübung".

1. Staatliches Verhalten

Streng genommen lässt sich die Frage, ob ein staatliches Verhalten vorliegt, nochmals in die Prüfungspunkte „staatlich" und „Verhalten" unterteilen: 99

a) Verhalten

Grundsätzlich positives Tun erforderlich

„Verhalten" ist zunächst ein positives Tun. Unterlässt es der Staat, grundrechtsrelevante Maßnahmen zu ergreifen, lässt er den von den Grundrechten gewährten Freiheitsbereich ja gerade unangetastet. Ein solches positives Tun kann allerdings auch in der Ablehnung einer Erlaubnis liegen, wenn der Staat eine solche Erlaubnis zur Grundrechtsausübung fordert. 100

BEISPIEL: Die Nichterteilung einer Gaststättenkonzession greift in die Berufsfreiheit aus Art. 12 I 1 GG ein, denn wenn der Staat die Berufsfreiheit von einer Erlaubnis abhängig macht, verkürzt die Nichterteilung derselben die Möglichkeit, den Beruf zu ergreifen.

Ob das Verhalten final, unmittelbar und durch zwangsweise durchsetzbaren Rechtsakt geschehen ist, spielt demgegenüber keine Rolle mehr. Neben Rechtsakten mit Außen- und Bindungswirkung (Rechtsnormen, Verwaltungsakte, Gerichtsentscheidungen u.v.m.) kommen also auch lediglich intern wirkende (z.B. Verwaltungsvorschriften)[184] oder vorbereitende Rechtsakte (z.B. Anordnung der Beibringung eines medizinisch-psychologischen Gutachtens als Grundlage der Entscheidung über den Entzug der Fahrerlaubnis)[185] sowie Realakte grundsätzlich als Eingriffsgegenstand in Betracht. Auch die Förderung eines Dritten kann einen (mittelbaren) Grundrechtseingriff bedeuten.

BEISPIEL: Werden staatliche Mittel zur Förderung eines Vereins zum Schutz vor Jugendsekten bereitgestellt, kann darin ein Eingriff in die Glaubensfreiheit der Sekte und deren Mitglieder liegen, Art. 4 I, II GG.[186]

Unterlassen als Grundrechtseingriff

Ein Unterlassen kann demgegenüber nur (aber immerhin) dann einen Eingriff darstellen, wenn das Grundrecht nicht als Abwehrrecht tangiert ist, sondern staatliche Schutzpflichten vermittelt, d.h. Anspruchsgrundlage auf die Gewährung einer

184 *Vgl. dazu BVerfGE 75, 115*
185 *Vgl. dazu BVerfGE 89, 69*
186 *BVerwGE 90, 112, 119*

Leistung ist. Manchmal ist dies ausdrücklich der Fall, z.B. bei Art. 6 IV GG, manchmal lässt sich ein solcher Anspruch aus einem Abwehrrecht herleiten.

BEISPIEL (nach BVerfGE 35, 79): Aus Art. 5 III 1 GG wird die Pflicht des Staates hergeleitet, die wissenschaftliche Funktionsfähigkeit der Universitäten zu gewährleisten. Unterlässt dies der Staat, etwa indem notwendige Mittel nicht bereitgestellt werden, kann darin ein Grundrechtseingriff liegen.[187]

Die Schutzpflicht des Staates kommt ferner dann ins Spiel, wenn eine irreparable Grundrechtsverletzung durch Private droht.

BEISPIEL: Droht ein Straftäter eine Geisel zu erschießen, muss ein Polizeibeamter eingreifen. Zwar mag ihm nach den polizeirechtlichen Normen des einfachen Rechts grundsätzlich ein Ermessen zustehen. Dieses verdichtet sich jedoch im Lichte des Grundrechts der Geisel auf Leben gem. Art. 2 II 1 GG auf eine Pflicht zum Einschreiten. Ein Unterlassen würde somit einen Grundrechtseingriff darstellen.

KLAUSURHINWEIS
Generell sollte mit Grundrechtseingriffen durch Unterlassen jedoch sparsam umgegangen werden. Die Funktion der Grundrechte darf nicht von Abwehr in Anspruch umgekehrt werden.

b) Staatlich

101 „Staatlich" bedeutet, dass die den Eingriff begründende Maßnahme von einem Grundrechtsverpflichteten (s.o. im Allgemeinen Teil) vorgenommen worden sein muss, d.h. einem Legislativ-, Exekutiv- oder Judikativorgan, Art. 1 I 2, III GG. Nehmen Bürger als Beliehene oder Verwaltungshelfer staatliche Aufgaben wahr, genügt dies.

BEISPIEL: Handelt ein TÜV-Sachverständiger in seiner Eigenschaft als Beliehener oder die von der Stadt kontrollierte Stadtwerke-GmbH, liegt auch staatliches Handeln in diesem Sinne vor.

Rein privates Handeln genügt hingegen selbst dann nicht, wenn es staatlich veranlasst worden ist, solange der Staat keinen Nutzen daraus zieht.

BEISPIEL (nach BVerfG, NJW 2009, 1405): Die Staatsanwaltschaft fordert Kreditkartenunternehmen auf, bestimmte auffällige Kundendaten zu übermitteln. Scannt ein Kreditkartenunternehmen daraufhin alle Kundendaten, so liegt bezüglich der Kunden, deren Daten unauffällig waren und demzufolge nicht an die Staatsanwaltschaft weitergegeben wurden, kein Eingriff in ein Grundrecht vor.

2. Unmöglichkeit der Grundrechtsausübung

102 Die Grundrechtsausübung muss dem Betroffenen unmöglich gemacht, d.h. zumindest in einem Teilbereich vereitelt werden. Unter diesem Gesichtspunkt fallen einerseits Bagatellfälle, andererseits bloße Gefährdungen der Grundrechtsausübung grundsätzlich aus dem Eingriffsbegriff heraus.

---

187 BVerfGE 47, 327, 370; 35, 79, 124

a) Bagatellfälle

Die h.M.[188] verneint bei Bagatellen bereits das Vorliegen eines Grundrechtseingriffs. Alltägliche Unbequemlichkeiten sind danach hinzunehmen, subjektive Empfindlichkeiten zurückzustellen. **103** Bagatellgrenze

BEISPIEL: Die subjektive Empfindlichkeit eines Pazifisten mag durch die bloße Existenz der Bundeswehr gestört werden, ein Grundrechtseingriff liegt darin jedoch nicht. Ein Stau auf der Autobahn mag für die betroffenen Autofahrer lästig sein, gleichwohl gehören die damit verbundenen Verzögerungen zu den alltäglichen Unbequemlichkeiten, die von jedermann hinzunehmen sind. Baustellen sind daher keine Eingriffe in die Fortbewegungs- oder Handlungsfreiheit von Autofahrern.

Eine m.M.[189] will dagegen wegen der Abgrenzungsschwierigkeiten auch Bagatellfälle für einen „Eingriff" genügen lassen; nach dieser Ansicht ist der Geringfügigkeit der Beeinträchtigung erst auf Schrankenebene insofern Rechnung zu tragen, als die verfassungsrechtliche Rechtfertigung eines geringfügigen Eingriffs leichter möglich sein wird als die eines schwerwiegenden.
Gegen diese Ansicht spricht jedoch, dass der von der modernen Eingriffslehre ohnehin schon stark ausgeweitete Eingriffsbegriff faktisch bedeutungslos würde. Dies darf aber nicht sein, da nicht jedes Bagatellverhalten über die Schranken der Grundrechte gerechtfertigt werden kann, wie sich besonders bei Grundrechten mit engen Schranken zeigt. Subjektive Befindlichkeiten würden dann zum Maßstab für staatliches Handeln gemacht.

BEISPIEL: Wird in einem Verwaltungsakt der Name des Adressaten falsch geschrieben, liegt darin nach h.M. schon deshalb kein Eingriff in das Recht am eigenen Namen des Adressaten aus Art. 2 I i.V.m. Art. 1 I 1 GG, weil es sich nur um eine Bagatelle handelt. Die m.M. hingegen müsste nach einer Rechtfertigung auf Schrankenebene suchen, die nicht zu finden wäre.

KLAUSURHINWEIS

Dieser Streit sollte nur dargestellt werden, wenn i.E. eine Bagatelle zu bejahen ist. Liegt keine Bagatelle vor, ist weder eine Darstellung der m.M. noch gar eine Streitentscheidung erforderlich.

Zu beachten ist, dass die Frage, was noch Bagatelle und was schon Grundrechtsverkürzung ist, nicht zur Disposition des einfachen Gesetzgebers oder gar der Verwaltung gestellt werden kann. **104** Keine Festlegung durch einfache Gesetze oder Verwaltung

188 *BVerwGE 54, 211, 223; 46, 1, 7; VGH Mannheim, DVBl 1976, 538, 543; Schenke, NuR 1983, 81, 89*
189 *Sachs-Murswiek, GG, Art. 2 Rn 162*

BEISPIEL: In einem Gesetz oder in einer Verwaltungsvorschrift werden Grenzwerte aufgestellt, oberhalb derer eine abwehrbare Störung, unterhalb derer nur eine hinzunehmende Belästigung vorliegt (vgl. nur die „TA Luft" oder „TA Lärm" nach § 48 BImschG). Für die Frage, ob eine Emission in Grundrechte eingreift, darf keinesfalls auf das Gesetz oder die Verwaltungsvorschrift zurückgegriffen werden. Vielmehr wären umgekehrt sie an den Grundrechten zu messen und ggf. für verfassungswidrig zu erklären, wenn die normierten Grenzwerte ungerechtfertigt sein sollten. Eine andere - zu bejahende - Frage ist, ob die einer Norm zugrunde liegenden wissenschaftlichen Erkenntnisse zur Definition der Bagatellgrenze heran-gezogen werden dürfen.

Klassischer Eingriff als Indiz

105 Als Indizien für die Festlegung der Bagatellgrenze sind vielmehr verfassungsrechtliche Maßstäbe anzulegen. Der klassische Eingriffsbegriff kann dabei immerhin eine gewisse Hilfe sein: Je mehr und je nachhaltiger die Kriterien des klassischen Eingriffsbegriffs erfüllt sind, je eher kann ein Grundrechtseingriff angenommen werden. Umgekehrt gilt: je weniger das Verhalten einem klassischen Eingriff nahekommt, umso eher wird man einen Eingriff verneinen können.

BEISPIEL (nach BVerfG, NVwZ 2016, 1804 = RA 2016, 421): Baulärm in der Nähe eines Friedhofs ist kein Eingriff in das postmortale Persönlichkeitsrecht der dort Beerdigten; es liegt nicht ein einziges Merkmal des klassischen Eingriffsbegriffs vor, was für die Verneinung eines Eingriffs nach der Bagatellformel zwar noch nicht ausreichend sein mag, aber doch ein erhebliches Indiz ist.

Gleichzeitig ist aber immer die Bedeutung des betroffenen Grundrechts in Rechnung zu stellen.

BEISPIEL: Warnt ein Minister vor einer bestimmten Jugendsekte, handelt es sich weder um einen unmittelbaren Grundrechtseingriff noch um einen Rechtsakt; die Warnung ist allerdings final gegen die Jugendsekte und die von ihr betriebene Form der Religionsausübung gerichtet. Da das Grundrecht der Glaubensfreiheit hohen Schutz genießt und die Auswirkungen einer solchen Warnung für die Sekte existenzbedrohend sein können, wird eine Gesamtschau dieser Umstände ergeben, dass solche Aussagen eines Ministers - natürlich auch abhängig von der Wortwahl im konkreten Fall - die Bagatellgrenze überschreiten.[190]

Die Bagatellgrenze ist für jedes Grundrecht einzeln zu prüfen. Ein- und dieselbe Maßnahme kann m.a.W. sowohl Bagatelle als auch Eingriff sein.

BEISPIEL (nach OVG Bautzen, DÖV 2016, 532 = RA 2016, 258): Die Auflage, dass alle bei einer Versammlung eingesetzten Ordner einen Personalausweis mitführen müssen, greift nicht in die Versammlungsfreiheit des Veranstalters aus Art. 8 I 1 GG ein, weil es sich im Hinblick auf den von ihm verfolgten Versammlungszweck lediglich um eine Bagatelle handelt, wohl aber in das Recht auf informationelle Selbstbestimmung des jeweiligen Ordners aus Art. 2 I i.V.m. 1 I 1 GG.

---

190 BVerfG, JZ 2003, 310, 310 = RA 2002, 449; vgl. auch BVerwGE 87, 37, 45 (Glykolweinliste)

Bei einigen Grundrechten hat sich eine eigene Eingriffsdogmatik herausgebildet, nach der das Überschreiten der Bagatellgrenze zwar notwendige, aber nicht hinreichende Bedingung für einen Grundrechtseingriff ist. Hierauf wird ggf. bei den einzelnen Grundrechten eingegangen.

Besonderheiten bei einzelnen Grundrechten

BEISPIEL: Das BVerfG verlangt bei Art. 12 GG eine „berufsregelnde Tendenz“ der Maßnahme, welche sich aus deren Finalität oder deren hoher Belastungsintensität ergeben kann.[191] Somit reicht allein das Überschreiten der Bagatellschwelle nicht aus, um einen Eingriff in Art. 12 I 1 GG zu bejahen.

b) Grundrechtsgefährdung

Die bloße Gefährdung eines grundrechtlich geschützten Freiraums bedeutet noch nicht dessen Verkürzung. Es besteht i.d.R. noch die Möglichkeit, die Gefahr abzuwenden. Deshalb liegt bei einer Grundrechtsgefährdung grundsätzlich noch kein „Eingriff“ vor. **106**

BEISPIEL: Äußert die Behörde im Rahmen einer Anhörung nach § 28 I VwVfG die Absicht, einen belastenden Verwaltungsakt zu erlassen, liegt darin noch kein Grundrechtseingriff. Es besteht die Möglichkeit, dass der Verwaltungsakt i.E. nicht erlassen wird, etwa weil die bei der Anhörung vom Bürger vorgebrachten Gegenargumente überzeugend sind.

Gefährdung ist Eingriff bei Unzumutbarkeit

Allerdings reicht eine Gefährdung bereits aus, um einen Grundrechtseingriff zu bejahen, wenn das Abwarten der eigentlichen Beeinträchtigung dem Betroffenen nicht zumutbar ist. Dies wird insbesondere angenommen, wenn schwere oder gar irreversible Folgen drohen. So kann beim Grundrecht auf Leben gem. Art. 2 II 1 1. Fall GG die Beeinträchtigung offensichtlich nicht abgewartet werden, da sie stets irreversibel ist. Eine Beeinträchtigung der Menschenwürde gem. Art. 1 I 1 GG hinzunehmen ist stets unzumutbar, bei der körperlichen Unversehrtheit gem. Art. 2 II 1 2. Fall GG ist es in aller Regel so. Deshalb spielt das Problem „Gefährdung als Eingriff“ bei Art. 1 I, 2 II 1 GG eine besondere Rolle und wird in Rechtsprechung und Literatur insbesondere dort diskutiert.[192] Hier muss eine konkrete Gefährdung jedenfalls ausreichen, an die wegen der Bedeutung der Schutzgüter Würde, Leben und körperliche Unversehrtheit auch keine zu strengen Anforderungen gestellt werden dürfen.

BEISPIEL: Das BVerfG hat in seinen Entscheidungen zu den Atomanlagen in Kalkar[193] und Mühlheim-Kärlich[194] bereits das in den Atomanlagen liegende „Gefährdungspotenzial“ ausreichen lassen, um einen Eingriff in Art. 2 II 1 GG zu bejahen, ohne dass eine konkrete Gefährdung durch diese Anlagen hätte nachgewiesen werden müssen.

---

191 *BVerfGE 82, 209, 223; 13, 181, 185*

192 *BVerfGE 66, 39, 58; 49, 89, 141; Sachs-Murswiek, GG, Art. 2 Rn 160*

193 *BVerfGE 49, 89, 141*

194 *BVerfGE 53, 30, 58*

C. Verfassungsrechtliche Rechtfertigung

107 Nicht jeder Eingriff in den Schutzbereich eines Grundrechts verletzt dieses auch. Von einer Grundrechtsverletzung kann vielmehr erst dann gesprochen werden, wenn der Eingriff nicht von den Schranken des Grundrechts gedeckt ist. In der gutachterlichen Prüfung sind deshalb zunächst die Schranken des jeweiligen Grundrechts zu bestimmen (I.). Sodann ist weiter zu fragen, ob sie den Eingriff decken, denn dies ist kein Automatismus. Vielmehr stellt das Grundgesetz an die Schranken und ihre Anwendung wiederum bestimmte Anforderungen, die sog. **Schranken-Schranken** (II.).

I. SCHRANKEN

Die drei Schrankenarten

108 Unter diesem Prüfungspunkt ist zu erörtern, welchen Schranken das Grundrecht, in dessen Schutzbereich eingegriffen worden ist, überhaupt unterliegt. Die Schranken der Freiheitsgrundrechte lassen sich grob in drei Typen unterteilen, die in Voraussetzungen und Reichweite unterschiedlich sind:

- Gesetzesvorbehalt
- Verfassungsimmanente Schranken
- Verfassungsunmittelbare Schranken

Die Typenterminologie ist allerdings uneinheitlich, da das Grundgesetz selbst die Schranken nicht näher bezeichnet. Teilweise wird selbst der Begriff „Schranke" in Frage gestellt.[195] Zielführend ist ein solcher Streit um Begriffe jedoch nicht.

> **KLAUSURHINWEIS**
> In einem Gutachten sollten die o.g. Begriffe kommentarlos verwendet werden.

1. Gesetzesvorbehalt

109 Die weitaus meisten Grundrechte lassen eine Einschränkung „durch" ein Gesetz und/oder „aufgrund" eines Gesetzes zu. Man spricht vom Grundrecht mit „Gesetzesvorbehalt".

BEISPIEL: Art. 5 II, 8 II, 10 II 1, 11 II GG.

„Durch" oder „aufgrund" eines Gesetzes

110 Von einem Eingriff „durch" ein Gesetz spricht man, wenn ein Parlamentsgesetz (also ein solches, das vom Bundestag oder Landtag verabschiedet worden ist) unmittelbar, d.h. ohne weiteren Zwischenakt in Grundrechte eingreift. Mit anderen Worten ist der Gesetzesvorbehalt „durch" ein Gesetz ein solcher, der sich an die Legislative wendet.

BEISPIEL: § 4a I TierschG verbietet das betäubungslose Schlachten eines warmblütigen Tieres. Damit wird z.B. die Berufsfreiheit aus Art. 12 I 1 GG des Metzgers, der koscheres Fleisch durch das betäubungslose Schlachten eines Tieres (sog. „Schächten") gewinnen will, unmittelbar durch ein Gesetz eingeschränkt. Eines weiteren Zwischenakts, etwas einer Verbotsverfügung oder dergleichen, bedarf es nicht.

195 Näheres zum „Schrankenwirrwar" bei v.Münch/Kunig-v.Münch, GG, Vor Art. 1-19 Rn 53

Von einem Eingriff „aufgrund" eines Gesetzes spricht man, wenn nicht das Gesetz selbst, sondern erst ein aufgrund dieses Gesetzes ergangener Exekutiv- oder Judikativakt in das Grundrecht eingreift. Dies kann bspw. durch Verwaltungsakt, Realakt, Urteil usw. geschehen.

BEISPIEL: Hierher gehören u.a. alle Ermächtigungsgrundlagen. So wird nicht unmittelbar durch § 15 I VersG eine Versammlung verboten und damit in Art. 8 I GG eingegriffen, sondern erst aufgrund einer Verbotsverfügung, die nach § 15 I VersG ergeht.

Aber auch Rechtsnormen unterhalb des Gesetzes, also Rechtsverordnungen und Satzungen, die von der Exekutive erlassen werden, sind Eingriffe „aufgrund" eines Gesetzes.

BEISPIELE: § 9a I BauGB ermächtigt zum Erlass der BauNVO. Die in der BauNVO geregelten Einschränkungen der Bebaubarkeit von Grundstücken sind Eingriffe „aufgrund" eines Gesetzes. Nichts anderes gilt für Regelungen in einem Bebauungsplan, der als Satzung aufgrund von § 10 I BauGB erlassen wird.

MERKSATZ
Eingriffe „durch" ein Gesetz nimmt die Legislative vor, Eingriffe „aufgrund" eines Gesetzes die Exekutive und Judikative.

111 Unterschiedliche Formulierungen des Gesetzesvorbehalts

Der Gesetzesvorbehalt ist nichts anderes als eine verfassungsrechtliche Ermächtigung an die Legislative, selbst in ein Grundrecht einzugreifen (Eingriff „durch" ein Gesetz) oder die Voraussetzungen für einen Exekutiv- oder Judikativeingriff zu bestimmen (Eingriff „aufgrund" eines Gesetzes). Der Gesetzesvorbehalt findet sich aber nicht nur in dem Ausdruck „durch oder aufgrund eines Gesetzes". In Art. 4 III 2 GG kommt z.B. die Formulierung: „Das nähere bestimmt ein Bundesgesetz" vor, worin ebenfalls ein Gesetzesvorbehalt liegt. Teilweise ist die Eingriffsermächtigung auch in die Zielbestimmung der Schranke eingekleidet. In diesen Fällen „versteckt" sich der Gesetzesvorbehalt in der Formulierung der Zielbestimmung. Ob eine Vorschrift einen Gesetzesvorbehalt darstellt, kann daher oftmals nicht allein anhand des Wortlauts festgestellt, sondern muss durch die umfassende Auslegung des Passus dahingehend, ob dieser eine Eingriffsermächtigung enthält oder nicht, ermittelt werden.

BEISPIEL: Bei den „gesetzlichen Bestimmungen zum Schutze der Jugend" und dem „Recht der persönlichen Ehre" des Art. 5 II GG lässt sich die Eingriffsermächtigung und damit der Gesetzesvorbehalt noch aus dem Wortlaut entnehmen. Dass Art. 6 II 2 GG einen Gesetzesvorbehalt bzgl. des „ob" der elterlichen Pflege und Erziehung enthält,[196] wird hingegen erst bei systematischer und teleologischer Auslegung der Norm sichtbar. Demgegenüber enthält z.B. Art. 7 IV 2 2. Hs. GG bei historischer und systematischer Auslegung keinen Gesetzesvorbehalt bzgl. der Privatschulfreiheit, obwohl der Wortlaut („unterstehen den Landesgesetzen") auf den ersten Blick etwas anderes suggerieren mag.

196 MD-Maunz, GG, Art. 6 Rn 26

a) Einfacher und qualifizierter Gesetzesvorbehalt

112 Bei Vorliegen eines Gesetzesvorbehalts kann noch dahingehend differenziert werden, ob es sich um einen „einfachen Gesetzesvorbehalt" handelt, also einen solchen, bei dem an das einschränkende Gesetz keine besonderen Anforderungen gestellt werden, oder ob die Schranke noch bestimmte Voraussetzungen an das einschränkende Gesetz enthält und somit ein „qualifizierter Gesetzesvorbehalt" gegeben ist.

BEISPIEL: Art. 10 II GG bestimmt, dass in das Brief-, Post- und Fernmeldegeheimnis „auf Grund eines Gesetzes" eingegriffen werden darf. Weitere Voraussetzungen an das eingreifende Gesetz werden nicht gestellt. Es handelt sich um einen „einfachen" Gesetzesvorbehalt. Art. 5 II GG nennt als Schranke der Meinungsfreiheit u.a. die „allgemeinen Gesetze". Auch die Meinungsfreiheit steht also unter einem Gesetzesvorbehalt; allerdings muss das einschränkende Gesetz eine bestimmte Voraussetzung erfüllen, nämlich „allgemein" sein. Mithin stellt Art. 5 II 1. Fall GG einen „qualifizierten" Gesetzesvorbehalt dar.

Der qualifizierte Gesetzesvorbehalt ist m.a.W. enger als der einfache. Bei der Konkretisierung (dazu sogleich) muss nicht nur ein Gesetz gesucht, sondern auch noch geprüft werden, ob es den qualifizierten Anforderungen genügt.

b) Eingriffs-, Regelungs- und Ausgestaltungsvorbehalte

113 Eine andere, an die vom Grundgesetzgeber gewählte Terminologie anknüpfende Unterscheidung der Gesetzesvorbehalte trennt zwischen Eingriffsvorbehalt einerseits und Regelungs- bzw. Ausgestaltungsvorbehalten andererseits.[197]

BEISPIEL: Art. 12 I 2 GG enthält einen Regelungsvorbehalt, da die Berufsausübung durch oder aufgrund eines Gesetzes „geregelt" werden kann. Art. 14 I 2 GG enthält einen Ausgestaltungsvorbehalt, da die Gesetze Inhalt und Schranken des Eigentums „bestimmen". Art. 10 II 1 GG enthält einen Eingriffsvorbehalt, da „Beschränkungen" angeordnet werden können.

Eingriff von „außen", Regelung und Ausgestaltung von „innen"

Dogmatisch liegt dieser Einteilung die Vorstellung zugrunde, dass der Verfassungsgeber bei Eingriffsvorbehalten dem Gesetzgeber Eingriffe in den Schutzbereich „von außen" ermöglichen wollte, während Regelungs- bzw. Ausgestaltungsvorbehalt nur die Konkretisierung der inneren Grenzen der Grundrechte selbst ermöglichen sollen.[198] Diese Unterscheidung lässt sich jedoch in praxi nicht fassen.

BEISPIEL: Das BVerfG hat immer wieder Einschränkungen des Art. 12 I 1 GG unter den Regelungsvorbehalt des Art. 12 I 2 GG gefasst und als durch diesen gerechtfertigt angesehen. In neueren Entscheidungen spricht es nun auch terminologisch schlicht vom „Gesetzesvorbehalt des Art. 12 I 2 GG".[199]

---

197 *Auch hier sei wieder auf die unterschiedliche Begriffswahl hingewiesen. Teilweise werden unter „Gesetzesvorbehalt" nur die Eingriffsermächtigungen verstanden; teilweise wird zwischen „benannten" und „unbenannten" Gesetzesvorbehalten unterschieden (Bleckmann, Staatsrecht II, § 12 Rn 76). Einzelheiten zur Terminologie bei Schwerdtfeger, Öffentliches Recht, Rn 550.*

198 *Grundlegend BVerfGE 7, 377, 404*

199 *BVerfGE 54, 237, 246; 54, 224, 234*

Auswirkungen zeigen sich allerdings im Hinblick auf das Zitiergebot des Art. 19 I 2 GG (Rn 144), welches laut BVerfG nur für Eingriffsvorbehalte gelten soll.[200] **114** Relevanz: Zitiergebot

KLAUSURHINWEIS

Bei der Schrankenprüfung sollte auf die Erörterung, ob es sich um einen Eingriffs-, Regelungs- oder Ausgestaltungsvorbehalt handelt, ganz verzichtet und allgemein von einem Gesetzesvorbehalt gesprochen werden.

c) Konkretisierung des Gesetzesvorbehalts

Stellt das Grundgesetz ein Grundrecht unter Gesetzesvorbehalt, muss der Eingriff in Form eines Gesetzes erfolgt sein (Eingriff „durch" ein Gesetz) bzw. bei Exekutiv- und Judikativakten auf einem Gesetz beruhen (Eingriff „auf Grund" eines Gesetzes), um sich unter die Schranke subsumieren zu lassen. Ist dies nicht der Fall, scheitert schon an dieser Stelle die verfassungsrechtliche Rechtfertigung. **115**

BEISPIEL: Verurteilt ein Gericht den X allein deshalb zu einer Geldstrafe, weil er seinen Wohnsitz gewechselt hat, liegt darin ein Eingriff in die Freizügigkeit des Art. 11 I GG, welche unter dem Gesetzesvorbehalt des Art. 11 II GG steht. Da hier jedoch weder „durch" ein Gesetz (vielmehr durch Judikativakt) noch „auf Grund" eines Gesetzes (es gibt keine den Wohnsitzwechsel unter Strafe stellende Vorschrift) eingegriffen wird, liegt keine taugliche Konkretisierung des Gesetzesvorbehalts vor. Die Subsumtion unter die Schranke misslingt, das Grundrecht ist schon aus diesem Grunde verletzt.

„Gesetz" in diesem Sinne kann immer nur ein Parlamentsgesetz sein, also ein solches, das vom Bundes- oder Landtag verabschiedet wurde. Gesetzesvorbehalt bedeutet Parlamentsvorbehalt.[201] Wird durch oder auf Grund einer Rechtsverordnung oder Satzung eingegriffen, müssen diese also ihrerseits auf einer (parlaments-)gesetzlichen Grundlage beruhen, um dem Gesetzesvorbehalt zu genügen.[202] **116** Parlamentsgesetz erforderlich

Damit ist gleichzeitig auch klargestellt, dass Grundrechtseingriffe durch Gewohnheitsrecht ausgeschlossen sind.[203] Das BVerfG hat diese Erkenntnis seiner sog. „**Wesentlichkeitstheorie**" zu Grunde gelegt, indem es formuliert, dass der parlamentarische Gesetzgeber „in grundlegenden normativen Bereichen, zumal im Bereich der Grundrechtsausübung, soweit diese staatlicher Regelung zugänglich ist, alle wesentlichen Entscheidungen selbst (...) treffen muss".[204]

Liegt ein qualifizierter Gesetzesvorbehalt vor, vollzieht sich die Prüfung der Schranke in zwei Stufen: In einem ersten Schritt muss - wie beim einfachen Gesetzesvorbehalt - ein Gesetz gefunden werden, das als Schranke dienen soll. In einem zweiten Schritt ist zu prüfen, ob es den qualifizierten Anforderungen des Grundgesetzes genügt. **117** Ggf. qualifizierte Anforderungen prüfen

200 *BVerfGE 35, 185, 188*
201 *Pieroth/Schlink, GR, Rn 263*
202 *OVG Koblenz, NVwZ-RR 2009, 394, 395*
203 *JP-Jarass, Vor Art. 1 Rn 35*
204 *BVerfGE 88, 103, 116; 61, 260, 275*

BEISPIEL: Wird jemand wegen Beleidigung verurteilt, könnte sich der darin liegende Eingriff in die Meinungsfreiheit des Betroffenen über Art. 5 II 1. Fall GG rechtfertigen lassen. Unter „Schranken" ist dann - erstens - festzustellen, dass § 185 StGB als einschränkendes Gesetz in Betracht kommt und - zweitens - zu prüfen, ob die Norm „allgemein" i.S.d. Art. 5 II 1. Fall GG ist. Wäre dies nicht der Fall, ließe sich der Eingriff schon mangels tauglicher Schranke nicht rechtfertigen.

Die Frage, ob das eingreifende oder ermächtigende Gesetz verfassungsgemäß ist, interessiert bei der Konkretisierung der Schranke allerdings noch nicht. Es genügt an dieser Stelle, dass überhaupt eine taugliche Schranke vorliegt; alles Weitere ist eine Frage der „Schranken-Schranken".

2. Verfassungsimmanente Schranken

118 Wegen der Einheit der Verfassung und der von ihr geschützten und verkörperten Werteordnung stehen aber auch Grundrechte, die keinem Gesetzesvorbehalt unterliegen, nicht unter absolutem Schutz; vielmehr finden sie (mit Ausnahme der „unantastbaren" Menschenwürde des Art. 1 I 1 GG) ihre Schranken dort, wo ihre Ausübung mit anderen Werten von Verfassungsrang kollidiert.[205] Darunter fallen vor allem die Grundrechte Dritter.

BEISPIEL: Art. 5 III 1 GG gewährleistet die Kunstfreiheit. Diese ist keinem Gesetzesvorbehalt unterworfen. Gleichwohl findet die Kunstfreiheit verfassungsimmanent ihre Schranke in den Grundrechten Dritter. Greift die Kunstausübung also z.B. in das aus Art. 2 I i.V.m. Art. 1 I 1 GG abzuleitende allgemeine Persönlichkeitsrecht Dritter ein (etwa durch eine übertriebene, ehrverletzende Satire), kann es zulässig sein, die Kunstausübung zum Schutz der Persönlichkeit des Dritten zu untersagen.

Aber auch andere Verfassungswerte wie Staatsziele, Staatsprinzipien oder der Bestand des Staates an sich und das Funktionieren seiner Organe kommen insoweit in Betracht.

BEISPIELE: Das Schächten von Opfertieren mag von Art. 4 I, II GG geschützt sein. Es kollidiert aber mit dem Staatsziel Tierschutz aus Art. 20a GG. Ministeriale Warnungen (z.B. vor Jugendsekten, Auslandsreisen oder gefährlichen Produkten) mögen ebenfalls Eingriffe in Art. 4 I, II GG, Art. 12 I GG oder Art. 2 I i.V.m. 1 I GG darstellen; sie können aber durch die „gubernative Staatsleitungskompetenz", d.h. die Art. 65 S. 2 GG innewohnende Befugnis der Ministerien zur Öffentlichkeitsarbeit, gerechtfertigt sein.[206]

MERKSATZ

Niemand lebt allein auf einer Insel. Deshalb kann auch niemand tun und lassen, was er will. Jede Grundrechtsausübung in einer menschlichen Gesellschaft muss daher ihre natürliche Grenze an den Grundrechten Dritter und anderen Rechtsgütern von Verfassungsrang finden.

---

205 BVerfGE 69, 1, 55; 47, 327, 369; 30, 173, 193

206 BVerfGE 105, 279, 301 = RA 2002, 449, 455

Verfassungsimmanenten Schranken unterliegen daher prinzipiell auch solche Grundrechte, die bereits einem Gesetzesvorbehalt unterliegen.[207] Dieser genießt allerdings als explizite Regelung Anwendungsvorrang vor verfassungsimmanenten Schranken.[208] Fälle, in denen unter Geltung eines Gesetzesvorbehalts auf verfassungsimmanente Schranken zurückgegriffen werden kann und muss, sind daher sehr selten. 119 Verhältnis zum Gesetzesvorbehalt

BEISPIEL: Solche können etwa auftreten, wenn ein Gesetz den Anforderungen eines qualifizierten Gesetzesvorbehalts nicht genügt, aber dennoch zum Schutz des kollidierenden Verfassungsrechts erforderlich ist.[209]

KLAUSURHINWEIS

Ein Rückgriff auf eine verfassungsimmanente Schranke ist bei Grundrechten mit Gesetzesvorbehalt zwar nicht ausgeschlossen, aber nur subsidiär möglich und in aller Regel nicht erforderlich.

Einige Grundrechte unterliegen nur teilweise einem Gesetzesvorbehalt. 120 Grundrechte mit divergierenden Schranken

BEISPIEL: Eine Versammlung unter freiem Himmel unterliegt nach Art. 8 II GG einem Gesetzesvorbehalt, während für solche in geschlossenen Räumen nur verfassungsimmanente Schranken bestehen.

In solchen Fällen muss sauber festgestellt werden, in welche Form der Grundrechtsausübung eingegriffen worden ist, um die richtige Schranke bestimmen zu können. Teilweise herrscht sogar Streit, ob ein Gesetzesvorbehalt besteht oder nur verfassungsimmanente Schranken gelten. Dann müssen die unterschiedlichen Meinungen dargestellt und der Streit entschieden werden, bevor weiter geprüft werden kann.

BEISPIEL: Das BVerfG hält die Glaubensfreiheit aus Art. 4 I, II GG für schrankenlos, während in der Literatur aus Art. 140 GG i.V.m. 136 I WRV ein Gesetzesvorbehalt konstruiert wird (Einzelheiten Rn 301).

a) Grundrechte Dritter

Kollidiert die eigene Grundrechtsausübung mit Grundrechten Dritter, ist die Auflösung dieses Konflikts nach dem zuvor Gesagten mit der ganz h.M. eine Frage der Schranken und damit der verfassungsrechtlichen Rechtfertigung. Eine m.M. will die Grundrechte Dritter jedoch bereits im Schutzbereich erörtert wissen. Jede Freiheit sei nur insoweit geschützt, als sie nicht in den Freiheitsbereich eines anderen eingreife. Diese Ansicht spricht folgerichtig auch nicht von verfassungsimmanenten „Schranken", sondern etwa von „Gemeinwohlvorbehalt"[210] oder „enger Tatbestandstheorie"[211]. 121 Grundrechtskollision im Schutzbereich?

207 *BVerfGE 66, 116, 136; JP-Jarass, Vor Art. 1 Rn 29*
208 *Hufen, JuS 1995, 1029, 1030; vgl. auch BVerwGE 87, 37, 45*
209 *BVerfG, NJW 2010, 47, 51 = RA 2009, 693, 698 - Wunsiedel*
210 *BVerwGE 6, 13, 17; 2, 85, 87; seit BVerwGE 49, 202, 208 explizit aufgegeben*
211 *Isensee, HdbStR V, § 111 Rn 171, 177*

BEISPIEL: Die Kunstfreiheit umfasse nicht das Besprühen von Mauern gegen den Willen des Eigentümers;[212] die Besetzung eines fremden Hauses werde nicht von der Versammlungsfreiheit geschützt.[213]

Für die h.M., welche in den unter Rn 121 genannten Beispielsfällen ohne Weiteres von der Betroffenheit der Schutzbereiche der Art. 5 III bzw. 8 I GG ausgeht und das Grundrecht auf Eigentum (Art. 14 I GG) des Mauer- bzw. Hauseigentümers (erst) als verfassungsimmanente Schranke heranzieht, spricht zunächst, dass „Kunst" bzw. eine „Versammlung" vorliegen, d.h. im Schutzbereich des jeweiligen Grundrechts gehandelt worden ist. Vor allem bestünde aber die Gefahr, dass der Gesetzesvorbehalt umgangen würde, der als konkretere Regelung - wie unter Rn 119 erwähnt - Anwendungsvorrang genießt. Fiele nämlich ein Verhalten bei Grundrechtskollision schon aus dem Schutzbereich eines Grundrechts heraus, käme es nicht mehr zur Prüfung der Schranken desselben und damit auch nicht zur Prüfung des Gesetzesvorbehalts. Dadurch würden i.Ü. auch die Prüfung der „Schranken-Schranken" (also z.B. des Verhältnismäßigkeitsgrundsatzes) ausgeschlossen und so elementare rechtsstaatliche Prinzipien ausgehöhlt.[214]

KLAUSURHINWEIS
In einem Gutachten darf der Aufbau nicht begründet werden. Es empfiehlt sich daher, kommentarlos mit der h.M. die Grundrechte Dritter erstmals auf Schrankenebene ins Spiel zu bringen.

b) Sonstige Werte von Verfassungsrang

122 Neben den Grundrechten Dritter kommen auch sonstige Werte von Verfassungsrang als verfassungsimmanente Schranke in Betracht.

Allgemein anerkannt sind z.B.:

Beispiel für Werte von Verfassungsrang

- **Explizit geregelte Prinzipien:**
  Bundesflagge, Art. 22 GG[215]
  Umweltschutz, Art. 20a GG[216]
  Bundeswehr, Art. 12a, 87a GG[217]
  Feiertagsruhe, Art. 140 GG , 139 WRV[218]

- **Ungeregelte Prinzipien:**
  Menschenbild des Grundgesetzes[219]
  Jugendschutz[220]
  Nationalhymne[221]

212 *BVerfG, NJW 1984, 1293, 1295*
213 *BayObLG, NJW 1995, 269, 270*
214 *Bleckmann, Staatsrecht II, § 12 II, Rn 15*
215 *BVerfG, NJW 1990, 1982*
216 *BVerwG, NJW 1995, 2648; Kloepfer, DVBl 1996, 78; Murswiek, NVwZ 1996, 222*
217 *BVerfGE 69, 21; 28, 243*
218 *VG Gera, NVwZ-RR 1999, 579*
219 *BVerfGE 32, 98, 107; v.Münch/Kunig-v.Münch, GG, Vorb. Art. 1-19 Rn 57*
220 *BVerfGE 83, 130, 139*
221 *BVerfG, NJW 1990, 1985 mit Anm. Gusy, JZ 1990, 640*

- **Legislativkompetenzen:**
  Nutzung der Kernenergie, Art. 73 Nr. 14[222]
  Verhütung wirtschaftlichen Machtmissbrauchs, Art. 74 I Nr. 16 GG
  Sozialversicherung, Art. 74 I Nr. 12 GG[223]
  Finanzmonopole, Art. 105 I GG[224]

- **Exekutivkompetenzen:**
  Befugnis der Bundesregierung zur Öffentlichkeitsarbeit, Art. 65 GG[225]

Dagegen reicht der Schutz der Verfassung als solcher nicht aus.[226] Festzuhalten ist **123**
auch, dass keinesfalls jede Legislativkompetenz der Art. 70 ff. GG genügt, um eine verfassungsimmanente Schranke zu bejahen. Man wird im Gegenteil Zurückhaltung üben müssen, da viele der dort genannten Regelungsmaterien gerade nicht in die Verfassung aufgenommen, sondern ausschließlich dem einfachen Gesetzgeber zur Regelung überlassen worden sind.

BEISPIEL: Nach Art. 74 I Nr. 1 GG kann der Bund das bürgerliche Recht regeln. Damit hat aber nicht das gesamte BGB Verfassungsrang.

c) Konkretisierung verfassungsimmanenter Schranken

Auch verfassungsimmanente Schranken können nicht selbst zur Rechtfertigung **124** Immer Parlamentsgesetz erforderlich
eines Grundrechtseingriffs herangezogen werden, sondern bedürfen ebenso wie ein Gesetzesvorbehalt der Konkretisierung durch ein Parlamentsgesetz. Dies ergibt sich aus folgenden Überlegungen:

Wenn Exekutive und Judikative schon bei den Grundrechten mit Gesetzesvorbehalt **125** Erst-Recht-Schluss
nicht ohne gesetzliche Ermächtigung eingreifen dürfen, muss dies erst recht für die stärkeren, schrankenlos konzipierten Grundrechte gelten. Hier muss die Legislative erst recht die wesentlichen Entscheidungen treffen.

BEISPIEL: In seinem ersten „Kopftuch"-Urteil[227] hat das BVerfG eine ganze Reihe von verfassungsimmanenten Schranken gefunden, die dem seiner Ansicht nach schrankenlosen Grundrecht der Lehrerin aus Art. 4 I, II GG auf Tragen eines Kopftuchs im Unterricht entgegengehalten werden können, u.a. den staatlichen Bildungsauftrag (Art. 7 I GG),[228] die negative Glaubensfreiheit der Schüler (Art. 4 I, II GG), das Erziehungsrecht der Eltern (Art. 6 II 1 GG) und die Neutralitätspflicht der Beamten (Art. 33 V GG). Es fand jedoch keine einfach-gesetzliche Regelung, die das Kopftuchtragen im Unterricht verbot, sodass es das Verbot schon mangels Konkretisierung der verfassungsimmanenten Schranken für verfassungswidrig erklärte.

---

222 *BVerfGE 53, 30, 56 (noch zu Art. 14 I Nr. 11a GG a.F.)*
223 *BVerwGE 65, 362, 365*
224 *v.Münch/Kunig-v.Münch, GG, Vor Art. 1-19 Rn 57*
225 *BVerfG, NJW 1989, 3269, 3270; BVerwG, NJW 1991, 1770; Engelmann, BayVBl. 1998, 358*
226 *BVerfGE 81, 278, 293*
227 *BVerfGE 108, 282 = RA 2003, 601*
228 *Vgl. hierzu auch BVerfG, NJW 2015, 44 = RA 2014, 647 für den Fall, dass Eltern ihr schulpflichtiges Kind aus religiösen Gründen nicht in die Schule gehen lassen.*

Funktion der Grundrechte

126 Soweit es um Grundrechte Dritter geht, würden sie in ihr Gegenteil verkehrt, wenn man sie selbst zur Rechtfertigung von Grundrechtseingriffen durch den Staat heranziehen würde. Grundrechte sind Abwehrrechte des Bürgers gegen den Staat, und nicht Eingriffsermächtigungen des Staates gegen den Bürger.

BEISPIEL: Wird eine kabarettistische Darstellung bekannter Politiker wegen ihres ehrverletzenden Charakters verboten, kann der Eingriff in Art. 5 III 1 1. Fall GG nicht unmittelbar auf das allgemeine Persönlichkeitsrecht der Politiker aus Art. 2 I i.V.m. Art. 1 I 1 GG gestützt werden; Art. 2 I i.V.m. Art. 1 I 1 GG sind als Grundrechte Abwehrrechte des Bürgers gegen den Staat, nicht Ermächtigungsgrundlage des Staates für ein Einschreiten gegen den Bürger. Vielmehr bedarf es einer gesetzlichen (Ermächtigungs-) Grundlage für das Verbot, mit welcher der Schutz des Persönlichkeitsrechts konkretisiert wird. Als solche kommt z.B. die polizei- und ordnungsbehördliche Generalklausel des jeweiligen Landesrechts in Betracht, die im Rahmen der „öffentlichen Sicherheit" auch die Individualrechtsgüter und als Teil derselben auch das Persönlichkeitsrecht schützt.

Bestimmtheitsgrundsatz

127 Sonstige Werte von Verfassungsrang enthalten ebenfalls keine Eingriffsermächtigungen, sondern nur Staatszielbestimmungen. Sie wären mangels eines Tatbestandes und einer konkreten Rechtsfolge nicht bestimmt genug, um allein einen Grundrechtseingriff rechtfertigen zu können.

BEISPIEL: Die zuständige Behörde verhängt gegen den Künstler K ein Bußgeld i.H.v. 100,- €, weil er am Karfreitag eine Theateraufführung veranstaltet hat. Darin liegt ein Eingriff in die Kunstfreiheit des K aus Art. 5 III 1 GG, welche nur verfassungsimmanent beschränkbar ist. Als verfassungsimmanente Schranke kommt zwar die Feiertagsruhe als Wert von Verfassungsrang über Art. 140 GG i.V.m. Art. 139 WRV in Betracht.[229] Art. 140 GG i.V.m. Art. 139 WRV ermächtigen jedoch weder zum Erlass von Bußgeldern, noch enthalten sie einen hinreichend konkreten Tatbestand mit entsprechenden Voraussetzungen (z.B. Verschulden) oder eine Rechtsfolge (z.B. Höhe der Geldbuße). Sie sind für sich genommen folglich völlig ungeeignet, einen Grundrechtseingriff zu rechtfertigen.

KLAUSURHINWEIS
Ähnlich wie beim qualifizierten Gesetzesvorbehalt ist also auch bei verfassungsimmanenten Schranken zweistufig zu prüfen. In einem ersten Schritt muss eine verfassungsimmanente Schranke gefunden werden. In einem zweiten Schritt ist dann festzustellen, dass auch diese einer einfachgesetzlichen Konkretisierung bedürfen und das einfache Gesetz zu nennen.

BEISPIEL: Wird ein Forschungszwecken dienender Tierversuch aus Gründen des Tierschutzes verboten, liegt ein Eingriff in die Wissenschaftsfreiheit des Art. 5 III 1 2. Fall GG vor. Diese unterliegt nur verfassungsimmanenten Schranken. Als solche kommt der Tierschutz aus Art. 20a GG in Betracht. Dieser wird durch das Tierschutzgesetz einfachgesetzlich konkretisiert.

229 *VG Gera, NVwZ-RR 1999, 579, 579*

Weil zunächst immer ein verfassungsimmanenter Wert gefunden werden muss, wird die verfassungsimmanente Schranke durch die Notwendigkeit einer einfach-gesetzlichen Konkretisierung auch nicht zum einfachen Gesetzesvorbehalt degradiert.

BEISPIEL: Bevor Art. 20a GG in das Grundgesetz aufgenommen wurde, war das Tierschutzgesetz allein nicht geeignet, die Wissenschaftsfreiheit einzuschränken. Wenn die Wissenschaftsfreiheit einem Gesetzesvorbehalt unterfiele, hätte das Tierschutzgesetz hingegen für sich genommen genügt.

KLAUSURHINWEIS

Die Notwendigkeit einer einfach-gesetzlichen Konkretisierung verfassungsimmanenter Schranken sollte im Gutachten kurz begründet werden, da sie sich nicht von selbst versteht. Formulierungsvorschlag: „Die nur verfassungsimmanent beschränkbaren Grundrechte sind im Verhältnis zu Grundrechten mit Gesetzesvorbehalt die stärkeren Grundrechte. Um zu verhindern, dass die Verwaltung ausgerechnet in diese ohne Vorgaben des unmittelbar demokratisch legitimierten Gesetzgebers eingreifen kann, bedürfen verfassungsimmanente Schranken erst recht der Konkretisierung durch eine einfach-gesetzliche Regelung."

3. Verfassungsunmittelbare Schranken

Besonderheit des Art. 13 VII 1. Fall GG

Eine Besonderheit bildet Art. 13 VII, 1. Fall GG. Hier ist - anders als bei einer verfassungsimmanenten Schranke - ausnahmsweise keine Konkretisierung durch ein Parlamentsgesetz nötig; vielmehr dient Art. 13 VII, 1. Fall GG selbst als Ermächtigungsgrundlage für Grundrechtseingriffe. Man spricht von einer „verfassungsunmittelbaren Schranke". 128

BEISPIEL: Art. 13 VII GG macht dies an seinem Wortlaut deutlich. Im 1. Fall spricht er davon, dass Eingriffe in die Unverletzlichkeit der Wohnung zur Abwehr einer gemeinen Gefahr oder Lebensgefahr zulässig sind, im 2. Fall davon, dass dies aufgrund eines Gesetzes auch zu anderen Zwecken zulässig sein soll. Damit ist klar gestellt, dass es sich bei Art. 13 VII 2. Fall GG um einen qualifizierten Gesetzesvorbehalt handelt, der eine parlamentsgesetzliche Eingriffsermächtigung voraussetzt, bei Art. 13 VII 1. Fall GG hingegen um eine verfassungsunmittelbare Schranke, bei der dies gerade nicht erforderlich sein soll.[230]

Auch bei einigen anderen Schranken, namentlich Art. 9 II GG (verfassungswidrige Vereinigungen) und Art. 8 I GG (unfriedliche Versammlungen), ist erwogen worden, diese als verfassungsunmittelbare Verbote einzustufen. Dies hat sich jedoch nicht durchgesetzt.

---

230 Sachs-Kühne, GG, Art. 13 Rn 50

BEISPIEL: Art. 9 II GG spricht von einem Verbot verfassungswidriger Vereinigungen. Obwohl dort nicht von einer Ermächtigung zum Handeln durch oder aufgrund eines Gesetzes die Rede ist, ja der Wortlaut im Gegenteil ein verfassungsunmittelbares Verbot nahelegt, besteht heute Einigkeit darüber, dass es sich (nur) um einen qualifizierten Gesetzesvorbehalt handelt, verfassungswidrige Vereinigungen also nicht „ipso iure" verboten sind, sondern das Verbot erst mit einer ausdrücklichen, auf gesetzlicher Grundlage (vgl. § 3 Vereinsgesetz) erlassenen Verbotsverfügung wirksam wird.[231] Bei Art. 8 I GG handelt es sich gar nicht um eine Schranke, sondern um eine Schutzbereichsregelung; unfriedliche Ver-sammlungen fallen nicht in den Schutzbereich des Art. 8 I GG (sondern nur in den des Art. 2 I GG als Auffanggrundrecht).

II. SCHRANKEN-SCHRANKEN

129 Bis hierher kann also festgehalten werden, dass bis auf die Menschenwürde jedes Grundrecht Schranken kennt, die Eingriffe rechtfertigen können. Liegt nun eine taugliche Grundrechtsschranke vor, ist damit die verfassungsrechtliche Rechtfertigung jedoch noch nicht gelungen. Vielmehr muss das einschränkende Gesetz seinerseits verfassungsgemäß sein, d.h. nicht gegen formelles oder materielles Verfassungsrecht verstoßen. Dadurch wird verhindert, dass die Grundrechte durch eine Überdehnung der Schranken ausgehöhlt werden. Freiheitsbeschränkungen dürfen also nur erfolgen, wenn sie insgesamt verfassungsgemäß sind.[232] Derartige Anforderungen, die das Grundgesetz dem in Grundrechte eingreifenden parlamentarischen Gesetzgeber bzw. der die Gesetze anwendenden Exekutive und Judikative auferlegt,
130 werden auch „Schranken-Schranken" genannt.

Der Begriff der „Schranken-Schranken" kommt im GG selbst nicht vor und wird in der Literatur uneinheitlich verwendet.[233] Manche benutzen gänzlich andere Begriffe, wieder andere verstehen unter „Schranken-Schranken" nur die materiellen Anforderungen des Grundgesetzes an einschränkende Gesetze wie Verhältnismäßigkeit oder Bestimmtheit, nicht aber die formellen wie Kompetenz, Verfahren und Form, die unter eigenen Überschrften geprüft werden. Man kann aber sagen, dass der Begriff „Schranken-Schranken" sich weitgehend eingebürgert hat und überwiegend in einem umfassenden Sinn verstanden wird, sodass alle Anforderungen des Grundgesetzes an die Grundrechtsschranken unter dieser Überschrift geprüft werden können.

KLAUSURHINWEIS
In einer Prüfungsarbeit sollte kommentarlos von „Schranken-Schranken" gesprochen werden.

131 Der Prüfungsaufbau der Schranken-Schranken ist zweistufig. Auf der ersten Stufe muss die Schranke selbst verfassungsgemäß sein, auf der zweiten Stufe ihre Anwendung auf den konkreten Fall.

Stufe 1: Norm prüfen

132 Zunächst ist also das Parlamentsgesetz, welches den Gesetzesvorbehalt bzw. die verfassungsimmanente Schranke konkretisiert, auf seine formelle und materielle Verfassungsmäßigkeit hin zu überprüfen.

231 *Sachs-Höfling, GG, Art. 9 Rn 38; v.Münch/Kunig-Löwer, GG, Art. 9 Rn 24*
232 *BVerfGE 80, 124, 132; 29, 402, 408; Bethge/Rozek, JuS 1994, 774, 777*
233 *Graf Kielmansegg, JuS 2008, 23, 27 m.w.N.*

BEISPIEL: Das Land X beschließt eine Änderung des Ladenschlussgesetzes dahingehend, dass alle Geschäfte wochentags bereits um 12.00 Uhr schließen müssen. In einer solchen Regelung liegt ein Eingriff in die Berufsfreiheit der Kaufleute (Art. 12 I 1 GG). Diese unterliegt zwar dem Gesetzesvorbehalt in Gestalt des Regelungsvorbehalts des Art. 12 I 2 GG (Schrankenbestimmung); auch stellt das Ladenschlussgesetz ein Parlamentsgesetz und damit eine taugliche Umsetzung des Gesetzesvorbehalts dar (Konkretisierung der Schranke); allerdings ist die Regelung völlig unangemessen; sie verstößt gegen das aus dem Rechtsstaatsprinzip des Art. 20 III GG abzuleitende Verhältnismäßigkeitsprinzip (Schranken-Schranke) und ist daher ihrerseits unwirksam. Mithin ist Art. 12 I 1 GG verletzt.

Nur bei verfassungsunmittelbaren Schranken (Art. 13 VII 1. Fall GG) kann es vorkommen, dass keine einfach-gesetzliche Regelung existiert, weil diese keiner Konkretisierung durch ein Parlamentsgesetz bedürfen (Rn 128). Dann ist dieser Punkt zu überspringen.

Ist das Parlamentsgesetz verfassungsgemäß, muss es auch verfassungsgemäß angewendet worden sein. Verfassungsmäßigkeit der Norm und Verfassungsmäßigkeit ihrer Anwendung auf den konkreten Einzelfall sind zwei Paar Schuhe. **133** Stufe 2: Anwendung der Norm prüfen

BEISPIEL: Wird eine Gaststätte geschlossen, handelt es sich bei der Schließungsverfügung um einen Verwaltungsakt auf der Grundlage von § 15 II GewO. Rügt der Gastwirt eine Verletzung von Art. 12 I 1 GG, kann dieser nur gerechtfertigt sein, wenn § 15 II GewO (die Schranke) und die aufgrund dieser Vorschrift erlassene Schließungsverfügung (der Einzelakt) verfassungsgemäß sind. Da § 15 II GewO ein Ermessen eröffnet, ist die Norm unproblematisch verhältnismäßig. Dennoch kann eine Schließung im Einzelfall unverhältnismäßig und damit verfassungswidrig sein.

Im Extremfall kann diese Schachtelung sogar noch um eine weitere Stufe erweitert werden, wenn nämlich ein Gesetz zunächst zum Erlass einer Rechtsverordnung oder Satzung ermächtigt und diese wiederum eine Ermächtigung zum Erlass eines Einzelaktes enthält.

BEISPIEL: Das Pflichtexemplargesetz eines Landes ermächtigt das Ministerium zum Erlass einer Pflichtexemplarverordnung. Diese wiederum ermächtigt die zuständige Behörde zur Anforderung von Pflichtexemplaren durch Verwaltungsakt. Hier wären zunächst das Gesetz, sodann die Rechtsverordnung und sodann der Verwaltungsakt auf ihre Verfassungsmäßigkeit hin zu überprüfen, bevor eine Rechtfertigung des im Erlass des Ablieferungsbescheids liegenden Eingriffs in Art. 14 I 1 GG des Verlegers gelingen kann.

Genau umgekehrt ist es bei einem Eingriff unmittelbar durch ein Gesetz. In diesem Fall gibt es keine Anwendung, die auf ihre Verfassungsmäßigkeit hin überprüft werden kann bzw. muss.

BEISPIEL: § 2 GastG verlangt von jedem Gastwirt eine Konzession. Mit diesem Genehmigungsvorbehalt greift die Norm unmittelbar in die Berufsfreiheit der Gastwirte ein. Wendet sich ein Gastwirt mit einer Verfassungsbeschwerde unmittelbar gegen diese Norm, kann und muss keine Anwendung überprüft werden. Anders liegt es, wenn ein Gastwirt keine Konzession bekommt und sich gegen deren Ablehnung wendet. In diesem Fall müssen die gesetzliche Grundlage (§ 2 GastG) und ihre Anwendung (Ablehnungsbescheid) auf ihre Verfassungsmäßigkeit überprüft werden.

KLAUSURHINWEIS

Bei einem Eingriff „durch" Gesetz ist das eingreifende Parlamentsgesetz, bei einem Eingriff „aufgrund" eines Gesetzes sind das Parlamentsgesetz und seine Anwendung auf den konkreten Fall auf ihre Verfassungsmäßigkeit hin zu überprüfen.

1. Verfassungsmäßigkeit des Gesetzes

a) Formell

134 Ist ein Gesetz formell verfassungswidrig, ist es bereits aus diesem Grund nichtig und kann nicht zur Rechtfertigung von Grundrechtseingriffen dienen.[234] Mithin sind zunächst mögliche Verstöße gegen die Gesetzgebungskompetenz der gesetzgebenden Körperschaft (Art. 70 ff. GG), das ordnungsgemäße Gesetzgebungsverfahren (für Bundesgesetze: Art. 76 ff. GG) und die Form des Gesetzes (für Bundesgesetze: Art. 82 GG) zu erörtern.

KLAUSURHINWEIS

An dieser Stelle hat der Prüfer Gelegenheit, inzidenter Staatsorganisationsrecht abzuprüfen! Wenn sich derartige Probleme stellen, müssen sie sorgfältig durchgeprüft werden. Keinesfalls dürfen sie übergangen werden, nur weil es sich vermeidlich um eine „Grundrechte-Klausur" handelt. Ein „Crossover" verschiedener Disziplinen ist jedenfalls in Klausuren für Fortgeschrittene nicht die Ausnahme, sondern die Regel.[235]

Landesgesetze

135 Greift ein Landesgesetz in Grundrechte ein, sind Verfahrens- und Formvorschriften nicht dem GG, sondern der jeweiligen Landesverfassung zu entnehmen. Das BVerfG prüft jedoch nur Verstöße gegen das Grundgesetz. In der Rolle des BVerfG ist im Fall eines Eingriffs in Grundrechte durch oder aufgrund Landesrechts also nur die Gesetzgebungskompetenz des Landes nach Art. 70 ff. GG zu prüfen. Etwas anderes gilt nur dann, wenn die in den Landesverfassungen vorgesehenen Verfahrens- oder Formvorschriften ihrerseits gegen das Grundgesetz verstießen. Dergleichen gibt es aber in der Praxis nicht.

BEISPIEL: Sollte eine Landesverfassung vorsehen, dass im Notfall der Ministerpräsident die Befugnis zur Gesetzgebung hätte, läge hierin ein Verstoß gegen das Demokratie- und Gewaltenteilungsprinzip, Art. 20 I, II, III GG. Ein solches Gesetz wäre formell verfassungswidrig, auch wenn eine Landeskompetenz im fraglichen Bereich bestünde.

---

234 *BVerfGE 6, 32, 37; st. Rechtsprechung*

235 *Ein schönes Beispiel für einen solchen Fall bietet BVerfG, NJW 2013, 3151, 3151 ff. = RA 2013, 729, 729 ff.*

b) Materiell

Materielle Anforderungen an das einschränkende Gesetz stellen zunächst - soweit gegeben - die qualifizierten Gesetzesvorbehalte, darüber hinaus vor allem die Art. 19 und 20 GG. Im Einzelfall kann aber auch sonstiges Verfassungsrecht einschränkend zur Anwendung kommen. **136**

aa) Qualifizierter Gesetzesvorbehalt

Handelt es sich bei der einschlägigen Schranke um einen qualifizierten Gesetzesvorbehalt, vermag die Schranke den Eingriff nur zu rechtfertigen, wenn sie diesen qualifizierten Anforderungen genügt.

BEISPIEL: Art. 13 II GG lässt Durchsuchungen auf gesetzlicher Grundlage zu, stellt an das Gesetz aber qualifizierte Anforderungen, vor allem einen Richtervorbehalt. Lässt ein Gesetz Durchsuchungen zu, ohne sie unter Richtervorbehalt zu stellen, verstößt es seinerseits gegen Art. 13 I GG und kann somit auch keine Durchsuchung rechtfertigen. § 758 ZPO konnte daher vor Einfügung des § 758a ZPO nur durch eine verfassungskonforme Auslegung „gerettet" werden.

bb) Grundsätze des Art. 19 I, II GG

Art. 19 I, II GG enthalten drei Prinzipien, die der Gesetzgeber beachten muss, wenn er in Grundrechte eingreift: Das **Verbot eines Einzelfallgesetzes** in Art. 19 I 1 GG, das **Zitiergebot** in Art. 19 I 2 GG und die **Wesensgehaltsgarantie** des Art. 19 II GG. **137**

(1) Verbot des Einzelfallgesetzes

Nach Art. 19 I 1 GG muss jedes Gesetz, dass eine Grundrechtseinschränkung enthält oder zu einer solchen ermächtigt, nicht nur für den Einzelfall, sondern „allgemein" gelten. Sinn und Zweck der Bestimmung ist zum einen, Diskriminierungen wie ungerechtfertigte Privilegierungen Einzelner zu verhindern und Härtefällen vorzubeugen. Dies wird aber durch die übrigen Schranken-Schranken, insbesondere den Verhältnismäßigkeitsgrundsatz und die Wesensgehaltsgarantie sowie die Gleichheitsgrundrechte bereits erreicht. Daher ist schon streitig, ob die Norm überhaupt eigene Bedeutung hat.[236] Ihre praktische Relevanz tendiert jedenfalls gegen null: In der Geschichte der Bundesrepublik Deutschland ist bisher noch kein Gesetz an Art. 19 I 1 GG gescheitert. **138**

Anwendbarkeit bei verfassungsimmanenten Schranken?

Über die Anwendbarkeit des Art. 19 I 1 GG herrscht Streit. Nach dem BVerfG[237] soll Art. 19 I 1 GG nur auf Gesetzesvorbehalte, nicht jedoch auf immanente oder unmittelbare Schranken Anwendung finden. Für diese Meinung spricht der Wortlaut des Art. 19 I 1 GG, der von Grundrechten spricht, die „durch oder aufgrund eines Gesetzes" eingeschränkt werden können. Die h.L. hält Art. 19 I 1 GG demgegenüber auch auf nur verfassungsimmanent beschränkbare Grundrechte für anwendbar.[238] Dafür spricht, dass auch immanente Schranken der Konkretisierung durch ein Gesetz bedürfen. Wenn aber schon die schwächeren, dem Gesetzesvorbehalt unterliegenden Grundrechte gesetzlich nicht für den Einzelfall eingeschränkt werden dürfen, müsse dies erst Recht für die stärkeren, zunächst schrankenlos konzipierten Grundrechte gelten. **139**

---

236 *v.Münch/Kunig-Krebs, GG, Art. 19 Rn 10 m.w.N.*

237 *BVerfGE 24, 367, 396; 21, 92, 93; 13, 97, 122*

238 *MD-Herzog, GG, Art. 19 I Rn 21; Sachs-Krüger, GG, Art. 19 Rn 13*

KLAUSURHINWEIS

Der Streit ist selbstverständlich nur zu entscheiden, wenn wirklich ein Einzelfallgesetz vorliegt, was - wie gesagt - selten ist. Ist dies der Fall, sollte dem BVerfG mit dem Wortlautargument jedenfalls dann klausurtaktisch gefolgt werden, wenn man sich ansonsten weitere Prüfungspunkte abschnitte, zu deren Erörterung der Sachverhalt Anlass bietet.

Geschlossener Adressatenkreis

140 Das einschränkende Gesetz muss „allgemein sein und nicht nur für den Einzelfall gelten". Beide Merkmale gehören zusammen, Letzteres erläutert Ersteres. „Einzelfallgesetz" meint dabei zunächst und vor allem „Einzelpersonengesetz". Untersagt ist mithin die Individualisierbarkeit einer Person bzw. einiger weniger Personen als Adressat(en) des Gesetzes. Ein „geschlossener Adressatenkreis"[239] in diesem Sinne kann nicht an einer konkreten Zahl von Personen festgemacht werden; vielmehr kommt es auf die Bestimmbarkeit an.[240] Je geringer die Zahl der Adressaten ist, desto mehr spricht allerdings für ein Einzelfallgesetz und umgekehrt. Keinesfalls individualisierbar in diesem Sinne sind ganze gesellschaftliche Gruppen wie Autofahrer, Rentner, Asylbewerber" usw.

Verdeckte Einzelfallgesetze

141 Eine verbotene Einzelfallregelung in diesem Sinne kann darin liegen, dass der „geschlossene Adressatenkreis" im Gesetz ausdrücklich genannt ist, oder dadurch, dass dieser zwar nicht ausdrücklich genannt wird, das Gesetz aber auf ihn „gemünzt" ist.[241] Im letzteren Fall spricht man von verdeckten Einzelfallgesetzen, die ebenso unzulässig sind wie offene. Entscheidend ist also nicht die Formulierung, sondern der Regelungsgehalt des Gesetzes.

BEISPIEL: Erließe der Bund wieder ein Streichholzmonopol zugunsten eines Privatproduzenten (vgl. Zündwarenmonopolgesetz vom 29.1.1930, RGBl. I S. 11) und belegte er zugleich „alle Streichholzhersteller" mit einer Streichholzsteuer, läge in der Steuer ein verdecktes Einzelfallgesetz: Zwar wendete sich der Wortlaut an „alle Streichholzhersteller", aufgrund des bestehenden Monopols gäbe es aber nur einen.

Anlassgesetze

142 Kein verbotenes Einzelfallgesetz liegt hingegen vor, wenn zwar ein Einzelfall den Anlass für das Gesetz gegeben hat, dessen Regelungsgehalt sich aber auf eine unbestimmte Vielzahl von Fällen erstreckt.[242]

BEISPIEL: Gibt die Explosion in einer Chemiefabrik den Anlass für verschärfte gesetzliche Sicherheitsbestimmungen, stellen diese kein Einzelfallgesetz dar, solange sie nur für jedermann gelten, der eine entsprechende Anlage betreiben will.

Rechtfertigung von Einzelfallgesetzen?

143 Sieht man eine wesentliche Funktion des Art. 19 I 1 GG in der Verhinderung gleichheitswidriger Diskriminierungen bzw. Privilegierungen, stellt sich die Frage, ob trotz Art. 19 I 1 GG Einzelfallgesetze bei Vorliegen eines sachlichen Grundes ebenso zulässig sind wie Ungleichbehandlungen bei Art. 3 I GG, ob also die Schranken-Schranken wiederum einer Schranke, nämlich einer sachlichen Rechtfertigung unterliegt. Dies

239 *v.Münch/Kunig-Krebs, GG, Art. 19 Rn 12*

240 *MD-Herzog, GG, Art. 19 Rn 30*

241 *v.Münch/Kunig-Krebs, GG, Art. 19 Rn 12*

242 *BVerfGE 25, 371, 396; 13, 225, 229; v.Münch/Kunig-Krebs, GG, Art. 19 Rn 12*

wird von der ganz h.M.[243] bejaht, während eine m.M. darauf hinweist, dass dadurch Art. 19 I 1 GG neben Art. 3 I GG praktisch jede eigene Bedeutung verliere.[244]

(2) Zitiergebot

144 Nach Art. 19 I 2 GG muss das Gesetz zudem das eingeschränkte Grundrecht nennen, ansonsten ist das Gesetz nichtig.[245] Die Regelung bezweckt eine Klarstellungs- und Warnfunktion.[246] Die Grundrechtsrelevanz einer Norm soll für jedermann ersichtlich sein (Klarstellungsfunktion). Zudem soll der Gesetzgeber sich der Bedeutung seiner beabsichtigten Regelungen bewusst werden (Warnfunktion).

145 Enger Anwendungsbereich

Art. 19 I 2 GG wird von der Rechtsprechung des BVerfG vor dem Hintergrund praktischer Bedürfnisse weitgehend zurückgedrängt,[247] weil es als unbefriedigend empfunden wird, notwendige Gesetze allein wegen eines Formfehlers zu kippen. Teilweise wäre die Beachtung des Zitiergebots auch nur eine Förmelei, da Warn- und Klarstellungsfunktion anderweitig gewährleistet sind.

BEISPIEL: Der nach Art. 14 III 2 GG zwingende Erlass einer Junktimklausel „warnt" den Gesetzgeber vor Enteignungen.

Denkt man dann noch daran, dass praktisch jedes belastende Gesetz zumindest in Art. 2 I GG eingreift, dieser also bei wörtlicher Auslegung des Art. 19 I 2 GG nahezu in jedem Gesetz zitiert werden müsste, liegt es auf der Hand, dass bei der Anwendung des Art. 19 I 2 GG Zurückhaltung geboten, dieser also eng auszulegen ist.

Das **Zitiergebot** gilt danach **nicht** in folgenden Fällen:

- Für Grundrechte, die nicht explizit „durch oder auf Grund eines Gesetzes" eingeschränkt werden können, also solche mit lediglich verfassungsimmanenten[248] oder verfassungsunmittelbaren Schranken sowie Regelungsvorbehalten und Inhaltsbeschränkungen.

  Art. 1 I 1 GG
  Art. 2 I GG[249]
  Art. 4 GG
  Art. 5 GG[250]
  Art. 6 GG
  Art. 9 GG
  Art. 12 GG[251]
  Art. 14 GG[252]

---

243 BVerfGE 25, 371, 399; MD-Herzog, GG, Art. 19 I Rn 37
244 v.Münch/Kunig-Krebs, GG, Art. 19 Rn 10 m.w.N.
245 BVerfG, DVBl 2005, 1192, 1194 = RA 2005, 440, 443; BVerfGE 5, 13, 15; Bleckmann, Staatsrecht II, § 12 Rn 70; a.A. Barella, NJW 1959, 2291, 2292: Sollvorschrift
246 BVerfG, DVBl 2005, 1192, 1194 = RA 2005, 440, 443
247 BVerfGE 64, 72, 79; 35, 185, 188; 28, 36, 46
248 BVerfGE 44, 97, 201; 7, 377, 404; 13, 97, 122; v.Münch/Kunig-Krebs, GG, Art. 19 Rn 16
249 BVerfGE 28, 36, 46; 10, 89, 99
250 BVerfGE 44, 197, 201; a.A. Schüssler, NJW 1965, 282, 283
251 BVerfGE 64, 72, 79
252 BVerfGE 24, 367, 398; 21, 92, 93; a.A. MD-Herzog, GG, Art. 19 I Rn 58

- Gleichheitsgrundrechte, die schon keinen einschränkbaren Schutzbereich enthalten.

  Art. 3 I, II 1, III GG
  Art. 6 V GG
  Art. 33 II GG
  Art. 38 I 1 GG

- Grundrechte außerhalb der Art. 1 - 19 GG[253].

  Art. 20 IV GG
  Justizgrundrechte, Art. 101 ff. GG

- Vorkonstitutionelles Recht als solches (selbstverständlich)[254] bzw. dessen unveränderte oder nur leicht modifizierte Fortschreibung[255].

  z.B. Änderungen des BGB, StGB, HGB sowie der StPO und ZPO

MERKSATZ
Das Zitiergebot des Art. 19 I 2 GG ist nur auf folgende Grundrechtsschranken anwendbar: Art. 2 II 3, 6 III, 8 II, 10 II, 11 II, 13 II-VII und 16 I 2 GG.[256]

Diese restriktive Auslegung des Art. 19 I 2 GG durch das BVerfG hat in der Lehre weitgehend Zustimmung erfahren.[257] Die wenigen ablehnenden Stimmen,[258] welche das faktische Leerlaufen der Norm befürchten, rechtfertigen in einem Gutachten keine streitige Darstellung des Anwendungsbereichs, es sei denn, der Sachverhalt enthält hierzu besondere Anhaltspunkte. Anlass zu genauerer Erörterung bieten jedoch stets die folgenden Problemfälle:

Finalität

146 Das BVerfG neigt im Einzelfall dazu, auch bei den genannten Grundrechten mit Blick auf ein gewünschtes Ergebnis die Anwendbarkeit des Zitiergebots zu verneinen, wenn kein finaler Eingriff in das Grundrecht vorliegt.

BEISPIEL: § 8 I 2 TransplantationsG verbietet Lebenden das Spenden von Organen, wodurch im Extremfall das Grundrecht auf Leben eines Patienten gefährdet wird, der sich auf andere Weise kein überlebenswichtiges Organ beschaffen kann. Das BVerfG verneint die Anwendbarkeit des (vom Gesetzgeber nicht beachteten) Art. 19 I 2 GG, weil es an einem „finalen" Eingriff in das Grundrecht auf Leben fehle; Ziel sei vielmehr die Unterbindung des Organhandels gewesen.[259]

Änderungsgesetze

147 Nach Ansicht des BVerfG müssen Gesetze, durch welche ein zitierpflichtiges Gesetz geändert wird, ihrerseits wiederum das Zitiergebot beachten, und zwar selbst dann, wenn das zu ändernde Gesetz für die zu ändernde Vorschrift bereits ein Zitat enthält.[260]

253 *Röhl, AöR 81 (1956), 195, 211*
254 *MD-Herzog, GG, Art. 19 I Rn 51*
255 *BVerfGE 61, 82, 113; 35, 135, 189; MD-Herzog, GG, Art. 19 I Rn 52*
256 *Aufstellung nach v.Münch/Kunig-Krebs, GG, Art. 19 Rn 17*
257 *JP-Jarass, GG, Art. 19 Rn 5*
258 *MD-Herzog, GG, Art. 19 I Rn 57; Bethge, DVBl 1972, 365, 367; Gutmann, NJW 1999, 3387, 3388*
259 *BVerfG, NJW 1999, 3399, 3400 = RA 2000, 45, 45; dagegen Gutmann, NJW 1999, 3387, 3388*
260 *BVerfG, DVBl 2005, 1192, 1194 = RA 2005, 440, 443*

(3) Wesensgehaltsgarantie

In keinem Fall darf der Wesensgehalt eines Grundrechts angetastet werden, Art. 19 II GG. Um einen Verstoß gegen Art. 19 II GG prüfen zu können, muss zwangsläufig zunächst der Wesensgehalt des betroffenen Grundrechts ermittelt werden. Dieser unterscheidet sich selbstverständlich von Grundrecht zu Grundrecht, muss daher auch individuell bestimmt werden.[261] Unproblematisch sind nur die Fälle, in denen ein Grundrecht eine Institutsgarantie oder institutionelle Garantie enthält und diese angetastet wird. Solche Eingriffe verletzen stets den Wesensgehalt. 148 Institutsgarantie

BEISPIELE: Abschaffung des Eigentums, Art. 14 I 1 GG, der Privatautonomie, Art. 2 I GG, oder der Privatschulen, Art. 7 IV 1 GG.

Ansonsten herrscht Streit über die Methode, nach welcher der Wesensgehalt erforscht werden kann. Hierzu werden zahllose Auffassungen vertreten,[262] die sich nach ihrem Ansatz in absolute und relative Theorien zusammenfassen lassen:

Nach der **relativen Theorie**[263] ist der Wesensgehalt eines jeden Grundrechts nicht nur von Grundrecht zu Grundrecht, sondern auch von Einzelfall zu Einzelfall verschieden. Das öffentliche Interesse an der Freiheitsbeschränkung sei mit dem privaten Interesse des Grundrechtsträgers, von ihr verschont zu bleiben, abzuwägen. Da beide Interessen in jedem Einzelfall unterschiedlich stark ausgeprägt sein können, gebe es auch „den" Wesensgehalt nicht. 149 Relative Theorie
Gegen diesen Ansatz spricht vor allem, dass er letztlich auf eine Abwägung hinaus läuft, wie sie bereits vom Verhältnismäßigkeitsgrundsatz des Art. 20 III GG im Rahmen der Angemessenheit gefordert wird. Art. 19 II GG muss aber eine über die bloße Verhältnismäßigkeitsprüfung hinausgehende Bedeutung haben, wenn die Vorschrift nicht überflüssig bzw. rein deklaratorisch sein soll.[264]

Nach der **absoluten Theorie**[265] ist der Wesensgehalt eines jeden Grundrechts nicht für den Einzelfall, sondern abstrakt zu ermitteln. Es wird also nicht danach gefragt, ob der jeweilige Adressat der Maßnahme noch einen Rest an Freiheit für sich in Anspruch nehmen kann, sondern ob dies allgemein noch der Fall ist. Dadurch werden die Probleme der relativen Theorie vermieden. 150 Absolute Theorie

BEISPIEL: Selbst wenn einzelne Soldaten im Kampf ihr Leben lassen oder Straftäter durch den finalen Rettungsschuss getötet werden, bleibt allgemein doch das Grundrecht auf Leben aus Art. 2 II 1 GG erhalten.

Andererseits sind Grundrechte subjektive Rechte, schützen also den Einzelnen. Folglich müssen auch die Schranken-Schranken das Subjekt schützen, weshalb die absolute Theorie systematischen Bedenken begegnet.[266]

---

261 *BVerfGE 22, 180, 219*
262 *Überblick bei Bleckmann, Staatsrecht II, § 12 Rn 135*
263 *BVerwGE 4, 24, 35; 2, 195, 299; 1, 269, 270; 1, 92, 93; JP-Jarass, GG, Art. 19 Rn 7*
264 *Sachs-Krüger, GG, Art. 19 Rn 31; Bleckmann, Grundrechte, § 12 Rn 145*
265 *Stern, Staatsrecht III/2, § 85 III 2, S. 865*
266 *Pieroth/Schlink, GR, Rn 319*

Fallbezogene Lösung zu empfehlen

151 Überwiegend wird eine Verbindung der beiden Theorien befürwortet.[267] Nach diesem Verständnis ergänzen sich absolute und relative Theorie. Wäre bei einem Grundrecht jeder Eingriff zwangsläufig oder zumindest in einer Vielzahl von Fällen mit einem Eingriff in den Kernbereich verbunden, spricht dies für die Anwendung der absoluten Theorie. Dann ist Art. 19 II GG nur verletzt, wenn der Wesensgehalt für jedermann angetastet wäre.

BEISPIEL: Art. 2 II 3 GG lässt explizit auch Eingriffe in das Grundrecht auf Leben zu. Da dies zwangsläufig den Tod des Betroffenen und damit einen Eingriff in den Kernbereich seines subjektiven Rechts auf Leben bedeutet, ergibt diese Eingriffsermächtigung nur dann einen Sinn, wenn man bei Art. 2 II 1 1. Fall GG eine absolute, d.h. vom Einzelfall losgelöste Wesensgehaltsprüfung anstellt.

Lassen sich bei einem Grundrecht hingegen abgestufte Eingriffe denken, wird man auf den konkreten Einzelfall abstellen, also relativ prüfen können. Dies ist bei der Mehrheit der Grundrechte der Fall.

BEISPIEL: Die Versammlungsfreiheit des Art. 8 I GG kann auf verschiede Weise eingeschränkt werden (Verbot, Anmeldepflicht, Auflagen usw.). Je nach Regelung muss dann danach gefragt werden, ob sie dem Grundrechtsberechtigten noch genügend Freiheit lässt.

KLAUSURHINWEIS
Die Theorien sind somit in einem Gutachten nicht streitig darzustellen, sondern je nach Fallgestaltung heranzuziehen.[268]

Dies ist auch die Vorgehensweise des BVerfG,[269] wobei es dazu neigt, in Fällen der relativen Prüfung nicht unter Art. 19 II GG, sondern unter den Grundsatz der Verhältnismäßigkeit aus Art. 20 III GG zu subsumieren.[270] Ohnehin sollte mit Art. 19 II GG sparsam umgegangen werden. Eine Verletzung des Wesensgehalts ist in vielen Fällen so offensichtlich ausgeschlossen, dass eine Prüfung überflüssig erscheint.

BEISPIEL: Eine Ermessensnorm kann grundsätzlich nicht gegen Art. 19 II GG verstoßen, denn durch die Ermesseneinräumung wird die Abwägung der widerstreitenden Interessen vom Gesetzgeber auf die Anwendungsebene verlagert.

cc) Grundsätze des Art. 20 III GG

152 Aus dem **Rechtsstaatsprinzip** des Art. 20 III GG folgen drei weitere für den in Grundrechte eingreifenden Gesetzgeber besonders wichtige Prinzipien: Der **Bestimmtheitsgrundsatz**, das **Rückwirkungsverbot** und der **Grundsatz der Verhältnismäßigkeit**.

(1) Bestimmtheitsgrundsatz

153 In einem Rechtsstaat muss jedermann erkennen können, was Recht ist. Deshalb muss jedes Gesetz dem Bestimmtheitsgrundsatz genügen, der sich unmittelbar auf das

267 *v.Münch/Kunig-Krebs, GG, Art. 19 Rn 22; Bleckmann, Staatsrecht II, § 12 Rn 145*
268 *v.Münch/Kunig-Krebs, GG, Art. 19 Rn 22; Erichsen, NJW 1976, 1721, 1724*
269 *BVerfGE 64, 270, 271; v.Münch/Kunig-Krebs, GG, Art. 19 Rn 22*
270 *BVerfGE 81, 156, 188; 80, 1, 29; 70, 278, 286*

Art. 20 III GG immanente Gebot der Rechtssicherheit zurückführen lässt,[271] wenn das Grundgesetz keine speziellere (dann vorrangig zu prüfende) Fundstelle enthält, wie z.B. Art. 80 I 2 GG. Dabei wird man allerdings strengere Anforderungen an den konkreten, den jeweiligen Einzelfall abschließenden Exekutiv- oder Judikativakt stellen müssen als an die generell ausgerichtete Rechtsnorm.[272] Für die hier interessierende Verfassungsmäßigkeit der Norm verbleiben danach vor allem folgende Problemfälle:

154 Unbestimmte Rechtsbegriffe

Im Tatbestand einer Norm sog. **„unbestimmte Rechtsbegriffe"** zu verwenden, wie dies insbesondere bei Generalklauseln geschieht, ist grundsätzlich zulässig, sofern deren Inhalt zumindest bestimmbar ist.[273]

BEISPIEL: Die Generalklauseln des Polizei- und Ordnungsrechts der Länder lassen vielfach Grundrechtseingriffe bei Gefahren für die „öffentliche Sicherheit oder Ordnung" zu. Diese Begriffe erklären sich nicht von selbst, sind jedoch definierbar. Damit verstoßen sie nicht gegen den Bestimmtheitsgrundsatz.[274]

Gleiches gilt, wenn er jedenfalls durch eine gefestigte Rechtsprechung und Entwicklung in der Lehre hinreichend konkretisiert worden ist. Die Bezeichnung „unbestimmter Rechtsbegriff" ist also insoweit irreführend, als er die Unbestimmtheit der Norm und damit einen Verstoß gegen den Bestimmtheitsgrundsatz suggeriert. Dieser gebietet aber nicht die Bestimmteste, sondern nur eine bestimmbare Regelung zu treffen.

MERKSATZ

Verfassungswidrig sind nicht „unbestimmte", sondern nur „unbestimmbare" Rechtsbegriffe.[275]

155 Ermessens- oder Beurteilungsspielräume

In den vorgenannten Grenzen sind auch gesetzlich eingeräumte Ermessens- oder Beurteilungsspielräume der Behörden unbedenklich, weil diese ihrerseits nicht uferlos weit, sondern nur in gewissen rechtsstaatlichen Grenzen anzuerkennen sind. Diese Grenzen (sog. **Ermessens- bzw. Beurteilungsfehler**), deren Einhaltung auch gerichtlich überprüfbar ist (vgl. nur § 114 S. 1 VwGO), geben ihnen hinreichend scharfe Konturen.[276]

156 Statische und dynamische Verweise

Bei Legalverweisen lässt sich durch einen Blick in das verwiesene Gesetz der Inhalt des verweisenden Gesetzes ermitteln. Diese sind hinsichtlich des Bestimmtheitsgebots daher unbedenklich,[277] sofern der Inhalt des verwiesenen Gesetzes seinerseits bestimmt genug ist. Probleme können allerdings in kompetenzrechtlicher Hinsicht bei sog. dynamischen Verweisen auftreten (also solchen, die - im Gegensatz zu statischen Verweisen - nicht auf eine Norm „in der Fassung vom...", sondern „in der jeweils gültigen Fassung" verweisen), da dadurch eine unzulässige Verlagerung von Kompetenzen entstehen kann.

271 *Sachs-Sachs, GG, Art. 20 Rn 75*
272 *Sachs-Sachs, GG, Art. 20 Rn 78*
273 *BVerfGE 76, 1, 74; BVerfG, NJW 2013, 3151, 3152 = RA 2013, 729, 733*
274 *BVerfGE 35, 382, 400*
275 *Degenhart, Staatsrecht I, Rn 245*
276 *BVerwGE 16, 116, 129; Bleckmann, Staatsrecht II, § 12 Rn 57*
277 *Sachs-Sachs, GG, Art. 20 Rn 76*

BEISPIEL: Verweist der Bundesgesetzgeber auf Landesrecht „in der jeweils gültigen Fassung", ändert sich mit einer Neufassung des Landesrechts automatisch auch das Bundesrecht. Der Landesgesetzgeber kann so Bundesrecht schaffen, obwohl ihm nach Art. 70 ff. GG die Kompetenz dazu fehlt.

Die Literatur[278] hält derartige kompetenzüberschreitende dynamische Verweise überwiegend für unzulässig, die Rechtsprechung[279] hingegen aus praktischen Erwägungen für zulässig.

(2) Rückwirkungsverbot

Gesetzgeberische Gestaltungsfreiheit contra Vertrauensschutz

157 Das aus dem **Rechtsstaatsprinzip** des Art. 20 III GG abzuleitende Gebot der Rechtssicherheit konkretisiert sich ferner im Rückwirkungsverbot. Jedermann muss im Zeitpunkt seines Handelns erkennen können, ob er sich mit der Rechtsordnung in Einklang befindet oder nicht. Es geht also letztlich um Vertrauensschutz. Zwei Formen denkbarer Rückwirkung sind zu unterscheiden:

Echte Rückwirkung

158 Die „echte" Rückwirkung[280] belegt einen bereits abgeschlossenen Sachverhalt rückwirkend mit anderen Rechtsfolgen, was wegen des schützenswerten Vertrauens des Betroffenen auf den Fortbestand eines bereits abgeschlossenen Sachverhalts grundsätzlich unzulässig ist.

BEISPIEL: Der Bund führt eine neue Steuer auf das Surfen im Internet ein. Das am 2.1.2000 verkündete Gesetz soll nach seinem § 1 am 1.1.1998 im Kraft treten. Hier werden Rechtsfolgen (Steuerpflicht) auf ein in der Vergangenheit liegendes, bereits abgeschlossenes Verhalten (Internet-Surfen in den Jahren 1998 und 1999) rückbewirkt. Es liegt eine unzulässige „echte" Rückwirkung vor.

Lediglich dann, wenn ein solches Vertrauen ausnahmsweise nicht gebildet worden ist[281] (z.B. bei unklarer Gesetzeslage[282] oder der Ersetzung einer unwirksamen durch eine wirksame Norm[283]) oder im Einzelfall übergeordneten Interessen nachstehen muss[284], kann auch die „echte" Rückwirkung zulässig sein.

Unechte Rückwirkung

159 Demgegenüber knüpft die „unechte" Rückwirkung[285] an einen in der Vergangenheit begonnenen, aber noch nicht abgeschlossenen Tatbestand an. Die bloße Erwartung, an einem unter bestimmten Umständen begonnenen, aber noch andauernden Sachverhalt werde sich auch in Zukunft nichts ändern, ist zunächst nicht schützenswert, weshalb die „unechte" Rückwirkung grundsätzlich zulässig ist.

---

278 BVerfGE 78, 32, 35; 73, 261, 272; 47, 285, 312; 26, 338, 365

279 Sachs-Sachs, GG, Art. 20 Rn 76

280 So die Terminologie des 1. Senats des BVerfG; der 2. Senat des BVerfG spricht hingegen von „Rückbewirkung von Rechtsfolgen", vgl. BVerfGE 72, 200, 241

281 BVerfGE 45, 142, 173; 37, 363, 397

282 Degenhart, Staatsrecht I, Rn 315

283 BVerfGE 72, 200, 260

284 BVerfGE 13, 261, 272 spricht von „zwingenden Gründen des öffentlichen Wohls"

285 So die Terminologie des 1. Senats des BVerfG; der 2. Senat des BVerfG spricht hingegen von „tatbestandlicher Rückanknüpfung", vgl. BVerfGE 72, 200, 241

BEISPIEL: Der Bund führt eine neue Höchstgrenze für Mieterhöhungen ein und beschränkt so die Rechte der Vermieter. Hier liegt nur eine zulässige „unechte" Rückwirkung bzgl. der im Zeitpunkt des Inkrafttretens bereits bestehender Mietverträge vor, da diese zwar in der Vergangenheit abgeschlossen wurden, das Mietverhältnis aber noch nicht beendet ist.[286]

Aufgrund besonderer Umstände des Einzelfalls kann aber auch die „unechte" Rückwirkung unzulässig sein, z.B. dann, wenn die Rückwirkungsentscheidung willkürlich getroffen worden ist oder eine unbillige Härte für die Betroffenen darstellt. Insbesondere wegen der Härtefallprüfung läuft die „unechte Rückwirkung" i.E. wieder auf eine Verhältnismäßigkeitsprüfung unter Abwägung der Interessen des Betroffenen mit denen der durch den Hoheitsträger repräsentierten Allgemeinheit hinaus.[287]

(3) Verhältnismäßigkeit

Der Grundsatz der Verhältnismäßigkeitgeht unmittelbar auf das **Rechtsstaatsprinzip** des Art. 20 III GG zurück.[288] In einem Rechtsstaat treffen die staatlichen Organe keine unverhältnismäßigen Maßnahmen, sondern bedienen sich immer des relativ mildesten Mittels, um den von ihnen verfolgten, legitimen Zweck zu erreichen. Damit ist bereits vorweggenommen, dass die Verhältnismäßigkeitsprüfung i.E. eine Zweck-Mittel-Relation darstellt. 160

Überragende Bedeutung

Dem **Verhältnismäßigkeitsgrundsatz** ist in einem Gutachten besondere Aufmerksamkeit zu schenken. Während viele Sachverhalte zur Erörterung der vorstehenden Schranken-Schranken keinen Anlass bieten - ein Gesetz, das nicht zurückwirkt, muss auch nicht am Rückwirkungsverbot gemessen werden -, wird sich die Frage nach der Verhältnismäßigkeit des Hoheitsakts in jedem Fall stellen.[289]

KLAUSURHINWEIS

Die Verhältnismäßigkeit des Eingriffs ist in einem Gutachten immer zu prüfen, die übrigen Schranken-Schranken nur bei besonderem Anlass im Sachverhalt.

Eine saubere **Verhältnismäßigkeitsprüfung** orientiert sich an vier Schritten:

- **Soll mit der Maßnahme ein legitimer Zweck erreicht werden?**
  „Legitimer Zweck"

- **Fördert die Maßnahme diesen Zweck?**
  „Geeignetheit"

- **Bieten sich mildere, gleich effektive Mittel an?**
  „Erforderlichkeit"

- **Ist die Maßnahme unter Berücksichtigung der Rechte des Betroffenen verhältnismäßig im engeren Sinne?**
  „Angemessenheit"

286 *BVerfGE 71, 230, 251*
287 *Degenhart, Staatsrecht I, Rn 316; vgl. auch BVerfGE 72, 200, 242*
288 *BVerfGE 90, 145, 173; 86, 288, 347; 23, 127, 133; Sachs-Sachs, GG, Art. 20 Rn 94*
289 *Sachs-Sachs, GG, Vor Art. 1 Rn 109*

Legitimer Zweck

161 Um überprüfen zu können, ob eine Maßnahme geeignet, erforderlich und angemessen ist, einen bestimmten Zweck zu erreichen, muss zunächst festgestellt werden, welchen Zweck sie überhaupt verfolgt. Dieser kann explizit angegeben sein, z.B. in der Einleitung eines Gesetzes oder der Begründung eines Verwaltungsakts. Häufig muss die Finalität jedoch durch Auslegung ermittelt werden. Dabei hat eine hinreichend konkrete, d.h. nicht zu weite Zweckbestimmung zu erfolgen, da nur so eine sinnvolle Abwägung möglich wird.

BEISPIEL: Die gesetzliche Regelung einer Freiheitsstrafe mag für Falschparken offensichtlich unverhältnismäßig, für ein Tötungsdelikt hingegen ohne Weiteres verhältnismäßig sein. Die „Verhinderung von Verstößen gegen die Rechtsordnung" wäre als Zweck der Strafe daher viel zu weit, um ihre Angemessenheit noch überprüfen zu können. Die „Verhinderung weiterer Tötungen" wäre hingegen besser geeignet.

Andererseits ist darauf zu achten, dass die Zweckbestimmung nicht zu eng ausfällt bzw. im Extremfall gar mit dem Mittel verwechselt wird.

BEISPIEL: Ermächtigt ein Gesetz zur Auflösung einer Versammlung, ist die „Auflösung der Versammlung" nicht der Zweck, sondern das eingesetzte Mittel. Zweck könnte z.B. die „Verhinderung von Ausschreitungen durch die Versammlungsteilnehmer" sein.

Doppelzweck

Eine hoheitliche Maßnahme kann auch mehrere Zwecke verfolgen. Dies wird sogar die Regel sein. In diesen Fällen sind sämtliche Zwecke herauszuarbeiten. Verhältnismäßig ist die Maßnahme allerdings schon, sobald sie auch nur bzgl. eines dieser Zwecke geeignet, erforderlich und angemessen ist. Es ist daher auch statthaft, nur auf diesen einen Zweck einzugehen. Ob daneben noch andere, möglicherweise verfehlte Zwecke verfolgt wurden, mag dahinstehen.

BEISPIEL: Schränkt das Namensrecht die Änderung des Familiennamens ein, so ist dies zum Schutz der Orientierung im Rechtsverkehr legitim. Ob daneben noch z.B. der Schutz des Adels vor der Verbreitung von Adelsnamen anzuerkennen ist, mag problematisch sein, kann aber dahinstehen.

Der Zweck muss für sich genommen legitim sein, d.h. mit der Verfassung im Einklang stehen. Ist der Zweck illegitim, scheitert bereits hier die Verhältnismäßigkeit.

BEISPIEL: Zielte ein „Ermächtigungsgesetz" darauf ab, dem Bundeskanzler Allmacht zu verleihen, wäre dies ein mit dem Demokratieprinzip des Art. 20 I, II GG nicht zu vereinbarender, illegitimer Zweck.

Geeignetheit

Die Geeignetheit der Maßnahme setzt (irgend eine) Zweckförderung voraus.

DEFINITION

162 **Eignung** des Mittels ist gegeben, wenn der angestrebte Zweck zumindest gefördert, d.h. die Wahrscheinlichkeit seines Eintritts erhöht wird.[290]

290 BVerfGE 67, 157, 173; 33, 171, 187; 30, 292, 316

Es gibt also keine Pflicht des Staates, die beste Maßnahme zu ergreifen (keine „Optimierungspflicht“ des Staates).[291] Ohne Belang ist auch, ob der Zweck vollständig oder nur teilweise erreicht wird. Steht der Erfolg einer Maßnahme noch nicht fest, ist eine positive Prognose erforderlich, aber auch ausreichend.

BEISPIEL: Ein Gesetz verbietet das Füttern von Tauben, um der Taubenplage Herr zu werden. Ob sich der Taubenbestand tatsächlich auf diese Weise verringern lässt, werden erst Beobachtungen in einigen Jahren ergeben. Soll die Geeignetheit des Gesetzes gleichwohl schon jetzt geprüft werden, muss eine Prognose angestellt werden.

Das BVerfG billigt dem Gesetzgeber dabei - mit Blick auf den politischen Gestaltungsspielraum - einen wesentlich breiteren Rahmen zu als den Gerichten und der Verwaltung. So ist das BVerfG der Auffassung, der Gesetzgeber dürfe auch Konzepte erproben und bei Fehlprognosen nachbessern.[292] Gesetze sind daher nur dann ungeeignet, wenn die Zweckverfehlung offensichtlich, d.h. die Prognose des Gesetzgebers zur Zweckförderung unvertretbar ist. Es findet mithin nur eine Evidenzkontrolle statt.[293]
Unter der Erforderlichkeit ist zu prüfen, ob bei gleicher Geeignetheit keine für den Betroffenen schonendere Handlungsalternative existiert.

Erforderlichkeit

DEFINITION **163**
Erforderlich ist die Maßnahme, wenn sie das relativ mildeste Mittel zur Zweckerreichung darstellt.

BEISPIEL: § 15 I VersG sieht neben der Auflösung einer Versammlung als Alternative den Erlass von Auflagen vor, weil der Gesetzgeber erkannt hat, dass eine Auflösung unverhältnismäßig - da nicht erforderlich - wäre, wenn die Gefahr durch Auflagen gleichermaßen effektiv abgewendet werden kann.

KLAUSURHINWEIS
Die **Erforderlichkeitsprüfung** vollzieht sich in drei Schritten:
- Existiert eine Handlungsalternative?
- Ist diese zur Erreichung des legitimen Zwecks gleich geeignet?
- Ist diese für den Betroffenen weniger belastend?

Nur wenn alle drei Fragen zu bejahen sind, ist die Maßnahme nicht erforderlich und damit unverhältnismäßig. Natürlich beinhaltet auch die Erforderlichkeitsprüfung eine Prognose, da die Handlungsalternative tatsächlich ja nicht durchgeführt worden ist, ihre gleichwertige Geeignetheit und geringere Belastung also hypothetisch sind. Dem Gesetzgeber ist daher eine Einschätzungsprärogative zuzubilligen.[294] Für die Verwaltung gilt gleiches, wenn das Prognoseerfordernis ihrem Handeln immanent ist, wie z.B. im Bereich der Gefahrenabwehr.[295]

291 *JP-Jarass, GG, Art. 20 Rn 59; Sachs-Sachs, GG, Art. 20 Rn 98*
292 *BVerfGE 85, 80, 91; 78, 249, 288; 25, 1, 13*
293 *BVerfGE 39, 210, 230; Sachs-Sachs, GG, Art. 20 Rn 99*
294 *BVerfGE 81, 70, 91; 30, 292, 319; 25, 1, 19*
295 *Ossenbühl, FS BVerfG Bd. I, 1976, S. 458*

Angemessenheit

164 Unter der Angemessenheit (z.T. „Verhältnismäßigkeit im engeren Sinne" oder „Proportionalität" genannt) sind im Gegensatz zur Erforderlichkeit, wo Handlungsalternativen miteinander abgewogen werden, die Rechte des Betroffenen mit dem angestrebten Zweck abzuwägen. Der Nutzen ist also in Bezug zur Belastung zu setzen. Dabei ist die Gefahr, eigene Ansichten als Wertmaßstäbe heranzuziehen, besonders groß.

> **KLAUSURHINWEIS**
> Bei der **„Zweck-Mittel-Relation"** ist ein Gesinnungsaufsatz unter allen Umständen zu vermeiden. Vielmehr ist stringent aufzuzeigen, welche Belastungen der Eingriff für den Betroffenen zur Folge hat. Sodann ist zu prüfen, ob es ihm zuzumuten ist, diese Folgen angesichts der Wertigkeit des mit dem Eingriff verfolgten legitimen Zwecks hinzunehmen.

Am besten vermeidet man ein Abdriften von objektiven Wertmaßstäben zu subjektiven Ansichten, wenn man sich an die Vorgaben hält, die das Grundgesetz selbst bereitstellt:

Wesensgehalt der Grundrechte als Wertungsmaßstab

165 • Der Wesensgehalt der Grundrechte, Art. 19 II GG: Selbst wenn eine Maßnahme nicht in den Kernbereich eines Grundrechts eingreift (die verfassungsrechtliche Rechtfertigung also nicht schon an Art. 19 II GG scheitert), so spricht doch umso mehr für ihre Unangemessenheit, je näher sie dem Wesensgehalt rückt. Umgekehrt spricht umso mehr für die Angemessenheit, je gewichtiger der Zweck und je geringer der Eingriff ist.

Normenhierarchie zu beachten

166 • Die Normenhierarchie: Ein Rechtsgut von Verfassungsrang wird regelmäßig höheren Schutz genießen als nur durch einfaches Recht geschützte Rechtspositionen. Mit Vorsicht zu genießen sind hingegen Abstufungen innerhalb der Verfassung, insbesondere bei widerstreitenden Grundrechten. Das BVerfG geht nämlich davon aus, dass alle Grundrechte zunächst gleichwertig sind, also kein Grundrecht automatisch Vorrang vor einem anderen genießt.

BEISPIEL: Die Meinungsfreiheit aus Art. 5 I 1 GG kollidiert nicht selten mit dem allgemeinen Persönlichkeitsrecht aus Art. 2 I i.V.m. Art. 1 I 1 GG. Beides sind Rechtsgüter von Verfassungsrang; sie sind damit zunächst gleichwertig.

Grundsatz „praktischer Konkordanz"

167 Das BVerfG löst den Konflikt widerstreitender Grundrechte im Wege der **„praktischen Konkordanz"**.[296] Die Abwägung hat danach nicht nach dem Vorrang des einen oder anderen Grundrechts zu fragen, sondern sich daran zu orientieren, wie von beiden Grundrechten ein Maximum an Freiheitsgewährung erhalten werden kann. Bildlich gesprochen gilt es also, die Schnittmenge beider Grundrechte, in welcher sie sich überlagern, widerstreiten und u.U. sogar gegenseitig ausschließen, möglichst klein, den unangetasteten Gehalt beider Grundrechte hingegen möglichst groß zu halten.

---

296 BVerfGE 55, 274, 300; 19, 206, 222; 1, 14, 32; OVG Münster, NVwZ 1994, 597, 597

BEISPIEL: § 193 StGB löst den Konflikt zwischen Meinungsfreiheit und allgemeinem Persönlichkeitsrecht, indem er eine Beleidigung bei Wahrnehmung berechtigter Interessen für straflos erklärt.

Der Grundsatz der praktischen Konkordanz gilt - wie erwähnt - vor allem, aber keineswegs ausschließlich für die Abwägung von Grundrechten, sondern erstreckt sich auf sämtliche Verfassungsprinzipien.

BEISPIEL: Schränkt ein Gesetz die Glaubensbetätigungsfreiheit aus Art. 4 I, II GG vor Gericht ein, indem es das Tragen religiöser Symbole im Gerichtssaal verbietet, kann der Schutz der negativen Glaubensfreiheit Dritter (anderes Grundrecht), aber auch der Schutz der effektiven Rechtspflege (Verfassungsprinzip) zur Abwägung herangezogen werden.

Ermessensnormen, die ein Entschließungsermessen gewähren, können nicht unangemessen sein, denn sie überlassen es dem Rechtsanwender, ob er überhaupt handelt. Auch wenn lediglich ein Auswahlermessen eingeräumt wird, kann nur die Angemessenheit der konkreten Auswahlentscheidung in Frage gestellt werden, es sei denn, auch die mildeste vom Gesetz vorgesehene Auswahlmöglichkeit wäre bereits unangemessen. Es lässt sich daher sagen, dass sich die Verhältnismäßigkeitsprüfung bei Ermessensnormen von der Rechtssetzungs- auf die Rechtsanwendungsebene (dazu s.u. bei der Verfassungsmäßigkeit der Anwendung) verschiebt. **168** Ermessensnormen

dd) Sonstiges Verfassungsrecht

Im Einzelfall kann ein Sachverhalt Anlass dazu bieten, ein Gesetz über die vorgenannten, typischen Probleme hinaus an anderen Verfassungsprinzipien zu messen. Da das gesamte Grundgesetz im Verhältnis zur einfachgesetzlichen Schranke höherrangiges Recht ist, würde auch jeder Verstoß gegen andere Verfassungsprinzipien zur Nichtigkeit der Schranke und damit zum Misslingen der verfassungsrechtlichen Rechtfertigung des Eingriffs führen. **169** Weitere Schranken-Schranken

BEISPIEL: Würde die Bundeswehr im Versammlungsgesetz ermächtigt, gegen Demonstrationen einzuschreiten, wäre dieser Eingriff in die Versammlungsfreiheit des Art. 8 I GG nicht gerechtfertigt, weil Art. 87a II GG den Einsatz der Streitkräfte nur dann erlaubt, wenn das Grundgesetz es ausdrücklich zulässt. Ein einfaches Gesetz genügte hierzu folglich nicht.

Hierher gehört ggf. auch die Prüfung sonstiger Prinzipien des Art. 20 GG wie Demokratieprinzip, Sozialstaatsprinzip, Föderalismusprinzip usw. Von der Prüfung im Gutachten sind lediglich andere Grundrechte auszunehmen, obwohl diese durchaus Schranken-Schranken im vorgenannten Sinne sind. Eine Prüfung anderer Grundrechte als „Schranken-Schranken" würde aber zu einer Endlosschleife im Gutachten führen. **170**

BEISPIEL: Würde ein Gesetz religiös motivierte Versammlungen verbieten, läge darin ein Eingriff in Art. 8 I und Art. 4 I, II GG. Innerhalb der Rechtfertigung eines Eingriffs in Art. 4 I, II GG müsste geprüft werden, ob das eingreifende Gesetz nicht wegen eines Verstoßes gegen Art. 8 I GG nichtig ist, denn auch Art. 8 I GG zu beachten wäre eine Pflicht, die das GG dem Gesetzgeber auferlegt. Innerhalb der Rechtfertigung des Eingriffs in Art. 8 I GG wiederum würde sich die Frage stellen, ob das eingreifende Gesetz nicht gegen Art. 4 I, II GG verstößt usw.

KLAUSURHINWEIS
Die einzelnen Grundrechte sind selbständig nacheinander zu prüfen.[297]

So verfährt - von einzelnen Entscheidungen abgesehen[298] - auch das BVerfG.[299]

2. Verfassungsmäßigkeit der Anwendung des Gesetzes

171 Ist eine Grundrechtsverletzung durch einen Exekutiv- oder Judikativakt zu prüfen, genügen das Vorhandensein und die Verfassungsmäßigkeit einer ihn rechtfertigenden Schranke noch nicht, um auch ihn verfassungsrechtlich zu rechtfertigen. Es kann sein, dass eine verfassungsrechtlich unbedenkliche Schranke verfassungswidrig angewendet wurde.

BEISPIEL: § 15 I VersG ermächtigt die Versammlungsbehörde dazu, eine Versammlung unter den genannten Voraussetzungen zu verbieten oder von Auflagen abhängig zu machen. Diese Regelung ist verfassungsgemäß. Ein im konkreten Fall ausgesprochenes Verbot ist aber nicht erforderlich, wenn sich der mit ihm verfolgte Zweck auch durch Auflagen erreichen ließe. Dann wäre nicht die Norm, wohl aber ihre Anwendung durch die Versammlungsbehörde unverhältnismäßig und damit verfassungswidrig.

Kein Art. 19 I, II GG

Art. 20 III voll anwendbar

172 Die Grundsätze des Art. 19 I, II GG spielen in diesem Zusammenhang keine Rolle, weil sie sich nur an den Gesetzgeber wenden.
Die aus Art. 20 III GG folgenden Grundsätze der Bestimmtheit, des Rückwirkungsverbots und der Verhältnismäßigkeit gelten aber für alle Staatsgewalten und sind daher auch bei der Rechtsanwendung zu prüfen.

BEISPIEL (nach GH Kassel, DÖV 2014, 716, 717 = RA 2014, 422, 425): Verbiet die Polizei eine „Ansammlung von mehr als 10 Personen", so verstößt dieses Verbot gegen den Bestimmtheitsgrundsatz aus Art. 20 III GG, weil unklar bleibt, ob insgesamt nicht mehr als 10 Personen vor Ort erscheinen dürfen, oder insgesamt zwar mehr als 10 Personen, aber nicht in Gruppen von mehr als 10.

Insbesondere: Verhältnismäßigkeit

Dieses Beispiel zeigt, dass alle Grundsätze des Art. 20 III GG auch auf Anwendungsebene gelten. Besondere Bedeutung kommt dabei aber dem Grundsatz der Verhältnismäßigkeit zu. Gerade dann, wenn – wie so häufig - die gesetzliche Schranke dem Rechtsanwender ein Ermessen einräumt, verschiebt sich der Schwerpunkt der Verhältnismäßigkeitsprüfung komplett auf die Anwendungsebene.

---

297 *Bethge/Detterbeck, JuS 1994, 229, 231*
298 *z.B. BVerfGE 90, 241, 246 ff.*
299 *z.B. BVerfGE 93, 319, 348 ff.*

BEISPIEL: Nach § 38 PartG kann der Bundeswahlleiter dem Vorstand einer Partei ein Zwangsgeld zwischen 250,- und 1.500 € auferlegen, wenn die Partei bestimmten Mitteilungspflichten nicht nachkommt. Da die Norm ein Entschließungsermessen gewährt (der Bundeswahlleiter muss kein Zwangsgeld erheben, er kann), ist sie selbst unzweifelhaft verhältnismäßig. Der Schwerpunkt der Verhältnismäßigkeitsprüfung liegt dann auf der Frage, ob das im konkreten Fall verhängte Zwangsgeld unangemessen hoch ist.

MERKSATZ

Eine Norm, die ein Entschließungsermessen gewährt, kann selbst nie unverhältnismäßig sein. Gewährt sie nur ein Auswahlermessen, kommt eine Verfassungsmäßigkeit der Norm auch nur in Betracht, wenn selbst die mildeste Maßnahme noch verfassungswidrig wäre.

BEISPIEL: Strafgesetze. Danach „wird" bestraft, wer ein Delikt begeht. Von wenigen Ausnahmen abgesehen (z.B. Mord, § 211 StGB) gewähren sie aber ein Auswahlermessen. Deshalb sind Strafgesetze im Hinblick auf ihre Rechtsfolge i.d.R. verfassungsrechtlich unbedenklich, es sei denn, man hielte selbst die mildeste mögliche Strafe noch für in jedem denkbaren Falle zu hoch.

Ebenso kann es liegen, wenn die Norm zwar kein Ermessen gewährt, aber durch unbestimmte Tatbestandsmerkmale Auslegungsspielraum gewährt, wie es häufig bei Generalklauseln der Fall ist.

BEISPIEL (nach VG Oldenburg, RA 2014, 368, 374): Wird eine Altkleidersammlung wegen Unzuverlässigkeit des Gewerbetreibenden untersagt, so gewährt § 18 V 2 KeWG hierfür kein Ermessen, obschon ein intensiver Eingriff in die Berufsfreiheit aus Art. 12 I 1 GG vorliegt. Dennoch hat das VG Oldenburg a.a.O. nicht die Verfassungsmäßigkeit der Norm in Frage gestellt, sondern die „Bedenken gegen die Zuverlässigkeit" als Tatbestandsmerkmal mit der Schwere des Eingriffs abgewogen.

KLAUSURHINWEIS

Gewährt eine Norm Ermessen oder zumindest Auslegungsspielraum im Tatbestand, liegt der Schwerpunkt der Verhältnismäßigkeitsprüfung auf dem Einzelakt.

DIE FREIHEITSGRUNDRECHTE IM EINZELNEN

1. Teil – Die Menschenwürde, Art. 1 I 1 GG

A. Einleitung

173 Die Menschenwürde ist nach Art. 1 I 1 GG unantastbar. Sie ist als einziges Grundrecht wirklich schrankenlos gewährleistet und bildet das Leitmotiv der gesamten Verfassung. Wie bereits unter Rn 8 erwähnt, ist der Grundrechtscharakter der Menschenwürde nicht unstreitig, wird von der h.M. jedoch bejaht.[300] Wegen ihrer Leitfunktion für die gesamte Verfassung - vgl. nur die systematische Stellung an der Spitze des Grundgesetzes sowie die sog. **Ewigkeitsgarantie des Art. 79 III GG** - beeinflusst es als „Würdekern" auch das Verständnis der übrigen Grundrechte.

B. Systematik und Vertiefung

I. SCHUTZBEREICH BETROFFEN

1. Sachlicher Schutzbereich

174 Die Menschenwürde setzt sich begrifflich aus „Mensch" und „Würde" zusammen.

a) Mensch

Begriff; Abstufung?

175 Wann das Menschsein genau beginnt, wird unterschiedlich beurteilt, nach allg.M. existiert es aber auch schon im embryonalen Status, mag der genaue Zeitpunkt auch streitig sein (vgl. dazu oben Rn 45 ff.). Dass der Schutz der Menschenwürde beginnt, sobald ein Mensch existiert, ist unstreitig.[301] Fraglich ist allerdings, ob Embryonen in gleichem Umfang Menschenwürde zukommt wie geborenen Menschen. In der Literatur wird teilweise eine Abstufung der Menschenwürde für Embryonen versucht, insbesondere um die Präimplantationsdiagnostik vor Art. 1 I 1 GG zu rechtfertigen.[302] Eine solche Abstufung ist jedoch schon mit Blick auf die „Unantastbarkeit" in Art. 1 I 1 GG unzulässig.[303]

b) Würde

176 Die Definition der Würde bereitet größte Probleme, weil der Begriff völlig unscharf ist. Folgende Lösungen werden vertreten:

aa) Naturrechtliche Auffassung

177 Die naturrechtliche Auffassung, spöttisch auch „Mitgifttheorie"[304] genannt, bezeichnet die Menschenwürde als dem Menschen von Natur aus zustehenden,

300 *BVerfGE 61, 126, 137; 15, 249, 255; 12, 113, 123; 1, 332, 343; a.A. Elsner/Schobert, DVBl 2007, 278, 285*

301 *BVerfGE 39, 1, 41*

302 *Hufen, JZ 2004, 313, 315*

303 *Hoerster, JURA 2011, 241, 243 f.*

304 *Hofmann, AöR 118 (1993), 353, 357*

gottgegebenen Wert, der seine Individualität, sein Wesen ausmacht.[305] Von dieser Vorstellung ging auch der Parlamentarische Rat bei der Schaffung des Grundgesetzes aus.[306] Diese Formel ist allerdings nicht geeignet, den Begriff „Menschenwürde" im Sinne einer fassbaren Definition zu konkretisieren, sondern ebenso unbestimmt wie der Begriff selbst.

KLAUSURHINWEIS
Die naturrechtliche Auffassung sollte wegen ihrer Unbestimmtheit im Gutachten nur erwähnt werden, wenn auf der Prüfung der Menschenwürde ein besonderer Schwerpunkt liegt. Ansonsten kann sogleich mit der gängigen Objektformel (Rn 178) begonnen werden, die dann mit der negativen Interpretationsmethode (Rn 179) zu konkretisieren ist.

bb) Objektformel

Die sog. „Objektformel",[307] die sich insbesondere die Rechtsprechung zu Eigen gemacht hat,[308] versucht, zur Definition der Menschenwürde an die Eigenschaft des Menschen als Person (Rechtssubjekt) anzuknüpfen. Danach sei die Menschenwürde immer dann betroffen, wenn der Mensch zum bloßen Objekt staatlicher Gewalt herabgesetzt wird. **178**

BEISPIEL: Würde der Staat seine Bürger per Gesetz zwingen, sich für Genexperimente zur Verfügung zu stellen, die auf das Klonen von Menschen abzielen, würde der Mensch einem Versuchskaninchen gleichgesetzt. Seine Subjektsqualität würde missachtet, er würde zum „Objekt" staatlichen Handelns degradiert.

Auch nach der Objektformel verbleibt jedoch die Frage, wann denn nun eine Degradierung des Menschen zum bloßen Objekt anzunehmen ist. Sie kann daher selbst keine Definition sein, sondern nur als Ausgangspunkt für eine Eingrenzung der Menschenwürde dienen.[309]

cc) Negative Interpretationsmethode

Nach alledem lässt sich festhalten, dass der Begriff „Würde" sich nicht definieren lässt.[310] Dies darf jedoch nicht dazu führen, dass er - als Leitbild der gesamten Verfassung - zu einer inhaltsleeren Hülse verkommt. Deshalb wird versucht, eine gewisse Konkretisierung von der Eingriffsseite her zu erreichen: **179**

MERKSATZ
Umso höherwertiger ein Rechtsgut ist, und umso intensiver es eingeschränkt wird, umso mehr spricht dafür, dass die Menschenwürde betroffen ist.

---

305 *Enders, JURA 2003, 666, 671; Vitzthum, JZ 1985, 201, 205*
306 *Friauf/Höfling-Enders, BK-GG, Art. 1 Rn 18 ff.*
307 *Grundlegend Dürig, AöR 81 (1956), 117, 127; BVerfGE 87, 209, 228; 45, 187, 228*
308 *BVerfGE 69, 1, 34; 57, 250, 275; 27, 1, 6; 19, 93, 99*
309 *Sachs-Höfling, GG, Art. 1 Rn 12*
310 *Lindner, DÖV 2006, 577, 583; Vitzthum, JZ 1985, 201, 205*

Wechselwirkung von Eingriff und Schutzbereich

180 Den Schutzbereich eines Grundrechts „negativ", also von der Eingriffsseite her zu prüfen, ist dogmatisch bedenklich, denn die Schutzbereichsbetroffenheit ist ja Voraussetzung für einen Eingriff, nicht dessen Folge. Die Behauptung, der Schutzbereich müsse jedenfalls dann betroffen sein, wenn ein besonders intensiver Eingriff vorliege, ist m.a.W. ein Zirkelschluss. Gleichwohl bietet diese „negative Interpretationsmethode" eine praxisgerechte Abgrenzungsmöglichkeit und ist letztlich alternativlos, denn eine präzise Definition der Menschenwürde gibt es nicht.[311] Die negative Interpretationsmethode wird daher trotz der genannten dogmatischen Bedenken allgemein angewendet.[312]

Fallgruppen

181 Folgende Fallgruppen[313] haben sich herausgebildet, in denen zumindest in aller Regel der Schutzbereich der Menschenwürde betroffen ist:

- **Schwere Eingriffe in die körperliche Integrität:**
  Todesstrafe[314]; Tötung Unschuldiger[315]; Folter[316]; Gehirnwäsche; Prügelstrafe

- **Schwere Eingriffe in die psychische Integrität:**
  Einsatz von Wahrheitsdrogen; Systematische Erniedrigungen[317]; Antisemitismus

- **Schwere Eingriffe in die Freiheit:**
  Sklaverei und Menschenhandel; Erzwingung der Prostitutionsausübung; Lebenslange Freiheitsstrafe ohne Aussicht auf Strafaussetzung[318]; Unwürdige Haftbedingungen[319]; Sicherungsverwahrung[320]

- **Schwere Eingriffe in ethische Wertvorstellungen:**
  Genforschung und Gentherapie[321]; Organhandel[322]; Klonen von Menschen[323]; Gewaltverherrlichende Spiele[324]; Plastinierte Leichen[325]; Entwürdigende Werbung[326]

Es sei aber noch einmal betont, dass diese Fallgruppen keineswegs abschließend sind, sondern nur eine Orientierungshilfe bieten können und sollen. Rechtsprechung und Literatur betonen immer wieder, dass eine Bestimmung des Schutzbereichs der Menschenwürde nie abstrakt, sondern immer nur anhand des Einzelfalls erfolgen kann.[327]

---

311 *Sachs-Höfling, GG, Art. 1 Rn 12*
312 *BVerfG, NJW 1993, 3315, 3315; Sachs-Höfling, GG, Art. 1 Rn 12*
313 *v.Münch/Kunig-Kunig, GG, Art. 1 Rn 36 m.w.N.; Hufen, JuS 2010, 1, 2 ff.*
314 *Sachs-Degenhart, GG, Art. 102 Rn 7; Geck, JuS 1965, 221, 224*
315 *BVerfG, NJW 2006, 751 = RA 2006, 104*
316 *BVerfG, NJW 2005, 656; LG Frankfurt, NJW 2005, 692 = RA 2005, 222; Lindner, DÖV 2006, 577, 578; Erb, JURA 2005, 24; Ellbogen, JURA 2005, 339; Brugger, JZ 2000, 164*
317 *OLG Hamm, NJW 2003, 946*
318 *BVerfG, DVBl 2005, 1260 = RA 2005, 672; NJW 2002, 2023; Erichsen, NJW 1976, 1721*
319 *BVerfG, NJW 2004, 739; NJW 2002, 2698; NJW 1993, 3190; OLG Frankfurt, NJW 2003, 2843*
320 *BVerfGE 109, 133; Elsner/Schobert, DVBl 2007, 278*
321 *Enders, JURA 2003, 666; Schill/Steinhauer, JA 2006, 122, 125*
322 *Klinge/Schlette, JURA 1997, 642, 645*
323 *Böckenförde, JZ 2003, 809; Brohm, JuS 1997, 197; Laufs, NJW 2000, 2716*
324 *EuGH, EuZW 2004, 753 = RA 2004, 685; VGH Mannheim, NVwZ-RR 2005, 472 = RA 2005, 516; VG Dresden, NVwZ-RR 2003, 848 = RA 2003, 738*
325 *VGH München, NJW 2003, 1618; Finger/Müller, NJW 2004, 1073; Hufen, DÖV 2004, 611; Rossen-Stadtfeld, JA 2004, 383*
326 *BVerfGE 102, 347; BVerfG, JZ 2003, 622; BGHZ 149, 247*
327 *BVerfG, NJW 1993, 3315, 3315; BVerfGE 30, 1, 25; OVG Berlin, NJW 1980, 2484, 2485*

Wenn ein Eingriff aber zumindest ähnliche Qualität hat wie die genannten Fälle, kann vertretbar von einer Betroffenheit des Schutzbereichs des Art. 1 I 1 GG ausgegangen werden.

BEISPIEL: Bei der zwangsweisen Verabreichung von Brechmitteln an Drogenkuriere kann man eine Schutzbereichsbetroffenheit bejahen[328] oder ablehnen[329]; der Unterschied besteht allein darin, ob man dem damit verbundenen Eingriff die hinreichende Schwere beimisst oder nicht.[330]

Wird die Schwelle zum Eingriff in Art. 1 I 1 GG nicht überschritten, kommen vielfach andere Grundrechte zur Anwendung, die nicht aus dem Auge verloren werden dürfen. Insbesondere sind dies die Grundrechte aus Art. 2 II 1 GG.[331]

BEISPIEL (nach BVerfG, NJW 1998, 1938): Der Test mit einem Lügendetektor erreicht nicht die Eingriffsintensität wie etwa die Verabreichung einer Wahrheitsdroge; Polygraphentests sind daher kein Problem der Menschenwürde, sondern „nur" des allgemeinen Persönlichkeitsrechts aus Art. 2 I i.V.m. Art. 1 I 1 GG.

KLAUSURHINWEIS
In solchen Fällen ist es ratsam, Art. 1 I 1 GG als eigenständiges Grundrecht anzuprüfen und das Gutachten nach Verneinung einer Schutzbereichsbetroffenheit mit den übrigen in Betracht kommenden Grundrechten fortzusetzen.

c) Problemfälle

aa) Art. 1 I 1 GG als Leistungsrecht

182 Anspruch auf Existenzminimum

In Rechtsprechung und Literatur ist anerkannt, dass unmittelbar aus Art. 1 I 1 GG ein Anspruch auf staatliche Gewährung des für ein menschenwürdiges Leben erforderlichen Minimums folgt,[332] sei es an Sachmitteln oder an Geld. Würde es vorenthalten, könnte unmittelbar aus Art. 1 I 1 GG auf Leistungsgewährung geklagt werden. Dieses Existenzminimum darf auch nicht besteuert werden.[333] Ebenso verstößt es gegen Art. 1 I 1 GG, wenn die Höhe der notwendigen Mittel nicht richtig kalkuliert, d.h. nicht am tatsächlichen Bedarf der Menschen ausgerichtet ist.

BEISPIEL (nach BVerfG, NJW 2010, 505, 508 = RA 2010, 61, 63): Die geltenden Hartz-IV-Sätze müssen von Zeit zu Zeit überprüft und ggf. an den tatsächlichen Bedarf angepasst werden.

183 Kein Anspruch auf Schadensersatz

Demgegenüber lehnt es das BVerfG ab, bei einer Verletzung von Art. 1 I 1 GG pauschal einen Anspruch auf Schadensersatz aus Amtshaftung gem. § 839 BGB i.V.m. Art. 34 GG zu gewähren.[334] Dies sei von Verfassungs wegen nicht gefordert, da Art. 1 I 1 GG einen solchen Anspruch nicht vorsehe und Kompensation auch auf andere,

---

328 OLG Frankfurt a.M., NJW 1997, 1647, 1647, 1648
329 OLG Bremen, NStZ-RR 2000, 270, 270; Grüner, JuS 1999, 122, 124
330 Offen gelassen in BVerfG, NStZ 2002, 606, 607
331 Lindner, DÖV 2006, 577, 577
332 BVerfG, NJW 2010, 505, 508 = RA 2010, 61, 63; BVerfGE 45, 187, 228; Neumann, NVwZ 1995, 426, 426
333 BVerfGE 99, 246, 259; 82, 60, 85; Neumann, NJW 1999, 557, 557
334 BVerfG, NJW 2006, 1580, 1580; Sachs, JuS 2006, 736, 736

immaterielle Weise geleistet (Rehabilitation) werden könne. Scheidet eine solche Kompensationsalternative hingegen aus, kommt ein Schmerzensgeldanspruch in Betracht.[335]

bb) Postmortales Persönlichkeitsrecht

184 Unstreitig ist, dass die Würde des Menschen über den Tod hinaus Schutz genießt.[336] Streitig ist allerdings, woraus sich dieser Schutz ableitet. Das BVerfG hat hierzu ein eigenes „postmortales Persönlichkeitsrecht" unmittelbar aus Art. 1 I GG begründet,[337] während vor allem die zivilrechtliche Rechtsprechung und Literatur auch nach dem Tod auf das allgemeine Persönlichkeitsrecht aus Art. 2 I i.V.m. Art. 1 I 1 GG zurückgreifen,[338] das auch als „sonstiges Recht" in § 823 I BGB anerkannt ist. Bedeutsam ist dieser Streit über die Herleitung in zweierlei Hinsicht:

Schutzbereich des postmortalen Persönlichkeitsrechts

Erstens: Der Schutzbereich des Art. 1 I 1 GG ist - wie unter Rn 177 ff. gezeigt - sehr eng. Nur ein schwerer, intensiver Eingriff kann die Menschenwürde betreffen. Ein solcher ist laut BVerfG daher auch vonnöten, damit das postmortale Persönlichkeitsrecht betroffen ist. Es muss eine grobe Entstellung der Person des Verstorbenen vorliegen; eine bloße Infragestellung ihrer Lebensleistung genügt nicht.[339]

BEISPIEL (nach BVerfG, DVBl 2001, 985 = RA 2001, 428): Die Wahlkampfaussage einer rechtsgerichteten Partei, ein verstorbener sozialdemokratischer Politiker würde heute DVU wählen, verletzt den Verstorbenen laut BVerfG nicht in seinem postmortalen Persönlichkeitsrecht, weil diese Aussage so abwegig sei, dass sie selbigem nichts anhaben könne.

Beim allgemeinen Persönlichkeitsrecht aus Art. 2 I i.V.m. Art. 1 I 1 GG ist der Schutzbereich hingegen deutlich weiter gefasst (vgl. die Fallgruppen unter Rn 218).

BEISPIEL (nach BVerfG, NJW 2001, 594, 595): Die Verwendung des Bildes von Willy Brandt auf einer Gedenkmünze ist nach Ansicht des BVerfG kein Eingriff in dessen postmortales Persönlichkeitsrecht; das allgemeine Persönlichkeitsrecht hingegen umfasst das „Recht am eigenen Bild".

Schrankenproblem

Zweitens: Die Schranken sind unterschiedlich. Leitet man das postmortale Persönlichkeitsrecht mit dem BVerfG allein aus Art. 1 I GG ab, ist es - wie die Menschenwürde insgesamt - unantastbar, d.h. völlig schrankenlos. Greift man dagegen auch nach dem Tod auf das allgemeine Persönlichkeitsrecht aus Art. 2 I i.V.m. Art. 1 I 1 GG zurück, finden die weiten Schranken des Art. 2 I GG Anwendung.

Wegen dieser Unterschiede bedarf der Streit nicht selten einer Entscheidung. Für das BVerfG spricht dabei zum einen der Wortlaut des Art. 2 I GG, denn Verstorbene können sich nicht mehr „frei entfalten". Sinn und Zweck des Art. 2 I GG liegen darüber hinaus im Schutz der allgemeinen Handlungsfreiheit; eine solche ist für Verstorbene ebenfalls nicht mehr denkbar.

335 *Vgl. zu einem solchen Fall LG Frankfurt/Main, RA 2011, 503, 507 (AZ: 2-04 O 521/05 - Fall Gäfken)*
336 *BVerfG, NJW 1994, 783, 784; OLG Hamburg, NJW 1990, 1985, 1985; Hager, JURA 2000, 186, 186*
337 *BVerfGE 30, 173, 177; Pabst, NJW 2002, 999, 1001*
338 *BGH, NJW 2000, 2195, 2195; Emmerich, JuS 2000, 1222, 1222; Formmeyer, JuS 2002, 13, 14*
339 *BVerfGE 93, 266, 293*

cc) Disponibilität

Nicht selten kommt es vor, dass die Betroffenen in eine Verletzung der Menschenwürde einwilligen. Eine solche Einwilligung lässt die Schutzbereichsbetroffenheit jedoch - im Gegensatz zu vielen anderen Grundrechten - nicht entfallen, weil die Menschenwürde nicht disponibel ist.[340] **185**

BEISPIELE: Hält man Spiele wie „Paintball", „Gotcha" und dergleichen in bestimmten Varianten für menschenunwürdig,[341] ändert sich diese Beurteilung nicht dadurch, dass die Beteiligten freiwillig mitspielen. Das BVerwG[342] hielt in einer Entscheidung von 1981 Peepshows ungeachtet der Freiwilligkeit der Darbietung für menschenunwürdig.

Keine „negative" Menschenwürde

Demgemäß ist Art. 1 I 1 GG eines der wenigen Grundrechte ohne negative Komponente; es gibt kein Grundrecht auf Entwürdigung.

2. Personaler Schutzbereich

Auf die Menschenwürde können sich alle Menschen berufen. In dieser schlichten Aussage des Art. 1 I GG liegt zunächst ein absolutes Differenzierungsverbot hinsichtlich bestimmter Wertigkeiten, Rassen, Nationalitäten usw.[343] **186**

Probleme bestehen lediglich in zeitlicher Hinsicht, also hinsichtlich der Frage, wann das Menschsein beginnt und wann es endet. Diesbezüglich kann in vollem Umfang auf die obigen Ausführungen zur Grundrechtsfähigkeit des nasciturus[344] (oben Rn 45) und des postmortalen Persönlichkeitsschutzes[345] (oben Rn 47) verwiesen werden.

Keine Erstreckung auf juristische Personen

Durch den Begriff „Mensch" ist andererseits aber auch klargestellt, dass Gruppen, Personenvereinigungen und juristische Personen als solche nicht Träger der Menschenwürde sein können.[346] Allerdings kann das einzelne Mitglied einer Gruppe ohne weiteres durch eine unwürdige Behandlung der Gruppe in Art. 1 I GG verletzt sein. Entscheidend ist, dass das Individuum Zuordnungssubjekt des Art. 1 I GG ist.

II. EINGRIFF

Strenge Anforderungen an notwendige Schwere

Grundsätzlich gelten auch für die Menschenwürde der klassische Eingriffsbegriff und seine moderne Erweiterung. In die Menschenwürde kann demnach nicht nur unmittelbar, final und durch Rechtsakt eingegriffen werden, sondern grundsätzlich auch mittelbar, ungewollt und durch Realakte. Allerdings ist bei Art. 1 I 1 GG besonders streng darauf zu achten, dass die für einen Eingriff notwendige Schwere der Folgen für den Betroffenen (siehe oben Rn 180 ff.) wirklich erreicht wird.[347] **187**

---

340 Hufen, JuS 2010, 1, 10; Robbers, JuS 1985, 925, 929; a.A. Bautze, JURA 2011, 647, 649
341 Dagegen z.B. OVG Lüneburg, NVwZ-RR 2010, 635 = RA 2010, 492, 496
342 BVerwGE 64, 274, 279
343 BVerfGE 72, 105, 115; 64, 269, 284; Hufen, JuS 2010, 1, 4
344 Sachs-Höfling, GG, Art. 1 I Rn 51; Enders, JURA 2003, 666, 672; Herdegen, JZ 2001, 773, 774
345 BVerfGE 30, 173, 177; Pabst, NJW 2002, 999, 1001
346 JP-Jarass, GG, Art. 1 Rn 5; v.Münch/Kunig-Kunig, GG, Art. 1 Rn 11; Hufen, JuS 2010, 1, 5
347 BVerfGE 93, 266, 293; BVerfG, JZ 2003, 622, 623

BEISPIEL (nach BVerfG, NJW 1993, 3315): Die in einem Strafurteil ausgesprochene Bewährungsauflage, zur Überwachung der fortdauernden Abstinenz von Betäubungsmitteln regelmäßig eine Urinprobe abzugeben, ist wegen der geringen Belastung nicht als Eingriff in die Menschenwürde anzusehen.

Keinesfalls genügen Bagatellen, auch wenn solche Fälle in praxi gelegentlich vorkommen.

BEISPIEL: So musste die Menschenwürde durch drei Instanzen zur Begründung des Anspruchs eines Bürgers auf die „Ö-Tüpfelchen" in seinem Namen auf der durch Computer generierten Telefonrechnung herhalten.[348]

Finalität als Indiz

188 In Fällen, in denen die Schwere der Folgen nicht eindeutig für oder gegen einen Eingriff spricht, kann die Zielrichtung (Finalität) des staatlichen Handelns ein Indiz bei der Entscheidung für oder gegen einen Eingriff sein.

BEISPIEL: Im vorgenannten Urinproben-Fall hat das BVerfG einen Grundrechtseingriff auch mit dem Argument verneint, die Maßnahme diene unmittelbar der Resozialisierung des Betroffenen, sei also auf seinen und den Schutz der Allgemeinheit gerichtet. Wäre sie hingegen nur angeordnet worden, um die ermittelten Werte zu veröffentlichen und ihn bloßzustellen, könnte ein anderes Ergebnis vertreten werden.

Letztlich bleibt jedoch die Schwere der Folgen das dominierende Merkmal. Sind bereits die Folgen unerträglich, kommt es auf die Finalität nicht mehr an.

BEISPIEL (nach BVerfG, NJW 2006, 751 = RA 2006, 104): Die Würde der Passagiere eines entführten Flugzeugs wird durch die staatliche Ermächtigung zum Abschuss verletzt, obwohl sie sich nicht final gegen die Passagiere richtet, sondern dem Schutz ziviler Ziele am Boden dienen soll. Die vorsätzliche Tötung Unschuldiger ist angesichts ihrer Folgen unabhängig von ihrer Zielrichtung menschenunwürdig.

KLAUSURHINWEIS

Wegen der engen Verknüpfung zwischen Schutzbereich und Eingriff ist es gerade bei Art. 1 I 1 GG zulässig, oftmals sogar angezeigt, die Prüfungspunkte „Schutzbereich" und „Eingriff" zusammenzufassen und einheitlich einen „Eingriff in den Schutzbereich" zu prüfen.[349]

III. VERFASSUNGSRECHTLICHE RECHTFERTIGUNG

Menschenwürde ist nicht abwägungsfähig

189 Die Menschenwürde ist nach Art. 1 I 1 GG „**unantastbar**". Schranken existieren nicht. Für eine Verkürzung des Schutzbereichs des Art. 1 I GG gibt es deshalb nach ganz h.M. keine Rechtfertigung. Jeder Eingriff in den Schutzbereich ist zugleich eine Verletzung des Grundrechts.[350]

---

348 BVerwGE 31, 236; VGH Kassel, DÖV 1968, 356; VG Frankfurt, DVBl 1966, 383

349 Elsner/Schobert, DVBl 2007, 278, 280

350 v.Münch/Kunig-Kunig, GG, Art. 1 Rn 4; Hufen, JuS 2010, 1, 9

Es findet auch keine Abwägung mit kollidierendem Verfassungsrecht über sog. **„verfassungsimmanente Schranken"** statt, insbesondere nicht mit Grundrechten Dritter.[351] Dies schon deshalb nicht, weil die Ewigkeitsgarantie des Art. 79 III GG eine Relativierung der Menschenwürde auf diesem Wege verbietet. Aus demselben Grund können auch keine neuen Schranken in das Grundgesetz aufgenommen werden. **190**

Zu denken wäre allenfalls an eine Abwägung der Menschenwürde mit anderen, ebenfalls die Ewigkeitsgarantie genießenden Verfassungswerten, wie z.B. dem Demokratie- oder Rechtsstaatsprinzip aus Art. 20 GG.[352] Diese dienen jedoch auch lediglich der Verwirklichung der Menschenwürde. Letztere zum Schutz der Ersteren zu beschränken, würde also eine Verkehrung dieses Verhältnisses ins Gegenteil bedeuten.[353] **191**

Die Frage nach der Menschenwürde eines Dritten als verfassungsimmanente Schranke der Menschenwürde des Betroffenen stellt sich nicht, da die Würde aller Menschen identisch ist, sich also niemals Kollisionen ergeben können.[354] Die Menschenwürde ist und bleibt folglich das einzige wirklich schrankenlose Grundrecht.[355] **192**

MERKSATZ
Bei der Menschenwürde gilt die Formel: **Eingriff = Verletzung**.

2. Teil – Art. 2 I GG - Freie Entfaltung der Persönlichkeit

A. Einleitung

Art. 2 I GG dient als allgemeines, subsidiäres Auffanggrundrecht. Es greift immer dann ein, wenn eine Freiheit nicht durch andere Grundrechte spezieller geschützt ist. **193**

B. Systematik und Vertiefung

I. SCHUTZBEREICH BETROFFEN

1. Sachlicher Schutzbereich

Art. 2 I GG schützt seinem Wortlaut nach die freie Entfaltung der Persönlichkeit. Diese Formulierung wird unterschiedlich interpretiert: **194**

a) Allgemeine Handlungsfreiheit

Grundlegendes „Elfes-Urteil" des BVerfG

Das BVerfG geht in st. Rechtsprechung[356] von einem weiten Verständnis des Schutzbereichs im Sinne einer umfassenden, **„allgemeinen Handlungsfreiheit"** aus. Grundlegend für diese Sichtweise war das „Elfes-Urteil"[357] aus dem Jahr 1953: Dem national-konservativen Politiker Wilhelm Elfes wurde die Verlängerung seines **195**

---

351 BVerfGE 93, 266, 293; 75, 369, 380; Lindner, DÖV 2006, 577, 578
352 Elsner/Schobert, DVBl 2007, 278, 286
353 BVerfGE 75, 369, 380
354 v.Münch/Kunig-Kunig, GG, Art. 1 Rn 4; Hufen, JuS 2010, 1, 10
355 Hufen, JuS 2010, 1, 2
356 BVerfGE 80, 137, 165; 74, 129, 151; 54, 143, 146; BVerfG, NVwZ 2006, 201, 201
357 BVerfGE 6, 32

Reisepasses verweigert, weil man durch sein Wirken im Ausland politischen Schaden für die junge BRD befürchtete. Das BVerfG subsumierte die Ausreisefreiheit nicht unter Art. 11 GG, aber immerhin unter Art. 2 I GG, der jedes Verhalten (und damit auch die Reisefreiheit) schütze.[358] Diesen Standpunkt hat das BVerfG in der Folgezeit verallgemeinert. Ihm hat sich auch die h.L. angeschlossen.[359]

DEFINITION
Art. 2 I GG schützt jedes Verhalten oder Unterlassen.[360]

Einschränkungen im Schutzbereich gibt es danach keine mehr, mag das Verhalten auch noch so unwürdig erscheinen. Korrekturen werden ausschließlich über die Schranken vorgenommen.

BEISPIEL: Niemand wird ernsthaft vertreten wollen, dass ein Banküberfall nach Art. 2 I GG erlaubt sei. Eine Bank zu überfallen stellt aber auch ein Verhalten dar, das zunächst in den Schutzbereich des Art. 2 I GG fällt. Ob dieses Verhalten dann erlaubt bleibt oder beschränkt werden kann, z.B. durch ein gesetzliches Verbot nach dem StGB, ist keine Frage des Schutzbereichs mehr, sondern ausschließlich eine der Schranken.

Subsidiarität des Art. 2 I GG

196 Folge dieses weiten Verständnisses ist auch, dass Art. 2 I GG - wie eingangs erwähnt - (nur) als Auffanggrundrecht für die Fälle dient, in denen ein Verhalten oder Unterlassen nicht durch ein anderes, spezielleres Freiheitsgrundrecht erfasst wird.[361]

MERKSATZ
Sobald der Schutzbereich eines anderen Freiheitsgrundrechts betroffen ist, ist Art. 2 I GG subsidiär.

In dieser Subsidiarität des Art. 2 I GG liegt die einzige Einschränkung seiner Anwendbarkeit. Allein die Betroffenheit des Schutzbereichs eines anderen Freiheitsgrundrechts lässt Art. 2 I GG zurücktreten. Völlig ohne Belang ist, ob der Eingriff in das speziellere Grundrecht gerechtfertigt ist oder nicht. Andererseits bleibt Art. 2 I GG nach h.M. grundsätzlich anwendbar, wenn zwar der Regelungs-, nicht aber der Schutzbereich eines anderen Grundrechts betroffen ist.[362] Dies gilt in sachlicher und personaler Hinsicht.

BEISPIEL: Art. 8 I GG regelt die Versammlungsfreiheit, schützt aber nur friedliche Versammlungen ohne Waffen. Unfriedliche Versammlungen oder solche mit Waffen können sich nur, aber immerhin auf Art. 2 I GG berufen. Art. 12 I GG regelt die Berufsfreiheit, schützt aber nur alle Deutschen. Für die Berufsfreiheit der Ausländer bleibt Art. 2 I GG.

---

358 Über sechzig Jahre nach dem „Elfes"-Urteil gibt es nun wieder ähnlich gelagerte Fälle. So hatte das VG Arnsberg, RA 2015, 267 ff. einen Fall zu entscheiden, in dem einem Islamsiten, der nach Syrien ausreisen wollte, der Reisepass entzogen wurde. Maßstab war hier ebenfalls Art. 2 I GG.

359 Sachs-Murswiek, GG, Art. 2 Rn 42 ff.; Lege, JURA 2002, 753, 754

360 BVerfGE 29, 402, 408

361 BVerfGE 58, 358, 363; Sachs-Murswiek, GG, Art. 2 Rn 137

362 Eingehend dazu Kahl, JuS 2008, 499, 500

b) Persönlichkeitsentfaltung

Insbesondere in der frühen Literatur finden sich Stimmen, welche bei der Bestimmung des Schutzbereichs primär auf den Wortlaut abstellen und die „Persönlichkeit" in den Mittelpunkt rücken. So nimmt die sog. „**Persönlichkeitskerntheorie**" an, nur der Kernbereich der persönlichen Entfaltung des Menschen sei von Art. 2 I GG geschützt.[363] Diese Sichtweise reduziert den Schutz des Art. 2 I GG auf die Garantie einer Intimsphäre.[364] **197** Persönlichkeitskern- und Relevanztheorie

In dieselbe Richtung geht die „**Relevanztheorie**",[365] nach der zwar nicht der Kernbereich der Persönlichkeitsentfaltung betroffen sein müsse, andererseits das Persönlichkeitselement aber auch nicht völlig in den Hintergrund gedrängt werden dürfe. Deshalb müsse ein von Art. 2 I GG geschütztes Verhalten zumindest persönlichkeitsrelevant sein. **198**

BEISPIEL: Die Einführung einer Hundesteuer sei kein Eingriff in das Persönlichkeitsrecht, sondern in das Portmonee des Hundehalters.

Auch führe die weite Auslegung des Schutzbereichs dazu, dass unter Berufung auf Art. 2 I GG praktisch gegen alles und jedes Verfassungsbeschwerde erhoben werden könne, wodurch das BVerfG überlastet werde.[366] Folgt man diesen Ansichten, wäre nicht mehr schlechthin jedes Verhalten oder Unterlassen geschützt. Infolgedessen wäre Art. 2 I GG auch kein allgemeines, subsidiäres Auffanggrundrecht mehr, sondern eines unter vielen Grundrechten.

c) Stellungnahme

Für die Persönlichkeitskerntheorie und die Relevanztheorie streitet vor allem der Wortlaut des Art. 2 I GG, der nicht von allgemeiner Handlungsfreiheit, sondern freier Entfaltung der Persönlichkeit spricht. Sie sieht sich jedoch gravierenden systematischen, teleologischen und historischen Bedenken gegenüber: **199** Auslegungsmethoden anwenden

Historisch war es so, dass im Herrenchiemseer Entwurf zum Grundgesetz noch die Formulierung „Jedermann hat die Freiheit ... alles zu tun, was anderen nicht schadet" enthalten war.[367] Die heutige Fassung wurde aus sprachlichen Gründen gewählt, ohne dass damit eine inhaltliche Änderung verbunden sein sollte.[368]

Die „freie Entfaltung der Persönlichkeit" einzugrenzen ist unmöglich, da von Individuum zu Individuum unterschiedlich. Eine einheitliche Bestimmung des Schutzbereichs wäre daher unmöglich.

BEISPIEL (nach BVerfG, NJW 1989, 2526): Für passionierte Reiter mag das Verbot, im Walde zu reiten, die Entfaltung ihrer Persönlichkeit beeinträchtigen. Einem Stadtmenschen wäre es hingegen völlig gleichgültig.

Es entstünden Lücken im Grundrechtsschutz, wenn man Art. 2 I GG seine Funktion als allgemeines Auffanggrundrecht abspräche. Der Staat hätte die Möglichkeit, nicht durch spezielle Grundrechte geschützte Verhaltensweisen ohne weiteres einzuschränken.

---

363 *Ehmke, VVDStRL 20 (1963), 53, 82; Duttge, NJW 1997, 3353, 3353*
364 *Ridder, AöR 87 (1962), 311, 329*
365 *BVerfGE abwM 80, 137, 164*
366 *Duttge, NJW 1997, 3353, 3355; BVerfGE abwM 80, 137, 166*
367 *Art. 2 HChE, JöR n.F. 1 (1951), 54*
368 *BVerfGE 6, 32, 36; Sachs-Murswiek, GG, Art. 2 Rn 2; Kahl, JuS 2008, 499, 501*

BEISPIEL: Arbeitet ein Ausländer nicht zur Entfaltung seiner Persönlichkeit, sondern nur aus finanziellen Gründen, wäre diese Tätigkeit nicht geschützt. Art. 12 I GG schützt nur die Berufsfreiheit der Deutschen, Art. 2 I GG wäre mangels Persönlichkeitsentfaltung nicht einschlägig.

Das weite Verständnis des Schutzbereichs korrespondiert mit den weiten Schranken des Art. 2 I GG.[369] Durch sie ist hinreichend gewährleistet, dass offensichtlich vom Grundgesetz nicht gewollte Verhaltensweisen wie die Begehung von Straftaten und dergleichen[370] unterbunden werden können, ohne dass es dafür einer Einschränkung des Schutzbereichs bedarf. Stellte man lediglich auf die Persönlichkeitsentfaltung ab, wären die Schranken des Grundrechts überhaupt nicht erklärlich, denn die Entfaltung der Persönlichkeit kann weder gegen die verfassungsmäßige Ordnung noch gegen ein Sittengesetz verstoßen.[371]

KLAUSURHINWEIS

Spielt Art. 2 I GG in einem Gutachten nur am Rande eine Rolle, sollte, ohne diesen Streit darzustellen, unmittelbar auf die allgemeine Handlungsfreiheit abgestellt werden. Diese Ansicht hat sich ganz weitgehend durchgesetzt.

d) Einzelfälle

Fallgruppen der allgemeinen Handlungsfreiheit

200 In der Rechtsprechung des BVerfG hat sich mittlerweile eine Vielzahl von Fallgruppen mit Verhaltensweisen herausgebildet, die nicht durch speziellere Grundrechte, sondern (nur) durch Art. 2 I GG geschützt sind.[372]

Die Folgende Aufstellung ist selbstverständlich nicht abschließend, mag aber eine gewisse Orientierungshilfe geben:

- **Teilhabe an öffentlichen Einrichtungen und Leistungen**
  Zugang zu Freibad, Bibliothek usw.
  Versetzung eines Schülers[373]
  Gemeingebrauch an öffentlichen Straßen[374]

- **Schutz des Vermögens**
  Geldbußen und Geldstrafen
  Erhebung von Steuern[375] oder Abgaben[376]
  Zahlung von Rundfunkgebühren[377]
  Zwangsgelder und Kostenbescheide
  Renten- und Arbeitslosenversicherung

369 *v.Münch/Kunig-Kunig, GG, Art. 2 Rn 14*
370 *BVerfGE 90, 145, 171; Steiner, NJW 1991, 2729, 2734*
371 *BVerfGE 6, 32, 36; Bleckmann, Staatsrecht II, § 22 Rn 5*
372 *Überblicke bei v.Münch/Kunig-Kunig, GG, Art. 2 Rn 29; Kahl, JuS 2008, 499, 502*
373 *BVerfGE 58, 257, 272*
374 *BVerwGE 97, 214, 220; 92, 32, 35; Lege, JURA 2002, 753, 760*
375 *BVerfGE 87, 153, 169; 9, 3, 11; vgl. aber auch BVerfG, NJW 2006, 1191 = RA 2006, 323 zur Steuerlast als Eigentumseingriff (Art. 14 I 1 GG); Wernsmann, NJW 2006, 1169, 1169*
376 *BVerfGE 78, 232, 244; 29, 402, 410; BVerfG, NVwZ 2006, 201, 201*
377 *BVerfG, NVwZ 2006, 201, 201*

- **Schutz der Privatautonomie**[378]
  Vergütungsvereinbarungen[379]
  Abschluss von Verträgen[380]
  Anschluss- und Benutzungszwang[381]

- **Persönliches Freizeit- und Konsumverhalte**
  Taubenfüttern[382]
  Reiten im Walde[383]
  Rauchen in der Öffentlichkeit[384]
  Drogenkonsum[385]
  Autofahren ohne Gurt
  Motorradfahren ohne Helm[386]

- **Bestimmung des Erscheinungsbildes**
  Tragen einer Uniform[387]
  Wahl der Haartracht[388]
  Tragen einer Tätowierung[389]
  Tragen von Schmuck, Piercings usw.[390]
  Nacktsein in der Öffentlichkeit[391]

- **Allgemeiner Justizgewährungsanspruch**
  Faires Verfahren („fair trial")[392]
  Schutz vor überlanger Prozessdauer[393]
  Effektiver Rechtsschutz[394]
  Unschuldsvermutung[395]

e) Problemfälle

Da unter Art. 2 I GG nach h.M. jedes Verhalten fällt, das nicht durch ein spezielleres Grundrecht geschützt ist, können sich Probleme bei der Schutzbereichsbetroffenheit allein aus der Frage ergeben, ob und wann die Subsidiarität greift. **201**

In folgenden Fällen ist das Verhältnis von Art. 2 I GG zu anderen Grundrechten problematisch:

---

378 BVerfGE 89, 214, 230
379 BVerfGE 70, 1, 25
380 BVerfGE 86, 122, 130; 12, 341, 347
381 JP-Jarass, GG, Art. 2 Rn 5
382 BVerfGE 54, 143, 144
383 BVerfGE 80, 137; VerfGH Leipzig, NJW 1997, 419
384 Merten, JuS 1982, 365; Wegmann, BayVBl. 1990, 673; a.A. BGHZ 79, 111, 115
385 BVerfGE 90, 145, 171
386 BVerfGE 59, 275; Erichsen, JURA 1987, 370, 376
387 BVerfGE 57, 29, 36
388 BVerfGE 47, 239, 247; BVerwGE 76, 60; VGH München, BayVBl. 2003, 212 = RA 2003, 276
389 OVG Münster, DÖV 2015, 76 = RA 2014, 595
390 Henrichs, ZBR 2002, 87; Pötz, NZWehrR 2003, 245
391 Lege, JURA 2002, 753, 758; vgl. auch OVG Münster, DÖV 1996, 1052, 1052 (dort zu Art. 5 III GG)
392 BVerfG, NVwZ 2005, 1175, 1175 mit Anm. Jahn, JuS 2006, 189, 189
393 BVerfG, NJW 2001, 214, 214
394 BVerfG, EuGRZ 2000, 100, 100; Szczekalla, JuS 1996, 625, 630
395 BVerfG, NJW 2004, 3320; DVBl 2002, 1110

aa) Allgemeines Persönlichkeitsrecht

202 Das allgemeine Persönlichkeitsrecht leitet sich aus Art. 2 I i.V.m. Art. 1 I 1 GG ab. Obschon Art. 2 I GG neben Art. 1 I GG zu seiner Herleitung herangezogen wird, ist es doch ein von der allgemeinen Handlungsfreiheit zu unterscheidendes, eigenständiges Grundrecht. Deshalb ist auch das allgemeine Persönlichkeitsrecht aus Art. 2 I i.V.m. Art. 1 I 1 GG spezieller als die allgemeine Handlungsfreiheit aus Art. 2 I GG.[396]

bb) Vereinigungsfreiheit

Zwangsmitgliedschaften

203 Die Freiheit von Zwangsmitgliedschaften in öffentlich-rechtlichen Vereinigungen (z.B. Rechtsanwaltskammer, Industrie- und Handelskammer) siedelt das BVerfG nicht bei Art. 9 I GG, sondern bei Art. 2 I GG an.[397] Zwar entfalte Art. 9 I GG auch eine „negative Vereinigungsfreiheit" dergestalt, dass das Fernbleiben von Vereinigungen geschützt sei; diese negative Freiheit könne aber nicht weiter gehen als die positive Vereinigungsfreiheit, und da natürliche Personen keine öffentlich-rechtlichen Vereinigungen gründen können, stehe ihnen aus Art. 9 I GG auch nicht das Recht zu, diesen fern zu bleiben. In der Literatur ist diese Ansicht nicht unumstritten[398] (zu den Einzelheiten siehe Rn 525).

cc) Freiheit und Freizügigkeit der Person

204 Die Aufteilung der Freiheit und Freizügigkeit der Person zwischen Art. 2 I, 2 II 2 und 11 I GG ist umstritten (zu den Einzelheiten siehe Rn 255). Art. 11 I GG schützt nach h.M. die Freiheit, im Bundesgebiet Wohnsitz und Aufenthalt zu nehmen, also das Verweilen an einem Ort von gewisser Dauer.[399] Art. 2 II 2 GG schützt nach h.M. die Hinbewegungsfreiheit zu einem Ort und das (kurzfristige) Verweilen an diesem.[400] Art. 2 I GG ist subsidiär zu beiden; für die allgemeine Handlungsfreiheit verbleibt aber z.B. die Ausreisefreiheit[401] und die Freiheit, sich an einem Ort in beliebiger Weise zu verhalten.

dd) Gleichheitsgrundrechte

205 Gleichheitsgrundrechte haben demgegenüber eine völlig andere Funktion als Freiheitsgrundrechte; sie haben keinen „status negativus", der vor staatlichen Übergriffen in eine Freiheit schützt, sondern verbieten nicht zu rechtfertigende Differenzierungen zwischen Vergleichsgruppen. Deshalb kann Art. 2 I GG neben den Gleichheitsgrundrechten anwendbar sein.[402]

BEISPIEL (nach VGH München, BayVBl. 2003, 212 = RA 2003, 276): Wird das Tragen eines Zopfes nur männlichen Polizeibeamten untersagt, kann darin zugleich ein Gleichheitsverstoß und ein Eingriff in die allgemeine Handlungsfreiheit der männlichen Zopfträger liegen.

2. Personaler Schutzbereich

206 Art. 2 I GG ist ein Jedermann-Grundrecht, gilt also zunächst für alle Menschen.

---

396 *Sachs-Murswiek, GG, Art. 2 Rn 137; Lege, JURA 2002, 753, 758*
397 *BVerfGE 38, 281, 297*
398 *MD-Scholz, GG, Art. 9 Rn 90*
399 *BVerfGE 80, 137, 150; 2, 266, 273*
400 *BVerfG, NJW 2002, 3161 3161*
401 *BVerfGE 6, 32, 36*
402 *Sachs-Murswiek, GG, Art. 2 Rn 137*

In folgenden Fällen ist seine Anwendung jedoch problematisch:

a) Juristische Personen

Obwohl das Wort „Persönlichkeit" zunächst nur an natürliche Personen denken **207** lässt, herrscht unter den Vertretern des weiten Schutzbereichsverständnisses heute Einigkeit darüber, dass Art. 2 I GG unter den Voraussetzungen des Art. 19 III GG auch auf inländische juristische Personen anwendbar ist.[403] Nur wenn man mit der Persönlichkeitskern- oder Relevanztheorie von einem engen Schutzbereichsverständnis ausgeht, muss man konsequenterweise Art. 2 I GG den natürlichen Personen vorbehalten, da juristische Personen keine eigene Persönlichkeit haben.

b) Ausländer

In Bezug auf Ausländer, die nicht in den personalen Schutzbereich eines Bürger- **208** rechts fallen (z.B. Art. 8, 9, 11 und 12 GG), zeigt sich das Subsidiaritätsproblem im personalen Schutzbereich: Weil der personale Schutzbereich des Bürgerrechts nicht betroffen ist, bleibt für Ausländer nach ganz h.M.[404] Art. 2 I GG anwendbar.

BEISPIEL: Eine Heilpraktikerin aus der Schweiz ist in ihrem Recht auf Berufsfreiheit aus Art. 2 I GG - nicht aus Art. 12 I GG - verletzt, wenn die deutsche Heilpraktikerverordnung es ohne gesetzliche Grundlage verbietet, Ausländer als Heilpraktiker zuzulassen.[405]

Dadurch wird - entgegen einer m.M.[406] - auch nicht die Privilegierung der Deutschen unterlaufen, da Art. 2 I GG in aller Regel wesentlich weiteren Schranken unterliegt als die Bürgerrechte, die Deutschen also zumindest auf Schrankenebene besser gestellt werden.

c) EU-Bürger

Eine weitere Besonderheit gilt für EU-Bürger: Für diese ist das Diskriminierungs- **209** Besonderheiten verbot des Art. 18 AEUV zu beachten (vgl. dazu Rn 49). Dogmatisch bieten sich bei EU-Bürgern zwei Wege an: Öffnet man mit einer Ansicht konsequent alle Bürgerrechte auch für EU-Bürger,[407] ist auch für diese Art. 2 I GG subsidiär. Hierzu tendiert wohl das BVerfG, welches juristische Personen mit Sitz im EU-Ausland als „inländisch" i.S.d. Art. 19 III GG bezeichnet hat,[408] obwohl der Wortlaut der Vorschrift dies eigentlich nicht zulässt. Es sei aber – so das BVerfG - eine unionsrechtskonformen Auslegung im Lichte des Diskriminierungsverbots aus Art. 18 AEUV erforderlich.[409] Entsprechendes wird man für die Bürgerrechte sagen müssen, wenn sich ein EU-Bürger auf sie beruft.

Lehnt man dies hingegen mit der Gegenansicht wegen des eindeutigen Wortlauts der Bürgerrechte ab, findet Art. 2 I GG auch auf diese Anwendung (mit der Besonderheit, dass statt der weiten Schranken des Art. 2 I GG lediglich die engeren Schranken des korrespondierenden Bürgerrechts anzuwenden sind).[410]

403 *BVerfGE 10, 89, 99; Lege, JURA 2002, 753, 756*
404 *BVerfGE 78, 179, 196; 35, 382, 399*
405 *BVerfGE 78, 179, 196; Lege, JURA 2002, 753, 756*
406 *Schwabe, NJW 1974, 1044, 1044 m.w.N.*
407 *Ehlers, JZ 1996, 776, 781; Wernsmann, JURA 2000, 657, 659*
408 *BVerfG, NJW 2011, 3428, 3429 = RA 2012, 25, 28*
409 *BVerfG, NJW 2011, 3428, 3429 = RA 2012, 25, 28*
410 *Bauer/Kahl, JZ 1995, 1077, 1085; Lege, JURA 2002, 753, 756*

BEISPIEL: Wäre die Heilpraktikerin im vorgenannten Beispiel nicht Schweizerin, sondern Belgierin gewesen, hätte sie sich wohl auf Art. 12 I GG berufen können, Art. 2 I GG wäre subsidiär gewesen; die Gegenansicht hätte auch auf sie Art. 2 I GG angewendet, allerdings nicht in seinen Schranken, sondern in denen des Art. 12 I 2 GG.

KLAUSURHINWEIS

Die Frage nach der Behandlung der EU-Bürger findet nicht etwa innerhalb des Art. 2 I GG, sondern schon im personalen Schutzbereich des spezielleren und daher vorrangig zu prüfenden Bürgerrechts statt. Die Frage, ob auf Art. 2 I GG zurückgegriffen werden muss oder dieser als subsidiär zurücktritt, ist nur eine Konsequenz der dort getroffenen Entscheidung.

II. EINGRIFF

1. Klassischer oder erweiterter Eingriffsbegriff?

210 Streitig ist, ob auch für Art. 2 I GG der moderne, erweiterte Eingriffsbegriff gilt. Dieses Problem wird oftmals als ungeklärt bezeichnet,[411] lässt sich aber dennoch lösen:
Nach einer Ansicht[412] soll für Art. 2 I GG weiterhin nur der klassische Eingriffsbegriff gelten, nach dem ein finaler, unmittelbar wirkender, mit Zwangsmitteln durchsetzbarer Rechtsakt vorliegen muss. Begründet wird dies vor allem mit der Weite des Schutzbereichs; ließe man auch noch jede mittelbare, ungewollte tatsächliche Folge staatlichen Handelns als Eingriff gelten, würde dies zu einer Flut von Verfassungsbeschwerden führen.
Diese Ansicht hat sich jedoch bisher nicht durchsetzen können; die h.M.[413] wendet auch auf Art. 2 I GG den erweiterten Eingriffsbegriff an. Dafür spricht zum einen, dass sich der klassische Eingriffsbegriff auch bei Art. 2 I GG als zu eng erweist.[414]

BEISPIEL: Würde einem Besucher faktisch der Zutritt zu einer öffentlichen Ratssitzung verweigert, indem die Tür zugesperrt wird, läge darin kein Grundrechtseingriff, weil es sich um einen Realakt handelt. Gleiches würde für eine überlange Verfahrensdauer vor Gericht oder das Überfluten mit staatlicher Wahlwerbung gelten.

Anwendung der Bagatellformel als Lösung des Problems

Zum anderen kann schon durch eine konsequente Anwendung der **Bagatellformel** den Bedenken der Gegenauffassung Rechnung getragen werden. Wichtig ist nur, dass man die Bagatellformel konsequent auf den Einzelfall anwendet und nicht generelle Aussagen zu treffen versucht. Sonst entstehen Widersprüche, die nicht aufzulösen sind.

411 *JP-Jarass, GG, Art. 2 Rn 11; MD-Di Fabio, GG, Art. 2 I Rn 48*
412 *Pieroth/Schlink, GR, Rn 403; Pietzcker, FS Bachof, 1984, S. 131*
413 *BVerfGE 13, 231, 235; BVerwGE 65, 167, 174*
414 *Sachs-Murswiek, GG, Art. 2 Rn 83; Lege, JURA 2002, 753, 760*

BEISPIEL: Ob eine Abholzgenehmigung für einen Wald als Eingriff in die Handlungsfreiheit der Spaziergänger zu werten ist, lässt sich nicht pauschal beantworten. Gibt es nur einen einzigen Wald weit und breit, mag dessen Abholzung die Bagatellschwelle überschreiten und einen Eingriff darstellen. Ist das abzuholzende Waldstück nur eines unter vielen, mag das Ergebnis gerade gegenteilig ausfallen. Ebenso läge es mit der Schließung einer Gaststätte gegenüber den Gästen.

Generalisierende Aussagen sind nur zulässig, wenn die Folgen staatlichen Handelns für alle potenziell Betroffenen gleich sind.

BEISPIEL: So konnte das BVerfG den Ladenschluss pauschal als Eingriff in Art. 2 I GG der Kunden ansehen.[415] Dieser wirkt für alle gleich und überschreitet wegen seiner Bedeutung für das tägliche Leben die Bagatellschwelle. Unter Anwendung des klassischen Eingriffsbegriffs hätte man einen Eingriff i.Ü. verneinen müssen, denn für die Kunden hat der Ladenschluss lediglich mittelbar-faktische Wirkung.

KLAUSURHINWEIS
Liegt schon ein klassischer Eingriff vor, muss diesem Problem überhaupt nicht nachgegangen werden; handelt es sich hingegen nur um einen erweiterten Eingriff, sollte der Streit kurz dargestellt werden. Bei der Anwendung der Bagatellformel mit der h.M. ist dann genau darauf zu achten, dass keine pauschalen Aussagen getroffen werden (Schließung *einer* Gaststätte), sondern nur der konkrete Fall gelöst wird (Schließung *dieser* Gaststätte).

2. Gebote, Duldungen, Unterlassungen

Der Begriff „allgemeine Handlungsfreiheit" darf schließlich nicht zu der Fehlinterpre- 211
tation verleiten, nur Verbote könnten in Art. 2 I GG eingreifen. Da dessen Schutzbereich auch die negative Freiheit - also die, nach Belieben nichts zu tun - umfasst, können auch Gebote Eingriffe sein. Gleiches gilt für Duldungspflichten und Unterlassungen.

BEISPIEL: Die Pflicht, sich im Auto anzuschnallen (Gebot);[416] die Durchsuchung des Körpers (Duldung);[417] das Nichtaufsperren der Rathaustür trotz öffentlicher Ratssitzung (Unterlassen).

III. VERFASSUNGSRECHTLICHE RECHTFERTIGUNG

Art. 2 I GG unterliegt einer Schrankentrias aus der verfassungsmäßigen Ordnung, 212
den Rechten anderer und dem Sittengesetz.

1. Verfassungsmäßige Ordnung

Zur Verfassungsmäßigen Ordnung gehört jeder Rechtssatz.[418] Sie ist somit nicht mit 213
„Verfassungsrecht" zu verwechseln, sondern umfasst die gesamte Rechtsordnung, soweit sie ihrerseits verfassungsgemäß ist, d.h. zunächst alle Gesetze, Rechtsverordnungen und Satzungen. Rechtssätze in diesem Sinn können auch durch Richterrecht

415 *BVerfGE 13, 231, 235*
416 *BVerfG, NJW 1982, 1276, 1276*
417 *BVerfGE 38, 26, 31*
418 *BVerfGE 74, 129, 152; 55, 159, 165; 6, 32, 38; Degenhart, JuS 1990, 161, 164*

begründet werden.[419] Streitig ist, ob auch Gewohnheitsrecht genügt.[420] Wegen des weiten Schutzbereichs des Art. 2 I GG wird aber auch dieses überwiegend als ausreichend angesehen.[421] Verwaltungsvorschriften genügen als reines Innenrecht der Verwaltung hingegen nicht.[422]

Unterschied zwischen verfassungsmäßiger Ordnung und Gesetzesvorbehalt

Vielfach wird die „verfassungsmäßige Ordnung" mit einem (einfachen) Gesetzesvorbehalt gleichgesetzt.[423] Dies greift aber zu kurz. Richtig ist zwar, dass ein einfaches Gesetz in jedem Fall genügt, um einen Eingriff in Art. 2 I GG zu rechtfertigen. Die „verfassungsmäßige Ordnung" geht aber tatsächlich noch weiter als ein einfacher Gesetzesvorbehalt, da sie - wie soeben gezeigt - nicht immer ein formelles Gesetz zur Rechtfertigung des Eingriffs fordert, sondern auch Richter- und Gewohnheitsrecht genügen lässt.

BEISPIEL: Die Pflicht eines Rechtsanwalts, vor Gericht Amtstracht zu tragen, ist gewohnheitsrechtlich anerkannt. Der mit dieser Bekleidungsvorschrift verbundene Eingriff in Art. 2 I GG kann im Rahmen der „verfassungsmäßigen Ordnung" gerechtfertigt sein, weil Gewohnheitsrecht ausreicht. Einem Gesetzesvorbehalt genügte Gewohnheitsrecht hingegen nicht.

Um den Unterschied zwischen der „verfassungsmäßigen Ordnung" und einem Gesetzesvorbehalt deutlich zu machen, wird die „verfassungsmäßige Ordnung" vielfach als „Rechtsvorbehalt" bezeichnet.[424]

MERKSATZ

Art. 2 I GG unterliegt mit der „verfassungsmäßigen Ordnung" einem Rechtsvorbehalt. Dieser ist noch weiter als ein Gesetzesvorbehalt, weil er sich neben formellen Gesetzen auch auf Rechtsverordnungen, Satzungen, Richter- und Gewohnheitsrecht erstreckt.

2. Rechte anderer

Keine eigene Bedeutung der „Rechte anderer"

214 Die Rechte anderer haben nach nahezu allg.M. keinen eigenen Anwendungsbereich, da sie als Schranke in der verfassungsmäßigen Ordnung aufgehen. Rechte anderer können nämlich nur durch die Rechtsordnung gewährt werden, und diese ist in ihrer Gesamtheit bereits in der „verfassungsmäßigen Ordnung" enthalten.[425] Dass sie überhaupt in Art. 2 I GG auftauchen, erklärt sich sprachlich-historisch aus der ursprünglichen Formulierung des Art. 2 I GG, wonach jedermann die Freiheit haben sollte, alles zu tun, „was anderen nicht schadet".[426]

Nur wenn man die „verfassungsmäßige Ordnung" nicht als allumfassenden Rechtsvorbehalt ansieht, könnten die „Rechte anderer" eigene Bedeutung erlangen. Nimmt man mit einer m.M. z.B. das vorkonstitutionelle Gewohnheitsrecht aus der „verfassungsmäßigen Ordnung" heraus,[427] wären Rechte anderer aus vorkonstitutionellem Gewohnheitsrecht noch als eigene Schranke bedeutsam.

---

419 *BVerfGE 74, 129, 152; JP-Jarass, GG, Art. 2 Rn 17*

420 *Dagegen z.B. Sachs-Murswiek, GG, Art. 2 Rn 90; JP-Jarass, GG, Art. 2 Rn 17 will nur vorkonstitutionelles Gewohnheitsrecht genügen lassen.*

421 *v.Münch/Kunig-Kunig, GG, Art. 2 Rn 23 m.w.N.*

422 *JP-Jarass, GG, Art. 2 Rn 17*

423 *Pieroth/Schlink, GR, Rn 408*

424 *BVerfGE 6, 32, 40; Lege, JURA 2002, 753, 758; Merten, JuS 1976, 345, 346*

425 *Pieroth/Schlink, GR, Rn 410; krit. Lege, JURA 2002, 753, 760*

426 *Art. 2 HChE, JöR n.F. 1 (1951), 54*

427 *JP-Jarass, GG, Art. 2 Rn 17*

3. Sittengesetz

DEFINITION 215

Unter dem Sittengesetz werden die sittlich-ethisch-moralischen Grenzen menschlichen Verhaltens verstanden, also gerade jene Werte, die nicht Teil der Rechtsordnung, sondern eines ethisch-moralischen Verhaltenskodexes sind.

BEISPIELE: Verbot von Tierquälerei, Umweltverschmutzung, unmoralisches Verhalten.[428]

Dort, wo sittlich-ethisch-moralischen Grenzen menschlichen Verhaltens bestehen, zieht aber auch die Rechtsordnung in aller Regel eine Grenze, sodass das Sittengesetz ebenfalls ganz im Schatten der „verfassungsmäßigen Ordnung" steht.[429]

BEISPIEL: Das Gebot, einem Mitmenschen nicht unnötig Schmerz zuzufügen, mag auch einem ethisch-moralischen Gebot entspringen. Gleichwohl sollte insoweit auf die Rechtsordnung abgestellt werden, die an unzähligen Stellen ebenfalls ein solches Verhalten sanktioniert (z.B. §§ 223 ff. StGB).

Eigener Anwendungsbereich des „Sittengesetzes"?

Ob es neben der „verfassungsmäßigen Ordnung" überhaupt einen eigenen Anwendungsbereich besitzt, ist umstritten.[430] Selbst wenn man das Sittengesetz als eigene Schranke jedenfalls dort anwenden will, wo die Rechtsordnung ethisch-moralische Verhaltensregeln ausnahmsweise nicht kodifiziert und sie auch nicht zu Gewohnheitsrecht erstarkt sind, ist bei seiner Anwendung aber äußerste Zurückhaltung geboten, denn die ethisch-moralischen Verhaltensregeln befinden sich in stetem Wandel.

BEISPIEL: Noch 1957 hat das BVerfG homosexuellen Geschlechtsverkehr als „eindeutigen Verstoß gegen das Sittengesetz" bezeichnet.[431] Eine solche Auffassung würde es heute sicherlich nicht mehr vertreten.

KLAUSURHINWEIS

Die Prüfung der Schranken des Art. 2 I GG sollte immer mit der „verfassungsmäßigen Ordnung" begonnen werden. Nur für den (unwahrscheinlichen) Fall, dass gegen eine aktuell bestehende, allgemein geteilte ethisch-moralische Verhaltensregel verstoßen wird, die nicht Teil der Rechtsordnung ist, kann auf das Sittengesetz als eigene Schranke abgestellt werden. Die Rechte anderer haben überhaupt keine eigene Bedeutung.

---

428 *v.Münch/Kunig-Kunig, GG, Art. 2 Rn 26*

429 *Lege, JURA 2002, 753, 760*

430 *Dagegen z.B. BK-Lorenz, Art. 2 I Rn 134;; dafür z.B. Lege, JURA 2002, 753, 760 f.; vermittelnd v.Münch/Kunig-Kunig, GG, Art. 2 Rn 26*

431 *BVerfGE 6, 389, 434*

3. Teil – Art. 2 I i.V.m. Art. 1 I 1 GG - Allg. Persönlichkeitsrecht

A. Einleitung

216 Das allgemeine Persönlichkeitsrecht schützt die Integrität der Persönlichkeit des Menschen, im Unterschied zur allgemeinen Handlungsfreiheit des Art. 2 I GG also nicht das „Tun", sondern das „Sein".[432] Es ist im Grundgesetz nicht explizit normiert, jedoch zunächst vom BGH[433] und später auch vom BVerfG[434] aus einer Verbindung der allgemeinen Handlungsfreiheit des Art. 2 I GG und der Menschenwürde des Art. 1 I 1 GG entwickelt worden. Es wird vom BVerfG in ständiger Rechtsprechung vertreten[435] und ist auch in der übrigen Rechtsprechung[436] und Literatur[437] allgemein anerkannt.

B. Systematik und Vertiefung

I. SCHUTZBEREICH BETROFFEN

1. Sachlicher Schutzbereich

217 Den sachlichen Schutzbereich zu bestimmen, bereitet allerdings bis heute Probleme. Es existiert nur eine sehr allgemein gehaltene Definition, unter die sich kaum subsumieren lässt, weil sie jegliche Kantenschärfe vermissen lässt:

DEFINITION

Das **allgemeine Persönlichkeitsrecht** sichert dem Einzelnen einen autonomen Bereich privater Lebensgestaltung, in dem er seine Individualität entwickeln und wahren kann.[438]

a) Kasuistik

Fallgruppen

218 Da richterrechtlich entwickelt, war das allgemeine Persönlichkeitsrecht von Anfang an kasuistisch geprägt. Rechtsprechung und Literatur haben im Laufe der Zeit bestimmte Fallgruppen herausgebildet, in denen das allgemeine Persönlichkeitsrecht in aller Regel betroffen ist. Diese Fallgruppen sind nicht abschließend, bieten aber eine Orientierungshilfe zur Konkretisierung der o.g. Definition.

Es lassen sich unterscheiden:

- **Das Recht am eigenen Wort**[439]
  Heimliche Tonbandaufnahmen (Hörfalle)[440]
  Untergeschobene Äußerungen[441]
  Verwertung von Tagebüchern im Strafverfahren[442]

432 *Sachs-Murswiek, GG, Art. 2 Rn 59; grundlegend Dürig, JR 1952, 259, 261*
433 *BGHZ 13, 334, 338; Beaucamp/Seifert, JA 2004, 539; Jarass, NJW 1989, 857, 858*
434 *Angedeutet in BVerfGE 6, 389, 433; explizite Billigung der BGH-Rechtsprechung seit BVerfGE 24, 72, 74*
435 *BVerfGE 96, 56, 63; BVerfG, NJW 2004, 1155 = RA 2004, 211; NJW 2005, 3271 = RA 2006, 203*
436 *BVerwGE 82, 76, 78; BGHZ 13, 334, 338*
437 *v.Münch/Kunig-Kunig, GG, Art. 2 Rn 30 ff.; Degenhart, JuS 1992, 361, 361*
438 *BVerfGE 35, 202, 220; BVerfG, NJW 2007, 753, 753*
439 *BVerfGE 54, 148, 155*
440 *BVerfGE 34, 238, 246; BVerfG, NJW 1996, 2940, 2940*
441 *BVerfGE 54, 208, 217*
442 *BVerfGE 80, 367; VerfGH Berlin, NJW 2004, 593*

- **Das Recht am eigenen Bild[443]**
  Schutz vor digitalen Bildmanipulationen[444]
  Schutz vor Ablichtung in der Presse[445]

- **Das Recht am eigenen Namen**
  Schutz des Pseudonyms[446]
  Benennung eines Untersuchungsausschusses nach einer Privatperson[447]
  Fahrerschild im Taxi[448]
  Weiterführung des angenommenen Namens nach Ehescheidung[449]
  Führung akademischer Grade[450]

- **Das Recht, sich vor Gericht nicht selbst belasten zu müssen[451]**

- **Das Recht auf Ansehen in der Öffentlichkeit**
  Persönliche Ehre[452]
  Anspruch auf Gegendarstellung[453]

- **Recht auf persönliche Lebensgestaltung**
  Rückzug in den privaten Raum[454]
  Geschlechtsleben[455]
  Minderjährigenschutz[456]
  Resozialisierung von Strafgefangenen[457]
  Recht auf schuldangemessene Strafe[458]

- **Recht auf informationelle Selbstbestimmung**
  Volkszählung[459]
  Umgang mit den Stasi-Akten[460]
  Offenlegung von Managerbezugen[461]
  Drogenscreening[462]
  Rasterfahndung[463]
  Personenkontrollen ohne Anlass[464]

---

443 *BVerfGE 34, 148, 155; 35, 202, 220; OLG Oldenburg, NJW 1989, 400, 401*
444 *BVerfG, NJW 2005, 3271 = RA 2006, 203*
445 *BVerfG, NJW 2000, 1021*
446 *BVerfG, MMR 2006, 735 = RA 2006, 577 (offen gelassen)*
447 *VerfGH Saarbrücken, NVwZ-RR 2003, 393 = RA 2003, 412*
448 *OVG Hamburg, NJW 2005, 1209*
449 *BVerfG, NJW 2002, 156; NJW 2004, 1155 = RA 2004, 211*
450 *BVerfG, NVwZ 1988, 365; BAGE 45, 111, 117*
451 *BVerfGE 95, 220, 241; 38, 105, 114; BGH, NStZ 2004, 392*
452 *BVerfG, NJW 2004, 2371 = RA 2004, 537; NJW 1995, 3303; NJW 1991, 95*
453 *BVerfGE 97, 125, 148; BVerfG, NJW 1999, 483 = RA 1999, 165; BVerwG, NJW 1984, 2591*
454 *BVerfGE 54, 148, 153; Sachs-Murswiek, GG, Art. 2 Rn 69*
455 *BVerfGE 47, 46, 73*
456 *BVerfGE 72, 155, 170*
457 *BVerfGE 35, 202, 235*
458 *BVerfGE 104, 92, 115; 95, 96, 140*
459 *BVerfGE 65, 1, 42; Schoch, JURA 2008, 352, 352; Lege, JURA 2002, 753, 757*
460 *VG Berlin, NJW 2004, 457, 457*
461 *Augsberg, ZRP 2005, 105, 105*
462 *BVerfG, NJW 2002, 2378 = RA 2002, 516; NJW 2002, 2381; BVerwG, NJW 2002, 78*
463 *BVerfG, JZ 2006, 906; OLG Düsseldorf, NWVBl. 2002, 204, 204; Meister, JA 2003, 83, 83*
464 *VerfGH München, NVwZ 2003, 1375, 1375; VerfGH Greifswald, NJW 2000, 2016, 2016*

Automatische Kennzeichenerfassung[465]
Videoüberwachung öffentlicher Plätze[466]
Ankauf und Verwertung von Steuer-CDs[467]
Prangerwirkung von Internet-Einträgen[468]

- **Recht auf Kenntnis der eigenen Abstammung[469]**
  Anspruch auf Vaterschaftstest[470]

- **Vertraulichkeit und Integrität informationstechnischer Systeme**
  „Online-Durchsuchung“[471]

KLAUSURHINWEIS
Lässt sich der Sachverhalt unter eine der o.g. Fallgruppen subsumieren, kann von einer Schutzbereichsbetroffenheit ausgegangen werden. Gelingt diese Subsumtion nicht, ist weiter zu überlegen, ob ein vergleichbarer Fall vorliegt, der eine Erweiterung der bisher anerkannten Fallgruppen rechtfertigt. Hiermit ist allerdings Zurückhaltung geboten, denn den Schutzbereich des allgemeinen Persönlichkeitsrechts zu erweitern, wird in aller Regel nicht Aufgabe von Prüfungsaufgaben sein.

Leistungsrecht?

219 Im Einzelfall kann das allgemeine Persönlichkeitsrecht nicht nur vor staatlichen Eingriffen schützen, sondern den Staat als Leistungsrecht verpflichten, Rahmenbedingungen zu schaffen, um dem Einzelnen die freie Persönlichkeitsentfaltung zu ermöglichen.

BEISPIEL (nach BVerfG, NJW 2007, 753): Der Gesetzgeber ist verpflichtet, ein prozessuales Verfahren zu regeln, mit dem einem Vater legal ermöglicht wird, die Abstammung eines Kindes klären zu lassen.

b) Abgrenzungsprobleme

Manchmal bereiten die Abgrenzung des allgemeinen Persönlichkeitsrechts zu anderen Grundrechten sowie die Unterscheidung der Fallgruppen untereinander Probleme.

aa) Andere Grundrechte

Auffangfunktion des allg. Persönlichkeitsrechts

220 Grundsätzlich gilt, dass dem allgemeinen Persönlichkeitsrecht nur eine **Auffangfunktion** zukommt. Soweit ein anderes, geschriebenes Grundrecht eingreift, tritt es als subsidiär zurück, auch wenn sich eine der o.g. Fallgruppen subsumieren ließe.[472]

---

465 *Cornils, JURA 2010, 443, 445*
466 *BVerwG, NVwZ 2012, 757, 758; OVG Münster, DÖV 2009, 725, 725 = RA 2010, 38, 38; Siegel, NVwZ 2012, 738, 739; Koreng, LKV 2009, 198, 199; Waechter, NdsVBl 2001, 77, 79*
467 *VerfGH Koblenz, NJW 2014, 1434, 1434 ff.*
468 *VGH Mannheim, NVwZ 2013, 1022, 1023 = RA 2013, 245, 248*
469 *BVerfGE 96, 56, 63; OLG Hamm, NJW 2001, 1870, 1870; Enders, NJW 1989, 881, 881*
470 *BVerfG, DVBl 2007, 381, 381; NJW 2007, 753, 754*
471 *BVerfG, DVBl 2008, 582 = RA 2008, 172*
472 *BVerfGE 71, 183, 201; v.Münch/Kunig-Kunig, GG, Art. 2 Rn 32*

BEISPIEL (nach BVerfG, NJW 2004, 999 = RA 2004, 280: „Lauschangriff"): Das BVerfG prüft ausschließlich eine Verletzung von Art. 13 I GG, soweit es um das Belauschen des Wohnungsinhabers geht. Soweit es um dessen Gäste geht, bleibt in Ermangelung einer anderweitigen Regelung Art. 2 I i.V.m. Art. 1 I 1 GG anwendbar.

KLAUSURHINWEIS
In einem Gutachten sollte zunächst mit möglicherweise spezielleren Grundrechten begonnen werden. Sind solche nicht einschlägig, ist das allgemeine Persönlichkeitsrecht zu prüfen.

Eine Besonderheit ergibt sich im Hinblick auf die Rechte auf informationelle Selbstbestimmung und Vertraulichkeit und Integrität informationstechnischer Systeme einerseits und die Telekommunikationsfreiheit aus Art. 10 I GG andererseits: Geht es ausschließlich um den Zugriff auf Telekommunikationsdaten (Sender und Empfänger, verwendetes Netz, Ort und Zeit der Kommunikation usw.) ist allein Art. 10 I GG als spezielleres Grundrecht anwendbar.[473] Werden daneben noch andere Daten erhoben, kommt es darauf an, ob der Zugriff während des laufenden Kommunikationsvorgangs erfolgt (dann auch ausschließlich Art. 10 I GG) oder ob der Kommunikationsvorgang im Zeitpunkt des Zugriffs schon abgeschlossen ist (dann allein Art. 2 I i.V.m. 1 I GG;[474] siehe zur Abgrenzung auch Rn 560). **221** Abgrenzung zu Art. 10 I GG

BEISPIEL: Wird eine Festplatte ausgelesen, auf der sich eine unüberschaubare Datenmenge befindet, liegt ein Eingriff in Art. 2 I i.V.m. 1 I GG vor. Wird hingegen ein laufender Online-Chat überwacht, ist allein Art. 10 I GG einschlägig.

bb) Fallgruppen untereinander

Nicht ganz leicht ist ferner die Unterscheidung zwischen dem Recht auf informationelle Selbstbestimmung und dem Recht auf Vertraulichkeit und Integrität informationstechnischer Systeme. Zwar fallen beide in den Schutzbereich des Art. 2 I i.V.m. 1 I GG,[475] eine Differenzierung ist aber dennoch nötig, da das BVerfG unterschiedliche Anforderungen an die Rechtfertigung eines Eingriffs in diese Fallgruppen stellt (Rn 233 ff.). **222** Informationelle Selbstbestimmung oder Schutz informationstechnischer Systeme?

Als Faustformel kann gelten:

MERKSATZ
Das Recht auf informationelle Selbstbestimmung ist betroffen, wenn zielgerichtet nach einem bestimmten Datensatz gesucht wird. Das Recht auf Vertraulichkeit und Integrität informationstechnischer Systeme ist betroffen, wenn viele Daten unsystematisch ausspioniert werden in der Hoffnung, darunter einen interessanten Datensatz zu finden.[476]

473 BVerfG, NJW 2010, 833, 836 = RA 2010, 121, 127
474 BVerfG, DVBl 2008, 582, 584 = RA 2008, 172, 176; Wegener/Muth, JURA 2010, 847, 850
475 Sachs/Krings, JuS 2008, 481, 483
476 BVerfG, DVBl 2008, 582, 585 = RA 2008, 172, 177; Schoch, JURA 2008, 352, 355; Wegener/Muth, JURA 2010, 847, 850

Das Recht auf informationelle Selbstbestimmung wird m.a.W. vor allem beim Zugriff auf einzelne, personenbezogene Informationen betroffen sein, das Recht auf Vertraulichkeit und Integrität informationstechnischer Systeme hingegen beim Zugriff auf Datenmassen, losgelöst von ihrem Personenbezug.

2. Personaler Schutzbereich

223 Das allgemeine Persönlichkeitsrecht ist - wie Art. 2 I GG und Art. 1 I 1 GG, aus denen es hergeleitet wird - ein Jedermanngrundrecht, das allen Menschen zusteht.

Schutz juristischer Personen

224 Ob und in wieweit es auch juristische Personen schützt, ist streitig. Das BVerfG hat diese Frage bisher nur für das Recht am eigenen Wort bejaht,[477] sie ansonsten aber stets offen gelassen.[478] Teilweise wird ein Schutz juristischer Personen insgesamt verneint, weil diesen weder eine Menschenwürde zukomme noch sie handlungsfähig wären. Auch das aus diesen Grundrechten zusammengesetzte allgemeine Persönlichkeitsrecht sei daher nicht „dem Wesen nach" i.S.d. Art. 19 III GG auf juristische Personen anwendbar.[479] Insbesondere der BGH hat hingegen - ebenfalls unter Berufung auf Art. 19 III GG - dann, wenn es um die Betätigung im wirtschaftlichen Verkehr geht, das allgemeine Persönlichkeitsrecht auch auf juristische Personen erstreckt.[480] Vermittelnd wird vertreten, dass das allgemeine Persönlichkeitsrecht zwar anwendbar sei, aber einen geringeren Schutzumfang genieße, d.h. Eingriffe leichter gerechtfertigt werden könnten, weil z.B. an den Grundsatz der Verhältnismäßigkeit geringere Anforderungen zu stellen seien.[481]

Problemlösung streng an Art. 19 III GG auszurichten

Eine Lösung dieses Problems hat sich an Art. 19 III GG zu orientieren. Dieser fordert, dass das Grundrecht „seinem Wesen nach anwendbar" sein muss. Wie oben bei der Grundrechtsfähigkeit juristischer Personen bereits allgemein ausgeführt, setzt dies voraus, dass die Betroffenheit der juristischen Person auf die hinter ihr stehenden natürlichen Personen „durchschlägt". Dies wird insbesondere im Wirtschaftsverkehr häufig der Fall sein. Andererseits lassen sich auch Fälle bilden, in denen ein „personales Substrat" nicht vorliegt. Deshalb kann der Streit auch nicht pauschal entschieden werden. Vielmehr ist von Fallgruppe zu Fallgruppe des allgemeinen Persönlichkeitsrechts gesondert zu prüfen, ob die Voraussetzungen des Art. 19 III GG vorliegen oder nicht.[482]

BEISPIELE: Die Rufschädigung eines Unternehmens schlägt auf die hinter ihm stehenden Gesellschafter, Aktionäre usw. durch, deren Betriebsvermögen sinkt. Ihm könnte in einem solchen Fall daher auch ein „Recht auf Gegendarstellung" zustehen. Ein „Recht auf Resozialisierung Strafgefangener" scheidet hingegen für juristische Personen denknotwendig aus.

Subsidiarität beachten

Besonders bei juristischen Personen ist darauf zu achten, ob das allgemeine Persönlichkeitsrecht nicht durch andere, vorrangig heranzuziehende Grundrechte verdrängt wird. So verfährt oftmals das BVerfG.[483]

---

477 *BVerfG, DVBl 2003, 131, 133*
478 *BVerfGE 82, 76, 78; 66, 116, 130*
479 *Hirte, NJW 1988, 1698, 1704; Jarass, NJW 1989, 857, 859; Schoch, JURA 2008, 352, 356*
480 *BGHZ 81, 75, 78*
481 *OLG Köln, BB 1991, 1748, 1748*
482 *BVerfGE 118, 168, 203; Germann, JURA 2010, 734, 741*
483 *BVerfGE 67, 100, 142 (Datenschutz von Unternehmen aus Art. 14 I GG)*

Spricht man einer juristischen Person das allgemeine Persönlichkeitsrecht in einer bestimmten Fallkonstellation zu, wird regelmäßig allerdings nicht „Art. 2 I i.V.m. 1 I GG", sondern nur Art. 2 I GG zitiert. Dies trägt dem Umstand Rechnung, dass juristische Personen keine Menschen sind, aus der Menschenwürde also nichts ableiten können.[484]

Zitat: Nur Art. 2 I GG

BEISPIEL (nach BVerfGE 118, 168): Juristischen Personen kann ein Recht auf informationelle Selbstbestimmung aus Art. 2 I GG zustehen, das vor staatlichem Zugriff auf ihre Daten schützt.

II. EINGRIFF

Beim Eingriff in das allgemeine Persönlichkeitsrecht aus Art. 2 I i.V.m. Art. 1 I 1 GG **225**
ergeben sich im Unterschied zu Eingriffen in Art. 2 I GG keine Abweichungen zum klassischen und erweiterten Eingriffsbegriff (zu diesen Rn 91 ff.). Somit ist nur zu prüfen, ob die Bagatellgrenze überschritten ist.

BEISPIEL: Für die Videoüberwachung von öffentlichen Straßen und Plätzen ist unstreitig, dass diese in Art. 2 I i.V.m. 1 I 1 GG (genauer: in das Recht auf informationelle Selbstbestimmung) eingreift, wenn die Daten gespeichert werden.[485] Streitig ist allerdings, ob die Bagatellschwelle auch überschritten wird, wenn es sich um eine bloße Videobeobachtung handelt.[486] Teilweise wird ein Eingriff sogar bei Kameraattrappen bejaht.[487]

III. VERFASSUNGSRECHTLICHE RECHTFERTIGUNG

1. Schranken

Das allgemeine Persönlichkeitsrecht setzt sich aus Art. 2 I GG und Art. 1 I 1 GG **226**
zusammen. Während letzteres schrankenlos gewährleistet ist, unterliegt ersteres einem allgemeinen Rechtsvorbehalt und damit der weitesten Schranke überhaupt. Es stellt sich daher die Frage, welches dieser Extreme nun für das allgemeine Persönlichkeitsrecht gilt.

Einigkeit besteht darüber, dass ein Mittelweg gefunden werden muss. Streitig ist allerdings welcher. Teilweise wird vertreten, dass der Gesetzesvorbehalt des Art. 2 III 3 GG zur Anwendung kommen soll.[488] Dann wären rein materielle Gesetze wie Rechtsverordnungen und Satzungen allein sowie Richter- und Gewohnheitsrecht nicht ausreichend. Noch weitergehend wird vertreten, das allgemeine Persönlichkeitsrecht unterliege nur verfassungsimmanenten Schranken, also den übrigen Verfassungsgrundsätzen und Grundrechten Dritter.[489] Die h.M. hingegen wendet die Schrankentrias des Art. 2 I GG auch auf das allgemeine Persönlichkeitsrecht an.[490] Für die h.M. spricht, dass das allgemeine Persönlichkeitsrecht in erster Linie in Art. 2 I GG verankert ist, weil es eben nicht nur - wie die Menschenwürde - einen Würdekern

Anwendung der Schrankentrias

484 JP-Jarass, GG, Art. 2 Rn 52; Germann, JURA 2010, 734, 741
485 BVerwG, NVwZ 2012, 749, 750
486 Bejahend die h.M., vgl. OVG Hamburg, NordÖR 2010, 498, 500; OVG Münster, DVBl 2011, 175, 175; VG Hannover, NVwZ-RR 2011, 943, 944; Siegel, NVwZ 2012, 738, 739; a.A. z.B. Waldhoff, JuS 2011, 479, 480; Collin, JuS 2006, 494, 494; offen gelassen in BVerwG, NVwZ 2012, 749, 750
487 Siegel, NVwZ 2012, 738, 739; Brink/Völler, LKRZ 2011, 201, 204
488 BVerfGE 32, 373, 379; aufgegeben seit BVerfGE 65, 1, 43; v.Münch/Kunig-Kunig, GG, Art. 2 Rn 42; v.Arnauld, ZUM 1996, 286, 289
489 Beaucamp/Seifert, JA 2004, 539, 543; Lücke, DÖV 2002, 93, 96
490 BVerfGE 106, 28, 48; 101, 361, 387; BVerfG, NJW 2007, 753, 754; Sachs-Murswiek, GG, Art. 2 Rn 103

schützt, sondern - wie die allgemeine Handlungsfreiheit - in allen Lebensbereichen relevant werden kann. Zwar wird durch die Anwendung der Schrankentrias das allgemeine Persönlichkeitsrecht zunächst mit der allgemeinen Handlungsfreiheit gleichgesetzt; die verstärkende Ausstrahlungswirkung der Menschenwürde berücksichtigt jedoch auch die h.M. dadurch, dass an die Verhältnismäßigkeit eines Eingriffs in das allgemeine Persönlichkeitsrecht besonders strenge Anforderungen gestellt werden (siehe Rn 227 ff.).

2. Schranken-Schranken

Strenge Anforderungen an die Verhältnismäßigkeit

227 Die Anwendung der Schrankentrias darf - wie soeben ausgeführt - nicht dazu führen, dass die Menschenwürdekomponente des allgemeinen Persönlichkeitsrechts gänzlich vernachlässigt wird.[491] Diesem Umstand ist bei der Prüfung der Verhältnismäßigkeit des Eingriffs als Schranken-Schranke Rechnung zu tragen: An die Angemessenheit eines Eingriffs in Art. 2 I i.V.m. Art. 1 I 1 GG sind wesentlich strengere Anforderungen zu stellen, als wenn nur die allgemeine Handlungsfreiheit des Art. 2 I GG betroffen ist.[492]

a) Sphärentheorie

Unterschiedliche Anforderungen an die Angemessenheit je nach Sphäre

228 Die Rechtsprechung[493] hat hierzu die sog. „**Sphärentheorie**" entwickelt, die sich - wenngleich sich die Sphären in Anzahl und Terminologie gelegentlich unterscheiden[494] - wie folgt systematisieren lässt:

aa) Intimsphäre

229 Die Intimsphäre schützt den Kernbereich der individuellen Lebensgestaltung sowie die innere Gedanken- und Gefühlswelt des Menschen.

BEISPIEL: Sexualverkehr,[495] Umgang mit engen Familienangehörigen,[496] Selbstgespräche,[497] Tagebuchaufzeichnungen.[498]

Ein Eingriff in die Intimsphäre ist unter keinen Umständen zu rechtfertigen.[499] Hier gilt die oben schon zur Menschenwürde gefundene Gleichung Eingriff = Verletzung, auch wenn sie sich im Unterschied zur Menschenwürde nicht schon aus der fehlenden Schranke, sondern erst aus Verhältnismäßigkeitsgründen ergibt.

bb) Privatsphäre

230 Die Privatsphäre schützt in räumlich-gegenständlicher Hinsicht zunächst den Bereich, in den der Mensch sich zurückziehen kann, in dem er seine Entscheidungen allein und in eigener Verantwortung trifft und in der er nicht behelligt zu werden wünscht, also den häuslichen Bereich. Jedoch erschöpft sich die Privatsphäre nicht in dieser räumlich-gegenständlichen Betrachtung. Privatheit ist vielmehr überall möglich.

---

491 *Beaucamp/Seifert, JA 2004, 539, 542; Lücke, DÖV 2002, 93, 95*
492 *BVerfGE 65, 1, 44; Jarass, NJW 1989, 857, 861; Beaucamp/Seifert, JA 2004, 539, 542*
493 *BVerfGE 80, 367, 373; BGH, NJW 1988, 1984; BAG, NJW 1990, 2272*
494 *Lege, JURA 2002, 753, 757 m.w.N.*
495 *BVerfGE 47, 46; BGH NJW 1988, 1984*
496 *BVerfGE 27, 344; BVerfG, NJW 2004, 999 = RA 2004, 280*
497 *BVerfG, NJW 2005, 3295*
498 *BVerfGE 80, 367, 373*
499 *BVerfGE 80, 367, 373; Beaucamp/Seifert, JA 2004, 539, 543; Degenhart, JuS 1992, 361, 363*

BEISPIEL: Die Berichterstattung über eine prominente Person kann auch dann in die Privatsphäre eingreifen, wenn die Person sich in die Öffentlichkeit begeben, dort aber eine private „Enklave" gebildet hat, z.B. durch ein vertrauliches Gespräch in einem Restaurant bei räumlicher Trennung von anderen Gästen[500] oder in einem Innenhof beim Gespräch des Prominenten mit seinem Anwalt.[501]

Letztlich kommt es also nicht darauf an, wo sich der Mensch befindet, sondern darauf, ob sein inneres Gefühlsleben, seine seelische Verfassung, sein Selbstbewahrungsrecht, seinen Charakter oder seinen Anspruch auf Anonymität betroffen sind. Mit anderen Worten: Die Tatsache, dass er sich im häuslichen Bereich befindet, mag ein Anhaltspunkt für das Bestehen von Privatsphäre sein, ist aber nicht notwendige Voraussetzung.

BEISPIEL (nach VGH Mannheim, RA 2011, 600): Werden Schwangere unaufgefordert im Rahmen einer sog. „Gehsteigberatung" vor einer Schwangerschaftsberatungsstelle angesprochen und mit den Folgen einer von ihnen erwogenen Abtreibung konfrontiert, werden sie aus ihrer Anonymität gerissen und in einen inneren Konflikt gestürzt, der einen schwerwiegenden Eingriff in ihre Privatsphäre darstellt (obschon sie sich außerhalb des häuslichen Bereichs befinden).

Ein Eingriff in die Privatsphäre ist nur, aber immerhin unter strengen Anforderungen an den **Grundsatz der Verhältnismäßigkeit** zu rechtfertigen.[502] Eine Rechtfertigung wird sich nach diesem Maßstab nur dann finden lassen, wenn besonders hochwertige Rechte oder Rechtsgüter geschützt werden sollen (Indiz: solche von Verfassungsrang) und dies nicht auf andere Weise als durch einen Eingriff in die Privatsphäre möglich ist.

Offene Überwachung potenzieller Straftäter

BEISPIEL: Die offene Überwachung rückfallgefährdeter Sexualstraftäter durch sie im Alltag begleitende Polizeibeamte kann durch die staatliche Pflicht zum Schutz der Grundrechte potenzieller Opfer aus Art. 1 I 1, 2 II GG gerechtfertigt sein.[503] Eine „Totalüberwachung", die sich etwa auf die eigene Wohnung oder den Umgang mit engsten Angehörigen erstreckte, wäre aber auch in diesem Fall unverhältnismäßig.[504]

cc) Sozialsphäre

Die Sozialsphäre schließlich schützt das Ansehen des Menschen in der Öffentlichkeit. **231**
Informationen, die den einzelnen betreffen, dürfen nicht verfälscht und nicht ohne Weiteres der Allgemeinheit zugänglich gemacht werden.

BEISPIELE: Berichterstattung über Personen des öffentlichen Lebens außerhalb ihrer Privatsphäre; „guter Name" eines Unternehmens.

Ein Eingriff in die Sozialsphäre muss in aller Regel hingenommen werden, sofern sich ein sachlicher Grund zu seiner Rechtfertigung finden lässt.[505] Niemand hat einen

---

500 BVerfG, EuGRZ 2000, 71, 71 f.
501 BVerfG, RA 2017, 200, 203 f.; GRUR 2017, 844, 844 f.
502 BVerfGE 80, 367, 375; BVerfG, NJW 2001, 1921, 1922; Beaucamp/Seifert, JA 2004, 539, 543
503 OVG Münster, DÖV 2013, 859 ff.; OVG Saarlouis, Urteil vom 06.09.2013 - 3 A 13/13 = RA 2013, 758 ff.
504 BVerfG, NJW 2005, 1338, 1340 (GPS-Überwachung); VG Freiburg, VBlBW 2011, 239, 239 = RA 2013, 30, 35; zur offenen Observation von rückfallgefährdeten Straftätern ausführlich Trurnit, VBlBW 2010, 413, 414
505 v.Münch/Kunig-Kunig, GG, Art. 2 Rn 41; Beaucamp/Seifert, JA 2004, 539, 543

Anspruch darauf, in der Öffentlichkeit besonders positiv oder auch nur so dargestellt zu werden, wie er es selbst gern möchte.

BEISPIEL (nach BVerfG, NVwZ 2013, 1405): Die Bezeichnung einer Anwaltssozietät als „Winkeladvokatur" betreffe laut BVerfG nur die Sozialsphäre, nämlich die berufliche Tätigkeit der darin zusammengeschlossenen Rechtsanwälte. Eine solche Äußerung müsse daher jedenfalls dann hingenommen werden, wenn sie im Zusammenhang mit dieser Tätigkeit erfolge (im Fall: in einem gerichtlichen Schriftsatz der Gegenpartei).

Lediglich eine willkürliche, unsachliche Darstellung ist auch im Bereich der Sozialsphäre nicht zu rechtfertigen.

BEISPIEL: Die politischen Ansichten eines Politikers dürfen öffentlich kritisiert, nicht aber verfälscht wiedergegeben werden.

Sphären zuweilen schwer zu unterscheiden

232 Allerdings darf die „Sphärentheorie" nicht zu schematisch angewendet werden. Die Trennung der Sphären ist zuweilen äußerst problematisch und wird daher auch nicht streng verfolgt.[506]

BEISPIEL: Im Internet wird ohne Einverständnis des Abgebildeten ein Foto veröffentlicht, das ihn auf einer Party zeigt. Seine Klage auf Löschung des Fotos wird gerichtlich abgewiesen. Betrifft diese Entscheidung nun die Privats- oder Sozialsphäre des Abgebildeten? Man wird beides vertreten können. U.U. kommt sogar ein Eingriff in die Intimsphäre in Betracht, etwa bei kompromittierenden Fotos.

Sphärentheorie" nur Orientierungshilfe

Die „Sphärentheorie" ist somit in erster Linie als Orientierungshilfe zu sehen und soll verdeutlichen, dass mit der Intensität des Eingriffs auch die Rechtfertigungsanforderungen steigen.

KLAUSURHINWEIS
Die „**Sphärentheorie**" sollte im Normalfall in der Verhältnismäßigkeit unter der „Angemessenheit" des Eingriffs geprüft werden. Der Eingriff ist dort in eine Sphäre einzuordnen; sodann ist unter deren Anforderungen zu subsumieren. Ist eine eindeutige Zuordnung der Sphäre nicht möglich, kann sie dahin stehen, wenn jedenfalls auch die strengeren Anforderungen erfüllt sind.

b) Sonderfälle

Speziell zum Recht auf informationelle Selbstbestimmung und zur Vertraulichkeit und Integrität informationstechnischer Systeme hat das BVerfG die Anforderungen an die Verhältnismäßigkeit besonders deutlich ausgeprägt.

KLAUSURHINWEIS
In diesen Fallgruppen sollte nicht auf die allgemeine Sphärentheorie, sondern unmittelbar auf die folgenden, speziellen Grundsätze eingegangen werden.

---

506 Degenhart, JuS 1992, 361, 364

aa) Recht auf informationelle Selbstbestimmung

In seinem grundlegenden „Volkszählungsurteil"[507] hat das BVerfG die Anforderungen an die Rechtfertigung eines Eingriffs das Recht auf informationelle Selbstbestimmung (Datenschutz) genau festgelegt. Danach ist elementar zwischen personenbezogenen und nicht personenbezogenen Daten zu unterscheiden. 233

(1) Personenbezogene Daten 234

DEFINITION
Personenbezogene Daten lassen sich auf ein Individuum zurückführen.

BEISPIEL: Steuerunterlagen,[508] Patientenakten;[509] Aktennotizen über Observation von Personen.[510]

Strenge Anforderungen an Erhebung personenbezogener Daten

Sie dürfen nur erhoben, gespeichert und verwendet werden, wenn

- ein formelles Gesetz dies legitimiert (RVO oder Satzung genügen nicht)
- dieses hinreichend bestimmt ist,
- es die Datennutzung auf einen konkreten Zweck beschränkt und
- es die Anonymisierung der Daten gegenüber Dritten sowie ihre Löschung nach Zweckerreichung sicherstellt.[511]

Parlamentsgesetz erforderlich

Für das Recht auf informationelle Selbstbestimmung versteht also auch das BVerfG unter der „verfassungsmäßigen Ordnung" i.S.d. Art. 2 I GG nur einen Gesetzesvorbehalt und nicht einen Rechtsvorbehalt (vgl. auch oben Rn 213 ff.). 235

KLAUSURHINWEIS
Dieser Punkt ist daher schon unter den „Schranken" anzusprechen.

Vorratsdatenspeicherung zulässig?

Die Beschränkung der Datenerhebung auf einen konkreten Zweck verbietet gleichzeitig eine Datenerhebung „auf Vorrat".[512] 236

KLAUSURHINWEIS
Diesen Punkt prüft das BVerfG unter dem **Bestimmtheitsgrundsatz** aus Art. 20 III GG. Die Ermächtigungsnorm ist nur bestimmt genug, wenn sie den Zweck der Datenerhebung selbst regelt.[513]

Telekommunikation: Unionsrechtliche Besonderheiten

Das Verbot der Vorratsdatenspeicherung hat durch die RL 2006/24/EG allerdings eine Relativierung erfahren. Danach sind die Mitgliedsstaaten der EU unter bestimmten Voraussetzungen zur Vorratsdatenspeicherung im Bereich der

---

507 *BVerfGE 65, 1; Lang, JA 2006, 395, 395*
508 *VerfGH Koblenz, NJW 1999, 2264, 2264*
509 *BVerfG, NJW 2006, 1116; NJW 1999, 1777; BVerwGE 82, 48*
510 *BVerfG, NJW 2004, 999 = RA 2004, 280*
511 *BVerfGE 65, 1, 46; Kunig, JURA 1993, 595, 599; Schoch, JURA 2008, 352, 357*
512 *BVerfGE 115, 320, 350; vgl. auch Schoch, JURA 2008, 352, 358*
513 *BVerfG, DVBl 2008, 575, 578*

Telekommunikation berechtigt und sogar verpflichtet.[514] Eingedenk des Anwendungsvorrangs des EU-Rechts auch vor nationalem Verfassungsrecht[515] könnte daher eine Vorratsdatenspeicherung nunmehr zulässig geworden sein. Die Speicherung von Telekommunikationsdaten misst das BVerfG zwar nicht an Art. 2 I i.V.m. 1 I GG, sondern ausschließlich an Art. 10 I GG (zur Abgrenzung dieser Grundrechte vgl. Rn 221 und 560). Deshalb ist das Urteil des BVerfG[516] zur Verfassungswidrigkeit der §§ 113a, 113b TKG (i.V.m. § 100g StPO, soweit es um Strafverfolgungszwecke geht), welche die RL 2006/24/EG in Deutschland umsetzten, ausschließlich zu Art. 10 I GG ergangen und wird in diesem Skript auch dort behandelt. Die dortigen Ausführungen müssten jedoch im Rahmen der Art. 2 I i.V.m. 1 I GG entsprechend gelten, wenn es nicht um die Vorratsdatenspeicherung von Telekommunikationsdaten, sondern anderer, nicht an Art. 10 I GG zu messender Daten geht.

(2) Nicht personenbezogene Daten

237 Nicht personenbezogene Daten lassen hingegen keinen Rückschluss auf das Individuum zu, mögen sie sich auch auf Menschen beziehen.

BEISPIEL: Statistiken wie Arbeitslosen- oder Einwohnerzahlen; Umfrageergebnisse usw.

Sie dürfen immer erhoben werden, wenn nur gesichert ist, dass sie sich wirklich nicht mehr auf den Einzelnen zurückverfolgen lassen. Statistiken können daher auch auf Vorrat angelegt werden und unterliegen keiner Zweckbindung.

bb) Vertraulichkeit und Integrität informationstechnischer Systeme

Parallele zum „Lauschangriff“

238 Das Recht auf Vertraulichkeit und Integrität informationstechnischer Systeme hat das BVerfG in seiner Entscheidung zur sog. „**Online-Durchsuchung**“[517] entwickelt. Darin nimmt das BVerfG Bezug auf seine Rechtsprechung zum „großen Lauschangriff“ bei Art. 13 III GG (unten Rn 648).

Danach ist die heimliche Infiltration eines informationstechnischen Systems, mittels derer die Nutzung des Systems überwacht und seine Speichermedien ausgelesen werden können, verfassungsrechtlich nur verhältnismäßig, wenn

- eine konkrete Gefahr für ein überragend wichtiges Rechtsgut besteht,
- das Gesetz den Eingriff grundsätzlich unter Richtervorbehalt stellt und
- der Kernbereich privater Lebensgestaltung in jedem Fall unangetastet bleibt.[518]

---

514 *Einzelheiten bei Brinkel/Lammers, ZUM 2008, 11, 11; Puschke/Singelnstein, NJW 2008, 113, 113*
515 *„Solange“-Rechtsprechung des BVerfG, vgl. BVerfGE 73, 339, 378*
516 *BVerfG, NJW 2010, 833 = RA 2010, 121*
517 *BVerfG, DVBl 2008, 582 = RA 2008, 172*
518 *BVerfG, DVBl 2008, 582, 587 = RA 2008, 172, 182; Sachs/Krings, JuS 2008, 481, 485; Wegener/Muth, JURA 2010, 847, 851 f.*

C. Klausurfall: Die offene Videoüberwachung

SACHVERHALT

239 Die Stadt R. im Bundesland L ließ über den Resten der ehemaligen mittelalterlichen Synagoge auf dem N.-Platz ein Bodenrelief herstellen, das den Grundriss der ehemaligen Synagoge andeutet und als Begegnungsstätte für die Bevölkerung konzipiert ist. Nach der Übergabe an die Allgemeinheit wurde das Bodenrelief mehrfach beschädigt und mit aufgesprayten Graffiti-Parolen verunstaltet.
R. plant nun, vier Überwachungskameras zu installieren, mittels derer das Bodenrelief über Monitore von einer Aufsichtsperson ständig beobachtet werden kann. Eine Aufzeichnung der Daten ist technisch ebenfalls möglich. Gut sichtbare Schilder sollen jedermann auf die vorhandenen Kameras hinweisen.
Der Beschwerdeführer (B) hält sich ständig im Bereich des Bodenreliefs auf. Er fühlt sich durch die geplante Videoüberwachung psychisch bedrängt und ausspioniert. R. hält dem entgegen, dass das Datenschutzgesetz des Landes L (DSG) eine solche Überwachung rechtfertige. Dieses lautet in Auszügen:

Art. 16: Erhebung
(1) Das Erheben personenbezogener Daten ist zulässig, wenn ihre Kenntnis zur Erfüllung der in der Zuständigkeit der erhebenden Stelle liegenden Aufgaben erforderlich ist. [...]
Art. 17: Verarbeitung und Nutzung
(1) Das Speichern, Verändern oder Nutzen personenbezogener Daten ist zulässig, wenn es zur Erfüllung der in der Zuständigkeit der speichernden Stelle liegenden Aufgaben erforderlich ist und es für die Zwecke erfolgt, für die die Daten erhoben worden sind; ist keine Erhebung vorausgegangen, dürfen die Daten nur für die Zwecke geändert oder genutzt werden, für die sie gespeichert worden sind. [...]
B hält dem entgegen, diese Normen seien viel zu unbestimmt. Sie ließen nicht erkennen, wann und zu welchem Zweck Daten erhoben und gespeichert werden könnten. Ist B durch die Videoüberwachung in der geplanten Form in seinen Grundrechten verletzt?[519]

LÖSUNG

B könnte in seinem allgemeinen Persönlichkeitsrecht verletzt sein. Dieses Grundrecht leitet sich aus Art. 2 I i.V.m. Art. 1 I GG ab. Es ist verletzt, wenn ein nicht gerechtfertigter Eingriff in seinen Schutzbereich vorliegt.

A. Schutzbereich betroffen

Das allgemeine Persönlichkeitsrecht sichert dem Einzelnen einen autonomen Bereich privater Lebensgestaltung, in dem er seine Individualität entwickeln und wahren kann. Diese Freiheit könnte hier in ihrer Ausprägung als Recht der informationellen Selbstbestimmung betroffen sein. Dieses Recht umfasst die Befugnis des Einzelnen, grundsätzlich selbst zu entscheiden, wann und innerhalb welcher Grenzen persönliche Lebenssachverhalte offenbart werden, und daher grundsätzlich selbst über die Preisgabe und Verwendung persönlicher Daten zu bestimmen.

---

519 *Fall nach BVerfG, NVwZ 2007, 688; vgl. auch OVG Münster, DÖV 2009, 725, 725 = RA 2010, 38, 38*

Das durch die Videoüberwachung gewonnene Bildmaterial kann und soll dazu genutzt werden, belastende hoheitliche Maßnahmen gegen Personen vorzubereiten, die in dem von der Überwachung erfassten Bereich bestimmte unerwünschte Verhaltensweisen zeigen. Die offene Videoüberwachung eines öffentlichen Ortes kann und soll zugleich abschreckend wirken und insofern das Verhalten der Betroffenen lenken. Durch die Aufzeichnung des gewonnenen Bildmaterials werden die beobachteten Lebensvorgänge technisch fixiert und können in der Folge abgerufen, aufbereitet und ausgewertet sowie mit anderen Daten verknüpft werden. So kann eine Vielzahl von Informationen über bestimmte identifizierbare Betroffene gewonnen werden, die sich im Extremfall zu Profilen des Verhaltens der betroffenen Personen in dem überwachten Raum verdichten lassen.
Somit ist der Schutzbereich des allgemeinen Persönlichkeitsrechts in Form des Rechts auf informationelle Selbstbestimmung betroffen.

B. Eingriff

Ein Eingriff in den Schutzbereich liegt vor, wenn die grundrechtlich geschützte Freiheit spürbar verkürzt wird. Bagatellen hingegen genügen für einen Eingriff nicht.

I. BAGATELLFORMEL

Hier könnte es sich um eine Bagatelle handeln, denn es werden lediglich Verhaltensweisen des B im öffentlichen Raum beobachtet, nicht hingegen in seiner privaten oder gar intimen Sphäre. Auch geht es nicht spezifisch um eine Überwachung des B; dieser wird vielmehr vom Beobachter nur als eine unter vielen Personen beiläufig wahrgenommen. Das allgemeine Persönlichkeitsrecht gewährleistet aber nicht allein den Schutz der Privat- und Intimsphäre, sondern trägt in Gestalt des Rechts auf informationelle Selbstbestimmung auch den informationellen Schutzinteressen des Einzelnen, der sich in die Öffentlichkeit begibt, Rechnung (sog. „**Sozialsphäre**"). B hält sich zudem dauernd in der Nähe des Bodenreliefs auf, und Auswertung und Speicherung der Daten ermöglichen es, seine Gewohnheiten festzuhalten. Damit ist die ohnehin niedrige Bagatellschwelle überschritten.

II. EINWILLIGUNG

Ein Grundrechtseingriff wäre ferner ausgeschlossen, wenn B in das staatliche Verhalten eingewilligt hätte. Ein ausdrückliches Einverständnis liegt nicht vor, könnte aber konkludent darin zu sehen sein, dass B den Bereich um das Bodenrelief trotz Kenntnis von den Überwachungskameras und deren sichtbarer Ausschilderung weiterhin betreten will. Das Unterlassen eines ausdrücklichen Protests kann aber nicht mit einer Einverständniserklärung gleichgesetzt werden; wer schweigt, erklärt nichts.

C. Verfassungsrechtliche Rechtfertigung

Der Eingriff wäre verfassungsrechtlich gerechtfertigt, wenn er von den Schranken des Grundrechts gedeckt ist.

I. SCHRANKEN DES GRUNDRECHTS

Das allgemeine Persönlichkeitsrecht aus Art. 2 I GG i.V.m. Art. 1 I GG unterliegt grundsätzlich der Schrankentrias des Art. 2 I GG. Danach kommen die verfassungsmäßige Ordnung, die Rechte anderer und das Sittengesetz als Schranken in Betracht. Zur verfassungsmäßigen Ordnung in diesem Sinne gehört zunächst jeder Rechtssatz, also

vor allem Gesetze, aber auch Rechtsverordnungen, Satzungen oder Gewohnheitsrecht. Für einen Eingriff in das allgemeine Persönlichkeitsrecht in Gestalt des Rechts auf informationelle Selbstbestimmung ist jedoch stets eine parlamentsgesetzliche Grundlage erforderlich. Wegen des besonderen Gewichts dieses Grundrechts „verdichtet" sich die Schrankentrias des Art. 2 I GG also zu einem Gesetzesvorbehalt.
Als taugliche Schranke kommen hier nur Art. 16, 17 DSG in Betracht, wobei Art. 16 I DSG die Erhebung, Art. 17 I DSG die Speicherung und Verwertung der Daten regelt.

II. SCHRANKEN-SCHRANKEN

Diese Gesetze können den Eingriff aber nur rechtfertigen, wenn sie ihrerseits in formeller und materieller Hinsicht verfassungsgemäß sind.

1. Formelle Verfassungsmäßigkeit

Die Gesetzgebungskompetenz des Landes L ergibt sich aus Art. 70 I GG. Verfahrens- oder Formverstöße sind nicht ersichtlich.

2. Materielle Verfassungsmäßigkeit

In materieller Hinsicht müssen insbesondere die in Art. 19 und 20 GG aufgestellten Vorgaben an den Gesetzgeber gewahrt worden sein. Fraglich ist dies hier für den aus Art. 20 III GG ableitbaren Grundsatz der Normenklarheit (Bestimmtheit).

a) Bestimmtheit der Norm

Der Bestimmtheitsgrundsatz soll gewährleisten, dass der unmittelbar demokratisch legitimierte Gesetzgeber der nur mittelbar demokratisch legitimierten Verwaltung die wesentlichen Handlungsvoraussetzungen vorgibt. Diese wesentlichen Handlungsvoraussetzungen müssen für den Rechtsanwender (Behörden und Gerichte) wie für die Betroffenen (Bürger) hinreichend klar erkennbar sein. Dem Gesetz kommt also im Hinblick auf den Handlungsspielraum der Exekutive eine begrenzende Funktion zu. Der Anlass, der Zweck und die Grenzen des Eingriffs müssen in der Ermächtigung bereichsspezifisch, präzise und normenklar festgelegt werden. Die konkreten Anforderungen an die Bestimmtheit und Klarheit der Ermächtigung richten sich nach der Art und der Schwere des Eingriffs: Je intensiver der Eingriff, umso strenger die Anforderungen an die Bestimmtheit der Norm.
Die geplante Videoüberwachung des Bodenkunstwerks mit Aufzeichnung des gewonnenen Bildmaterials bewirkt einen Eingriff in das allgemeine Persönlichkeitsrecht von erheblichem Gewicht. Maßgebend für die rechtliche Beurteilung der Intensität eines Eingriffs in das Recht auf informationelle Selbstbestimmung ist die Art der Beeinträchtigung. Insofern kann auch von Belang sein, ob die betroffenen Personen für die Maßnahme einen Anlass geben und wie dieser beschaffen ist. Verdachtslose Eingriffe mit großer Streubreite, bei denen zahlreiche Personen einbezogen werden, die in keiner Beziehung zu einem konkreten Fehlverhalten stehen und den Eingriff durch ihr Verhalten nicht veranlasst haben, weisen grundsätzlich eine hohe Eingriffsintensität auf. Fraglich ist, ob Art. 16, 17 DSG diesen Anforderungen genügen.

aa) Art. 16 I DSG

Art. 16 I DSG normiert eine allgemeine Regelung für Datenerhebungen durch staatliche Stellen. Die Norm knüpft lediglich an die Zuständigkeit der jeweils handelnden Behörde an und begrenzt die Datenerhebung lediglich durch das Gebot der Erforderlichkeit, also einen unbestimmten Rechtsbegriff ohne Kantenschärfe und konkrete Vorgaben für Anlass und Ausmaß der Datenerhebung. Die Norm bietet daher keine hinreichenden Maßstäbe für die Beurteilung der Rechtmäßigkeit einer Videoüberwachung. Auch kann der Einzelne auf dieser Grundlage nicht vorhersehen, bei welcher Gelegenheit, zu welchem Zweck und auf welche Weise Informationen über ihn erhoben werden dürfen.

bb) Art. 17 I DSG

In Art. 17 I DSG, der die Speicherung, Veränderung und Nutzung der erhobenen Daten regelt, wird neben dem Gebot der Erforderlichkeit zwar auch der Erhebungszweck als Grenze der Datenverwendung genannt. Art. 16 I DSG umschreibt - wie erwähnt - diesen Erhebungszweck jedoch nicht näher. Deshalb verweist Art. 17 I DSG für Daten, die nach dieser Norm erhoben wurden, i.E. auch lediglich auf die Zuständigkeit. Art. 17 I DSG enthält somit gleichfalls keine hinreichenden Vorgaben für Anlass und Grenzen der erfassten datenbezogenen Maßnahmen, um als Ermächtigungsgrundlage für den beabsichtigten Grundrechtseingriff in Betracht zu kommen.

b) Ergebnis

Art. 16 I, 17 I DSG sind mangels hinreichender Bestimmtheit nicht geeignet, den für die Datenerhebung mittels öffentlicher Videoüberwachung bestehenden Gesetzesvorbehalt in verfassungskonformer Weise zu konkretisieren. Andere Gesetze zur Rechtfertigung des Eingriffs sind nicht ersichtlich. Insbesondere greifen keine Normen des Polizei- und Ordnungsrechts ein, da die Videoüberwachung losgelöst von einer konkreten Gefahr erfolgen soll, wie sie nach Polizei- und Ordnungsrecht für derartige Maßnahmen erforderlich wäre. B ist folglich in seinem allgemeinen

FALLENDE Persönlichkeitsrecht aus Art. 2 I i.V.m. Art. 1 I GG in Gestalt des Rechts auf informationelle Selbstbestimmung verletzt.

4. Teil – Art. 2 II 1 GG - Leben und körperliche Unversehrtheit

A. Einleitung

240 Die Rechte auf Leben und körperliche Unversehrtheit wurden vor dem Hintergrund des staatlich organisierten Massenmordes im Dritten Reich in das Grundgesetz aufgenommen. Nach heutigem Verständnis schützen sie aber nicht nur vor staatlichem Töten, sondern legen dem Staat auch eine Pflicht zum aktiven Schutz des Lebens und der körperlichen Unversehrtheit der Menschen auf.[520]

BEISPIEL: Zum Schutz des ungeborenen Lebens ist der Staat gehalten, Schwangerschaftsabbrüche einzuschränken.[521] Zum Schutz einer entführten Person muss der Staat alle Anstrengungen zu deren Befreiung unternehmen.[522]

---

520 *BVerfGE 49, 24, 53; 46, 1, 12*

521 *BVerfGE 88, 203, 264*

522 *BVerfGE 46, 160, 164*

B. Systematik und Vertiefung

I. SCHUTZBEREICH BETROFFEN

1. Sachlicher Schutzbereich

a) Leben

DEFINITION 241
Leben ist körperliches Dasein.[523]

Beginn und Ende des Lebens

Zum Beginn des Lebens vgl. oben Rn 44 ff. Nach h.M. beginnt das Leben danach mit der Verbindung von Samen und Eizelle,[524] sodass auch extrakorporal erzeugtes Leben von diesem Moment an geschützt ist. Der Tod als Ende des Lebens tritt mit dem Erlöschen der Hirnströme ein (sog. „Hirntod").[525]

Kein Recht auf Sterben

Streitig ist, ob es auch eine negative Komponente des Rechts auf Leben gibt, also ein Recht auf Sterben. Die h.M. verneint dies, weil kein Grundrecht den Inhaber vor sich selbst, sondern nur vor staatlichen Eingriffen schützt.[526] Das Recht auf Leben ist m.a.W. nicht disponibel. 242

BEISPIEL: Selbstmord; Abbruch einer lebensverlängernden Behandlung.

b) Körperliche Unversehrtheit

DEFINITION 243
Körperliche Unversehrtheit bedeutet Gesundheit in physischer und psychischer Hinsicht.[527]

Physische und psychische Gesundheit geschützt

Die physische Gesundheit umfasst vor allem die Abwesenheit von Schmerz und den Schutz vor biologisch-physiologischen Beeinträchtigungen,[528] also Einwirkungen auf die Körpersubstanz.

BEISPIEL: Zwangssterilisation, Schlag mit Schlagstock, Impfzwang etc.

Die psychische Gesundheit bereitet mehr Probleme, weil sich scharfe Kanten nur schwer ziehen lassen. Die h.M. interpretiert sie trotz des Wortlauts („körperliche") eher weit. Ein pathologischer Zustand wie etwa eine Depression ist danach nicht erforderlich.

---

523 *Pieroth/Hartmann, JURA 2005, 729, 730*
524 *v.Münch/Kunig-Kunig, GG, Art. 2 Rn 49; Classen, DVBl 2002, 141, 142; Hofmann, JZ 1986, 253, 258; offen gelassen von BVerfGE 88, 203, 251; krit. Hartleb, DVBl 2006, 672, 673*
525 *Sachs-Murswiek, GG, Art. 2 Rn 142; Merkel, JURA 1999, 113, 113; krit. Höfling, JZ 1995, 27, 27*
526 *v.Münch/Kunig-Kunig, GG, Art. 2 Rn 50; Rollecke, JZ 1991, 1045, 1046*
527 *BVerfGE 54, 54, 73; v.Münch/Kunig-Kunig, Art. 2 Rn 62*
528 *BVerfGE 56, 54, 75*

BEISPIEL: Teilweise wird schon das Hervorrufen bloßer Unlustgefühle als Eingriff in den Schutzbereich angesehen.[529] Ob sogar ein soziales Wohlbefinden geschützt ist, hat das BVerfG offen gelassen.[530]

c) Abgrenzung zur Menschenwürde

244 Nicht jeder Eingriff in das Lebensrecht ist entwürdigend,[531] denn sonst bedürfte es keines eigenen Grundrechts auf Leben. Zudem ergäbe der Gesetzesvorbehalt des Art. 2 II 3 GG keinen Sinn, denn wäre mit jeder Tötung eines Menschen automatisch dessen unantastbare Würde verletzt, wäre eine Rechtfertigung durch Gesetz, wie sie Art. 2 II 3 GG vorsieht, gar nicht möglich.[532] Erreicht der Eingriff in Leben oder körperliche Unversehrtheit aber eine hinreichende Intensität, kann die Menschenwürde des Art. 1 I 1 GG betroffen sein (Fallgruppen: Rn 181). Soweit sie betroffen ist, verdrängt sie Art. 2 II 1 GG. Die Grenze ist fließend und daher schwer zu ziehen.[533]

BEISPIEL: Zum Abschuss entführter Flugzeuge nach dem Luftsicherheitsgesetz hat das BVerfG[534] einen Eingriff in die Menschenwürde der Passagiere und des Flugpersonals, nicht aber der Entführer angenommen, weil letztere es selbst in der Hand hätten, einen Abschuss zu verhindern. Der „finale Rettungsschuss" gegen Straftäter wird überwiegend nur an Art. 2 II 1 GG gemessen,[535] hingegen soll „Rettungsfolter" menschenunwürdig sein.[536] Für die Verabreichung von Brechmitteln ist streitig, ob diese nur in die körperliche Integrität eingreift oder schon entwürdigend ist.[537]

Letztlich wird es immer auf eine Gewichtung der Umstände des Einzelfalles ankommen. Gerade wegen ihrer Schrankenlosigkeit sollte bei der Annahme eines Eingriffs in die Menschenwürde aber eine gewisse Zurückhaltung geübt werden.

KLAUSURHINWEIS
Liegt ein Grenzfall vor, sollte zunächst die Menschenwürde angesprochen und ein Eingriff in diese bei Bedenken hinsichtlich der hinreichenden Intensität im Zweifel verneint werden. Sodann ist mit Art. 2 II 1 GG weiter zu prüfen.

2. Personaler Schutzbereich

245 In personaler Hinsicht sind alle Menschen geschützt. Eine Anwendbarkeit auf juristische Personen scheidet aus, weil Leben und körperliche Unversehrtheit eine körperliche Existenz voraussetzen, Art. 2 II 1 GG m.a.W. nicht nach Art. 19 III GG „seinem Wesen nach" auf juristische Personen übertragbar ist,[538] auch wenn sich ähnliche Fälle denken ließen.

529 BVerwG, NJW 1995, 2648, 2649
530 BVerfGE 56, 54, 74
531 MD-DiFabio, Art. 2 II Rn 37; Hufen, NJW 2001, 849, 849; Lindner, DÖV 2006, 577, 581
532 Lindner, DÖV 2006, 577, 581
533 Eingehend Lindner, DÖV 2006, 577, 578
534 BVerfG, NJW 2006, 751 = RA 2006, 104
535 Beisel, JA 1998, 721, 725; Hartleb, NJW 2005, 1397, 1398
536 LG Frankfurt, NJW 2005, 692 = RA 2005, 222
537 Für Art. 1 I GG: OLG Frankfurt a.M., NJW 1997, 1646; Dallmeyer, StV 1997, 606, 606; für Art. 2 II GG: OLG Bremen, NStZ-RR 2000, 270, 270; Grüner, JuS 1999, 122, 124
538 BVerfGE 54, 211, 220; BVerfG, EuGRZ 1990, 195, 195; v.Münch/Kunig-Kunig, GG, Art. 2 Rn 45

BEISPIEL: Die Löschung einer GmbH aus dem Handelsregister ist kein Eingriff in deren „Leben".

II. EINGRIFF

Ein Eingriff in das Recht auf Leben kann nur durch Tötung, d.h. Verkürzung der Lebenszeit geschehen. Auf eine Finalität kommt es dabei nicht an, mag der historische Verfassungsgeber auch vorwiegend solche Fälle vor Augen gehabt haben (Todesstrafe, staatliche Euthanasie und Massenmord an Juden im Dritten Reich). **246**

BEISPIEL: Erschießt ein Polizist einen Straftäter, spielt es für den Eingriff in Art. 2 II 1 GG keine Rolle, ob er ihn erschießen wollte oder aus Versehen getroffen hat.

Bagatellschwelle beachten

In die körperliche Unversehrtheit wird vor allem durch Zufügung von physischen und psychischen Schmerzen eingegriffen. Denkbar sind zwar auch schmerzlose Eingriffe, allerdings muss in diesen Fällen besonders genau geprüft werden, ob die Bagatellschwelle wirklich überschritten ist.

BEISPIEL: Das zwangsweise Abschneiden der Haare bei Soldaten ist schmerzlos; streitig ist, ob es gleichwohl in das Recht auf körperliche Unversehrtheit eingreift.[539]

Einwilligung

Da die körperliche Unversehrtheit - bis auf einen Kernbereich - disponibel ist, liegt bei Einwilligung eines einwilligungsfähigen Betroffenen in eine Verletzung kein Eingriff vor. Anders hingegen beim Recht auf Leben, sofern man es mit der h.M. (Rn 242) nicht für disponibel hält.

BEISPIEL: Die aktive staatliche Sterbehilfe wäre selbst dann ein Eingriff in das Recht auf Leben des Patienten, wenn dieser darum gebeten hätte. Ein Soldat kann hingegen eingriffsausschließend in eine Operation durch einen Truppenarzt einwilligen.

Gefährdung genügt

Für einen Eingriff in das Recht auf Leben und körperliche Unversehrtheit genügt wegen der späteren Unabwendbarkeit der Folgen schon eine bloße Gefährdung des Schutzgutes.

BEISPIEL: Auslieferung eines Ausländers an ein Land, in dem ihm die Todesstrafe droht;[540] Genehmigung eines Atomkraftwerks;[541] anders jedoch - mangels Gefährdung - bei einem Brennelement-Zwischenlager.[542]

Ein Eingriff kann schließlich darin liegen, dass der Staat Maßnahmen zum Schutz des Lebens oder zur Gesundung Kranker nicht ergreift (Eingriff in die positive Schutzpflicht durch Unterlassen) oder gar vereitelt.

---

539 Dagegen BVerfGE 17, 108, 115; BVerwGE 46, 1, 7

540 BVerfGE 60, 348, 348; Graßhoff/Backhaus, EuGRZ 1996, 445, 449. Inzwischen ist die Auslieferung in einem solchen Fall gesetzlich verboten durch § 8 IRG.

541 BVerfGE 53, 30, 30

542 BVerfG, NVwZ 1989, 1163, 1164

BEISPIEL: Das Verbot von Lebendorganspenden außerhalb familiärer Nähebeziehungen durch § 8 I 2 TPG greift in Art. 2 II 1 GG der Patienten ein, die auf eine Organspende angewiesen sind.[543]

III. VERFASSUNGSRECHTLICHE RECHTFERTIGUNG

1. Schranken

Parlamentsgesetz erforderlich

247 Die Grundrechte auf Leben und körperliche Unversehrtheit unterliegen dem (einfachen) Gesetzesvorbehalt des Art. 2 II 3 GG. Wegen des besonderen Gewichts der Grundrechte[544] und den weitreichenden Folgen eines Eingriffs ist immer ein förmliches Gesetz (Parlamentsgesetz) zur Rechtfertigung erforderlich,[545] obwohl man einem Umkehrschluss aus Art. 104 I 1 GG, der ein solches nur für Eingriffe in die in Art. 2 II 2 GG erwähnte Freiheit der Person fordert, auf den ersten Blick das Gegenteil entnehmen könnte. Gewohnheitsrecht scheidet daher als Schranke ebenso aus wie rein materielle Gesetze (RVO, Satzung), sofern diese sich nicht auf ein Parlamentsgesetz zurückführen lassen.

BEISPIEL: Ein gesetzliches Züchtigungsrecht von Lehrern gegenüber Schülern gibt es nicht; deshalb wäre ein Schlag mit dem Rohrstock ein nicht zu rechtfertigender Grundrechtseingriff, selbst wenn man ein Züchtigungsrecht noch gewohnheitsrechtlich anerkennt.[546]

Das Parlamentsgesetz muss die Tötung eines Menschen ferner explizit erlauben. Der Rückgriff auf Generalklauseln erlaubt wegen deren Unbestimmtheit keinen hinreichend sicheren Rückschluss auf den Willen des Gesetzgebers und ist daher vor dem Hintergrund der Schwere des Eingriffs unzulässig.[547]

BEISPIEL: Manche Polizeigesetze der Länder erlauben den „finalen Rettungsschuss" explizit, manche schweigen hierzu. In letzterem Fall ist er unzulässig, auch wenn eine Generalklausel allgemein Maßnahmen zum Schutz der öffentlichen Sicherheit zulässt.[548]

2. Schranken-Schranken

248 Das rechtfertigende Gesetz muss seinerseits verfassungsgemäß sein. Hieran stellt das Grundgesetz hinsichtlich des Art. 2 II 3 GG vor allem folgende Anforderungen:

a) Art. 102 GG - Todesstrafe

Eingriff in die Menschenwürde beachten

249 Nach Art. 102 GG ist die Todesstrafe abgeschafft. Damit ist die Tötung von Menschen zu repressiven Zwecken verboten. Ein Gesetz, das sie gleichwohl ermöglichte, wäre seinerseits verfassungswidrig und damit nichtig. Art. 102 GG wird daher vielfach als Schranken-Schranke des Art. 2 II 3 GG angeführt. Die h.M. sieht in der Todesstrafe jedoch schon einen Eingriff in die Menschenwürde des Art. 1 I 1 GG,[549] die schrankenlos ist und, soweit sie reicht, das Recht auf Leben aus Art. 2 II 1 GG verdrängt. Zur

---

543 *BVerfG, NJW 1999, 3399, 3401 = RA 2000, 45*

544 *„Höchstwert" innerhalb der verfassungsmäßigen Ordnung, vgl. BVerfGE 49, 24, 53*

545 *VGH Mannheim, DÖV 1979, 338, 339; v.Münch/Kunig-Kunig, GG, Art. 2 Rn 80*

546 *a.A. noch BGHSt 11, 241, 241*

547 *Kutscha, NVwZ 2004, 801, 802*

548 *Kutscha, NVwZ 2004, 801, 803; Westenberger, DÖV 2003, 627, 627*

549 *Sachs-Degenhart, GG, Art. 102 Rn 7 m.w.N.; a.A. Geck, JuS 1965, 221, 224*

Anwendung des Art. 102 GG als Schranken-Schranke des Art. 2 II 3 GG wird es daher in aller Regel nicht kommen, wenn man der h.M. folgt.

b) Art. 104 I 2 GG - Misshandlungsverbot

Art. 104 I 2 GG verbietet die seelische und körperliche Misshandlung von festgehaltenen Personen. Auch hier ist aber zu beachten, dass Misshandlungen, z.B. in Form von Folter, vielfach schon die Menschenwürde betreffen werden. Für Art. 104 I 2 GG verbleibt danach nur noch ein schmaler Anwendungsbereich für solche Misshandlungen, die zwar die körperliche Unversehrtheit, nicht aber die Menschenwürde betreffen. **250**

BEISPIEL: Die Kontaktsperre von Strafgefangenen über einen Zeitraum von drei Monaten hinaus hat das BVerwG als seelische Misshandlung, nicht aber als Verletzung der Menschenwürde angesehen.[550]

c) Art. 19 I 2 GG - Zitiergebot

Das Zitiergebot gilt für Art. 2 II 1 GG.[551] Allerdings hat das BVerfG Art. 19 I 2 GG in seiner Entscheidung zum Transplantationsgesetz, in dem Art. 2 II 1 GG nicht zitiert wird, mit der Begründung nicht angewendet, das Verbot von Lebendorganspenden diene nicht dem Ziel, Grundrechte der Patienten einzuschränken, sondern Organhandel zu unterbinden.[552] Diese Entscheidung ist bisher jedoch ein Einzelfall geblieben und dürfte nicht zuletzt durch das gewollte Ergebnis motiviert gewesen sein. **251**

Zitiergebot beachten, wenn Eingriff kein bloßer Reflex

KLAUSURHINWEIS

Art. 19 I 2 GG sollte daher auf Schranken des Art. 2 II 1 GG jedenfalls dann weiterhin angewendet werden, wenn eine Beeinträchtigung von Leib oder Leben nicht nur eine unerwünschte, faktisch-mittelbare Nebenfolge der Regelung ist.

d) Art. 20 III GG - Verhältnismäßigkeit

Besondere Bedeutung als Schranken-Schranke hat ferner der Grundsatz der Verhältnismäßigkeit. Wegen des besonderen Gewichts der Grundrechte auf Leben und körperliche Unversehrtheit und der häufig (bzw. beim Grundrecht auf Leben stets) unumkehrbaren Konsequenzen eines Eingriffs sind an die Angemessenheit der gesetzlichen Schranken (und ihrer Anwendung) besonders strenge Anforderungen zu stellen.[553] Dies gilt für den Rang des angestrebten Zwecks ebenso wie für die tatbestandlichen Voraussetzungen. **252**

Strenge Anforderungen an Zweck und Mittel

BEISPIEL: Ein Eingriff in das Recht auf Leben darf aus Gründen der Verhältnismäßigkeit immer nur ultima ratio zur Erreichung eines besonders schützenswerten Ziels sein,[554] wie etwa beim „finalen Rettungsschuss".

---

550 BVerfGE 49, 24, 64
551 v.Münch/Kunig-Kunig, GG, Art. 2 Rn 84 m.w.N.
552 BVerfG, NJW 1999, 3399, 4000 = RA 2000, 45; dagegen Gutmann, NJW 1999, 3387, 3388
553 BVerfGE 52, 214, 220; 14, 192, 202; 17, 108, 117
554 v.Münch/Kunig-Kunig, GG, Art. 2 Rn 85

5. Teil – Art. 2 II 2 GG - Freiheit der Person

A. Einleitung

253 Art. 2 II 2 GG schützt die „Freiheit der Person". Diese Formulierung findet sich wort- und inhaltsgleich auch in Art. 104 I 1 GG, der somit bzgl. des Schutzbereichs eine überflüssige Verdopplung darstellt,[555] jedoch bei den Schranken eigene Bedeutung hat.

KLAUSURHINWEIS
Im Gutachten sollte daher auch nur Art. 2 II 2 GG zitiert und geprüft werden, soweit es um den Eingriff in den Schutzbereich geht, selbst wenn bei der verfassungsrechtlichen Rechtfertigung auf die Schranken des Art. 104 GG zurückgegriffen wird.[556]

B. Systematik und Vertiefung

I. SCHUTZBEREICH BETROFFEN

1. Sachlicher Schutzbereich

254 **DEFINITION**
Die Freiheit der Person gewährt das Recht, jeden beliebigen Ort aufzusuchen und dort zu verweilen.[557]

Abgrenzung zu Art. 11 I GG

255 Art. 2 II 2 GG schützt also die körperliche Bewegungsfreiheit. Problematisch ist die Abgrenzung von Art. 2 II 2 GG zur Freizügigkeit des Art. 11 I GG. Teilweise wird auf die zeitliche Dauer des Verweilens abgestellt.[558] Während Art. 11 I GG bei einer gewissen Dauer eingreife, meine Art. 2 II 2 GG das vorübergehende Verweilen. An die Dauer werden dabei keine strengen Anforderungen gestellt; jedenfalls eine Übernachtung soll für Art. 11 I GG genügen.

BEISPIEL: Ein Platzverweis, geregelt z.B. in § 34 I PolG NRW, ist von vorübergehender Dauer und an Art. 2 II 2 GG zu messen. Ein Wohnungsverweis bei häuslicher Gewalt für zehn Tage, geregelt z.B. in § 34a I 1 PolG NRW, oder gar ein Aufenthaltsverbot für mehrere Monate, geregelt z.B. in § 34 II 1 PolG NRW, sind hingegen an Art. 11 I GG zu messen.

Nach anderer Ansicht kommt es nicht auf den Zeitraum, sondern auf die Bedeutung des Verweilens für den Betroffenen an. Reflektiere der Aufenthalt sein Persönlichkeitsrecht oder sei er Ausdruck freier Lebensgestaltung, sei Art. 11 I GG anwendbar.[559]

---

555 *v.Münch/Kunig-v.Münch, GG, Art. 2 Rn 80*
556 *So verfährt auch das BVerfG, vgl. BVerfG, NJW 2006, 668, 669; NJW 2006, 672, 672*
557 *BVerfG, NJW 2002, 3161, 3161; NVwZ 2006, 579, 579; OVG Lüneburg, NVwZ-RR 2007, 103, 103*
558 *JP-Jarass, GG, Art. 11 Rn 2*
559 *BK-Randelzhofer, GG, Art. 11 Rn 28*

BEISPIEL: Sperrt die Polizei alle Zufahrtsstraßen zu einer Stadt infolge des Ausbruchs einer Seuche ab, liegt darin nach dieser Ansicht für den spontanen Wochenendurlauber ein Eingriff in Art. 2 II 2 GG, für den zur Beerdigung eines nahen Angehörigen anreisenden Trauergast hingegen ein Eingriff in Art. 11 I GG.

Nach h.M. ist weder das eine noch das andere allein maßgeblich. Entscheidend ist vielmehr eine Gesamtschau der Umstände.[560] Häufig ergänzen sich die beiden Kriterien auch, denn ein dauerhafter Aufenthalt wird für den Betroffenen i.d.R. von größerer Bedeutung sein als ein flüchtiges Vorbeigehen.

MERKSATZ
Je länger eine Person vom Aufenthalt an einem Ort abgehalten wird und je bedeutender der mit dem Aufenthalt verfolgte Zweck für die Person ist, umso mehr spricht für eine Anwendung des Art. 11 I GG und gegen Art. 2 II 2 GG.

Bei Freiheitsentzug immer Art. 2 II 2 GG

Freiheitsentziehende Maßnahmen (Festnahme, Untersuchungshaft, Freiheitsstrafe usw.) werden aber ausschließlich an Art. 2 II 2 GG gemessen. Dies ergibt sich aus Art. 104 GG, der auf Schrankenebene in Art. 104 II-IV GG spezielle Regelungen hierfür enthält, die sinnlos wären, wollte man Art. 11 GG anwenden. **256**

BEISPIEL: Die überlange Dauer von Untersuchungshaft ist vom BVerfG allein an Art. 2 II 2 GG gemessen worden, ohne Art. 11 GG auch nur zu erwähnen.[561]

Negative Freiheit geschützt

Geschützt ist schließlich auch eine negative Freiheit der Person, die darin besteht, einen bestimmten Ort nicht aufsuchen zu müssen. **257**

BEISPIEL: Muss ein Schüler in der Schule nachsitzen, greift dies in seine negative Freiheit der Person ein.[562]

2. Personaler Schutzbereich

Keine juristischen Personen

Da Art. 2 II 2 GG unstreitig nur die körperliche Bewegungsfreiheit meint, ist das Grundrecht nicht „dem Wesen nach" i.S.d. Art. 19 III GG auf juristische Personen anwendbar,[563] da diese zwangsläufig körperlos sind. **258**

BEISPIEL: Wird eine juristische Person bei der Verlegung ihres Sitzes an einen anderen Ort durch die Behörden behindert, kann ein Eingriff in Art. 11 I GG oder Art. 2 I GG vorliegen, nicht aber in Art. 2 II 2 GG.[564]

II. EINGRIFF

Eingriffe in die **positive Freiheit** der Person liegen in jedem rechtlichen Verbot oder tatsächlichen Hindernis, einen bestimmten Ort aufzusuchen oder zu verlassen. **259**

560 *Kunig, JURA 1990, 306, 308*
561 *BVerfG, NJW 2006, 668, 669; NJW 2006, 672, 672; NJW 2006, 677, 678*
562 *Hantel, JuS 1990, 865, 869*
563 *v.Münch/Kunig-v.Münch, GG, Art. 2 Rn 73*
564 *v.Münch/Kunig-Kunig, Art. 2 Rn 73*

Die **negative Freiheit** ist verkürzt, wenn eine Person sich gegen ihren Willen an einen Ort begeben oder dort aufhalten muss. Grenze ist hier wie dort nach heute ganz h.M. lediglich die Bagatellformel.

BEISPIEL: Die Meldepflicht an einem bestimmten Ort zu einer bestimmten Zeit betrifft den Schutzbereich des Art. 2 II 2 GG, stellt aber keinen Eingriff dar, wenn der Ort ohne Mühe zu erreichen ist.[565]

Keine Beschränkung auf physisch-körperliche Eingriffe

Gegen eine m.M.,[566] die für einen Eingriff aus historischen Gründen immer eine physisch-körperliche Beeinträchtigung fordert, wie sie insbesondere bei Festnahmen und der Anwendung unmittelbaren Zwangs vorliegt, spricht, dass eine solche Beschränkung des Eingriffs im GG keinen Niederschlag gefunden hat, mag der Schutz vor staatlicher Verhaftung ohne gesetzliche Grundlage auch das Hauptanliegen des historischen Verfassungsgebers gewesen sein.

Freiheitsentziehung und -beschränkung

260 Wichtig ist auch die Unterscheidung zwischen Freiheitsbeschränkung und Freiheitsentziehung. Die Freiheitsentziehung ist eine qualifizierte Form der Freiheitsbeschränkung, für die Art. 104 II-IV GG besondere Schrankenanforderungen enthält.

DEFINITION

Freiheitsentziehung ist die Aufhebung der körperlichen Bewegungsfreiheit nach jeder Richtung hin, also das Festhalten an einem eng umgrenzten Ort.[567]

BEISPIEL: Arrest; Untersuchungshaft; Haft; Sicherungsverwahrung; „Polizeikessel“; Ingewahrsamnahme; Fesselung (auch sog. „elektronische Fußfessel“); Einweisung in psychiatrische Anstalt.

Reine Freiheitsbeschränkungen i.S.d. Art. 104 I GG liegen hingegen vor, wenn ein bestimmter Ort nicht erreicht werden kann oder der Betroffene an einem bestimmten Ort festgehalten wird, dort aber noch hinreichende Bewegungsfreiheit genießt.

BEISPIEL: Soldaten in der Kaserne; Schüler in der Schule; Platzverweis. Können die Bewohner einer Stadt sie wegen vollständiger Abriegelung durch die Polizei nicht verlassen, sich innerhalb der Stadt aber frei bewegen, liegt nur eine Freiheitsbeschränkung vor.[568]

Noch nicht als Freiheitsentziehung eingestuft werden ferner sie vorbereitende Maßnahmen, mögen sie auch selbst bereits eine enge räumliche Beschränkung mit sich bringen.[569] Hier muss bei Eingriff und verfassungsrechtlicher Rechtfertigung genau differenziert werden.

---

565 BVerfGE 22, 21, 26; BVerwGE 6, 354, 355
566 Dreier-Schulze-Fielitz, GG, Art. 2 II Rn 65 m.w.N.
567 BVerfGE 105, 239, 248; BVerwGE 62, 325, 328; BGHZ 82, 261, 267
568 OVG Lüneburg, NVwZ-RR 2007, 103, 104
569 BVerwGE 82, 243, 245; 62, 325, 327

BEISPIEL: Wird ein Straftäter mit einem Polizeifahrzeug zur Haftanstalt transportiert und anschließend dort eingesperrt, liegen zwei Eingriffe (Transport und Unterbringung) in Art. 2 II 2 GG vor, von denen der Transport (nur) eine Freiheitsbeschränkung, die Unterbringung hingegen eine Freiheitsentziehung ist.

KLAUSURHINWEIS
Schon im Eingriff sollte geklärt werden, ob er in Form einer Freiheitsentziehung oder (nur) einer Freiheitsbeschränkung erfolgt, damit die Weichen für die verfassungsrechtliche Rechtfertigung gestellt sind.

III. VERFASSUNGSRECHTLICHE RECHTFERTIGUNG

1. Schranken

Qualifizierter Gesetzesvorbehalt wegen Art. 104 GG

Der einfache Gesetzesvorbehalt des Art. 2 II 3 GG bezieht sich systematisch und **261** seinem undifferenzierten Wortlaut nach neben den Grundrechten auf Leben und körperliche Unversehrtheit aus Art. 2 II 1 GG auch auf die Freiheit der Person aus Art. 2 II 2 GG. Er ist daher auch auf diese anwendbar, wird insoweit aber vom qualifizierten Gesetzesvorbehalt des Art. 104 I 1 GG ergänzt.[570] Schranke der Freiheit der Person ist daher ein (qualifizierter) Gesetzesvorbehalt aus Art. 2 II 3 i.V.m. 104 GG, wobei innerhalb des Art. 104 GG je nach Eingriff zu unterscheiden ist:

a) Freiheitsbeschränkung

Nach Art. 104 I 1 GG ist zunächst für jede Freiheitsbeschränkung ein förmliches **262** Gesetz erforderlich, dass „Formen" vorschreiben muss. „Förmliches Gesetz" bedeutet Parlamentsgesetz; RVO oder Satzung genügen also nicht. Auch eine Analogiebildung ist unzulässig.[571] Unter den „vorgeschriebenen Formen" i.S.d. Art. 104 I 1 GG ist das Procedere bei der Freiheitsbeschränkung zu verstehen, d.h. Zuständigkeit, Verfahren und Form im verwaltungsrechtlichen Sinn.

MERKSATZ
Wegen Art. 104 I 1 GG ist (ausnahmsweise) jede nach einfachem Recht formell rechtswidrige Maßnahme zugleich automatisch auch verfassungswidrig.[572]

b) Freiheitsentziehung

Anordnung und Vollzug trennen

Liegt eine Freiheitsentziehung als qualifizierte Form der Freiheitsbeschränkung vor, ist **263** zwischen ihrer Anordnung und ihrem Vollzug zu unterscheiden. Für die Anordnung enthalten Art. 104 II-IV GG weitere, qualifizierte Anforderungen. Auf den Vollzug beziehen sie sich hingegen nicht; insoweit bleibt es bei Art. 104 I 1 GG, wonach ein förmliches Gesetz, welches das Procedere regelt, erforderlich ist, aber auch genügt.

Richterliche Anordnung vor Freiheitsentziehung erforderlich

Die Anordnung einer Freiheitsentziehung muss hingegen der Richter treffen, und zwar grundsätzlich vor ihrem Vollzug, Art. 104 II 1 GG. Das BVerfG fordert deshalb, dass jederzeit ein Richter erreichbar sein muss (Bereitschaftsdienst bei den

570 BVerfG, NJW 2002, 3161, 3161; v.Münch/Kunig-Kunig, GG, Art. 2 Rn 79
571 BVerfGE 29, 183, 195; BVerfG, NJW 2006, 427, 427
572 BVerfG, NW 2002, 3161, 3161; NJW 2006, 427, 427

Gerichten).[573] Dieser muss die Gründe für den Freiheitsentzug selbst prüfen, er darf sich also nicht mit dem zufrieden geben, was ihm von den Behörden unterbreitet wird.[574] Der Betroffene ist anzuhören.[575]

Nur wenn der Zweck der Freiheitsentziehung vereitelt würde, wollte man erst einen Richter konsultieren, kann von einer vorherigen richterlichen Anordnung abgesehen werden.[576] Diese ist dann gem. Art. 104 II 2 GG unverzüglich nachzuholen, wobei „unverzüglich" nicht - wie sonst häufig - „ohne schuldhaftes Zögern" heißt, sondern „ohne jede Verzögerung, die sich nicht aus sachlichen Gründen rechtfertigen lässt".[577] Eine solche nicht zu rechtfertigende Verzögerung soll vorliegen, wenn mehr als zwei bis drei Stunden zwischen Freiheitsentziehung und richterlicher Konsultation liegen.[578]

Verhältnis von Art. 104 II 2 GG zu Art. 104 II 3 GG

Art. 104 II 3 GG, der es der Polizei verbietet, eine Person länger als bis zum Ende des Tages nach dem Ergreifen ohne richterliche Anordnung festzuhalten, ergänzt Art. 104 II 2 GG, stellt also nicht etwa eine Ausnahme dar.

BEISPIEL: Ergreift die Polizei einen Straftäter, darf sie ihn nicht etwa ohne Weiteres bis zum Ablauf des nächsten Tages festhalten; sie muss vielmehr immer unverzüglich einen Richter ersuchen, die Freiheitsentziehung zu legitimieren.[579] Zusätzlich ist die Höchstdauer durch Art. 104 II 3 GG beschränkt; liegt nicht innerhalb dieser Frist eine richterliche Anordnung vor, muss die Person allein aus diesem Grund wieder auf freien Fuß gesetzt werden.

Art. 104 III, IV GG enthalten weitere Formalien, wobei die Vorführungspflicht des Art. 104 III GG expressis verbis nur für Freiheitsentziehungen wegen des Verdachtes einer Straftat, die Benachrichtigungspflicht des Art. 104 IV GG hingegen für jede Freiheitsentziehung gilt.

2. Schranken-Schranken

a) Zitiergebot

264 Das Zitiergebot des Art. 19 I 2 GG findet auch bei Art. 2 II 2 GG Anwendung.[580]

b) Verhältnismäßigkeit

265 Als Schranken-Schranke kommt - wie bei Eingriffen in das Recht auf Leben und körperliche Unversehrtheit - dem Verhältnismäßigkeitsgrundsatz des Art. 20 III GG besondere Bedeutung zu, weil die Freiheit der Person ein besonders schützenswertes Gut ist. Die Ausführungen unter Rn 252 zu den besonders strengen Anforderungen an die Verhältnismäßigkeit eines Eingriffs gelten daher sinngemäß auch hier.

---

573 BVerfGE 105, 239, 248; Oberrath, JA 2006, 497, 498
574 BVerfG, NVwZ 2006, 578, 580; Oberrath, JA 2006, 497, 498
575 BVerfGE 66, 191, 197; 65, 317, 322; 58, 208, 223
576 BVerfGE 22, 311, 317
577 BVerfG, NVwZ 2006, 579, 580; BVerwGE 45, 51, 63; Oberrath, JA 2006, 497, 498
578 OVG Münster, DVBl 1979, 733, 733
579 BVerfG, NJW 2002, 3161, 3162
580 v.Münch/Kunig-Krebs, GG, Art. 19 Rn 17

Zwei Fälle sind besonders problematisch:

aa) Lebenslange Freiheitsstrafe

Eine lebenslange Freiheitsstrafe ohne gesetzlich geregelte Aussicht auf eine Aussetzung des Vollzugs nach einer gewissen Zeit verstieße nach h.M. schon gegen die Menschenwürde (Rn 181). In ihrer gegenwärtigen Form, die in § 57a StGB eine solche Strafaussetzung unter bestimmten Voraussetzungen vorsieht, greift sie (nur noch) in Art. 2 II 2 GG ein. Die h.M.[581] hält sie unter den gegenwärtigen Anforderungen an ihre Verhängung und ihren Vollzug für verhältnismäßig, und zwar auch dann, wenn sie im Einzelfall voll vollzogen wird.[582] Das BVerfG betont aber, dass die Mordmerkmale des § 211 StGB eng auszulegen sind;[583] eine Ausweitung derselben könnte m.a.W. unverhältnismäßig sein. **266**

bb) Untersuchungshaft

Bei der Untersuchungshaft gilt der Betroffene als unschuldig. Deshalb unterliegt ihre Anordnung besonders strengen Anforderungen.[584] Dies gilt zunächst hinsichtlich der Erforderlichkeit, die entfällt, wenn mildere Mittel wie Kaution oder Meldepflicht den Haftgrund gem. §§ 112 II, 112a StPO entfallen lassen. Unangemessen wäre es, eine gewisse Höchstdauer zu überschreiten.[585] Ein fester Zeitraum lässt sich nicht angeben, weil sich dieser nach der Schwere des Vorwurfs und dem notwendigen Ermittlungsaufwand im Einzelfall richtet. Eine unnötige Verlängerung der U-Haft durch zögerliche Bearbeitung der Sache ist jedenfalls unangemessen und daher verfassungswidrig,[586] egal wie lang sie dauert. Das BVerfG hat aus dieser Erkenntnis das „Gebot der bestmöglichen Verfahrensförderung" entwickelt.[587] **267**

c) Art. 103 II, III GG

Speziell für repressiven Freiheitsentzug, also etwa durch eine nach den Strafgesetzen verhängte Freiheitsstrafe, enthalten Art. 103 II GG mit dem Verbot ruckwirkender Bestrafung („**nullum crimen, nulla poena sine lege**") und Art. 103 III GG mit dem Verbot der Doppelbestrafung („**ne bis in idem**") zwei spezielle Schranken-Schranken,[588] die zugleich eigene grundrechtsgleiche Rechte sind.[589] Zur Frage, wann diese eingreifen, siehe unten Rn 830 ff. und Rn 843 ff. **268**

nulla poena sine lege; ne bis in idem

MERKSATZ

Eine Verletzung von Art. 103 II, III GG verletzt zugleich Art. 2 II GG.

581 *BVerfGE 72, 105, 113*
582 *BVerfG, NJW 1978, 2591, 2591; Fischer, StGB, § 38 Rn 2 m.w.N.*
583 *BVerfGE 45, 187*
584 *BVerfGE 82, 106, 144; BVerfG, NJW 2006, 668, 669; NJW 2006, 672, 672*
585 *BVerfG, NJW 2006, 668, 669; NJW 2006, 672, 672; NJW 2006, 677, 678; Gropp, JZ 1991, 804, 808; Jahn, NJW 2006, 652,*
586 *BVerfGE 19, 342, 347; 53, 152, 158; Jahn, NJW 2006, 652, 653*
587 *BVerfG, NJW 2006, 677, 677; dazu Jahn, NJW 2006, 652, 653; Kuckein, NStZ 2005, 697, 698*
588 *Appel, JURA 2000, 571, 576*
589 *BVerfGE 109, 133, 168; Sachs-Degenhart, GG, Art. 103 Rn 53*

6. Teil – Art. 4 I, II GG - Glaubens- und Gewissensfreiheit

A. Einleitung

269 In Art. 4 GG sind mehrere Freiheiten erwähnt, nämlich in Art. 4 I GG die des Glaubens, des Gewissens, des weltanschaulichen und religiösen Bekenntnisses, in Art. 4 II GG die ungestörte Religionsausübung und in Art. 4 III GG das Recht auf Kriegsdienstverweigerung. Sie werden ergänzt durch Art. 136 - 141 WRV, die über Art. 140 GG als vollwertiges Verfassungsrecht[590] in das Grundgesetz übernommen worden sind.

B. Systematik und Vertiefung

Alle Grundrechte aus Art. 4 GG haben gemeinsam, dass sie einen inneren Vorgang schützen, der dem Grundrechtsträger eine bestimmte Einstellung oder ein bestimmtes Verhalten gebietet. Teilweise überlagern sich daher ihre Schutzbereiche. Dennoch sind sie sauber zu unterscheiden, denn z.B. hinsichtlich des personalen Schutzbereichs und der Schranken gibt es durchaus gravierende dogmatische Unterschiede.

I. SCHUTZBEREICH BETROFFEN

1. Sachlicher Schutzbereich

a) Glaubensfreiheit

Glaube/Religion

270 Unstreitig ist, dass durch Art. 4 GG nicht nur der christliche Glaube, sondern jegliche Glaubensüberzeugung geschützt ist.[591] „Glauben" oder „Religion" zu definieren, bereitet aber gerade wegen dieser Vielschichtigkeit denkbarer Glaubensüberzeugungen Probleme. Zurückführen lassen sich alle Religionen jedenfalls auf zwei Kernelemente, nämlich die Vorstellung des Menschen von einer höheren Macht, der er seine Herkunft und seine Existenz verdankt, und bestimmte, von ihr abgeleitete Verhaltensregeln, die der gläubige Mensch als für sich verbindlich erachtet.

271 **DEFINITION**

Glaube ist die Vorstellung des Menschen von seiner Rolle in der Welt und seiner Beziehung zu höheren Mächten und tieferen Seinsschichten.[592]

KLAUSURHINWEIS

Handelt es sich im Fall um eine Weltreligion wie Christentum, Judentum, Buddhismus, Hinduismus, Islam usw., sollte nur kurz bejaht werden, dass diese unter die Glaubensfreiheit fällt. Eine nähere Auseinandersetzung mit der recht unbestimmten Definition ist dann entbehrlich. Handelt es sich hingegen um Sekten, fiktive Gruppen usw., ist eine genaue Prüfung erforderlich.

590 *BVerfGE 19, 206, 219*

591 *v.Münch/Kunig-Mager, GG, Art. 4 Rn 12; Engelken, BayVBl. 2004, 97, 99*

592 *Tillmanns, JURA 2004, 619, 621*

Nicht unter die Glaubensfreiheit in diesem Sinne fällt die Verfolgung wirtschaftlicher oder politischer Ziele.[593] Jedenfalls dürfen diese nicht im Vordergrund stehen; zum Zwecke der Glaubensausübung finanzielle Mittel zu erwerben, schadet hingegen der Glaubensfreiheit nicht. 272

BEISPIEL: Hält man Scientology für eine nach wirtschaftlicher und politischer Macht strebende Organisation, kann sie sich nicht auf die Glaubensfreiheit berufen.[594] „Scientology Church" ist dann ein „Etikettenschwindel". Hingegen bleiben die katholische und evangelische Kirche Glaubensgemeinschaften, auch wenn sie Kirchensteuern einnehmen und in Gottesdiensten der Klingelbeutel umher geht, weil die Einnahme von Geld für sie nicht im Vordergrund steht, sondern nur Mittel zum Zweck der Religionsausübung ist.

aa) Umfang der Gewährleistung

Forum internum und forum externum geschützt

Zur Glaubensfreiheit gehört zum einen das sog. „**forum internum**", also die Freiheit, einen Glauben zu bilden (oder nicht zu bilden) und diese Überzeugung zu behalten. Zum anderen ist das „forum externum" geschützt, also die Freiheit, nach den eigenen Glaubensüberzeugungen zu leben und zu handeln. 273

Subjektive oder objektive Bestimmung des Schutzbereichs?

Dazu gehören nach ständiger Rechtsprechung des BVerfG[595] und der h.L.[596] zunächst die Verhaltensweisen, welche die jeweiligen Glaubensgemeinschaften selbst als verbindliche Verhaltensweisen für ihre Gläubigen festlegt. 274

BEISPIEL: Das Abendmahl, das islamische Opferfest, das Beten, die Mission Andersgläubiger usw.

Nach diesem Verständnis wird der Schutzbereich des Art. 4 I, II GG also subjektiv - durch die Gläubigen und ihre Glaubensgemeinschaften selbst - festgelegt. Dagegen wenden sich vereinzelte Stimmen in der Literatur, die Missbrauch und uferlose Ausweitung des Schutzbereichs befürchten.[597]

BEISPIEL (nach BVerwGE 112, 314): Ein ehemaliger Schlagersänger hatte versucht, unter Berufung auf Art. 4 GG eine Genehmigung zum Anbau von Hanf zu erhalten, weil er das Rauchen von Marihuana als kultisch-rituelle Glaubensausübung verstand.

Der Schutzbereich müsse daher objektiv, d.h. anhand überprüfbarer Kriterien, bestimmt werden. Gegen diese Sichtweise spricht jedoch, dass der Staat dann festlegen müsste, was Religion und Glaube sind. Eben dies soll der säkularisierte, neutrale Staat aber nicht dürfen.[598] Lippenbekenntnisse und religiöser Eifer fallen zudem auch unter der herrschenden subjektiven Sichtweise nicht in den Schutzbereich, denn auch diese kennt folgende Einschränkungen:

Zwingende Glaubensüberzeugung erforderlich

Das geschützte Verhalten muss dem Einzelnen durch seine Glaubensüberzeugung zwingend vorgeschrieben sein; rein fakultative Verhaltensweisen sind nicht geschützt.

---

593 BVerwGE 90, 112, 118; VG Darmstadt, NJW 1983, 2592, 2597; Tillmanns, JURA 2004, 619, 621
594 BAG, NJW 1996, 143, 149 f.; Tillmanns, DÖV 1999, 441, 445
595 BVerfGE 104, 337, 354
596 Pauly/Pagel, NVwZ 2002, 441, 441
597 Schoch, FS Hollerbach, 2001, S. 149, 157
598 Neureither, JuS 2006, 1067, 1070 m.w.N.

BEISPIEL: Verbietet eine Glaubensgemeinschaft die Vielehe nicht, so ist Bigamie doch nicht durch Art. 4 GG geschützt, denn die Abwesenheit eines Verbots ist noch kein Handlungsauftrag.

Ob eine zwingende Glaubensüberzeugung im Einzelfall besteht oder nicht, unterliegt der vollen Nachprüfbarkeit staatlicher Stellen, also insbesondere der Gerichte und Behörden.[599]

BEISPIEL (nach VG Düsseldorf, NWVBl. 2006, 68 = RA 2006, 128): So genügt es nicht, dass eine Schülerin sich pauschal darauf beruft, „der Koran" schreibe ihr eine bestimmte Bekleidung vor, mit der sie nicht am Schwimmunterricht ihrer Schule teilnehmen könne. Sie muss vielmehr genau darlegen, woraus sie diese Verhaltensregeln entnehmen will und in wieweit diese für sie persönlich verbindlich sind.[600]

Zusammenhang zwischen Verhalten und forum internum erforderlich

Zum „forum externum" gehören auch nicht solche Verhaltensweisen, die in keinem oder nur entferntem Zusammenhang mit der eigenen Glaubensüberzeugung (dem „forum internum") stehen, mögen sie auch einen religiösen Anschein haben. Es genügt auch nicht, wenn ein Verhalten nur „bei Gelegenheit" eines religiös motivierten Verhaltens an den Tag gelegt wird.

BEISPIEL: Tragen eines Kopftuchs oder ein Kreuzes aus rein modischen Gründen; Feiern einer„schwarzen Messe" ohne ernsthaften religiösen Hintergrund; Verkauf von Speisen und Getränken am Kirchentag.[601]

Individuelle und kollektive Glaubensfreiheit geschützt

275 Bei Religionsgemeinschaften ist das BVerfG insoweit allerdings äußerst großzügig, in der erkennbaren Absicht, nicht mit diesen in Konflikt zu geraten. Dies mag dogmatisch kaum zu rechtfertigen sein, sollte aber jedenfalls bekannt sein.

BEISPIEL (nach BVerfG, DÖV 2015, 240 = RA 2015, 29): Der Betrieb eines Krankenhauses durch einen katholischen Kirchenträger soll Ausübung der Glaubensfreiheit sein, obschon dort Patienten unabhängig von ihrer Konfession aufgenommen wurden und der gesamte Betrieb wirtschaftlich geprägt war, also der Erzielung von Einnahmen diente. Dem BVerfG genügte, dass diese Einnahmen wiederum der Glaubensgemeinschaft zugute kamen und somit mittelbar deren Betätigung förderten.

MERKSATZ
Bei Glaubensgemeinschaften ist im Zweifel auch bei mittelbaren Betätigungen der Schutzbereich des Art. 4 I GG eröffnet.

Dass der Inhalt der Glaubensfreiheit zunächst durch die Glaubensgemeinschaften bestimmt wird, darf aber nicht zu dem Missverständnis führen, dass nur die

599 *VGH München, NVwZ-RR 2010, 262, 262 = RA 2010, 197, 199*
600 *Zum Konflikt zwischen tatsächlich bestehender Glaubensüberzeugung und Teilnahme am (koedukativen) Schwimmunterricht vgl. VGH Kassel, NVwZ 2013, 159, 159 = RA 2013, 189, 190, bestätigt durch BVerwG, NVwZ 2014, 81, 81 ff.*
601 *BVerfGE 19, 129, 133*

kollektive Glaubensfreiheit geschützt sei. Das BVerfG[602] billigt vielmehr jedem einzelnen Menschen das Recht zu, seine individuelle Glaubensüberzeugung zu bilden. Deshalb können im Einzelfall auch Verhaltensweisen geschützt sein, die nicht von einer Glaubensgemeinschaft als verbindlich vorgegeben werden.

BEISPIEL: Wenn jemand überzeugend darlegt, dass er für sich persönlich das betäubungslose Schlachten („Schächten") eines Opferlamms als religiös verbindlich ansieht, kommt es nicht darauf an, ob der Islam dies vorschreibt oder nicht. Andererseits kann sich eben nicht auf Art. 4 I, II GG berufen, wer eine solche Überzeugung nicht plausibel darlegen kann.[603]

Auch die negative Glaubensfreiheit ist geschützt, also das Recht nicht zu glauben, den eigenen Glauben nicht zu offenbaren, keine religiösen Betätigungen vornehmen zu müssen usw.[604] Hierher gehört auch das Recht, nicht mit staatlichen Glaubensäußerungen konfrontiert zu werden. **276** Negative Glaubensfreiheit geschützt

BEISPIEL: Das Kruzifix im Klassenzimmer[605] und die Kopftuch tragende Lehrerin[606] betreffen die negative Glaubensfreiheit der Schüler.

bb) Problemfälle

(1) Einheitliches Grundrecht

Trotz der Unterscheidung zwischen „forum internum" und „forum externum" wird ganz überwiegend[607] von einem einheitlichen Grundrecht der Glaubens- oder Religionsfreiheit aus Art. 4 I, II GG gesprochen, wobei „Glaubensfreiheit" und „Religionsfreiheit" synonym verwendet werden.[608] Die Erwähnung der „Religionsausübung" in Art. 4 II GG und des „religiösen Bekenntnisses" in Art. 4 I GG haben danach nur klarstellenden Charakter; einer Unterscheidung zwischen Art. 4 I und Art. 4 II GG oder innerhalb des Art. 4 I GG zwischen „Glauben" und „religiösem Bekenntnis" bedarf es daher nicht. **277** Einheitliches Grundrecht der Glaubensfreiheit

(2) Religiöse Vereinigungsfreiheit

Unstreitig besteht das Recht, sich zu Religionsgemeinschaften zusammen zu schließen (sog. „**religiöse Vereinigungsfreiheit**"). Streitig ist aber seine Verankerung. Die h.M. leitet dieses Recht bereits unmittelbar aus Art. 4 I, II GG ab,[609] während eine m.M. insoweit Art. 140 GG i.V.m. Art. 137 II 1 WRV für allein anwendbar, da spezieller hält.[610] Der bedeutende Unterschied liegt darin, dass Art. 140 GG i.V.m. Art. 137 II 1 WRV kein Grundrecht ist, also nicht mit einer Verfassungsbeschwerde nach Art. 93 I Nr. 4a GG geltend gemacht werden kann. Für die h.M. spricht die Entstehungsgeschichte des Art. 4 GG, der als umfassendes Grundrecht der Glaubensfreiheit konzipiert wurde. **278** Religiöse Vereinigungsfreiheit

602 *BVerfGE 93, 1, 15; 32, 98, 106; ebenso MD-Herzog, GG, Art. 4 Rn 103*
603 *VGH München, NVwZ-RR 2010, 262, 262 = RA 2010, 197, 198*
604 *BVerfGE 46, 266, 267; BVerwG, DÖV 1976, 273, 273*
605 *BVerfGE 93, 1, 16; BVerwGE 109, 40, 43*
606 *BVerwGE 116, 359, 360*
607 *BVerfGE 24, 236, 245; Janz/Rademacher, NVwZ 1999, 706, 708; Pauly/Pagel, NVwZ 2002, 441, 442; Sarcevic, DVBl 2000, 519, 519; a.A. Muckel, FS Listl, 1999, S. 239, 242*
608 *BVerfGE 102, 370, 387 („Religionsfreiheit"); BVerfG, NJW 2003, 3111, 3112 („Glaubensfreiheit")*
609 *BVerfGE 83, 341, 354; Stuhlfauth, DVBl 2009, 416, 416*
610 *Neureither, JuS 2007, 20,21 m.w.N.*

Art. 140 GG i.V.m. Art. 137 II 1 WRV kommt daneben nur noch klarstellende Bedeutung zu. Auch ist nicht einzusehen, warum die religiöse Vereinigungsfreiheit nicht prozessual mittels Verfassungsbeschwerde durchgesetzt werden können soll, wenn man sie denn - was ja unstreitig ist - als geltendes Verfassungsrecht anerkennt.

KLAUSURHINWEIS

Dieser Streit ist im Schutzbereich des Art. 4 I, II GG darzustellen. Dort ist zu fragen, ob dieser eröffnet ist oder durch den spezielleren Art. 140 GG i.V.m. Art. 137 II 1 WRV verdrängt wird. Geht es um eine Verfassungsbeschwerde, sollte das Problem jedoch erst in der Begründetheit derselben erörtert werden, da für deren Zulässigkeit (namentlich für die Beschwerdebefugnis i.S.d. § 90 I BVerfGG) schon die Möglichkeit einer Grundrechtsverletzung genügt, und möglich erscheint eine Betroffenheit von Art. 4 I, II GG in jedem Fall.

(3) Innere Selbstbestimmung der Religionsgemeinschaften

Inneres Selbstbestimmungsrecht

279 Streitig ist auch das Verhältnis von Art. 4 I, II GG zu Art. 140 GG i.V.m. Art. 137 III 1 WRV, also die Verankerung des inneren Selbstbestimmungsrechts der Religionsgemeinschaften.

BEISPIEL: Wahl des Kirchenvorstandes; Gründung eines Betriebsrats in einem katholischen Krankenhaus.[611]

Sieht man dieses innere Selbstbestimmungsrecht auch bereits als in Art. 4 I, II GG enthalten an, kann es unproblematisch mittels Verfassungsbeschwerde geltend gemacht werden.[612] Hält man hingegen ausschließlich Art. 140 GG i.V.m. Art. 137 III 1 WRV als lex specialis für anwendbar, schiede eine Verfassungsbeschwerde mangels Grundrechtscharakters grundsätzlich aus. Die Vertreter dieser Ansicht bezeichnen Art. 140 GG i.V.m. Art. 137 III 1 WRV aber als „grundrechtsgleiches Recht", das auch mittels Verfassungsbeschwerde geltend gemacht werden könne.[613] Dies ist allerdings im Hinblick auf Art. 93 I Nr. 4a GG sehr bedenklich, der die mittels Verfassungsbeschwerde einklagbaren grundrechtsgleichen Rechte abschließend aufzählt. Das BVerfG behilft sich mit einem Kompromiss, indem es in der Zulässigkeit einer Verfassungsbeschwerde auf die zumindest mögliche Verletzung von Art. 4 I, II GG abstellt, welche zur Beschwerdebefugnis i.S.d. § 90 I BVerfGG genügt, in der Begründetheit aber Art. 140 GG i.V.m. Art. 137 III 1 WRV prüft.[614]

---

611 *BVerfGE 46, 73*

612 *Dreier-Morlock, GG, Art. 137 WRV Rn 13, 42; v.Mangoldt/Klein/Starck-Starck, GG, Art. 4 Rn 57*

613 *Sachs-Ehlers, GG, Art. 140 Rn 3*

614 *BVerfGE 46, 73, 85; 70, 138, 162*

KLAUSURHINWEIS

Letztlich kommen alle Ansichten also zu dem Ergebnis, dass eine Verfassungsbeschwerde möglich ist. Welcher Weg zu diesem Ergebnis führt, spielt letztlich keine Rolle. Auch darf in einem Gutachten der eigene Aufbau nicht begründet werden, sodass es sich empfiehlt, kommentarlos einen der drei Wege einzuschlagen,[615] zweckmäßigerweise den des BVerfG. Die Prüfung von Art. 140 GG i.V.m. Art. 137 II 1 und III 1 WRV in der Begründetheit der Verfassungsbeschwerde erfolgt dann ganz normal wie ein Freiheitsgrundrecht, also nach Schutzbereich, Eingriff und Rechtfertigung.

(4) Konkurrenz zu Art. 5 I 1 1. Hs. GG

Hinsichtlich religiös motivierter Äußerungen geht die Glaubensfreiheit der allgemeineren Meinungsfreiheit aus Art. 5 I 1 1. Hs. GG vor.[616] **280** Verhältnis zur Meinungsfreiheit

b) Gewissensfreiheit

Während die Glaubensfreiheit von der Beziehung des Menschen zu höheren Mächten geprägt wird, schützt die Gewissensfreiheit seine eigenen inneren Entscheidungen, gegen die zu handeln ihm nicht oder nur schwerlich möglich ist. **281** Gewissensentscheidung als innere Eingebung

DEFINITION

Eine **Gewissensentscheidung** ist eine an „Gut" und „Böse" orientierte, sittliche Entscheidung, die der Einzelne innerlich für sich trifft, und die für ihn ein solch bindendes Gewicht hat, dass er nicht ohne ernstliche Not gegen sie handeln kann.[617]

Die Gewissensnot muss existentiell sein; bloße Unlust oder Bedenken genügen nicht.[618]

BEISPIEL: Hat ein Schüler keine Lust auf die Teilnahme am Biologieunterricht, kann er sie nicht aus Gewissensgründen verweigern. Anders liegt es, wenn im Unterricht ein Tierversuch durchgeführt werden soll und es dem Schüler nicht ohne ernsthafte Not möglich ist, diesen durchzuführen, weil sein Inneres es ihm aus Mitleid mit dem Mitgeschöpf verbietet, Tiere zu töten.[619]

Im Grad der Gewissensnot liegt auch die Abgrenzung zur Meinungsfreiheit des Art. 5 I 1 1. Hs. GG. Nur wenn die innere Verpflichtung so stark ist, dass der Betroffene nicht anders handeln kann, ist Art. 4 I GG einschlägig. „Ernsthaftigkeit, Unabdingbarkeit und Tiefe"[620] sind zu fordern. Als Indizien für eine solche Gewissensnot dienen eine Gesamtschau der Person des Betroffenen und der Umstände, unter denen er seine Auffassung gebildet hat.[621] **282** Abgrenzung zur Meinungsfreiheit

615 *Neureither, JuS 2007, 20, 23*
616 *BVerfGE 32, 98, 106; Neureither, JuS 2007, 20, 23*
617 *BVerfGE 48, 127, 173; 12, 45, 55; Bleckmann, Staatsrecht II, § 25 Rn 25*
618 *Tillmanns, JURA 2004, 619, 621*
619 *BVerfG, NVwZ 2000, 909; BVerwG, NVwZ 1998, 853*
620 *VGH Mannheim, VBlBW 2006, 103, 105 = RA 2006, 423, 428*
621 *Neureither, JuS 2007, 20, 23*

BEISPIEL (nach BVerwG, NJW 2006, 77 = RA 2006, 39): Ein Soldat verweigerte den Befehl, an der Entwicklung eines Computerprogramms mitzuwirken, das im Irakkrieg verwendet werden kann, weil er den Irakkrieg für einen völkerrechtswidrigen Angriffskrieg hält. Darin liegt zunächst eine Meinung, Art. 5 I 1 1. Hs. GG. Im konkreten Fall hatte der Soldat aber so erhebliche Nachteile in Folge der Befehlsverweigerung in Kauf genommen und seinen inneren Konflikt so überzeugend dargelegt, dass das BVerwG zu seinen Gunsten doch Art. 4 I GG angenommen hat.[622]

KLAUSURHINWEIS
In Prüfungsaufgaben muss der Sachverhalt hinreichend klar sein. Die praktisch schwierige Erforschung der Tiefe des Gewissenskonflikts sollte dort in aller Regel keine Rolle spielen. Ohne besondere Anhaltspunkte für eine hinreichende Tiefe sollte man mit der Gewissensfreiheit eher zurückhaltend sein. Man darf m.a.W. nicht jede Meinung zur Gewissensfrage hochstilisieren.

Forum internum und forum externum geschützt

283 Liegt ein solcher Gewissenskonflikt vor, ist der Umfang des Grundrechtsschutzes mit der Glaubensfreiheit vergleichbar; geschützt werden also „forum internum" (Bilden einer Gewissensentscheidung) und „forum externum" (Handeln nach der Gewissensentscheidung) gleichermaßen.[623] Daran ändert auch Art. 4 II GG nichts, der zwar nur von „Religionsausübung" spricht, den Schutz der Gewissensausübung aber nicht ausschließt.

Verhältnis von Glaubens- und Gewissensfreiheit

284 Das BVerfG[624] und ein Teil der Literatur[625] halten die Unterscheidung zwischen Glaubensfreiheit („höhere Eingebung") und Gewissensfreiheit („innere Eingebung") gerade wegen des identischen Schutzumfangs sogar für gänzlich obsolet. Sie gehen von einem einheitlichen sachlichen Schutzbereich aus, sehen in Art. 4 I, II GG also ein einziges, allumfassendes „Grundrecht der Glaubens- und Gewissensfreiheit".

Die h.L.[626] hält hingegen die Gewissensfreiheit für ein eigenes, von der Glaubensfreiheit zu trennendes Grundrecht.

KLAUSURHINWEIS
In einem Gutachten empfiehlt es sich schon aus Gründen der Verständlichkeit, sauber zwischen „Glauben" und „Gewissen" zu unterscheiden,[627] zumal an anderen Stellen des Gutachtens (dazu sogleich) u.U. ohnehin differenziert werden muss. Es darf dann auch von der „Glaubensfreiheit" bzw. „Gewissensfreiheit" gesprochen werden. Die Erörterung der Frage, ob es sich dabei nun um ein einheitliches oder um zwei selbstständige Grundrechte handelt, bringt das Gutachten nicht voran und sollte daher unterbleiben.

---

622 *BVerwG, NJW 2006, 77, 78 = RA 2006, 39, 41; vgl. auch Neureither, JuS 2007, 20, 23*
623 *BVerfGE 78, 391, 395; BVerwG, NJW 2006, 77, 87; VGH Mannheim, VBlBW 2006, 103, 105 = RA 2006, 423*
624 *BVerfGE 108, 282, 297; 24, 236, 245*
625 *Sachs-Kokott, GG, Art. 4 Rn 13*
626 *Neureither, JuS 2006, 1067, 1068; Tillmanns, JURA 2004, 619, 621; Kästner, JZ 1998, 974, 979*
627 *Neureither, JuS 2006, 1067, 1068; Tillmanns, JURA 2004, 619, 620*

c) Kriegsdienstverweigerung

Einen Spezialfall der Gewissensbetätigung enthält Art. 4 III 1 GG mit dem Recht auf Kriegsdienstverweigerung. Art. 4 III 1 GG ist als eigenes Grundrecht allgemein anerkannt[628] und in seinem Anwendungsbereich lex specialis zur Gewissensfreiheit nach Art. 4 I GG.[629] **285** Kriegsdienstverweigerung als Spezialfall der Gewissensfreiheit

DEFINITION

Kriegsdienst ist der staatlich befohlene Einsatz von Waffengewalt und die staatlich befohlene Ausbildung an Waffen.[630]

Dazu gehören auch der Dienst in Friedenszeiten (Ausbildung an der Waffe)[631] und mittelbare Unterstützungshandlungen wie Reparaturarbeiten, Transport- und Sanitätsdienst,[632] nicht jedoch zivile Dienste wie der Zivil- und Katastrophenschutz[633] oder privatrechtliche Tätigkeiten wie die Arbeit in einem Rüstungsbaubetrieb.

Streitig ist, ob unter Rückgriff auf Art. 4 I GG auch der zivile Ersatzdienst verweigert werden kann. Eine Literaturansicht bejaht dies, weil Art. 4 III 1 GG zwar spezieller, dort aber nur der Kriegsdienst erwähnt sei.[634] Die h.M. hält dies jedoch für unzulässig. Der Grundgesetzgeber habe sich entschieden, nur das Kriegsdienstverweigerungsrecht aus Gewissensgründen anzuerkennen, nicht aber die Totalverweigerung. Deshalb sperre Art. 4 III 1 GG insoweit einen Rückgriff auf Art. 4 I GG.[635] **286** Kein Recht auf Totalverweigerung

Streitig ist auch, ob auch die sog. „**situationsbedingte Kriegsdienstverweigerung**" durch Art. 4 III 1 GG geschützt ist, d.h. nicht der gesamte Kriegsdienst, sondern nur bestimmte Handlungen (Krieg gegen einen bestimmten Gegner, Benutzung bestimmter Waffen usw.) verweigert werden können. Die h.L. bejaht dies,[636] während das BVerfG[637] meint, ein Gewissenskonflikt mit dem Töten von Menschen könne nur einheitlich ausgetragen werden. Das BVerwG lässt, wie oben bei der Gewissensfreiheit bereits erklärt, bei der Verweigerung einzelner Befehle durch Soldaten einen Rückgriff auf Art. 4 I GG zu, wobei es an die Darlegung des Gewissenskonflikts strenge Anforderungen stellt.[638] **287** Situationsbedingte Verweigerung?

d) Weltanschauliches Bekenntnis

Das „weltanschauliche Bekenntnis" hat kaum eigene Bedeutung. Es spielt allenfalls dort eine Rolle, wo zwischen „Glauben" und „Gewissen" noch ein auszufüllender, in gleicher Weise schutzwürdiger Raum existiert. Dieser kann etwa in einer weder religiös noch durch inneren Zwang motivierten, sondern philosophischen[639] und/oder wirtschaftlich-ökonomischen[640] Sicht der Dinge liegen. **288** Kaum eigene Bedeutung

---

628 BVerfGE 32, 40, 45; 28, 243, 259, 12, 45, 53
629 BVerfGE 23, 127, 132; 19,135, 138
630 JP-Jarass, GG, Art. 4 Rn 53
631 BVerfGE 48, 127, 164
632 BVerwGE 80, 62, 64
633 BVerfG, NJW 1984, 912, 912; BVerwGE 61, 246, 250
634 AK-Kempen, GG, Art. 4 III Rn 26
635 BVerfGE 23, 127, 132; BVerfG, NJW 2000, 3269, 3269
636 MD-Herzog, GG, Art. 4 Rn 198; BVerfGE abwM 69, 57, 81
637 BVerfGE 12, 45, 57; BVerfG, NJW 1994, 603, 603
638 BVerwGE 83, 358, 362
639 Sachs-Kokott, GG, Art. 4 Rn 18
640 v.Münch/Kunig-Mager, GG, Art. 4 Rn 14 f.

DEFINITION
Weltanschauung ist die nichtreligiöse Sinndeutung der Welt im Ganzen.[641]

Häufig eher Meinungsfreiheit betroffen

Auch hier müssen aber wieder hinreichende Ernsthaftigkeit und Tiefe gegeben sein. Geschützt ist nur eine „Gesamtsicht" der Dinge. Ansichten zu politischen Tagesfragen, Stammtischüberlegungen zum menschlichen Zusammenleben und dergleichen reichen jedenfalls nicht aus. Sie gehören überhaupt nicht in den Schutzbereich von Art. 4 GG, sondern zur Meinungsfreiheit des Art. 5 I 1 1. Fall GG.

BEISPIEL: Das Bekenntnis zum Umweltschutz wird nicht über Art. 4 I GG zum Grundrecht. Es mag eine persönliche Überzeugung des Einzelnen sein, dass die Umwelt zu schützen ist; eine „Weltanschauung" ist dies aber nicht, da der Umweltschutz nur einen kleinen Ausschnitt der Welt im Ganzen darstellt. Hingegen wäre das Kommunistische Manifest von Marx und Engels ein weltanschauliches Gesamtkonzept in diesem Sinne.

KLAUSURHINWEIS
In einem Gutachten sollte mit dem „weltanschaulichen Bekenntnis" Zurückhaltung geübt werden. Fälle, in denen es wirklich um eine Weltanschauung geht, sind extrem selten. In jedem Fall sollte zunächst überlegt werden, ob sich das Bekenntnis nicht unter „Glaube" oder „Gewissen" subsumieren lässt. Falls nicht, liegt in aller Regel überhaupt kein Fall des Art. 4 GG, sondern nur eine Meinung i.S.d. Art. 5 I 1 1. Hs. GG vor.

"Forum externum" geschützt?

289 Ist das „weltanschauliche Bekenntnis" betroffen, so ist streitig, ob nur das „forum internum" oder auch das „forum externum" geschützt ist. Gegen letzteres wird eingewendet, Art. 4 II GG schütze explizit nur die Ausübung der Religion, nicht jedoch der Weltanschauung. Die h.M.[642] geht aber von einem einheitlichen Grundrecht der „Religions- und Weltanschauungsfreiheit" (zusammenfassend auch „Bekenntnisfreiheit" genannt)[643] in Art. 4 I, II GG aus, das auch hinsichtlich der Weltanschauung das Recht umfasse, nach dieser zu leben. Für diese Meinung spricht, dass der Grundgesetzgeber eine einheitliche Konzeption von Religion und Weltanschauung verfolgte,[644] zumal die Abgrenzung oftmals problematisch ist.[645]

BEISPIEL: Mit dem Tragen eines Kopftuchs kann neben religiösen Motiven auch eine politisch-weltanschauliche Sicht der Dinge verbunden sein, etwa zur Rolle der Frau in der Gesellschaft.[646]

2. Personaler Schutzbereich

290 Art. 4 GG selbst enthält keinerlei Einschränkungen hinsichtlich des personalen Schutzbereichs.

641 *v.Münch/Kunig-Mager, GG, Art. 4 Rn 14*
642 *BVerfGE 108, 282, 297; 24, 236, 245; JP-Jarass, GG, Art. 4 Rn 1 m.w.N.*
643 *Neureither, JuS 2006, 1067, 1068 m.w.N. zur Terminologie*
644 *Neureither, JuS 2006, 1067, 1068 m.w.N.*
645 *BVerwGE 90, 112, 115*
646 *Battis/Bultmann, JZ 2004, 581, 583*

a) Natürliche Personen

Auf die Glaubensfreiheit, die Gewissensfreiheit und das Recht auf Kriegsdienstverweigerung kann sich daher zunächst jede natürliche Person berufen. Dies ist insbesondere für das Recht auf Kriegsdienstverweigerung aus Art. 4 III 1 GG zu betonen, das also nicht etwa nur für Wehrpflichtige, sondern auch Ausländer, Frauen, Berufssoldaten usw. gilt (so sie denn zum Kriegsdienst gezwungen würden). 291

b) Juristische Personen

aa) Glaubensfreiheit; weltanschauliches Bekenntnis

Menschen können sich zu Glaubens- und Weltanschauungsgemeinschaften zusammen schließen. Im Gegensatz zum sachlichen Schutzbereich wird hier jedoch nicht subjektiv, sondern objektiv geprüft. Mit anderen Worten kommt es nicht auf das Selbstverständnis des Kollektivs an; vielmehr ist objektiv überprüfbar, ob wirklich eine ernsthafte und gemeinsame Grundüberzeugung in religiös-weltanschaulicher Hinsicht vorliegt.[647] 292

Objektive Überprüfbarkeit von Ernsthaftigkeit und Gemeinsamkeit

BEISPIEL: Ein Fußballverein ist keine Glaubensgemeinschaft, auch wenn die Anhänger des Vereins den Fußball als Religion empfinden, weil der Fußball keine transzendenten Aussagen trifft.

DEFINITION

Glaubens- und Weltanschauungsgemeinschaften sind Vereinigungen, die sich die gemeinschaftliche Pflege ihres Bekenntnisses zur Aufgabe machen.[648]

Die Abgrenzung zwischen Glaubens- und Weltanschauungsfreiheit (Rn 288) setzt sich auch hier fort: Eine Religionsgemeinschaft macht transzendente, außerweltliche Aussagen, eine Weltanschauungsgemeinschaft philosophische bzw. wirtschaftlich-ökonomische.

Die Gemeinsamkeit bereitet Probleme, wenn es innerhalb einer Glaubensgemeinschaft unterschiedliche Strömungen gibt. Es ist dann auf die jeweilige Schule, Kirche usw. abzustellen, nicht jedoch auf die Dachorganisation. 293

Hinreichende Gemeinsamkeit

BEISPIEL: Das BVerwG sieht wegen bestehender Unterschiede nicht den Islam, sondern die jeweiligen Schulen (Sunniten, Schiiten, Ismaeliten usw.) als Glaubensgemeinschaften an.[649] Nichts anderes dürfte für das Christentum gelten, wo ebenfalls auf die einzelnen Kirchen (römisch-katholisch, griechisch-orthodox, evangelisch usw.) abzustellen ist.

Einigkeit besteht darüber, dass sich die Glaubens- und Weltanschauungsgemeinschaften im o.g. Sinne auf Art. 4 I, II GG berufen können. Während die h.M.[650] dieses Ergebnis aus Art. 19 III GG gewinnt, weil Art. 4 I, II GG „dem Wesen nach" auch auf 294

Rückgriff auf Art. 19 III GG?

647 *BVerfGE 83, 341, 353; Neureither, JuS 2006, 1067, 1070*
648 *Neureither, JuS 2006, 1067, 1070*
649 *BVerwGE 99, 1, 4; BVerwG, DVBl 2001, 485, 488 = RA 2001, 185, 185*
650 *BVerfGE 105, 279, 293; 46, 73, 83; 70, 138, 160*

Glaubens- und Weltanschauungsgemeinschaften anwendbar sei, hält eine m.M.[651] diesen Rückgriff für entbehrlich, weil deren Schutz bereits der kollektiven Komponente des Art. 4 I, II GG immanent sei.
Zu unterschiedlichen Ergebnissen kommen diese Ansichten bei ausländischen juristischen Personen, die sich nach Art. 19 III GG nicht auf Grundrechte berufen können. Für die h.M. spricht dann, dass das GG keinen Anhaltspunkt dafür bietet, gerade im Bereich der Glaubensfreiheit auch ausländische juristische Personen zu schützen. Art. 19 III GG bleibt also auch bei Art. 4 I, II GG anwendbar.

KLAUSURHINWEIS
Nur wenn es wirklich um ausländische juristische Personen geht, sollte auf diesen Streit eingegangen werden. Ansonsten kann kommentarlos Art. 19 III GG geprüft und bejaht werden.

Öffentlich-rechtliche Religionsgemeinschaften

295 Art. 4 I, II GG gilt auch für die als öffentlich-rechtliche Körperschaften organisierten Religionsgemeinschaften i.S.d. Art. 140 GG i.V.m. Art. 137 V WRV[652] (vgl. auch Rn 67 ff.).

bb) Gewissensfreiheit

Keine Gewissensfreiheit für juristische Personen

296 Ein innerer Gewissenskonflikt ist hingegen bei einer juristischen Person nicht vorstellbar, denn diese kann kein Gewissen haben. Die Gewissensfreiheit gilt mithin nur für natürliche Personen. Sie ist nicht „dem Wesen nach" i.S.d. Art. 19 III GG auf juristische Personen anwendbar.[653]

cc) Kriegsdienstverweigerung

297 Die Unanwendbarkeit der Gewissensfreiheit auf juristische Personen gilt auch für das Recht auf Kriegsdienstverweigerung, denn „Gewissen" i.S.d. Art. 4 I GG und Art. 4 III 1 GG sind identisch.

BEISPIEL: Ein „Verein zur Förderung der Kriegsdienstverweigerer" kann sich für seine Tätigkeit nicht auf Art. 4 III 1 GG, sondern nur auf Art. 2 I GG berufen.

II. EINGRIFF

Kein Eingriff bei möglichem Alternativverhalten

298 Bei Art. 4 GG gelten grundsätzlich die allgemeinen Ausführungen zum Eingriffsbegriff, wonach jede nicht nur unerhebliche Verkürzung des Schutzbereichs genügt.[654] Es gibt aber auch bestimmte Einschränkungen des Eingriffsbegriffs, die gerade bei Art. 4 GG eine Rolle spielen. So liegt kein Eingriff vor, wenn das staatliche Handeln Alternativen zulässt, die einen Glaubens- oder Gewissenskonflikt von vornherein vermeiden.[655]

BEISPIEL: Kann eine Eidesleistung mit oder ohne religiöse Beteuerung erbracht werden, liegt kein Eingriff in Art. 4 I, II GG vor. Anders ist es, wenn die negative Glaubensfreiheit nicht durch die Möglichkeit einer **Alternativformel** honoriert wird.[656]

---

651 *JP-Jarass, GG, Art. 4 Rn 23*
652 *BVerfGE 70, 138, 160; 46, 73, 83*
653 *BVerfG, NJW 1990, 241, 241*
654 *BVerfGE 105, 279, 299; Tillmanns, JURA 2004, 619, 625; Neureither, JuS 2006, 1067, 1071*
655 *VGH Mannheim, VBlBW 2006, 103, 105 = RA 2006, 423, 428; Tillmanns, JURA 2004, 619, 625*
656 *BVerfGE 79, 69, 76; 33, 23, 32*

Bei nur mittelbaren, nicht finalen Auswirkungen auf die Glaubens- und Gewissensfreiheit, also solchen Regelungen, die primär ein nicht im Zusammenhang mit Art. 4 GG stehendes Verhalten betreffen, muss die Verhaltensalternative nicht einmal geregelt sein. Es genügt, dass sie tatsächlich existiert. Der Betroffene muss ggf. selbst nach Alternativen suchen.

BEISPIEL: Ein Gerichtsvollzieher darf nicht einfach einen zugunsten von Scientology ergangenen Titel vernichten, weil es ihm Glauben oder Gewissen verbieten, für diese Organisation tätig zu werden.[657] Er müsste sich vielmehr an seinen Vorgesetzten wenden. Seine dienstliche Verpflichtung zur Durchführung der Zwangsvollstreckung greift wegen dieser Alternative also nicht in Art. 4 I, II GG ein.

Kein Eingriff in die negative Glaubensfreiheit liegt ferner dann vor, wenn die Ausübung des Grundrechts die Offenbarung der eigenen Glaubens- oder Gewissensüberzeugung zwangsläufig impliziert.[658] **299**

BEISPIEL: Allein darin, dass das Verwaltungsverfahren zur Anerkennung als Kriegsdienstverweigerer die Offenbarung und Begründung des eigenen Gewissenskonflikts verlangt, liegt noch kein Eingriff in die (negative) Gewissensfreiheit des Kriegsdienstverweigerers.[659] Ebenso liegt es bei der (negativen) Glaubensfreiheit der Schülerin, die ihren muslimischen Glauben offenbaren muss, wenn sie aus religiösen Gründen nicht am Schwimmunterricht teilnehmen will.[660]

Realakte können eingreifen

Irrelevant ist hingegen, ob ein Rechts- oder Realakt vorliegt. Auch Realakte können in Art. 4 GG eingreifen.

BEISPIEL: Staatliche Warnungen vor Jugendsekten;[661] Streichung staatlicher Mittel für Veranstaltungen, auf denen Scientology-Mitglieder auftreten.[662]

III. VERFASSUNGSRECHTLICHE RECHTFERTIGUNG

Hinsichtlich der Schranken ist zwischen den einzelnen Gewährleistungen des Art. 4 GG zu differenzieren. **300**

1. Glaubensfreiheit

a) Schranken

Über die Schranken der Glaubensfreiheit herrscht Streit. Das BVerfG sieht in Art. 4 I, II GG in ständiger Rechtsprechung ein schrankenloses Grundrecht, das nur verfassungsimmanent beschränkbar ist.[663] Demgegenüber leiten die h.L.[664] und das BVerwG[665] aus Art. 140 GG i.V.m. Art. 136 I WRV einen Gesetzesvorbehalt als Schranke ab. Zwar steht auch in Art. 136 I **301**

657 BVerwGE 113, 361, 363
658 BVerfGE 52, 223, 246
659 BVerfGE 69, 1, 34
660 VGH Kassel, NVwZ 2013, 159, 159 = RA 2013, 189, 190; BVerwG, NVwZ 2014, 81, 81 ff.
661 BVerfG, NJW 2002, 2626, 2626 = RA 2002, 449, 449; Lege, DVBl 1999, 569, 574
662 BVerfG, NJW 2002, 3458, 3458 = RA 2002, 737, 737; VGH Mannheim, NJW 1997, 725, 725
663 BVerfGE 108, 282, 297; 44, 37, 50
664 JP-Jarass, GG, Art. 4 Rn 27
665 BVerwG, DVBl 2001, 485, 486 = RA 2001, 185, 187

WRV wörtlich nichts von einem Gesetzesvorbehalt; jedoch gehen nach Art. 136 I WRV die „staatsbürgerlichen Pflichten" der Religionsausübung vor, und zu den staatsbürgerlichen Pflichten gehört es nach dieser Ansicht auch, die Gesetze zu befolgen.[666]

Einfacher oder qualifizierter Gesetzesvorbehalt?

302 Innerhalb der einen Gesetzesvorbehalt bejahenden Ansicht ist dann wiederum streitig, ob es sich um einen einfachen Gesetzesvorbehalt handelt,[667] oder ein qualifizierter Gesetzesvorbehalt dahingehend besteht, dass das eingreifende Gesetz - in Anlehnung an die Formulierung in Art. 5 II GG - „allgemein" sein muss,[668] d.h. sich nicht gegen eine bestimmte Form der Religionsausübung richten darf.
Häufig kommen alle Ansichten zum selben Ergebnis, denn vielfach wird sich eine gesetzliche Regelung auf ein verfassungsimmanentes Schutzgut (Grundrecht Dritter oder sonstiges Gut von Verfassungsrang) zurückführen lassen. Und jedenfalls unter den tatsächlich existierenden Gesetzen sind kaum solche zu finden, die sich gegen eine bestimmte Religion richten, sodass sie jedenfalls „allgemein" sind, wenn man denn einen qualifizierten Gesetzesvorbehalt annimmt.

BEISPIEL: § 4a Tierschutzgesetz stellt das Schächten eines Opferlamms unter Genehmigungsvorbehalt. Für diesen lässt sich mit dem Tierschutz aus Art. 20a GG eine verfassungsimmanente Schranke finden. Ferner gilt die Genehmigungspflicht für jedermann, richtet sich also nicht gegen eine bestimmte Religion und ist daher „allgemein".

Ausgeschlossen sind unterschiedliche Ergebnisse in der Praxis aber nicht. Und gerade in Prüfungsaufgaben kann auch ein fiktiver Fall gebildet werden, in dem es auf eine Streitentscheidung ankommt.

BEISPIEL: Würden per Gesetz an jedem 4. Juli christliche Messen verboten, um das Gedenken an das „Wunder von Bern" - den ersten Gewinn der Fußball-Weltmeisterschaft durch die deutsche Nationalmannschaft 1954 - nicht zu stören, läge mit dem BVerfG schon deshalb ein verfassungswidriger Eingriff in Art. 4 I, II GG vor, weil sich keine verfassungsimmanente Schranke finden ließe, die das Gedenken an eine Fußball-Weltmeisterschaft schützt. Entnimmt man Art. 136 I WRV einen qualifizierten Gesetzesvorbehalt, wäre zwar eine gesetzliche Regelung vorhanden, weil das Verbot im Beispiel ja gesetzlich verordnet wurde; dieses Gesetz wäre jedoch nicht „allgemein", da nur christliche Messen verboten wurden. Nur wenn man einen einfachen Gesetzesvorbehalt aus Art. 136 I WRV bejaht, stellt das Gesetz zunächst eine taugliche Schranke der Glaubensfreiheit dar (womit über die weiteren Schrankenanforderungen wie Verhältnismäßigkeit usw. selbstverständlich noch nichts gesagt ist, dazu sogleich unter Rn 306).

303 Ist eine Streitentscheidung von Nöten, so spricht für das BVerwG und die h.L. vor allem, dass Art. 136 I WRV leer liefe, wollte man ihn nicht als Schranke heran ziehen. Das BVerfG kontert diesen Einwand jedoch unter dem Hinweis, dass der historische Verfassungsgeber den im ersten Entwurf des Art. 4 GG noch explizit enthaltenen Gesetzesvorbehalt wieder gestrichen hat, weil Art. 4 GG schrankenlos gewährt werden sollte. Auch komme der Glaubensfreiheit aus Art. 4 I, II GG eine höhere

666 BVerwG, DVBl 2001, 485, 486 = RA 2001, 185, 187
667 Pieroth/Schlink, GR, Rn 577
668 BVerwG, DVBl 2001, 485, 486

Bedeutung zu als noch der Schutz der Glaubensfreiheit zu Zeiten der Weimarer Republik, denn Art. 135 WRV, der damals die Glaubensfreiheit schützte und in Satz 3 einen Gesetzesvorbehalt enthielt, ist gerade nicht in das GG inkorporiert worden. Art. 4 I, II GG „überlagere"[669] daher die Schranke des Art. 136 I WRV. Die besseren Argumente sprechen somit für das BVerfG, sodass nur von verfassungsimmanenten Schranken ausgegangen werden sollte.[670]

KLAUSURHINWEIS
Angesprochen werden sollte der Streit in jedem Fall, denn es handelt sich um einen „Klassiker" im Rahmen des Art. 4 GG, und es stehen sich sehr starke Meinungsgruppen gegenüber. Eine Entscheidung kann aber - wie erwähnt - dahin stehen, sofern nicht ausnahmsweise unterschiedliche Ergebnisse entstehen.

Gesetzesvorbehalt bei statistischen Erhebungen allgemein anerkannt

Unstreitig ist hingegen, dass Art. 136 III 2 WRV einen Gesetzesvorbehalt beinhaltet, **304** soweit im Rahmen von statistischen Erhebungen nach der Religionszugehörigkeit gefragt wird. Insbesondere das BVerfG, von dessen Standpunkt aus dies nicht selbstverständlich ist, hat Art. 136 III 2 WRV im „Volkszählungsurteil"[671] als Gesetzesvorbehalt anerkannt.

Kein Gesetzesvorbehalt bzgl. der inneren Organisation der Glaubensgemeinschaften

Art. 137 III 2 WRV sieht das BVerfG hingegen nicht als Gesetzesvorbehalt hinsichtlich **305** der inneren Organisation der Glaubensgemeinschaften an, obwohl dort explizit von den „Schranken des für alle geltenden Gesetzes" die Rede ist. Art. 137 III 2 WRV solle nur zum Ausdruck bringen, dass die innere Organisation mit anderen Verfassungsgütern abgewogen werden könne, also nicht völlig schrankenlos sei.[672] Deshalb kann auch auf Schrankenebene dahin stehen, ob man die innere Organisationshoheit der Glaubensgemeinschaften schon aus Art. 4 I, II GG oder (nur) aus Art. 140 GG i.V.m. 137 III 1 WRV entnimmt (s.o. Rn 279 zu den Auswirkungen auf die Verfassungsbeschwerde).

b) Schranken-Schranken

Nochmals: Konkretisierung der verfassungsimmanenten Schranken erforderlich!

Gerade zu Art. 4 GG sei auch noch einmal der allgemeine Hinweis erlaubt, dass **306** verfassungsimmanente Schranken immer auch der Konkretisierung durch ein einfaches Gesetz bedürfen.[673] Verfassungsimmanente Schranken können m.a.W. nie weiter sein als ein Gesetzesvorbehalt.

BEISPIEL (nach BVerfGE 108, 282: „Kopftuch I"): Der im Dienst Kopftuch tragenden Lehrerin können eine Reihe von kollidierenden Verfassungsnormen entgegen gehalten werden (staatlicher Bildungsauftrag aus Art. 7 GG; Neutralitätspflicht der Beamten aus Art. 33 V GG usw.). Es fand sich jedoch nach dem im Zeitpunkt des BVerfG-Urteils geltenden Recht keine einfach-gesetzliche Regelung, die das Tragen von Kopftüchern im Dienst verbat. Das BVerfG hat das Verbot daher, trotzdem verfassungsimmanente Schranken vorlagen, mangels Konkretisierung derselben im einfachen Recht für verfassungswidrig erklärt.

---

669 BVerfGE 33, 23, 31
670 Neureither, JuS 2007, 20, 20
671 BVerfGE 65, 1, 38
672 BVerfGE 72, 278, 289; 53, 366, 399
673 BVerwGE 90, 112, 122; Tillmanns, JURA 2004, 619, 626

Insbesondere: „Kopftuch"-Fall

307 Lässt sich ein konkretisierendes Gesetz finden, ist selbstverständlich im normalen Aufbau weiter zu prüfen, ob dieses (und bejahendenfalls auch seine Anwendung) selbst verfassungskonform ist, siehe oben Rn 129, Rn 131 ff. Gerade in dem besonders prüfungsrelevanten „Kopftuch-Fall" liegt hier nunmehr die Lösung.

BEISPIEL (nach BVerfG, JuS 2015, 571 = RA 2015, 197: „Kopftuch II"): Nachdem das BVerfG in seiner „Kopftuch I"-Entscheidung das Fehlen eines das Verbot konkretisierenden Gesetzes gerügt hatte, schufen mehrere Bundesländer solche Gesetze. Hiernach ausgesprochene Verbote landeten wiederum vor dem BVerfG, das nunmehr entschied, dass generelle Verbote unzulässig, da unverhältnismäßig seien, und ferner wegen Art. 3 III GG eine religionsneutrale Regelung gefunden werden müsse.

Zusammenfassend ist ein „Kopftuch-Verbot" nach der Rspr. des BVerfG also nur (aber immerhin) verfassungsgemäß, wenn es a) hierfür eine einfach-gesetzliche Ermächtigungsgrundlage gibt, diese b) das Verbot von bestimmten Anlässen abhängig macht (vom BVerfG beispielhaft genannt: konkrete Gefährdung des Schulfriedens) und c) nicht spezifisch das Tragen von Kopftüchern, sondern generell von „religiösen Symbolen" (gleich welcher Religion) untersagt, wobei letzteres nicht im Hinblick auf Art. 4 I GG, sondern unter Art. 3 III GG zu prüfen ist (vgl. dazu unten Rn 905 ff.).

2. Gewissensfreiheit

308 Die Gewissensfreiheit ist hingegen nur verfassungsimmanent beschränkbar.[674] Einen Gesetzesvorbehalt enthält Art. 4 GG nicht, und Art. 140 GG i.V.m. Art. 136 ff. WRV verhalten sich nur zur Glaubens-, nicht zur Gewissensfreiheit. Versuche, Art. 136 I WRV auch auf die Gewissensfreiheit zu erstrecken,[675] sind mit dem Wortlaut der Norm nicht vereinbar und daher vereinzelt geblieben.

3. Recht auf Kriegsdienstverweigerung

Art. 4 III 2 GG kein Gesetzesvorbehalt

309 Gleiches gilt für das Recht auf Kriegsdienstverweigerung.[676] Zwar spricht Art. 4 III 2 GG davon, dass das Nähere ein Bundesgesetz regelt, was auf den ersten Blick für einen Gesetzesvorbehalt spricht. Dies wäre aber schon inkonsequent, da Art. 4 III 1 GG ja nur eine besondere Ausprägung der allgemeinen, nur verfassungsimmanent beschränkbaren Gewissensfreiheit ist. Außerdem sollte Art. 4 III 2 GG dem einfachen Gesetzgeber nach dem Willen des Verfassungsgebers nur die Möglichkeit geben, das Verfahren bei der Kriegsdienstverweigerung zu regeln, nicht aber dieses Recht einschränken zu können.

Art. 12a II 1 GG ist ein Gesetzesvorbehalt

310 Eine Ausnahme bildet nur Art. 12a II 1 GG, der einen Gesetzesvorbehalt bzgl. der Verpflichtung des Kriegsdienstverweigerers zum Ersatzdienst beinhaltet.[677]

674 *Tillmanns, JURA 2004, 619, 626 m.w.N.*
675 *Rupp, NVwZ 1991, 1033, 1036 (Fn 22)*
676 *BVerfGE 48, 127, 163; MD-Herzog, GG, Art. 4 Rn 194*
677 *BVerfGE 69, 1, 32*

C. Klausurfall: Gewissensbisse

SACHVERHALT

M, Major der Bundeswehr, weigerte sich, an der Entwicklung eines militärischen Software-Programms mitzuwirken. Er könne diese Tätigkeit mit seinem Gewissen nicht vereinbaren, weil das Software-Programm auch zur Unterstützung von Kriegshandlungen der NATO-Partner, insbesondere der USA, eingesetzt werden könne. Er halte Kriege für völkerrechtswidrig und sehe seine Rolle als Soldat allein darin, Kriege zu verhindern. Zwar beteilige sich die BRD gegenwärtig nicht aktiv an Kampfhandlungen; sie unterstütze diese aber in vielfältiger Weise (Stationierung von Soldaten in Krisengebieten, Bewachung von US-Liegenschaften in der BRD, Erteilung von Überfluggenehmigungen für US-Luftstreitkräfte usw.). 311

Das Truppendienstgericht degradierte M daraufhin wegen Befehlsverweigerung in den Rang eines Hauptmanns. Ein Soldat der Bundeswehr unterliege der Gehorsamspflicht des § 11 I 1 Soldatengesetz (SG). Dieser habe M nicht genügt. Sie gehe jedenfalls der Gewissensentscheidung vor, wenn man überhaupt ein solches Recht des Soldaten im Dienst anerkennen wolle.

Ist diese Entscheidung mit Art. 4 GG zu vereinbaren, wenn unterstellt wird, dass die Gewissensentscheidung des M aufrichtig ist?[678]

LÖSUNG

Ein Verstoß gegen Art. 4 I GG liegt vor, wenn die Degradierung des M einen nicht gerechtfertigten Eingriff in den Schutzbereich des Grundrechts darstellt.

A. Schutzbereich betroffen

Fraglich ist, ob das Verhalten des M in den Schutzbereich des Art. 4 I GG fällt. Dieser schützt die Glaubens- und Gewissensfreiheit. M beruft sich hier nicht auf religiöse Motive für seine Befehlsverweigerung, sodass nur die Gewissensfreiheit in Betracht kommt.

I. SACHLICHER SCHUTZBEREICH

Eine Gewissensentscheidung ist jede ernste sittliche, d.h. an den Kategorien von Gut und Böse orientierte Entscheidung, die der Einzelne in einer bestimmten Lage als für sich bindend und unbedingt innerlich verpflichtend erfährt, sodass er gegen sie nicht ohne ernste Gewissensnot handeln könnte. Auf eine Übereinstimmung mit allgemeinen Anschauungen oder Rechtsgrundsätzen kommt es also nicht an. Damit würde gerade die Individualität und Freiheit des Gewissens negiert. Der Einzelne soll in dem, was das Innere, den Kern seiner Persönlichkeit ausmacht, unbehelligt und unverletzt bleiben. Dazu gehört auch die Freiheit, von der öffentlichen Gewalt nicht verpflichtet zu werden, gegen Gebote und Verbote des Gewissens zu handeln. Nach der Fallfrage ist zu unterstellen, dass M einen solchen Gewissenskonflikt tatsächlich ausgetragen hat und zu der aufrichtigen Entscheidung gelangt ist, den ihm erteilten Befehl zur Erstellung der Software nicht ausführen zu können. Damit fällt diese Entscheidung in den Schutzbereich des Art. 4 I GG.

678 *Fall nach BVerwG, DVBl 2005, 1455 = RA 2006, 39*

II. PERSONALER SCHUTZBEREICH

Fraglich ist jedoch, ob dieses Grundrecht auch Soldaten in Ausübung ihres Dienstes zusteht.

1. Besondere Nähebeziehung zum Staat

Streitig ist, ob Grundrechte auch für Personen gelten, die in einer besonderen Nähebeziehung zum Staat stehen, wie es bei Richtern, Beamten oder - wie hier - bei Soldaten der Fall ist, wenn es um die Erfüllung ihrer Aufgaben in dieser staatlichen Funktion geht.

Eine Ansicht geht davon aus, dass in solchen „besonderen Gewaltverhältnissen" jedenfalls dann keine Grundrechtsfähigkeit bestehe, wenn der Betreffende - wie hier Berufssoldat M - die Nähebeziehung freiwillig eingegangen sei. Er habe dann über seine Grundrechte disponiert. Zudem könne der Staat seine Aufgaben nicht mehr erfüllen, wenn seine eigenen Amtswalter Grundrechte als Abwehrrechte gegen ihn ins Feld führten. Nach dieser Ansicht könnte M sich in seiner Eigenschaft als Major nicht auf Art. 4 I GG berufen.

Dagegen wird angeführt, man könne zwischen Amtswalter und Privatperson nicht oder nur schwer trennen. So werden Soldaten auch als „Staatsbürger in Uniform" bezeichnet. Dann könnte auch M sich auf Art. 4 I GG berufen.

Diese zweite Ansicht erscheint vorzugswürdig. Gerade der hier von M ausgetragene Gewissenskonflikt zeigt beispielhaft, dass auch ein Amtswalter in seiner dienstlichen Eigenschaft Mensch bleibt und nicht nur staatliches Werkzeug ist. Einer möglichen Gefährdung der Erfüllung staatlicher Aufgaben kann zudem über die Schranken der Grundrechte entgegen gewirkt werden.

2. Sperrwirkung des Art. 4 III 1 GG

Gerade für Soldaten im Dienst könnte jedoch in puncto Gewissensfreiheit etwas anderes gelten, weil Art. 4 III 1 GG ihnen die Möglichkeit gibt, den Kriegsdienst mit der Waffe zu verweigern, wenn ihr Gewissen ihnen dies gebietet. Hierin könnte eine Spezialregelung zu sehen sein, die dem Soldaten nur diese Möglichkeit gibt, es m.a.W. ausschließt, andere Verhaltensweisen als die Kriegsdienstverweigerung unter Berufung auf das Gewissen zu legitimieren. Ob Art. 4 III 1 GG eine solche Sperrwirkung zukommt, ist durch Auslegung zu ermitteln.

Aus dem Wortlaut ergibt sie sich nicht. Auch systematisch ist die Möglichkeit der Kriegsdienstverweigerung in Art. 4 III 1 GG ein eigenständiges, gegenüber dem Grundrecht der allgemeinen Gewissensfreiheit des Art. 4 I GG verselbstständigtes Grundrecht. Allein der Umstand, dass ebenso wie in Art. 4 I GG auch das Gewissen geschützt wird, führt nicht dazu, dass letztere Vorschrift als abschließende Spezialvorschrift für den militärischen Bereich anzusehen ist.

Art. 4 III 1 GG bezieht sich zudem nur auf den Bereich der Wehrpflicht, also die zwangsweise Heranziehung zum Wehrdienst. Dass es Sinn und Zweck einer Vorschrift, die Wehrpflichtigen die Möglichkeit der Kriegsdienstverweigerung eröffnet, sein soll, Zeit- oder Berufssoldaten die Möglichkeit einer Berufung auf ihre Gewissensfreiheit zu nehmen, ist nicht erkennbar. Wer an seinem Verbleiben in der Bundeswehr als Soldat festhalten will, kann keinen Antrag auf Anerkennung als Kriegsdienstverweigerer stellen. Es wäre ein Widerspruch in sich. Auch teleologisch spricht also alles gegen eine Sperrwirkung.

M kann sich somit auch im Dienst auf Art. 4 I GG berufen, der Schutzbereich des Grundrechts ist betroffen.

B. Eingriff

Ein Eingriff in den Schutzbereich liegt in jeder Verkürzung, d.h. jeder spürbaren Beeinträchtigung des Grundrechtsschutzes. Indem die unter Einschaltung des Gewissens getroffene Entscheidung, den Befehl zur Entwicklung des Softwareprogramms zu verweigern, zum Anlass für eine Degradierung des M genommen wurde, liegt eine solche spürbare Beeinträchtigung vor. Eine Degradierung hat erhebliche negative Folgen für den dienstlichen und privaten Status des Soldaten.

C. Verfassungsrechtliche Rechtfertigung

Der Eingriff wäre verfassungsrechtlich gerechtfertigt, wenn er von den Schranken des Grundrechts gedeckt ist.

I. SCHRANKEN

Fraglich ist, welchen Schranken die Gewissensfreiheit unterliegt.

1. Gesetzesvorbehalt

Für die in Art. 4 I GG ebenfalls geregelte Glaubensfreiheit ist streitig, ob sie nur verfassungsimmanent beschränkbar ist oder über Art. 140 GG i.V.m. 136 I WRV einem Gesetzesvorbehalt unterliegt. Die Gewissensfreiheit ist demgegenüber in Art. 136 I WRV nicht erwähnt. Sie unterliegt unstreitig nur verfassungsimmanenten Schranken. Eine Begrenzung der Gewissensfreiheit durch Gesetz oder aufgrund eines Gesetzes ist somit unzulässig und damit verfassungswidrig. Der vom Truppengericht angeführte § 11 SG mit der dort geregelten Gehorsamspflicht kann allein also nicht taugliche Schranke sein.

2. Verfassungsimmanente Schranken

Für die ohne Gesetzesvorbehalt gewährleisteten Grundrechte wie Art. 4 I GG können sich allerdings immanente Grenzen aus anderen Grundrechts- oder sonstigen Verfassungsbestimmungen ergeben. Fraglich ist, ob solche hier eingreifen.

a) Art. 12a GG

Art. 12a GG eröffnet dem Gesetzgeber die Kompetenz, Männer vom vollendeten achtzehnten Lebensjahr an zum Dienst in den Streitkräften, im Bundesgrenzschutz oder in einem Zivilschutzverband zu verpflichten. Die Wahrnehmung dieser durch Art. 12a GG dem Gesetzgeber und der Verwaltung eingeräumten verfassungsrechtlichen Befugnisse wird aber nicht dadurch beeinträchtigt oder gar verhindert, dass einzelne Berufssoldaten gegenüber einem ihnen erteilten militärischen Befehl von ihrem Grundrecht nach Art. 4 Abs. 1 GG Gebrauch machen.

b) Art. 73 I Nr. 1 GG

Art. 73 I Nr. 1 GG enthält lediglich eine Gesetzgebungskompetenz des Bundes für „die Verteidigung". Darauf mag sich das SG stützen. Der Gesetzgeber hat aber eben nur das Recht, tätig zu werden, nicht die Pflicht. Das Gesetz als legislatorisches „Produkt" dieser Kompetenz erhält dadurch selbst keinen Verfassungsrang. Sonst würden schlicht alle Bundesgesetze, die sich auf eine nach Art. 73, 74 GG geschriebene Kompetenz stützen könnten, zugleich verfassungsimmanente Schranken konkretisieren.

c) Art. 115a ff. GG

Auch Art. 115a ff. GG werden hinsichtlich der in ihnen vorgesehenen Rechtsfolgen nicht beschnitten. Die den dort genannten staatlichen Organen eingeräumten Kompetenzen werden weder aufgehoben noch auch nur verkürzt, wenn sich ein Soldat gegenüber einem ihn in seinem Gewissen ernsthaft belastenden militärischen Befehl seiner Vorgesetzten auf sein Grundrecht aus Art. 4 I GG beruft und eine gewissenschonende Handlungsalternative begehrt.

d) Art. 87a I 1 GG

Nach Art. 87a I 1 GG stellt der Bund „Streitkräfte zur Verteidigung" auf. Unabhängig davon, ob es sich dabei - ähnlich wie bei Art. 73 I Nr. 1 GG - lediglich um eine Ermächtigung oder aber um ein zwingendes verfassungsrechtliches Gebot handelt, bleibt der Regelungsgehalt dieser Norm auch im Falle einer Inanspruchnahme des Grundrechts aus Art. 4 I GG durch Soldaten unangetastet. Die konkrete Wahrnehmung staatlicher Aufgaben und Befugnisse hat sich an den grundrechtlichen Geboten und Vorgaben zu orientieren, nicht umgekehrt. Dies gilt auch für die Streitkräfte. Das Grundgesetz normiert damit eine Bindung der Streitkräfte an die Grundrechte, nicht jedoch eine Bindung der Grundrechte an die Entscheidungen und Bedarfslagen der Streitkräfte. Es unterwirft die Grundrechte keinem allgemeinen oder speziellen Vorbehalt hinsichtlich der Bedürfnisse der Bundeswehr.

e) Art. 65a GG

Allerdings steht die Berufung des Soldaten auf sein Grundrecht der Freiheit des Gewissens aus Art. 4 I GG in einem Spannungsverhältnis zu Art. 65a GG, der dem Bundesminister der Verteidigung die „Befehls- und Kommandogewalt" über die Streitkräfte zuweist. Ausdruck dieser Regelung ist die Gehorsamspflicht nach § 11 I 1 SG, sodass die verfassungsrechtliche Regelung hier durch ein Parlamentsgesetz konkretisiert worden ist.

II. SCHRANKEN-SCHRANKEN

§ 11 I 1 SG müsste aber seinerseits verfassungsgemäß und auf den Fall des M verfassungsgemäß angewendet worden sein, um als Konkretisierung der verfassungsimmanenten Schranke aus Art. 65a GG einen Eingriff rechtfertigen zu können.

1. Verfassungsmäßigkeit der Norm

Für Zweifel an der Verfassungsmäßigkeit des § 11 I 1 SG ist in formeller und materieller Hinsicht nichts ersichtlich.

2. Verfassungsmäßige Anwendung

§ 11 I 1 SG müsste jedoch auch verfassungskonform, d.h. insbesondere verhältnismäßig i.S.d. Art. 20 III GG angewendet worden sein. Fraglich ist hier, ob die Degradierung des M angemessen war.

a) Parktische Konkordanz

Konflikte zwischen kollidierenden Verfassungsgrundsätzen sind nach dem Gebot der „praktischen Konkordanz" zu lösen bzw. zu vermeiden. Dabei ist ein beide Rechtspositionen in ihrem jeweiligen Regelungsbereich berücksichtigender, möglichst schonender Ausgleich anzustreben. Es ist nach Lösungen zu suchen, die beide kollidierenden Schutzgüter möglichst wenig beeinträchtigen, also beide zu optimaler Wirksamkeit kommen lassen. Im vorliegenden Fall muss also angestrebt werden, den aufgetretenen Gewissenskonflikt in einer Art und Weise zu mildern und zu lösen, die die normierte „Unverletzlichkeit" der Freiheit des Gewissens gewährleistet, ohne Kommandogewalt und Gehorsamspflicht aus Art. 65a GG i.V.m. § 11 I 1 SG - und damit letztlich die Einsatzbereitschaft der Bundeswehr - zu beeinträchtigen.

b) Subsumtion

Ausweislich der Begründung der Entscheidung ist das Truppendienstgericht davon ausgegangen, dass die Gehorsamspflicht des Soldaten seiner Gewissensentscheidung vorgehe. Dies ist, wie soeben gezeigt, gerade nicht der Fall. Vielmehr hätte ein schonender Ausgleich gefunden werden müssen, der etwa in einer anderen dienstlichen Verwendung des M statt seiner Degradierung hätte bestehen können. Die Anwendung des § 11 I 1 SG auf den konkreten Fall war also unangemessen. Es liegt ein nicht gerechtfertigter Eingriff in die Gewissensfreiheit des M vor, der in seinem Grundrecht aus Art. 4 I GG verletzt ist.

FALLENDE

7. Teil – Art. 5 I GG - Kommunikationsgrundrechte

A. Einleitung

Art. 5 I GG enthält mit der Meinungsfreiheit aus Art. 5 I 1 1. Hs. GG, der Informa- 312
tionsfreiheit aus Art. 5 I 1 2. Hs. GG, der Pressefreiheit aus Art. 5 I 2 1. Fall GG, der Rundfunkfreiheit aus Art. 5 I 2 2. Fall GG und der Filmfreiheit aus Art. 5 I 2 3. Fall GG gleich fünf Grundrechte, die sich unter dem Oberbegriff „Kommunikationsgrundrechte" zusammen fassen lassen. Gleichwohl handelt es sich um eigenständige Grundrechte, die eine positive und eine negative Komponente haben können. Letztere besteht darin, nicht kommunizieren zu müssen. Kein eigenes Grundrecht ist hingegen das Zensurverbot aus Art. 5 I 3 GG, das eine Schranken-Schranke darstellt.

KLAUSURHINWEIS

Der Leser eines Gutachtens darf niemals im Unklaren darüber gelassen werden, welches Grundrecht genau geprüft wird. Bei Art. 5 I GG ist daher besonders auf eine genaue Bezeichnung und Zitierweise zu achten.

B. Systematik und Vertiefung

Die einzelnen Grundrechte des Art. 5 I, III GG sind in Schutzbereich, Eingriff und Rechtfertigung sauber zu trennen. Ihre Unterscheidung ist - wie zu zeigen sein wird - nicht nur für das korrekte Zitat, sondern auch dogmatisch wichtig.

I. SCHUTZBEREICH BETROFFEN

1. Meinungsfreiheit, Art. 5 I 1 1. Hs. GG

a) Sachlicher Schutzbereich

313 Nach Art. 5 I 1 1. Hs. GG hat jeder das Recht, seine Meinung in Wort, Schrift und Bild frei zu äußern.

DEFINITION
Meinung ist jede subjektive Stellungnahme, die durch Elemente des Wertens und Dafürhaltens geprägt ist.[679]

aa) Werturteile

Werturteile sind subjektiv geprägt

314 Subjektive Stellungnahmen in diesem Sinn sind zunächst alle Werturteile.[680] Werturteile sind nicht dem Beweis zugänglich. Über sie kann man unterschiedlicher Auffassung sein. Sie sind häufig schon an der Wortwahl zu erkennen, insbesondere an der Verwendung wertender Adjektive („gut", „schlecht" usw.) und Substantive.

BEISPIEL: „Reichsparteitags-OLG";[681] „Rassist";[682] „Gewerkschaftsskandal";[683] „Zigeunerjude"[684]

Nach h.M. sind alle Werturteile geschützt, unabhängig von ihrem Inhalt und ihrer Qualität.[685] Gegen eine m.M.,[686] die bestimmte unerwünschte Äußerungen bereits aus dem Schutzbereich verbannen will, etwa wenn sie beleidigenden Charakter haben, spricht schon systematisch, dass die Schranke des „Rechts der persönlichen Ehre" in Art. 5 II GG überflüssig wäre, wenn Ehrverletzungen schon nicht in den Schutzbereich fielen.[687] Zudem könnte sonst der Schutz der Meinungsfreiheit ausgehöhlt werden, denn zu bestimmen, welche Äußerungen „erwünscht" sind und welche nicht, soll nach Art. 5 I 1, 1. Hs GG gerade nicht dem Staat überlassen sein. Beleidigungen u.ä. ist daher ausschließlich auf Schrankenebene zu begegnen.
Lediglich bei der Anwendung physischer Gewalt, Psychoterror und dergleichen zieht auch die h.M. eine Grenze.[688]

BEISPIEL: Ein Faustschlag ins Gesicht kann neben der physischen Gewaltanwendung zugleich eine konkludente Kundgabe von Missachtung und damit ein Werturteil sein. Von Art. 5 I 1 1. Hs. GG geschützt wäre dieses aber nicht.

---

679 *BVerfGE 61, 1, 8; 44, 197, 202; 7, 198, 210; Schreiber/Frenzel, JURA 2002, 848, 851*
680 *Sonder, JURA 2011, 355, 355*
681 *BVerfG, NJW 1995, 1477, 1477*
682 *BVerfG, NJW 2003, 1109, 1109*
683 *BVerfG, NJW 2004, 277, 278*
684 *BVerfG, BayVBl. 2006, 15, 15 = RA 2006, 61, 61*
685 *BVerfGE 93, 266, 289; 33, 1, 14; BVerfG, NJW 2003, 3760, 3760 = RA 2004, 52, 53*
686 *Nolte/Tams, JA 2002, 259, 261 m.w.N.*
687 *Pieroth/Schlink, GR, Rn 594*
688 *BVerfGE 62, 230, 245; 25, 256, 264; BVerfG, NJW 1989, 381, 382*

KLAUSURHINWEIS
Liegt ein Werturteil vor, ist Art. 5 I 1 1. Hs. GG in aller Regel betroffen. Eine Ablehnung der Schutzbereichsbetroffenheit sollte auf Extremfälle beschränkt werden.

bb) Tatsachenbehauptungen

Von Werturteilen zu unterscheiden sind Tatsachenbehauptungen. Diese sind ver- 315 Tatsachen sind dem Beweis zugänglich
objektivierbar, d.h. dem Beweis zugänglich.[689] Sie können als richtig oder falsch, als wahr oder unwahr eingestuft werden. Dabei kommt es nicht darauf an, ob der Beweis im konkreten Fall tatsächlich geführt werden kann, sondern nur, ob sich eine solche Beweisführung überhaupt denken lässt.[690]

BEISPIEL: Die Behauptung, jemand habe als inoffizieller Mitarbeiter („IM") des Ministeriums für Staatssicherheit der ehemaligen DDR gearbeitet, ist dem Beweis durch Zeugen, Urkunden usw. zugänglich und daher eine Tatsachenbehauptung.[691] Ob zur Stasi-Mitarbeit der betroffenen Person tatsächlich noch Zeugen oder Unterlagen vorhanden sind, ist irrelevant.

Die Unterscheidung zwischen Tatsache und Werturteil ist zuweilen problematisch. 316 Abgrenzung zum Werturteil
Eine m.M. will deshalb gänzlich auf sie verzichten.[692] Dies lässt jedoch schon der Wortlaut nicht zu, denn unter „Meinung" wird im Sprachgebrauch etwas Wertendes, Subjektives verstanden. Ferner unterscheidet das deutsche Recht diese Begriffe von jeher (und z.B. in §§ 185 ff. StGB bis heute ausdrücklich). Bezieht man den gesamten Kontext der Äußerung (Ort, Zeit, Person, Intention) mit ein, kann die Abgrenzung auch geleistet werden. Notfalls ist ein Schwerpunkt zu bilden.[693]

BEISPIEL (nach BVerfG, NJW 1995, 3303): Wird an einem Stand der Friedensbewegung ein Aufkleber mit der Aufschrift „Soldaten sind Mörder" angeboten, liegt unter Berücksichtigung der gesamten Aussagesituation darin ein Appell gegen den Krieg (Wertung) und nicht eine Subsumtion sämtlicher Soldaten unter den Tatbestand des § 211 StGB (Tatsachenbehauptung).

Grenzt man also mit der h.M. Tatsachenbehauptungen von Werturteilen ab, ist 317 Tatsachen im Schutzbereich?
weiter zu fragen, ob und wann sie auch in den Schutzbereich der Meinungsfreiheit fallen. Hierzu sind zwei Ebenen zu unterscheiden:

(1) Lügen

Die Tatsachenbehauptung darf zunächst nicht bewusst unwahr sein („Lüge"). Die 318 Lügen sind nicht geschützt
bewusste Äußerung von Unwahrem ist nicht durch die Meinungsfreiheit geschützt.

BEISPIEL (nach BVerfGE 90, 241): Die sog. „**Auschwitz-Lüge**" fällt nicht in den Schutzbereich der Meinungsfreiheit, weil jedermann bewusst sein muss, dass sich die massenhafte Ermordung von Juden im Dritten Reich nicht leugnen lässt.

---

689 Sonder, JURA 2011, 355, 355
690 BVerfG, NJW 1999, 483, 484 = RA 1999, 165, 168
691 BVerfG, NJW 2006, 207, 207 = RA 2005, 633, 633
692 MD-Herzog, GG, Art. 5 I, II Rn 51; Erichsen, JURA 1996, 84, 85
693 Nolte/Tams, JA 2002, 259, 260

(2) Sonstige

Untrennbare Verknüpfung

Ist die Tatsachenbehauptung wahr, unbewusst unwahr („Irrtum") oder kann nicht geklärt werden, ob sie wahr oder unwahr ist, fällt sie dann in den Schutzbereich der Meinungsfreiheit, wenn sie mit einem Werturteil untrennbar verknüpft ist.[694] Eine solche untrennbare Verknüpfung ist anzunehmen, wenn die Tatsachenbehauptung als Grundlage für ein Werturteil dient, sodass letzteres ohne erstere nicht verständlich wäre.[695]

BEISPIEL: In einem Flugblatt heißt es: „Wir haben drei Millionen Arbeitslose. Also hat die Bundesregierung versagt". Ob es drei Millionen Arbeitslose gibt, ist dem Beweis zugänglich. Diese Tatsachenbehauptung ist Grundlage für das folgende Werturteil, die Bundesregierung habe versagt. Letzteres wäre unverständlich, würde man die vorherige Tatsachenbehauptung nicht kennen. Es liegt eine untrennbare Einheit vor.

Ferner liegt eine untrennbare Einheit vor, wenn sich in einem Text Tatsachen und Werturteile abwechseln und derart aufeinander beziehen, dass eine einheitliche Äußerung vorliegt.[696]

BEISPIEL: In einem mehrseitigen Flugblatt tituliert X den ehemaligen bayerischen Ministerpräsidenten F.-J. Strauß als „unfähig, korrupt und inkompetent" (Werturteile). Das Flugblatt enthält aber auch Angaben zum politischen Wirken von Strauß, etwa die Angabe, dass er bayerischer Ministerpräsident gewesen sei, bestimmte Reisen in die DDR unternommen habe usw. (Tatsachen). Ein Satz bezieht sich auf den anderen, sodass ein einheitliches Pamphlet vorliegt, das insgesamt eine Meinungsäußerung darstellt.

Steht die Tatsachenbehauptung jedoch für sich, d.h. in keiner Verbindung mit einem Werturteil, ist sie nicht geschützt.[697]

BEISPIEL: Statistiken, Volkszählung,[698] Unternehmensbilanzen, Sportergebnisse.

KLAUSURHINWEIS

Im Schutzbereich ist zweistufig zu prüfen: Zunächst ist zu klären, ob die Äußerung eine Tatsachenbehauptung oder ein Werturteil darstellt. Sodann ist zu fragen, ob sie in den Schutzbereich fällt, was bei Werturteilen unproblematisch, bei Tatsachen nur unter den o.g. Voraussetzungen der Fall ist.

cc) Wort, Schrift, Bild

Nur beispielhafte Aufzählungen

319 Bei der Aufzählung „Wort, Schrift und Bild" in Art. 5 I 1, 1. Hs GG handelt es sich nur um Beispiele.[699] Die Meinungsfreiheit umfasst also jede Form der Kundgabe, auch die nonverbale, konkludente, elektronische usw.

694 *Sonder, JURA 2011, 355, 355*
695 *BVerfGE 85, 1, 15; Nolte/Tams, JA 2002, 259, 259*
696 *BVerfGE 61, 1, 9; Schreiber/Frenzel, JURA 2002, 848, 851*
697 *BVerfGE 99, 185, 187; 85, 1, 15; 65, 1, 40; Sonder, JURA 2011, 355, 355*
698 *BVerfGE 65, 1, 41*
699 *Hufen, JuS 1996, 738, 739*

KLAUSURHINWEIS

„Wort, Schrift und Bild" sind daher in einem Gutachten auch nicht zu definieren oder voneinander abzugrenzen. Es genügt vielmehr der Hinweis, dass es sich nur um Beispiele handelt und jede Form der Meinungskundgabe geschützt ist, gleichgültig in welcher der genannten (oder gar in einer anderen) Form.

Für neue Medien (Internet, E-Mail usw.) gilt nach h.M., dass sie unter die Meinungsfreiheit fallen, wenn ihre Benutzung auf Individualkommunikation angelegt ist. Bei Massenkommunikation ist hingegen i.d.R. Art. 5 I 2 GG (Presse oder Rundfunk) spezieller.[700] Es kommt für die Abgrenzung zwischen Art. 5 I 1 1. Hs. GG und Art. 5 I 2 GG m.a.W. nicht auf das Medium, sondern den Verbreitungszweck an. Ein- und dasselbe Medium kann unterschiedlichen Grundrechten zuzuordnen sein. **320** Behandlung der neuen Medien

BEISPIEL: Eine private E-Mail fällt danach unter die Meinungsfreiheit, der an viele tausend Kunden gerichtete, per E-Mail verbreitete Newsletter eines Unternehmens hingegen unter Art. 5 I 2 GG.

Nach anderer Ansicht sind die neuen Medien beim jeweils „passenden" Grundrecht aus Art. 5 I 2 GG zu verorten.[701]

BEISPIEL: Die Homepage einer Zeitung fiele danach unter die Pressefreiheit, die Homepage eines privaten Rundfunksenders unter die Rundfunkfreiheit.

Gegen diese Ansicht sprechen jedoch Wortlaut und Definition der Grundrechte aus Art. 5 I 2 GG – eine Internetseite ist kein „Druckerzeugnis" – sowie die Tatsache, dass es zu Wertungswidersprüchen käme, wollte man ein- und dieselbe Äußerung unterschiedlichen Grundrechten zuordnen.

BEISPIEL: Wenn eine Zeitung und ein Rundfunksender eine dpa-Meldung auf ihrer Homepage verbreiten, wäre trotz identischen Inhalts jeweils ein anderes Grundrecht einschlägig.

Jedoch ist Vorsicht geboten: Dieser Meinungsstreit ändert nichts an der generellen Abgrenzung zwischen Meinungs- und Pressefreiheit (dazu unten Rn 342). Mit anderen Worten spielt dieser Meinungsstreit erst eine Rolle, wenn nach der zuerst zu prüfenden allgemeinen Abgrenzung grundsätzlich Art. 5 I 2 GG in Betracht käme.

BEISPIEL: Wird jemand wegen einer im Internet veröffentlichten Beleidigung verurteilt, ist schon nach der allg. Abgrenzung ausschließlich Art. 5 I 1 GG anwendbar, weil an den Inhalt der Äußerung angeknüpft wird. Wird hingegen einer Schülerzeitung verboten, eine eigene Homepage zu betreiben, käme nach allgemeinen Regeln Art. 5 I 2 GG in Betracht, weil an das Verbreitungsmedium angeknüpft wird. Dann – und nur dann – stellt sich die weitere, hier erörterte Streitfrage, ob und wann man eine Schülerzeitungshomepage unter „Presse" subsumieren kann.

700 *Sachs-Bethge, GG, Art. 5 Rn 45; v.Münch/Kunig-Wendt, GG, Art. 5 Rn 30*

701 *Staufer, Jura 2009, 549, 551; Geier, JURA 2004, 182, 183*

dd) Problemfälle

(1) Fremdbehauptungen

Fremde oder eigene Behauptung?

321 Art. 5 I 1 1. Hs GG gibt jedermann das Recht, „seine" Meinung frei zu äußern. Fremdbehauptungen fallen daher für den Fremden, nicht aber für den sie Wiedergebenden in den Schutzbereich des Art. 5 I 1 1. Hs GG. Doch Vorsicht: Es liegt keine Fremdbehauptung, sondern eine eigene Behauptung vor, wenn sich der Wiedergebende die Fremdbehauptung zu Eigen macht.

BEISPIEL: Der BGH[702] bejaht den Schutz von Hyperlinks im Internet durch Art. 5 I 1 1. Hs GG, soweit der Verlinkende sich die in den verlinkten Seiten enthaltenen Aussagen erkennbar zu eigen macht, indem sie seine eigenen Aussagen belegen oder ergänzen. Nicht anders wäre es bei Fußnoten in einem gedruckten Text.

Negative Komponente

322 Die negative Meinungsfreiheit gibt unstreitig das Recht, die eigene Meinung nicht äußern zu müssen. Ob sie jedoch auch davor schützt, eine erkennbar fremde Meinung wiedergeben zu müssen, ist umstritten.[703]

BEISPIEL: Auf Tabakprodukten müssen Warnhinweise wie „Die EU-Gesundheitsminister: Rauchen gefährdet Ihre Gesundheit" angegeben werden. Abgesehen davon, dass hier die Abgrenzung zur Tatsachenbehauptung problematisch ist, stellt sich die Frage, ob die negative Meinungsfreiheit die Tabakkonzerne vor der Pflicht zur Wiedergabe dieser erkennbar fremden Meinung schützt.

Kein Schutz vor Wiedergabe erkennbar fremder Äußerungen

Die h.M.[704] hält bei erkennbar fremden Äußerungen indes Art. 5 I 1 1. Hs. GG nicht für anwendbar. Der Wortlaut der Norm, wonach jedermann „seine" Meinung frei äußern könne, schließe positiv die Wiedergabe fremder Meinungen aus dem Schutzbereich aus (s.o.). Dann könne aber auch nichts anderes für die negative Meinungsfreiheit gelten, denn diese könne nicht weiter gehen als die positive.

(2) Fragesätze

Echte Fragen

323 Nicht selten werden Meinungen in Fragen verpackt, um unverbindlich zu wirken oder Wissbegier zu wecken. Eine „echte" Frage ist eine Äußerungsform sui generis, die sich nicht als Tatsache oder Werturteil charakterisieren lässt.

BEISPIEL: Die Frage „Wollen wir einen Spaziergang machen?" beinhaltet weder objektiv beweisbare Vorgänge (Tatsache) noch ist sie durch subjektives Meinen und Dafürhalten geprägt (Werturteil).

Echte Fragen werden, obschon es an einem wertenden Element fehlt, als von der Meinungsfreiheit umfasst angesehen. Dies wird mit der gehobenen Bedeutung der Meinungsfreiheit in der Demokratie und der daher gebotenen, weiten Auslegung des Schutzbereichs begründet.[705]

---

702 BGH, NJW 2011, 2436, 2437 m.Anm. Bölke = RA 2011, 255, 257

703 Nolte/Tams, JA 2002, 259, 262 m.w.N.

704 BVerfGE 95, 173, 182; Nolte/Tams, JuS 2004, 111, 112; a.A. DiFabio, NJW 1997, 2863, 2863; Erichsen, JK 97, GG Art. 12 I/45

705 BVerfGE 85, 23, 31; Nolte/Tams, JA 2002, 259, 262

Anders ist es bei sog. **„rhetorischen Fragen"**, die ja gar keine Fragen sind, da keine Antwort erwartet wird. Sie lassen sich als Tatsachenbehauptung oder Werturteil einstufen und somit wie jede andere Aussage auch nach den o.g. Kriterien beurteilen. Rhetorische Fragen

BEISPIEL: Die rhetorische Frage „Können wir uns die Unfähigkeit unserer Politiker länger leisten?" beinhaltet ein Werturteil über die Politiker und fällt daher in den Schutzbereich der Meinungsfreiheit. Die rhetorische Überschrift „Ist X bei der Stasi gewesen?" über einem Artikel, der eindeutige Fakten über die Tätigkeit des X als Stasi-Spitzel darlegt, beinhaltet eine dem Beweis zugängliche Behauptung (Stasi-Mitarbeit) und ist als Tatsachenbehauptung für sich genommen keine Meinung.

(3) Wirtschaftliche Betätigung

Werbung beinhaltet vielfach Werturteile, mit denen der Verbraucher von den Vor- **324** Werbung
zügen eines Produkts überzeugt werden soll. Da es auf eine bestimmte Qualität der Aussage gerade nicht ankommt, ist Werbung nach heute ganz h.M. wie jede andere Aussage auch zu behandeln.[706] Beinhaltet sie also nicht nur Tatsachenbehauptungen, ist sie wie jedes Werturteil durch Art. 5 I 1 1. Hs. GG geschützt. Ob ein Bezug zu einem bestimmten Produkt besteht oder nicht, spielt keine Rolle.[707]

BEISPIEL: Eine Bekleidungsfirma verbreitet Plakate, auf denen ein nackter Mann zu sehen ist, auf dessen Körper „HIV positive" aufgestempelt ist. Die in diesem Plakat liegende Aussage ist vielschichtig interpretierbar und daher eine Meinung, unabhängig von der Frage, was ein solches Bild mit Bekleidung zu tun haben soll und ob man es für anstößig hält oder nicht.[708]

Boykottaufrufe sind ebenfalls geschützt, selbst wenn sie zugunsten des eigenen **325** Boykottaufrufe
Unternehmens erfolgen.[709]

BEISPIEL: Wirbt ein Hersteller synthetischer Teppiche auf einem Handzettel mit dem Slogan „Stoppt Kinderarbeit - kauft keine Teppiche aus Indien!", mag diese Äußerung gegen die Konkurrenz gerichtet und zugleich eigennützig motiviert sein; da Art. 5 I 1 1. Hs. GG aber nicht nach Qualität und Motivation der Meinung differenziert, ist auch dieser Aufruf geschützt.

Grenze sind hier (wie bei allen anderen Werturteilen, s.o. Rn 314) Psychoterror, Nötigung usw.

BEISPIEL: Ein Plakat „Stoppt das Abschlachten - kauft keine Pelze!" fällt nach dem zuvor Gesagten in den Schutzbereich der Meinungsfreiheit. Nicht geschützt wäre es hingegen wegen der darin liegenden physischen Gewaltanwendung und Nötigung, wenn Demonstranten einer Pelz tragenden Besucherin den Zutritt zu einem Theater versperren.

---

706 *BVerfGE 102, 347, 359; 71, 162, 175; Grigoleit/Kersten, DVBl 1996, 596, 600; Di Fabio, NJW 1997, 2863, 2863; a.A. noch BVerfGE 40, 371, 382*

707 *Nolte/Tams, JuS 2004, 111, 112*

708 *BVerfG, NJW 2001, 591, 591; Nolte/Tams, JA 2002, 259, 264; Heselhaus, JA 1995, 863, 863*

709 *BVerfGE 25, 256, 265; 7, 198, 217; Möllers, NJW 1996, 1374, 1374*

(4) Meinungsverbreitung

Verbreitung zugunsten des Erklärenden geschützt

326 Die Meinungsäußerung ist sinnlos ohne einen Empfänger. Art. 5 I 1 1. Hs. GG gewährleistet daher auch, dass die Meinung den vorbestimmten Empfängerkreis erreicht. Geschützt ist insoweit der Äußernde, nicht jedoch der Empfänger.

BEISPIEL (nach BVerfGE 35, 35): Wird der Brief eines Gefangenen an seine Ehefrau von der Gefängnisleitung abgefangen, weil diese mit der darin geäußerten Meinung, die Haftbedingungen seien unwürdig, nicht einverstanden ist, liegt ein Eingriff in die Meinungsfreiheit des Gefangenen vor, nicht aber in die der Ehefrau.[710]

Einen Anspruch auf Verschaffung einer Zuhörerschaft oder Gelegenheit zur Verbreitung der eigenen Meinung gibt Art. 5 I 1 1. Hs. GG wegen seiner Funktion als Abwehrrecht aber nicht.[711] Der Grad zwischen dem Schutz vor Zugangsvereitelung und der nicht geschützten Verschaffung von Empfängern ist zuweilen schmal. Entscheidend ist, ob der Staat sich nur weigert, am Zustandekommen der Kommunikation mitzuwirken, oder ob er in eine von selbst zustande gekommene Kommunikation eingreift.

BEISPIEL (nach BVerfG, NWVBl. 2002, 467 = RA 2002, 551): Wird Politiker P von einem öffentlich-rechtlichen Fernsehsender nicht zu einem TV-Duell eingeladen, greift dies nicht in seine Meinungsfreiheit ein. Der Staat ist nicht verpflichtet, an der Verbreitung der Meinungen des P durch Gewährung von Sendezeit mitzuwirken. Anders liegt es, wenn ein Polizist einen Stammtisch unter dem Hinweis auflöst, die geäußerte Kritik an der Bundesregierung ginge zu weit.

b) Personaler Schutzbereich

327 Die Meinungsfreiheit ist ein Jedermanngrundrecht. Es steht neben natürlichen auch juristischen Personen des Zivilrechts i.S.d. Art. 19 III GG zu, wenn diese sich durch ihre Organe äußern.[712]
Äußern sich staatliche Funktionsträger, so kommt es darauf an, ob sie sich als Amtswalter oder als Privatperson äußern. In ihrer Eigenschaft als Amtswalter sind sie nicht grundrechtsberechtigt, sondern grundrechtsgebunden (vgl. zur Grundrechtsbindung des Staates oben Rn 80). Diese Abgrenzung kann zuweilen problematisch sein (vgl. oben Rn 52).

BEISPIEL (nach VG Gera, LKV 2013, 237 = RA 2013, 368): Ein NPD-Ratsmitglied erscheint mit einer „Thor-Steinar-Jacke“ zu einer Ratssitzung. Das VG Gera hat im Tragen dieser Jacke eine Meinungsäußerung gesehen, weil die Marke „Thor Steinar“ in der rechten Szene als Erkennungssymbol und damit als Ausdruck einer rechten Gesinnung gilt. Dabei nahm das Gericht eine private Meinungsäußerung an und erkannte dem Ratsmitglied Meinungsfreiheit aus Art. 5 I 1 1. Hs. GG zu, obwohl ein Ratsmitglied als solches staatliche Funktion ausübt und daher nicht grundrechtsberechtigt, sondern grundrechtsverpflichtet ist. Besser machte es das OVG Münster, das einem Ratsmitglied außerhalb von Ratssitzungen Art. 5 I 1 GG zugesprochen hat, innerhalb von Ratssitzungen hingegen „nur“ zur Anwendung der einfach-gesetzlichen Redefreiheit aus § 43 GO NRW tendiert.[713]

---

710 BVerfGE 35, 35, 39; vgl. auch BVerfG, NJW 1995, 1477, 1477

711 BVerwGE 87, 270, 274; 72, 113, 118; BayObLG, NJW 1969, 1127, 1127; OLG Karlsruhe, NJW 1970, 64, 65; MD-Herzog, GG, Art. 5 I, II Rn 63

712 JP-Jarass, GG, Art. 5 Rn 8

713 OVG Münster, RA 2016, 32

2. Informationsfreiheit, Art. 5 I 1 2. Hs. GG

a) Sachlicher Schutzbereich

Nach Art. 5 I 1 2. Hs. GG hat jedermann das Recht, sich aus allgemein zugänglichen Quellen ungehindert zu unterrichten. **328**

DEFINITION

Quelle ist jeder denkbare Bezugsort von Informationen, unabhängig von deren Verkörperung.[714]

Dazu gehören neben den „klassischen" Medien wie Zeitungen, Radio, Film und Fernsehen auch die neuen Medien wie Internet, Festplatten, Chipkarten usw. Auf eine Verkörperung der Information kommt es überhaupt nicht an; auch eine mündliche Nachricht oder ein bloßes Ereignis (Naturkatastrophe, Verkehrsunfall, Ausstellung, Prominentengala) kann Informationsquelle sein.

DEFINITION **329**

Allgemein zugänglich ist die Quelle, wenn sie technisch dazu geeignet und bestimmt ist, einem nicht individuell bestimmbaren Personenkreis Informationen zu verschaffen.[715]

Geeignetheit zur Informationsverbreitung

„Technisch geeignet" bedeutet, dass der Zugang vom Urheber potenziell jedermann, d.h. jedenfalls einer unüberschaubaren Anzahl von Menschen eröffnet wird. **330**

BEISPIEL: Massenmedien wie Zeitungen, Zeitschriften, Flugblätter, Fernsehen, Radio, Internet. Nicht hingegen der Aushang am „schwarzen Brett" eines Privatclubs.

Auf die rechtliche Zulässigkeit des Zugangs kommt es nicht an, weil der Staat sonst durch einfach-gesetzliche Verbote den Schutzbereich aushöhlen könnte.[716]

BEISPIEL: Würde das Zeitungslesen an Sonntagen gesetzlich verboten, läge darin ein Eingriff in den Schutzbereich der Informationsfreiheit, nicht etwa ein Ausschluss der Schutzbereichseröffnung selbst.

Auch die tatsächliche Erreichbarkeit aus der Sicht des Empfängers spielt keine Rolle; ebenso wenig, wie der Staat durch rechtliche Beschränkungen in der Lage sein soll, den Schutzbereich auszuhöhlen, soll ihm dies durch faktisches Verhalten möglich sein.

714 *Schmehl/Richter, JuS 2005, 817, 818*

715 *BVerfGE 103, 44, 60; 90, 27, 32; BVerwGE 47, 242; 252; Kugelmann, DÖV 2005, 851, 856*

716 *BVerfGE 27, 71, 83*

BEISPIEL: Würde der Fernsehempfang durch staatliche Störsender faktisch unterbunden, bliebe das Fernsehen doch eine allgemein zugängliche Quelle, weil der Urheber der Informationen - der Sender - diese technisch durch Ausstrahlung der Allgemeinheit zugänglich macht.[717]

Bestimmung zur Informationsverbreitung

331 Zur Geeignetheit muss allerdings noch die Bestimmung zur Verbreitung hinzu treten, um die Informationsfreiheit nicht bis auf den Zugang zu Staatsgeheimnissen ausufern zu lassen.[718]

BEISPIEL: Der Polizeifunk ist nicht für jedermann bestimmt und daher keine allgemein zugängliche Quelle, mag sich faktisch auch jedermann durch geeignetes Gerät Zugang verschaffen können.

Art. 5 I 1, 2. Hs GG gibt als Abwehrrecht keinen Anspruch auf Eröffnung einer Informationsquelle. Der Schutzbereich ist daher nur betroffen, wenn die Information zunächst (freiwillig) der Allgemeinheit zur Verfügung gestellt, dann aber Einzelne vom Zugang ausgenommen werden.[719] Dies ist vor allem ein Problem bei staatlichen Quellen.

BEISPIELE: Eine Gerichtsverhandlung ist grundsätzlich öffentlich, vgl. § 169 S. 1 GVG, und deshalb eine allgemein zugängliche Informationsquelle. Wird ein Zuschauer des Saales verwiesen, liegt ein Eingriff in das Grundrecht vor. Hingegen liegt im Verbot des Filmens im Gerichtssaal kein Eingriff in die Informationsfreiheit, weil der Staat durch das pauschale Verbot desselben in § 169 S. 2 GVG seine Gerichtsverhandlungen insoweit von vornherein nicht als Informationsquelle eröffnet.[720]

Problematisch sind die Fälle, in denen die Quelle eine Doppelfunktion erfüllt und/oder der Zugang zu ihr von besonderen Voraussetzungen abhängt. In diesen Fällen ist danach zu fragen, ob der Schwerpunkt auf der Bestimmung zur Information der Allgemeinheit liegt oder nicht.[721]

BEISPIEL: Behördenakten dürfen in aller Regel nur bei besonderem Interesse (vgl. die Informationsgesetze der Länder) oder besonderer Eigenschaft (etwa als „Beteiligter" i.S.d. § 29 VwVfG) eingesehen werden. Gleiches gilt für das Grundbuch nach § 12 GBO. Während aber Behördenakten in erster Linie dem verwaltungsinternen Gebrauch dienen, hat das Grundbuch hauptsächlich Orientierungsfunktion für die Allgemeinheit im Hinblick auf Rechte an Grundstücken. Deshalb ist das Grundbuch eine allgemein zugängliche Informationsquelle,[722] eine Behördenakte hingegen nicht.[723]

Positive Komponente

332 Die positive Informationsfreiheit umfasst das passive Entgegennehmen der Information ebenso wie den aktiven Zugang einschließlich der dazu notwendigen Vorbereitungshandlungen.[724]

---

717 *Lerche, JURA 1995, 561, 565*
718 *Schmehl/Richter, JuS 2005, 817, 818; Lerche, JURA 1995, 561, 564*
719 *Lerche, JURA 1995, 561, 563*
720 *BVerfGE 103, 44, 59; BVerfG, NJW 2003, 500, 500*
721 *Lerche, JURA 1995, 561, 565*
722 *BVerfG, EuGRZ 2000, 484, 484*
723 *BVerfG, NJW 1986, 1243, 1243; v.Münch/Kunig-Wendt, GG, Art. 5 Rn 25*
724 *BVerfGE 27, 71, 82; VerfGH München, DÖV 1986, 72, 73; Lerche, JURA 1995, 561, 562*

BEISPIEL: Zufahrt zu einem Naturereignis; Aufstellen einer Antenne zum TV-Empfang.[725]

Daneben gibt es eine negative Informationsfreiheit, die darin besteht, nicht ungewollt vom Staat mit Informationen berieselt zu werden. Negative Komponente

BEISPIEL: Ruft eine Gemeinde mittels täglich durch die Straßen fahrenden Lautsprecherwagen zur Teilnahme an der nächsten Kommunalwahl auf, liegt darin - sofern die Bagatellschwelle überschritten wird - ein Eingriff in die negative Informationsfreiheit der Einwohner.

Schließlich enthält Art. 5 I 1 2. Hs. auch eine objektiv-rechtliche Funktion, die den **333** Objektive Komponente
Staat verpflichtet, eine Grundversorgung der Allgemeinheit mit Informationen sicherzustellen.[726] Auf diese kann sich der Einzelne aber nicht berufen, weil es sich eben um einen objektiven Handlungsauftrag an den Staat und nicht um ein subjektives Recht des Einzelnen handelt.

BEISPIEL: Eine Verfassungsbeschwerde, mit welcher jemand die fehlende Grundversorgung an Informationen angesichts des Qualitätsverfalls der öffentlich-rechtlichen TV-Programme rügen würde, wäre mangels Beschwerdebefugnis i.S.d. § 90 I BVerfGG schon deshalb unzulässig, weil die Aufrechterhaltung der Grundversorgung den Einzelnen nicht schützt; es läge eine Popularklage vor. Auf die Frage, ob tatsächlich ein solcher Qualitätsverfall zu beklagen ist, käme es nicht mehr an.

Schon gar nicht vermittelt die Informationsfreiheit einen Anspruch auf eine bestimmte Information, eine bestimmte Form der Präsentation oder kostenlosen Zugang.[727]

b) Personaler Schutzbereich

In personaler Hinsicht ist der Informationsempfänger geschützt.[728] Das aktive Ver- **334**
breiten der Informationen schützt Art. 5 I 1 2. Hs. GG schon seinem Wortlaut nach nicht („sich...zu unterrichten"). Hierfür sind die übrigen Kommunikationsgrundrechte des Art. 5 I GG einschlägig.

BEISPIEL: Wird eine bestimmte Fernsehsendung verboten, liegt für den TV-Sender ein Eingriff in seine Rundfunkfreiheit aus Art. 5 I 2 2. Fall GG vor; für die Zuschauer hingegen wäre Art. 5 I 1 2. Hs. betroffen.

725 *BVerfG, NJW 1992, 493, 494; NVwZ 1992, 463, 464; BVerwG, NVwZ 1992, 475, 475*
726 *v.Münch/Kunig-Wendt, GG, Art. 5 Rn 28; Stern, DVBl 1982, 1109, 1112*
727 *BVerwGE 29, 214, 218; v.Münch/Kunig-Wendt, GG, Art. 5 Rn 28*
728 *BVerfG, JZ 1989, 339, 339*

3. Pressefreiheit, Art. 5 I 2 1. Fall GG

a) Sachlicher Schutzbereich

335 **DEFINITION**
Zur **Presse** gehören alle zur Verbreitung von Informationen geeigneten und bestimmten Informationsträger.[729]

Begriff des Druckerzeugnisses

336 Dies sind im Wortsinn „Presse" natürlich zuerst und vor allem Druckerzeugnisse wie Zeitungen, Zeitschriften, Bücher, Flugblätter, Plakate, Aufkleber usw., unabhängig davon, wie das Druckverfahren ablief (mechanisch, fotomechanisch, chemisch usw.). Es spielt keine Rolle, ob das Druckwerk einmalig oder periodisch erscheint.[730] Auch eine Inhaltsbeschränkung findet im Schutzbereich nicht statt. Es ist weder ein redaktioneller Teil erforderlich, noch kommt es auf die Qualität oder den Wahrheitsgehalt der Informationen an.[731]

BEISPIEL: Ein reines Anzeigenblättchen[732] gehört ebenso zur Presse wie eine laienhaft gemachte Schülerzeitung oder die Regenbogenpresse. Da es auf den Inhalt nicht ankommt, schützt die Pressefreiheit im Unterschied zur Meinungsfreiheit auch die Verbreitung reiner Tatsachenbehauptungen.[733]

Abgrenzung zu anderen Medien

337 Allerdings werden Informationen heutzutage auch auf anderen Medien verbreitet. Solange überhaupt noch eine Verkörperung vorliegt, soll dies nach moderner Auffassung bereits genügen, um sie unter die Pressefreiheit subsumieren zu können.[734] Danach sind also auch CD bzw. Schallplatte,[735] DVD[736] oder der Online-Dienst eines Printmediums[737] Presseerzeugnisse. Die Pressegesetze der Länder definieren „Presse" im einfachen Recht inzwischen ebenso[738] (auch wenn dies für die Auslegung des Grundgesetzes als höherrangigem Verfassungsrecht unbedeutend ist). Lassen sich daneben andere, im Schutzumfang identische Kommunikationsgrundrechte subsumieren, sind sie neben der Pressefreiheit betroffen.

BEISPIEL: Öffentlich vorgeführte Filme von DVD oder Blu-ray lassen sich unter die Filmfreiheit subsumieren;[739] der Videotext unterfällt der Rundfunkfreiheit.[740] Beide unterliegen wie die Pressefreiheit den Schranken des Art. 5 II GG.

---

729 *BVerfGE 33, 1, 14; Bleckmann, Staatsrecht II, § 26 Rn 54; Geier, JURA 2004, 182, 182*
730 *Geier, JURA 2004, 182, 182*
731 *MD-Herzog, GG, Art. 5 I, II Rn 128; v.Münch/Kunig-Wendt, GG, Art. 5 Rn 30*
732 *BVerfGE 64, 108, 114; BGHZ 116, 47, 54*
733 *BVerfGE 62, 230, 243; v.Münch/Kunig-Wendt, GG, Art. 5 Rn 31*
734 *v.Münch/Kunig-Wendt, GG, Art. 5 Rn 30*
735 *JP-Jarass, GG, Art. 5 Rn 20*
736 *Pieroth/Schlink, GR, Rn 612*
737 *Geier, JURA 2004, 182, 184*
738 *z.B. § 7 PresseG NRW; § 7 PresseG BW*
739 *JP-Jarass, GG, Art. 5 Rn 41; Meirowitz, JURA 1993, 152, 157*
740 *BVerfGE 74, 297, 350*

Zur Verbreitung bestimmt ist das Pressewerk, wenn es nicht auf Individual-, sondern auf Massenkommunikation angelegt ist. Entscheidend ist, ob der potenzielle Empfängerkreis individuell unbestimmt ist. Auf seine Größe kommt es hingegen nicht an.[741] **338** Massenkommunikation bezweckt

BEISPIEL: Die Werkszeitung fällt unter Presse, auch wenn das Werk nur eine überschaubare Belegschaft haben mag. Der an einen bestimmten Empfänger gerichtete Brief ist hingegen ebenso wenig Presse wie ein Tagebuch.

aa) Positive Pressefreiheit

Die Pressefreiheit schützt alle mit der Pressearbeit zusammen hängenden Tätigkeiten, von der Informationsbeschaffung bis zur Verbreitung der Nachricht.[742] Dazu gehören z.B. das Redaktionsgeheimnis,[743] der freie Zugang zu Presseberufen,[744] die Gründung von Presseunternehmen[745] und vieles mehr.[746] Presseinterne Hilfstätigkeiten wie Beschaffung von Maschinen und Papier, Personalverwaltung, Buchhaltung usw. sind ebenfalls geschützt; streitig ist dies für externe Hilfstätigkeiten, die nach h.M.[747] nicht dazu gehören, weil das Grundrecht sonst ausufern würde. **339** Umfassender Schutz der Pressetätigkeit

Da Art. 5 I 2 GG ein Abwehrrecht ist, lassen sich auch keine Ansprüche aus der Pressefreiheit ableiten, es sei denn, sie liefe sonst völlig leer (siehe hierzu oben Rn 19).

BEISPIEL (nach BVerfG, GRUR 2013, 340 m. Anm. Jahn = RA 2013, 309): Aus Art. 5 I 2 GG lassen sich weder ein Anspruch auf Zuweisung eines Sitzplatzes in einem Gerichtssaal an Pressevertreter noch eine Audio- oder Videoübertragung in einen anderen Gerichtssaal ableiten, selbst wenn es sich um ein Verfahren von nationalem Interesse handelt (im Fall: NSU-Prozess).

KLAUSURHINWEIS

Teilweise wird dieser Streit erst im personalen Schutzbereich erörtert,[748] z.B. bei der Frage, ob ein Zeitungen transportierender Spediteur sich auf die Pressefreiheit berufen könne; tatsächlich geht es jedoch nicht um die Person, sondern um die Tätigkeit, sodass der Streit schon in den sachlichen Schutzbereich gehört.

bb) Negative Pressefreiheit

Es gibt auch eine negative Pressefreiheit, die darin besteht, bestimmte Informationen nicht drucken und verbreiten zu müssen.[749] **340**

BEISPIEL: In die negative Pressefreiheit greift die Verpflichtung zum Abdruck einer Gegendarstellung ein. Entsprechende Regelungen in den Pressegesetzen der Länder bedürfen daher der Rechtfertigung auf Schrankenebene.

---

741 *JP-Jarass, GG, Art. 5 Rn 20*
742 *BVerfGE 77, 346, 354; 10, 118, 121; BVerwGE 47, 247, 252*
743 *BVerfGE 66, 116, 131; 20, 162, 176; BVerfG, NJW 2005, 965, 965*
744 *BVerfGE 20, 162, 175*
745 *BVerfGE 97, 125, 144*
746 *Vgl. die zahlreichen weiteren Beispiel bei MD-Herzog, Art. 5 I, II Rn 136*
747 *BVerfGE 77, 346, 354; a.A. v.Münch/Kunig-Wendt, GG, Art. 5 Rn 33*
748 *JP-Jarass, GG, Art. 5 Rn 23*
749 *BVerfGE 48, 53, 62; v.Münch/Kunig-Wendt, GG, Art. 5 Rn 32; JP-Jarass, GG, Art. 5 Rn 22*

cc) Institutsgarantie

341 Nach ganz h.M. schützt Art. 5 I 2 1. Fall GG auch die freie Presse an sich, enthält also auch eine Institutsgarantie.[750] Diese ist für sich genommen zwar kein Grundrecht, da nicht individualschützend, hat aber als Schranken-Schranke Bedeutung (vgl. ausführlich oben Rn 35 ff.).

BEISPIEL: Schaffte der Staat die „freie Presse" ab, und würde es deshalb einem Journalisten unmöglich gemacht, in einem bestimmten Fall weiter zu recherchieren, könnte dieser sich zwar nicht gegen die Abschaffung der „freien Presse" als solcher, wohl aber gegen die Beschneidung seiner Recherchetätigkeit aus Art. 5 I 2 1. Fall GG zur Wehr setzen. Dieser Eingriff wäre nicht zu rechtfertigen, da mit der Abschaffung der „freien Presse" insgesamt bereits die Wesensgehaltsgarantie des Art. 19 II GG, also eine Schranken-Schranke, verletzt wäre.

Leistungsansprüche erwachsen hieraus in aller Regel nicht, es sei denn, ohne Förderung wäre das Rechtsinstitut an sich gefährdet.

BEISPIELE: So hat ein in finanzielle Schwierigkeiten geratenen Verlag keinen Anspruch auf staatliche Subvention, weil es zur Existenz der „freien Presse" nicht erforderlich ist, dass ein bestimmter Verlag existiert;[751] wohl aber kann ein Journalist einen Anspruch auf Auskunft gegen den Staat haben, wenn ohne diese eine unabhängige Recherche unmöglich wäre.[752]

dd) Problemfälle

(1) Grundrechtskonkurrenz

Abgrenzung von Meinungs- und Pressefreiheit

342 Probleme bereitet vor allem die Abgrenzung zwischen Presse- und Meinungsfreiheit in den Fällen, in denen eine Meinung durch Schrift oder Bild geäußert wird, z.B. in Form einer Karikatur oder eines Kommentars in einer Zeitung. Das BVerfG[753] hält unabhängig vom Verbreitungsmedium allein die Meinungsfreiheit für anwendbar, sofern das staatliche Verhalten allein an den Inhalt der Meinungsäußerung anknüpft. Geht es hingegen um das Verbreitungsmedium, die Tätigkeit der betroffenen Person im Bereich der Presse oder die freie Presse an sich, soll die Pressefreiheit einschlägig sein. Nach diesem Verständnis sind Art. 5 I 2 1. Fall GG und Art. 5 I 1 1. Hs. GG gleichrangige, voneinander zu trennende Grundrechte. In der Literatur wird neben Zustimmung[754] aber auch vertreten, dass die Pressefreiheit ein spezieller Fall der Meinungsfreiheit und daher vorrangig immer dann anzuwenden sei, wenn Meinungen in der Presse geäußert werden.[755]

---

750 BVerfGE 80, 124, 133; 66, 116, 135; krit. Kunig, JURA 1995, 589, 595
751 BVerfGE 80, 124, 133; OVG Berlin, OVGE 13, 108, 114
752 OVG Berlin, DVBl 2015, 910, 910 = RA 2015, 377, 378
753 BVerfGE 86, 122, 128; 85, 1, 11; BVerfG, NJW 2003, 1110, 1110
754 Kunig, JURA 1995, 589, 591; Nolte/Tams, JuS 2004, 199, 202
755 MD-Herzog, GG, Art. 5 I, II Rn 153; Sachs-Bethge, GG, Art. 5 Rn 89

BEISPIEL: Wird ein Redakteur wegen einer in einer Zeitungskolumne geäußerten Beleidigung strafrechtlich verurteilt, greift das Urteil nach dem BVerfG in die Meinungsfreiheit, nicht aber in die Pressefreiheit ein, da es allein an den Inhalt der Äußerung (Beleidigung), nicht aber an das Verbreitungsmedium (Zeitung) anknüpft. Die Gegenansicht in der Literatur hielte hingegen ausschließlich die Pressefreiheit als lex specialis für betroffen, weil die sanktionierte Meinung in der Presse geäußert wurde.

Der von der m.M. angenommene Vorrang der Presse- vor der Meinungsfreiheit lässt sich dem Grundgesetz nicht entnehmen; im Gegenteil ist ausdrücklich auch die Meinungsverbreitung in „Schrift und Bild" in Art. 5 I 1 1. Hs. GG erwähnt. Das BVerfG trägt diesem Umstand Rechnung, indem es nach dem Regelungsgehalt der Maßnahme fragt und die Prüfung in dem Grundrecht verankert, das im Schwerpunkt betroffen ist.

Zur Rundfunk- und Filmfreiheit wird die Pressefreiheit anhand des Verbreitungsme- **343**
diums abgegrenzt, auch wenn dies durch die Einbeziehung neuer Medien in den Schutzbereich der Pressefreiheit teilweise aufgeweicht wird (vgl. oben Rn 337). Soweit neben Art. 5 I 2 GG andere Grundrechte in Betracht kommen, besteht regelmäßig Idealkonkurrenz,[756] d.h. sie sind nebeneinander anwendbar.

BEISPIEL: Wird ein Zeitungsredakteur mit einem Berufsverbot belegt, kann er sich neben der Pressefreiheit auf die Berufsfreiheit des Art. 12 I GG berufen.

(2) Interne Pressefreiheit

Unter dem Stichwort „innere Pressefreiheit" wird seit Beginn der 70er Jahre[757] immer **344** Mittelbare Drittwirkung unter Presseorganen?
wieder diskutiert, ob die Pressefreiheit auch zwischen den innerhalb der Presse tätigen Personen und Organen gilt, sich also z.B. ein Redakteur gegen die politischen Vorgaben seines Zeitungsverlages wenden kann. Problematisch hieran ist, dass es sich bei Art. 5 I 2 1. Fall GG - wie bei jedem Freiheitsgrundrecht - zunächst um ein Abwehrrecht gegen den Staat handelt, während die Rechtsverhältnisse innerhalb der Presse privatrechtlich ausgestaltet sind (z.B. durch Arbeitsverträge).

Die wohl h.M.[758] nimmt an, dass die Pressefreiheit - wie andere Grundrechte in anderen Bereichen auch - jedenfalls mittelbar über Generalklauseln wie Sittenwidrigkeit, Treu & Glauben usw. auch in den presseinternen Bereich ausstrahlt und bei der Anwendung dieser Generalklauseln wertend zu berücksichtigen ist. Da auf Seiten des Verlages neben der Pressefreiheit noch die unternehmerische Gestaltungs- und Entscheidungsfreiheit aus Art. 12 I und 14 I GG streitet, wird man i.E. aber nur in Extremfällen annehmen können, dass ein Journalist seinem eigenen Verlag gegenüber die Pressefreiheit ins Feld führen kann.[759]

756 *JP-Jarass, GG, Art. 5 Rn 19; Meirowitz, JURA 1993, 152, 158*
757 *Kull, AfP 1970, 906, 909; Mayer-Maly, DB 1971, 335, 337; Ziegler, DÖV 1971, 654, 654*
758 *v.Münch/Kunig-Wendt, GG, Art. 5 Rn 39 m.w.N.; offen gelassen von BVerfGE 52, 283, 297*
759 *v.Münch/Kunig-Wendt, GG, Art. 5 Rn 39*

BEISPIEL: Ist Redakteur R mit einer prominenten Ehefrau verheiratet, und weist sein Chefredakteur ihn im Namen des Verlages an, über intime Details aus der Ehe in der Zeitung zu berichten, dürfte R dies unter Berufung auf seine im Rahmen von Treu & Glauben (§ 242 BGB) zu berücksichtigende (negative) Pressefreiheit zurückweisen, ohne arbeitsrechtliche Konsequenzen befürchten zu müssen.

b) Personaler Schutzbereich

345 In personaler Hinsicht schützt Art. 5 I 2 1. Fall GG alle Personen, die in organisatorischer Verbindung zu den sachlich geschützten Tätigkeiten stehen.[760] Das sind vor allem Verlage, Redakteure, Herausgeber, Grossisten und Presseagenturen, aber auch diejenigen Personen, die mit den internen Hilfstätigkeiten befasst sind, also z.B. Mitarbeiter in der Buchhaltung eines Verlages.

346 Die Pressefreiheit gilt nach Art. 19 III GG unproblematisch auch für inländische juristische Personen,[761] im Unterschied zur Rundfunkfreiheit (Rn 351) jedoch nicht für solche des öffentlichen Rechts.[762] Nicht geschützt sind ferner die Konsumenten (Leser).[763]

4. Rundfunkfreiheit, Art. 5 I 2 2. Fall GG

a) Sachlicher Schutzbereich

347 **DEFINITION**
Rundfunk ist die an eine unbestimmte Vielzahl von Personen gerichtete Übermittlung von Gedankeninhalten mittels elektrischer Wellen.[764]

Erweiterung auf neue Medien

348 Klassisch wurden unter Rundfunk in diesem Sinne Radio und Fernsehen verstanden. Die neuen Medien wie Internet, Pay-TV, Videotext, Zugriff auf Informationen über Mobiltelefone usw. gehören aber auch hierher.[765] Deshalb wird die o.g. Definition vielfach um die Klarstellung ergänzt, dass es gleichgültig ist, ob die Gedankeninhalte analog oder digital, per Kabel oder drahtlos übermittelt werden.[766]

Unbestimmter Empfängerkreis

Ähnlich wie bei der Pressefreiheit sind an die „unbestimmte Vielzahl von Personen" keine strengen Anforderungen zu stellen; es genügt ein nicht von vornherein feststehender Empfängerkreis, um die Massenkommunikation via Rundfunk von der allein über die Meinungsfreiheit geschützten Individualkommunikation abzugrenzen.

Hinsichtlich des Schutzumfangs gilt das oben zur Pressefreiheit Gesagte für die Rundfunkfreiheit entsprechend: Geschützt sind alle Inhalte unabhängig von ihrer Qualität und alle mit der Rundfunkveranstaltung zusammenhängenden Vorgänge von der Informationsgewinnung bis zur Verbreitung, positiv und negativ.

---

760 BVerfGE 77, 346, 354; 64, 108, 114; 25, 296, 304
761 BVerfGE 80, 124, 131; 66, 116, 130; 50, 234, 239; 20, 162, 171; Kunig, JURA 1995, 589, 592
762 BVerfGE 83, 238, 312; JP-Jarass, GG, Art. 5 Rn 23
763 JP-Jarass, GG, Art. 5 Rn 19, 23
764 JP-Jarass, GG, Art. 5 Rn 36
765 JP-Jarass, GG, Art. 5 Rn 29
766 Geier, JURA 2004, 182, 182

BEISPIEL: Auch Rundfunksender genießen ein Redaktionsgeheimnis, das z.B. vor der Durchsuchung ihrer Räumlichkeiten schützen kann.[767]

Auch eine institutionelle Garantie wie bei der Pressefreiheit gibt es.[768]

MERKSATZ
Rundfunk- und Pressefreiheit sind sachlich in gleichem Umfang geschützt.

BEISPIEL: Am Schutz der Rundfunkfreiheit nehmen Teil: Wahlsendungen,[769] Organisation und Finanzierung der Sender,[770] Gründung von Rundfunkunternehmen[771] u.v.m.

Nicht geschützt ist hingegen die rein technische Abwicklung des Rundfunks, wie etwa Fernmeldearbeiten am Kabelnetz.[772] Bei rein wirtschaftlich motiviertem Verhalten der Sender kommt es darauf an, ob mit dem Rundfunk selbst noch ein Zusammenhang besteht oder nicht. **349** Technische Abwicklung nicht geschützt

BEISPIEL: Die Ausstrahlung von Werbespots steht noch mit dem Rundfunk in Zusammenhang, weil die Spots wie das übrige Programm auch verbreitet werden und Informationen beinhalten. Sie fällt daher in den Schutzbereich.[773] Anders liegt es hingegen beim Verkauf von Fanartikeln zu TV-Sendungen.[774]

Art. 5 I 2 2. Fall GG ist – wie alle Freiheitsgrundrechte – zunächst und vor allem ein Abwehrrecht gegen den Staat. Es gibt daher keinen Anspruch auf staatlichen Rundfunk, also weder darauf, dass der Staat überhaupt öffentlich-rechtlichen Rundfunk betreibt, noch auf die Eröffnung einzelner Informationsquellen. **350** Leistungsrecht?

BEISPIEL: Das Verbot des Filmens in Gerichtssälen in § 169 S. 2 GVG greift daher nicht in die Rundfunkfreiheit ein.[775]

Allerdings hat das BVerfG das Verfahren über die Besetzung der Aufsichtsgremien des ZDF zum Anlass genommen, aus Art. 5 I 2 2. Fall GG bestimmte Ansprüche abzuleiten, vor allem auf Staatsferne der Programmgestaltung und auf der Transparenz der Organisation öffentlich-rechtlicher Rundfunkanstalten.[776]

b) Personaler Schutzbereich

In personaler Hinsicht war die Rundfunkfreiheit historisch auf die öffentlich-rechtlichen Rundfunkanstalten gemünzt; bei Inkrafttreten des Grundgesetzes 1949 gab es noch keinen privaten Rundfunk. Deshalb können sich auch die öffentlich-rechtlichen **351** Öffentlich-rechtliche Rundfunkanstalten im Schutzbereich

767 BVerfG, NJW 2011, 1859, 1860 = RA 2011, 8, 9
768 BVerfGE 74, 297, 323; 57, 295, 320; BVerwGE 39, 159, 163
769 BVerwGE 75, 67, 70
770 BVerfGE 59, 231, 259
771 JP-Jarass, GG, Art. 5 Rn 33; MD-Herzog, GG, Art. 5 I, II Rn 236
772 BVerfGE 12, 205, 263; JP-Jarass, GG, Art. 5 Rn 32
773 BVerfGE 74, 297, 342; BK-Degenhart, GG, Art. 5 I, II Rn 513
774 BVerfG, ZUM 1993, 71, 71
775 BVerfG, NJW 2003, 500, 500; Dörr, VerwArch 92 (2001), 149, 178; Huff, NJW 2001, 1622, 1622
776 BVerfG, NVwZ 2014, 867, 867 ff.

Rundfunkanstalten auf Art. 5 I 2 2. Fall GG berufen[777] (vgl. auch Rn 67 ff.). Dazu gehören ZDF, WDR, BR, NDR, MDR usw., nicht jedoch die ARD, denn diese ist keine juristische Person i.S.d. Art. 19 III GG und allein deshalb schon nicht fähig, Trägerin von Rechten zu sein. Ob auch Landesmedienanstalten (BLM, mabb, NLM usw.) geschützt sind, ist umstritten.[778]

Privater Rundfunk

352 Da privater Rundfunk 1949 unbekannt war, war lange umstritten, ob sich auch Privatsender auf Art. 5 I 2 2. Fall GG berufen können.[779] Angesichts der Tatsache, dass die technischen und wirtschaftlichen Voraussetzungen für die Verbreitung von Rundfunk heute auch von Privaten erfüllt werden, ist dies mittlerweile aber allgemein anerkannt,[780] mag es historisch auch anders gewesen sein. Neben den Sendern selbst können sich alle im Bereich des Rundfunks tätigen Personen auf die Rundfunkfreiheit berufen; insoweit gilt wiederum das zur Pressefreiheit Gesagte entsprechend.[781] Nicht geschützt sind auch hier die Konsumenten (Empfänger).[782]

5. Filmfreiheit, Art. 5 I 2 3. Fall GG

353 **DEFINITION**
Film ist eine Verkörperung von Gedankeninhalten auf einem Trägermaterial, das zur audiovisuellen Wiedergabe in der Öffentlichkeit geeignet und bestimmt ist.[783]

354 Die Filmfreiheit greift also nur ein, wenn der Film öffentlich gezeigt wird.[784] Von der Rundfunkfreiheit unterscheidet sie sich dadurch, dass Filme ortsgebunden vorgeführt werden.[785] Das Speichermedium (Magnetband, Zelluloid etc.) ist hingegen irrelevant.

BEISPIEL: Eine DVD kann der Filmfreiheit unterfallen, wenn sie öffentlich vorgeführt wird.[786] Dass sie nicht nach dem klassischen Verständnis des Begriffs „Film" durch Belichtung auf eine Leinwand geworfen, sondern mittels Lasertechnik ausgelesen wird, spielt keine Rolle. Ein im Fernsehen gezeigter Spielfilm fällt hingegen ausschließlich unter die Rundfunkfreiheit.[787]

Geringe Bedeutung, da subsidiär zur Kunstfreiheit

355 Historisch waren vor allem die Wochenschauen im Kino gemeint.[788] Kinofilme sind noch heute der Hauptanwendungsfall der Filmfreiheit; ansonsten gibt es kaum noch Massenverbreitung von Informationen durch Film. Aber selbst Kinofilme sind in aller Regel durch die Kunstfreiheit aus Art. 5 III 1 1. Fall GG geschützt. Da der schrankenlose und daher stärkere Art. 5 III GG die Anwendung des Art. 5 I GG verdrängt,[789] führt die Filmfreiheit ein Schattendasein.

---

777 BVerfGE 83, 238, 322; 59, 231, 254; 31, 314, 322
778 Dafür BVerfG, ZUM 1997, 202, 202; VGH München, NVwZ-RR 1993, 552, 552; dagegen VerfGH Leipzig, NJW 1997, 3015, 3015; Bethge, NJW 1995, 557, 557
779 Offen gelassen noch von BVerfGE 57, 295, 318
780 BVerfGE 97, 298, 311; 95, 220, 234; zu den Anforderungen an private Veranstalter bzgl. des Inhalts ihrer Sendungen BVerfGE 97, 228, 257; 83, 238, 296
781 Bethge, DÖV 2002, 673, 674
782 BVerfG, NJW 1990, 311, 311
783 MD-Herzog, GG, Art. 5 I, II Rn 198; Geier, JURA 2004, 182, 182; Meirowitz, JURA 1993, 152, 155
784 Sachs-Bethge, GG, Art. 5 Rn 118
785 Kunig, JURA 1995, 589, 589
786 Geier, JURA 2004, 182, 183
787 v.Münch/Kunig-Wendt, GG, Art. 5 Rn 61; Starck, NJW 1980, 1359, 1363
788 v.Münch/Kunig-Wendt, GG, Art. 5 Rn 61
789 BVerfGE 75, 369, 377; 33, 52, 70; v.Mangoldt/Klein/Starck-Starck, GG, Art. 5 III Rn 290

BEISPIEL: Auf die Filmfreiheit mag es noch bei solchen im Kino gezeigten Filmen ankommen, die keinen künstlerischen Wert haben.[790]

Dort, wo die Filmfreiheit noch eingreift, schützt sie im gleichen Umfang wie Presse- und Rundfunkfreiheit, d.h. jedes Verhalten im Zusammenhang mit der Entstehung und der Verbreitung des Films (vgl. Rn 339 ff.). **356**

BEISPIEL: Schreiben eines Drehbuchs, Abdrehen des Films, Vorführung im Kino usw.

Ein Leistungsrecht vermittelt sie allerdings ebensowenig wie die anderen Kommunikationsgrunrechte aus Art. 5 I GG.

BEISPIEL: Es gibt aus Art. 5 I 2 3. Fall GG keinen Anspruch auf staatliche Filmförderung.

II. EINGRIFF

Elementare Abweichungen vom allgemeinen Eingriffsbegriff gibt es für die Kommunikationsgrundrechte des Art. 5 I GG nicht, sodass auf die Ausführungen unter Rn 91 ff. verwiesen werden kann. Insbesondere genügen auch mittelbar-faktische Eingriffe, die keine unmittelbaren rechtlichen Folgen haben. **357**

BEISPIEL: Aufnahme einer Zeitschrift in den Verfassungsschutzbericht.[791]

Einige Besonderheiten verdienen jedoch Beachtung:

Da auch die negative Meinungsfreiheit geschützt ist, ist auch die Pflicht, eine Meinung zu äußern, ein Eingriff. Dabei ist aber besonders kritisch zu prüfen, ob erstens tatsächlich eine Meinung vorliegt (in aller Regel wird der Staat Tatsachen ermitteln wollen, keine Werturteile) und zweitens die Bagatellschwelle überschritten ist. **358** Negative Meinungsfreiheit

BEISPIEL: Mit der Volkszählung sollten nur statistische Daten erhoben werden. Diese fallen schon nicht in den Schutzbereich der Meinungsfreiheit, die Frage nach einem Eingriff stellt sich nicht mehr.[792] Anders läge der Fall, wenn die Bundesregierung durch ein Meinungsforschungsinstitut ermitteln wollte, welche Schulnote die Wähler ihrer Arbeit geben würden. Wäre die Auskunft allerdings freiwillig, läge in der bloßen Ansprache - anders als bei Auskunftspflicht - lediglich eine Bagatelle und damit kein Eingriff.

Als bloße Ausgestaltung der Rundfunkfreiheit wird das Recht zur Kurzberichterstattung angesehen, weil damit die Rundfunkfreiheit gesichert und nicht verkürzt werden soll, selbst wenn sich daraus Pflichten für Rundfunksender ergeben.[793] Anders liegt es, wenn ihnen Pflichten aus anderen Gründen aufgegeben werden. **359** Kurzberichte

---

790 *Reupert, NVwZ 1994, 1155, 1155*
791 *BVerfGE 113, 63, 77*
792 *BVerfGE 65, 1, 41*
793 *BVerfGE 97, 228, 267; Bethge, DÖV 2002, 673, 680*

BEISPIEL: Die Pflicht privater Rundfunksender, ihre Sendungen aufzuzeichnen und der staatlichen Rundfunkaufsicht vorzulegen, sichert nicht die Rundfunkfreiheit der Sender, sondern dient ihrer Kontrolle. Deshalb liegt ein Eingriff vor.[794]

Alternative Quellen

360 An einem Eingriff in die Informationsfreiheit fehlt es nicht schon deshalb, weil dem Betroffenen neben der verweigerten Quelle noch andere Informationsquellen offen stehen, denn Art. 5 I 2 GG schützt auch die Wahl zwischen mehreren Quellen.

BEISPIEL: Die Verweigerung von TV-Empfang im Strafvollzug ist ein Eingriff in Art. 5 I 2 GG der Gefangenen, auch wenn sie Radio hören und Zeitung lesen dürfen.[795]

III. VERFASSUNGSRECHTLICHE RECHTFERTIGUNG

1. Schranken

Schrankentrias des Art. 5 II GG

361 Art. 5 II GG stellt die Kommunikationsgrundrechte des Art. 5 I GG unter den Vorbehalt der allgemeinen Gesetze, den gesetzlichen Bestimmungen zum Schutze der Jugend und des Rechts der persönlichen Ehre. Bei dieser Schrankentrias handelt es sich um (qualifizierte) Gesetzesvorbehalte, zu denen für die Meinungsfreiheit des Art. 5 I 1 1. Hs. GG noch ein weiterer aus Art. 17a I GG hinzu tritt.

Eingriffe durch oder aufgrund eines Gesetzes möglich

362 Diesen Gesetzesvorbehalten ist bei Eingriffen durch oder aufgrund eines Parlamentsgesetzes genügt; Rechtsverordnungen oder Satzungen können also (nur, aber immerhin) Eingriffsermächtigungen enthalten, sofern sie sich ihrerseits auf ein Parlamentsgesetz zurückführen lassen.[796] Auch Eingriffe zum Schutz des „Rechts der persönlichen Ehre“ nach Art. 5 II 3. Fall GG bedürfen nach ganz h.M.[797] aus Gründen der Bestimmtheit und Rechtssicherheit einer gesetzlichen Grundlage, obwohl von „Gesetze“ bzw. „gesetzliche Bestimmungen“ nur in Art. 5 II 1. und 2. Fall GG die Rede ist. Nicht ausreichend sind also hier wie dort Verwaltungsvorschriften[798] und Gewohnheitsrecht.

2. Schranken-Schranken

a) Qualifizierte Anforderungen

363 Das Gesetz, durch das oder aufgrund dessen eingegriffen wird, muss (mindestens) einer der qualifizierten Anforderungen genügen, die Art. 5 II GG bzw. Art. 17a I GG aufstellen:

aa) Allgemeine Gesetze, Art. 5 II 1. Fall GG

364 Wann ein Gesetz „allgemein“ i.S.d. Art. 5 II 1. Fall GG ist, war schon zu Weimarer Zeiten umstritten. Die damals herrschende „**Sonderrechtslehre**“ verstand unter allgemeinen Gesetzen i.S.d. gleichlautenden Art. 118 I 2 WRV solche, die sich nicht gegen eine bestimmte Meinung richteten,[799] während die „**Abwägungslehre**“ meinte, das

---

794 BVerfGE 95, 220, 235
795 BVerfGE 15, 288, 295
796 BVerwGE 72, 183, 186; OVG Münster, DVBl 1972, 509, 509
797 BVerfGE 33, 1, 17; v.Münch/Kunig-Wendt, GG, Art. 5 Rn 82
798 v.Münch/Kunig-Wendt, GG, Art. 5 Rn 73
799 Anschütz, VVDStRL 4 (1928), 74, 75

Gesetz müsse einen Zweck verfolgen, der wichtiger sei als die Meinungsfreiheit.[800]

Das BVerfG hat diese beiden Formeln kurzerhand kombiniert:

DEFINITION
Allgemein ist ein Gesetz, das sich nicht gegen eine bestimmte Meinung richtet, sondern dem Schutz eines Gemeinschaftswerts dient, der gegenüber der Meinungsfreiheit Vorrang hat.[801]

Allgemeine Gesetze müssen also meinungsneutral sein und einen besonders hochrangigen Zweck verfolgen. Diese vom BVerfG in ständiger Rechtsprechung vertretene Definition wird auch von der ganz h.L.[802] und der fachgerichtlichen Rechtsprechung[803] geteilt.

KLAUSURHINWEIS
Der historische Streit über das Merkmal „allgemein" sollte nur aufgegriffen werden, wenn der Sachverhalt hierzu besonderen Anlass bietet. Ansonsten kann kommentarlos mit der o.g. Formel des BVerfG gearbeitet werden.

(1) Nicht gegen eine bestimmte Meinung gerichtet

Allgemein sind danach unproblematisch solche Gesetze, die sich nicht ausschließlich mit Meinungsäußerungen befassen, sondern sich - neben anderen Anwendungsfällen - auch auf diese erstrecken können.[804] Diese Gesetze werden auch „meinungsneutrale Gesetze" genannt.[805] **365**

BEISPIEL: Generalklauseln des Polizei- und Ordnungsrechts;[806] Rechtsberatungsgesetz.[807]

Richtet sich ein Gesetz spezifisch gegen Meinungsäußerungen, ist es immer noch allgemein, wenn es sich nicht um eine bestimmte Meinung handelt.[808]

BEISPIELE: Beleidigungsdelikte nach §§ 185 ff. StGB.

Auch (noch) als allgemein werden solche Normen angesehen, die eine bestimmte Form der Meinungsäußerung betreffen, also weniger den Inhalt, als mehr die Art und Weise betreffen, wie eine Meinung geäußert wird.[809]

---

800 *Smend, VVDStRL 4 (1928), 44, 51*

801 *BVerfGE 97, 125, 146; 91, 125, 135; 50, 234, 241; 28, 282, 292; 7, 198, 209; Sonder, JURA 2011, 355, 355*

802 *v.Münch/Kunig-Wendt, GG, Art. 5 Rn 70 m.w.N.; a.A. z.B. Frohwein, AöR 105 (1980), 169, 182*

803 *BVerwGE 83, 60, 82; BGHZ 76, 55, 67; BAG, NJW 1984, 826, 828; BSGE 20, 169, 178*

804 *BVerfG, NJW 2010, 47, 49; Ernst, JURA 2012, 145, 148; Lepsius, JURA 2010, 527, 530*

805 *Lepsius, JURA 2010, 527, 530*

806 *BVerwGE 84, 247, 256*

807 *Ricker, NJW 1999, 449, 452*

808 *Ernst, JURA 2012, 145, 148; Lepsius, JURA 2010, 527, 530*

809 *Pieroth/Schlink, GR, Rn 644*

BEISPIEL: § 90 StGB verbietet eine Verunglimpfung des Bundespräsidenten, aber nicht, sich überhaupt kritisch über sein politisches Wirken zu äußern. Sie betrifft damit die Form der Äußerung, nicht ihren Inhalt.

Form und Inhalt sind u.U. schwer zu trennen. Im Zweifel gilt: Solange es jedenfalls im Schwerpunkt um die Form geht, inhaltlich also noch eine gewisse Bandbreite an Meinungen möglich bleibt, ist das Gesetz allgemein.

BEISPIEL: Wer den Bundespräsidenten verunglimpft, sagt zwangsläufig etwas Negatives über ihn. § 90 StGB betrifft somit auch den Inhalt der Äußerung. Trotzdem knüpft das Merkmal des „Verunglimpfens" jedenfalls im Schwerpunkt an die Art und Weise der Äußerung an.[810] Man kann sich vom linken bis zum rechten Rand des politischen Meinungsspektrums durchaus kritisch äußern, ohne dass eine „Verunglimpfung" vorliegt.

Erst wenn eine spezifische Meinung unabhängig von der Form, in der sie geäußert wird, inhaltlich verboten wird, liegt kein allgemeines Gesetz, sondern unzulässiges Sonderrecht vor. Zur Frage, ob dann noch eine Rechtfertigung unter anderen Gesichtspunkten möglich ist, siehe unten Rn 368.

BEISPIEL: Verbot der Lehren von Scientology. Nicht allgemein sind ferner § 86 I Nr. 4 StGB, § 86a StGB und § 130 IV StGB.

366 **(2) Schutz eines vorrangigen Gemeinschaftswerts**

Als Gemeinschaftswerte, die Vorrang vor den Rechten des Art. 5 I GG haben können, werden beispielhaft genannt: Verfassungsprinzipien wie Rechtsstaats- und Demokratieprinzip, die Völkerverständigung, die Gefahrenabwehr, die Rechtspflege, die Privatautonomie, der Schul- oder Betriebsfrieden sowie ganz allgemein Grundrechte Dritter.[811]

Meinungsneutrale Gesetze

Bei meinungsneutralen Gesetzen sollten hieran keine zu strengen Anforderungen geknüpft werden. Es genügt dann letztlich jeder legitime Zweck.

BEISPIELE: Vorschriften über Öffentlichkeit und Sitzungspolizei, §§ 169 GVG (Gemeinschaftswert: Schutz der Rechtspflege);[812] Normen des BGB (Privatautonomie);[813] arbeitsrechtliches Verbot der Werbung im Betrieb (Betriebsfrieden);[814] Polizei- und ordnungsrechtliche Generalklauseln (Gefahrenabwehr).[815]

Meinungsspezifische Gesetze

Sanktioniert das Gesetz hingegen nur Meinungen (wenngleich keine spezifische, denn sonst wäre es ja schon als Sonderrecht nicht „allgemein", s.o. Rn 365), kommt es darauf an, ob die Rechtsordnung den Gemeinschaftswert auch noch anderweitig schützt.[816]

---

810 BGHSt 12, 364, 365
811 vgl. die Einzelfälle bei v.Münch/Kunig-Wendt, GG, Art. 5 Rn 74
812 BVerfGE 91, 125, 136; 50, 234, 241
813 BVerfGE 34, 269, 282 (§ 823 BGB); OLG Karlsruhe, NJW 1972, 1810, 1812 (§ 12 BGB)
814 BVerfGE 42, 133, 140; BAG, NJW 1978, 1874, 1875; Schaub, RdA 1979, 137, 140
815 BVerwGE 1, 303, 307; BGHZ 12, 197, 203
816 BVerwG, BayVBl. 2009, 50, 52 = RA 2009, 120, 121

BEISPIEL: § 185 StGB sanktioniert nur Meinungsäußerungen. Sein Schutzgut – die persönliche Ehre – wird in der Rechtsordnung aber auch anderweitig geschützt, z.B. durch das allgemeine Persönlichkeitsrecht in Art. 2 I i.V.m. 1 I GG und § 823 I BGB. Somit handelt es sich beim Ehrschutz um einen tauglichen Gemeinschaftswert im o.g. Sinne.

KLAUSURHINWEIS
Schon bei der Frage, ob ein Gesetz allgemein ist, muss also festgestellt werden, ob es dem Schutz eines Gemeinschaftswertes im o.g. Sinne dient. Eine Abwägung zwischen Art. 5 I GG und dem kollidierenden Gemeinschaftswert findet allerdings erst in der Verhältnismäßigkeit (Angemessenheit) statt.

bb) Jugend- und Ehrschutz, Art. 5 II 2. und 3. Fall GG

Nach Ansicht des BVerfG müssen Gesetze, die dem Schutze der Jugend oder dem Recht der persönlichen Ehre dienen, auch „allgemein" im vorgenannten Sinne sein.[817] Dadurch wird diesen Schranken jede eigene Bedeutung genommen: Ist ein Gesetz „allgemein", genügt schon die Schranke des „allgemeinen Gesetzes". Ist es nicht „allgemein", nützen auch Jugend- oder Ehrschutzzwecke nichts. 367

Allgemeinheit auch bei Jugend- und Ehrschutz?

Gerade weil Jugend- und Ehrschutz durch diese Rechtsprechung jegliche Bedeutung einbüßen, teilt die h.L. die Ansicht des BVerfG nicht. Sie erblickt Sinn und Zweck dieser Schranken gerade darin, dass jugend- oder ehrschützende Normen nicht „allgemein" sein müssen.[818] Für diese Ansicht spricht ferner der Wortlaut des Art. 5 II GG, der das Merkmal „allgemein" gerade nicht auf Jugend- und Ehrschutz bezieht.

Letztlich werden sich jedoch kaum Unterschiede ergeben. Vorrangig ist nämlich auch nach der h.L. zu prüfen, ob die Schranke der „allgemeinen Gesetze" bereits eingreift. Ist dies der Fall, erübrigt sich ein Eingehen auf die übrigen Schranken der Trias.[819]

BEISPIEL (nach BVerfG, RA 2006, 61 = BayVBl 2006, 15): § 185 StGB schützt die persönliche Ehre, ist gleichzeitig aber auch „allgemein", ein Eingehen auf das Recht der persönlichen Ehre erübrigt sich.

Wenn es überhaupt einen Konfliktfall zwischen BVerfG und h.L. geben kann, dann bei Regelungen, die nicht allgemein sind, gleichzeitig aber dem Jugend- oder Ehrschutz dienen. Solche existieren in der deutschen Rechtsordnung vor allem, soweit es um die Beschränkung der propagandistischen Gutheißung der nationalsozialistischen Gewalt- und Willkürherrschaft geht. 368

Einschränkung der NS-Propaganda

BEISPIELE: §§ 130 IV StGB; § 15 II VersG. Diese sind nicht „allgemein", weil sie sich spezifisch gegen die Verbreitung nationalsozialistischen Gedankenguts richten. Gleichzeitig ließen sie sich aber über den Schutz der persönlichen Ehre der Opfer des NS-Regimes rechtfertigen, wenn man mit der h.L. – entgegen dem BVerfG – davon ausgeht, dass dem Ehrschutz dienende Gesetze nicht „allgemein" sein müssen.

Gerade für Bestimmungen, die der propagandistischen Gutheißung der nationalsozialistischen Gewalt- und Willkürherrschaft Grenzen setzen, vertritt aber auch das

GG als freiheitlicher Gegenentwurf zum Naziregime

817 BVerfG, NJW 2010, 47, 51 = RA 2009, 693, 698
818 Sachs-Bethge, GG, Art. 5 Rn 159 m.w.N.; Lepsius, JURA 2010, 527, 530
819 So verfährt auch das BVerfG, vgl. BVerfG, NJW 2001, 3613, 3613 = RA 2001, 17, 19 zu § 185 StGB

BVerfG, dass sie nicht „allgemein" sein müssen. Das gesamte Grundgesetz sei ein „Gegenentwurf" zur Nazidiktatur. Dem Zusammenspiel aller Grundgesetznormen (Demokratie, Gewaltenteilung, Menschenwürde, Friedlichkeit, Gleichheit u.v.m.) könne entnommen werden, dass ausnahmsweise spezifisch gegen NS-Gedankengut vorgegangen werden könne.[820]

KLAUSURHINWEIS

Schränkt ein Gesetz spezifisch die Verbreitung nationalsozialistischen Gedankenguts ein, ist es somit also nicht „allgemein", kann i.d.R. offen gelassen werden, ob es die Schranke der „persönlichen Ehre" (der Opfer des NS-Regimes) konkretisiert, die auf nicht allgemeine Gesetze anwendbar bleibt (so die h.L.), oder ob in diesem speziellen Fall eine dem Grundgesetz immanente, ungeschriebene Ausnahme vom ansonsten allumfassenden Allgemeinheitserfordernis meinungsbeschränkender Gesetze zu machen ist (so das BVerfG).

Der Streit kann vor allem auch deshalb offen gelassen werden, weil sich auch für den weiteren Prüfungsgang keine Unterschiede mehr ergeben. Insbesondere betont das BVerfG ausdrücklich, dass auch nach seiner Ansicht Bestimmungen, die der propagandistischen Gutheißung der nationalsozialistischen Gewalt- und Willkürherrschaft Grenzen setzen, ganz normal sämtlichen Schranken-Schranken unterliegen, d.h. z.B. auch verhältnismäßig sein müssen.[821]

Nach alledem kommt es auf die Schranken „Gesetze zum Schutze der Jugend" und „Recht der persönlichen Ehre" nur noch dann entscheidend an, wenn man a) eine nicht allgemeine Regelung antrifft, die b) nicht gegen die Verbreitung von NS-Gedankengut gerichtet ist und c) man mit den o.g. Argumenten der h.L. darin folgt, dass auch nicht allgemeine Regelungen durch Jugend- oder Ehrschutzzwecke gerechtfertigt sein können. Dies vorausgesetzt, stellt sich die weitere Frage, was genau unter Jugend- und Ehrschutz zu verstehen ist:

DEFINITION

Eine **gesetzliche Bestimmung zum Schutz der Jugend** liegt vor, wenn die Norm bestimmt und geeignet dazu ist, die Jugend zu schützen.[822]

Jugend- und Ehrschutz

369 Diese an Rabulistik grenzende Definition soll aussagen, dass der Jugendschutz nicht nur ein vorgeschobenes Mittel sein darf. Ziel muss die ungestörte Entwicklung Jugendlicher sein, wozu vor allem die Wertevermittlung durch Erziehung und die Abwehr von Gefahren auf sittlichem Gebiet gehören.

BEISPIELE: Jugendschutzgesetz; früher Gesetz über jugendgefährdende Schriften und Medieninhalte (GjSM);[823] Verbot der Ausstrahlung bestimmter Filme zu bestimmten Zeiten.[824]

---

820 BVerfG, NJW 2010, 47, 51 = RA 2009, 693, 699
821 BVerfG, NJW 2010, 47, 51 = RA 2009, 693, 699
822 BVerfGE 30, 336, 354; v.Münch/Kunig-Wendt, GG, Art. 5 Rn 79; Bauer, JZ 1965, 44, 44
823 BVerfGE 90, 1, 16; BVerfG, NJW 1986, 1241, 1242
824 v.Münch/Kunig-Wendt, GG, Art. 5 Rn 81

DEFINITION
Die **persönliche Ehre** ist der innere Wert des Menschen und sein Ansehen in der Öffentlichkeit.[825]

BEISPIELE: Normen des bürgerlichen Rechts (§ 823 I BGB) und des Strafrechts (§§ 185 ff. StGB).

Aber nochmals: Gerade jugend- und ehrschützende Normen - auch die soeben genannten Beispiele - sind in aller Regel bereits „allgemeine" Gesetze mit der Folge, dass sich ein Eingehen auf den Schutz der Jugend oder das Recht der persönlichen Ehre erübrigt. Diese Schranken laufen daher faktisch in vielen Fällen leer.

cc) Gesetze über Wehr- und Zivildienst, Art. 17a I GG

Art. 17a I GG gilt explizit nur für die Meinungsfreiheit aus Art. 5 I 1 1. Hs. GG, nicht also für die übrigen Grundrechte des Art. 5 I GG. **370** Wehr- und Zivildienst

BEISPIEL: Da das Recht eines Soldaten, sich aus Zeitungen, Fernsehen und Radio zu unterrichten, durch die Informationsfreiheit des Art. 5 I 2 GG geschützt ist, kann ein Verbot, während der Dienstzeit fernzusehen oder Zeitung zu lesen nie über die Schranke des Art. 17a I GG gerechtfertigt werden.

Zu den „Angehörigen der Streitkräfte" i.S.d. Art. 17a I GG gehören nur die im militärischen **371** Bereich dienenden Personen (Berufssoldaten, Zeitsoldaten, Wehrpflichtige, Reservisten während der Wehrübung), also nicht Zivilbedienstete oder die Bundeswehrverwaltung.[826] „Angehörige des Ersatzdienstes" sind Personen, die Dienst nach Art. 12a II GG leisten.

Art. 17a I GG verdrängt die Schrankentrias des Art. 5 II GG nicht, sondern tritt neben **372** sie.[827] Soweit unter Art. 5 II GG subsumiert werden kann, ist daher ein Eingehen auf Art. 17a GG entbehrlich. Die praktische Relevanz der Norm ist demgemäß ebenso gering wie die von Jugend- und Ehrschutz.

BEISPIEL: Gesetze nach Art. 17a I GG sind vor allem das Soldatengesetz, das Wehrpflichtgesetz und das Zivildienstgesetz. Sie verbieten keine spezifischen Meinungen und sind daher schon „allgemeine Gesetze" i.S.d. Art. 5 II 1. Fall GG.[828]

b) Zensurverbot

Art. 5 I 3 GG enthält ein Zensurverbot. Nach ganz h.M. handelt es sich dabei nicht um **373** ein eigenes Grundrecht, sondern um eine Schranken-Schranke.

BEISPIEL: Unterstellt, Pornofilme würden generell verboten, stellte dies einen Eingriff in die Rundfunk- oder Filmfreiheit des Art. 5 I 2 3. Fall GG dar (nicht in Art. 5 I 3 GG, denn das Zensurverbot ist kein eigenes Grundrecht). Das Verbotsgesetz mag als „allgemeines Gesetz" oder als „Gesetz zum Schutze der Jugend" auch die qualifizierten Schrankenanforderungen des Art. 5 II GG erfüllen; wegen eines Verstoßes gegen das Zensurverbot des Art. 5 I 3 GG könnte es aber dennoch verfassungswidrig sein.

---

825 *Fischer, StGB, § 185 Rn 2 m.w.N.*
826 *v.Münch/Kunig-Rauball, GG, Art. 17 Rn 5, 6*
827 *BVerfGE 44, 197, 201; BVerwG, NJW 1985, 169, 169*
828 *v.Münch/Kunig-Rauball, GG, Art. 17 Rn 5*

Vorzensur

374 Nach Art. 5 I 3 GG gänzlich verboten ist nach ganz h.M. nur die Vorzensur. Dies ergibt sich schon aus der Existenz der Schranken des Art. 5 II GG, die umzusetzen praktisch nicht möglich wäre, wollte man auch eine Nachzensur gänzlich verbieten.

BEISPIEL: Einen jugendgefährdenden Film darf man zunächst drehen (keine Vorzensur); könnte man seine Verbreitung anschließend auch nicht einschränken (Nachzensur), wäre Jugendschutz nach Art. 5 II GG praktisch nicht mehr möglich.

DEFINITION
Zensur sind einschränkende Maßnahmen vor der Herstellung oder Verbreitung eines Geisteswerkes, wie etwa die behördliche Vorprüfung und Genehmigung seines Inhalts.[829]

Nachzensur

Das bedeutet natürlich nicht, dass jede Nachzensur zulässig wäre. Eine solche ist nur nicht automatisch wegen Art. 5 I 3 GG unzulässig; sie greift aber in den Schutzbereich des Art. 5 I GG ein (häufig: Presse, Rundfunk, Film) und muss sich daher wie jeder andere Eingriff auch an den Schranken der Grundrechte messen lassen.

BEISPIEL: Eine Nachzensur, Kraft derer alle Exemplare einer Zeitschrift beschlagnahmt werden, kann einen unverhältnismäßigen Eingriff in die Pressefreiheit darstellen und deshalb verfassungswidrig sein.

375 Für eine Vorzensur im o.g. Sinne genügen negative mittelbar-faktische Auswirkungen auf die Herstellung oder Verbreitung des Gedankenguts nicht; „Zensur" ist nur eine inhaltliche Beeinflussung.[830]

BEISPIEL: Die Erhebung einer „Filmsteuer" mag die Verwirklichung eines Filmprojekts erschweren; mangels Inhaltskontrolle stellte sie jedoch keine Zensur dar.

c) Verhältnismäßigkeit

Wechselwirkungslehre des BVerfG

376 In der Verhältnismäßigkeit bereitet besonders die Angemessenheit der Anwendung allgemeiner Gesetze Probleme. Wie oben gezeigt, muss das Gesetz selbst einem vorrangigen Gemeinschaftswert dienen, sonst wäre es nicht „allgemein" i.S.d. Art. 5 II 1. Fall GG. Aus diesem Vorrang könnte man folgern, dass für eine Abwägung dieses Gemeinschaftswerts mit der Meinungsfreiheit bei der Anwendung des allgemeinen Gesetzes auf einen konkreten Einzelfall kein Raum mehr bliebe.[831] Das BVerfG sieht dies jedoch anders: Nach der sog. „**Wechselwirkungslehre**" muss auch ein allgemeines Gesetz wiederum im Lichte des Art. 5 I GG angewendet werden.[832]

BEISPIEL: § 177 GVG mag als allgemeines Gesetz die Ordnung im Gerichtssaal und damit die Rechtspflege schützen; gleichwohl darf ein Zuschauer nicht wegen jedes Zurufs aus dem Saal verwiesen werden. Vielmehr ist seine Meinungsfreiheit wertend bei der Frage zu berücksichtigen, ob ein solcher Verweis angemessen ist.

---

829 BVerfGE 87, 209, 230; 47, 198, 236; 33, 52, 72; VG Berlin, DVBl 1972, 511, 513
830 v.Münch/Kunig-Wendt, GG, Art. 5 Rn 63
831 So z.B. MD-Herzog, GG, Art. 5 Rn 260
832 BVerfGE 61, 1, 10; 7, 198, 208; Sonder, JURA 2011, 355, 357

Wechselwirkung schon auf Schrankenebene?

Theoretisch kann die Wechselwirkungslehre auch schon bei der Prüfung der Verhältnismäßigkeit des einschränkenden Gesetzes selbst Anwendung finden, wenn der mit Schranke verfolgte Zweck im Lichte der Meinungsfreiheit unangemessen wäre. Praktisch wird dies aber nur selten nötig sein, denn wäre der Gesetzeszweck selbst unangemessen, wäre das Gesetz in aller Regel schon nicht „allgemein" oder würde den Wesensgehalt des Grundrechts antasten, also schon gegen Art. 19 II GG verstoßen. Die Wechselwirkungslehre hat daher in erster Linie auf Normanwendungsebene Bedeutung.

KLAUSURHINWEIS
Die Wechselwirkungslehre ist in aller Regel in der Verhältnismäßigkeit der Anwendung der Schranke (und dort in der Angemessenheit) zu prüfen. Die Prüfung vollzieht sich in zwei Schritten: Ist die Äußerung richtig gedeutet worden (1.) und ist die Meinungsfreiheit bei der Anwendung der Schranke auf die als richtig erkannte Deutung angemessen berücksichtigt worden (2.)?

Besondere Bedeutung bei beleidigenden Äußerungen

Besonders deutlich zeigt sich die Wechselwirkung zwischen Schranke und Grundrecht am Beispiel beleidigender Äußerungen, also bei Anwendung der §§ 185 ff. StGB:

aa) Deutung der Meinungsäußerung

Schon auf Deutungsebene können Fehler passieren, etwa wenn bei einer mehrdeutigen Äußerung nur von einer Deutung ausgegangen wird, ohne die Alternativen zu erkennen.[833] **377**

BEISPIEL (nach BVerfG, NJW 1995, 3303: „Soldaten sind Mörder"): Ein Gericht sieht die Äußerung „Soldaten sind Mörder" als Vorwurf der Begehung tatbestandlicher Morde nach § 211 StGB gegenüber jedem einzelnen Bundeswehrangehörigen an, ohne auf die Idee zu kommen, dass der dieses Tucholsky-Zitat Verwendende möglicherweise nur die Schrecken des Krieges anprangern wollte.[834]

Differenzierung zwischen repressiver und präventiver Maßnahme

Sind mehrere Deutungsvarianten erkannt, und steht nicht fest, welche davon gemeint war, muss bei einer repressiven Maßnahme (z.B. Bestrafung nach §§ 185 ff. StGB) unstreitig die für den Äußernden günstigste Variante, bei präventiven Maßnahmen (z.B. Geltendmachung eines öffentlich-rechtlichen Unterlassungsanspruchs oder Maßnahmen der Gefahrenabwehr) hingegen die für den Äußernden ungünstigste Variante der Abwägung zugrunde gelegt werden.[835]

BEISPIEL: Im Fall „Soldaten sind Mörder" wäre zugunsten des Täters zu unterstellen, dass er die nicht beleidigende Variante der generellen Anprangerung der Schrecken des Krieges gemeint hat. Eine Bestrafung aus § 185 StGB wäre daher unangemessen. Begehrt hingegen ein Politiker das Unterlassen der Behauptung, er habe als „IM Sekretär" für die Stasi gearbeitet, kann diesem Anspruch nicht entgegen gehalten werden, die günstigste, nicht ehrverletzende Deutung dieser Aussage ergebe, dass er auch unfreiwillig mitgearbeitet haben könnte.[836]

---

833 *BVerfG, NJW 2001, 3613, 3613 = RA 2002, 17, 18*
834 *BVerfG, NJW 1995, 3303, 3305*
835 *BVerfG, NJW 2006, 207, 209 = RA 2005, 633, 636; NJW 2006, 3769, 3772; differenzierend zwischen Tatsache und Werturteil Hochhuth, NJW 2007, 192, 193*
836 *BVerfG, NJW 2006, 207, 209 = RA 2005, 633, 637*

Hintergrund ist, dass man eine mehrdeutige Aussage für die Zukunft präzisieren könnte. Geht es also um die präventive Abwehr künftiger Aussagen, hätte es der Äußernde selbst in der Hand, seine Meinung in der für ihn günstigeren Weise zu präzisieren. Verwendet er stattdessen weiterhin seine mehrdeutige Aussage, muss er sich unterstellen lassen, dass er sich (zumindest auch) die für ihn ungünstigere Variante zu Eigen macht. Bei repressiven Maßnahmen hingegen besteht eine nachträgliche Möglichkeit zur Präzisierung nicht. Außerdem spielt hier wertend der Grundsatz „**in dubio pro reo**" mit, im Zweifel also im Sinne der für den Angeklagten günstigsten Sichtweise.

bb) Abwägung mit der Meinungsfreiheit

Schmähkritik als Grenze

378 Ist die Äußerung zutreffend gedeutet worden, ist der Schutzzweck der Schranke mit der Meinungsfreiheit nach allen Umständen des Einzelfalles abzuwägen.[837] Dabei kommt der Meinungsfreiheit ein hohes Gewicht zu. Als Grenze hat sich der vom BVerfG gebildete Begriff der „Schmähkritik" herausgebildet: Geht es nur noch um die Diffamierung des anderen und nicht mehr um die Auseinandersetzung in der Sache, tritt die Meinungsfreiheit daher zurück.[838]

BEISPIEL: Das LG Hamburg hat einen im Internet verbreiteten anwaltlichen Schriftsatz des Inhalts, der Prozessgegner sei ein „Schlitzohr" und für ihn sei die Domain „flunkerfuerst.de" sicherlich noch frei, als Schmähkritik angesehen.[839]

Was „Schmähkritik" ist und was nicht, lässt sich nicht pauschal sagen. Letztlich geht es hier um die Frage, wo die Gürtellinie verläuft. Immerhin gibt es aber einige Fallgruppen, in denen man mit der Annahme von „Schmähkritik" besonders zurückhaltend sein sollte:

Öffentliche Personen

- **In der Öffentlichkeit stehenden Personen**, die sich selbst exponieren und daher mit Gegenrede rechnen müssen, müssen mehr Kritik einstecken als Privatpersonen

BEISPIEL: Die Kritik an einem Bürgermeister, dieser würde „eine Lüge mit der nächsten Lüge beschönigen" und „sprichwörtlich über Leichen gehen", hat das BVerfG als zulässige Meinungsäußerung angesehen und daher eine Verurteilung wegen Beleidigung aufgehoben.[840] Eine Landrätin musste sich von der BILD-Zeitung sagen lassen, ihre „Hormone seien durcheinander". Erst die Bezeichnung als „durchgeknallte Frau" überschritt als Schmähkritik schließlich den Rahmen.[841]

Recht auf Gegenschlag

- **„Recht auf Gegenschlag"**: Wer sich zuvor selbst unsachlicher Kritik ausgesetzt sah, darf mit gleicher Intensität zurückschlagen, ohne dass es sich um „Schmähkritik" handelt

---

837 *BVerfGE 64, 55, 62; 35, 202, 223; 28, 191, 202*
838 *BVerfGE 93, 266, 293; 82, 272, 283; BVerfG, NJW 2003, 3760, 3760 = RA 2004, 52, 52*
839 *OLG Hamburg, CR 2005, 131, 131*
840 *BVerfG, NJW 2003, 3760, 3760 = RA 2004, 52, 52*
841 *BVerfG, NJW 2014, 764, 764*

BEISPIEL (nach BVerfG, DÖV 2016, 656 = RA 2016, 316 - Fall „Kachelmann"): Wird eine frühere Lebenspartnerin öffentlich als „kriminell", „Lügnerin" und „psychologisch auffällig" bezeichnet, darf sie sich in einem Interview mit den Aussagen wehren, der andere sei „heuchlerisch", und den Vorwurf der Vergewaltigung gegen ihn auch nach einem freisprechenden Urteil jedenfalls dann aufrecht erhalten, wenn das Urteil aus Mangel an Beweisen gefällt wurde, ihre Behauptung also nicht er-weislich unwahr ist.

Kollektiväußerungen

- **Kollektiväußerungen** sind normalerweise keine „Schmähkritik" gegenüber einzelnen Angehörigen des Kollektivs, es sei denn, diese sind ersichtlich auf sie gemünzt

BEISPIEL (nach BVerfG, NJW 1995, 3303): Im berühmten „Soldaten sind Mörder"-Fall hat das BVerfG Schmähkritik u.a. mit dem Argument verneint, die Äußerung sei nicht auf einen bestimmten Soldaten gemünzt, sondern richte sich schlicht gegen alle Soldaten.

Dies gilt selbst dann, wenn es sich um ein kleines, überschaubares Kollektiv handelt, dessen Angehörige noch individualisierbar sind.

BEISPIEL (nach BVerfG, NVwZ 2013, 1405): Die Bezeichnung einer Anwaltssozietät als „Winkeladvokatur" sei laut BVerfG u.a. deshalb keine Schmähkritik, weil nicht ein bestimmter Anwalt, sondern die ganze Sozietät apostrophiert werde. Anders wäre es also möglicherweise, wenn ein einzelner Anwalt als „Winkeladvokat" bezeichnet würde.

- Mit **Amts- oder Berufsträgern**, die in Wahrnehmung ihrer Aufgaben berechtigte Interessen Dritter vertreten, z.B. Rechtsanwälten oder Journalisten, ist die Rspr. besonders nachsichtig, um nicht zu sagen: sie gewährt diesen de facto Narrenfreiheit.

BEISPIEL (nach BVerfG, NJW 2017, 2606): Ein Anwalt darf eine Gerichtsverhandlung als „Musikantenstadl" bezeichnen, ohne damit den Richter zu beleidigen. Selbst dass er „perfider als Roland Freisler" sei, musste sich ein Richter nach Ansicht des OLG München (Beschluss vom 31.05.2017 - 5 OLG 13 Ss 81/17) sagen lassen. Dass ein Rechtsanwalt eine Staatsanwältin als „geisteskrank" titulierte, rechtfertigte nach BVerfG, NJW 2016, 2870 = RA 2016, 484 auch keine Verurteilung wegen Beleidigung, weil die Äußerung im Rahmen eines Ermittlungsverfahrens gegen den Mandanten des Anwalts fiel; anders hätte es möglicherweise ausgesehen, wenn die Äußerung privat gefallen wäre, da der Anwalt dann nicht in seiner anwaltlichen Funktion gehandelt hätte.

KLAUSURHINWEIS

Die o.g. Beispiele zeigen schon: Im Grenzbereich wird sich letztlich alles vertreten lassen, solange nur ausführlich argumentiert wird. Eine Tendenz in der Rspr., immer seltener „Schmähkritik" anzunehmen, ist allerdings unverkennbar. Positiv ist in jedem Fall, wenn die o.g. Fallgruppen bei der Argumentation erkannt und gewürdigt werden.

SACHVERHALT

C. Klausurfall: Der unbelehrbare Neonazi

379 N ist Mitglied der rechtsgerichteten Partei „Die Republikaner". Über F, den Vizepräsidenten des Zentralrats der Juden in Deutschland, verfasste er anlässlich einer Kundgebung gegen Rechtsextremismus, an der F teilgenommen hatte, folgende Pressemeldung: „Natürlich fehlte bei diesem Theater der Zigeunerjude F auch nicht, der wieder in gewohnter Weise mit tiefem Hass und voller Inbrunst sein Gift gegen die Republikaner und alles was deutsch und rechts ist, ausspritzte."
Wegen dieser Äußerung wurde N wegen Beleidigung zu einer Geldstrafe verurteilt. Das Gericht hat insbesondere den Ausdruck „Zigeunerjude" als Schmähung des betroffenen F gedeutet, die durch nichts zu rechtfertigen sei. N meint, das Gericht habe nicht hinreichend berücksichtigt, dass seine Äußerung sich auf eine Instrumentalisierung des Judentums durch F bezogen habe. Er fühlt sich deshalb in seiner Meinungsfreiheit verletzt. Zu Recht?[842]

LÖSUNG

Eine Verletzung der Meinungsfreiheit liegt vor, wenn die Verurteilung in nicht gerechtfertigter Weise in den Schutzbereich des Art. 5 I 1 1. Fall GG eingreift.

A. Schutzbereich betroffen

Art. 5 I 1 1. Fall GG ist ein Jedermanngrundrecht, auf das sich auch N berufen kann. Fraglich ist aber, ob der Schutzbereich in sachlicher Hinsicht eröffnet ist.

I. ABGRENZUNG ZUR PRESSEFREIHEIT

Dies wäre nicht der Fall, wenn die Pressefreiheit des Art. 5 I 2 1. Fall GG hier die Meinungsfreiheit verdrängte. N hat seine Äußerung in der Presse getätigt. Allerdings umfasst Art. 5 I 1 1. Fall GG auch das Recht, die eigene Meinung in „Schrift" zu äußern. Diese Formulierung wäre sinnlos, wollte man immer und ausschließlich die Pressefreiheit für anwendbar halten, sobald die Meinung in einem Druckerzeugnis verbreitet wird. Knüpft eine staatliche Maßnahme an den Inhalt der Äußerung an, bleibt daher vielmehr die Meinungsfreiheit einschlägig. Nur wenn es um das Verbreitungsmedium, die Tätigkeit der betroffenen Person im Bereich der Presse oder die freie Presse an sich geht, ist die Pressefreiheit einschlägig. Hier ist N wegen des Inhalts seiner Äußerung („Zigeunerjude") bestraft worden, sodass die Pressefreiheit nicht betroffen ist.

II. MEINUNG

Ferner müsste eine Meinung vorliegen. Darunter fällt jede wertende Stellungnahme, mag sie auch von der herrschenden Auffassung abgelehnt werden oder gar erschütternd sein. Die Bezeichnung des F als „Zigeunerjude" ist durch die Elemente der Stellungnahme, des Dafürhaltens und des Meinens geprägt und deshalb als Werturteil anzusehen. Die polemische oder verletzende Formulierung einer Aussage entzieht sie - wie gesagt - nicht dem Schutzbereich des Grundrechts.

---

842 *Fall nach BVerfG, BayVBl. 2006, 15*

B. Eingriff

Unter einem Eingriff ist jede Verkürzung des Schutzbereichs zu verstehen. Die Verurteilung wegen Beleidigung fällt ein staatliches Unwerturteil über N und sanktioniert seine Äußerung zudem durch eine Geldstrafe. Damit wird seine Meinungsfreiheit spürbar verkürzt.

C. Verfassungsrechtliche Rechtfertigung

Die Verurteilung ist verfassungsrechtlich gerechtfertigt, wenn sie von den Schranken der Meinungsfreiheit gedeckt ist.

I. SCHRANKEN

Die Meinungsfreiheit findet ihre Schranken in der Trias des Art. 5 II GG, zu der unter anderem die allgemeinen Gesetze gehören. Allgemein ist ein Gesetz, das sich nicht spezifisch gegen eine Meinung richtet, sondern den Schutz anderer Verfassungsgüter bezweckt. Grundlage der Verurteilung des N bildet § 185 StGB, der sich nicht gegen eine bestimmte Meinung richtet, sondern jede Form der Beleidigung sanktioniert und darüber hinaus mit der Ehre des von der Äußerung Betroffenen, die eine besondere Ausprägung des allgemeinen Persönlichkeitsrechts aus Art. 2 I i.V.m. 1 I GG ist, ein Rechtsgut von Verfassungsrang schützt. Es handelt sich somit um ein „allgemeines Gesetz" i.S.d. Art. 5 II GG.

II. SCHRANKEN-SCHRANKEN

Um die Verurteilung rechtfertigen zu können, müsste § 185 StGB aber seinerseits verfassungsgemäß und auf den Fall des N verfassungskonform angewendet worden sein.

1. Verfassungsmäßigkeit der Norm

Gegen die Verfassungsmäßigkeit des § 185 StGB selbst bestehen keinerlei Bedenken.

2. Verfassungsmäßige Anwendung

Fraglich ist allerdings, ob § 185 StGB hier auch verfassungskonform angewendet wurde. Fraglich ist insbesondere die Verhältnismäßigkeit (Angemessenheit) der Verurteilung, die über Art. 20 III GG Verfassungsrang genießt. In diesem Rahmen haben die Strafgerichte insbesondere die Wechselwirkung der Schranke mit Art. 5 I 1 1. Fall GG zu berücksichtigen. Eine in die Meinungsfreiheit eingreifende Maßnahme muss ihrerseits wieder „im Lichte" der Meinungsfreiheit Bestand haben, darf diese also bei Wertung und Auslegung der Äußerung nicht unberücksichtigt lassen. Deshalb ist zu fragen, ob die Äußerung richtig gedeutet worden ist, und falls ja, ob die Meinungsfreiheit bei der Anwendung der Schranke auf die als richtig erkannte Deutung angemessen berücksichtigt worden ist.

a) Deutung der Äußerung

Ausgangspunkt für die Prüfung, ob die Äußerung Rechtsgüter verletzt, ist die Ermittlung ihres objektiven Sinnes. Maßgeblich ist weder die subjektive Absicht des sich Äußernden noch das subjektive Verständnis der von der Äußerung Betroffenen, sondern der Sinn, den die Äußerung nach dem Verständnis eines unvoreingenommenen und verständigen Publikums hat. Dabei ist vom Wortlaut der Äußerung auszugehen. Dieser legt ihren Sinn aber nicht abschließend fest. Er wird vielmehr auch von dem sprachlichen Kontext, in dem die umstrittene Äußerung steht, und den Begleitumständen, unter denen sie fällt, bestimmt, soweit diese für die Empfänger erkennbar sind.

Der Begriff „Zigeunerjude" erinnert an den nationalsozialistischen Sprachgebrauch. Er zielt auf eine menschenverachtende Herabwürdigung der Roma und Sinti sowie der Juden. Dem Leser dränge sich der Eindruck auf, dass in der Erklärung auf Bewertungsmaßstäbe aus der Zeit des Nationalsozialismus zurückgegriffen werde, wenn der Begriff „Zigeunerjude" auf eine Person bezogen werde, die angeblich „in gewohnter Weise mit tiefem Hass und Inbrunst sein Gift gegen die Republikaner und alles was deutsch und rechts ist ausspritze". Andere nachvollziehbare Deutungen sind nicht erkennbar. Wie N seine Äußerung gemeint hat, ist angesichts des oben skizzierten objektiven Empfängerhorizonts als Deutungsmaßstab irrelevant.

b) Abwägung mit der Meinungsfreiheit

Nunmehr bedarf es regelmäßig einer Abwägung der durch die solchermaßen ermittelte Äußerung beiderseits betroffenen Interessen, nämlich einerseits der Meinungsfreiheit des sich Äußernden N und vorliegend andererseits des allgemeinen Persönlichkeitsrechts des durch eine Äußerung Betroffenen F. Eine solche Abwägung entfällt allerdings, wenn es sich um Schmähkritik handelt. Wenn bei einer wertenden Äußerung nicht mehr die Auseinandersetzung in der Sache, sondern die Herabsetzung der Person im Vordergrund steht, hat eine solche Äußerung als Schmähung hinter das Persönlichkeitsrecht des Betroffenen zurückzutreten.

Die Äußerung des N lässt jede sachliche Auseinandersetzung mit der Tätigkeit des F als Vizepräsident des Zentralrats der Juden in Deutschland oder seiner Person vermissen. Sie zielt allein auf die Diffamierung des F. Zwar ist Kritik an in der Öffentlichkeit stehenden Personen wie F, die sich selbst exponieren und daher mit Gegenrede rechnen müssen, in weiterem Umfang zulässig als bei nicht in der Öffentlichkeit stehenden Personen; dies berechtigt jedoch nicht dazu, die Ebene des Sachlichen völlig zu verlassen. Hinzu kommt, dass gerade Juden, Sinti und Roma unter dem Nationalsozialismus in unerträglicher Weise gelitten haben, es somit für sie besonders belastend ist, mit an den damaligen Sprachgebrauch erinnernden Vokabeln tituliert zu werden.

FALLENDE

Die Verurteilung des N ist also auch im Lichte seiner Meinungsfreiheit gerechtfertigt. N ist nicht in seinem Grundrecht aus Art. 5 I 1 1. Fall GG verletzt.

8. Teil – Art. 5 III 1 1. Fall GG - Kunstfreiheit

A. Einleitung

Art. 5 III 1 1. Fall GG schützt die Kunstfreiheit. Künstlerisches Schaffen soll so vor staatlicher Inhalts- und Qualitätskontrolle bewahrt werden. Darin liegen zugleich eine objektive Wertentscheidung des Staates für die freie Kunst[843] und ein subjektives Recht des Künstlers. **380**

B. Systematik und Vertiefung

I. SCHUTZBEREICH BETROFFEN

1. Sachlicher Schutzbereich

a) Kunstbegriff

Was „Kunst" ist, lässt sich nach heute h.M.[844] nicht abschließend definieren. Künstler beeinflussen und erweitern den Kunstbegriff durch ihr Schaffen und Wirken stets aufs Neue. Würde man jedoch alles als Kunst ansehen, was der Künstler selbst für Kunst hält, würde der Schutzbereich der Kunstfreiheit völlig ausufern.[845] Deshalb müssen zumindest bestimmte Kriterien gefunden werden, anhand derer Kunst erkannt werden kann. Welche Kriterien dies sind, ist streitig: **381**

Der **„formelle" Kunstbegriff** fragt danach, ob sich das Verhalten in eine bestimmte, klassische, allgemein anerkannte Kunstform einordnen lässt.[846] **382** „Formeller" Kunstbegriff

BEISPIEL: Malerei, Bildhauerei, Schauspiel, Gesang, Dichtkunst und Schriftstellerei sind solche klassischen Kunstformen. Moderne Kunst, Performance-Art oder Videokunst gehören hingegen nicht dazu.

Sein Ziel ist es, den Kunstbegriff klar zu umreißen und gleichzeitig jegliche Inhaltskontrolle von vornherein auszuschließen, indem ausnahmslos alle klassischen Erscheinungsformen - und nur diese - als Kunst angesehen werden. Er ignoriert damit allerdings, dass neue Erscheinungsformen auftreten oder neue Werkstoffe entwickelt werden können und sich das Kunstverständnis insgesamt mit der Zeit wandeln kann. Der formelle Kunstbegriff wird daher überwiegend als zu statisch abgelehnt.[847] Die Zugehörigkeit zu einer klassischen Kunstform ist aber immer noch ein Indiz für Kunst.

Das BVerfG hat diesem formellen Kunstverständnis in seinem „Mephisto"-Beschluss[848] deshalb einen **„materiellen" Kunstbegriff** gegenüber gestellt. Kunst ist danach ein „schöpferischer Gestaltungsakt", mit dem der Künstler seine Eindrücke, Erfahrungen und Erlebnisse bewusst oder unbewusst in einer bestimmten Form verarbeitet und so seiner **383** „Materieller" Kunstbegriff

843 BVerfGE 35, 79, 112; 30, 173, 188
844 BVerfGE 67, 213, 225
845 BGH, NJW 1975, 1882, 1884; OVG Münster, NJW 1997, 1180, 1180
846 Müller, Freiheit des Kunst als Problem der Grundrechtsdogmatik, 1969, S. 35 ff.; Knies, Schranken der Kunstfreiheit als verfassungsrechtliches Problem, 1967, S. 217 ff.
847 Kobor, JuS 2006, 593, 594
848 BVerfGE 30, 173, 188

Persönlichkeit Ausdruck gibt. Auf klassische Erscheinungsformen kommt es nicht an.

BEISPIEL: Joseph Beuys installierte 1982 in seinem Atelier in der Düsseldorfer Kunstakademie eine „Fettecke", die aus 5 kg Butter bestand und sich infolge chemischer Reaktion mit der Umgebungsluft stetig veränderte. Anlass war, Fett als Stoff ästhetisch-sinnlicher Anmutungen zu zeigen und auf seine Vergänglichkeit hinzuweisen. Darin lag ein „schöpferischer Gestaltungsakt". Anders wäre es, wenn sich in der Wohnung des W infolge falschen Lüftungsverhaltens Schimmel bildete.

Am materiellen Kunstbegriff wird kritisiert, dass mit der Frage nach der Verarbeitung von Eindrücken, Erfahrungen usw. immer eine gewisse Qualitätskontrolle verbunden ist, es vor dem Hintergrund der sog. „entarteten Kunst" im Dritten Reich aber gerade das primäre Anliegen des Art. 5 III 1 GG gewesen sei, eine solche auszuschließen.[849]

BEISPIEL: Ob ein Urlaubsfoto Eindrücke, Erfahrungen und Erlebnisse verarbeitet und damit künstlerisch-schöpferisches Wirken vorliegt, darf nicht danach beurteilt werden, ob es sich um ein „gelungenes" Bild oder einen schlecht belichteten Schnappschuss handelt.

„Offener" Kunstbegriff

384 Das BVerfG hat auf diese Kritik reagiert und den materiellen Kunstbegriff zum **„offenen" Kunstbegriff** fortentwickelt.[850] Dieser erkennt an, dass Kunst nicht statisch definiert werden kann und sieht gerade in vielschichtigen Deutungsmöglichkeiten des Werkes ein Indiz für Kunst. Ob es auf unterschiedliche Art und Weise interpretiert werden kann, ist anhand einer Gesamtschau der Umstände zu ermitteln,[851] wobei neben der Sicht Dritter (Publikum, Kritiker usw.) auch die des Künstlers selbst, die Darstellungssituation und die Zugehörigkeit zu bestimmten Kunstformen als Indizien herangezogen werden können.

BEISPIEL: Die „Fettecke" von Beuys ist unterschiedlichen Deutungen zugänglich, wie schon ihr Ende verdeutlicht: In der Kunstwelt gefeiert, wurde sie doch von einer Putzfrau zerstört, die sie für Schmutz hielt. Sie wurde zudem von einem anerkannten Künstler in einer kunsttypischen Umgebung (Atelier) erstellt. Anders wäre es wiederum bei dem Schimmel in der Wohnung des W: Dieser ist weder vielschichtig interpretierbar, noch sprechen die Begleitumstände seines Entstehens für Kunst.

Anders als beim materiellen Kunstbegriff maßt sich beim offenen Kunstbegriff also nicht der Staat selbst an, Kunst zu definieren, sondern erkennt diese an einer Gesamtschau der Umstände, insbesondere an der unterschiedlichen Betrachtung und Interpretation des Werkes durch die Konsumenten. Der offene Kunstbegriff stellt damit den besten Kompromiss aus notwendiger Eingrenzung des Schutzbereichs und ausreichender Gewährung künstlerischer Freiheit dar. Das BVerwG[852] und die h.L.[853] haben sich ihm angeschlossen.

---

849 MD-Scholz, GG, Art. 5 III Rn 28; v.Münch/Kunig-Wendt, GG, Art. 5 Rn 89
850 BVerfGE 67, 213, 225
851 BVerfGE 67, 213, 225; Wittreck, JuS 2006, 729, 731
852 BVerwGE 91, 211, 214; 39, 197, 207
853 MD-Scholz, GG, Art. 5 III Rn 15

MERKSATZ
Folgt man dem offenen Kunstbegriff, sollte man dessen Inhalt nicht als „Definition" bezeichnen, denn es ist dem offenen Kunstbegriff gerade eigen, dass Kunst sich nicht definieren lässt.[854]

Neben diesen Kunstbegriffen gibt es noch einige andere, vor allem die **Anerkennungslehre**, wonach Kunst sei, was von Kunstsachverständigen als Kunst anerkannt werde.[855] Diese Ansicht ist als Zirkelschluss abzulehnen, da das Anerkenntnis als Kunst das Vorliegen von Kunst voraussetzt, nicht umgekehrt. Jedoch kann die Einschätzung von Kunstsachverständigen im Rahmen der nach dem offenen Kunstbegriff anzustellenden Gesamtschau eines der Indizien sein.[856] **385** Anerkennungslehre

KLAUSURHINWEIS
Formeller, materieller und offener Kunstbegriff kommen häufig zu identischen Ergebnissen, sodass sich eine Streitentscheidung erübrigt. Unterschiede gibt es vor allem bei modernen Kunstformen. Liegt eine solche vor, sollte dem offenen Kunstbegriff mit den o.g. Argumenten gefolgt werden.[857] Kunst ist danach eher weit zu interpretieren. Keinesfalls darf auf subjektive Kriterien wie „schön" oder „wertlos" abgestellt werden.

b) Schutzumfang

Die Kunstfreiheit schützt den „Werkbereich" und den „Wirkbereich".[858] Mit Werkbereich ist die schöpferisch-materielle Komponente gemeint, also das künstlerische Schaffen an sich. Unter Wirkbereich versteht man die kommunikative Komponente, also die Darbietung und Verbreitung des Kunstwerks. Beide Schutzbereiche können sich überlagern. **386** Werkbereich und Wirkbereich geschützt

BEISPIEL: Das Malen eines Bildes gehört zum Werkbereich, eine Vernissage zum Wirkbereich. Wird das Singen eines Liedes wegen eines anstößigen Textes verboten, liegt darin sowohl ein Eingriff in den Werkbereich (das Singen), als auch den Wirkbereich (die Kommunikation mit dem Publikum).

c) Problemfälle

aa) Grundrechte Dritter

Das BVerfG hat früher gelegentlich die Eröffnung des Schutzbereichs des Art. 5 III 1 1. Fall GG verneint, wenn Kunst dazu missbraucht wurde, in Grundrechte Dritter einzugreifen (siehe dazu Rn 121). **387**

BEISPIEL: Laut BVerfG ist Graffiti an der Hauswand keine Kunst, weil „Kunst sich auch ohne Beschädigung des Eigentums Dritter" entfalten könne.[859]

854 *Überblick über diverse Definitionsversuche: Henschel, JuS 1990, 1937, 1938*
855 *v.Münch/Kunig-Wendt, GG, Art. 5 Rn 92; Schick, JZ 1970, 645, 646*
856 *BVerwGE 23, 104, 111; Sachs-Bethge, GG, Art. 5 Rn 184; Kobor, JuS 2006, 593, 594*
857 *Eine solche Vorgehensweise empfiehlt auch Kobor, JuS 2006, 593, 594*
858 *BVerfGE 30, 173, 189; BVerwGE 84, 71, 74; Wittreck, JuS 2006, 729, 731*
859 *BVerfG, NJW 1984, 1293, 1294; BVerwG, NJW 1995, 2648, 2649; Isensee, AfP 1993, 619, 625*

Nach heute h.M.,[860] der sich auch das BVerfG[861] angeschlossen hat, sind Grundrechte Dritter jedoch (wie bei anderen schrankenlosen Grundrechten auch) nicht als ungeschriebene Schutzbereichsausnahme, sondern als verfassungsimmanente Schranken zu berücksichtigen. Somit ist auch die sogen. „engagierte“ oder „unfriedliche“ Kunst über Art. 5 III 1 1. Fall GG geschützt, mag es auch Extremfälle geben. Diesen kann auf Schrankenebene begegnet werden.

BEISPIEL: Wird anlässlich einer Performance ein Zuschauer von einem Darsteller verprügelt, mögen die Schläge in den Schutzbereich des Art. 5 III 1 GG fallen, wenn sie zum Werkbereich gehören; über ihre Zulässigkeit ist damit aber noch nichts gesagt, denn der Schutz der körperlichen Unversehrtheit des Zuschauers aus Art. 2 II 1 GG als verfassungsimmanente Schranke würde ein staatliches Eingreifen decken.

bb) Mittelbar kunstförderndes Verhalten

388 Auch Hilfstätigkeiten, die nicht selbst Kunst sind, sondern nur der Entstehung (Werkbereich) oder Verbreitung (Wirkbereich) von Kunst dienen, fallen grundsätzlich in den Schutzbereich von Art. 5 III 1 1. Fall GG.

BEISPIEL: Verlegen eines Romans;[862] Produktion von Tonträgern;[863]

Allerdings gilt dies nicht für solche Tätigkeiten, die nicht der Förderung der Kunst dienen, sondern primär andere (vor allem: finanzielle) Interessen verfolgen, die durch andere Grundrechte geschützt sind.

BEISPIEL: Werbung für einen Kunsthandel ist primär kommerziell motiviert und daher nur in Art. 12 I 1 GG und Art. 14 I 1 GG verankert.[864] Anders liegt es, wenn nicht der kommerzielle, sondern der kommunikative Gedanke im Vordergrund steht, etwa bei Werbung für eine Ausstellung.[865] Auch der Handel mit Kunstbedarf unterfällt allein Art. 12 I 1 bzw. Art. 14 I 1 GG.

Vorbereitungshandlungen sind nur dann geschützt, wenn sie in unmittelbarem Zusammenhang mit der Kunstausübung stehen. Um sie von lediglich unter dem Vorwand der Kunstfreiheit oder lediglich bei deren Gelegenheit ausgeübten Tätigkeiten zu unterscheiden, ist wiederum eine Gesamtschau der Umstände vonnöten.

BEISPIEL: Das Stehlen einer Tuba unterfällt nicht der Kunstfreiheit, auch wenn ein Musiker sie entwendet hat, um damit zu spielen. Dies gilt auch für das Einkaufen von Farbe durch einen Maler, denn beides stellt lediglich eine mittelbare Vorbereitungshandlung dar, die noch nicht in unmittelbarem Zusammenhang mit dem Entstehen eines Kunstwerks steht. Das Entwerfen von Studienskizzen zur Vorbereitung eines großen Gemäldes unterfällt hingegen schon Art. 5 III 1 1. Fall GG, auch wenn die Skizzen selbst keine Kunst sind. Ebenso liegt es mit dem Aufhängen von Bildern in Vorbereitung einer Vernissage.

---

860 *Kobor, JuS 2006, 593, 594; Hufen, DÖV 2004, 611, 613; a.A. BayVGH, NJW 2003, 1618, 1620*
861 *BVerfGE 81, 278, 294; BVerfG, GRUR 2016, 690 = RA 2016, 365; NJW 2001, 596, 597*
862 *BVerfGE 30, 173, 191*
863 *BVerfGE 36, 321, 331*
864 *BVerfGE 31, 229, 239; BVerfG, NJW 2006, 596, 597; Kobor, JuS 2006, 593, 595*
865 *BVerfGE 77, 240, 253*

cc) Grundrechtskonkurrenz

Art. 5 III 1 1. Fall GG ist wegen der strengeren Schrankenanforderungen lex specialis zu Art. 5 I GG.[866] Andere Grundrechte können neben Art. 5 III 1 1. Fall GG zur Anwendung kommen, wenn sie in künstlerischer Form ausgeübt werden. Das gilt auch für die Wissenschaftsfreiheit des Art. 5 III 1 2. Fall GG.[867] **389**

BEISPIEL: Wird ein Brecht-Gedicht („Der anachronistische Zug") durch kostümierte Schauspieler auf mobilen Wagen interpretiert, kann der Aufzug durch die Kunst- und Versammlungsfreiheit geschützt sein.[868] Die Darbietung eines Kirchenliedes kann zugleich der Kunst- und Glaubensfreiheit unterfallen.

2. Personaler Schutzbereich

Erstreckung auf unentbehrliche Hilfspersonen

Geschützt ist die künstlerische Betätigung für jedermann. Es ist nicht erforderlich, anerkannter Künstler zu sein, selbst einen künstlerischen Anspruch zu haben oder die eigene Kunst Dritten zugänglich machen zu wollen. Erstreckt man den sachlichen Schutzbereich auch auf mittelbar kunstförderndes Verhalten (Rn 388), sind in personaler Hinsicht neben dem Künstler auch Hilfspersonen zu schützen, die den Künstler in Werk- oder Wirkbereich unterstützen, sofern eine „unentbehrliche Mittlerposition" besteht.[869] Diese korrespondiert mit dem „unmittelbaren Zusammenhang" im sachlichen Schutzbereich: Ist jener gegeben, liegt auch diese vor. **390**

BEISPIEL: Galeristen, Publizisten und Verleger werden sich in Ausübung ihrer Tätigkeit auf die Kunstfreiheit berufen können, der Verkäufer von Malbedarf oder der Betreiber eines Sektstandes auf einer Vernissage hingegen nicht.

Juristische Personen geschützt

Das Grundrecht ist gem. Art. 19 III GG „dem Wesen nach" auch auf juristische Personen anwendbar, soweit sich die hinter ihnen stehenden Menschen künstlerisch betätigen.[870] **391**

BEISPIEL: Musikhochschulen; Fördervereine; Kunstakademien.

Kein Schutz der Konsumenten

Nicht geschützt sind hingegen die Konsumenten. Da die Kunstfreiheit kein Leistungsrecht ist, umfasst sie auch keinen Anspruch auf Zugang zur Kunst.

BEISPIEL: Wird ein Rockkonzert wegen des Singens volksverhetzender Texte von der Polizei beendet, kann sich die Band, nicht aber das Publikum auf Art. 5 III 1 1. Fall GG berufen.

---

866 *BVerfGE 33, 52, 70; 30, 173, 200; Kobor, JuS 2006, 593, 596; Wittreck, JuS 2006, 729, 732*
867 *Hufen, DÖV 2004, 611, 613*
868 *BVerfG, NJW 1988, 328, 329; ebenso VGH Kassel, DVBl 2011, 707, 707 = RA 2011, 482, 483 für eine Theateraufführung in Form einer Mahnwache*
869 *BVerfGE 81, 278, 292; 77, 240, 251; Schäfer/Merten, JA 2004, 548, 551*
870 *Kobor, JuS 2006, 593, 595*

II. EINGRIFF

392 Eingriffe liegen in jeder spürbaren Verkürzung des Werk- oder Wirkbereichs. Es gelten die allgemeinen Anforderungen an einen Grundrechtseingriff (Rn 91 ff.), eine spezielle Eingriffsdogmatik zu Art. 5 III 1 GG hat sich nicht entwickelt. Kein Eingriff ist das Vorenthalten von Leistungen (z.B. Subventionen[871]), denn die Kunstfreiheit ist ein Abwehrrecht. Eine Besteuerung der Kunstausübung ist hingegen ein Eingriff.[872]

III. VERFASSUNGSRECHTLICHE RECHTFERTIGUNG

1. Schranken

Keine Anwendung des Art. 5 II GG

393 Nach heute nahezu allgemeiner Auffassung findet die Schrankentrias des Art. 5 II GG keine Anwendung auf Art. 5 III GG.[873] Die Kunstfreiheit ist daher nur verfassungsimmanent beschränkbar. Die Gegenansicht[874] ist schon aus systematischen Gründen nicht haltbar: Art. 5 III GG steht gerade hinter Art. 5 II GG, um dessen Anwendbarkeit auszuschließen. Außerdem bezieht sich der Wortlaut des Art. 5 III GG („diese Rechte") nur auf die vorstehenden Kommunikationsgrundrechte des Art. 5 I GG.

KLAUSURHINWEIS
Die Schrankenfrage sollte nicht streitig dargestellt werden, da die Art. 5 II GG anwendende Ansicht antiquiert und dogmatisch nicht haltbar ist; sie sieht sich zudem der ständigen Rechtsprechung des BVerfG gegenüber.

Als verfassungsimmanente Schranken kommen Grundrechte Dritter und andere Güter von Verfassungsrang in Betracht. Besonders häufig ist eine Kollision der Kunstfreiheit mit dem allgemeinen Persönlichkeitsrecht aus Art. 2 I i.V.m. Art. 1 I GG.

BEISPIEL: Satirische Karikaturen von Politikern oder anderen bekannten Persönlichkeiten.[875]

Aber auch sonstige Güter von Verfassungsrang geraten mit der Kunstfreiheit nicht selten in Konflikt.

BEISPIEL: Das Singen des Liedes „Deutschland muss sterben" kann den Bestand des Staates und den Schutz seiner Symbole beeinträchtigen.[876] Verunstaltet ein Kunstwerk die Landschaft, kann es an Art. 20a GG zu messen sein.[877] Stört die Kunstausübung die Feiertagsruhe, kann ihr diese über Art. 140 GG i.V.m. Art. 139 WRV entgegen gehalten werden.[878]

2. Schranken-Schranken

Konkretisierung durch Parlamentsgesetz erforderlich

394 Wie bereits im allgemeinen Teil ausgeführt, bedürfen verfassungsimmanente Schranken nicht anders als Gesetzesvorbehalte stets der Konkretisierung durch ein einfaches Gesetz (Parlamentsgesetz).

---

871 BVerwG, NJW 1980, 718, 718; VG Wiesbaden, NJW 1988, 356, 364
872 BVerfGE 36, 321, 332; Kirchhof, NJW 1985, 225, 231
873 BVerfGE 83, 130, 139; 30, 173, 191; Kobor, JuS 2006, 593, 596; Henschel, NJW 1990, 1937, 1940
874 OVG Münster, JZ 1959, 716, 718; eingehend Knies, NJW 1970, 15, 17
875 BVerfGE 86, 1, 9; 75, 369, 377; 35, 202, 244; 28, 226, 233; in BVerfG, NJW 2005, 3271, 3271 = RA 2006, 203, 203 wird hingegen ohne Begründung nur auf die Meinungsfreiheit abgestellt.
876 BVerfG, NJW 2001, 596, 596; Kobor, JuS 2006, 593, 596
877 BVerwG, NJW 1995, 2648, 2649
878 BVerwG, DVBl 1994, 1242, 1243

BEISPIEL: Das allgemeine Persönlichkeitsrecht wird u.a. durch die „öffentliche Sicherheit" in den polizei- und ordnungsrechtlichen Generalklauseln der Länder, den §§ 185 ff. StGB und § 823 BGB geschützt. Den Bestand des Staates und seiner Symbole schützt § 90a StGB, die Umwelt vor Verunstaltungen u.a. § 35 III 1 Nr. 5 BauGB. Die Feiertagsruhe findet ihren Niederschlag in den Feiertagsgesetzen.

Kollidiert die Kunstfreiheit mit sonstigem Verfassungsrecht, ist im Rahmen der Verhältnismäßigkeit (Angemessenheit) ein Ausgleich der widerstreitenden Interessen im Wege der „praktischen Konkordanz" (Rn 167) zu suchen.[879] Das BVerfG misst dabei dem Werkbereich einen gewichtigeren Schutz zu als dem Wirkbereich,[880] weil das „künstlerische Schaffen" den Schwerpunkt der Kunstfreiheit ausmache. **395** Herstellung praktischer Konkordanz

9. Teil – Art. 5 III 1 2. Fall GG - Wissenschaft, Forschung, Lehre

A. Einleitung

Art. 5 III 1 GG garantiert im zweiten Halbsatz die Freiheit von Wissenschaft, Forschung und Lehre. Neben dem subjektiven Recht der Wissenschaftler, das sie vor staatlichen Eingriffen in ihre Tätigkeit schützt, enthält Art. 5 III 1 2. Fall GG damit eine institutionelle Garantie, die den Staat verpflichtet, durch personelle, finanzielle und organisatorische Maßnahmen Wissenschaft, Forschung und Lehre zu ermöglichen und zu fördern.[881] **396**

B. Systematik und Vertiefung

I. SCHUTZBEREICH BETROFFEN

Überwiegend wird vertreten, dass es sich bei Wissenschaft, Forschung und Lehre um ein einheitliches Grundrecht handle, da Wissenschaft als Oberbegriff Forschung und Lehre umfasse.[882] Gelegentlich wird aber auch von der Forschungs- oder Lehrfreiheit gesprochen.[883] Hierbei handelt es sich um einen akademischen Streit; ob nun Forschung und Lehre in der Wissenschaft aufgehen oder nicht, sie sind jedenfalls geschützt. **397** Einheitliches Grundrecht

KLAUSURHINWEIS
In einem Gutachten sollte mit dem BVerfG von einem einheitlichen Grundrecht der Wissenschaftsfreiheit ausgegangen und „Wissenschaft" wie nachstehend definiert werden. Anschließend sollte ausgeführt werden, dass diese auch Forschung und Lehre umfasst. Sodann kann subsumiert werden.

879 *v.Münch/Kung-Wendt, GG, Art. 5 Rn 97; Kobor, JuS 2006, 593, 596*
880 *BVerfGE 77, 240, 254*
881 *BVerfGE 94, 268, 285; 35, 79, 114; Kobor, JuS 2004, 695, 695*
882 *BVerfGE 35, 79, 113*
883 *v.Komorowski, JURA 2001, 17, 21*

1. Sachlicher Schutzbereich

a) Wissenschaft

398 **DEFINITION**
Wissenschaft ist jede Tätigkeit, die nach Inhalt und Form als ernsthafter, planmäßiger Versuch zur Ermittlung der Wahrheit anzusehen ist.[884]

Diese Definition stellt klar, dass das Streben nach neuer Erkenntnis den Kern der Wissenschaftsfreiheit ausmacht, mag die endgültige Wahrheit auch nie gefunden werden. Die Merkmale „ernsthaft" und „planmäßig" sollen verdeutlichen, dass ein methodisches Vorgehen nötig ist, keine Wahrsagerei. Allerdings ist der Wissenschaftler in der Wahl seiner Methoden frei. Der Grad zwischen zulässigem Ausschluss von Scharlatanerie und unzulässiger Inhaltsbeschränkung ist daher schmal.

BEISPIEL: Ein Alternativmediziner heilt durch Handauflegen. Seine Methode wird von der Schulmedizin allgemein abgelehnt; gleichwohl berichten Patienten glaubwürdig über ihre Heilung.

Entscheidend ist in diesen Fällen, ob ein gewisser Kenntnisstand vorhanden ist, der sich nicht in der Behauptung von Wissen erschöpft, sondern objektiv belegbar ist (durch Experimente, Feldforschung, mathematische Beweise, Gesellschaftsstudien usw.).

BEISPIEL: Das Handauflegen wird daher nicht zur Wissenschaft, wenn es in Einzelfällen hilft. Könnte der Wunderheiler seine Methode hingegen auf nachweisbare Kenntnisse zurückführen oder würde eine medizinische Studie seine Erfolge belegen, könnte trotz ungewöhnlicher Methode Wissenschaft vorliegen.

Auch ein einseitiges Vorgehen ist nicht wissenschaftlich. Werden daher bestimmte Erkenntnisquellen nicht ausgenutzt oder gar in verfälschender Absicht verschwiegen, spricht dies gegen ein wissenschaftlich-methodisches Vorgehen.

BEISPIEL: Ein Autor, der in einem Buch die Kriegsschuld des Dritten Reichs leugnet, kann sich nicht auf die Wissenschaftsfreiheit berufen, wenn er zum Beleg seiner These einseitiges Quellenmaterial verwendet und zahlreiche anders lautende Untersuchungen und Beweise verschweigt.[885]

b) Forschung und Lehre

399 **DEFINITION**
Forschung ist das methodische Streben nach neuen Erkenntnissen.[886] Lehre ist die Vermittlung der durch Forschung gewonnenen Erkenntnisse.[887]

---

884 BVerfGE 90, 1, 12; 47, 327, 367; 35, 79, 113; BVerwGE 102, 304, 308
885 BVerfGE 90, 1, 13
886 Küchenhoff, DÖV 1964, 601, 603
887 v.Münch/Kunig-Wendt, GG, Art. 5 Rn 100

Die Elemente „Forschung" und „Lehre" gehen in der Wissenschaft auf, begrenzen sie aber auch gleichzeitig, denn außerhalb von Forschung und Lehre gibt es keine Wissenschaft.[888] Art. 5 III 1 2. Fall GG schützt also die „wissenschaftliche Forschung" und die „wissenschaftliche Lehre".

BEISPIEL: Ein politischer Vortrag mag gesellschaftliche Wahrheiten verkünden; es handelt sich jedoch nicht um „Lehre", weil ein Politiker seine Erkenntnisse nicht wissenschaftlich (planmäßig, methodisch) gewinnt.[889]

Auch bei der Lehre wird teilweise ein gewisses Mindestmaß an Qualität gefordert. So soll z.B. der Schulunterricht keine Lehre sein, weil er nicht wissenschaftlich sei.[890] Mit derartigen Einschränkungen sollte man gleichwohl zurückhaltend sein, denn eine staatliche Qualitätskontrolle will Art. 5 III 1 2. Fall GG gerade verhindern.

BEISPIEL: Eine Vorlesung an der Universität wird unter „Lehre" fallen, gleichgültig wie gut oder schlecht sie inhaltlich, didaktisch und pädagogisch ist.

Zugang zu und Inanspruchnahme von wissenschaftlichen Ergebnissen sind hingegen nicht geschützt. Streitig ist dies für das Studium an einer Hochschule; die wohl h.M.[891] verankert die „Lernfreiheit" aber nur in Art. 12 I 1 GG, nicht bei der „Lehrfreiheit" des Art. 5 III 1 2. Fall GG. Anders liegt es, wenn Studierende selbst wissenschaftlich tätig werden, etwa als Hilfskräfte an einem Lehrstuhl.[892]

Streitig ist die Bedeutung des Art. 5 III 2 GG. Die wohl h.M.[893] sieht darin eine Schutzbereichsausnahme, während die Gegenansicht[894] eine (verfassungsunmittelbare) Schranke annimmt. Für die h.M. spricht vor allem, dass Art. 5 III 2 GG historisch als inhaltliche Einschränkung der Lehrfreiheit konzipiert wurde. Eine den Staat verunglimpfende Propaganda „vom Katheder aus"[895] sollte verhindert werden. **400** Bedeutung des Art. 5 III 2 GG

KLAUSURHINWEIS

In einem Gutachten darf der Aufbau nicht begründet werden. Art. 5 III 2 GG sollte daher ggf. kommentarlos im Schutzbereich geprüft werden.

Die Bedeutung des Art. 5 III 2 GG in Prüfung und Praxis ist gering. Die Treue zur Verfassung verpflichtet nämlich - ähnlich wie die Treupflicht der Beamten aus Art. 33 V GG[896] - nur dazu, nicht unter dem Vorwand wissenschaftlicher Lehre gegen die freiheitlich-demokratische Grundordnung in aufrührerisch-hetzerischer Weise zu kämpfen. Sachliche Kritik an Staat und Verfassung ist hingegen durchaus erlaubt.

888 *v.Münch/Kunig-Wendt, GG, Art. 5 Rn 100;*
889 *JP-Jarass, GG, Art. 5 Rn 77*
890 *JP-Jarass, GG, Art. 5 Rn 77a; MD-Scholz, GG, Art. 5 III Rn 107; Kobor, JuS 2006, 695, 696*
891 *MD-Scholz, GG, Art. 5 III Rn 113; a.A. Bleckmann, Staatsrecht II, Art. 5 III Rn 132*
892 *BVerfGE 55, 37, 67; Kobor, JuS 2006, 695, 696*
893 *v.Münch/Kunig-Wendt, GG, Art, 5 Rn 114; Bleckmann, Staatsrecht II, Art. 5 III Rn140 m.w.M.*
894 *Kobor, JuS 2006, 695, 698*
895 *Knemeyer, JZ 1969, 780, 781*
896 *v.Münch/Kunig-Wendt, GG, Art, 5 Rn 114*

BEISPIEL: Ruft ein Politikprofessor in einer Vorlesung zum „Marsch auf Berlin" auf, um einen Führerstaat zu errichten, kann er sich nicht auf seine Lehrfreiheit berufen. Kommt hingegen ein Rechtswissenschaftler nach rechtsvergleichenden Studien zu dem Ergebnis, das amerikanische Justizsystem sei dem deutschen überlegen, liegt darin eine zulässige Kritik an der Judikative.

2. Personaler Schutzbereich

401 Wissenschaft, Forschung und Lehre werden vor allem an den staatlichen Hochschulen betrieben. Dazu gehören vor allem die Universitäten, auch die Gesamthochschulen,[897] wohl nicht hingegen die Fachhochschulen.[898] Geschützt sind daher zunächst die Hochschullehrer und ihre Mitarbeiter, sofern letztere in die wissenschaftliche Arbeit eingebunden sind.

BEISPIEL: Doktoranden, wissenschaftliche Mitarbeiter, studentische Hilfskräfte.

Schutz staatlicher Hochschulen

Auch die Hochschulen und ihre Fakultäten selbst können sich auf Art. 5 III 1 2. Fall GG berufen, auch wenn sie juristische Personen des öffentlichen Rechts sind. Sie tragen ein „akademisches Selbstverwaltungsrecht",[899] innerhalb dessen sie vor Eingriffen des Staates geschützt sein sollen (ausführlich zur Grundrechtsfähigkeit juristischer Personen des öffentlichen Rechts vgl. Rn 67). Eine Bestandsgarantie für einzelne Hochschulen oder Fakultäten gibt es aber nicht. Art. 5 III 1 2. Fall GG wirkt lediglich innerhalb bestehender Strukturen, gibt aber keinen Anspruch auf Schaffung oder Erhalt der Strukturen selbst.[900] Nur die Abschaffung der freien Wissenschaft insgesamt verstieße gegen die institutionelle Garantie.

Die Grundrechtsfähigkeit der staatlichen Hochschulen in puncto Wissenschaftsfreiheit ändert nichts daran, dass sie (schon wegen Art. 1 III GG) gleichzeitig grundrechtsverpflichtet bleiben. Auch ihnen gegenüber kann man sich daher auf Art. 5 III 1 2. Fall GG berufen.[901]

BEISPIEL: Untersagt es der Dekan einer Fakultät einem Professor, eine von ihm vertretene Mindermeinung zu veröffentlichen, kann sich der Professor auch gegenüber der Fakultät auf seine Lehrfreiheit berufen.

Wissenschaft außerhalb der Hochschulen

Die Wissenschaftsfreiheit ist andererseits nicht auf staatliche Hochschulen beschränkt; sie steht vielmehr grundsätzlich jeder natürlichen oder juristischen Person zu, die sich wissenschaftlich betätigt.[902]

BEISPIEL: Grundlagenforschung in privatrechtlichen Unternehmen; Privatgelehrte; private Forschungsinstitute und Labors.

---

897 BVerfGE 61, 210, 237
898 BVerfGE 61, 210, 244; BVerwG, DVBl 1986, 1109, 1109
899 Kobor, JuS 2006, 695, 697
900 BVerfGE 85, 360, 385; Kobor, JuS 2006, 695, 697
901 Kobor, JuS 2006, 695, 697
902 BVerfGE 90, 1, 11; 35, 79, 112; BVerwGE 102, 304, 307

II. EINGRIFF

Eine besondere Eingriffsdogmatik zu Art. 5 III 1 2. Fall GG gibt es nicht, sodass auf die Ausführungen unter Rn 91 ff. verwiesen werden kann. Danach genügt jede Verkürzung des Schutzbereichs, die nicht in einer Bagatelle besteht. **402**

III. VERFASSUNGSRECHTLICHE RECHTFERTIGUNG

Hinsichtlich der verfassungsrechtlichen Rechtfertigung eines Eingriffs in die Wissenschaftsfreiheit gilt das zur Kunstfreiheit unter Rn 393 Gesagte sinngemäß. Danach unterliegt auch die Wissenschaftsfreiheit nur verfassungsimmanenten Schranken, die, soweit sie eingreifen, einer Konkretisierung durch ein Parlamentsgesetz bedürfen und mit der Wissenschaftsfreiheit im Wege praktischer Konkordanz abgewogen werden müssen.[903] **403**

BEISPIEL: Häufig kommen Wissenschaft und Forschung mit dem Tierschutz in Konflikt. Dieser genießt über Art. 20a GG Verfassungsrang. Die §§ 4 ff. TSchG enthalten eine einfach-gesetzliche Konkretisierung desselben, die unter detaillierter Abwägung mit wissenschaftlichen Interessen zustande gekommen sind.[904]

Keiner Abwägung fähig ist lediglich die nach Art. 1 I 1 GG unantastbare Menschenwürde. Kollidiert die Wissenschaftsfreiheit mit dieser, ist also kein Ausgleich zu suchen, sondern der Menschenwürde uneingeschränkter Vorrang einzuräumen.

BEISPIEL: Genexperimente, heimliche oder entwürdigende Menschenversuche usw.

10. Teil – Art. 6 GG - Ehe, Familie, Erziehung

A. Einleitung

Art. 6 GG enthält mehrere Grundrechte: Den Schutz der Ehe in Art. 6 I, 1. Fall GG, den Schutz der Familie in Art. 6 I 2. Fall GG, das Erziehungsrecht in Art. 6 II 1 und III GG, den Anspruch jeder Mutter auf Schutz und Fürsorge durch die Gemeinschaft in Art. 6 IV GG und Art. 6 V GG, wonach unehelichen Kindern die gleichen Bedingungen für ihre Entwicklung zu schaffen sind wie ehelichen Kindern. Diese Grundrechte spielen alle im Bereich Ehe und Familie, sind aber gleichwohl sauber voneinander zu trennen Ganz abgesehen davon, dass der Leser nie darüber im Unklaren gelassen werden darf, was genau geprüft wird, hat die Unterscheidung aufbautechnische und inhaltliche Bedeutung. **404** Verschiedene Grundrechte sauber trennen

BEISPIEL: Art. 6 V GG ist im Gegensatz zu den anderen Grundrechten des Art. 6 GG ein Gleichheitsgrundrecht und daher nach dem für Gleichheitsgrundrechte geltenden Schema (Rn 856) aufzubauen. Inhaltlich sind Art. 6 II 1 und III GG eng verknüpft. Art. 6 II GG berechtigt jedoch die „Eltern", Art. 6 III GG die „Erziehungsberechtigten". Letztere sind mit ersteren nicht notwendigerweise identisch.

---

903 BVerfGE 47, 327, 369; Kobor, JuS 2006, 695, 698

904 Zum Spannungsverhältnis von Tierschutz und Forschung Lange, KritV 2004, 171, 171

B. Systematik und Vertiefung

I. SCHUTZBEREICH BETROFFEN

1. Art. 6 I 1. Fall GG - Schutz der Ehe

Institutsgarantie und staatliche Schutzpflicht

405 Art. 6 I 1. Fall GG enthält zunächst eine Institutsgarantie der Ehe.[905] Darüber hinaus erteilt die Norm schon vom Wortlaut her dem Staat einen Schutzauftrag. Der „besondere Schutz" der Ehe verbietet jede Schlechterstellung der Ehe im Vergleich zu anderen Lebensgemeinschaften, gebietet aber keine Besserstellung. Dabei ist eine „Gesamtschau" der betroffenen Rechte und Pflichten anzustellen. Eine isolierte Betrachtung einzelner Regelungen ist hingegen unzulässig.[906]

BEISPIEL: Die Ehegatten schulden einander Unterhalt, nichteheliche Lebenspartner hingegen nicht. Der wechselseitigen Unterhaltspflicht stehen aber auch wechselseitige Unterhaltsansprüche gegenüber, sodass in der Unterhaltspflicht bei einer Gesamtschau keine verfassungswidrige Schlechterstellung der Ehe gesehen werden kann.

Unmittelbare Ansprüche können die Eheleute aus der Schutzpflicht in Art. 6 I 1. Fall GG aber nicht ableiten. Es handelt sich vielmehr (nur) um einen Handlungsauftrag an den Gesetzgeber.[907] Deshalb eignet sich diese Komponente auch nicht für Prüfungsaufgaben. Anders ist dies bei der abwehrrechtlichen Seite des Art. 6 I 1. Fall GG, welche die Eheleute nach folgenden Maßgaben vor staatlichen Eingriffen in die Ehe schützt:

a) Sachlicher Schutzbereich

406 Das GG geht von einem formalisierten Ehebegriff aus, der eines Anerkennungsaktes bedarf, um die Ehe von der Nichtehe abgrenzen zu können.

DEFINITION

Ehe ist das auf Dauer angelegte Zusammenleben von Mann und Frau in einer umfassenden, grundsätzlich unauflöslichen Gemeinschaft auf der Basis eines formalisierten, auf gegenseitigem Konsens beruhenden Anerkennungsakts.[908]

Formalisierter Anerkennungsakt notwendig

Der formalisierte Anerkennungsakt ist im Inland die staatliche Eheschließung vor einem Standesbeamten, § 11 EheG. Diese einfach-gesetzliche Voraussetzung ist jedoch keine Voraussetzung des Grundgesetzes. Dieses verlangt nur irgendeinen förmlichen Anerkennungsakt, nicht notwendigerweise einen staatlich-hoheitlichen. Der verfassungsrechtliche Ehebegriff wäre m.a.W. nicht tangiert, wenn der Gesetzgeber sich eines Tages entscheiden sollte, einen religiösen Akt zu fordern.

Ausgestaltungsspielraum des Gesetzgebers

407 An dieser Stelle zeigt sich zum ersten Mal ein Problem, das in Art. 6 GG so deutlich wie bei kaum einem anderen Grundrecht zutage tritt: Der schmale Grad zwischen einfach-gesetzlicher Ausgestaltung des Inhalts und Eingriffen in den Schutzbereich. Das BVerfG billigt dem Gesetzgeber einen weiten Spielraum bei der Ausgestaltung

---

905 *BVerfGE 80, 81, 92; 31, 58, 69; v.Münch/Kunig-Coester-Waltjen, GG, Art. 6 Rn 12 m.w.N.*
906 *BVerfG, JA 2003, 931, 932; a.A. Kingreen, JURA 1997, 401, 407*
907 *BVerfG, JA 2003, 931, 932*
908 *BVerfG, NJW 1993, 3316, 3317; v.Münch/Kunig-Coester-Waltjen, GG, Art. 6 Rn 5*

des Ehebegriffs zu.[909] Solche ausgestaltenden Regelungen greifen nicht in den Schutzbereich des Art. 6 I 1. Fall GG ein, sondern bestimmen ihn.

BEISPIEL: § 1353 I 1 BGB bestimmt, dass die Ehe auf Lebenszeit geschlossen wird. Darin liegt eine einfach-gesetzliche Ausgestaltung des Schutzbereichs und nicht etwa seine Verkürzung für Paare, die zeitlich befristet heiraten wollen.

KLAUSURHINWEIS
Im Ergebnis sollte man sich davon leiten lassen, ob sich die einfach-gesetzliche Regelung noch im Rahmen der o.g. Definition hält (dann lediglich Ausgestaltung) oder nicht (dann Eingriff).[910]

BEISPIEL: In § 1310 BGB wird eine Eheschließung vor dem Standesbeamten gefordert. Da der Ehebegriff des Art. 6 I 1. Fall GG auch einen formalisierten Eheschließungsakt fordert, dem Gesetzgeber aber nicht vorschreibt, welcher Art dieser zu sein hat, liegt darin kein Eingriff in den Schutzbereich, sondern eine Ausgestaltung desselben. Anders wäre es, wenn nur heiraten könnte, wer über ein bestimmtes Vermögen verfügt, denn Vermögen fordert der verfassungsrechtliche Ehebegriff nicht.

aa) „Hinkende Ehe"

Auch im Ausland nach dortigem Recht geschlossene Ehen sind solche i.S.d. Grundgesetzes, auch wenn sie im Inland in jener Form unzulässig wären (sog. „hinkende Ehe"). **408**

Wirksame Eheschließung nach ausländischem Recht genügt

BEISPIEL: Lässt ein Staat die spontane Eheschließung vor einem Friedensrichter zu, fällt ein solcher Bund auch in Deutschland unter den Schutz des Art. 6 I 1. Fall GG. Ist eine Ehe hingegen weder nach deutschem noch nach ausländischem Recht ordnungsgemäß zustande gekommen, fällt sie nicht in den Schutzbereich.[911]

Sonderproblem: Vielehe

Die h.M. verzichtet bei ausländischen Ehen sogar auf den formalisierten Anerkennungsakt, wenn das ausländische Recht einen solchen nicht fordert.[912] Eine Grenze soll lediglich dort verlaufen, wo die ausländische Ehe mit dem Eheverständnis hierzulande nichts mehr gemeinsam hat. Lebhaft diskutiert wird dies insbesondere für die Vielehe (Bigamie). Nach h.M. fällt aber auch diese in den Schutzbereich des Art. 6 I GG, wobei allerdings streitig ist, ob sie unter „Ehe" i.S.d. Art. 6 I 1. Fall GG[913] oder unter „Familie" i.S.d. Art. 6 I 2. Fall GG[914] gehört. Unterschiedliche Rechtsfolgen ergeben sich daraus aber nur, wenn keine Kinder vorhanden sind.

BEISPIEL: Ist die Zweitehe kinderlos geblieben, würde sie nach der Ansicht, die ihr lediglich den Schutz der Familie aus Art. 6 I 2. Fall GG gewähren will, nicht in den Schutzbereich des Art. 6 I GG fallen, denn zur „Familie" gehört mindestens ein Kind (s.u.). Nach der Gegenansicht wäre sie hingegen über Art. 6 I 1. Fall GG geschützt, gleichgültig ob Kinder vorhanden sind oder nicht.

---

909 *BVerfGE 81, 1, 6; 31, 58, 70; BVerfG, NJW 2002, 2543, 2547*
910 *OLG Köln, NJW 1993, 1997, 1997; LG Frankfurt, NJW 1993, 1998, 1999; v.Arnauld/Platter, JURA 2002, 411, 413*
911 *BVerfGE 62, 323, 329; BVerwGE 123, 18, 20*
912 *BVerfGE 62, 323, 330; KG, FamRZ 1996, 257, 262*
913 *BFH, NJW 1986, 2209, 2210; OLG Hamm, StAZ 1986, 352, 354*
914 *BVerwGE 71, 228, 231*

Dafür, lediglich das Familienleben zu schützen, spricht, dass die Ehe unter dem „besonderen Schutz des Staates" stehen soll, und lediglich das auch in einer Vielehe mögliche Familienleben nach historischem wie gegenwärtigem Verständnis hierzulande einen solch besonderen Schutz verdient, nicht aber die Bigamie an sich. Deshalb ist die Vielehe keine „Ehe" i.S.d. Art. 6 I 1. Fall GG, sondern allenfalls eine „Familie" i.S.d. Art. 6 I 2. Fall GG, wenn denn Kinder vorhanden sind.

bb) Scheinehe

Scheinehen sind als Missbrauch nicht geschützt

409 Eine sog. „Scheinehe" ist eine Ehe, die nur auf dem Papier geschlossen wird, ohne dass die ernsthafte Absicht der Ehepartner besteht, tatsächlich eine Lebensgemeinschaft zu führen. Sie wird häufig eingegangen, um in den Genuss von Vorteilen zu kommen, die an die Eheschließung geknüpft sind, etwa solche steuerlicher oder aufenthaltsrechtlicher Art. Ein solcher Missbrauch ist nach ganz h.M. nicht von Art. 6 I 1. Fall GG geschützt.[915] Die Gegenansicht[916] hält es für unmöglich, die wahren Motive der Ehegatten zu erforschen; deshalb sei auch eine Scheinehe in den Schutzbereich einzubeziehen. Diese Ansicht überzeugt jedoch nicht. Abgesehen davon, dass praktische Nachweisprobleme kein Argument dafür sein können, ungewolltem Missbrauch verfassungsrechtlichen Schutz zu verleihen, kann der Nachweis einer Scheinehe sehr wohl geführt werden (etwa durch Zeugenbefragung, Augenscheinnahme der Wohnung u.v.m.). Darüber hinaus setzt Art. 6 I GG die Ehe in engen systematischen Zusammenhang zur Familie. Dies zeigt, dass der Grundgesetzgeber die Ehe als klassisches Fundament einer Familie besonders schützen wollte. Ein Familienleben soll bei einer Scheinehe aber von vornherein nicht entstehen, sodass sie auch den besonderen Schutz des Art. 6 I GG nicht verdient.

cc) Sonstige Formen des Zusammenlebens

Nichteheliche Lebensgemeinschaft

410 Dass die nichteheliche Lebensgemeinschaft nicht unter den Ehebegriff fällt, ergibt sich daraus, dass ihr die formalisierte Absichtserklärung dauerhaften Zusammenlebens fehlt.[917] Mögen manche Ehen auch geschieden werden und mögen nichteheliche Lebenspartnerschaften auch bis zum Tode bestehen, so verzichten nichteheliche Lebenspartner mit der Eheschließung auch auf den Schutz des Art. 6 I 1. Fall GG.

Gleichgeschlechtliche Partnerschaft

411 Auch die gleichgeschlechtliche Lebenspartnerschaft ist nicht von Art. 6 I 1. Fall GG geschützt. Ihr fehlt zwar nicht der formalisierte Anerkennungsakt (vgl. § 1 ELP), aber eine gleichgeschlechtliche Partnerschaft ist nicht nur nach einfachem Recht, sondern auch nach den Vorstellungen des Grundgesetzgebers ein aliud zur Ehe, die seit Menschengedenken immer aus verschiedengeschlechtlichen Partnern bestand und auch nach heutigem Verständnis noch besteht.[918] Da Art. 6 I GG nur die Schlechterstellung der Ehe verbietet, ist es aber nicht ausgeschlossen, nichteheliche Lebenspartnerschaften im einfachen Recht gleichzustellen.[919] Sie werden oftmals durch andere Grundrechte geschützt sein.

---

915 *BVerwGE 65, 174, 180; OVG Hamburg, FamRZ 1991, 1433, 1435; VGH Mannheim, FamRZ 1997, 743, 744*

916 *Pieroth/Schlink, GR, Rn 692*

917 *v.Münch/Kunig-Coester-Waltjen, GG, Art. 6 Rn 7*

918 *BVerfG, NJW 1993, 3058, 3058; BVerwG, NVwZ 1997, 189, 190;*

919 *BVerfG, NJW 1993, 3058, 3058; BVerfG, FamRZ 1990, 727, 728*

BEISPIEL: Weder verstößt die erbrechtliche Gleichbehandlung von Ehegatten und Lebenspartnern in § 10 ELP gegen die staatliche Schutzpflicht der Ehe aus Art. 6 I 1. Fall GG, noch die Ungleichbehandlung bei der Erbschaftssteuer gegen Art. 6 I 1. Fall GG der Lebenspartner. Es stellt sich aber die Frage, ob eine ungerechtfertigte Gleichbehandlung von Ungleichem (Erbrecht) oder eine ungerechtfertigte Ungleichbehandlung von Gleichem (Erbschaftssteuer) vorliegt. Beides würde gegen Art. 3 I GG verstoßen. Darüber hinaus bleibt Art. 2 I GG für alle nicht unter Art. 6 I 1. Fall GG fallenden Lebenspartnerschaften anwendbar.[920]

Streitig ist, ob die Ehe mit einem transsexuellen Partner geschützt ist. Stellt man bei der gleichgeschlechtlichen Lebenspartnerschaft auf die „generelle Fortpflanzungsunfähigkeit" als Grund für die Differenzierung ab,[921] muss man dies konsequenterweise verneinen, denn diese liegt auch bei Transsexuellen vor, die mit einem Partner zusammen leben, der ihr gebürtiges Geschlecht hat. Die h.M. stellt bei gleichgeschlechtlichen Lebenspartnerschaften jedoch (nur) auf den o.g. Grund traditioneller Geschlechterverschiedenheit ab, welcher auch bei Transsexuellen im Verhältnis zu ihrem Partner gegeben sein kann. Die Ehe mit einem transsexuellen Partner ist daher nicht nur nach einfachem Recht möglich, sondern fällt auch unter Art. 6 I 1. Fall GG.[922] **412** Transsexuelle Partner

Für diese und alle anderen, nicht unter Art. 6 I 1. Fall GG fallenden Formen der Lebenspartnerschaft ist aber immer zu beachten, ob nicht eine „Familie" vorliegt, die nach Art. 6 I 2. Fall GG geschützt wäre (Rn 417). **413** An „Familie" denken

dd) Zeitlicher Schutz

Der Schutz des Art. 6 I 1. Fall GG reicht - jeweils einschließlich - von der Eheschließung[923] bis zur Scheidung. Letztere ist auch mit geschützt,[924] obwohl nach der o.g. Definition die Ehe unbefristet geschlossen werden muss. Der Grund hierfür ist darin zu sehen, dass es nur auf die erklärte Absicht einer lebenslangen gemeinsamen Lebensführung ankommt, was nicht ausschließt, dass später eintretende Umstände eine solche unmöglich oder unzumutbar machen. Aus diesem Grund schadet es auch nicht, wenn die Eheleute sich längere Zeit trennen, unglücklich miteinander sind usw. Zudem liegt Art. 6 I 1. Fall GG das Leitbild der weltlichen Ehe zugrunde,[925] die im Gegensatz etwa zur christlich-religiösen Ehe nicht absolut unauflöslich ist. Teilweise lässt das BVerfG den Schutz des Art. 6 I 1. Fall GG sogar noch über die Scheidung hinaus fortwirken. **414** Schutz von der Eheschließung bis zur Scheidung

BEISPIEL: Die steuerlichen Folgewirkungen der Scheidung sind an Art. 6 I 1. Fall GG zu messen, wenn sie Ehegatten im Verhältnis zu anderen Formen des Zusammenlebens benachteiligen.[926] Die Wiederverheiratungsmöglichkeit kann aus Gründen „nachehelicher Solidarität" eingeschränkt werden.[927]

---

920 *BVerfGE 82, 6, 16*
921 *Pauly, NJW 1997, 1955, 1955; Ott, NJW 1998, 117, 119*
922 *BVerfGE 49, 286, 300; v.Münch/Kunig-Coester-Waltjen, GG, Art. 6 Rn 9*
923 *BVerfGE 31, 58, 67; BVerfG, NJW 2004, 2008, 2010*
924 *BVerfGE 55, 134, 142; 53, 224, 245; v.Münch/Kunig-Coester-Waltjen, GG, Art. 6 Rn 10*
925 *BVerfGE 53, 224, 245*
926 *BVerfG, NJW 2003, 3466, 3466*
927 *BVerfGE 66, 84, 98*

b) Personaler Schutzbereich

415 Geschützt sind nur die Eheleute, auch Ausländer und Staatenlose.[928] Nicht in den Schutzbereich fallen Dritte, mögen sie auch an der Eheschließung, Scheidung oder dem ehelichen Zusammenleben beteiligt sein.

BEISPIEL: Standesbeamte, Scheidungsrichter, gemeinsame Kinder. Letztere gehören aber zur „Familie" i.S.d. Art. 6 I 2. Fall GG (Rn 417).

Art. 6 I 1. Fall GG ist auch nicht über Art. 19 III GG „dem Wesen nach" auf juristische Personen anwendbar, da diese nicht zusammenleben können.[929]

2. Art. 6 I 2. Fall GG - Schutz der Familie

416 Zum Schutz der Familie gilt das oben zur Ehe Gesagte entsprechend. Danach stellt auch Art. 6 I 2. Fall GG zunächst eine (nicht einklagbare) Institutsgarantie mit verfassungsrechtlichem Schutzauftrag an den Gesetzgeber dar,[930] und verleiht darüber hinaus dem Einzelnen als Grundrecht Schutz vor staatlichen Eingriffen nach folgenden Maßgaben:

a) Sachlicher Schutzbereich

417 **DEFINITION**
Eine **Familie** ist eine Gemeinschaft von Eltern und Kindern.[931]

Beistandsverpflichtung als prägendes Merkmal

Das Vorhandensein eines Elternteils und eines Kindes genügt. Eine bestimmte Form des Zusammenlebens ist nicht erforderlich. Es spielt daher keine Rolle, ob die Eltern verheiratet sind[932] oder ob zwischen ihnen und/oder ihren Kindern eine häusliche Gemeinschaft besteht.[933] Entscheidend ist allein die „lebenslange Beistandsgemeinschaft", also das Vorhandensein einer familiären Bindung. Diese kann allerdings durch eine häusliche Gemeinschaft indiziert sein. Biologische Fragen sind demgegenüber irrelevant.

BEISPIEL: Eine Pflegefamilie[934] fällt ebenso in den Schutzbereich von Art. 6 I 2. Fall GG wie Adoptiveltern.[935] Hingegen ist der rein biologische Vater, der in keiner Nähebeziehung zu seinem Kind steht, nicht geschützt (anders bei bestehender sozialer Bindung).[936]

Großfamilie oder nur Kleinfamilie?

Es spielt auch keine Rolle, ob die Kinder voll- oder minderjährig sind.[937] Schwierig wird die Abgrenzung allerdings, wenn Eltern oder Kind ganz fehlen, also z.B. im Verhältnis der Großeltern zu ihren Enkeln oder Geschwistern untereinander (sog. „Großfamilie"). Unter die o.g. Definition des BVerfG, welche sich nur auf die Eltern-Kind-Beziehung

928 *BVerfGE 80, 81, 93; 76, 1, 41; 62, 323, 329; 31, 58, 67*
929 *BVerfGE 13, 290, 297*
930 *v.Münch/Kunig-Coester-Waltjen, GG, Art. 6 Rn 12, 15*
931 *BVerfGE 80, 81, 90; 10, 59, 66; JP-Jarass, GG, Art. 6 Rn 4; Coester-Waltjen, JURA 2008, 349, 350*
932 *BVerfG, NJW 2013, 847, 851; BFHE 159, 150, 155; Frenz, NVwZ 2013, 1200, 1202; a.A. BeckOK-GG-Ule, Art. 6 Rn 18*
933 *v.Münch/Kunig-Coester-Waltjen, GG, Art. 6 Rn 11*
934 *BVerfGE 79, 51, 62; 68, 176, 186; 18, 97, 105*
935 *v.Münch/Kunig-Coester-Waltjen, GG, Art. 6 Rn 11*
936 *BVerfG, NJW 2003, 2151, 2151*
937 *BVerfGE 57, 170, 176; BVerwG, DVBl 1983, 460, 460*

(sog. „Kleinfamilie") bezieht, passen diese Fälle zunächst nicht. Da das BVerfG und die h.M. aber stets die Beistands- und Schicksalsgemeinschaft als prägendes Merkmal der Familie betonen, werden auch solche Fälle unter Art. 6 I 2. Fall GG subsumiert, wenn es sich nur um hinreichend verdichtete Nähebeziehungen handelt.[938]

BEISPIEL: Haben die Großeltern ihre minderjährigen Enkel nach den Unfalltod der Eltern bei sich aufgenommen, dürfte eine Familie vorliegen.[939] Anders wäre es im Verhältnis eines volljährigen Kindes im Verhältnis zu seinem im Ausland lebenden Großvater. Bloße Freundschaften, Wohngemeinschaften etc. genügen ebenfalls nicht.

KLAUSURHINWEIS

In einem solchen Fall wäre die o.g. Definition um dem Zusatz „...oder eine ähnliche Beistandsgemeinschaft von hinreichender sozialer Nähe" zu ergänzen.

Für eine großzügige Auslegung des Schutzbereichs spricht auch, dass auf Rechtfertigungsebene eine verschiedene Gewichtung vorgenommen werden kann. Je dichter die Nähebeziehung ist, umso strenger werden die Anforderungen an die Rechtfertigung eines Eingriffs sein.[940]

b) Personaler Schutzbereich

Geschützt sind alle Familienmitglieder. Der personale Schutzbereich korrespondiert **418**
also mit dem sachlichen Schutzbereich.

BEISPIEL: Lässt man Stief- und Pflegefamilien, Großfamilien und nichteheliche Lebensgemeinschaften für eine „Familie" genügen, können sich auch alle daran beteiligten Personen auf Art. 6 I 2. Fall GG berufen.

3. Art. 6 II 1 GG - Elternrecht

a) Sachlicher Schutzbereich

Pflege und Erziehung als einheitliches Elternrecht

„Pflege" und „Erziehung" der Kinder nach Art. 6 II 1 GG werden als einheitliches **419**
„Elternrecht" zusammen gefasst.[941]

DEFINITION

„Pflege" ist die Sorge um das Wohlergehen der Kinder, „Erziehung" die Vermittlung von Wissen und Werten.[942]

Zum Wohlergehen im o.g. Sinne gehören vor allem die Sorge um Ernährung und Gesundheit der Kinder, zur Erziehung vor allem Bildung und Persönlichkeitsentwicklung. Das Elternrecht reduziert sich aber nicht auf diese beispielhaft genannten Bereiche. Es umfasst vielmehr die umfassende Sorge für das Kind in allen Lebensbereichen.

938 *Kingreen, JURA 1997, 401, 402; Windel, FamRZ 1997, 713, 715*
939 *BayObLG, FamRZ 1991, 1080, 1083*
940 *BVerfGE 80, 81, 90; BVerfG, FamRZ 1996, 154, 155*
941 *MD-Maunz, GG, Art. 6 Rn 24; v.Münch/Kunig-Coester-Waltjen, GG, Art. 6 Rn 63*
942 *Sachs-Schmitt-Kammler, GG, Art. 6 Rn 52*

BEISPIEL: Zum umfassenden Elternrecht gehören auch die Bestimmung des Vor- und Nachnamens des Kindes,[943] die Wahl der Schule,[944] die Bestimmung des Aufenthaltsortes[945] und die treuhänderische Vermögensverwaltung.[946]

KLAUSURHINWEIS
Wegen der Einheitlichkeit des Elternrechts muss nicht zwischen Pflege und Erziehung unterschieden werden. Es genügt die Klarstellung, dass ein einheitliches Elternrecht existiert, das die gesamte Sorge für das Kind umfasst. Sodann kann subsumiert werden, ob diese elterliche Sorge betroffen ist.

„Kinder"

420 Das Elternrecht besteht grundsätzlich nur insoweit, als die Kinder noch nicht selbst grundrechtsmündig sind (zum Begriff der „Grundrechtsmündigkeit" siehe Rn 43). Mit anderen Worten weicht das Elternrecht, soweit das Alter der Kinder fortschreitet und diese für sich selbst sorgen können.[947]

BEISPIEL: Eine eigene religiöse Überzeugung wird ein Kind vielfach auch schon vor Erreichung der Volljährigkeit bilden können. Seiner Glaubensfreiheit aus Art. 4 I, II GG und dem daraus resultierenden Selbstbestimmungsrecht in religiöser Hinsicht muss dann das Elternrecht aus Art. 6 II 1 GG weichen.

Für dieses nahezu einhellig vertretene Ergebnis gibt es zwei unterschiedliche Begründungsmöglichkeiten: Entweder man sieht die den Eltern nachfolgende Generation nicht mehr als „Kinder" i.S.d. Art. 6 II 1 GG an, soweit und sobald sie selbst grundrechtsmündig ist,[948] oder man hält den Umfang des Elternrechts für durch die Kindesrechte beschränkt.[949]

KLAUSURHINWEIS
Die Beschränkung des Elternrechts durch die Grundrechte des Kindes ist keine Frage der (verfassungsimmanenten) Schranken, sondern des Schutzbereichs: Soweit das Kindesrecht bereits besteht, besteht das Elternrecht nicht mehr.

Art. 6 II 1 GG ist, wie der 2. Halbsatz („und die zuvörderst ihnen obliegende Pflicht") klarstellt, eines der wenigen Freiheitsgrundrechte ohne negative Komponente. Es gibt also kein Recht zur Nichtsorge.[950]

b) Personaler Schutzbereich

„Eltern"

421 Grundrechtsberechtigt sind die Eltern.

DEFINITION
Eltern sind die Personen, von denen das Kind biologisch abstammt oder die ihm rechtlich als Eltern zugeordnet sind.[951]

---

943 BVerfGK 2, 258, 259; BVerfG, FamRZ 2005, 2049, 2049
944 BVerfGE 45, 400, 416
945 BVerfG, DVBl 2006, 1504, 1506
946 Sachs-Schmitt-Kammler, GG, Art. 6 Rn 54
947 BVerfGE 59, 360, 382; Sachs-Schmitt-Kammler, GG, Art. 6 Rn 46, 63; Hufen, NJW 2001, 849, 854
948 v.Münch/Kunig-Coester-Waltjen, GG, Art. 6 Rn 68
949 Sachs-Schmitt-Kammler, GG, Art. 6 Rn 63
950 Hebeler/Schmidt, NVwZ 2005, 1368, 1370
951 Sachs-Schmitt-Kammler, GG, Art. 6 Rn 48

Biologische Eltern sind die Mutter (die Frau, welche das Kind geboren hat) und der Vater (der Mann, welcher das Kind gezeugt hat).[952] Die rechtliche Zuordnung geschieht vor allem durch Adoption, im Falle der Vaterschaft aber z.B. auch durch gesetzliche Vermutung, vgl. §§ 1592 ff. BGB. Bei der rechtlichen Zuordnung bestimmt also - ähnlich wie beim Ehebegriff (Rn 407) - ausnahmsweise das einfache Recht den Schutzbereich des Grundrechts mit. Es genügt aber nicht, wenn ein einfachgesetzliches Erziehungsrecht ohne Zuweisung der Elternschaft besteht, und schon gar nicht, dass die Elternschaft nur faktisch ausgeübt wird. **422** Biologische oder rechtliche Elternschaft

BEISPIEL: Pflegeeltern, Stiefeltern und Großeltern sind ebenso wenig „Eltern" i.S.d. Art. 6 II 1 GG wie erziehende ältere Geschwister, ein Vormund oder ein Pfleger.[953]

Das Recht aus Art. 6 II 1 GG hat jeder Elternteil für sich,[954] auch wenn der Verfassungsgeber davon ausgegangen sein mag, dass es im Idealfall zusammen ausgeübt wird.

BEISPIEL: Möchte der Vater die vom Standesamt verweigerte Eintragung des Vornamens für sein Kind notfalls mittels auf Art. 6 II 1 GG gestützter Verfassungsbeschwerde erzwingen, könnte er eine solche auch allein erheben, wenn die Mutter keinen Prozess führen möchte (und vice versa).

Keine Rolle spielt, ob die Eltern volljährig oder verheiratet sind. Nicht geschützt sind hingegen die Kinder; diese haben also bspw. keinen Anspruch aus Art. 6 II 1 GG auf elterliche Sorge.[955]

4. Art. 6 III GG - Trennung der Kinder von den Erziehungsberechtigten

Art. 6 III GG erweitert das Elternrecht aus Art. 6 II 1 GG bzgl. der Trennung von ihren Kindern - und nur insoweit - auf alle Erziehungsberechtigten. **423**

DEFINITION

Erziehungsberechtigte sind die Personen, welche familienrechtlich die Personensorge für das Kind haben.

BEISPIEL: Eltern, Pflegeeltern,[956] Vormünder, Betreuer.

Soweit es sich bei den Erziehungsberechtigten gleichzeitig um die Eltern handelt, ist Art. 6 III GG lex specialis zu Art. 6 II 1 GG.[957]

952 *Zu Fragen künstlicher Befruchtung vgl. v.Münch/Kunig-Coester-Waltjen, GG, Art. 6 Rn 72 m.w.N.*
953 *BVerfGE 79, 51, 60; v.Münch/Kunig-Coester-Waltjen, GG, Art. 6 Rn 74*
954 *BVerfGE 47, 46, 76; 31, 194, 205*
955 *BVerfGE 28, 104, 112*
956 *BVerfG, DVBl 2006, 1504, 1507*
957 *Sachs-Schmitt-Kammler, GG, Art. 6 Rn 73*

5. Art. 6 IV GG - Anspruch der Mutter auf Schutz und Fürsorge

a) Sachlicher Schutzbereich

Handlungsauftrag an Legislative

424 Art. 6 IV GG gibt der Mutter Anspruch auf Schutz und Fürsorge durch die Gemeinschaft. Dies geschieht in dreifacher Hinsicht:

Erstens enthält Art. 6 IV GG einen Handlungsauftrag an die Legislative, die notwendigen Regelungen zum Schutz der Mutter zu schaffen. Dies ist auf vielen Gebieten, z.B. im Arbeitsrecht (MuSchG) geschehen.

Grundrecht auf Leistung und Abwehr

Zweitens ist Art. 6 IV GG ein vollwertiges Grundrecht. Dieses kann als Leistungsrecht geltend gemacht werden, wenn der Mutter die bestehenden gesetzlichen Regelungen zu ihrem Schutz und ihrer Fürsorge nicht ausreichen. Trotz seines Wortlauts begründet Art. 6 IV GG aber keinen verfassungsunmittelbaren Anspruch auf bestimmte Leistungen des Staates, sondern enthält insoweit (nur) den o.g. Handlungsauftrag an die Legislative, derartige Anspruchsgrundlagen zu schaffen.

BEISPIEL: Eine Mutter kann nicht unmittelbar aus Art. 6 IV GG beanspruchen, dass ihr Mutterschaftsurlaub gewährt wird. Unterließe der Staat hingegen jegliche Form von Mutterschutz am Arbeitsplatz, könnte sich eine Mutter, gestützt auf Art. 6 IV GG, gegen dieses gesetzgeberische Unterlassen wehren. Das BVerfG prüft m.a.W. nur, ob der gesetzliche Mutterschutz ausreicht, überlässt dem Gesetzgeber aber das „Wie", also die Wahl der Mittel.

Art. 6 IV GG kommt auch als Abwehrrecht in Betracht, wenn eine Mutter aufgrund ihrer Mutterschaft Nachteile gegenüber Dritten entstehen oder sie gar diskriminiert wird.

BEISPIEL: Es verstößt gegen Art. 6 IV GG, wenn einer werdenden Mutter aufgrund ihrer Schwangerschaft die persönliche Eignung zur Übernahme in das Beamtenverhältnis nach Art. 33 II GG abgesprochen wird.[958]

Rechtfertigungsgrund

Drittens kann Art. 6 IV GG Ungleichbehandlungen rechtfertigen, wenn Mütter gegenüber Dritten bevorzugt werden (argumentum e contrario: Wenn durch Art. 6 IV GG nur Mütter geschützt werden, dürfen sie also gegenüber Dritten bevorzugt werden).

BEISPIEL: Wird Müttern per Gesetz ein „Hausarbeitstag" eingeräumt, liegt darin eine an Art. 3 III 1 GG zu messende Bevorzugung gegenüber Vätern und kinderlosen Frauen. Diese lässt sich über Art. 6 IV GG als kollidierendes Verfassungsrecht rechtfertigen.[959]

b) Personaler Schutzbereich

425 **DEFINITION**

Mutter ist jede Frau, die schwanger ist oder ein Kind geboren hat.[960]

958 BVerfGE 44, 211, 215

959 BVerfGE 52, 369, 374

960 v.Münch/Kunig-Coester-Waltjen, GG, Art. 6 Rn 104

Art. 6 IV GG knüpft also an den biologischen Vorgang der Geburt an. Sog. „Leihmütter" sind daher Mütter in diesem Sinne,[961] nicht hingegen „soziale Mütter" wie Adoptiv-, Pflege- oder Stiefmütter.[962] (Nur) biologische Mutter geschützt

II. EINGRIFF

1. Geltung des erweiterten Eingriffsbegriffs

Eine besondere Eingriffsdogmatik zu Art. 6 GG hat sich nicht entwickelt. Mit dem **426** erweiterten Eingriffsbegriff kommen also alle staatlichen Maßnahmen als Eingriffe in Betracht, die den Schutzbereich verkürzen.[963] Solche finden sich häufig - wenngleich nicht nur - im immateriell-persönlichen und im materiell-wirtschaftlichen Bereich.

BEISPIELE: Immateriell-persönliche Eingriffe in das Eheleben sind z.B. eine „Zölibatsklauseln" im öffentlichen Dienst[964] oder die gesetzliche Festlegung eines Ehenamens.[965] Zu den materiell-wirtschaftlichen Eingriffen gehört das Steuerrecht, etwa wenn es faktisch zu einer Schlechterstellung der Ehe gegenüber anderen Lebensgemeinschaften führt,[966] oder eine Hypothekengewinnabgabe für Eheleute.[967] Besuchsbeschränkungen für Familienmitglieder von Strafgefangenen greifen in das Familienleben ein.[968] Die klassische Beschränkung des Elternrechts ist die Schulpflicht.

Irrelevant ist, ob die Schutzbereichsberechtigten selbst oder Dritte Adressaten der Maßnahme sind.[969]

BEISPIEL: Wird den nichtehelichen Lebensgemeinschaften eine Steuerbefreiung gewährt, die Eheleuten vorenthalten bleibt, kann Art. 6 I 1. Fall GG verletzt sein. Adressaten der Schulpflicht sind die von Art. 6 II 1 GG nicht geschützten Kinder; gleichwohl greift sie in das Erziehungsrecht der Eltern aus Art. 6 II 1 GG ein, weil den Kindern in der Schule auch (von den Eltern u.U. ungewollt) Wissen und Werte vermittelt werden.

Wie bei anderen Grundrechten auch genügen bloße Bagatellen oder Reflexe aber nicht.

BEISPIEL: Vorschriften über die Bekämpfung von Steuerbetrug durch Ehegatten sind kein Eingriff in das Eheleben.[970] Sie wirken sich auf den Ehealltag überhaupt nicht aus.

2. Problemfälle

a) Ausgestaltungsregelung oder Eingriff?

Vor allem hinsichtlich der Ehe resultieren häufig Probleme daraus, dass dieses Grund- **427** recht sehr stark normativ geprägt ist. Es zeigt sich wieder, dass der Grad zwischen

961 *Sachs-Schmitt-Kammler, GG, Art. 6 Rn 84; vgl. auch § 1591 BGB*
962 *Sachs-Schmitt-Kammler, GG, Art. 6 Rn 84; v.Münch/Kunig-Coester-Waltjen, GG, Art. 6 Rn 104*
963 *BVerfGE 81, 1, 6; 55, 114, 126; 6, 55, 76*
964 *BVerwGE 14, 21, 29; BAG, NJW 1957, 1688, 1689*
965 *BVerfGE 84, 9, 19*
966 *BVerfGE 18, 97, 105; 99, 216, 225; BVerfG, FamRZ 1990, 364, 365;*
967 *BVerfGE 15, 328, 328 ff.*
968 *BVerfGE 42, 95, 100; BVerfG, NJW 1994, 1401, 1401 (Trennscheibe)*
969 *BVerfGE 76, 1, 45; JP-Jarass, GG, Art. 6 Rn 6*
970 *BVerfGE 29, 104, 117*

bloßer gesetzlicher Ausgestaltung des Schutzbereichs und Eingriffen in die Eheführung sehr schmal ist (vgl. Rn 396).[971]

MERKSATZ
Wird gesetzlich näher bestimmt, was eine „Ehe" ausmacht, liegt eine Ausgestaltung des Schutzbereichs vor. Ist die Regelung hingegen zum Verständnis des Ehebegriffs nicht erforderlich, liegt ein Eingriff vor.

BEISPIEL: Die wechselseitigen Unterhaltsverpflichtungen machen die eheliche Gemeinschaft aus; sie sind daher Ausgestaltungen des Schutzbereichs.[972] Anders lag es bei der gemeinsame Veranlagung von Ehegatten zur Einkommensteuer gem. § 26 EStG a.F., die nach dem BVerfG einen (verfassungswidrigen) Eingriff in Art. 6 I 1. Fall GG darstellte.[973]

KLAUSURHINWEIS
Im Zweifel sollte von einem Eingriff ausgegangen werden, denn würde man die Ausgestaltungsmöglichkeit zu weit auslegen, hätte es der einfache Gesetzgeber in der Hand, Art. 6 I GG auszuhöhlen.

b) Ausweisung von Ausländern

428 Problematisch ist, ob die Ausweisung von Ausländern in das Ehe- oder Familienleben eingreift. Unstreitig ist dies nicht der Fall, wenn beide Partner ausgewiesen werden, da Art. 6 I GG ebenso wenig wie das Grundgesetz insgesamt Ausländern einen Anspruch darauf vermittelt, ihre Lebensgemeinschaft in Deutschland zu führen. Wird nur ein Partner ausgewiesen, wird überwiegend jedenfalls dann ein Eingriff angenommen, wenn es dem nicht ausgewiesenen Teil unmöglich oder unzumutbar ist, ihm ins Ausland zu folgen,[974] weil dann eine Fortsetzung des Ehe- oder Familienlebens nicht möglich ist.

c) Trennung i.S.d. Art. 6 III GG

429 „Getrennt" i.S.d. Art. 6 III GG wird das Kind von seinen Erziehungsberechtigten nur dann, wenn es ihnen räumlich auf gewisse Dauer entzogen wird. Nur flüchtige Maßnahmen von einigen Stunden genügen nicht.

BEISPIEL: Die polizeiliche Vernehmung eines Minderjährigen im Polizeipräsidium gegen den Willen der Erziehungsberechtigten ist danach noch keine Trennung,[975] wohl aber stationäre Unterbringung eines Kindes zur psychiatrischen Untersuchung.[976]

KLAUSURHINWEIS
Da Schutzbereich (Schutz vor Trennung) und Eingriff (Trennung) hier besonders eng verwoben sind, empfiehlt es sich, sie einheitlich unter „Eingriff in den Schutzbereich" zu prüfen.

---

971 *Ausführlich Kingreen, JURA 1997, 401, 403*
972 *Kingreen, JURA 1997, 401, 403*
973 *BVerfGE 6, 55, 70*
974 *BVerfGE 51, 386, 396; 35, 382, 408; BVerwGE 81, 155, 162; Kingreen, JURA 1997, 401, 403*
975 *Sachs-Schmitt-Kammler, GG, Art. 6 Rn 78*
976 *BVerfGK 1, 122, 122*

III. VERFASSUNGSRECHTLICHE RECHTFERTIGUNG

Eingriffe sind verfassungsrechtlich gerechtfertigt, soweit sie von den Schranken gedeckt sind. 430

1. Schranken

a) Art. 6 I, IV GG

Ehe und Familie sind nach Art. 6 I GG schrankenlos gewährleistet. Eingriffe können daher nur durch kollidierendes Verfassungsrecht als verfassungsimmanente Schranke gerechtfertigt werden. Gleiches gilt für die Rechte der Mutter aus Art. 6 IV GG: Schutz und Fürsorge dürften ihr nur versagt werden, soweit sich dies aus dem Grundgesetz selbst ergibt. 431

Nur verfassungsimmanente Schranken

b) Art. 6 II 2 GG

Art. 6 II 2 GG enthält einen (qualifizierten) Gesetzesvorbehalt: Zum Wohle des Kindes wacht die staatliche Gemeinschaft über die Betätigung des Elternrechts. Dieses Wächteramt erfüllt der Staat durch den Erlass von Gesetzen (vgl. z.B. §§ 1626 ff., 1666 ff. BGB), welche sicherstellen, dass die Eltern ihrem Erziehungsauftrag nachkommen. Darin, dass das in das Elternrecht eingreifende Gesetz dem Kindeswohl dienen muss, liegt die - in Art. 6 II 2 GG zwar nicht explizit genannte, aber teleologisch aus seinem Sinn und Zweck ableitbare - qualifizierte Anforderung.[977] 432

Qualifizierter Gesetzesvorbehalt in Art. 6 II 2 GG

c) Art. 6 III GG

Art. 6 III GG enthält zunächst ebenfalls einen qualifizierten Gesetzesvorbehalt: Die Trennung der Kinder von ihren Erziehungsberechtigten ist auf Grund eines Gesetzes zulässig, wenn - und darin liegen die qualifizierten Anforderungen, denen das einschränkende Gesetz Rechnung zu tragen hat - die Erziehungsberechtigten versagen oder die Kinder zu verwahrlosen drohen. Probleme bereiten Fälle, in denen Kinder auf gesetzlicher Grundlage von ihren Eltern getrennt werden, ohne dass diese strengen Voraussetzungen vorliegen. 433

Qualifizierter Gesetzesvorbehalt

BEISPIEL: Schulpflicht; Vollstreckung einer Freiheitsstrafe oder eines Arrests gegen Minderjährige.

Eine m.M. verneint weitere Einschränkungsmöglichkeiten unter Hinweis auf den eindeutigen Wortlaut des Art. 6 III GG.[978] Danach wären solche Eingriffe schon mangels tauglicher Schranke verfassungswidrig.[979] Diese Ansicht verkennt aber, dass neben Gesetzesvorbehalten immer auch verfassungsimmanente Schranken anwendbar sind. Eine Trennung des Kindes von seinen Eltern kann daher nach h.M.[980] über die in Art. 6 III GG genannten Gründe hinaus jedenfalls auch dann gesetzlich angeordnet werden, wenn es zum Schutz kollidierenden Verfassungsrechts geboten ist. 434

Weitere Schranken?

977 *BVerfGE 24, 119, 144; BVerfG, FamRZ 1997, 1269, 1269*
978 *Pieroth/Schlink, GR, Rn 717*
979 *Pieroth/Schlink, GR, Rn 717*
980 *MD-Herzog, GG, Art. 6 Rn 37*

BEISPIEL: Für die Schulpflicht wird sich der staatliche Bildungsauftrag aus Art. 7 I GG ins Feld führen lassen,[981] für die Vollstreckung von Freiheitsstrafen gegenüber Minderjährigen das „verfassungsrechtliche Gebot des strafrechtlichen Rechtsgüterschutzes"[982], soweit man in der Begehung von Straftaten nicht ohnehin schon eine Verwahrlosung des Kindes sieht.[983]

Für diese Ansicht spricht auch die historische Auslegung: Der Verfassungsgeber wollte durch Art. 6 III GG nur die staatliche Zwangserziehung nach NS-Vorbild unterbinden. Die Schulpflicht udgl. hatte er hingegen offensichtlich nicht vor Augen.[984]

2. Schranken-Schranken

435 Hinsichtlich der Schranken-Schranken ist bei Art. 6 GG besonders auf folgende Aspekte hinzuweisen:

a) Qualifizierte Gesetzesvorbehalte

aa) Art. 6 II 2 GG

Art. 6 II 2 GG

436 Bei Art. 6 II 2 GG muss das einschränkende Gesetz dem Kindeswohl dienen. Nachdem unter den Anforderungen an den qualifizierten Gesetzesvorbehalt geprüft wurde, ob es diesen Schutzzweck überhaupt erfüllt, muss das Kindeswohl in der Verhältnismäßigkeit (Angemessenheit) des Gesetzes selbst und/oder seiner Anwendung wiederum mit dem Elternrecht im Wege praktischer Konkordanz abgewogen werden. Nicht jede dem Kindeswohl dienende Maßnahme ist m.a.W. verfassungsrechtlich gerechtfertigt.[985]

BEISPIEL: Das BVerfG hat es für mit Art. 6 II 1 GG für unvereinbar gehalten, gegen den Willen geistesschwacher Eltern durch staatlichen Zwang für eine bestmögliche Förderung des Kindes zu sorgen, obwohl dies dem Kindeswohl sicherlich zuträglich gewesen wäre.[986]

Im Zweifel ist allerdings dem Kindeswohl Vorrang einzuräumen.[987]

bb) Art. 6 III GG

Art. 6 III GG

437 Die qualifizierten Anforderungen des Art. 6 III GG sind recht streng. Gelegentliche Nachlässigkeiten sind noch kein „Versagen",[988] und eine „Verwahrlosung" setzt ein Zurückbleiben des Kindes hinter seiner normalen körperlichen oder geistigen Entwicklung voraus.[989] Auf ein Verschulden der Eltern kommt es hingegen nicht an.

b) Institutsgarantien

438 Vielfach wird auf die besondere Bedeutung der Institutsgarantien des Art. 6 I GG als Schranken-Schranke hingewiesen.[990] Richtig daran ist, dass die Institutsgarantien

981 *Hebeler/Schmidt, NVwZ 2005, 1368, 1369*
982 *BVerfGE 107, 104, 119*
983 *So v.Münch/Kunig-Coester-Waltjen, GG, Art. 6 Rn 103*
984 *BVerfGE 24, 119, 142*
985 *Hufen, NJW 2001, 849, 856*
986 *BVerfGE 60, 79, 94*
987 *BVerfGE 79, 203, 211; 75, 201, 218*
988 *BVerfGE 59, 360, 376; 7, 320, 323; BVerfG, DVBl 2006, 1504, 1506*
989 *BVerfGE 60, 79, 91; v.Münch/Kunig-Coester-Waltjen, GG, Art. 6 Rn 103*
990 *Coester-Waltjen, JURA 2008, 349, 350*

dogmatisch Schranken-Schranken sind. Würden Ehe oder Familie abgeschafft, wäre der damit verbundene Grundrechtseingriff stets unverhältnismäßig i.S.d. Art. 20 III GG und daher nicht zu rechtfertigen. Solche Fälle haben allerdings vielfach gemeinsam, dass sich schon keine taugliche Schranke zur Rechtfertigung des Eingriffs finden ließe, die Frage nach einer Schranken-Schranke sich also gar nicht mehr stellte.

BEISPIEL: Soweit die Einführung einer Zwangsehe oder der Ehe auf Zeit als Eingriffe in die Institutsgarantien genannt werden, die sich unter Schranken-Schranken-Gesichtspunkten nicht rechtfertigen ließen,[991] so lässt sich für diese in Wahrheit schon keine verfassungsimmanente Schranke finden, die eine solche Regelung rechtfertigen könnte.

11. Teil – Art. 7 GG - Schule

A. Einleitung

Art. 7 GG lässt sich in zwei große Unterbereiche teilen: Die schulischen Grundrechte aus Art. 7 II, III GG sowie das Recht zur Errichtung von Privatschulen nach Art. 7 IV, V GG. Kein Grundrecht, sondern staatlicher Bildungsauftrag ist hingegen Art. 7 I GG. Er umfasst alle mit der Schulbildung in Zusammenhang stehenden Entscheidungen, ist also weit auszulegen. Man spricht vom „Vollrecht"[992] des Staates im Bereich Schulbildung. **439** Vollrecht des Staates

BEISPIEL: Unter „Aufsicht" i.S.d. Art. 7 I GG fallen die Errichtung und Abschaffung bestimmter Schulen und Schulformen, die Zeugnis- und Notengebung, die Auswahl von Schulbüchern u.v.m.

Dieser umfassende staatliche Bildungsauftrag kommt nicht selten als verfassungsimmanente Schranke von Grundrechten in Betracht.

BEISPIEL: Der Glaubensfreiheit einer Lehrerin aus Art. 4 I, II GG, die im Unterricht ein Kopftuch tragen möchte, kann entgegen gehalten werden, dass darunter der Schulfrieden leiden und damit der staatliche Bildungsauftrag gefährdet werden könnte.[993]

Kein Grundrecht ist ferner Art. 7 VI GG. Die Abschaffung der Vorschulen sollte nur eine schon in Art. 145 ff. WRV begründete Tradition fortführen. Sie erfasst lediglich das Verbot von Vorschulklassen zu weiterführenden staatlichen Schulen (also Realschule und Gymnasium), erstreckt sich aber nicht auf Vorschulkindergärten, Gesamtschulen, Waldorfschulen o.ä.[994] Die Vorschrift hat in Praxis und Prüfung kaum Bedeutung. **440** Art. 7 VI GG

B. Systematik und Vertiefung

I. SCHUTZBEREICH BETROFFEN

Im Schutzbereich des Art. 7 GG muss - ähnlich wie bei Art. 5 I GG - angesichts der Tatsache, dass Art. 7 GG mehrere Grundrechte enthält, genau zitiert und unterschieden werden: **441**

991 *Pieroth/Schlink, GR, Rn 718, 719*
992 *BVerfGE 93, 1, 21; 34, 165, 182; BVerwGE 94, 82, 84; OVG Münster, NWVBl. 2003, 268, 271*
993 *BVerwG, NJW 2004, 3581, 3581 = RA 2004, 749, 753*
994 *Sachs-Höfling, GG, Art. 7 Rn 77, 80*

1. Art. 7 II GG - Teilnahme am Religionsunterricht

442 Das Recht der Erziehungsberechtigten, über die Teilnahme des Kindes am Religionsunterricht zu bestimmen, stellt eine besondere Ausprägung des Elternrechts aus Art. 6 II 1 GG dar. Soweit es reicht, geht es diesem als lex specialis vor.[995] Auch hier ist - genau wie bei Art. 6 II 1 GG - aber wieder zu beachten, dass das Selbstbestimmungsrecht des grundrechtsmündigen Kindes das Recht aus Art. 7 II GG verdrängt.[996] Will das grundrechtsmündige Kind nicht am Religionsunterricht teilnehmen, ist für die Eltern schon der Schutzbereich des Art. 7 II GG nicht eröffnet. Die Glaubensfreiheit des Kindes aus Art. 4 I, II GG ist folglich nicht etwa erst als verfassungsimmanente Schranke zu prüfen. Die Folge ist, dass es nicht zu einer Abwägung zwischen dem Recht des Kindes und dem der Eltern im Wege „praktischer Konkordanz" kommt, wie es auf Schrankenebene nötig wäre. Zum Begriff „Erziehungsberechtigte" s.o. Rn 423, zum Begriff „Eltern" Rn 421.

2. Art. 7 III 1, 2 GG - Religionsunterricht als Pflichtfach

a) Sachlicher Schutzbereich

Unterscheidung zwischen „Ob" und „Wie" des Religionsunterrichts

443 Art. 7 III 1 GG schreibt den Religionsunterricht als ordentliches Lehrfach an öffentlichen Schulen fest. Die Norm ist ihrem Wortlaut nach kein Grundrecht, sondern verfassungsrechtlicher Lehrauftrag. Wenn Art. 7 III 2 GG aber den Religionsgemeinschaften ein Einflussnahmerecht auf die inhaltliche Gestaltung des Religionsunterrichts gibt, setzt dies voraus, dass Religionsunterricht überhaupt stattfindet. Deshalb leitet man aus Art. 7 III 1 GG ein vollwertiges Grundrecht der Religionsgemeinschaften auf Erteilung von Religionsunterricht an öffentlichen Schulen (soweit diese nicht bekenntnisfrei sind) ab.[997] Man unterscheidet zwischen dem „Ob" des Religionsunterrichts in Art. 7 III 1 GG und dem „Wie" in Art. 7 III 2 GG.

BEISPIEL: Schafft ein Bundesland den Religionsunterricht gänzlich ab, betrifft dies das „Ob" nach Art. 7 III 1 GG. Wird einem Kirchenvertreter hingegen ein Kontrollbesuch des Religionsunterrichts („visitatio") verwehrt, ist das „Wie" des Unterrichts betroffen, Art. 7 III 2 GG.

DEFINITION
Öffentliche Schulen sind alle Schulen, deren Rechtsträger der Staat ist.[998] Bekenntnisfrei ist eine Schule, wenn sie auf jegliche religiöse Bindung und Bildung verzichtet.[999] Religionsunterricht ist ein Unterricht, dessen Inhalt es ist, einen Glauben zu vermitteln.[1000]

Kein Mitspracherecht bei organisatorischen Fragen

444 Das Einflussnahmerecht erstreckt sich nur auf die inhaltliche Gestaltung des Unterrichts, wegen Art. 7 I GG jedoch nicht auf schulisch-organisatorische Fragen.[1001]

---

995 v.Münch/Kunig-Hemmrich, GG, Art. 7 Rn 52
996 MD-Maunz, GG, Art. 7 Rn 32
997 Pieroth/Schlink, GR, Rn 727
998 Pieroth/Schlink, GR, Rn 729
999 v.Münch/Kunig-Hemmrich, GG, Art. 7 Rn 26
1000 v.Münch/Kunig-Hemmrich, GG, Art. 7 Rn 24
1001 Pieroth/Schlink, GR, Rn 730

BEISPIEL: Neben dem eigentlichen Unterrichtsinhalt können die Religionsgemeinschaften über die Zulassung andersgläubiger Schüler zum Religionsunterricht oder eine besondere kirchliche Lehrbefugnis der Religionslehrer bestimmen. Zu den ausgenommenen organisatorischen Fragen gehören die Gestaltung des Stundenplans, die Wahl der Räumlichkeiten usw.

In territorialer Hinsicht ist für Art. 7 III 1 GG die einschränkende Geltung nach Art. 141 GG zu beachten. Danach gilt Art. 7 III 1 GG nicht in Berlin, Bremen und den fünf neuen Bundesländern.[1002] **445** Territoriale Geltung beachten

b) Personaler Schutzbereich

In personaler Hinsicht sind nach dem eindeutigen Wortlaut des Art. 7 III 2 GG bzgl. des „Wie" nur die Religionsgemeinschaften geschützt.[1003] Da Art. 7 III 1 GG erst im systematischen Zusammenhang mit Art. 7 III 2 GG zum Grundrecht wird, gilt dies auch für das „Ob". Wenn sich Dritte auf das Recht auf Religionsunterricht berufen (z.B. Eltern und Kinder), kommt allenfalls Art. 4 I, II GG in Betracht, wobei dessen Anwendung in aller Regel daran scheitert, dass er keine Ansprüche auf staatliche Leistungen in Form von Religionsunterricht gewährt, sondern ein Abwehrrecht darstellt. **446**

DEFINITION

Religionsgemeinschaften sind dauerhafte, organisierte Zusammenschlüsse von Personen, die ihre gemeinschaftlichen, festliegenden Glaubensinhalte nach außen bekunden.[1004]

Dazu gehören vor allem die als öffentlich-rechtliche Körperschaften organisierten Religionsgemeinschaften i.S.d. Art. 140 GG i.V.m. 137 V WRV. Mangels hinreichender organisatorischer Verdichtung und/oder einheitlicher Überzeugung in wesentlichen Glaubensfragen sprechen Gerichte und h.M. bis heute islamischen Organisationen einen Anspruch auf die Einführung von islamischem Religionsunterricht ab.[1005] Eine m.M. fasst den Begriff der Religionsgemeinschaft i.S.d. Art. 7 III GG ohnehin enger: Danach sollen nur die öffentlich-rechtlichen Körperschaften i.S.d. Art. 140 GG i.V.m. 137 V WRV gemeint sein.[1006] Nach diesem Verständnis sind islamische Organisationen in jedem Fall außen vor, selbst wenn sie sich organisatorisch hinreichend verdichten. **447** Islamischer Religionsunterricht?

KLAUSURHINWEIS

Sofern im Sachverhalt nicht explizit vorgegeben ist, dass eine islamische Organisation organisatorisch hinreichend verdichtet ist und einer einheitlichen Glaubensüberzeugung folgt, sollte dies verneint und ihr somit die Eigenschaft als Religionsgemeinschaft i.S.d. Art. 7 III GG abgesprochen werden.

1002 *Schlink, NJW 1992, 1008, 1009*

1003 *Korioth, NVwZ 1997, 1041, 1045*

1004 *BVerwGE 110, 326, 342; Sachs-Schmitt-Kammler, GG, Art. 7 Rn 41*

1005 *BVerwGE 123, 49, 54 m.Anm. Towfigh, NWVBl. 2006, 131, 131 und Mückl, RdJB 2005, 513; VGH Kassel, ZAR 2005, 378, 378; OVG Münster, NVwZ-RR 2004, 492, 492; Bock, RdJB 2001, 330, 335; Oebbecke, DVBl 1996, 336, 339; Hillgruber, JZ 1999, 538, 545*

1006 *Korioth, NVwZ 1997, 1041, 1045*

3. Art. 7 III 3 GG - Ablehnung der Erteilung von Religionsunterricht

Verhältnis zu Art. 4 I, II GG

448 Nach Art. 7 III 3 GG haben Lehrer das Recht, die Erteilung von Religionsunterricht abzulehnen. Dieses Recht ergibt sich zwar häufig schon aus ihrer (negativen) Glaubensfreiheit aus Art. 4 I, II GG, Art. 7 III 3 GG ist hierzu aber lex specialis.[1007] Die Norm hat eigene Bedeutung, soweit die Willensgründe, aus denen der Lehrer die Erteilung des Religionsunterrichts verweigert, sich nicht unter Art. 4 I, II GG subsumieren lassen.

BEISPIEL: Ein Lehrer möchte keinen Religionsunterricht erteilen, weil er mit der Klasse nicht zurecht kommt.

4. Art. 7 IV, V GG - Privatschulfreiheit

449 Art. 7 IV 1 GG enthält zunächst eine Institutsgarantie der Privatschulen neben den öffentlichen Schulen.[1008] Dieses Recht kann - wie alle Institutsgarantien - nicht eingeklagt werden. Art. 7 IV 1 GG gibt also der einzelnen Privatschule kein Grundrecht auf Fortbestand.[1009] Die Norm ist aber gleichwohl ein echtes Grundrecht:

a) Sachlicher Schutzbereich

Abwehrrecht

450 Art. 7 IV 1 GG gibt jedermann das Recht, Privatschulen zu errichten und zu betrieben. Darin liegt zunächst ein Abwehrrecht gegen Eingriffe jeglicher Art.

BEISPIEL: Freie Auswahl der Schüler und Lehrer, der Unterrichtsinhalte, der Lehrmittel, der Organisation, der Kriterien für Notenvergabe usw.

Leistungsrecht

Die Rechtsprechung erkennt darüber hinaus aus Art. 7 IV 1 GG einen Anspruch der Privatschulen auf Förderung mit staatlichen Mitteln an, weil in Deutschland eine Privatschule gegenwärtig nicht kostendeckend betrieben werden könne, das Grundrecht ohne staatliche Förderung also leerliefe.

Anspruch auf Genehmigung

451 Privatschulen, die als Ersatz für eine öffentliche Schule dienen sollen, nennt man „Ersatzschulen".[1010] Diese bedürfen nach Art. 7 IV 2 GG der Genehmigung, wobei Art. 7 IV 3 GG unter den dort genannten Voraussetzungen einen verfassungsunmittelbaren Anspruch auf Erteilung dieser Genehmigung gibt. Gleiches gilt für Art. 7 V GG, der verschärfte Genehmigungsanforderungen für private „Volksschulen" enthält. Diese müssen kumulativ neben den in Art. 7 IV GG Genannten vorliegen.[1011] Unter einer „Volksschule" in diesem Sinn ist (auch) die heutige Grundschule zu verstehen.[1012]

b) Personaler Schutzbereich

452 Die Privatschulfreiheit ist ein Jedermanngrundrecht. Neben natürlichen Personen ist anerkannt, dass auch juristische Personen sich nach Art. 19 III GG auf sie berufen können.[1013]

1007 BVerwGE 19, 260, 262
1008 BVerfGE 75, 40, 61; 6, 309, 355
1009 Rennert, DVBl 2001, 504, 515
1010 BVerfGE 27, 195, 201; BVerwGE 112, 263, 266
1011 BVerfGE 88, 40, 47; Sachs-Schmitt-Kammler, GG, Art. 7 Rn 72
1012 Pieroth/Schlink, GR, Rn 739
1013 Pieroth/Schlink, GR, Rn 735

II. EINGRIFF

Eine besondere Eingriffsdogmatik hat sich zu Art. 7 GG nicht entwickelt. Es gilt daher der erweiterte Eingriffsbegriff (Rn 97). Insbesondere genügen auch mittelbare Eingriffe. **453**

BEISPIEL: Ein Eingriff in den Schutzbereich des Art. 7 III 3 GG ist nicht nur gegeben, wenn der Lehrer gegen seinen Willen zur Erteilung von Religionsunterricht gezwungen wird, sondern auch dann, wenn an seine Weigerung negative Folgen für ihn geknüpft werden (z.B. eine schlechte Beurteilung, Versetzung, ausbleibende Beförderung usw.).

Ethikunterricht

Wird Ethikunterricht für Schüler eingeführt, die den Religionsunterricht abgewählt haben, kann darin kein Eingriff in das Recht der Erziehungsberechtigten aus Art. 7 II GG liegen, weil dieses bereits schutzbereichlich als subsidiär hinter der Religionsfreiheit des religionsmündigen Schülers zurücktritt (Rn 442). Art. 4 I, II oder Art. 3 III 1 GG der abwählenden Schüler werden mangels Benachteiligung übrigens auch nicht verkürzt.[1014] Einzig die inhaltliche Gestaltung des Ethikunterrichts - nicht aber seine Einführung als solche - kann danach einen Eingriff darstellen.

BEISPIEL: Wird der Ethikunterricht nicht weltanschaulich neutral gestaltet, kann darin ein Eingriff in Art. 4 I GG liegen.[1015]

Soweit Art. 7 GG als Leistungsrecht betroffen ist, liegt der Eingriff in der Nichtgewährung der Leistung.

III. VERFASSUNGSRECHTLICHE RECHTFERTIGUNG

1. Schranken

Nur verfassungsimmanente Schranken

Die Grundrechte aus Art. 7 GG sind allesamt **schrankenlos** konzipiert, d.h. nur verfassungsimmanent beschränkbar. Das gilt trotz des missverständlichen Wortlauts des Art. 7 IV 2 2. Hs. GG („...und unterstehen den Landesgesetzen") namentlich auch für das Recht auf Errichtung und Betrieb von Privatschulen. Art. 7 IV 2 2. Hs. GG sollte nur klarstellen, dass der Landesgesetzgeber - und nicht der Bund - die Gesetzgebungskompetenz zur Ausgestaltung der Genehmigungsanforderungen des Art. 7 IV 2, 1. Hs. GG und zur Konkretisierung der verfassungsimmanenten Schranken hat.[1016] **454**

Besondere Bedeutung des Art. 7 I GG

Als verfassungsimmanente Schranke kommt neben den Grundrechten Dritter und sonstigen Verfassungsnormen vor allem der staatliche Bildungsauftrag nach Art. 7 I GG in Betracht.

BEISPIEL: Art. 7 III 2 GG mag einem Kirchenvertreter das Recht geben, Kontrollbesuche im Religionsunterricht durchzuführen. Stört die Visitatio jedoch den geordneten Unterrichtsablauf oder wirft ihre extensive Inanspruchnahme organisatorische Probleme auf, können diese Umstände ihr über Art. 7 I GG entgegen gehalten werden.

1014 *BVerfG, NJW 1999, 756; BVerwGE 107, 75 m. Anm. Werner, NVwZ 1998, 816*

1015 *Sachs-Schmitt-Kammler, GG, Art. 7 Rn 54; Niehues, NVwZ 2001, 872, 872*

1016 *Sachs-Schmitt-Kammler, GG, Art. 7 Rn 67*

Dieser gilt auch für die Ersatzschulen, nicht aber für neben öffentlichen Schulen bestehende Privatschulen (sog. „Ergänzungsschulen")[1017], da diese den staatlichen Bildungsauftrag nicht gefährden können.

BEISPIEL: Wegen Art. 7 I GG darf der Staat darüber wachen, dass die Schulen einen gewissen Mindeststandard an Bildung vermitteln. Es ist daher zulässig, die Verwendung bestimmter Schulbücher vorzuschreiben.[1018] Dies gilt auch in Ersatzschulen. Ergänzungsschulen sind in der Wahl ihrer Lehrmittel hingegen frei, soweit nicht andere verfassungsimmanente Schranken eingreifen. Das Rechtsstaats- und Demokratieprinzip (Art. 20 I, II, III GG) mögen etwa der Verwendung nationalsozialistischer Propagandaliteratur entgegenstehen.

2. Schranken-Schranken

Auf praktische Konkordanz achten

455 Ähnlich wie beim Eingriffsbegriff ergeben sich hier kaum Besonderheiten. Im Rahmen der Verhältnismäßigkeitsprüfung nach Art. 20 III GG ist besonders darauf zu achten, dass der Grundsatz der „**praktischen Konkordanz**" bei der Abwägung der widerstreitenden verfassungsrechtlichen Regelungen eingehalten wird.

BEISPIEL: Wegen Art. 7 I GG darf der Staat die Qualität der Lehre in einer Ersatzschule überwachen. Das Recht auf freien Lehrbetrieb aus Art. 7 IV 1 GG wird dadurch verfassungsimmanent beschränkt. Fördert die Überwachung Missstände zu Tage, darf aus Gründen der „praktischen Konkordanz" aber nicht gleich mit einem Entzug der Genehmigung (Art. 7 IV 2, V GG) reagiert werden, wenn auch mildere Mittel wie z.B. Auflagen genügen würden.

12. Teil – Art. 8 GG - Versammlungsfreiheit

A. Einleitung

456 In der repräsentativen Demokratie des Grundgesetzes, in der die politischen Entscheidungen nicht unmittelbar durch das Volk, sondern durch gewählte Organe getroffen werden, ist es besonders wichtig, dass das Volk sich Gehör verschaffen kann. Das BVerfG betont daher immer wieder, wie wichtig die Möglichkeit kollektiver Meinungskundgabe in Form von Versammlungen für unsere Demokratie ist. Sie sei eine „unerlässliche Einflussnahmemöglichkeit auf den politischen Prozess".[1019]

B. Systematik und Vertiefung

I. SCHUTZBEREICH BETROFFEN

1. Sachlicher Schutzbereich

Umfang des Grundrechtsschutzes

457 Art. 8 I GG schützt das Recht, sich ohne Anmeldung oder Erlaubnis friedlich und ohne Waffen zu versammeln. Man spricht vom Grundrecht der Versammlungsfreiheit.

1017 Pieroth/Schlink, GR, Rn 737
1018 BVerfG, NVwZ 1990, 54, 54
1019 BVerfGE 69, 315, 346

Dieses erstreckt sich auf die freie Wahl von Ort, Zeit und Inhalt der Versammlung.[1020] Es schützt die Organisation und Leitung einer Versammlung ebenso wie die Teilnahme an ihr.[1021] Im Gegensatz zum Versammlungsgesetz kennt der Schutzbereich des Art. 8 I GG auch keine Unterscheidung zwischen öffentlichen und nichtöffentlichen Versammlungen oder solchen in geschlossenem Raum und unter freiem Himmel (vgl. aber die Schranke des Art. 8 II GG).

a) Versammlung

DEFINITION 458

Unter einer **Versammlung** ist eine Zusammenkunft mehrerer Menschen an einem Ort zu einem gemeinsamen Zweck zu verstehen.

Eine Versammlung setzt sich also aus zwei Elementen zusammen: Einer gewissen Anzahl von Personen und einem gemeinsamen Zweck. Wie viele Personen dies sein müssen und welche Anforderungen an den gemeinsamen Zweck zu stellen sind, ist streitig.

KLAUSURHINWEIS

Die o.g. Definition ist bewusst allgemein gehalten. Sie sollte der Erörterung des Versammlungsbegriffes vorangestellt werden, um sodann - falls der Sachverhalt Anlass bietet - unter Darstellung der verschiedenen Meinungen genauer zu klären, wie viele Personen es sein und welchen Zweck sie verfolgen müssen.

aa) Personenzahl

Hinsichtlich der Personenzahl werden teilweise mindestens drei gefordert,[1022] teilweise 459 Zwei oder drei Personen?
werden auch schon zwei für ausreichend gehalten.[1023] Teilweise wird auch zwischen dem einfachen Recht und dem Grundgesetz differenziert: Für Versammlungen nach dem VersG des Bundes sollen drei, für Versammlungen nach Art. 8 I GG nur zwei Personen erforderlich sein.[1024] Das BVerfG hat hierzu bisher nicht Stellung beziehen müssen, sodass eine h.M. schwer auszumachen ist. Für die Ansicht, welche mindestens drei Personen fordert, spricht aber der allgemeine Sprachgebrauch: Man denkt an mehr als zwei Personen, wenn man das Wort „Versammlung" hört. Zudem geht die kollektive Wirkung der Meinungskundgabe, die zu schützen das Anliegen des Art. 8 I GG ist, von zwei Menschen nicht aus. Jedenfalls für den Schutzbereich des Art. 8 I GG gilt daher.

MERKSATZ

Eine **Versammlung** besteht aus mindestens drei Personen.

1020 BVerfGE 69, 315, 343
1021 BVerfGE 84, 203, 209; Enders, JURA 2003, 34, 36
1022 v.Münch/Kunig-Kunig, GG, Art. 8 Rn 9; Enders, JURA 2003, 34, 36
1023 Sachs-Höfling, GG, Art. 8 Rn 10
1024 OLG Düsseldorf, JR 1982, 299, 300

Nachdem der Bund im Zuge der Föderalismusreform seine Gesetzgebungskompetenz für das Versammlungsrecht aus Art. 74 I Nr. 3 GG a.F. verloren hat, können die Länder eigene Versammlungsgesetze erlassen. Ist in ihnen - im Gegensatz zum VersG des Bundes -eine Definition der Versammlung enthalten, mag diese im einfachen Recht gelten. Verfassungsrecht kann jedoch nicht durch nachrangiges Recht maßgeblich definiert werden. Auch im Anwendungsbereich solcher Gesetze bleibt es daher beim o.g. Ergebnis.

BEISPIEL: Art. 2 I BayVersG definiert eine Versammlung als Zusammenkunft von mindestens zwei Personen. Auch für Versammlungen in Bayern gilt aber, dass sie nach h.M. aus mindestens drei Personen bestehen müssen, um in den Genuss des Art. 8 I GG zu kommen.

bb) Gemeinsamer Zweck

Gemeinsamkeit als Abgrenzung zur Ansammlung

460 Genau genommen besteht das Merkmal „gemeinsamer Zweck" wiederum aus zwei Elementen: Es muss ein Zweck verfolgt werden, und dieser Zweck muss ein gemeinsamer sein. Durch die Gemeinsamkeit unterscheidet sich die Versammlung gerade von der bloßen Ansammlung, in der jeder einen individuellen Zweck verfolgt.

MERKSATZ

Ein **gemeinsamer Zweck** setzt grundlegend voraus, dass die Personen einander zur Zweckverfolgung brauchen.[1025]

Diese Faustformel hilft insbesondere bei der Abgrenzung zu solchen Ansammlungen, bei denen zwar kein gemeinsamer Zweck verfolgt wird, der individuelle Zweck aber identisch ist. Dies genügt für eine Versammlung nicht.

BEISPIEL: Drei Wartende an einer Bushaltestelle sind schon deshalb keine Versammlung, weil sie zwar den selben, aber keinen gemeinsamen Zweck verfolgen. Sie brauchen sich gegenseitig nicht, um ihr Ziel zu erreichen. Gleiches gilt für Konzertbesucher oder Menschenaufläufe bei einem Verkehrsunfall. Anders ist es bei den Teilnehmern an einer Demonstration, die gerade durch ihre Masse Aufmerksamkeit erregen wollen.

Zur Frage, welche inhaltlichen Anforderungen an den Zweck zu stellen sind, haben sich drei Auffassungen gebildet:

Enger Versammlungsbegriff

461 Der enge Versammlungsbegriff sieht als tauglichen Zweck allein die Meinungskundgabe zu politisch-öffentlichen Angelegenheiten an.[1026] Versammlungsfreiheit heißt danach Demonstrationsfreiheit. Fehlt es gänzlich an einer Meinungskundgabe oder betrifft diese nur Angelegenheiten, welche die Allgemeinheit nicht interessieren, liegt keine Versammlung vor.

1025 Gröpl, JURA 2002, 18, 19

1026 VG Lüneburg, NJW 2006, 3299, 3299 = RA 2007, 38, 38; Hofmann, BayVBl. 1987, 97, 104

BEISPIEL: Die Maikundgebungen der Gewerkschaften, Friedensmärsche und Wahlkampfveranstaltungen sind danach Versammlungen. Sport- und Spaßveranstaltungen, bei denen nur oder in erster Linie konsumiert wird (Fußballspiel, Loveparade), fallen schon mangels Meinungskundgabe aus dem Versammlungsbegriff heraus. Protestiert ein Gastwirt mit seiner Belegschaft öffentlich gegen die Schließung seiner Gaststätte, liegt zwar eine Meinungskundgabe vor, es fehlt aber am Allgemeininteresse.

Der erweiterte Versammlungsbegriff[1027] hält demgegenüber zwar auch eine Meinungskundgabe für erforderlich, lässt aber jede Form derselben genügen. Diese Ansicht verzichtet m.a.W. auf die Unterscheidung zwischen politisch-öffentlichen und sonstigen Angelegenheiten. **462** Erweiterter Versammlungsbegriff

BEISPIEL: Der Protest des Gastwirtes und seiner Belegschaft für den Erhalt ihrer Gaststätte wäre danach eine Versammlung, Konzerte oder Sportveranstaltungen aber nicht.

Der weite Versammlungsbegriff[1028] verzichtet schließlich ganz auf das Element einer Meinungskundgabe. Danach genügt als gemeinsamer Zweck jede innere Verbindung, mag sie in Form der Meinungskundgabe hervortreten oder nicht. Die innere Verbindung sei vom bloßen gemeinsamen Konsumieren zu unterscheiden. **463** Weiter Versammlungsbegriff

BEISPIEL: Die Besucher eines Sylvesterkonzerts sind danach bloße Konsumenten und somit keine Versammlung. Sobald aber eine besondere innere Verbindung unter ihnen vorliegt, etwa bei einem Benefizkonzert zugunsten einer guten Sache, liegt bereits eine Versammlung vor.

Gegen den weiten Versammlungsbegriff spricht zunächst, dass sich zwischen innerer Verbindung und bloßem gemeinsamen Konsum nicht scharf unterscheiden lässt. Wer z.B. im Kino die Zuschauer wegen innerer Verbundenheit als Versammlung ansehen will, wenn es sich um einen „Kultfilm" handelt,[1029] der muss sich fragen lassen, was denn ein „Kultfilm" eigentlich sein soll. Ferner überzeugt auch das Ergebnis nicht: Warum soll es für die Eingriffsbefugnisse des Staates gegenüber den Zuschauern einen Unterschied machen, ob zufällig ein Kultfilm oder ein Blockbuster läuft? Zudem muss man sich vor Augen führen, dass das Schicksal der Versammlungsteilnehmer miteinander verknüpft ist: Sie genießen (nur) gemeinsam die Versammlungsfreiheit und unterliegen (nur) gemeinsam ihren Schranken, z.B. der Auflösung nach dem VersG. Dieses gemeinsame Schicksal verdienen die Teilnehmer aber nur, wenn sie auch durch Artikulation ihrer Meinung nach außen hin gemeinsam hervortreten. **464** Stellungnahme

BEISPIEL: Wenn drei SPD-Wähler auf einen Bus warten, haben sie mit ihrer politischen Überzeugung eine innere Gemeinsamkeit. Trotzdem verdienen sie nicht den Schutz des Art. 8 I GG (und unterliegen nicht dem gemeinsamen Schicksal einer Auflösung), solange sie sich nicht durch Meinungskundgabe als politische Genossen zu erkennen geben.

1027 BVerwGE 56, 63, 69; JP-Jarass, GG, Art. 8 Rn 2; v.Münch/Kunig-Kunig, GG, Art. 8 Rn 14
1028 Sachs-Höfling, GG, Art. 8 Rn 11; Deutelmoser, NVwZ 1999, 240, 241
1029 Pieroth/Schlink, GR, Rn 754

Gegen die mit dem engen Versammlungsbegriff verbundene Beschränkung auf öffentlich-politische Angelegenheiten spricht, dass diese im GG (und im VersG) keine Grundlage findet. Zudem sind öffentlich-politische und private Angelegenheiten nur schwer abzugrenzen.

BEISPIEL: Wenn ein Großkonzern 10.000 Stellen abbaut, mögen hiergegen gerichtete Demonstrationen einen öffentlich-politischen Charakter haben. Verlieren drei Handwerker in einem mittelständischen Betrieb ihre Arbeit, mag dies nicht der Fall sein. Wie ist es aber bei 100 Stellen, wie bei 1.000 und wie bei 5.000? Es wird sich kaum sagen lassen, ab wann das öffentliche Interesse geweckt ist.

Die besseren Argumente sprechen also für den „Mittelweg": Mit dem erweiterten Versammlungsbegriff ist eine kollektive Meinungsäußerung zu fordern. Welchen Inhalt diese hat, spielt hingegen keine Rolle.

Nonverbale Kundgabe möglich

465 Wohl gemerkt: Die Meinungsäußerung muss nicht ausdrücklich erfolgen (durch lautes Rufen, Spruchbänder usw.), sondern kann auch nonverbaler Natur sein (Schweigemarsch).[1030] Entscheidend ist m.a.W. nur, dass überhaupt eine Meinung kundgetan wird, nicht in welcher Form dies geschieht.

Reine Störung genügt nicht

466 Allein die Störung Dritter, z.B. einer anderen Versammlung, genügt aber nicht.

BEISPIEL (nach VG Münster, RA 2015, 88): Gegendemonstranten verhinderten die Abreise von Teilnehmern an einer NPD-Kundgabe, indem sie sich (schweigend) vor deren Bus setzten. Das VG Münster sprach dieser Aktion den Versammlungscharakter ab.

MERKSATZ
Die reine Störung Dritter ist keine Versammlung.

Wichtig zu betonen ist hier das Wort „**reine**" Störung. Denn sobald es nicht nur um die Störung geht, sondern - jedenfalls als Fernziel - auch eine Meinung kundgetan wird, liegt bereits wieder eine Versammlung vor.

BEISPIEL (nach VG Stuttgart, RA 2016, 150): Demonstranten blockierten den Zugang zum Bahnhofsprojekt „Stuttgart 21", um Baumfällarbeiten zu verhindern. Das VG Stuttgart sah hierin keine reine Blockade, sondern entnahm der Aktion auch einen Protest gegen das Projekt „Stuttgart 21" und damit eine Meinungsäußerung. Mit demselben Argument hätte freilich das VG Münster im obigen Beispiel auch in der Busblockade einen Protest gegen die NPD sehen können. Eine andere Frage ist ferner, ob Aktionen wie die im Fall des VG Stuttgart nicht deshalb aus dem Schutzbereich Art. 8 I GG herausfal-len, weil sie unfriedlich sind (vgl. dazu Rn 475).

RSpr. des BVerfG nicht eindeutig

467 Unklar ist gegenwärtig die Position des BVerfG zum Element der Meinungskundgabe. Das Gericht betont zwar stets die Notwendigkeit einer kollektiven Meinungsäußerung, lehnt also jedenfalls den weiten Versammlungsbegriff klar ab. In manchen

1030 BVerfG, NVwZ 2011, 422, 423 = RA 2011, 197,198; BayVbl 2011, 368, 369 = RA 2011, 387, 389

Entscheidungen ist darüber hinaus von öffentlich-politischen Meinungsäußerungen die Rede,[1031] in anderen wird lediglich die Notwendigkeit der Meinungsäußerung an sich betont.[1032] Man kann also sagen, dass das BVerfG zwischen engem und erweitertem Versammlungsbegriff schwankt. Eine Klarstellung hierzu steht noch aus.

KLAUSURHINWEIS
Sofern möglich sollte offen gelassen werden, ob nun dem engen oder erweiterten Versammlungsbegriff zu folgen ist. Nur wenn es sich um eine eindeutig rein private Meinungsäußerung handelt, muss dieser Streit entschieden werden.

Auch hier gilt i.Ü. wieder das unter Rn 459 zur Personenzahl Gesagte: Definitionen in den Versammlungsgesetzen der Länder sind nachrangiges Recht und daher für die Auslegung von Art. 8 I GG nicht maßgeblich. Sie erledigen diesen Streit daher nicht.

cc) Problemfälle

Werden neben der Meinungskundgabe noch andere Zwecke verfolgt, also etwa solche unterhaltender Natur, spricht man von einer „gemischten Veranstaltung".[1033] Da nach den vorzugswürdigen engen und erweiterten Versammlungsbegriffen eine Meinungskundgabe notwendiges Element des Versammlungsbegriffs ist, darf das Meinungskundgabeelement in diesen Fällen keinen untergeordneten Charakter haben. Es muss vielmehr den Schwerpunkt, also den eigentlichen Anlass der Zusammenkunft darstellen.[1034] 468

Meinungskundgabe keine Nebensache

BEISPIEL (nach BVerfG, NJW 2001, 2459): Bei der Loveparade stellen das Motto, unter dem sie stattfindet, sowie einzelne Aufschriften auf den Wagen, Plakaten usw. Meinungsäußerungen dar. Diese sind im Verhältnis zum Unterhaltungscharakter der Veranstaltung aber so untergeordnet, dass sie nach h.M. nicht ausreichen, um dem engen oder erweiterten Versammlungsbegriff zu genügen.[1035]

Weil die Meinungsäußerung Teil der Versammlung ist, stellt sich die Frage nach der Abgrenzung zu Art. 5 I 1 1. Fall GG. Hierzu gilt: Sobald die sog. **„äußere" Freiheit** der Teilnahme an der Versammlung (auch) betroffen ist, ist allein Art. 8 I GG einschlägig. Wird hingegen (nur) in die **„innere" Freiheit** der Meinungskundgabe eingegriffen, soll allein Art. 5 I 1 1. Fall GG anwendbar sein.[1036] 469

Abgrenzung zur Meinungsfreiheit

BEISPIEL: Wird ein Teilnehmer nach § 18 III VersG wegen des Rufens von Hetzparolen aus der Versammlung ausgeschlossen, ist Art. 8 I GG anwendbar. Wird ihm hingegen nur ein Transparent mit einer solchen Parole abgenommen, ohne dass er an der weiteren Teilnahme an der Versammlung gehindert wird, ist Art. 5 I 1 1. Fall GG einschlägig.

Der Versammlungsbegriff muss in dem Zeitpunkt erfüllt sein, in dem das Verhalten an den Tag gelegt wird, an das der Eingriff anknüpft. Irrelevant ist hingegen der Zeitpunkt des Eingriffs selbst. 470

Maßgeblicher Zeitpunkt

1031 *BVerfG, NJW 2004, 2814, 2815; NJW 2002, 1031, 1032;NJW 2001, 2459, 2460*
1032 *BVerfGE 104, 92, 104*
1033 *BVerwG, NVwZ 2007, 1431, 1432; VGH Mannheim, VBlBW 2010, 468, 468 = RA 2010, 753, 757*
1034 *BVerfG, NJW 2001, 2459, 2460; Hoffmann-Riem, NVwZ 2002, 257, 259*
1035 *Wiefelspütz, DÖV 2001, 21, 22; Lembke, JuS 2005, 984, 985*
1036 *Hofmann, JURA 2008, 667, 668*

BEISPIEL: Ein Veranstalter bekommt drei Wochen nach Abschluss seiner nicht angemeldeten Versammlung einen auf § 26 VersG gestützten Strafbefehl. Der Eingriff (Strafbefehl) liegt nach der Versammlung, knüpft aber an die Durchführung der Versammlung an.

Aus einer Ansammlung kann eine Versammlung werden. Umgekehrt endet der Schutz des Art. 8 I GG, wenn (endgültig) keine Versammlung mehr besteht.[1037]

BEISPIEL: Wenn sich die Schaulustigen eines Verkehrsunfalls (bloße Ansammlung) spontan entschließen, aus Anlass der schrecklichen Unfallfolgen für mehr Sicherheit im Straßenverkehr zu demonstrieren, ist eine Versammlung entstanden. Eine Wahlkampfveranstaltung in einer Gaststätte ist hingegen keine Versammlung mehr, wenn man von der Kundgebung bereits zum geselligen Trinken übergegangen ist.

Unterbrechung: Schutz des Art. 8 I GG bleibt bestehen

471 Allerdings führt die bloße Unterbrechung einer Versammlung jedenfalls dann nicht zum Erlöschen des Schutzes aus Art. 8 I GG, wenn die Absicht besteht, sie zeitnah fortzusetzen.[1038]

BEISPIEL: Von den drei Teilnehmern einer „Mahnwache“ vor dem Rathaus entfernen sich zwei, um zur Toilette zu gehen. Da es keine „Ein-Mann-Versammlung“ gibt, könnte dadurch der Schutz des Art. 8 I GG erloschen sein mit der Folge, dass das gegenüber der verbliebenen Person ausgesprochene „Versammlungsverbot“ nicht in Art. 8 I GG eingreifen würde. Dem ist aber nicht so, wenn nach Rückkehr der anderen beiden Personen die „Mahnwache“ fortgesetzt werden sollte und diese Rückkehr auch kurzfristig zu erwarten war.

An- und Abreise

472 Die An- und Abreise von bzw. zu einer Versammlung fällt mit unter den Schutz des Art. 8 I GG.[1039] Anderenfalls könnte der Schutzbereich des Art. 8 I GG durch sog. „**Vorfeldmaßnahmen**“ unterlaufen werden.

BEISPIEL: Die Polizei verhindert durch eine Straßensperre das Erreichen des Versammlungsorts.

Begleithandlungen

473 Sieht man in der kollektiven Meinungskundgabe den Zweck einer Versammlung, so erstreckt sich der Schutzbereich nicht auf bloße Begleitmaßnahmen, die zur Erreichung dieses Zwecks nicht erforderlich sind.

BEISPIEL: Verkauf von Speisen oder Getränken;[1040] Bereitstellen von Parkflächen; Werbestände für kommerzielle Produkte.

Für die Anwendbarkeit des Art. 8 I GG ist entscheidend, ob die Begleitmaßnahme zumindest noch eine meinungsverstärkende Wirkung hat. Eine solche ist erforderlich, aber auch genügend.

1037 Lembke, JuS 2005, 984, 985
1038 OVG Magdeburg, LKV 2013, 235, 236 = RA 2013, 628, 632
1039 BVerfGE 69, 315, 349; VG Hamburg, NVwZ 1987, 829, 830; Lembke, JuS 2005, 984, 986
1040 VG Berlin, RA 2016, 375; VG Würzburg, RA 2015, 321, 322

BEISPIEL (nach VGH München, Beschluss vom 12.04.2012 - 10 CS 12.767): Wenn die „schwierige Lage von Asylsuchenden" in einem Zelt mit Hilfe von Bildern über ihr tägliches Leben, Unterlagen und Dokumenten ihrer Asylverfahren etc. dargestellt wird, hat dies Versammlungscharakter.

Die Abgrenzung kann zuweilen problematisch sein, insbesondere wenn Bauten errichtet werden. Dass sie gerade in diesen Fällen von entscheidender Bedeutung in der Praxis (und für den Klausurerfolg) ist, leuchtet unmittelbar ein, denn die „Polizeifestigkeit der Versammlung" (vgl. dazu Rn 492 ff.) würde die Anwendbarkeit des Bauordnungsrechts sperren, sodass solchen Bauten nicht mit Mitteln des Bau-, sondern nur des Versammlungsrechts beizukommen wäre.

BEISPIEL: Das Aufstellen eines Zeltes anlässlich eines Hungerstreiks genügt nicht, wenn es nur dem Schutz der Hungerstreikenden vor der Witterung dient.[1041] Die Errichtung eines „Protestcamps" hat das VG Aachen ebenfalls nicht genügen lassen und eine Beseitigungsanordnung nach der BauO NRW für rechtmäßig gehalten,[1042] das OVG Münster hat diese Entscheidung allerdings aufgehoben und zur weiteren Prüfung an das VG Aachen zurückverwiesen, ob das „Protestcamp" nicht doch Kundgabecharakter hat, damit unter Art. 8 I GG fällt und die Anwendbarkeit der BauO NRW ausschließt.[1043] Es soll genügen, dass der Bau zumindest auch Kundgabecharakter hat (sog. „gemischtes Element").[1044]

WEITERES BEISPIEL: Das Errichten einer Videowand, um Reden des türkischen Präsidenten Erdoğan übertragen zu können, soll laut OVG Münster nicht unter Art. 8 I 1 GG fallen, weil dieser kein Instrument sei, ausländischen Staatsoberhäuptern ein Redeforum zu eröffnen. Anderen Normen des GG (namentlich Art. 20 I, II, 23, 24, 32 I, 59 und 73 I Nr. 1 GG) sei zu entnehmen, dass der Bund über das Rederecht ausländischer Staatsoberhäupter in Deutschland generell frei entscheiden könne, ohne dass dabei Grundrechte zur Anwendung kämen (vgl. auch oben Rn 53).[1045]

Es gibt auch eine negative Versammlungsfreiheit. Diese schützt davor, gegen den eigenen Willen an einer Versammlung teilnehmen zu müssen.[1046] **474** Negative Versammlungsfreiheit

BEISPIEL (nach VG Hamburg, NVwZ 1987, 829: „Hamburger Kessel"): Werden die Versammlungsteilnehmer von einer Kette aus Polizisten eingekesselt und könnten den Veranstaltungsort deshalb nicht mehr verlassen, liegt ein Eingriff in die negative Versammlungsfreiheit vor.

Art. 8 I GG kann schließlich auch einen Leistungsanspruch gegen den Staat gewähren, allerdings nur, wenn die Leistung zur Durchführung der Versammlung zwingend erforderlich ist.[1047] **475** Leistungsrecht

---

1041 VG Berlin, NVwZ 2004, 761, 761 = RA 2004, 472, 472
1042 VG Aachen, RA 2013, 734, 737 f.
1043 OVG Münster, Beschluss vom 11.10.2013 - 7 B 858/13
1044 OVG Münster, BauR 2017, 533 = RA 2017, 146
1045 OVG Münster, JA 2017, 396 = RA 2016, 538; ebenso BVerfG, NJW 2017, 1166, 1166 = RA 2017, 197, 198
1046 BVerfGE 69, 315, 343
1047 JP-Jarass, GG, Art. 8 Rn 15; Sachs-Höfling, GG, Art. 8 Rn 52

BEISPIEL: Zurverfügungstellung von Versammlungsorten wie öffentlichen Straßen oder Plätzen. Gegenbeispiel: Finanzierung der Anreise einzelner Teilnehmer durch Sozialhilfe[1048] oder Überlassung nicht für Versammlungen gewidmeter Gebäude oder Einrichtungen.[1049]

Mehrheitsbeteiligung des Staates an jur. Person des PrivatR

Ein solches Leistungsrecht besteht jedoch nicht gegenüber Privaten, auch nicht unter dem Gesichtspunkt der freien Wahl des Versammlungsortes.[1050] Das BVerfG meint allerdings, dass bei einer Mehrheitsbeteiligung des Staates an einer juristischen Person des Privatrechts diese insgesamt nicht mehr nach Privatrecht, sondern nach öffentlichem Recht zu behandeln ist,[1051] sodass jedenfalls diese juristischen Personen selbst (GmbH, AG usw.) und ihre privaten Minderheitseigner auch zur Leistung verpflichtet sind.

b) Friedlich

476 **DEFINITION**

Eine Versammlung ist **friedlich**, solange sie keinen gewalttätigen oder aufrührerischen Verlauf nimmt oder zu nehmen droht.[1052]

Diese Definition lehnt sich an §§ 5 Nr. 3, 13 I Nr. 2 VersG an. Sie bedarf ihrerseits der Präzisierung, da sie mit „gewalttätig" und „aufrührerisch" auch unbestimmte Rechtsbegriffe enthält.

aa) Gewalttätigkeit

477 **DEFINITION**

Gewalttätig ist eine Versammlung, wenn aus ihr heraus oder in ihr körperlich und mit einiger Erheblichkeit auf Personen oder Sachen eingewirkt wird.[1053]

Sitzblockaden

Bei Sitzblockaden von Straßen oder Bahngleisen fehlt es regelmäßig an einer körperlichen Einwirkung. Da eine lediglich psychisch vermittelte Einwirkung auf die Entschließungsfreiheit Dritter (Autofahrer, Zugführer) für Gewalt im o.g. Sinne nicht genügt, ist eine Sitzblockade friedlich, solange nicht weitere, die Unfriedlichkeit begründende Umstände hinzutreten.[1054] Worin solche Umstände liegen können, hängt vom Einzelfall ab und kann schwer zu bestimmen sein. Am besten hält man sich an das Kriterium der Erheblichkeit der Einwirkung.

BEISPIEL: Umstritten ist, ob allein das Anketten der Blockadeteilnehmer zur Unfriedlichkeit führen kann.[1055] Das Werfen mit weichen Gegenständen (z.B. Tomaten) wird, wenn es gegen Personen gerichtet ist, erheblicher sein als wenn nur auf Sachen gezielt wird.

1048 BVerwGE 72, 113, 118
1049 BGH, NJW 2006, 1054, 1054
1050 OVG Lüneburg, NVwZ-RR 2004, 575, 575 = RA 2004, 553, 553
1051 BVerfG, NJW 2011, 1201, 1204 = RA 2011, 169, 171
1052 BVerfGE 73, 206, 249; BVerfG, NVwZ 2011, 422, 424 = RA 2011, 197, 199
1053 Sachs-Höfling, GG, Art. 8 Rn 31
1054 BVerfGE 92, 1, 16; 87, 399, 406; JP-Jarass, GG, Art. 8 Rn 6a
1055 Dafür BVerfGE 104, 92, 102; dagegen BVerfGE abwM 104, 92, 124

Gewalttätigkeit liegt auch nicht automatisch vor, wenn Strafgesetze verwirklicht werden. Umgekehrt kann eine Versammlung aber auch unfriedlich sein, obwohl keine Straftaten begangen werden. Der Gewaltbegriff des StGB und des GG unterscheiden sich also.[1056]

Unterscheidung: Unfriedlichkeit und Strafbarkeit

BEISPIEL: Sitzblockaden können u.U. Nötigungen i.S.d. § 240 I StGB sein, ohne unfriedlich zu werden.[1057] Andererseits mögen Tomatenwürfe gegen eine Person keine Körperverletzung i.S.d. § 223 StGB darstellen und dennoch zur Unfriedlichkeit führen, wenn sie von Erheblichkeit sind.

bb) Aufrührerischer Verlauf

DEFINITION 478

Ein **aufrührerischer Verlauf** ist gegeben, wenn aktiver körperlicher Widerstand gegen rechtmäßig handelnde Vollstreckungsbeamte geleistet wird.[1058]

Auf die Erheblichkeit der Auswirkungen des körperlichen Widerstandes gegen die Staatsgewalt kommt es dabei - anders als bei der Gewalttätigkeit - nicht an. Darin liegt die eigene Bedeutung des Merkmals.

BEISPIEL: Werden Polizisten, welche Teilnehmer einer verbotenen Versammlung in Gewahrsam zu nehmen versuchen, mit Tomaten beworfen, kommt es auf die Auswirkungen der Würfe nicht an. Wenn sie allesamt fehlgehen, mag keine Gewalt, wohl aber ein „aufrührerischer Verlauf" vorliegen.

cc) Problemfälle

Die Unfriedlichkeit Einzelner macht nicht die ganze Versammlung unfriedlich. Hier 479 ist ggf. danach zu fragen, ob die Unfriedlichkeit bereits das Kollektiv insgesamt erfasst hat oder sich noch auf Einzelne oder kleine Gruppen begrenzen lässt.[1059] Offensichtlich kann die Unfriedlichkeit einer Versammlung auch nicht dadurch begründet werden, dass Dritte (z.B. unfriedliche Gegendemonstranten) von außen auf sie einwirken.

Unfriedlichkeit Einzelner

Die Gewaltanwendung muss nicht erst abgewartet werden. Vielmehr genügt nach der o.g. Definition bereits, dass eine solche droht.[1060] Dies macht eine Prognose des voraussichtlichen Verlaufs der Versammlung erforderlich, die auf objektive Anzeichen zu stützen ist. Wann genügend Anhaltspunkte vorliegen, um auf eine angestrebte Unfriedlichkeit rückschließen zu können, ist vom Einzelfall abhängig und lässt sich schwer verallgemeinern.

Drohende Unfriedlichkeit

BEISPIEL: Umstritten ist, ob allein die Vermummung der Teilnehmer die Prognose der drohenden Unfriedlichkeit erlaubt. Ähnliche Probleme bereitet das Mitführen von sog. „Defensivwaffen" wie Helmen, Schutzschildern, gepolsterter Kleidung u.ä.

Vermummung; Defensivbewaffnung

1056 *Enders, JURA 2003, 34, 37*
1057 *BVerfGE 73, 206, 248*
1058 *BVerfG, NJW 2006, 136, 136*
1059 *BVerfGE 69, 315, 359; BVerfG, NVwZ 2011, 422, 424 = RA 2011, 197,199; Sachs-Höfling, GG, Art. 8 Rn 34*
1060 *JP-Jarass, GG, Art. 8 Rn 6a; Sachs-Höfling, GG, Art. 8 Rn 32*

Jedenfalls genügt es, wenn dem Willen des Veranstalters zu entnehmen ist, dass er einen gewalttätigen oder aufrührerischen Verlauf anstrebt.[1061]

BEISPIEL: Der Veranstalter ruft im Internet dazu auf, Tomaten und faule Eier mitzubringen, um eine unliebsame Gegenveranstaltung stören zu können.

Im Zweifel sollte einer Versammlung nicht schon im Vorfeld der Schutz des Art. 8 I GG genommen werden. Je mehr Indizien zusammenkommen, umso eher kann allerdings auf die Unfriedlichkeit geschlossen werden.

BEISPIEL: Die wohl h.M.[1062] hält daher allein eine Vermummung nicht für ausreichend, um die Prognose der Unfriedlichkeit stellen zu können. Ist eine vermummte Versammlung darüber hinaus noch mit passiver Bewaffnung ausgestattet und führt weiche Wurfgegenstände mit sich, kann dies hingegen durchaus zum Rückschluss auf eine angestrebte Unfriedlichkeit führen.

c) Ohne Waffen

480 **DEFINITION**
Waffen sind alle Gegenstände, die geeignet sind, bei entsprechender Verwendung Personen zu verletzen oder Sachen erheblich zu beschädigen.[1063]

Darunter fallen zunächst alle Schusswaffen, ferner Messer, Molotow-Cocktails usw., aber auch reine Schlag- oder Wurfwaffen wie Baseballschläger, Ziegelsteine, Fahrradketten usw. Um den Waffenbegriff nicht uferlos werden zu lassen, wird ganz überwiegend eine Verwendungsneigung gefordert.[1064]

BEISPIEL: Auch ein Spazierstock kann als Schlagwaffe gebraucht werden. Gleichwohl würde eine Demonstration für höhere Renten ohne Waffen stattfinden, selbst wenn die Teilnehmer sich einer solchen Gehhilfe bedienten. Gleiches gilt für eine Demonstration der Polizeigewerkschaft, an der Berufswaffenträger teilnehmen.

Verwendungsneigung erforderlich, aber keine Absicht

Andererseits ist keine Verwendungsabsicht im Sinne eines strafrechtlichen dolus directus erforderlich. Es genügt daher, wenn die Waffen „auf Vorrat" mitgenommen werden.

BEISPIEL: Ein Skinhead nimmt seinen Baseballschläger „zur Sicherheit" mit, um ihn einsetzten zu können, falls ihm jemand quer kommt.

Passivwaffen etc.

Scheinwaffen (Attrappen) lassen den Schutz von Art. 8 I GG nicht entfallen.[1065] Keine Waffen in diesem Sinne sind ferner Passivwaffen wie Helme, Schutzschilde und

---

1061 BVerfG, NVwZ 2011, 422, 424 = RA 2011, 197,199
1062 Sachs-Höfling, GG, Art. 8 Rn 32; Jahn, JZ 1988, 545, 547; a.A. Honigl, BayVBl. 1987, 137, 139
1063 MD-Herzog, GG, Art. 8 Rn 65; v.Mutius, JURA 1988, 30, 35
1064 Pieroth/Schlink, GR, Rn 756
1065 VGH Kassel, DVBl 2011, 707, 707 = RA 2011, 482, 483

dergleichen,[1066] auch nicht Springerstiefel oder weiche Wurfwaffen wie Tomaten o.ä.[1067] Dass deren Mitführen u.U. aber die Prognose der Unfriedlichkeit erlauben kann, wurde oben bereits ausgeführt.

2. Personaler Schutzbereich

a) Natürliche Personen

In personaler Hinsicht erfasst Art. 8 I GG nur die Deutschen i.S.d. Art. 116 GG. Geschützt **481** sind Teilnehmer und Veranstalter, nicht jedoch Zuschauer oder gar Störer.[1068] Ausländer können sich nach ganz h.M.[1069] für ihre Versammlungen nur, aber immerhin auf Art. 2 I GG berufen. Durch diesen Rückgriff wird entgegen einer m.M.[1070] auch nicht die vom GG gewollte Privilegierung der Deutschen umgangen, da Art. 2 I GG wesentlich weitere Schranken hat als Art. 8 I GG, Versammlungen von Ausländern m.a.W. leichter eingeschränkt werden können. Soweit sich EU-Bürger versammeln, wird entweder auch Art. 8 I GG angewendet (unionsrechtskonforme Auslegung im Lichte des Diskriminierungsverbots aus Art. 18 AEUV) oder Art. 2 I GG in den Schranken des Art. 8 I GG angewendet (vgl. dazu ausführlich Rn 209).

EU-Bürger und andere Ausländer

b) Juristische Personen

Juristische Personen können als Veranstalter auftreten und sind dann auch über Art. 19 **482** III GG geschützt. Da nicht selten Parteien oder Gewerkschaften zu Versammlungen aufrufen, sei in diesem Zusammenhang noch einmal darauf hingewiesen, dass der Begriff der „juristischen Person" i.S.d. Art. 19 III GG weiter ist als der des Zivilrechts und somit auch nicht eingetragene Vereine, wie es Parteien und Gewerkschaften mehrheitlich sind, erfasst. Bei Bürgerinitiativen kommt es darauf an, ob sie den hinreichenden Grad an Organisation und Dauerhaftigkeit aufweisen,[1071] der für eine „juristische Person" i.S.d. Art. 19 III GG erforderlich ist (ausführlich dazu s.o. Rn 58).

Juristische Personen als Veranstalter

II. EINGRIFF

Für Art. 8 I GG gilt grundsätzlich die allgemeine Bagatellformel, wonach jede Verkürzung **483** des Schutzbereichs für einen Eingriff genügt. Im Einzelnen ist wie folgt zu differenzieren:

1. Legislativakte

Eingriffe durch Gesetz sind vor allem im VersG des Bundes und – soweit vorhanden **484** – der Länder enthalten. Soweit dort Ge- oder Verbote aufgestellt werden, greifen diese ganz überwiegend in die Versammlungsfreiheit ein. Art. 8 I GG nennt selbst Anmelde- und Erlaubnispflichten, einfach-gesetzlich geregelt in §§ 14, 18 II VersG, als Beispiel. Darüber hinaus sind z.B. die Pflicht zur Zulassung von Polizeibeamten aus § 12 VersG oder die Pflichten des Leiters nach §§ 7 ff. VersG zu erwähnen. Streitig ist die Eingriffsqualität von Verboten dann, wenn auch streitig ist, ob das verbotene Verhalten überhaupt von Art. 8 I GG geschützt ist.

Ge- und Verbote im VersG

1066 *MD-Herzog, GG, Art. 8 Rn 48; v.Mutius, JURA 1988, 30, 37*
1067 *Sachs-Höfling, GG, Art. 8 Rn 36; a.A. Gallwas, JA 1986, 484, 486*
1068 *BVerfGE 84, 203, 209*
1069 *Sachs-Höfling, GG, Art. 8 Rn 46*
1070 *Schwabe, NJW 1974, 1044, 1044*
1071 *BayVGH, NJW 1984, 2116, 2116; Sachs-Höfling, GG, Art. 8 Rn 48*

BEISPIEL: Geht man davon aus, dass die Vermummung und das Mitführen passiver Waffen eine Versammlung nicht per se unfriedlich machen, greift das Vermummungs- und Bewaffnungsverbot des § 17a VersG in den Schutzbereich des Art. 8 I GG ein.[1072] Vertritt man hingegen die Auffassung, Art. 8 I GG gebe schon nicht das Recht, sich vermummt oder bewaffnet zu versammeln, liegt durch ein entsprechendes Verbot auch kein Eingriff vor.

Soweit andere Gesetze als das VersG mit Art. 8 I GG in Berührung kommen, können die dortigen Ge- oder Verbote selbstverständlich ebenso Eingriffe darstellen.

BEISPIEL: Das „Gesetz über die befriedeten Bezirke für Verfassungsorgane des Bundes" (BGBl I 2003, 864) verbietet Versammlungen innerhalb bestimmter Bannmeilen.

2. Exekutiv- und Judikativakte

a) Rechtsakte

485 Eingriffe sind zunächst einschränkende Rechtsakte, welche aufgrund des VersG erlassen werden. Beispielhaft seien die Auflösung gem. §§ 13, 15 I VersG, das Verbot gem. §§ 5, 15 III VersG, die Erteilung von Auflagen gem. § 15 I VersG und der Ausschluss Einzelner gem. §§ 18 III, 19 IV VersG genannt. Nichts anderes gilt, wenn derartige Maßnahmen nicht auf das VersG, sondern im Fall der Unanwendbarkeit desselben (unten Rn 492) auf landesrechtliche Vorschriften des allgemeinen Polizei- und Ordnungsrechts gestützt werden. Auch strafrechtliche Sanktionen nach §§ 21 ff. VersG gehören hierher, soweit sie an ein von Art. 8 I GG geschütztes Verhalten anknüpfen.

b) Realakte

486 Sofern durch Realakte unmittelbar auf die Versammlung bzw. ihre Teilnehmer eingewirkt wird, stellen sie unproblematisch Eingriffe dar.

BEISPIEL: Gewaltsame Durchsetzung einer Auflösungsverfügung mit Gummiknüppeln und Wasserwerfern; „Einkesseln" der Teilnehmer.[1073]

Mittelbar-faktische Eingriffe

Selbst wenn die eigentliche Versammlung unangetastet bleibt, ist von einem Eingriff auszugehen, wenn ihr Zweck - die kollektive Meinungsäußerung - faktisch vereitelt wird.

BEISPIEL (nach VG München, NVwZ 2000, 461, 461 = RA 2000, 287, 287): Anlässlich des Besuches des chinesischen Ministerpräsidenten in Bayern wollte eine Versammlung auf Menschenrechtsverletzungen in China aufmerksam machen. Damit der Staatsgast davon nichts mitbekam, blockierte die Polizei die Sicht auf die kleine Gruppe mit Polizeibussen und übertönte deren Rufe durch Einsatz einer Polizeikapelle.[1074]

Vorfeldmaßnahmen

Aus demselben Grund sind auch Realakte im Vorfeld von Versammlungen Eingriffe, wenn sie die Teilnahme erschweren oder gar unmöglich machen.

1072 Sachs-Höfling, GG, Art. 8 Rn 60; v.Münch/Kunig-Kunig, GG, Art. 8 Rn 35

1073 OVG Münster, DVBl 2001, 839, 839 = RA 2001, 322, 322; VG Hamburg, NVwZ 1987, 829, 829

1074 Das VG stufte dieses Verhalten als rechtswidrig ein, da keine gesetzliche Rechtfertigung ersichtlich war.

BEISPIEL: Straßensperren; exzessive Personenkontrollen der Anreisenden.[1075]

Selbst die rein psychisch vermittelte Einschüchterung soll bereits genügen, wenn sie die Bagatellschwelle überschreitet. Psychische Einschüchterungen

BEISPIEL: Begleitung einer friedlichen Demonstration durch mit Kampfanzügen, Helmen, Schlagstock, Hunden usw. ausgerüsteten Polizisten;[1076] Überwachung einer Versammlung mit Kameras.[1077]

Zur Begründung lässt sich anführen, die Versammlungsfreiheit schütze auch die Entschlussfreiheit, an einer Versammlung teilzunehmen. Durch die einschüchternde Wirkung des Polizeiaufgebots oder des Einsatzes von Überwachungskameras in den obigen Beispielen könnten sich aber potenzielle Teilnehmer abgeschreckt fühlen und deshalb auf ihre Teilnahme verzichten, mit der Folge, dass die gewünschte Öffentlichkeitswirkung der Versammlung, welche ja nicht zuletzt von der Teilnehmerzahl abhängt, verfehlt würde.[1078]

Zur Fallgruppe der psychisch vermittelten Eingriffe gehören auch die sog. **487** Gefährderanschreiben
„**Gefährderanschreiben**", mit denen als potenziell gefährlich bekannten Teilnehmern bereits im Vorfeld nahe gelegt wird, nicht zum Versammlungsort anzureisen.[1079] Für solche „Gefährderanschreiben" ist typisch, dass sie nur Empfehlungen enthalten, die mangels Verbindlichkeit keine Rechtsakte sind. Ansonsten läge völlig unproblematisch ein Eingriff vor.

c) Unterlassen

Ein Unterlassen kann einen Eingriff darstellen, soweit eine Leistung vorenthalten wird, **488**
auf die Art. 8 I GG einen Anspruch gewährt. Dazu gehören aber nur solche Mindestleistungen, die zur Durchführung der Versammlung zwingend erforderlich sind.[1080]

BEISPIEL: Verweigerung der Schlüsselübergabe trotz Widmung der Stadthalle zu Versammlungszwecken.[1081]

Grundsätzlich gilt aber auch für Art. 8 I GG, dass es sich um ein Abwehrrecht, nicht um eine Anspruchsgrundlage handelt. Außerhalb des zur Versammlungsdurchführung absolut Notwendigen bestehen daher keine Ansprüche.

BEISPIEL: Eine Versammlung von Beamten muss nicht zwingend während der Dienstzeit stattfinden. Deshalb ist die Nichtfreistellung vom Dienst kein Eingriff.[1082]

Gewisse Probleme macht in diesem Zusammenhang das Nichteinschreiten gegen Störer einer Versammlung. Hält man sich exakt an die o.g. Abgrenzung, lassen sich aber auch diese Fälle lösen.

1075 BVerfGE 69, 315, 349; VG Lüneburg, NJW 2006, 3299, 3299 = RA 2007, 38, 38
1076 OVG Bremen, NVwZ 1990, 1188, 1189
1077 BVerfGE 69, 315, 349; 65, 1, 43; Bäumler, JZ 1986, 469, 471
1078 Heintzen, GewArch 1990, 532, 537
1079 OVG Lüneburg, DÖV 2006, 122, 122 = RA 2006, 364, 364
1080 JP-Jarass, GG, Art. 8 Rn 15; Sachs-Höfling, GG, Art. 8 Rn 52
1081 JP-Jarass, GG Art. 8 Rn 15
1082 BVerwGE 42, 79, 85

BEISPIELE: Blockieren Störer die Busse, mit denen die Versammlungsteilnehmer abreisen wollen, wird die Polizei irgendwann einschreiten müssen, denn die (von der Versammlungsfreiheit umfasste, s.o.) Abreise wäre sonst unmöglich.[1083] Gewisse Verzögerungen wird sich eine Versammlung hingegen gefallen lassen müssen, etwa um auch Gegendemonstranten Gelegenheit zu geben, ihren Standpunkt zu artikulieren.

III. VERFASSUNGSRECHTLICHE RECHTFERTIGUNG

1. Schranken

489 Wichtigste Schranke des Art. 8 I GG ist Art. 8 II GG, der einen einfachen Gesetzesvorbehalt für Versammlungen unter freiem Himmel enthält. Für Versammlungen in geschlossenen Räumen gelten demgegenüber grundsätzlich - von der Ausnahme des Art. 17a I GG abgesehen - nur verfassungsimmanente Schranken.
Im Einzelnen:

a) Art. 8 II GG

490 Versammlungen unter freiem Himmel können nach Art. 8 II GG durch oder aufgrund eines Gesetzes eingeschränkt werden.

DEFINITION
Eine Versammlung findet **unter freiem Himmel** statt, wenn sie sich in verschiedene Richtungen ausdehnen und zerstreuen kann. Auf die Überdachung („Blick nach oben") kommt es hingegen nicht an.[1084]

BEISPIEL: Auf öffentlichen Straßen und Plätzen befindet man sich stets „unter freiem Himmel". Eine Kundgebung in einem Fußballstadion findet hingegen „in geschlossenem Raum" statt, selbst wenn das Stadion nicht überdacht ist.

Das BVerfG hat diese Erkenntnis in seiner „Fraport"-Entscheidnung[1085] besonders weit ausgedehnt: Im Terminal 1 des Frankfurter Flughafens soll man sich „unter freiem Himmel" befinden, obwohl es sich offensichtlich um ein Gebäude handelt. Für das BVerfG war aber nur entscheidend, dass selbiges besonders weitläufig ist und durch zahlreiche Eingänge von jedermann frei betreten und verlassen werden kann.[1086]

aa) Versammlungsgesetze des Bundes und der Länder

Versammlungsgesetze Bund/Länder

491 Der Gesetzesvorbehalt für Versammlungen unter freiem Himmel aus Art. 8 II GG wird zunächst und vor allem durch spezielle Versammlungsgesetze konkretisiert. Das Versammlungsgesetz des Bundes (VersG) gilt auch nach dem Verlust der Gesetzgebungskompetenz des Bundes für das Versammlungsrecht[1087] gem. Art. 125a I 1 GG in allen Ländern fort, die es nicht durch ein Landes-Versammlungsgesetz ersetzt haben (vgl. oben Rn 459). Von dieser Möglichkeit haben gegenwärtig Bayern,

---

1083 VG Münster, RA 2015, 88, 91 f.; offen gelassen von BVerfGE 69, 315, 355
1084 Sachs-Höfling, GG, Art. 8 Rn 55; v.Münch/Kunig-Kunig, GG, Art. 8 Rn 29
1085 BVerfG, NJW 2011, 1201, 1204 = RA 2011, 169, 171
1086 Ebenso VG Stuttgart, NVwZ-RR 2012, 887 L = RA 2013, 23, 25 zur Bahnhofshalle „Stuttgart 21"
1087 BGBl I 2006, 2043

Sachsen-Anhalt und Niedersachsen Gebrauch gemacht. Dort gilt das jeweilige Landes-Versammlungsgesetz, Art. 125a I 2 GG. In Sachsen hat der Gesetzgeber das Bundesversammlungsgesetz in ein Landesversammlungsgesetz zu überführen versucht, dies jedoch in verfassungswidriger Weise, sodass der VerfGH Leipzig das Landesversammlungsgesetz für nichtig erklärt hat[1088] mit der Folge, dass in Sachsen das Bundesversammlungsgesetz bis auf Weiteres unmittelbar anwendbar bleibt.

bb) Allgemeines Polizei- und Ordnungsrecht

Soweit Versammlungsgesetze des Bundes oder der Länder gelten, verdrängen **492** Polizeifestigkeit öffentlicher Versammlungen
sie als leges speciales das allgemeine Polizei- und Ordnungsrecht. Sonst könnten die relativ strengen Rechtfertigungsanforderungen des Versammlungsrechts umgangen werden. Dieses Rückgriffsverbot wird als „Polizeifestigkeit" der Versammlung bezeichnet.[1089]

BEISPIEL: § 15 III VersG ermächtigt zur Auflösung einer öffentlichen Versammlung unter freiem Himmel. Liegen die Voraussetzungen hierfür nicht vor, darf nicht auf die Generalklausel des Polizei- und Ordnungsrechts zurückgegriffen werden. Diese werden verdrängt, § 15 III VersG ist abschließend.

MERKSATZ
Soweit die Versammlungsgesetze des Bundes und der Länder reichen, sperren sie als Spezialgesetze grundsätzlich den Rückgriff auf allgemeines Polizei- und Ordnungsrecht („Polizeifestigkeit der Versammlung").

Auch für sog. „**Minusmaßnahmen**" wird nicht auf das allgemeine Polizei- und **493** Minusmaßnahmen
Ordnungsrecht zurückgegriffen. Sie sind vielmehr als ein „Weniger" in den Ermächtigungen der Versammlungsgesetze enthalten und daher (nur) durch diese zu rechtfertigen.[1090]

BEISPIEL: § 15 III VersG sieht - im Gegensatz zu § 15 I VersG - den Erlass von Auflagen nicht vor. Diese sind aber als ein „Weniger" im Verhältnis zur dort geregelten Auflösung zulässig.

Vereinzelt wird zwar auch vertreten, dass „Minusmaßnahmen" unzulässig seien, da sie versammlungsrechtlich nicht geregelt seien und die „Polizeifestigkeit" der Versammlung den Rückgriff auf allgemeines Polizei- und Ordnungsrecht sperre.[1091] Diese Ansicht verkennt jedoch den oben beschriebenen Erst-Recht-Schluss. Zudem stellte sie die Versammlungsbehörde vor die Wahl, entweder eine unnötig harte Maßnahme zu ergreifen oder tatenlos zuzusehen - ein vom Gesetzgeber offensichtlich nicht gewolltes Ergebnis.

1088 VerfGH Leipzig, NVwZ 2011, 936, 936

1089 BVerfG, NVwZ 2005, 80, 81 = RA 2005, 75, 75; BVerwGE 82, 34, 38; OLG Celle, NVwZ-RR 2006, 254, 254 = RA 2006, 270, 270; Enders, JURA 2003, 34, 39; Schoch, JuS 1994, 479, 481

1090 BVerfG, DVBl 2001, 558, 559; VGH Kassel, DVBl 2011, 707, 708 = RA 2011, 482, 484; Riedel, BayVBl 2009, 391, 393; Lembke, JuS 2005, 984, 987

1091 Schoch, JuS 1994, 479, 482

MERKSATZ
„Minusmaßnahmen" sind in den Ermächtigungsgrundlagen der Versammlungsgesetze enthalten.

BEISPIEL (nach VGH Kassel, DVBl 2011, 707 = RA 2011, 482): Vor dem Gebäude einer deutschen Großbank fanden sich in Militäruniformen gekleidete Demonstranten ein, die Scheinwaffen in Form von Gewehrattrappen mit sich trugen. Die Polizei verfügte die Abgabe der Scheinwaffen. Eine Auflage i.S.d. § 15 I VersG kam nicht mehr in Betracht, da die Versammlung schon begonnen hatte; der VGH wendete deshalb § 15 III VersG an und sah in der Verfügung ein „Weniger" im Verhältnis zur dort geregelten Auflösung.

494 Ist spezielles Versammlungsrecht hingegen nicht anwendbar, kann auf allgemeines Polizei- und Ordnungsrecht zurückgegriffen werden.

BEISPIEL: Ist eine Versammlung nicht öffentlich, so ist jedenfalls das VersG des Bundes nicht anwendbar, vgl. § 1 VersG. Soweit Versammlungsgesetze der Länder existieren, differenzieren diese hingegen nicht zwischen „öffentlich" und „nichtöffentlich". Dort wäre der Rückgriff auf allgemeines Polizei- und Ordnungsrecht also auch für nichtöffentliche Versammlungen gesperrt.

Versammlungsbezogenheit des Eingriffs

Auch gilt die „Polizeifestigkeit" der öffentlichen Versammlungen nur für versammlungsspezifische Gefahren, weil das Versammlungsrecht nur solche regelt.[1092] Diese sind zu unterscheiden von solchen Maßnahmen, die aus anderem Anlass getroffen werden und sich auf die Versammlung (bzw. ihre Teilnehmer) nur beiläufig-zufällig auswirken.[1093]

BEISPIEL: Wird ein einsturzgefährdetes Gebäude evakuiert, in dem zufällig gerade eine Versammlung stattfindet, liegt keine versammlungsspezifische Gefahr vor. Die mit der Evakuierung verbundene Beendigung der Versammlung kann nach allgemeinem Polizei- und Ordnungsrecht gerechtfertigt werden.

Nicht selten liegt in diesen Fällen übrigens schon gar kein Eingriff in die Versammlungsfreiheit vor, sodass es zur Frage der Rechtfertigung gar nicht mehr kommt. Dies wird vor allem dann der Fall sein, wenn im Schwerpunkt ein anderes Grundrecht betroffen ist.

BEISPIEL: Die Observation eines Straftäters ist an seinem allgemeinen Persönlichkeitsrecht aus Art. 2 I i.V.m. 1 I GG zu messen und wird nicht dadurch zum Eingriff in seine Versammlungsfreiheit, dass er sich während der laufenden Überwachung an einer Versammlung beteiligt.

1092 VGH Mannheim, VBlBW 2010, 468, 468 = RA 2010, 753, 759; NVwZ 1998, 761, 763; VerfGH München, NVwZ 1991, 664, 666
1093 Enders, JURA 2003, 34, 39; Gröpl, JURA 2002, 18, 22; Lembke, JuS 2005, 984, 987

KLAUSURHINWEIS
Wird eine Versammlung nur beiläufig-zufällig von einer Maßnahme betroffen, ist schon im Eingriff kritisch zu prüfen, ob die Versammlungsfreiheit verkürzt wird. Dies ist nicht der Fall, wenn im Schwerpunkt ein anderes Grundrecht betroffen ist.

Aus der Polizeifestigkeit von Versammlungen ergeben sich eine Reihe von Folgeproblemen, die äußerst kontrovers diskutiert werden:

(1) Vorfeldmaßnahmen

Besondere Probleme bereiten zunächst die im Schutzbereich bereits ausführlich erwähnten Vorfeldmaßnahmen wie Straßensperren, Personenkontrollen, „Gefährderanschreiben" u.ä. Diese greifen nach dem oben Gesagten auch in den Schutzbereich des Art. 8 I GG ein. Findet sich hierfür in den Versammlungsgesetzen eine entsprechende Ermächtigungsgrundlage, ist diese unproblematisch als Schranke anwendbar. **495** Vorfeldmaßnahmen

BEISPIELE: Eine Auflage, wonach alle Teilnehmer vor Versammlungsbeginn polizeilich durchsucht werden, kann auf § 15 I VersG gestützt werden.[1094] Ferner spricht z.B. § 2 III 2 VersG von dem Verbot, Waffen usw. „auf dem Weg" zur Versammlung mit sich zu führen.

Für viele Vorfeldmaßnahmen stellen die Versammlungsgesetze jedoch keine Ermächtigungsgrundlage bereit (z.B. für die oben erwähnten Polizeisperren, „Gefährderanschreiben" usw.). Sie sind im Verhältnis zu den dortigen Regelungen insbesondere auch kein „Weniger", sondern ein aliud. Die Erstreckung der „Polizeifestigkeit" auf Vorfeldmaßnahmen würde also dazu führen, dass diese generell unzulässig wären. Dieses Dilemma wird dadurch gelöst, dass für Vorfeldmaßnahmen ausnahmsweise der Rückgriff auf das allgemeine Polizei- und Ordnungsrecht der Länder zugelassen wird.[1095]

BEISPIEL (nach VGH München, BayVBl 2011, 109, 111 = RA 2011, 295, 300): X und Y wollten mit einem sog. „Papamobil" am Christopher Street Day teilnehmen, einem Wagen, das neben zahlreichen Plakaten mit Aussagen des Papstes über Homosexuelle auch eine Karikatur Benedikts XVI. zeigte, der am kleinen Finger ein Kondom übergestülpt war. Die Polizei untersagte, gestützt auf die polizeirechtliche Generalklausel, die Teilnahme mit diesem Wagen am CSD. Der VGH München hielt die Generalklausel für anwendbar, verneinte allerdings eine Gefahr.

Um andererseits zu verhindern, dass diese Durchbrechung des Grundsatzes der „Polizeifestigkeit" zu der befürchteten Umgehung der strengeren Eingriffsvoraussetzungen des Versammlungsrechts führt, müssen dabei aber besonders strenge Anforderungen an die Verhältnismäßigkeit eines solchen Eingriffs gestellt werden (vgl. auch Rn 510).[1096] Zu den Problemen, die diese Ansicht mit dem Zitiergebot des Art. 19 I 2 GG bekommt, siehe allerdings unten Rn 503.

1094 *BVerfG, NVwZ-RR 2010, 625, 626 = RA 2010, 451, 453 (im konkreten Fall wurden allerdings die Voraussetzungen für eine solche Auflage verneint).*

1095 *VGH München, BayVBl 2011, 109, 111 = RA 2011, 295, 300; Gröpl, JURA 2002, 18, 22; Kment, JA 2005, 492, 493*

1096 *Deger, NVwZ 1999, 265, 267; Kment, JA 2005, 492, 493*

(2) Maßnahmen gegen Einzelne

Einschreiten gegen einzelne Teilnehmer

496 Streitig ist die Geltung der „Polizeifestigkeit" für Maßnahmen gegenüber einzelnen Teilnehmern, insbesondere für sog. **Standardmaßnahmen**.

BEISPIEL: Platzverweis, Identitätsfeststellung, Ingewahrsamnahme usw.

Die wohl h.L. will auch insoweit einen Rückgriff auf das allgemeine Polizei- und Ordnungsrecht zulassen.[1097] Als Argumente werden angeführt, dass die Versammlungsgesetze mangels Regelung auch keine Sperrwirkung entfalten können, und zudem bei den genannten Standardmaßnahmen eine „Aufweichung" der Versammlungsfreiheit nicht in gleichem Maße zu befürchten sei wie bei einem Rückgriff auf die Generalklauseln. Die Rechtsprechung, namentlich auch das BVerfG, sieht dies anders.[1098] Für diese Ansicht spricht, dass das Versammlungsrecht sehr wohl Maßnahmen gegen Einzelne ermöglicht, bspw. den Ausschluss aus der Versammlung, vgl. §§ 18 III, 19 IV VersG, Art. 15 V BayVersG. Diese genügen auch, um Gefahren durch Einzelne zu bekämpfen.

BEISPIEL: Wird ein einzelner Randalierer nach § 18 III VersG aus der Versammlung ausgeschlossen, können ihm gegenüber anschließend unproblematisch Standardmaßnahmen ergehen (Platzverweis, Ingewahrsamnahme usw.), denn ab Ausschluss ist er nicht mehr Teil der Versammlung und deshalb auch nicht mehr von Art. 8 I GG geschützt. Umgekehrt ist nicht einzusehen, warum solche Standardmaßnahmen ohne vorherigen Ausschluss ergehen können sollen, denn dann würden die Voraussetzungen des VersG für einen solchen („gröblicher" Verstoß, vgl. § 18 III VersG) umgangen. Der notwendige Ausschluss kann auch nicht konkludent im Ergreifen der Standardmaßnahme gesehen werden, sondern muss zuvor ausdrücklich erfolgen.[1099]

Außerdem zitieren die Polizei- und Ordnungsgesetze der Länder Art. 8 I GG entgegen Art. 19 I 2 GG nicht, was ebenfalls gegen ihre Anwendbarkeit spricht (vgl. Rn 503).

(3) Nichtöffentliche Versammlungen

Kein Problem im Landes-VersG

497 Die Versammlungsgesetze der Länder differenzieren nicht zwischen „öffentlicher" und „nichtöffentlicher" Versammlung. Sie entfalten ihre Sperrwirkung gegenüber dem allgemeinen Polizei- und Ordnungsrecht daher bei jeder Versammlung.

Bundes-VersG nur bei öffentlicher Versammlung

Anders das VersG des Bundes, welches gem. § 1 VersG explizit nur für öffentliche Versammlungen gilt. Eine Polizeifestigkeit von nichtöffentlichen Versammlungen gibt es daher außerhalb Niedersachsens, Sachsen-Anhalts und Bayerns zunächst nicht.

DEFINITION

Öffentlich ist eine Versammlung, zu der potenziell jedermann Zugang hat.[1100]

1097 *Sachs-Höfling, GG, Art. 8 Rn 56; Gröpl, JURA 2002, 18, 23*

1098 *BVerfG, NVwZ 2005, 80, 81 = RA 2005, 75, 75; BVerwGE 82, 34, 38; VGH Mannheim, DVBl 1998, 837, 839; OLG Celle, NVwZ-RR 2006, 254, 254 = RA 2006, 270, 270*

1099 *BVerfG, NVwZ 2005, 80, 81 = RA 2005, 75, 75*

1100 *Pieroth/Schlink, GR, Rn 765*

BEISPIEL: Maidemonstrationen der Gewerkschaften; politische Kundgebungen.

Der Begriff „öffentlich" darf übrigens nicht mit „unter freiem Himmel" verwechselt werden, auch wenn die meisten nichtöffentlichen Versammlungen in praxi in geschlossenem Raum stattfinden werden.

BEISPIEL: Zu einem Parteitag haben nur Delegierte Zutritt. Es handelt sich auch dann um eine nichtöffentliche Versammlung, wenn sie aus Raumnot spontan aus dem Saal auf die grüne Wiese verlegt wird.

Teilweise wird allerdings vertreten, dass das VersG des Bundes auf nichtöffentliche **498** Analogie bei nichtöffentlichen Versammlungen?
Versammlungen analog angewendet werden soll.[1101] Dafür spricht, dass es engere Voraussetzungen für Eingriffe enthält als das allgemeine Polizei- und Ordnungsrecht, und nichtöffentliche Versammlungen erst Recht in deren Genuss kommen müssten, weil sie von staatlichen Übergriffen noch abgeschirmter und daher noch schutzwürdiger sind als öffentliche. Angesichts der eindeutigen Regelung im VersG (vgl. nur § 1 VersG, die Überschriften des II. und III. Abschnitts sowie passim viele Vorschriften, z.B. § 14 VersG) existiert jedoch keine Regelungslücke für eine Analogie, mögen die Interessenlagen auch vergleichbar sein. Die h.M.[1102] unterwirft nichtöffentliche Versammlungen außerhalb Bayerns und Niedersachsens daher dem allgemeinen Polizei- und Ordnungsrecht, wobei sie ihrer besonderen Schutzwürdigkeit im Lichte des Art. 8 I GG im Rahmen der Verhältnismäßigkeit Rechnung trägt.

BEISPIEL: Es spricht viel dafür, ein auf die polizeiliche Generalklausel gestütztes Verbot einer nichtöffentlichen Versammlung kurzehand für unverhältnismäßig zu erklären, wenn zwar die Tatbestandsvoraussetzungen der Generalklausel erfüllt sind, das Ausmaß der Gefahr aber nicht mit den in § 5 VersG geregelten strengeren Anforderungen vergleichbar ist.

cc) Sonstige gesetzliche Schranken

Die „Polizeifestigkeit" der Versammlung verbietet ferner nicht den Rückgriff auf **499** Keine Polizeifestigkeit gegenüber anderen SpezialG
solche Gesetze, die ihrerseits bereichsspezifische Spezialregelungen enthalten, die zur Einschränkung der Versammlungsfreiheit führen können. Diese sind ähnlich speziell wie das VersG und werden daher nicht verdrängt.

BEISPIEL: Gesetz über die befriedeten Bezirke für Verfassungsorgane des Bundes; Feiertagsgesetz; Jugendschutzgesetz; Beamten- und Soldatenrecht.

Besonders deutlich wurde dies in der richtungsweisenden „Fraport"-Entscheidung[1103] des BVerfG: Die wegen ihrer staatlichen Beherrschung grundrechtsgebundene Fraport AG (dazu oben Rn 70 ff.) verbot Demonstranten das Verteilen von Flugblättern in ihrem Terminalgebäude. Da die Fraport AG offensichtlich nicht Versammlungsbehörde ist, kann sie sich zur Rechtfertigung dieses Verbots nicht auf das Versammlungsgesetz berufen. Das BVerfG sah aber in §§ 903, 1004 BGB in Gestalt des Hausrechts der Fraport AG eine taugliche Schranke der Versammlungsfreiheit.

1101 *Drews/Wacke/Vogel/Martens, Gefahrenabwehr, S. 176*

1102 *Enders, JURA 2003, 34, 40; Schoch, JuS 1994, 479, 481*

1103 *BVerfG, NJW 2011, 1201, 1204 = RA 2011, 169, 171*

MERKSATZ

Das Versammlungsrecht sperrt nur den Rückgriff auf das allgemeine Polizei- und Ordnungsrecht. Diese „Polizeifestigkeit der Versammlung" gilt aber nicht gegenüber anderen Spezialgesetzen.

b) Art. 17a I GG

Besondere Schranke im Wehr- und Ersatzdienst

500 Eine neben Art. 8 II GG wenig beachtete Schranke enthält Art. 17a I GG. Danach können Gesetze über den Wehr- und Ersatzdienst bestimmen, dass für die Angehörigen der Streitkräfte und des Ersatzdienstes während ihrer Dienstzeit die Versammlungsfreiheit eingeschränkt wird. Bei dieser Regelung handelt es sich um einen qualifizierten Gesetzesvorbehalt, da an das rechtfertigende Gesetz wiederum Anforderungen gestellt werden (es darf sich nur auf Wehr- und Ersatzdienstleistende beziehen). Von dieser Möglichkeit hat der Bundesgesetzgeber allerdings bisher weder im Soldaten- noch im Zivildienstgesetz Gebrauch gemacht.

BEISPIEL: Das Uniformverbot aus § 15 III SoldG bei politischen Veranstaltungen greift schon nicht in den Schutzbereich des Art. 8 I GG ein, da die Versammlungsfreiheit nicht das Recht gewährt, sie in Uniform auszuüben.[1104] Andere mit Art. 8 I GG in Berührung kommende Regelungen enthalten SoldG und ZDG nicht.

Eigene Bedeutung neben Art. 8 II GG kann Art. 17a I GG ohnehin nur - aber immerhin - gewinnen, soweit es um Gesetze geht, die Versammlungen in geschlossenem Raum betreffen, denn im Gegensatz zu Art. 8 II GG beschränkt sich der Gesetzesvorbehalt aus Art. 17a I GG nicht auf Versammlungen unter freiem Himmel.[1105]

c) Art. 5 II GG

Schranken-divergenz

501 Eine Versammlung weißt nach dem oben zum Versammlungsbegriff Gesagten zwei Elemente auf: Es handelt sich erstens um ein Kollektiv, das zweitens seine Meinung äußert. Individuelle Meinungsäußerungen sind über Art. 5 I 1 1. Fall GG geschützt und dürfen nach dem qualifizierten Gesetzesvorbehalt des Art. 5 II GG nur durch ein „allgemeines" Gesetz eingeschränkt werden. „Allgemein" ist ein Gesetz, das sich nicht gegen eine bestimmte Meinung richtet, sondern dem Schutz eines Gemeinschaftswerts dient, der gegenüber der Meinungsfreiheit Vorrang hat (Rn 366).[1106] Art. 8 II GG fordert hingegen kein „allgemeines" Gesetz, sondern enthält einen einfachen Gesetzesvorbehalt, der jedes Gesetz als Schranke genügen lässt. Nun ist aber nicht einzusehen, warum eine kollektiv geäußerte Meinung weiteren Schranken unterliegen und damit weniger schützenswert sein soll als eine individuell geäußerte Meinung. Dieses Problem wird als „Schrankendivergenz" bezeichnet. Es wird gelöst, indem man auch im Rahmen des Art. 8 I GG auf die Schranke des Art. 5 II GG zurückgreift, wenn der Eingriff sich (allein oder jedenfalls ganz überwiegend) gegen das Element der Meinungskundgabe richtet.[1107]

1104 BVerfGE 57, 29, 35; v.Münch/Kunig-Rauball, GG, Art. 17a Rn 11
1105 v.Münch/Kunig-Rauball, GG, Art. 17a Rn 11
1106 BVerfGE 97, 125, 146; 91, 125, 135; 50, 234, 241; 28, 282, 292; 7, 198, 209
1107 BVerfGE 111, 147, 154; MD-Herzog, GG, Art. 8 Rn 22; Sachs-Höfling, GG, Art. 8 Rn 73

BEISPIEL: Die Wahl des Versammlungsmottos gehört zum Schutzbereich des Art. 8 I GG. Wird ein bestimmtes Motto untersagt, etwa weil es zum Landfriedensbruch aufruft oder beleidigenden Inhalts ist, muss das rechtfertigende Gesetz „allgemein" i.S.d. Art. 5 II GG sein. Es darf sich m.a.W. nicht gegen eine bestimmte Meinung richten, was unter Anwendung des Art. 8 II GG durchaus möglich wäre.

MERKSATZ
Art. 8 I GG kann nur durch ein allgemeines Gesetz i.S.d. Art. 5 II GG eingeschränkt werden, wenn der Eingriff sich im Schwerpunkt gegen die Meinungsäußerung richtet.

Richtet sich der Eingriff hingegen (zumindest auch) gegen das kollektive Element, soll also eine versammlungsspezifische Gefahr abgewehrt werden, die gerade aus der Masse resultiert, bleibt es bei der Anwendung des Art. 8 II GG.

BEISPIEL: Werden aus einer Menge heraus faule Eier auf einen Politiker geworfen, mag darin eine Ablehnung zum Ausdruck kommen (Meinungselement); gleichzeitig verstecken sich die Werfer in der Anonymität der Masse, und es droht Eskalation (kollektives Element). In diesem Fall ist Art. 8 II GG anzuwenden.

KLAUSURHINWEIS
Da die meisten als Schranke des Art. 8 I GG in Betracht kommenden Gesetze - namentlich die des VersG - jedenfalls „allgemein" sind, kann im Zweifel auch offen gelassen werden, ob nun Art. 5 II GG oder Art. 8 II GG zur Anwendung kommt.

d) Verfassungsimmanente Schranken

Für Versammlungen in geschlossenem Raum existiert - von der oben erwähnten **502**
Ausnahme des Art. 17a I GG abgesehen - kein Gesetzesvorbehalt, sodass Eingriffe nur verfassungsimmanent zu rechtfertigen sind. An dieser Stelle sei noch einmal besonders betont, dass es nicht nur zulässig, sondern sogar zwingend geboten ist, auch die verfassungsimmanenten Schranken durch ein einfaches Parlamentsgesetz zu konkretisieren (vgl. dazu ausführlich oben Rn 124 ff.).

BEISPIEL: Der II. Abschnitt des VersG (§§ 5 ff. VersG) schränkt öffentliche Versammlungen in geschlossenem Raum ein. Diese Vorschriften konkretisieren verfassungsimmanente Schranken wie etwa Leib und Leben Dritter (Art. 2 II 1 GG). Sie sind daher verfassungsgemäß. Dürften verfassungsimmanente Schranken nicht durch Gesetz konkretisiert werden, wären die §§ 5 ff. VersG allein aus diesem Grund verfassungswidrig.

2. Schranken-Schranken

a) Zitiergebot

Eingriffe in Art. 8 I GG unterliegen zunächst dem Zitiergebot des Art. 19 I 2 GG. Dieses **503**
ist für das VersG in § 20 VersG auch berücksichtigt worden. Demgegenüber zitieren die Polizei- und Ordnungsgesetze der Länder Art. 8 I GG nicht. Dies ist grundsätzlich kein Problem, da sie wegen der „Polizeifestigkeit" der Versammlung (Rn 492) ohnehin nicht als Schranke in Betracht kommen. Dort, wo die Anwendbarkeit des allgemeinen

Polizei- und Ordnungsrechts auf Versammlungen streitig ist, also etwa für Standardmaßnahmen gegen Einzelne, ist das fehlende Zitat ein zusätzliches Argument, um sich der ablehnenden Auffassung anzuschließen. Dort, wo Konsens über die Anwendbarkeit besteht, also etwa für Vorfeldmaßnahmen (Rn 495), wird das Problem des Zitiergebots entweder überhaupt nicht erörtert[1108] oder jedenfalls keine Lösung angeboten.[1109]

KLAUSURHINWEIS
Da von Prüflingen keine Problemlösung erwartet werden kann, die selbst in Rechtsprechung und Literatur noch nicht gefunden wurde, sollte auf das Zitiergebot des Art. 19 I 2 GG nicht eingegangen werden, wenn (ausnahmsweise) einmal allgemeines Polizei- und Ordnungsrecht als Schranke des Art. 8 I GG herangezogen wird.

b) Verhältnismäßigkeit

504 Die Schranke und ihre Anwendung müssen dem Grundsatz der Verhältnismäßigkeit aus Art. 20 III GG genügen. Im Rahmen von Art. 8 I GG stellen sich dabei insbesondere drei Probleme:

aa) Anmeldepflicht, § 14 I VersG

505 Nach § 14 I VersG muss der Veranstalter einer Versammlung diese spätestens 48 Stunden vor ihrer Bekanntgabe bei der zuständigen Versammlungsbehörde anmelden. Diese Anmeldepflicht greift in den Schutzbereich der Versammlungsfreiheit ein, denn Art. 8 I GG gewährleistet expressis verbis das Recht, sich „ohne Anmeldung" zu versammeln.

(1) Grundsätzliches

506 § 14 I VersG selbst ist nicht generell unverhältnismäßig, weil die Anmeldepflicht durch einen legitimen Zweck gedeckt ist.[1110] Die Behörden sollen rechtzeitig disponieren können. Auch gegen die Angemessenheit spricht nichts, denn für den Veranstalter erschöpft sich die ganze Mühe in einer rechtzeitigen Anmeldung, also einem formalen Akt. Allerdings ist es unangemessen, eine Versammlung allein wegen fehlender Anmeldung aufzulösen, obwohl § 15 III VersG dies explizit vorsieht.[1111] Denn es gibt keinen Grund, einen rein formalen Akt als Auflösungsgrund heranzuziehen, wenn sich vor Ort herausstellt, dass die Versammlung trotz Nichtanmeldung friedlich und geordnet abläuft.

KLAUSURHINWEIS
Dies ist eine Frage der verfassungsgemäßen Anwendung des § 14 I VersG, nicht der Verfassungsmäßigkeit der Schranke selbst.

(2) Spontan- und Eilversammlungen

507 Die Anmeldepflicht nach § 14 I VersG wird zum Problem, wenn eine Anmeldung gar nicht oder jedenfalls nicht fristgerecht möglich ist. Man unterscheidet dann zwischen sog. „Spontan-" und „Eilversammlungen":

1108 *So z.B. von OVG Lüneburg, DÖV 2006, 122, 122 = RA 2006, 364, 364; Gröpl, JURA 2002, 18, 23*

1109 *So z.B. bei Enders, JURA 2003, 34, 41*

1110 *BVerfGE 85, 69, 74; Enders, JURA 2003, 103, 103*

1111 *BVerfGE 69, 315, 351; Enders, JURA 2003, 103, 104*

„**Spontanversammlungen**“ bilden sich aus plötzlichem Anlass. Sie sind nicht organisiert und haben demgemäß auch keinen Veranstalter. 508

Kein § 14 I VersG bei Spontanversammlungen

BEISPIEL: Aus Anlass der Ermordung eines bekannten Politikers finden sich spontan Menschen auf öffentlichen Plätzen zusammen, um gemeinsam gegen Gewalt und Terrorismus zu demonstrieren.

Für sie gilt § 14 I VersG schon seinem Wortlaut nach nicht, denn hier hat niemand die „Absicht“, eine Versammlung „zu veranstalten“. Deshalb bedürfen Spontanversammlungen keiner Anmeldung.

Auch „**Eilversammlungen**“ finden sich aus plötzlichem Anlass zusammen. Sie werden aber von einem Veranstalter organisiert, sodass § 14 I VersG seinem Wortlaut nach eingreift. Gleichwohl lässt sich die Frist des § 14 I VersG wegen der besonderen Eilbedürftigkeit nicht mehr wahren. 509

Streit bei Eilversammlungen

BEISPIEL: Aus Anlass eines Unfalls in einem Chemiewerk ruft die Gewerkschaft alle Arbeiter auf, noch am selben Tag durch eine Demonstration auf unzureichende Sicherheitsvorkehrungen aufmerksam zu machen.

Einigkeit besteht darüber, dass es unangemessen wäre, wenn die Versammlungsbehörde Eilversammlungen pauschal unter Hinweis auf die Anmeldepflicht und -frist des § 14 I VersG verbieten könnte. Streitig sind allerdings Art und Umfang der notwendigen Einschränkungen: Während eine m.M. § 14 I VersG für teilverfassungswidrig hält, soweit er seinem Wortlaut nach auch für Eilversammlungen gilt,[1112] will die h.M. die Norm verfassungskonform dahingehend auslegen, dass an Stelle der 48-Stunden-Frist (nur, aber immerhin) so bald wie möglich angemeldet werden muss.[1113]

Der Streit kann dahinstehen, wenn baldmöglichst angemeldet worden ist. Liegt keine Anmeldung vor oder erfolgte diese nur verzögert, ist der Streit zu entscheiden. Die m.M. führt an, der eindeutige Wortlaut der Norm lasse eine verfassungskonforme Auslegung nicht zu. Ferner kollidiere sie mit dem Bestimmtheitsgrundsatz des Art. 103 II GG, weil § 26 Nr. 2 VersG die Nichtanmeldung unter Strafe stelle und nun nicht mehr klar ersichtlich sei, welches Verhalten strafbar sei. Die h.M. hält dem entgegen, die Anmeldepflicht würde verkürzt, nicht verlängert, sodass die Strafandrohung für Veranstalter von Eilversammlung gegenüber anderen Veranstaltern eher abgemildert als verschärft werde. Zudem stelle eine fristverkürzte Anmeldepflicht den bestmöglichen Interessenausgleich dar. Letztlich könne die Anmeldung sogar der Veranstaltung selbst zugute kommen, etwa indem die Behörden Gelegenheit erhalten, rechtzeitig Maßnahmen zum Schutz vor Gegendemonstranten zu treffen.

KLAUSURHINWEIS

Solange man der h.M. folgt, sollte das Problem in der verfassungsmäßigen Anwendung dargestellt werden, nicht schon bei der Verfassungsmäßigkeit des § 14 I VersG selbst. Es handelt sich letztlich um die Frage der Anwendung der Norm auf Eilversammlungen, auch wenn die m.M. in Verneinung dieser Frage i.E. zur Teilverfassungswidrigkeit der Norm gelangt.

1112 BVerfGE abwM 85, 69, 77; Enders, JURA 2003, 103, 103

1113 BVerfGE 85, 69, 78; Sachs-Höfling, GG, Art. 8 Rn 20

bb) Polizeifestigkeit der Versammlung

510 Wie bereits oben erwähnt, ist in den Fällen, in denen trotz der „Polizeifestigkeit" der Versammlung ausnahmsweise allgemeines Polizei- und Ordnungsrecht der Länder als Schranke Anwendung findet, bei der Angemessenheit der Maßnahme darauf zu achten, dass die besondere Schutzwürdigkeit der kollektiven Meinungskundgabe aus Art. 8 I GG nicht unterlaufen wird.

BEISPIEL: Im Vorfeld einer Versammlung durchgeführte Standardmaßnahmen wie Identitätsfeststellung, Durchsuchung usw. dürfen nicht dazu führen, dass den Betroffenen die Teilnahme an der Versammlung faktisch unmöglich gemacht wird. Besonders schleppende Kontrollen können daher allein wegen der mit ihnen verbundenen Verzögerungen unangemessen sein.[1114]

cc) Schutz der öffentlichen Ordnung

511 Der Wortlaut des § 15 I VersG lässt ein Versammlungsverbot zum Schutz der öffentlichen Ordnung ausdrücklich zu. Gleiches gilt infolge der Bezugnahme auf § 15 I VersG für eine Auflösung nach § 15 III VersG.

DEFINITION

Unter **„öffentlicher Ordnung"** sind die ungeschriebenen Verhaltensregeln zu verstehen, welche die jeweils herrschende Anschauung als unerlässlich für ein gedeihliches Zusammenleben erachtet.[1115]

Nicht selten kollidiert eine Versammlung mit diesen.

BEISPIEL: Neonazis möchten sich ausgerechnet am 20. April (Hitlers Geburtstag) versammeln und vor einer Synagoge eine Kundgebung abhalten. Dies mag nicht gegen geschriebenes Recht verstoßen, ist aber mit einem von der Allgemeinheit geteilten Anstandsgefühl nicht zu vereinbaren.[1116]

Das BVerfG ist jedoch der Auffassung, dass allein ein Verstoß gegen die öffentliche Ordnung nicht ausreiche, um ein Verbot oder eine Auflösung zu rechtfertigen.[1117] Vielmehr käme ein solches aus Gründen der Verhältnismäßigkeit allenfalls in Betracht, wenn sämtliche Alternativen - vor allem der Erlass von Auflagen - ausgeschöpft seien. Denn die Versammlungsfreiheit sei ein klassisches Minderheitenrecht in der Demokratie. Deshalb sei es bedenklich, sie allein deshalb zu unterbinden, weil die herrschende Anschauung andere Überzeugungen teile. Zudem sei recht unbestimmt, was die „jeweils herrschende Anschauung" eigentlich sei, sodass auch mit Rücksicht auf den Bestimmtheitsgrundsatz Zurückhaltung geboten sei.

Rechtsgerichtete Versammlungen und Art. 8 I GG

Dieser Ansicht ist namentlich das OVG Münster entgegen getreten,[1118] soweit es um rechtsgerichtete Versammlungen geht: Wer die Demokratie beseitigen wolle, könne

---

1114 BVerfGE 84, 203, 209
1115 Grundlegend: PrOVG, OVGE 91, 139, 140; ferner BVerfGE 69, 315, 352; Gröpl, JURA 2002, 18, 22
1116 BVerfG, BayVBl. 2006, 348, 348 = RA 2006, 385, 385
1117 BVerfGE 69, 315, 353; BVerfG, NVwZ 2008, 671, 673; NJW 2004, 1618, 1618 = RA 2004, 613, 613
1118 OVG Münster, NJW 2001, 2113, 2113 = RA 2001, 256, 256; DVBl 2001, 584, 584

sich für seinen Kampf gegen die Verfassung nicht auf diese berufen. Rechtsgerichtete Versammlungen sollen daher schon gar nicht unter den Schutzbereich des Art. 8 I GG fallen, weshalb es auch im Lichte des Art. 8 I GG keinerlei Bedenken begegne, die öffentliche Ordnung gegen derartige Versammlungen ins Feld zu führen.
Einer Entscheidung dieses - zu einer regelrechten Fehde zwischen BVerfG und OVG Münster ausgewachsenen[1119] - Streits bedarf es nicht, wenn neben der öffentlichen Ordnung noch Schutzgüter der öffentlichen Sicherheit (vgl. § 15 I VersG) verletzt sind.

BEISPIEL: Die rechtsgerichtete Versammlung begeht Landfriedensbruch nach §§ 125, 125a StGB oder Volksverhetzung nach § 130 StGB oder gefährdet durch Krawalle Leib, Leben oder Eigentum. Ebenso liegt es, wenn zugleich ein Verstoß gegen § 15 II VersG vorliegt.[1120]

Kommt es aber allein auf die „öffentliche Ordnung" an, muss Farbe bekannt werden. Dann sprechen die besseren Argumente für das BVerfG, denn die Behauptung, rechtsgerichtete Versammlungen fielen nicht unter Art. 8 I GG, ist schon im Hinblick auf Art. 18 GG, wonach eine Grundrechtsverwirkung konstitutiv vom BVerfG ausgesprochen werden muss, nicht zu halten. Hinzu kommt, dass die Versammlungsfreiheit gerade wertneutral geschützt ist. Mit der Argumentation des OVG Münster könnte letztlich jeder unliebsamen Gruppe die Versammlungsfreiheit abgesprochen werden.[1121]

KLAUSURHINWEIS
Auch dieser Streit sollte in der Angemessenheit der Anwendung des § 15 I, III VersG problematisiert werden. Dass die Norm überhaupt Eingriffe zum Schutz der öffentlichen Ordnung zulässt, macht sie nämlich auch nach Ansicht des BVerfG, wonach dies lediglich „in aller Regel" nicht in Betracht komme, nicht selbst verfassungswidrig.

C. Klausurfall: Der Anarchist

SACHVERHALT

A tritt als Anarchist für eine herrschaftsfreie Gesellschaft ein. Während einer Wahlveranstaltung der C-Partei in der Fußgängerzone der nordrhein-westfälischen Stadt S fand sich A, mit einem Megaphon ausgerüstet und in Begleitung von zehn Mitstreitern, vor Ort ein und versuchte, durch eine eigene Ansprache den Redner der C-Partei zu übertönen. Gleichzeitig breiteten seine Mitstreiter ein Transparent mit Parolen gegen die C-Partei aus. Die daraufhin herbeigerufenen Polizeibeamten forderten A zunächst zur Herausgabe des Megaphons auf. Nachdem er dies verweigerte, erklärte der Einsatzleiter dem A, er werde in Gewahrsam genommen, wenn er sich weiterhin widersetze. Nachdem auch diese Androhung erfolglos blieb, ergriff ein Polizist den A, um ihn zu einem Polizeifahrzeug zu bringen. A widersetzte sich **512**

1119 *Vgl. nur BVerfG, NJW 2001, 2069 gegen OVG Münster, NJW 2001, 2111; BVerfG, NJW 2001, 2075 gegen OVG Münster, NJW 2001, 2113; BVerfG, NJW 2001, 2076 gegen OVG Münster, NJW 2001, 2114 sowie die Nachzeichnung bei Battis/Grigoleit, NJW 2001, 2051, 2052*

1120 *Stohrer, JuS 2006, 15, 15*

1121 *Gröpl, JURA 2002, 18, 24*

lebhaft, es entwickelten sich tumulthafte Szenen, weil sich auch zwei Mitstreiter des A einmischten. Erst durch kollektives Zusammenwirken mehrerer Beamter konnte A schließlich doch überwältigt und in Gewahrsam genommen werden.
A wurde anschließend wegen Widerstands gegen Vollstreckungsbeamte gem. § 113 StGB zu einer Freiheitsstrafe von sechs Monaten verurteilt.
A meint, das Urteil verletze ihn in seinem Grundrecht aus Art. 8 I GG, weil das Gericht einen offensichtlich rechtswidrigen Polizeiangriff auf eine Versammlung als rechtmäßig bewertet hätte. Gemäß § 113 III StGB sei die Tat nicht nach dieser Vorschrift strafbar, wenn die Diensthandlung nicht rechtmäßig sei.[1122]
Hat A Recht?

LÖSUNG

A hätte Recht, wenn er durch die Verurteilung in seinem Grundrecht aus Art. 8 I GG verletzt worden wäre. Dann müsste ein nicht gerechtfertigter Eingriff in den Schutzbereich der Versammlungsfreiheit vorliegen.

A. Schutzbereich betroffen

Zunächst müsste der Schutzbereich in sachlicher und personaler Hinsicht betroffen sein.

I. SACHLICHER SCHUTZBEREICH

In sachlicher Hinsicht gewährt Art. 8 I GG das Recht, sich friedlich und ohne Waffen zu versammeln.

a) Versammlung

Unter einer Versammlung ist die Zusammenkunft einer Personenmehrheit an einem Ort zu einem gemeinsamen Zweck zu verstehen. Eine ausreichende Anzahl von Personen - streitig ist, ob mindestens zwei oder drei erforderlich sind - liegt hier mit A und seinen 10 Begleitern vor. Streitig ist auch, welche Anforderungen an den gemeinsamen Zweck zu stellen sind. Während der weite Versammlungsbegriff auch eine innere Gemeinsamkeit genügen lässt, fordert der erweiterte Versammlungsbegriff eine Meinungskundgabe, die nach dem engen Versammlungsbegriff zudem auf die Teilhabe an der öffentlichen Meinungsbildung gerichtet sein muss.

Hier ging es um eine Gegenrede zu einer Wahlkampfveranstaltung der C-Partei. Parteien wirken an der Willensbildung des Volkes mit, Art. 21 I GG. Ihre Betätigung im Wahlkampf ist auf öffentliche Meinungsbildung gerichtet. Nichts anderes gilt für die Gegenrede des A, sodass auch die engsten Voraussetzungen an den Versammlungsbegriff erfüllt sind. Eine Entscheidung des Streits über die Zweckrichtung mag dahinstehen.

b) Friedlich

Die Versammlung müsste auch friedlich gewesen sein. Unfriedlich ist eine Versammlung in Anlehnung an § 13 I Nr. 2 VersG, wenn sie einen gewalttätigen oder aufrührerischen Verlauf nimmt oder zu nehmen droht.

1122 *Fall nach BVerfG, NVwZ 2007, 1180*

aa) Versammlungszweck

Eine Unfriedlichkeit könnte sich zunächst daraus ergeben, dass eine andere Versammlung - die Wahlkampfveranstaltung der C-Partei - gestört worden ist. Eine bloße Störung einer anderen Versammlung genügt aber nicht, um bereits eine Schutzbereichsbetroffenheit zu verneinen. Nur wenn die eigene Versammlung ausschließlich die Verhinderung einer anderen Versammlung bezweckt, kann ein aufrührerischer Verlauf angestrebt sein. Hier wollten A und seine Begleiter aber zumindest auch auf ihren Standpunkt aufmerksam machen. Sie hielten ein Transparent hoch und A führte eine Gegenrede. Eine reine Störung ohne eigenes Bekunden, z.B. durch Werfen von Gegenständen oder bloßes Übertönen des Redners mit Lärm, liegt nicht vor.
Allein der Versammlungszweck begründet folglich noch nicht die Unfriedlichkeit.

bb) Verhalten gegenüber den Polizeibeamten

Unfriedlich könnte jedoch das Verhalten des A und zwei seiner Mitstreiter gegenüber den Polizeibeamten gewesen sein. Es haben sich „tumultartige Szenen" entwickelt, als A sich seiner Ingewahrsamnahme widersetzte.
Entscheidend ist jedoch, dass die Versammlung in dem Zeitpunkt friedlich war, in dem die in den Schutzbereich eingreifende Maßnahme - hier die Ingewahrsamnahme des A - begonnen hat. Dies war der Fall, die „tumultartigen Szenen" entwickelten sich erst anlässlich der Ingewahrsamnahme und in deren Verlauf. Es kann somit dahinstehen, ob die Versuche, den Abtransport des A zu verhindern, für sich genommen die Grenze zur Unfriedlichkeit überschritten. Im Übrigen bleibt der Schutz der Versammlungsfreiheit grundsätzlich erhalten, wenn nur einzelne Demonstranten oder eine Minderheit - hier A und zwei Mitstreiter im Verhältnis zu den übrigen acht Personen - im Verlauf der Versammlung Ausschreitungen begehen.

c) Ohne Waffen

Waffen sind alle Gegenstände, die geeignet sind, bei entsprechender Verwendung Personen zu verletzen oder Sachen erheblich zu beschädigen. Als Waffe kommt hier allenfalls das Megaphon des A in Betracht. Sicherlich kann auch das Zuschlagen mit einem Megaphon Verletzungen herbeiführen. Um den Waffenbegriff nicht auf Alltagsgegenstände uferlos auszuweiten, ist aber zumindest eine gewisse Verwendungsneigung zu fordern. A hat das Megaphon hier offensichtlich nicht als Waffe, sondern in seiner originären Zweckbestimmung als Stimmverstärker mitgeführt, ganz abgesehen davon, dass er es tatsächlich auch nicht als Waffe eingesetzt hat.
Der sachliche Schutzbereich ist nach alledem eröffnet.

II. PERSONALER SCHUTZBEREICH

A ist Deutscher i.S.d. Art. 116 GG und kann sich daher auf Art. 8 I GG berufen. Der Schutzbereich des Art. 8 I GG ist somit insgesamt betroffen.

B. Eingriff

Unter einem Eingriff ist jede spürbare Verkürzung des Schutzbereichs zu verstehen. A wendet sich gegen seine strafrechtliche Verurteilung zu einer Freiheitsstrafe. Damit wurde ein durch Art. 8 I GG geschütztes Verhalten, nämlich der Versuch des A, weiterhin an der Versammlung teilzunehmen, sanktioniert. Dass eine Freiheitsstrafe keine Bagatelle, sondern eine spürbare Sanktion ist, liegt auf der Hand. Mithin liegt ein Eingriff vor.

C. Verfassungsrechtliche Rechtfertigung

Der Eingriff ist gerechtfertigt, wenn er von den Schranken gedeckt ist.

I. SCHRANKE

Als Schranke kommt hier der Gesetzesvorbehalt des Art. 8 II GG in Betracht. Danach können Versammlungen unter freiem Himmel durch oder aufgrund eines Gesetzes beschränkt werden. Unter freiem Himmel findet eine Versammlung statt, wenn sie sich frei ausdehnen kann. Dies ist bei einer Veranstaltung in der Fußgängerzone der Fall. Als den Eingriff rechtfertigendes Gesetz kommt hier § 113 StGB in Betracht.

II. SCHRANKEN-SCHRANKEN

Das zur Rechtfertigung herangezogene Gesetz muss aber seinerseits wiederum verfassungsgemäß und auf den konkreten Fall auch verfassungskonform angewendet worden sein.

1. Verfassungsmäßigkeit der Schranke

Die Verfassungsmäßigkeit des § 113 StGB selbst unterliegt keinerlei Zweifel.

2. Verfassungsmäßige Anwendung der Schranke

Fraglich ist aber, ob die Norm bei der Verurteilung des A in verfassungskonformer Weise angewendet wurde. Zweifelhaft ist dies besonders im Hinblick auf die Verhältnismäßigkeit der Verurteilung, namentlich deren Angemessenheit. § 113 III StGB bestimmt nämlich, dass eine solche nur bei „Rechtmäßigkeit der Diensthandlung" erfolgen darf. Zwar geht es hier nicht um die Frage, wie einfach-gesetzliches Strafrecht auszulegen und anzuwenden ist, sondern um einen verfassungsrechtlichen Maßstab. Gleichwohl stellt sich die Frage, welche Anforderungen von Verfassungs wegen an die „Rechtmäßigkeit der Diensthandlung" zu stellen sind und ob diese hier eingehalten wurden.

a) Eingeschränkter Prüfungsmaßstab

Die Strafgerichte gehen in ständiger Rechtsprechung von einem eingeschränkten Rechtmäßigkeitsmaßstab aus. Danach ist die Diensthandlung bereits dann rechtmäßig, wenn die wesentlichen öffentlich-rechtlichen Voraussetzungen für ein Handeln vorgelegen haben. Die Gerichte haben jedoch bei der konkretisierenden Auslegung und Anwendung dieses strafrechtlichen Rechtmäßigkeitsbegriffes Bedeutung und Tragweite der Versammlungsfreiheit zu beachten. Zwar können danach Rechtsfehler der handelnden Hoheitsträger außer Acht bleiben, die den Besonderheiten der konkreten Situation, etwa einer erheblichen Unübersichtlichkeit oder einer spannungsreichen Lage geschuldet sind; andererseits können bestimmte Rechtsfehler, etwa die Verletzung wesentlicher Förmlichkeiten oder eine nicht pflichtgemäße Prüfung von Eingriffsvoraussetzungen dazu führen, dass eine Verurteilung nach § 113 StGB entgegen dem aus Art. 20 III GG ableitbaren Verhältnismäßigkeitsgrundsatz unangemessen erscheint. Werden derartige grundlegende rechtliche Anforderungen verletzt, darf der auf die Möglichkeit zur Ausübung seines Grundrechts gerichtete Widerstand des Grundrechtsträgers gegen die Diensthandlung - für den kein Anlass bestanden hätte, wenn ein verständiger Amtsträger die entsprechenden rechtlichen Voraussetzungen eines solchen Grundrechtseingriffs beachtet und ihn deshalb unterlassen hätte - nicht nach § 113 I StGB mit einer strafrechtlichen Sanktion geahndet werden.

b) Subsumtion

Fraglich ist somit, ob die Ingewahrsamnahme des A im vorliegenden Fall rechtswidrig war, und falls ja, ob dies auch nach den o.g. Grundsätzen des eingeschränkten, strafrechtlichen Prüfungsmaßstabs des § 113 III StGB zum Ausschluss der Strafbarkeit des A hätte führen müssen.

aa) Rechtswidrigkeit der Diensthandlung

Die Diensthandlung wäre jedenfalls rechtswidrig, wenn sich für sie schon keine Ermächtigungsgrundlage finden ließe. Die Ingewahrsamnahme von Versammlungsteilnehmern ist im VersG nicht geregelt. Allenfalls die allgemeinen polizeirechtlichen Normen der Länder enthalten entsprechende Standardmaßnahmen (hier: § 35 PolG NRW).
Allerdings regelt das VersG abschließend die Eingriffsvoraussetzungen bzgl. öffentlicher Versammlungen. Ein Rückgriff auf allgemeines Polizeirecht ist somit gesperrt. Man spricht von der „Polizeifestigkeit der Versammlung".
Hier lag eine öffentliche Versammlung i.S.d. VersG, zu der jedermann Zutritt hatte, vor. Wegen deren Polizeifestigkeit hätte die Versammlung vor Ingewahrsamnahme des A also zunächst nach § 15 III VersG aufgelöst oder zumindest der A nach § 18 III VersG von ihr ausgeschlossen werden müssen.
A ist jedoch nur zur Herausgabe des Megaphons aufgefordert worden. Ferner ist ihm die Ingewahrsamnahme angedroht worden. Dies sind andere Maßnahmen als Auflösung oder Ausschluss. Allenfalls könnten diese konkludent mit ausgesprochen worden sein. Würde man dies zulassen, würden jedoch die Grenzen zwischen Polizei- und Versammlungsrecht verwischt. Zudem hat der Versammlungsteilnehmer ein elementares Interesse daran zu wissen, ob er noch den Schutz der Versammlungsfreiheit genießt oder nicht. Auflösungs- oder Ausschlussverfügung müssen daher eindeutig und unmissverständlich formuliert werden. Jedenfalls daran fehlt es hier.
Mithin ist ein Rückgriff auf § 35 PolG NRW gesperrt. Das VersG selbst enthält - wie erwähnt - auch keine Ermächtigungsgrundlage, sodass die Ingewahrsamnahme des A rechtswidrig war.

bb) Ausschluss der Strafbarkeit nach § 113 III StGB

Fraglich bleibt, ob dieser Fehler auch nach den Grundsätzen des eingeschränkten, strafrechtlichen Prüfungsmaßstabs zu § 113 III StGB zum Ausschluss der Strafbarkeit des A hätte führen müssen.
Hierzu ist zu sagen, dass die Kenntnis der Polizeifestigkeit von Versammlungen von einem verständigen Polizisten erwartet werden kann, weil sie der ständigen Rechtsprechung des BVerfG und des BVerwG entspricht. Kennt er sie nicht und verweigert er in der Folge dem Grundrechtsträger die in der Rechtsordnung geforderte Klarheit über den Wegfall des Schutzes der Versammlungsfreiheit, darf dies nicht dem betroffenen Grundrechtsträger angelastet werden. Dessen Versammlungsfreiheit aus Art. 8 I GG gebietet es vielmehr, eine derartige Vollstreckungshandlung grundsätzlich als rechtswidrig im Sinne des § 113 III StGB anzusehen.
Dass im vorliegenden Fall der Fehler ausnahmsweise den besonderen situativen Umständen geschuldet war, was Anlass für eine Ausnahme sein könnte, ist nicht ersichtlich. Vielmehr entstand der Tumult erst, als der Fehler - die Ingewahrsamnahme des A ohne vorherige Auflösungs- oder Ausschlussverfügung - schon begangen worden war.

D. Ergebnis

FALLENDE

Indem das Gericht A ungeachtet der im Lichte des Art. 8 I GG auch nach eingeschränktem, strafrechtlichen Maßstab rechtswidrigen Diensthandlung verurteilt hat, hat es § 113 StGB also in verfassungswidriger Weise angewendet. Der mit der Verurteilung nach § 113 I 1 StGB verbundene Eingriff ist somit nicht von den Schranken des Art. 8 I GG gedeckt, A ist in seinem Grundrecht verletzt.

13. Teil – Art. 9 GG - Vereinigungs- und Koalitionsfreiheit

A. Einleitung

Doppelgrundrechte der Art. 9 I, III GG

513 Art. 9 GG enthält zwei Grundrechte, die Vereinigungsfreiheit in Art. 9 I GG und die Koalitionsfreiheit in Art. 9 III GG als eigenständiger, spezieller Unterfall derselben. Beide Grundrechte schützen sowohl die Individuen, welche Vereinigungen oder Koalitionen bilden und sich in ihnen betätigen wollen, als auch die Vereinigungen und Koalitionen selbst. Man spricht daher von „Doppelgrundrechten“.[1123]

B. Systematik und Vertiefung

I. SCHUTZBEREICH BETROFFEN

514 Schon im Schutzbereich ist in sachlicher wie personaler Hinsicht nach Vereinigungs- und Koalitionsfreiheit zu differenzieren.

1. Sachlicher Schutzbereich

a) Vereinigungsfreiheit, Art. 9 I GG

Subsidiarität

515 Alle Deutschen haben nach Art. 9 I GG das Recht, Vereine und Gesellschaften zu bilden. Diese sog. „Vereinigungsfreiheit“ greift als **lex generalis** aber nur dann ein, wenn das Recht zum Zusammenschluss nicht spezieller geregelt ist:

- **Art. 9 III GG**
  Besteht der gemeinsame Zweck in der „Wahrung und Förderung der Arbeits- und Wirtschaftsbedingungen“, liegt eine Koalition i.S.d. Art. 9 III GG vor, für die dieser als lex specialis Art. 9 I GG verdrängt (Rn 526 ff.).

- **Art. 4 GG**
  Soweit der gemeinsame Zweck in der Religionsausübung besteht, verdrängt auch Art. 4 GG (bzw. ggf. Art. 140 GG i.V.m. Art. 137 V WRV) Art. 9 I GG.[1124]

- **Art. 21 GG**
  Art. 21 I 1 GG ist für die Gründung, Art. 21 I 2 GG für die Betätigung und Art. 21 II GG für die innere Organisation der Parteien spezieller als Art. 9 I GG.

1123 BVerfGE 84, 372, 378; 13, 174, 175; JP-Jarass, GG, Art. 9 Rn 8
1124 BVerfG, NJW 2004, 47, 47

Besonders die letztgenannte Fallgruppe ist nicht unproblematisch, weil Art. 21 GG nicht im Katalog des Art. 93 I Nr. 4a GG als „grundrechtsgleiches Recht" auftaucht. Das BVerfG vertritt jedoch in st.Rspr. die Ansicht, dass Art. 21 GG in den o.g. Fällen wie ein Grundrecht mit der Verfassungsbeschwerde einklagbar sein soll.[1125] Zur Begründung wird angeführt, dass sich die Gründungs-, Betätigungs- und Organisationsfreiheit von Parteien zunächst aus Art. 9 I GG entwickelt und später als eigenes, spezielleres Grundrecht verselbstständigt habe.[1126] **516**

Politische Parteien und Art. 21 GG

KLAUSURHINWEIS

Ist eine Verfassungsbeschwerde zu prüfen, mit der sich eine Partei auf Art. 21 GG beruft, ist schon in deren Zulässigkeit unter „Beschwerdebefugnis" zu prüfen, ob es sich bei Art. 21 GG um ein Grundrecht handelt. In der Begründetheit kann dann mit Art. 21 GG begonnen und nach Abschluss der Prüfung kurz Art. 9 I GG angeprüft und für subsidiär erklärt werden.

MERKSATZ

Die Gründungsfreiheit aus Art. 21 I 1 GG ist ein Individualgrundrecht, steht also einer natürlichen Person zu. Die Betätigungs- und Organisationsrechte aus Art. 21 I 2, II GG stehen demgegenüber der Partei selbst als juristischer Person i.S.d. Art. 19 III GG zu.[1127]

Handelt es sich allerdings gar nicht um eine „Partei" i.S.d. Art. 21 GG, gleichwohl aber um eine Vereinigung, bleibt ausschließlich Art. 9 I GG anwendbar.

BEISPIELE: Wählerverband; Bürgervereinigung („Rathauspartei").[1128]

aa) Begriff

Die Begriffe „Vereine" und „Gesellschaften" sind nur Beispiele für die umfassende Freiheit, Vereinigungen zu bilden. Sie dürfen daher weder im zivilrechtlichen Sinne verstanden werden, noch ist überhaupt eine Unterscheidung zwischen ihnen notwendig. **517**

Vereinigungsbegriff

DEFINITION

Eine Vereinigung ist ein freiwilliger, privatrechtlicher Zusammenschluss von natürlichen oder juristischen Personen für längere Zeit zu einem gemeinsamen Zweck, der eine gewisse Organisationsstruktur aufweist.[1129]

Diese Definition lehnt sich an § 2 I VereinsG an. Selbstverständlich darf höherrangiges Recht wie Art. 9 I GG nicht durch nachrangiges Recht wie § 2 I VereinsG legal

1125 *BVerfGE 91, 262, 267; 25, 69, 78; 17, 155, 166; 13, 174, 177*
1126 *Sachs-Ipsen, GG, Art. 21 Rn 29*
1127 *Sachs-Ipsen, GG, Art. 21 Rn 29, 30*
1128 *BVerwGE 74, 176, 188; JP-Jarass, GG, Art. 9 Rn 2; Sachs-Höfling, GG, Art. 9 Rn 47*
1129 *BVerfG, DVBl 2002, 407, 407; MD-Scholz, GG, Art. 9 Rn 57*

definiert werden. Die Definition in § 2 I VereinsG umschreibt aber zutreffend das, was von Verfassungs wegen als Vereinigung i.S.d. Art. 9 I GG geschützt sein soll.[1130] Ihre Elemente im Einzelnen:

(1) Zusammenschluss von Personen

Zwei Personen erforderlich

518 Mindestens zwei natürliche oder juristische Personen genügen,[1131] sind andererseits aber auch erforderlich.

BEISPIEL: Die „Ein-Mann-GmbH" und die „Ich-AG" sind somit keine Vereinigungen i.S.d. Art. 9 I GG, mögen sie nach einfach-gesetzlichem Gesellschaftsrecht auch „Gesellschaften" sein. Stiftungen bestehen überhaupt nicht aus Personen, sondern aus einer Vermögensmasse; sie fallen daher auch nicht unter Art. 9 I GG.[1132]

(2) Privatrechtlich

Keine staatlichen Vereinigungen

519 Das Merkmal nimmt zunächst staatliche Zusammenschlüsse aus dem Schutzbereich aus, wobei sich dies ohnehin aus der Funktion der Grundrechte (Abwehrrechte des Bürgers gegen den Staat) ergibt.

BEISPIEL: Parlamentsfraktionen sind daher nicht Träger von Art. 9 I GG.[1133]

Einzelne können ferner aus Art. 9 I GG keinen Anspruch darauf ableiten, sich zu einer Vereinigung mit öffentlich-rechtlichem Status zusammenzuschließen. Dies hat vor allem Konsequenzen für die negative Vereinigungsfreiheit, soweit es um das Fernbleiben von Zwangsmitgliedschaften in öffentlich-rechtlichen Körperschaften geht (Rn 525).

(3) Freiwilligkeit

Keine Zwangsmitgliedschaften

520 Dieses Element stellt klar, dass es weder ein Recht auf Gründung privatrechtlicher (oder gar öffentlich-rechtlicher) Zwangsmitgliedschaften aus Art. 9 I GG gibt, noch solche, soweit sie bestehen, sich ihrerseits auf Art. 9 I GG berufen können.[1134] Praktische Bedeutung hat dies indes kaum, denn Zwangsvereinigungen sind in Deutschland in aller Regel öffentlich-rechtlicher Natur, und diese können sich ohnehin nicht auf Grundrechte berufen, weil diese Abwehrrechte des Bürgers gegen den Staat sind.

(4) Für längere Zeit

Zeitkomponente

521 Es genügt, wenn der Zusammenschluss auf längere Zeit angelegt ist. Mit anderen Worten liegt auch schon am ersten Tag des Zusammenschlusses eine Vereinigung vor, wenn diese nur von gewisser Dauer sein soll. Ein fester Zeitraum lässt sich nicht nennen, wenngleich wenige Tage nicht genügen.[1135] Einmalige Zusammenschlüsse sind jedenfalls keine Vereinigungen, mögen sie sich auch gelegentlich wiederholen.

1130 Kahl, JuS 2004, 894, 899
1131 MD-Scholz, GG, Art. 9 Rn 59; v.Münch/Kunig-Löwer, GG, Art. 9 Rn 28
1132 BVerwGE 106, 177, 181
1133 BVerfGE 43, 142, 147
1134 BVerfGE 38, 281, 303
1135 v.Münch/Kunig-Löwer, GG, Art. 9 Rn 33; a.A. JP-Jarass, GG, Art. 9 Rn 3

BEISPIEL: Kaffeekränzchen, Fahrgemeinschaften, Versammlungen. Gegenbeispiele: Mahnwache oder „Super-Marathon", wenn sie denn einige Tage dauern.

(5) Gemeinsamer Zweck

Jeder gemeinsame Zweck genügt, inhaltliche Beschränkungen gibt es diesbezüglich nicht. Sportvereine können daher ebenso Vereinigungen sein wie Wirtschaftsverbände und Künstlergemeinschaften.[1136] Selbst verbotene Zwecke lassen eine Vereinigung nicht schon begrifflich entfallen, wie die Schranke des Art. 9 II GG zeigt. Eine Vereinigung liegt nur dann nicht vor, wenn überhaupt kein gemeinsamer Zweck erkennbar ist. **522** Weite Auslegung des gemeinsamen Zwecks

BEISPIEL: Gäste in einem Restaurant; Wartende in einer Bahnhofshalle.

(6) Gewisse Organisationsstruktur

Dieses Element verlangt, ähnlich wie die Dauerhaftigkeit, eine gewisse Stabilität des Zusammenschlusses. Sie kann im Bestehen gemeinsamer Regeln (Vereinssatzung) und im Vorhandensein von Organen gesehen werden, welche die Vereinigung nach außen repräsentieren. Auf der anderen Seite sind solche aber nicht zwingend erforderlich, es entscheidet vielmehr eine Gesamtschau aller Umstände, ob eine hinreichende Verfestigung zu bejahen ist. **523** Innere Organisation

BEISPIEL: Ob eine Bürgerinitiative eine Vereinigung i.S.d. Art. 9 I GG ist, lässt sich nicht verallgemeinernd beantworten. Es kommt vielmehr auf den Einzelfall an. Verfügt sie aber über ein klares Anliegen, treten Sprecher für sie auf treffen sich die Gleichgesinnten hin und wieder, genügt dies bereits, auch wenn es keine Satzung und keine förmlichen Organe gibt.[1137]

Gleiches gilt für die Rechtsfähigkeit des Zusammenschlusses: Sie mag für eine gewisse Organisationsstruktur sprechen, ist aber nicht zwingend erforderlich.[1138]

bb) Schutzumfang

Art. 9 I GG hat eine positive und eine negative Komponente:

(1) Positive Vereinigungsfreiheit

Geschützt ist über den Wortlaut des Art. 9 I GG hinaus nicht nur die Bildung von Vereinigungen, sondern auch der Beitritt zu und die Betätigung in einer solchen, weil ihre Bildung ansonsten sinnlos wäre. Man spricht von einer umfassenden „Vereinsautonomie".[1139] **524** Vereinsautonomie

1136 *Sachs-Höfling, GG, Art. 9 Rn 14; v.Münch/Kunig-Löwer, GG, Art. 9 Rn 31*
1137 *v.Münch/Kunig-Löwer, GG, Art. 9 Rn 34*
1138 *BVerfGE 80, 244, 253; JP-Jarass, GG, Art. 9 Rn 11*
1139 *Pieroth/Schlink, GR, Rn 788*

BEISPIEL: Geschützt sind die Namensgebung, die Wahl der Rechtsform und des Sitzes, die Verfolgung des gemeinsamen Zwecks, die Entscheidung über den Zeitpunkt der Gründung und der Auflösung u.v.m.

Externe Betätigung nicht geschützt

Wichtig ist die Betonung des Wörtchens „in" einer solchen, denn nach ganz h.M. wird nur die interne Betätigung von Art. 9 I GG erfasst.[1140] Soweit es hingegen um eine externe Betätigung, also ein Wirken der Vereinigung oder ihrer Mitglieder nach außen geht, ist (nur) auf die jeweils einschlägigen anderen Grundrechte zurückzugreifen.

BEISPIEL: Die Verbreitung einer Informationsbroschüre, mit der ein Wirtschaftsverband für seine Mitglieder wirbt, fällt nicht unter Art. 9 I GG. Diese externe Tätigkeit kann aber unter die Meinungs- oder Pressefreiheit des Art. 5 I GG fallen oder Teil der Berufsausübung nach Art. 12 I GG sein.

Anders liegt es nur dann, wenn der Außenkontakt der Sicherung des Fortbestandes der Vereinigung dient und dadurch einen internen Bezug bekommt.

BEISPIEL: Mitgliederwerbung eines Vereins.

Doppelgrundrecht

Darüber hinaus ist die eingangs erwähnte Doppelnatur zu beachten: So wie der Einzelne in Bildung, Beitritt und Betätigung geschützt ist, ist auch die Vereinigung selbst in ihrem Bestand und ihrer (internen) Betätigung geschützt.

BEISPIEL: Gegen das Verbot eines Vereins nach § 3 VereinsG kann sich der Verein selbst nach Art. 9 I GG zur Wehr setzen.

(2) Negative Vereinigungsfreiheit

Negative Freiheit

525 Art. 9 I GG umfasst ferner eine negative Komponente, also ein Recht auf Fernbleiben von und Austritt aus Vereinigungen. Umstritten ist, ob diese auch davor schützt, Zwangsmitglied in öffentlich-rechtlichen Körperschaften zu werden.

BEISPIEL: Industrie- und Handelskammer (IHK), Rechtsanwalts-, Steuerberater- und Ärztekammern, verfasste Studierendenschaft.

Schutz vor Zwangsmitgliedschaften in öffentl.-rechtl. Vereinigungen?

Die h.M.,[1141] darunter das BVerfG[1142] und das BVerwG,[1143] messen Zwangsmitgliedschaften in öffentlich-rechtlichen Vereinigungen nicht an Art. 9 I GG, sondern nur an Art. 2 I GG. Als Argument wird vor allem ein Umkehrschluss angeführt: Weil kein Privatmann (positiv) nach Art. 9 I GG eine öffentlich-rechtliche Zwangsmitgliedschaftgründen könne, schütze Art. 9 I GG (negativ) auch nicht das Fernbleiben von solchen. Eine m.M. hält diese spiegelbildliche Betrachtung hingegen für verfehlt, weil der Rückschluss nicht zwingend sei: Es möge einem Privatmann unmöglich sein, eine öffentlich-rechtliche Vereinigung zu gründen, es sei ihm aber sehr wohl möglich, dieser fernzubleiben.[1144]

1140 *BVerfG, NJW 1996, 1203, 1203; Sachs-Höfling, GG, Art. 9 Rn 18; Nolte/Planker, JURA 1993, 635, 635; a.A. v.Mutius, JURA 1984, 193, 196*

1141 *Hatje/Terhechte, NJW 2002, 1849, 1850; Jahn, JuS 2002, 434, 436*

1142 *BVerfGE 38, 281, 297; 15, 235, 239; BVerfG, NJW 2017, 2744, 2744 = RA 2017, 477, 477; BVerfG, DVBl 2007, 248, 248 = RA 2007, 209, 209*

1143 *BVerwG, NJW 1998, 3510, 3510 = RA 1999, 2, 4; NVwZ 1990, 1167, 1167*

1144 *Murswiek, JuS 1992, 116, 118; Schöbener, VerwArch 2000, 374, 402*

Die besseren Argumente sprechen indes für die h.M.: Zum einen kann bereits der Entstehungsgeschichte entnommen werden, dass Art. 9 I GG nicht vor öffentlich-rechtlichen Zwangsmitgliedschaften schützen sollte.[1145] Ferner ist zu beachten, dass nach der o.g. Definition schon gar keine Vereinigung i.S.d. Art. 9 I GG vorliegt, wenn der Zusammenschluss nicht freiwillig erfolgte. Zusammenschlüsse, die ihre Existenz nicht einem freiwilligen Willensentschluss verdanken, unterfallen daher schon von vornherein nicht dem Vereinigungsbegriff des Art. 9 I GG.[1146] Ferner ließe sich nach der m.M. eine öffentlich-rechtliche Körperschaft mit Zwangsmitgliedschaft praktisch nicht mehr begründen, denn mit Blick auf die engen Schranken des Art. 9 I GG käme die Bejahung eines Eingriffs in den Schutzbereich faktisch der Bejahung der Verfassungswidrigkeit gleich. Dem Grundgesetz lässt sich aber nicht entnehmen, dass es diese historisch bewährten Institutionen abschaffen wollte. Die h.M. führt schließlich auch nicht zu Lücken im Grundrechtsschutz, denn immerhin bleibt der Rückgriff auf Art. 2 I GG möglich.

KLAUSURHINWEIS
Es sollte mit der Prüfung des Art. 9 I GG begonnen, dort der Streit dargestellt und i.E. die Schutzbereichsbetroffenheit abgelehnt werden. Danach sollte mit Art. 2 I GG weiter geprüft werden.

Auch nach h.M. schützt Art. 9 I GG aber immerhin vor der Zwangsmitgliedschaft in privatrechtlichen Vereinigungen, denn in Bezug auf diese funktioniert der Umkehrschluss nicht.[1147]

BEISPIEL: Ein Gesetz, das jedermann zwecks Gesundheitsförderung zur Mitgliedschaft in einem Sportverein verpflichten würde, griffe in den Schutzbereich des Art. 9 I GG ein. Sportvereine sind Zusammenschlüsse von Bürgerinnen und Bürgern, also haben sie negativ auch das Recht, solchen fernzubleiben.

b) Koalitionsfreiheit, Art. 9 III GG

Die Koalitionsfreiheit ist ein spezieller Unterfall der Vereinigungsfreiheit. Soweit sie reicht, verdrängt Art. 9 III GG den allgemeineren Art. 9 I GG. **526** Koalition als Unterfall der Vereinigung

aa) Begriff

Eine Koalition i.S.d. Art. 9 III GG muss zunächst eine Vereinigung i.S.d. Art. 9 I GG darstellen, also die o.g. Anforderungen erfüllen. Sie unterscheidet sich von einer allgemeinen Vereinigung allerdings hinsichtlich des gemeinsamen Zwecks, der nach Art. 9 III GG in der „Wahrung und Förderung der Arbeits- und Wirtschaftsbedingungen" bestehen muss. **527** Besondere Zweckrichtung

1145 BVerwG, NJW 1998, 3510, 3510 = RA 1999, 2, 4; NJW 1962, 1311, 1312
1146 BVerfG, DVBl 2002, 407, 407
1147 BVerfG, NJW 2001, 2617, 2617; BGHZ 130, 243, 243

DEFINITION

Unter „**Arbeitsbedingungen**" ist die konkrete Ausgestaltung von Arbeitsverhältnissen bzgl. Lohn, Arbeitszeit usw. zu verstehen. „**Wirtschaftsbedingungen**" betreffen allgemeinpolitische Fragen wie die Verringerung von Arbeitslosigkeit, Arbeitnehmermitbestimmung usw.[1148]

Hauptbeispiel für Koalitionen i.S.d. Art. 9 III GG sind Gewerkschaften und Arbeitgeberverbände. Da beide Ziele kumulativ verfolgt werden müssen (vgl. Art. 9 III 1 GG: „und"), gehören Wirtschaftskartelle hingegen nicht hierher: Diese fördern wohl die Wirtschaftsbedingungen ihrer Mitglieder, beschäftigen sich jedoch nicht mit der individuellen Ausgestaltung von Arbeitsverträgen.

Gegnerfrei, unabhängig, überbetrieblich

528 Neben der in Art. 9 III GG explizit enthaltenen Zweckvorgabe werden noch weitere Anforderungen an eine Koalition gestellt. Diese muss namentlich gegnerfrei, gegnerunabhängig und überbetrieblich sein.[1149] Anderenfalls hätte sie faktisch nicht die Macht, nachhaltig die Arbeits- und Wirtschaftsbedingungen in ihrem Sinne zu beeinflussen. An die Überbetrieblichkeit dürfen andererseits keine zu strengen Anforderungen gestellt werden. Bei Großkonzernen kann auch dann eine Koalition vorliegen, wenn alle oder nahezu alle Mitglieder einem Betrieb angehören.[1150]

BEISPIEL: Der Betriebsrat fällt nicht unter Art. 9 III GG, weil er nicht überbetrieblich agiert. Die Gewerkschaft der Lokführer (GdL) und die Deutsche Postgewerkschaft (DPG) fallen hingegen unter Art. 9 III GG, mögen auch nahezu alle Mitglieder in einem Konzern beschäftigt sein.

Weitere Kriterien aufzustellen, insbesondere eine gewisse soziale Mächtigkeit und damit eine Tariffähigkeit zu fordern, lehnt die ganz h.M. hingegen ab.[1151]

bb) Schutzumfang

529 Art. 9 III GG hat genau wie Art. 9 I GG eine Doppelfunktion. Er schützt die Koalition als solche und die einzelnen Mitglieder nach folgenden Maßgaben:

(1) Individualgrundrecht

Umfassende Koalitionsfreiheit

530 Der Einzelne hat nach dem Wortlaut des Art. 9 III GG das Recht, eine Koalition zu bilden. Genau wie bei Art. 9 I GG sind aber auch der Beitritt zu bereits bestehenden Koalitionen und die Betätigung in einer solchen geschützt, denn sonst wäre die Bildung derselben sinnlos. Ferner gibt es wieder eine negative Komponente, die das Recht gewährleistet, Koalitionen fernzubleiben und aus einer Koalition auszutreten.[1152]

(2) Kollektives Grundrecht

Tarifautonomie

531 Die kollektive Koalitionsfreiheit bedeutet, dass auch der Koalition selbst ein Recht auf Bestand und Betätigung zusteht. Betätigung bedeutet dabei vor allem das Aushandeln von Tarifverträgen einschließlich der zwangsweisen Durchsetzung

---

1148 BVerfGE 80, 18, 28; BVerfG, NJW 1995, 3377, 3377
1149 BVerfGE 58, 233, 247; 50, 290, 368
1150 v.Münch/Kunig-Löwer, GG, Art. 9 Rn 77
1151 BVerfGE 58, 233, 249; BVerfG, NJW 1995, 3377, 3377; BAGE 66, 258, 363
1152 BVerfGE 73, 261, 270; 50, 330, 367; JP-Jarass, GG, Art. 9 Rn 36

der jeweiligen Ziele im Arbeitskampf (Streik, Abwehraussperrung).[1153] Man spricht daher auch von der „Tarifautonomie". Andererseits erschöpft sich die Betätigung der Koalitionen nicht in der Tarifautonomie.

BEISPIEL: Werbung,[1154] Rechtsberatung von Mitgliedern[1155] und die Beteiligung an der betrieblichen Mitbestimmung[1156] sind ebenfalls geschützt.

2. Personaler Schutzbereich

In personaler Hinsicht ist wiederum zwischen der individuellen und der kollektiven **532** Funktion sowie innerhalb derselben zwischen Art. 9 I GG und Art. 9 III GG zu unterscheiden:

a) Individualgrundrecht

In personaler Hinsicht ist zunächst darauf hinzuweisen, dass die Vereinigungsfreiheit **533** nach Art. 9 I GG nur für Deutsche i.S.d. Art. 116 GG gilt, während die Koalitionsfreiheit sich nach Art. 9 III GG auf jedermann erstreckt. Auf die Besonderheiten für EU-Bürger wurde bereits oben Rn 209 hingewiesen. Weitere Einschränkungen gibt es nicht. So gelten die Art. 9 I, III GG namentlich auch in sog. „**besonderen Gewaltverhältnissen**",[1157] d.h. für Beamte, Richter, Soldaten usw.

BEISPIEL: Auch Beamte dürfen nach Art. 9 III GG streiken, wenn sie einer Koalition angehören. Das Streikverbot für Beamte greift also in den Schutzbereich des Art. 9 III GG ein und bedarf der Rechtfertigung durch Schranken, in diesem Fall etwa über die hergebrachten **Grundsätze des Berufsbeamtentums** aus Art. 33 V GG als kollidierendes Verfassungsrecht.

b) Kollektives Grundrecht

Wie bereits oben im sachlichen Schutzbereich ausgeführt, haben neben dem Ein- **534** Verhältnis zu Art. 19 III GG
zelnen auch die Vereinigungen und Koalitionen als solche das Recht, sich auf Art. 9 I, III GG zu berufen. Eines Rückgriffs auf Art. 19 III GG bedarf es insoweit nicht.[1158]

MERKSATZ

Art. 19 III GG ist bei Art. 9 I, III GG nicht zu prüfen.

Dafür spricht zum einen, dass Art. 9 I, III GG spezielle Regelungen enthalten, die dem allgemeinen Art. 19 III GG vorgehen, zum anderen, dass an das Vorliegen einer Vereinigung bzw. Koalition ohnehin so strenge Voraussetzungen geknüpft sind, dass ein Ausufern des Grundrechts nicht zu befürchten ist.

BEISPIEL: Ein Kaffeekränzchen wäre keine „juristische Person" i.S.d. Art. 19 III GG, fällt aber auch nicht unter den Vereinigungsbegriff des Art. 9 I GG. Es ist daher als solches in keinem Fall grundrechtsfähig.

1153 *BVerfGE 92, 365, 393; 84, 212, 225*
1154 *BVerfGE 93, 352, 357*
1155 *BVerfGE 88, 5, 15*
1156 *BVerfGE 50, 290, 372*
1157 *MD-Scholz, GG, Art. 9 Rn 143; JP-Jarass, GG, Art. 9 Rn 6*
1158 *BVerfGE 84, 372, 378; 80, 244, 253; 13, 174, 175; JP-Jarass, GG, Art. 9 Rn 11*

Weil Art. 9 I GG ein Deutschengrundrecht ist, gilt die Vereinigungsfreiheit nur für inländische Vereinigungen.[1159] Art. 9 III GG steht hingegen allen Koalitionen offen.

BEISPIEL: Will sich eine Kapitalgesellschaft auf Art. 9 I GG berufen, muss sie ihren Sitz in der Bundesrepublik Deutschland haben und von Deutschen beherrscht werden.[1160] Demgegenüber könnte sich auch eine reine Ausländergewerkschaft auf Art. 9 III GG stützen.[1161]

KLAUSURHINWEIS
Wie diese Fälle zeigen, wird die Trennung zwischen sachlichem und personalem Schutzbereich bei Art. 9 I, III GG zuweilen schwierig oder gänzlich unmöglich sein. Dann sollte ganz auf sie verzichtet und lediglich „Schutzbereich betroffen" geprüft werden. Nur wenn eine Trennung zwanglos möglich ist - etwa bei der Frage, ob der Einzelne „Deutscher" i.S.d. Art. 9 I GG ist - sollte wie sonst üblich differenziert werden.

II. EINGRIFF

Grundsatz: Bagatellformel gilt

535 Eine spezielle Eingriffsdogmatik hat sich weder zu Art. 9 I GG noch zu Art. 9 III GG entwickelt. Es genügt daher mit der allgemeingültigen „**Bagatellformel**" jede spürbare Verkürzung des Schutzbereichs.[1162] Eingriffe sind danach alle Vorschriften, die Gründung, Beitritt, Verbleib oder Betätigung in der Vereinigung bzw. Koalition verbieten, behindern oder sanktionieren. Lediglich auf zwei Besonderheiten ist hinzuweisen:

1. Ordnungsvorschriften

Ordnungsvorschriften kein Eingriff

536 Kein Eingriff in Art. 9 I, III GG liegt vor, wenn der Gesetzgeber lediglich die Rahmenbedingungen regelt, die für eine bestimmte Rechtsform der Vereinigung gelten.[1163]

BEISPIELE: Mindesthöhe von Stammkapital und Stammeinlage; Eintragung in das Vereins- oder Handelsregister; Haftungsumfang.

Diese beeinträchtigen nämlich weder das Recht, eine Vereinigung zu gründen, noch die Möglichkeit, sich in ihr zu betätigen. Indem sie eine Gesellschaftsform schaffen, ermöglichen diese sog. „Ordnungsvorschriften" vielmehr erst die Grundrechtsausübung.

BEISPIEL: Gäbe es das GmbH-Gesetz nicht, gäbe es auch nicht die Möglichkeit, eine GmbH zu gründen, weil die GmbH als Vereinigungsform nicht existierte. Erst das Vorhandensein des GmbH-Gesetzes eröffnet also überhaupt die Möglichkeit, Vereinigungen in Form einer GmbH zu gründen. Wenn § 5 I GmbH-Gesetz dafür nun ein Stammkapital von mind. 25.000 € fordert, liegt darin keine Verkürzung der Vereinigungsfreiheit, sondern eine Vorgabe des Rahmens, innerhalb dessen die Grundrechtsausübung in Form der Gründung einer GmbH gewährleistet wird.

1159 BVerfG, NVwZ 2000, 1281, 1281
1160 JP-Jarass, GG, Art. 9 Rn 11
1161 JP-Jarass, GG, Art. 9 Rn 43
1162 Sachs-Höfling, GG, Art. 9 Rn 34
1163 BVerfGE 50, 290, 354; Baumann, BB 1997, 2281, 2283

Für die Herausnahme der Ordnungsvorschriften aus dem Eingriffsbegriff spricht ferner, dass die Existenz bestimmter Vereinigungsformen von Art. 9 GG nicht geschützt ist. Somit können Regeln über ihre Voraussetzungen Art. 9 GG auch nicht einschränken.

BEISPIEL: Selbst die Abschaffung des GmbH-Gesetzes würde keinen Eingriff in Art. 9 I GG darstellen, denn Art. 9 I GG gibt kein Recht darauf, dass eine Rechtsform „GmbH" existiert.

2. Eingriffe durch Private

Nach Art. 9 III 2 GG sind alle Abreden, welche die Koalitionsfreiheit einschränken oder zu behindern suchen nichtig; hierauf gerichtete Maßnahmen sind rechtswidrig. Damit ist auch privaten Dritten verboten, in die Koalitionsfreiheit des Art. 9 III 1 GG einzugreifen.[1164] **537**

MERKSATZ

Art. 9 III 2 GG bindet auch im Privatrecht unmittelbar.

Die hieraus resultierenden Fragen sind aber in erster Linie nicht verfassungsrechtlicher, sondern zivil- und arbeitsrechtlicher Natur.

BEISPIEL: Enthält ein Arbeitsvertrag eine Klausel, die es dem Arbeitnehmer verbietet, einer Gewerkschaft beizutreten, ist diese allein schon wegen Art. 9 III 2 GG nichtig. Streitigkeiten hierüber werden vor den Arbeitsgerichten ausgetragen. Das BVerfG prüft im Rahmen einer Verfassungsbeschwerde nur, ab ein „Akt der öffentlichen Gewalt" Grundrechte verletzt, Art. 93 I Nr. 4a GG. Als solcher käme nicht die Klausel selbst, sondern allenfalls eine sie bestätigende Gerichtsentscheidung in Betracht.

III. VERFASSUNGSRECHTLICHE RECHTFERTIGUNG

1. Schranken

a) Qualifizierter Gesetzesvorbehalt, Art. 9 II GG

Nach Art. 9 II GG sind Vereinigungen, deren Zwecke oder deren Tätigkeit den Strafgesetzen zuwiderlaufen oder die sich gegen die verfassungsmäßige Ordnung oder gegen den Gedanken der Völkerverständigung richten, verboten. Diese Regelung bereitet gleich in doppelter Hinsicht Probleme: **538**

aa) Dogmatische Einordnung

Qualifizierter Gesetzesvorbehalt

Unklar ist bereits, ob es sich überhaupt um einen Gesetzesvorbehalt handelt. Teilweise wird vertreten, es handle sich - ähnlich wie bei den Merkmalen „friedlich und ohne Waffen" bei der Versammlungsfreiheit aus Art. 8 I GG - um eine Einschränkung des Schutzbereichs.[1165] Wieder andere meinen, Art. 9 II GG sei eine verfassungsunmittelbare Schranke (Rn 128).[1166] Gegen eine Schutzbereichsbeschränkung spricht aber die systematische Stellung: Der Schutzbereich der Vereinigungsfreiheit ist **539**

1164 Sachs-Höfling, GG, Art. 9 Rn 124
1165 BVerfGE 80, 244, 254
1166 LG Frankfurt, NJW 1953, 1748, 1748

in Art. 9 I GG geregelt; Art. 9 II GG ist hiervon - anders als die Merkmale „friedlich und ohne Waffen" in Art. 8 I GG - systematisch getrennt. Gegen eine verfassungsunmittelbare Schranke spricht vor allem, dass Art. 9 II GG - trotz seines Wortlauts - der Umsetzung durch Gesetze zwingend bedarf,[1167] da er die Einzelheiten wie ein Verbotsverfahren, die zuständigen Behörden usw. nicht regelt. Zudem würde erhebliche Rechtsunsicherheit verbleiben, wollte man bereits in Art. 9 II GG selbst den konstitutiven Verbotsakt sehen.

BEISPIEL: Wird ein Vereinsverbot von der zuständigen Behörde ausgesprochen, ist klar, welchen Verein es betrifft und dass dieser verboten ist. Allein der abstrakt-generelle Art. 9 II GG könnte dies für den Einzelfall nicht klären; es bliebe immer Streit darüber, ob diese oder jene Vereinigung nun unter das Verbot fällt oder nicht.

Deshalb sprechen die besseren Argumente dafür, Art. 9 II GG als (qualifizierten) Gesetzesvorbehalt einzustufen, nach dem unter den dort genannten Voraussetzungen Vereinigungen verboten werden dürfen.[1168]

KLAUSURHINWEIS
Der eigene Aufbau darf nicht begründet werden. Deshalb sollte im Schutzbereich allenfalls kurz erwähnt werden, dass Art. 9 II GG diesen aus systematischen Gründen nicht berührt. Die Einordnung als verfassungsunmittelbare Schranke oder Gesetzesvorbehalt sollte ebenfalls knapp gehalten werden.

Dieser richtet sich trotz seines Wortlauts nicht nur gegen das Kollektiv, sondern auch gegen die individuelle Vereinigungsfreiheit.

BEISPIEL: Wenn ein Verein verboten wird, ist damit zugleich gesagt, dass niemand einen solchen Verein gründen oder sich in ihm betätigen darf.

bb) Erstreckung auf Art. 9 III GG

Anwendbarkeit auf Art. 9 III GG

540 Art. 9 II GG gilt nach seinem Wortlaut („Vereinigungen") und seiner systematischen Stellung unproblematisch für die Vereinigungsfreiheit aus Art. 9 I GG. Streitig ist hingegen, ob er auch für die Koalitionsfreiheit aus Art. 9 III GG gilt. Dies wird teilweise unter Hinweis auf die Systematik abgelehnt.[1169] Die wohl h.M. erstreckt Art. 9 II GG jedoch zu Recht auch auf Art. 9 III GG, weil Koalitionen nach Art. 9 III GG immer auch Vereinigungen i.S.d. Art. 9 I GG sein müssen (Rn 527).[1170] Davon geht übrigens auch der Gesetzgeber aus, wie § 16 VereinsG zeigt. Die praktische Relevanz dieses Streits ist gering, denn verbotene Koalitionen gibt es - soweit ersichtlich - nicht.

KLAUSURHINWEIS
Sollte gleichwohl ein entsprechender fiktiver Fall zur Begutachtung gestellt werden, müsste der Streit erörtert und entschieden werden. Es handelt sich nicht um ein reines Aufbauproblem, sondern um eine dogmatische Frage.

1167 *BVerwGE 55, 175, 177; 4, 188, 189; OVG Koblenz, OVGE 8, 52, 55*
1168 *Sachs-Höfling, GG, Art. 9 Rn 38*
1169 *JP-Jarass, GG, Art. 9 Rn 49; Sachs-Höfling, GG, Art. 9 Rn 127*
1170 *MD-Scholz, GG, Art. 9 Rn 337; v.Münch/Kunig, GG, Art. 9 Rn 89*

cc) Qualifizierte Anforderungen

DEFINITION 541 Strafgesetze

„**Strafgesetze**" i.S.d. Art. 9 II GG sind nur die Normen des allgemeinen Strafrechts, also vor allem die des StGB.

Hingegen fallen Normen, die speziell die Bildung einer Vereinigung unter Strafe stellen, nicht unter Art. 9 II GG. Sonst könnte der einfache Gesetzgeber Art. 9 I, III GG komplett aushöhlen.

BEISPIEL: Ein Gesetz müsste nur bestimmen: „Wer eine Vereinigung gründet, wird mit Geldstrafe bestraft", und schon könnten alle Vereinigungen verboten werden, weil sie den Strafgesetzen zuwiderliefen.

Verfassungsmäßige Ordnung

Entsprechendes gilt für die „verfassungsmäßige Ordnung": Würde man sie - wie in Art. 2 I GG, wo der Begriff auch vorkommt - mit jedem Rechtssatz gleichsetzen, könnte sogar der Verordnungs- und Satzungsgeber die Vereinigungsfreiheit ad absurdum führen. Deshalb gilt:

DEFINITION

„**Verfassungsmäßige Ordnung**" in Art. 9 II GG meint nur die freiheitlich-demokratische Grundordnung.[1171]

Darunter wiederum sind die wesentlichen Leitentscheidungen des Grundgesetzes wie Menschenwürde, Demokratie-, Sozial-, Bundes- und Rechtsstaatsprinzip zu verstehen.

Völkerverständigung

DEFINITION

Die „**Völkerverständigung**" leidet, wenn eine Vereinigung sich gegen bestimmte Rassen oder Angehörige einer bestimmten Nationalität richtet.

Finalität

Zur Beantwortung der Frage, wann eine Vereinigung sich gegen die genannten Rechtsgüter „richtet", macht das BVerfG seine Rechtsprechung zu Art. 18 S. 1 GG und Art. 21 II GG fruchtbar: Hier wie dort ist ein „aggressiv-kämpferisches Verhalten der Anhänger" erforderlich. Ein solches wird positiv durch Gewaltanwendung oder Gewaltbereitschaft der Gruppe indiziert. Bloße Kritik oder das Verhalten Einzelner sind danach nicht ausreichend.[1172]

b) Verfassungsimmanente Schranken

Grundrechte Dritter und Art. 33 V GG

Sofern es nicht um ein Vereinigungsverbot aus den in Art. 9 II GG genannten Gründen geht, sind Art. 9 I, III GG nur aufgrund verfassungsimmanenter Schranken beschränkbar. Hierzu zählen - wie bei allen Freiheitsgrundrechten - neben den Grundrechten Dritter auch alle sonstigen Verfassungsnormen, wobei im Hinblick 542

1171 BVerwG, DVBl 1999, 1743, 1743
1172 BVerwGE 80, 299, 306

auf die Koalitionsfreiheit aus Art. 9 III GG speziell auf die „hergebrachten Grundsätze des Berufsbeamtentums" nach Art. 33 V GG hinzuweisen ist, weil diese erst das Streikverbot für Beamte rechtfertigen.[1173] Zu den Grundrechten Dritter zählen selbstverständlich auch deren Rechte aus Art. 9 I, III GG. Daraus folgt, dass die kollektive Vereinigungs- und Koalitionsfreiheit mit der individuellen Vereinigungs- und Koalitionsfreiheit kollidieren kann.

BEISPIEL: Eine Gewerkschaft verbietet ihren Mitgliedern, gleichzeitig in einer anderen Gewerkschaft Mitglied zu sein. Dieses Verbot ist, da es zum Erhalt der Geschlossenheit nach innen und nach außen erforderlich ist, von Art. 9 III GG geschützt (kollektive Koalitionsfreiheit). Allerdings kann sich auch das einzelne Mitglied darauf berufen, jeder beliebigen Koalition - und somit auch einer anderen Gewerkschaft - beitreten zu wollen (individuelle Koalitionsfreiheit).

Derartige Konflikte sind - wie immer bei verfassungsimmanenten Schranken - im Wege der „praktischen Konkordanz" (dazu sogleich) zu lösen.

2. Schranken-Schranken

a) Art. 9 III 3 GG

543 Eine spezielle Schranken-Schranke enthält zunächst Art. 9 III 3 GG. Maßnahmen nach Art. 12a, 35 II, III, 87a IV und 91 GG dürfen sich nicht gegen Arbeitskämpfe richten, die zur Wahrung und Förderung der Arbeits- und Wirtschaftsbedingungen von Koalitionen geführt werden. Zu der sonst typischen Abwägung zwischen den widerstreitenden Verfassungsnormen kommt es dann nicht mehr.

BEISPIEL: Wenn der Staat auf einen Streik dadurch Einfluss zu nehmen versucht, dass die Kreiswehrersatzämter alle dienstverpflichteten Gewerkschafter auf einmal zur Bundeswehr einberufen, greift der Einziehungsbescheid in den Schutzbereich der Koalitionsfreiheit sowohl der Gewerkschaft als auch des Einzelnen ein. Dieser Eingriff könnte durch kollidierendes Verfassungsrecht, nämlich die Wehrpflicht nach Art. 12a GG gerechtfertigt sein. Normalerweise würde nun im Rahmen der Verhältnismäßigkeit eine Abwägung zwischen den Interessen der Gewerkschaft und der Streikenden auf der einen und der Bundeswehr auf der anderen Seite erfolgen. Art. 9 III 3 GG erklärt jedoch Maßnahmen nach Art. 12a GG pauschal für unzulässig, wenn sie sich - wie im Beispiel - final gegen einen Arbeitskampf richten. Eine Abwägung findet somit nicht statt, die Einberufungsbescheide sind verfassungswidrig.

b) Sonstige

544 Außerhalb des Art. 9 III 3 GG gelten dieselben Schranken-Schranken wie bei allen anderen Freiheitsgrundrechte auch, wobei - wie immer - der Verhältnismäßigkeit aus Art. 20 III GG besondere Bedeutung zukommt.[1174] Dort ist im Rahmen der Angemessenheit ein Ausgleich der widerstreitenden Interessen im Wege „praktischer Konkordanz" zu suchen (vgl. dazu Rn 167).

1173 BVerfGE 44, 249, 264

1174 BVerfGE 94, 268, 285; Sachs-Höfling, GG, Art. 9 Rn 139

14. Teil – Art. 10 GG - Brief-, Post- und Fernmeldegeheimnis

A. Einleitung

Art. 10 GG schützt die räumlich distanzierte Kommunikation über bestimmte Medien. Das Grundrecht gilt als antiquiert, weil es historisch auf die Übermittlung von Daten durch die Deutsche Bundespost zugeschnitten war. Nach deren Privatisierung gem. Art. 87f, 143b GG bestehen heute mit der Deutschen Post AG, der Deutschen Telekom AG und der Deutschen Postbank AG aber drei privatrechtlich strukturierte Nachfolgeunternehmen. Aus dieser in Art. 10 GG bisher nicht berücksichtigten Umstrukturierung erwachsen einige Probleme, die zu einer aktualisierten Auslegung zwingen. Gleiches gilt hinsichtlich der Kommunikation mittels sog. neuer Medien wie Internet, E-Mail usw. **545** Anpassung an heutige Gegebenheiten erforderlich

B. Systematik und Vertiefung

I. SCHUTZBEREICH BETROFFEN

Im Schutzbereich ist zwischen sachlicher und personaler Betroffenheit zu differenzieren. **546**

1. Sachlicher Schutzbereich

In sachlicher Hinsicht enthält Art. 10 I GG mit dem Brief-, Post- und Fernmeldegeheimnis drei eigenständige Grundrechte, die allerdings einheitlichen Schranken unterliegen. **547**

a) Briefgeheimnis, Art. 10 I 1. Fall GG

aa) Begriff

DEFINITION **548** Brief

Ein **Brief** i.S.d. Art. 10 I GG ist eine individuelle schriftliche Mitteilung.[1175]

Entscheidend ist neben der Schriftform immer das Kommunikationselement: Werden Gedanken ausgetauscht, liegt ein Brief im o.g. Sinne vor, mag es sich auch um eine Postkarte, ein Päckchen oder ein Paket handeln. Keine Briefe sind mangels Kommunikation hingegen Warensendungen, Zeitungszustellungen usw. An dem individuellen Element fehlt es bei Massenwurfsendungen, Reklamebriefen usw.[1176]

bb) Schutzumfang

Geschützt ist zunächst und vor allem der Inhalt der Sendung vor staatlicher Kenntnisnahme, aber auch die Identität von Absender und Empfänger. Der Schutz des Art. 10 I 1. Fall GG beginnt mit dem Verfassen des Briefs und endet mit Abschluss der Kommunikation, also dann, wenn der Brief den Empfänger erreicht. **549**

1175 Sachs-Pagenkopf, GG, Art. 10 Rn 12

1176 BVerwGE 6, 290, 300

BEISPIEL: Wird im Rahmen einer Durchsuchung ein Brief vom Schreibtisch des Empfängers beschlagnahmt, können Art. 2 I i.V.m. 1 I, 5 I, 13 I oder 14 I GG betroffen sein, nicht aber Art. 10 I 1. Fall GG. Anders liegt es, wenn es sich um eine Durchsuchung beim Absender handelte.

cc) Problemfälle

Abgrenzung zum Postgeheimnis

550 In Abgrenzung zum Postgeheimnis ist das Briefgeheimnis nur anwendbar, solange sich der Brief nicht im Wirkungsbereich der Post befindet. In deren Sphäre unterliegt er ausschließlich dem Postgeheimnis.

BEISPIELE: Wird der Inhalt eines Postfachs beschlagnahmt, ist nur das Postgeheimnis betroffen.[1177] Wird hingegen in einem Gefängnis die Gefangenenpost vor ihrer Übergabe an die Post von der Anstaltsleitung durchgelesen, ist das Briefgeheimnis betroffen.

Unverschlossene Briefe geschützt?

551 Streitig ist, ob auch unverschlossene Briefe geschützt sind. Dagegen werden vor allem der Wortlaut („Geheimnis") und der Schutzzweck der Norm angeführt, welcher in der Vertraulichkeit der individuellen Kommunikation liegt.[1178] Lasse der Absender den Brief unverschlossen, verzichte er selbst auf die Vertraulichkeit der Kommunikation. Diese Ansicht verkennt allerdings, dass auch unverschlossene Mitteilungen vertraulich, d.h. nicht für Dritte bestimmt sein können. Nicht jeder, der einen Brief unverschlossen lässt, gibt seinen Inhalt für jedermann zur Kenntnis frei.

BEISPIELE: Die Einladung zu einer Beerdigung mag als unverschlossene Drucksache verschickt werden, um Porto zu sparen. Eine Postkarte eignet sich von vornherein nicht zum Verschluss; gleichwohl wird ihr Absender den Inhalt regelmäßig nicht für staatliche Augen bestimmt haben.

Eine hinreichende Begrenzung des Schutzbereichs wird zudem bereits durch das Kommunikationselement gewährleistet, das viele unverschlossene Sendungen (Werbeflyer usw.) bereits herausfiltert. Deshalb sprechen die besseren Argumente dafür, dass das Briefgeheimnis auch unverschlossene Mitteilungen schützt.[1179] Der Streit hat allerdings nur geringe Bedeutung, da während des Versands ohnehin das Postgeheimnis spezieller ist als das Briefgeheimnis (Rn 550) und ersteres unstreitig jede Art von Sendung, also auch unverschlossene Briefe schützt (Rn 554).

BEISPIEL: Wird eine Drucksache noch beim Absender beschlagnahmt, könnte allein das Briefgeheimnis betroffen sein. Der o.g. Streit wäre zu erörtern und zu entscheiden. Erfolgt die Beschlagnahme bei der Post, ist unstreitig allein das Postgeheimnis einschlägig. Wird die Drucksache beim Empfänger beschlagnahmt, ist Art. 10 I GG überhaupt nicht anwendbar, weil sein Schutz mit dem Zugang der Sendung endet.

1177 BVerwGE 79, 110, 115
1178 BVerwGE 6, 299, 300; Gramlich, CR 1996, 102, 111; Groß, JZ 1999, 326, 332
1179 BVerwGE 113, 208, 210; JP-Jarass, GG, Art. 10 Rn 3

b) Postgeheimnis, Art. 10 I 2. Fall GG

aa) Begriff

552 Das Postgeheimnis war ursprünglich auf die Beförderung von Sendungen durch die Deutsche Bundespost zugeschnitten. Nach deren Privatisierung und der Öffnung des Marktes für andere Anbieter ist nunmehr ein neues, weites Verständnis der „Post" geboten, will man das Grundrecht nicht gänzlich für obsolet erklären:

Post

DEFINITION

Unter „**Post**" sind alle natürlichen oder juristischen Personen zu verstehen, die gewerbsmäßig Postdienstleistungen erbringen. Postdienstleistungen sind die Beförderung von Nachrichten und Kleingütern in einem auf Massenverkehr ausgerichteten, standardisierten Transportverfahren.[1180]

Unterscheidung zwischen „Post" und Grundrechtsbindung

553 Dazu gehören neben der Deutschen Post AG als Nachfolger der „gelben" Sparte der Deutschen Bundespost also auch alle anderen Privatanbieter. Diese neue, weite Definition der „Post" darf aber nicht mit dem Kreis der Grundrechtsverpflichteten verwechselt werden. Grundrechtsverpflichtet ist und bleibt (nur) der Staat.

BEISPIEL: Vor dem Öffnen eines Briefes durch einen privaten Auslieferer schützt deshalb nicht Art. 10 I GG, sondern (nur) das einfache Recht, namentlich § 39 PostG.

Nur wenn die privaten Postunternehmen hoheitliche Aufgaben ausüben - etwa als Verwaltungshelfer oder Beliehene - sind sie selbst grundrechtsgebunden.

BEISPIEL: Postdienstleister werden nach § 33 PostG zu beliehenen Unternehmern, soweit sie Schriftstücke nach VwZG, VwGO, ZPO usw. förmlich zustellen.

Insbesondere Deutsche Post AG

Soweit der Staat an einem Postunternehmen als Anteilseigner beteiligt ist, wie etwa der Bund an der Deutschen Post AG, richtet sich die Grundrechtsbindung des jeweiligen Unternehmens nach den allgemeinen Regeln im Bereich der Fiskalverwaltung.[1181] Danach ist sie in aller Regel zu verneinen, solange der Staat auf die Geschicke des Unternehmens keinen gestaltenden Einfluss hat oder diesen jedenfalls faktisch nicht ausübt (vgl. Rn 71).

bb) Schutzumfang

Zeitliche Begrenzung

554 Das Postgeheimnis schützt zunächst alle Briefe im o.g. Sinn, solange sie postalisch befördert werden. Für die Dauer der postalischen Beförderung ist das Postgeheimnis spezieller als das Briefgeheimnis (Rn 550). Es wirkt zeitlich von der Einlieferung der Sendung beim Postdienstleister bis zu deren Ablieferung beim Empfänger.

1180 *v.Münch/Kunig-Löwer, GG, Art. 10 Rn 17; Groß, JZ 1999, 326, 332*
1181 *Sachs-Pagenkopf, GG, Art. 10 Rn 20*

BEISPIEL: Der Briefkasten wird bereits ausschließlich dem Machtbereich des Empfängers zugeordnet, sodass der dort eingeworfene Brief bereits nicht mehr dem Postgeheimnis zuzuordnen ist. Anders liegt es beim Postfach, dort endet das Postgeheimnis erst mit Abholung.[1182]

Nicht nur Briefe geschützt

Für diesen Zeitraum sind neben Briefen aber auch sonstige Sendungen geschützt, die im Unterschied zum Brief keine kommunikativen Elemente enthalten. Das Postgeheimnis ist also in sachlicher Hinsicht weiter als das Briefgeheimnis.

BEISPIELE: Warensendungen, Zeitungslieferungen, Postanweisungen. Zudem sind unverschlossene Briefe unstreitig geschützt.[1183]

Identisch ist der inhaltliche Schutz: Er erstreckt sich wie beim Briefgeheimnis neben dem Inhalt der Sendung auch auf die Identität von Absender und Empfänger.

c) Fernmeldegeheimnis, Art. 10 I 3. Fall GG

aa) Begriff

555 Auch das Verständnis des Fernmeldegeheimnisses bedarf einer gewissen Modernisierung. Hier wirkt sich vor allem aus, dass die moderne Technik neben dem klassischen Telefonieren zahlreiche weitere Kommunikationswege eröffnet.

Fernmeldeverkehr

DEFINITION
Fernmeldeverkehr ist die durch nichtkörperliche Signale transportierte, technisch vermittelte individuelle Kommunikation.[1184]

Weite Auslegung

Diese Definition lehnt sich an § 3 Nr. 16 TKG an. Das Fernmeldegeheimnis wird daher teilweise auch als „Telekommunikationsfreiheit" bezeichnet.[1185] Sie erfasst neben dem Telefonieren auch Telegramme, Telefax und Funkverkehr. Die Körperlosigkeit grenzt zum Brief- und Postgeheimnis ab, das Erfordernis einer individuellen Kommunikation zur Rundfunk- und Filmfreiheit des Art. 5 I 2 GG. Für eine „technische Vermittlung" genügt, dass überhaupt ein technischer Übertragungsweg in Anspruch genommen wird, im Unterschied etwa zum lauten Rufen oder dem Einsatz eines Megaphons. Welche technische Form dies genau ist (Kabel, Satellit, Lichtwellen usw.), spielt hingegen keine Rolle.[1186] Gleichgültig ist auch, ob das Netz staatlich oder privat betrieben wird.[1187]

bb) Schutzumfang

556 Geschützt ist wiederum die gesamte Phase der Übertragung, aber auch nur diese. Der Schutz endet also mit Abschluss der Kommunikation.[1188] Inhaltlich werden wie

---

1182 BVerwGE 79, 110, 115
1183 BVerwG, NVwZ 1998, 1083, 1084; v.Münch/Kunig-Löwer, GG, Art. 10 Rn 17
1184 Sachs-Pagenkopf, GG, Art. 10 Rn 14; Schoch, JURA 2011, 194, 197
1185 BVerfGE 106, 28, 36; JP-Jarass, GG, Art. 10 Rn 5
1186 BVerfGE 106, 28, 36; BVerfG, NJW 2003, 1787, 1789
1187 BVerfG, DVBl 2003, 131, 132
1188 Schoch, JURA 2011, 194, 197

bei Brief- und Postgeheimnis alle kommunizierten Informationen einschließlich der Daten von Absender und Empfänger erfasst.[1189]

BEISPIELE: Datum des Gesprächs, Dauer, Teilnehmer, Inhalt, Telefonnummern usw.

cc) Problemfälle

Im Einzelnen umstritten ist, wie weit man die ursprünglich nur auf das Telefonieren zugeschnittene Fernmeldefreiheit auf die neuen Medien erstrecken soll. Teilweise wird gefordert, dass diese eine verdeckte (geheime) Form der Datenübermittlung überhaupt ermöglichen müssen, woran es z.B. bei Internet und E-Mail fehlen soll.[1190] Solche Ansichten beruhen aber in erster Linie auf Unkenntnis der technischen Gegebenheiten. Auch im Internet und per E-Mail kann man vertraulich Daten übertragen; es liegt am Anwender, ob er die technisch vorhandenen Sicherungsmechanismen (z.B. Verschlüsselungen) in Anspruch nimmt oder nicht. Deshalb fallen auch SMS, Internet und E-Mail grundsätzlich unter Art. 10 I 3. Fall GG.[1191] Lediglich dann, wenn die Informationen von vornherein allgemein zugänglich gemacht werden, liegt kein „Geheimnis" mehr vor, das vor staatlichem Zugriff geschützt werden kann und muss. Dann fehlt es aber in aller Regel schon am Element der „individuellen" Kommunikation. **557** Moderne Medien

BEISPIEL: Eintrag in einem für jedermann zugänglichen Internetforum, Chatroom, Gästebuch usw. Ein Online-Chat zwischen lediglich zwei Personen wäre hingegen geschützt.

d) Abgrenzung zu anderen Grundrechten

Der sachliche Schutzbereich von Art. 10 I GG überschneidet sich nicht selten mit anderen Grundrechten. Diese sind neben Art. 10 I GG anwendbar, sofern sich nicht aus folgenden Überlegungen etwas anderes ergibt: **558**

aa) Art. 13 I GG

Das Abhören von Telefonaten betrifft unproblematisch Art. 10 I 3. Fall GG, wenn zu diesem Zweck Leitungen oder Fernmeldeanlagen angezapft werden. Probleme bereiten jedoch die sog. „**Lauschangriffe**" (Einsatz von Richtmikrofonen oder Wanzen in Telefonen). Bei diesen ist wie folgt zu differenzieren: Befindet sich der belauschte Teilnehmer in einer Wohnung, wird also in seine Privatsphäre eingedrungen, ist Art. 13 I GG spezieller.[1192] Dies zeigen die gerade auf Lauschangriffe zugeschnittenen Schranken des Art. 13 III-VI GG. Befindet er sich hingegen im Freien (z.B. bei einem Handytelefonat), bleibt Art. 10 I GG anwendbar. **559** Abhören von Telefonaten

bb) Art. 5 I 1 1. Fall GG und Art. 2 I i.V.m. 1 I GG

Probleme bereitet auch die Abgrenzung zur Meinungsfreiheit des Art. 5 I 1 1, Fall GG und zum allgemeinen Persönlichkeitsrecht aus Art. 2 I i.V.m. 1 I GG (vgl. schon Rn 221). Soweit Art. 10 I GG eingreift, ist er spezieller und verdrängt diese.[1193] Er greift **560** Zeitliche Begrenzung von Art. 10 GG

1189 BVerfGE 85, 386, 396; 67, 157, 172; BVerfG, NJW 2006, 3179, 3179; NJW 2003, 1787, 1788
1190 Sachs-Pagenkopf, GG, Art. 10 Rn 14a
1191 JP-Jarass, GG, Art. 10 Rn 5; Grote, KritV 1999, 27, 39
1192 JP-Jarass, GG, Art. 10 Rn 2; Sachs-Pagenkopf, GG, Art. 10 Rn 52
1193 BVerfGE 110, 33, 53; 100, 313, 358; BVerfG, DVBl 2005, 1192, 1192; Wegener/Muth, JURA 2010, 847, 849

allerdings nur ein, wenn es ausschließlich um Telekommunikationsdaten geht und/ oder der Zugriff auf die Information während des Übermittlungsvorgangs erfolgt. Art. 10 I GG ist also in zeitlicher und inhaltlicher Hinsicht beschränkt.[1194]

BEISPIEL: Wird ein Handytelefonat abgehört, richtet sich die Zulässigkeit des Abhörens allein nach Art. 10 I GG. Gleiches gilt, wenn ausschließlich auf gespeicherte Telekommunikationsdaten (Sender und Empfänger, Ort und Zeit usw.) zugegriffen wird.[1195] Wird hingegen eine Handy-Speicherkarte ausgelesen, auf der sich neben Telekommunikationsdaten noch andere Daten befinden können (Bilder, Videos, Adressenlisten, Kalender usw.), ist Art. 10 I GG nicht (mehr) einschlägig, weil es nicht ausschließlich um Telekommunikationsdaten geht und keine laufende Informationsübermittlung mehr stattfindet.

Fand der Zugriff während der Übermittlung statt, so muss weiterhin genau zwischen dem Zugriffsakt selbst und weiteren, möglicherweise auf diesem aufbauenden staatlichen Maßnahmen differenziert werden. Nur ersterer ist an Art. 10 I GG zu messen.

BEISPIEL: Wird ein Brief eines Strafgefangenen von der Anstaltsleitung geöffnet, richtet sich die Zulässigkeit des Öffnens nach Art. 10 I GG. Wird der durch das Öffnen bekanntgewordene Inhalt des Briefes zur Grundlage einer Verurteilung wegen Beleidigung gemacht, etwa weil der Gefangene sich darin abfällig über einen Wärter geäußert hat, muss diese Art. 5 I 1 1. Fall GG standhalten.[1196]

2. Personaler Schutzbereich

561 Art. 10 I GG ist ein Jedermanngrundrecht. Es ist auch auf juristische Personen anwendbar,[1197] wobei allerdings die Voraussetzungen des Art. 19 III GG zu beachten sind.

BEISPIEL: Eine ausländische juristische Person kann sich nicht auf Art. 10 I GG berufen. Bei juristischen Personen des öffentlichen Rechts wird es in der Regel an der Anwendbarkeit „dem Wesen nach" fehlen; speziell für Rundfunk- und Fernsehanstalten hat das BVerfG diese wegen ihrer besonderen Nähe zu Art. 10 I GG jedoch bejaht.[1198]

Kein Schutz der Übermittler

Unproblematisch geschützt sind Absender und Empfänger der Nachricht. Streitig ist, ob sich auch die privaten Post- und Telekommunikationsdienstleister auf Art. 10 I GG berufen können. Diese sind zwar in aller Regel nicht grundrechtsgebunden (vgl. Rn 553), sodass ihrer Grundrechtsfähigkeit im Hinblick auf Art. 10 I GG nicht schon das Konfusionsargument („niemand kann zugleich Berechtigter und Verpflichteter einer Norm sein") entgegengehalten werden kann. Der Schutzzweck des Art. 10 I GG besteht aber darin, die Kommunikationsteilnehmer zu schützen, nicht die Informationsmittler. Deshalb können sie sich nach h.M. nicht auf Art. 10 I GG berufen.[1199] Ihre Mittlertätigkeit ist vielmehr durch Art. 12 und/oder 14 I GG geschützt. Anders ist es selbstverständlich, wenn der Post- oder Telekommunikationsdienstleister selbst Absender oder Empfänger der Nachricht ist.

1194 *BVerfGE 120, 274, 308 = RA 2007, 131, 131; Schoch, JURA 2011, 194, 199; Jahn, JuS 2006, 491, 492*
1195 *BVerfG, NJW 2010, 833, 836 = RA 2010, 121, 127*
1196 *BVerfG, NJW 2007, 1194, 1194 = RA 2007, 229, 229*
1197 *BVerfGE 106, 28, 43; 100, 313, 356; JP-Jarass, GG, Art. 5 Rn 10; Schoch, JURA 2011, 194, 199*
1198 *BVerfGE 107, 299, 310*
1199 *JP-Jarass, GG, Art. 5 Rn 10; Schoch, JURA 2011, 194, 199; Funke/Lüdemann, JuS 2008, 780, 782*

BEISPIEL: Wenn eine von der Deutschen Post AG beförderte Werbesendung der Deutschen Telekom AG von der Staatsanwaltschaft beschlagnahmt wird, kann sich die Deutsche Telekom AG auf das Postgeheimnis des Art. 10 I 2. Fall GG berufen, nicht aber die Deutsche Post AG.

Darin liegt der Hauptunterschied zu den Zeiten, als mit der staatlichen Deutschen Bundespost noch ein grundrechtsgebundenes Rechtssubjekt die Beförderung übernahm. Von den o.g. Fällen der Beleihung oder staatlichen Kontrolle abgesehen spielt Art. 10 GG heute also nur noch eine Rolle, wenn der Staat von außen in den Übermittlungsvorgang eingreift.

II. EINGRIFF

Bei Art. 10 GG gilt die allgemeine Bagatellformel, wonach jede spürbare Verkürzung **562**
des Schutzbereichs für einen Eingriff genügt. Danach liegt ein Eingriff immer dann vor, wenn staatliche Stellen sich ohne Zustimmung der Beteiligten Kenntnis von Inhalt oder Umständen der nach Art. 10 I GG geschützten Kommunikation verschaffen.[1200] Allerdings stellen sich einige für Art. 10 GG spezifische Probleme:

1. Betriebsbezogene Maßnahmen

Auch heute wird teilweise noch streitig dargestellt, ob sog. „betriebsbedingte Maß- **563** Betriebsbedingte Maßnahme als Eingriff?
nahmen" Eingriffe sind.[1201] Dies sind solche, die für den alltäglichen Geschäftsablauf des Informationsmittlers unerlässlich sind.

BEISPIELE: Kenntnisnahme des Briefträgers von der Identität des Adressaten eines Briefes; Öffnen eines falsch adressierten Briefes; Kontrolle einer unverschlossenen Drucksache daraufhin, ob sie den Anforderungen des in Anspruch genommenen Tarifs entspricht; Speicherung der Telefondaten zu Abrechnungszwecken.

In Wahrheit hat sich das Problem jedoch mit der Privatisierung der Deutschen Bundespost erledigt, denn ihre privatrechtlichen Rechtsnachfolger und deren Wettbewerber sind - wie bereits mehrfach ausgeführt - gar nicht grundrechtsgebunden. Bei ihren „betriebsbedingten Maßnahmen" fehlt es also schon an einem eingriffstauglichen staatlichen Hoheitsakt. Allenfalls kommt noch ein Eingriff durch Unterlassen in Betracht, wenn der Staat es versäumt, den Bürger vor solchen Maßnahmen zu schützen.[1202] Dieser objektiven Schutzpflicht wird allerdings durch § 85 TKG genügt,[1203] sodass sich hieraus auch keine Probleme ergeben.

2. Hörfallen

Die bereits im Schutzbereich thematisierte zeitliche Beschränkung des Art. 10 **564** Hörfalle kein Eingriff
I GG auf den Übermittlungsvorgang zeigt sich auch bei der sog. „Hörfalle", bei der ein Teilnehmer freiwillig staatliche Organe ohne Wissen seines Kommunikationspartners mithören lässt. In dem Mithören liegt kein Eingriff in Art. 10 I 3. Fall des Gesprächspartners, weil das mitgehörte Wort schon beim Empfänger

---

1200 BVerfG, NJW 2003, 1787, 1789

1201 Dafür z.B. BVerfGE 85, 386, 396; v.Münch/Kunig-Löwer, GG, Art. 10 Rn 21; dagegen z.B. BVerwGE 76, 152, 155; 6, 299, 301

1202 BVerfG, DVBl 2003, 131, 132

1203 BVerfG, DVBl 2003, 131, 132

angekommen und damit übermittelt worden ist.[1204] Was bleibt ist ein Eingriff in das allgemeine Persönlichkeitsrecht aus Art. 2 I i.V.m. 1 I GG in Form des Rechts am eigenen Wort.[1205]

KLAUSURHINWEIS
Wie das Beispiel der Hörfalle zeigt, ist eine Trennung zwischen (zeitlichem) Schutzbereich und Eingriff manchmal nur schwer durchzuhalten. Es ist daher zulässig, bei der Prüfung von Art. 10 GG von „Eingriff in den Schutzbereich" zu sprechen, diesen zu verneinen und mit Art. 5 I 1 1. Fall GG bzw. Art. 2 I i.V.m. 1 I 1 GG weiterzuprüfen.

III. VERFASSUNGSRECHTLICHE RECHTFERTIGUNG

565 Ein Eingriff ist verfassungsrechtlich gerechtfertigt, wenn er von den Schranken des Grundrechts gedeckt ist.

1. Schranken

Sonderfall: Art. 44 II 2 GG

566 Brief-, Post- und Fernmeldegeheimnis sind zunächst nach Art. 44 II 2 GG unverletzlich, soweit ein Untersuchungsausschuss (UA) handelt. Jeder Eingriff durch einen UA wäre also mangels tauglicher Schranke automatisch eine Verletzung des Art. 10 I GG.[1206] Von diesem Sonderfall abgesehen unterliegt Art. 10 I GG den Schranken des Art. 10 II GG:

a) Art. 10 II 1 GG - mitteilungspflichtige Eingriffe

StPO und G 10 als Hauptbeispiele

567 Bei Art. 10 II 1 GG handelt es sich zunächst um einen einfachen Gesetzesvorbehalt.[1207] Er wird durch zahlreiche Vorschriften, vor allem in der StPO und im Gesetz zur Beschränkung des Art. 10 GG (G 10), konkretisiert.

BEISPIELE: §§ 99, 100a, 100g StPO; § 3 G 10.

Wie ein Umkehrschluss zu Art. 10 II 2 GG ergibt, muss ein Eingriff nach Art. 10 II 1 GG dem Betroffenen allerdings mitgeteilt werden, wobei eine Mitteilung nach Abschluss der Maßnahme genügt, wenn ansonsten der Zweck der Überwachung gefährdet würde (was häufig der Fall sein wird). Die Mitteilungspflicht ist daher eine ungeschriebene Voraussetzung des Art. 10 II 1 GG.[1208] Wenn man so will, handelt es sich insoweit also doch um einen qualifizierten Gesetzesvorbehalt.

BEISPIELE: § 101 I StPO; § 12 I 1 G 10 .

b) Art. 10 II 2 GG - nicht mitteilungspflichtige Eingriffe

§ 12 I 3 G 10 als Anwendungsfall

568 Eingriffe, die dem Betroffenen nicht mitgeteilt werden, sind nur unter den strengen Voraussetzungen des Art. 10 II 2 GG zulässig. Dabei handelt es sich um einen qualifizierten Gesetzesvorbehalt, der bisher nur in § 12 I 3 G 10 umgesetzt worden ist.

1204 *BVerfGE 106, 28, 44; BGHSt 42, 139, 154; BGH, NJW 1994, 596, 597; Geier/Schäl/Twelmeier, JURA 2004, 121, 122; Jahn, JuS 2006, 491, 493; Sternberg-Lieben, JURA 1995, 302, 302*
1205 *BVerfG, DVBl 2003, 131, 132; Geier/Schäl/Twelmeier, JURA 2004, 121, 123*
1206 *Kirste, JuS 2003, 61, 63*
1207 *Schoch, JURA 2011, 194, 201*
1208 *BVerfGE 100, 313, 361; JP-Jarass, GG, Art. 10 Rn 19*

Die Verfassungsmäßigkeit von Art. 10 II 2 GG ist umstritten. In der Literatur wird die Norm teilweise für verfassungswidriges Verfassungsrecht gehalten, weil der Betroffene infolge der Nichtbekanntgabe der Maßnahme keinen Rechtsschutz gegen sie erlangen könne.[1209] Die Ewigkeitsgarantie des Art. 79 III GG erkläre aber die Grundsätze der Art. 1 und 20 GG, zu denen als Ausfluss der Menschenwürde aus Art. 1 I 1 GG und des Rechtsstaatsprinzips aus Art. 20 III GG auch eine Rechtsweggarantie gehöre, für unantastbar. Nach BVerfG und h.M. ist Art. 10 II 2 GG hingegen bei restriktiver Interpretation verfassungsgemäß.[1210] Die Garantie effektiven Rechtsschutzes sei allein in Art. 19 IV 1 GG verankert, der nicht unter die Ewigkeitsgarantie des Art. 79 III GG falle. Außerdem trete an die Stelle der Rechtsweggarantie nach Art. 10 II 2 GG immerhin eine Kontrolle durch die vom Bundestag bestellten Organe (gegenwärtig die sog. „G 10-Kommission" nach § 15 G 10). Führt man sich darüber hinaus vor Augen, dass Art. 10 II 2 GG äußerst strenge Voraussetzungen enthält und der Grundsatz der Verhältnismäßigkeit Härten im Einzelfall verhindert, erscheint diese Ansicht vorzugswürdig. 569

Verfassungswidriges Verfassungsrecht?

KLAUSURHINWEIS
Der Streit sollte schon in der Schrankenbestimmung kurz dargestellt und entschieden werden, bevor Art. 10 II 2 GG für anwendbar erklärt wird. Wäre er selbst verfassungswidrig, könnte er keine Grundrechtseingriffe rechtfertigen.

2. Schranken-Schranken

Hinsichtlich der materiellen Verfassungsmäßigkeit des einschränkenden Gesetzes ist bei Art. 10 GG vor allem auf die Einhaltung der qualifizierten Anforderungen des Art. 10 II 1, 2 GG, das Zitiergebot und den Grundsatz der Verhältnismäßigkeit zu achten. 570

a) Qualifizierter Gesetzesvorbehalt

Wie bereits oben erwähnt, muss ein Gesetz nach Art. 10 II 1 GG die Bekanntgabe des Eingriffs an den Betroffenen vorsehen. Ein Gesetz nach Art. 10 II 2 GG muss den dort genannten, strengen Staatsschutzvoraussetzungen genügen.[1211] 571

Staatsschutzklausel

BEISPIEL: Das BVerfG hatte weite Passagen der ursprünglichen Fassung des G 10 für verfassungswidrig erklärt.[1212] Mit der geltenden Neufassung hat der Gesetzgeber die Eingriffsvoraussetzungen wesentlich erhöht und damit die im Urteil des BVerfG enthaltenen, recht konkreten Vorgaben umgesetzt. Nach dem gegenwärtigen Stand der Dinge dürfte das G 10 den Anforderungen des Art. 10 II 1, 2 GG genügen.

b) Zitiergebot, Art. 19 I 2 GG

Für Art. 10 GG gilt das Zitiergebot des Art. 19 I 2 GG,[1213] soweit es nach allgemeinen Regeln reicht (siehe Rn 144). Ist nicht zitiert, kommen Normen des entsprechenden Gesetzes nicht als taugliche Schranke in Betracht. 572

1209 *BVerfGE abwM 30, 1, 38*
1210 *BVerfGE 30, 1, 26; BVerfG, NJW 2000, 55, 67; Sachs-Pagenkopf, GG, Art. 10 Rn 47*
1211 *Vgl. dazu Schoch, JURA 2011, 194, 203*
1212 *BVerfGE 93, 181, 181 = RA 1999, 411, 411*
1213 *BVerfG, DVBl 2005, 1192, 1193 = RA 2005, 440, 443; Schoch, JURA 2011, 194, 201*

BEISPIELE: Theoretisch könnten die landesrechtlichen Generalklauseln des Polizei- und Ordnungsrechts auch als Schranken des Art. 10 GG herangezogen werden. Da die Polizeigesetze der Länder Art. 10 GG jedoch nicht zitieren, besteht diese Möglichkeit tatsächlich nicht.[1214] In der StPO wird i.Ü. auch nicht zitiert; dies ist allerdings für vorkonstitutionelles Recht nach den allgemeinen Regeln des Art. 19 I 2 GG auch nicht erforderlich. Ein Zitat enthält hingegen § 21 G 10.

c) Verhältnismäßigkeit

573 Wenn zur Rechtfertigung eines Eingriffs in Art. 10 I GG Gesetze herangezogen werden, die nicht explizit von einem Zugriff auf Brief-, Post- oder Fernmeldedaten sprechen, sondern generalklauselartige Befugnisse verleihen, kommt der Prüfung sowohl der Verhältnismäßigkeit der Norm selbst als auch ihrer Anwendung besondere Bedeutung zu. Dies kann bis zur Notwendigkeit einer verfassungskonformen Auslegung gehen.

BEISPIEL: § 119 III StPO bestimmt, dass dem Verhafteten nur solche Beschränkungen auferlegt werden dürfen, die der Zweck der Untersuchungshaft oder die Ordnung in der Vollzugsanstalt erfordert. Aus dieser sehr allgemein gehaltenen Norm leitet die h.M. die Befugnis der Anstaltsleitung ab, die Post von Untersuchungshäftlingen öffnen und lesen zu dürfen.[1215] Um im Lichte des Art. 10 I GG nicht unverhältnismäßig zu erscheinen, muss die Norm aber verfassungskonform dahingehend ausgelegt werden, dass konkrete Anhaltspunktes für die Gefährdung eines der in § 119 III StPO genannten Schutzgüter vorliegt. Eine routinemäßige Kontrolle der gesamten Post ist unverhältnismäßig.[1216]

Besondere Beachtung verdient der Verhältnismäßigkeitsgrundsatz bei der sog. „**Vorratsdatenspeicherung**" von Telekommunikationsdaten (vgl. dazu schon oben Rn 236). Das BVerfG hält diese im Lichte des Anwendungsvorrangs des EU-Rechts, namentlich der RL 2006/24/EG, zwar nicht für generell unzulässig. Jedoch stellt das Gericht extrem **strenge Anforderungen an die Verhältnismäßigkeit** einer solchen:[1217]

- **Datensicherheit**
  Datenmissbrauch durch Dritte muss gesetzlich wirksam ausgeschlossen sein.

- **Datenverwendung**
  - Repressiv: Nur zur Verfolgung besonders schwerer Straftaten zulässig (Katalogtaten im Gesetz erforderlich).
  - Präventiv: Nur zum Schutz besonders wichtiger Güter zulässig (Leib, Leben, Freiheit der Person, Sicherheit des Bundes und der Länder, Abwehr gemeiner Gefahren).
  - Aus einem engen Kreis privater Vertraulichkeit (Familie) heraus ist sogar jede Datenverwendung untersagt.

- **Transparenz**
  Nachträgliche Benachrichtigung des Betroffenen bei verdeckter Datenerhebung erforderlich.

1214 *v.Münch/Kunig-Löwer, GG, Art. 10 Rn 29; Mann/Müller, ZRP 1995, 180, 183*
1215 *BVerfG, NJW 2006, 2093, 2098*
1216 *BVerfGE 57, 170, 177; 42, 95, 100; 35, 311, 315; 33, 1, 14; BVerfG, NJW 2006, 2093, 2098*
1217 *BVerfG, NJW 2010, 833, 840 ff. = RA 2010, 121, 129 ff.*

- **Rechtsschutz**
  Richtervorbehalt bei Datenabfrage durch den Staat erforderlich; effektives Verfahren zur nachträglichen Kontrolle ist zu gewährleisten

Die §§ 113a, 113b TKG und § 100g StPO, welche die RL 2006/24/EG in Deutschland umsetzten und Gegenstand des o.g. BVerfG-Urteils waren, genügten keiner einzigen dieser Anforderungen. Das BVerfG hat sie daher für verfassungswidrig erklärt.

15. Teil – Art. 11 GG - Freizügigkeit

A. Einleitung

Art. 11 GG wurde vor dem historischen Kontext der Flüchtlings- und Vertriebenen- 574 Historischer Kontext
problematik nach dem Zweiten Weltkrieg in das Grundgesetz aufgenommen. Da sich in einer freiheitlichen Gesellschaft die Freizügigkeit der Menschen beinahe von selbst versteht, hat Art. 11 GG heute kaum noch praktische Bedeutung. Staatliche Eingriffe sind in praxi selten, und ihre Voraussetzungen sind in Art. 11 II GG besonders klar definiert. Zudem greifen jedenfalls bei grenzüberschreitenden Sachverhalten oftmals die Grundfreiheiten des AEU-Vertrages ein, besonders die Freizügigkeit der Arbeitnehmer aus Art. 45 AEUV.

B. Systematik und Vertiefung

I. SCHUTZBEREICH BETROFFEN

Im Schutzbereich ist zwischen sachlicher und personaler Betroffenheit zu differenzieren. 575

1. Sachlicher Schutzbereich

Art. 11 I GG schützt die Freizügigkeit. 576

a) Begriff

DEFINITION 577 Freizügigkeit

Freizügigkeit bedeutet die Freiheit, Aufenthalt und Wohnsitz innerhalb der Bundesrepublik Deutschland frei zu wählen.[1218]

Für den Begriff „Wohnsitz" wird § 7 I BGB als Auslegungshilfe herangezogen. „Wohnsitz" ist danach die ständige Niederlassung an einem Ort, also der Lebensmittelpunkt. „Aufenthalt" bedeutet Verweilen an einem Ort. Die freie Wahl des Aufenthaltsortes schließt den Wechsel desselben ein. Besondere räumliche Distanzen müssen dabei nicht zurückgelegt werden.

BEISPIEL: Auch ein Umzug innerhalb derselben Gemeinde genügt.[1219]

1218 BVerfGE 110, 177, 190; 80, 137, 150; 2, 266, 273
1219 BVerfGE 110, 177, 191; Gramlich, DVBl 1985, 425, 429

b) Schutzumfang

Der Wechsel des Aufenthaltsorts ist nur bzgl. des „Ob" geschützt, nicht bzgl. des „Wie".[1220] Letzteres fällt nur unter Art. 2 I GG.

BEISPIEL: Wird eine Straße gesperrt, liegt darin kein Eingriff in Art. 11 I GG. Anders liegt es, wenn eine ganze Stadt unter Quarantäne gestellt wird und es dem Umzugswilligen dadurch unmöglich gemacht wird, diese zu erreichen oder zu verlassen.

Schon gar nicht gibt Art. 11 I GG einen Anspruch auf die Benutzung eines bestimmten Transportmittels zum Zweck der Ortsveränderung oder sonstige staatliche Leistungen. Art. 11 GG ist kein Leistungsrecht.

BEISPIELE: Das Verbot des „Reitens im Walde" greift nicht in Art. 11 I GG ein.[1221] Ein Anspruch auf Zahlung von Umzugskosten besteht ebenso wenig wie auf Unterbringung an einem bestimmten Ort.[1222]

Negative Freizügigkeit

Die negative Freizügigkeit gibt das Recht, einen Ort nicht verlassen zu müssen, schützt also vor Zwangsumsiedlungen, Deportationen usw.[1223] Nicht geschützt ist hingegen die Existenz eines bestimmten Aufenthaltsortes.

BEISPIEL: Wenn ein Haus abgerissen wird, betrifft dies den Eigentumsschutz aus Art. 14 I GG, nicht Art. 11 I GG. Selbst wenn ein ganzer Ort geflutet wird, etwa um einen Stausee zu errichten, ist Art. 11 I GG nicht betroffen. Die Freizügigkeit gibt kein „Recht auf Heimat".

c) Problemfälle

aa) Abgrenzung zu Art. 2 II GG

Dauer und Zweck des Aufenthalts als Abgrenzungskriterien zu Art. 2 II GG

578 Streitig ist, wie das von Art. 11 I GG erfasste Aufenthaltsrecht von der Freiheit der Person i.S.d. Art. 2 II GG abzugrenzen ist. Hierzu sei auf die obigen, ausführlichen Darstellungen unter Art. 2 II GG verwiesen (Rn 255). Danach gilt:

MERKSATZ

Je länger eine Person vom Aufenthalt an einem Ort abgehalten wird und je bedeutender der mit dem Aufenthalt verfolgte Zweck für die Person ist, umso mehr spricht für eine Anwendung des Art. 11 I GG.

BEISPIEL: Einer Person wird über Monate untersagt, bestimmte polizeibekannte Drogenumschlagplätze wie Bahnhof, Stadtgarten usw. zu betreten. Hier kann allein die Dauer bereits eine Anwendbarkeit von Art. 11 I GG begründen.[1224] Anders liegt es, wenn einem Hütchenspieler wegen illegalen Glücksspiels in der Fußgängerzone ein Platzverweis erteilt wird: Hier sprechen weder die Dauer noch der Zweck des Aufenthalts für eine Anwendung von Art. 11 I GG.[1225]

1220 *JP-Jarass, GG, Art. 11 Rn 3*

1221 *BVerfGE 80, 137, 150*

1222 *VGH Kassel, NVwZ 1986, 860, 861*

1223 *BGH, NJW 1980, 2414, 2415; Sachs, NVwZ 1985, 323, 324; Tiemann, NVwZ 1987, 10, 13*

1224 *OVG Bremen, NVwZ 1999, 314, 315; VG Göttingen, NVwZ-RR 1999, 169´, 169 = RA 1999, 419, 419; Hetzer, JR 2000, 1, 5; Robrecht, SächsVBl 1999, 232, 234*

1225 *VG Frankfurt/Main, NVwZ-RR 2002, 575, 575 = RA 2002, 513, 513; Sachs-Pagenkopf, GG, Art. 11 Rn 21*

bb) Ein - und Ausreise

Umstritten ist, ob Art. 11 I GG auch ein Recht auf Ein- und Ausreise gibt. Dagegen spricht vor allem der Wortlaut, wonach die Freizügigkeit „im" Bundesgebiet gewährleistet ist, also nicht international. Jedenfalls für das Ausreiserecht entspricht es auch der ganz h.M.,[1226] dass dieses nicht unter Art. 11 I GG, sondern nur unter Art. 2 I GG fällt. **579** Ausreise

BEISPIEL: Bahnbrechend war das sog. „Lüth"-Urteil des BVerfG: Der Pass des Beschwerdeführers Lüth wurde nicht verlängert, um dessen Ausreise zu verhindern. Das BVerfG verneinte eine Anwendbarkeit von Art. 11 I GG und prüfte nur Art. 2 I GG.[1227]

Neben dem Wortlaut sprechen hierfür historische und systematische Argumente: Der Parlamentarische Rat lehnte es in seinen Beratungen ausdrücklich ab, eine Ausreisefreiheit in das Grundgesetz aufzunehmen (man befürchtete eine Abwanderung aus dem Nachkriegsdeutschland). In Art. 73 I Nr. 3 GG wird die Auswanderung neben der Freizügigkeit genannt, also von dieser unterschieden. Außerdem passen die Schranken des Art. 11 II GG nicht auf die Ausreise, da sie nur an innerstaatliche Gefahren anknüpfen.

Demgegenüber fällt die Einreisefreiheit nahezu unstreitig unter Art. 11 I GG.[1228] Dafür spricht, dass man die Freizügigkeit „im" Bundesgebiet nur genießen kann, wenn man dieses zuvor auch betreten darf. Art. 73 I Nr. 3 GG steht zudem nicht entgegen, denn dort wird zwar auch die „Einwanderung" begrifflich von der Freizügigkeit unterschieden, „Einwanderung" meint aber nur den Zuzug von Ausländern, für die Art. 11 I GG als reines Deutschengrundrecht ohnehin nicht gilt (s.u.). Gegenteilige historische Argumente gibt es im Unterschied zur Ausreisefreiheit nicht, und auch die Schranke des Art. 11 II GG lässt sich sinnvoll auf die Einreisefreiheit anwenden. Einreise

BEISPIELE: Die Einreise von Personen, die sich mit einer Tropenkrankheit infiziert haben, kann zum Schutz vor „Seuchengefahr" i.S.d. Art. 11 II GG unterbunden werden. Gleiches gilt für die Einreise von Terrorverdächtigen zum Schutz der freiheitlich-demokratischen Grundordnung.

MERKSATZ
Die **Einreisefreiheit** ist von Art. 11 I GG geschützt, die **Ausreisefreiheit** (nur) von Art. 2 I GG.

KLAUSURHINWEIS
Beide Fälle sollten wegen der jeweils ganz herrschenden Meinungen nicht streitig dargestellt, wohl aber argumentativ belegt werden. Eine streitige Darstellung empfiehlt sich nur, wenn die Frage den absoluten Klausurschwerpunkt bildet.

1226 *BVerfGE 72, 200, 245; BVerwG, NJW 1971, 820, 820; v.Münch/Kunig-Kunig, GG, Art. 11 Rn 17; a.A. Sachs-Pagenkopf, GG, Art. 11 Rn 29*

1227 *BVerfGE 6, 32, 35*

1228 *BVerfGE 43, 203, 211; 2, 266, 273; v.Münch/Kunig-Kunig, GG, Art. 11 Rn 16*

2. Personaler Schutzbereich

Probleme: EU-Bürger und juristische Personen

580 Art. 11 I GG schützt seinem eindeutigen Wortlaut nach nur die Deutschen i.S.d. Art. 116 I GG. Zur Gleichbehandlung von EU-Bürgern, die bei Art. 11 GG wegen der von Art. 21 AEUV garantierten Freizügigkeit besondere Bedeutung hat, siehe oben Rn 49.
Seine Anwendbarkeit auf juristische Personen ist umstritten.[1229] Dieser Streit ist aber in aller Regel obsolet, da der praktisch wichtigste Fall, nämlich die Niederlassungsfreiheit von Unternehmen, nach allg.M. nur durch Art. 12 I GG geschützt ist.[1230] Daneben lassen sich kaum Anwendungsbeispiele denken. Sollte sich die Frage doch einmal stellen, wäre im Einzelfall zu prüfen, ob die juristische Person den Anforderungen des Art. 19 III GG genügt, sie also inländisch ist und Art. 11 GG seinem Wesen nach auf sie übertragbar ist.

KLAUSURHINWEIS
Die Anwendbarkeit des Art. 11 GG auf juristische Personen sollte also nicht abstrakt streitig dargestellt werden. Vielmehr sollte im Einzelfall ergebnisoffen unter Art. 19 III GG subsumiert werden.

II. EINGRIFF

Mittelbare Eingriffe ausreichend?

581 Streitig ist, ob für Eingriffe in die Freizügigkeit die allgemeine **Bagatellformel** gilt (zu dieser s.o. Rn 97), oder ob nur unmittelbare Eingriffe genügen sollen. Eine m.M. befürwortet letzteres mit dem Argument, Art. 11 GG kenne in Abs. 2 nur sehr enge Schranken; ein zu weiter Eingriffsbegriff würde daher Maßnahmen Art. 11 GG unterwerfen, von denen allgemein angenommen werde, dass sie zulässig seien, die sich aber über Art. 11 II GG nicht rechtfertigen ließen.[1231]

BEISPIEL: Wird jemand zum Zweck der Ermöglichung des Braunkohleabbaus enteignet, liegt unmittelbar nur ein Eingriff in Art. 14 I GG vor. Mittelbar könnte auch ein Eingriff in Art. 11 I GG vorliegen, denn mit der Enteignung geht zwangsläufig ein Umzug einher. Über die Schranken des Art. 11 II GG ließe sich dieser aber nicht rechtfertigen, denn die Ermöglichung des Braunkohleabbaus unterfällt offensichtlich keinem der dort genannten Schutzgüter.

Tatsächlich handelt es sich aber um eine Frage des Schutzbereichs, nicht des Eingriffs. Wird die Schutzbereichsgrenze hinreichend eng und genau gezogen, bedarf es weiterer Korrekturen über den Eingriffsbegriff nicht.

BEISPIEL: Art. 11 I GG schützt nicht Existenz oder Fortbestand eines bestimmten Aufenthaltsorts, sondern setzt diese voraus. Deshalb wäre im zuvor genannten Braukohleabbau-Beispiel schon der Schutzbereich nicht betroffen.

Die h.M. wendet daher den erweiterten Eingriffsbegriff auch auf Art. 11 GG an.[1232] Für diese Meinung spricht außerdem, dass eine Korrektur erst auf Eingriffsebene

---

1229 Dafür z.B. v.Münch/Kunig-Kunig, Art. 11 Rn 6; dagegen z.B. JP-Jarass, GG, Art. 11 Rn 6
1230 BVerfGE 41, 378, 389; BVerwGE 12, 140, 162; MD-Scholz, GG, Art. 12 Rn 200
1231 v.Münch/Kunig-Kunig, GG, Art. 11 Rn 19; vgl. auch BSG, SozR 2200, § 1265 RVO Nr. 88
1232 BVerfGE 110, 177, 191

dem Betroffenen den Schutz des (dann als subsidiär zurücktretenden) Art. 2 I GG nehmen, ihn also gänzlich schutzlos lassen würde. Begrenzt man hingegen schon den Schutzbereich, bleibt der Rückgriff auf Art. 2 I GG möglich.

KLAUSURHINWEIS

Ist - nach genauer Prüfung - der Schutzbereich des Art. 11 I GG betroffen, liegt aber nur ein mittelbarer Eingriff vor, muss der Streit erörtert und entschieden werden. Es handelt sich wegen der erwähnten Auswirkungen auf die Anwendbarkeit des Art. 2 I GG nicht nur um eine Aufbaufrage.

III. VERFASSUNGSRECHTLICHE RECHTFERTIGUNG

Der Eingriff in Art. 11 I GG ist verfassungsrechtlich gerechtfertigt, wenn er von den **582**
Schranken des Grundrechts gedeckt ist.

1. Schranken

Art. 11 I GG ist zwei qualifizierten Gesetzesvorbehalten unterworfen: Art. 11 II GG **583**
und Art. 17a II GG.

2. Schranken-Schranken

Unter den Schranken-Schranken sind neben der stets sorgfältig zu prüfenden Verhältnismäßigkeit bei Art. 11 GG vor allem die qualifizierten Anforderungen an die rechtfertigenden Gesetze, die formelle Verfassungsmäßigkeit derselben im Hinblick auf die Gesetzgebungskompetenz des Bundes aus Art. 73 I Nr. 3 GG und das Zitiergebot zu beachten.

a) Qualifizierte Gesetzesvorbehalte

aa) Art. 17a II GG

Art. 17a II GG gilt für Gesetze, die der Verteidigung einschließlich des Schutzes der **584** Verteidigung und Zivilschutz
Zivilbevölkerung dienen. Obwohl diese Formulierung weit auszulegen ist,[1233] hat die Vorschrift in Praxis und Prüfung kaum Relevanz.

BEISPIEL: Hierher gehört z.B. die Rechtfertigung der Kasernenpflicht von Bundeswehrsoldaten oder die Zwangsevakuierung der Bevölkerung bei Luftangriffen.

Soweit einschlägig, ist Art. 17a II GG spezieller als Art. 11 II GG, verdrängt diesen also.

bb) Art. 11 II GG

Auch Art. 11 II GG enthält qualifizierte Anforderungen, denn die verfassungsrechtliche **585**
Rechtfertigung eines Eingriffs ist nur durch oder aufgrund eines Parlamentsgesetzes möglich, das einem der in Art. 11 II GG genannten Schutzzwecke dient:

Der sog. „**Sozialvorbehalt**" in Art. 11 II 1. Fall GG greift ein, wenn der Allgemeinheit **586** Sozialvorbehalt
besondere Lasten auferlegt würden, weil eine ausreichende Lebensgrundlage nicht vorhanden ist. Dieses Merkmal ist wegen des Sozialstaatsprinzips des Art. 20 I GG,

1233 *BVerwGE 35, 146, 149; v.Münch/Kunig-Rauball, GG, Art. 17a Rn 14* welches der Allgemeinheit grundsätzlich sehr wohl die Lasten auferlegt, die aus der Bedürftigkeit Einzelner resultieren, besonders eng auszulegen.[1234]

BEISPIEL: Alter oder Krankheit allein reichen keinesfalls aus, um eine Person zwangsweise in ein Heim zu stecken. Eine Norm, die über den Sozialvorbehalt gerechtfertigt wird, ist hingegen § 3a des Gesetzes über die Festlegung eines vorläufigen Wohnorts für Spätaussiedler.[1235]

Notstands-vorbehalt

587 Der sog. „**Notstandsvorbehalt**" des Art. 11 II 2. Fall GG greift bei drohender Gefahr für den Bestand oder die freiheitlich-demokratische Grundordnung der Bundesrepublik Deutschland oder eines Bundeslandes ein. In praxi hat es bisher weder eine solche gegeben, noch hat der Gesetzgeber von dieser Schranke Gebrauch gemacht.

Katastrophen-vorbehalt

588 Der sog. „**Katastrophenvorbehalt**" des Art. 11 II 3. Fall GG greift bei Seuchengefahr, Naturkatastrophen oder anderen, besonders schweren Unglücksfällen ein. Letztere unterscheiden sich von Naturkatastrophen dadurch, dass sie eine technische Ursache haben. Von diesem Vorbehalt hat der Gesetzgeber auch nur teilweise, nämlich bzgl. der Seuchengefahr Gebrauch gemacht.

BEISPIELE: § 28 InfektionsschutzG; § 19 II TierSG

Jugendschutz-vorbehalt

589 Unter den sog. „**Jugendschutzvorbehalt**" des Art. 11 II 4. Fall GG fällt der Schutz der Jugend vor Verwahrlosung. Jungendliche in diesem Sinne sind alle nicht Volljährigen.[1236] Auch dieses Merkmal bedarf im Lichte des Erziehungsrechts der Eltern und des Selbstbestimmungsrechts des Jugendlichen besonders enger Auslegung. Praktische Anwendungsfälle sind daher selten.

BEISPIEL: § 8 JSchG bestimmt: „Hält sich [...] eine jugendliche Person an einem Ort auf, an dem [...] ihr eine unmittelbare Gefahr für das körperliche, geistige oder seelische Wohl droht, so hat die zuständige Behörde [...] die zur Abwendung der Gefahr erforderlichen Maßnahmen zu treffen. Wenn nötig, hat sie [...] die jugendliche Person zum Verlassen des Ortes anzuhalten, der erziehungsberechtigten Person [...] zuzuführen oder, wenn keine erziehungsberechtigte Person erreichbar ist, in die Obhut des Jugendamtes zu bringen."

Kriminalvorbehalt

590 Unter den sog. „**Kriminalvorbehalt**" des Art. 11 II, 5. Fall GG fällt schließlich die Vorbeugung strafbarer Handlungen. Es handelt sich um eine Ermächtigung zu präventivem Handeln. Deshalb ist von Verfassungs wegen nicht zwingend erforderlich, dass der Betroffene schon strafbare Handlungen begangen hat,[1237] auch wenn der einfache Gesetzgeber seine Prognose, dass die Begehung von Straftaten mit hinreichender Wahrscheinlichkeit zu erwarten ist, hieran vielfach anknüpft.

BEISPIEL: Die Führungsaufsicht nach §§ 68 ff. StGB setzt zwar voraus, dass der Betroffene eine Straftat begangen hat. Der Grund für die Anordnung der Führungsaufsicht liegt aber darin, dass die Gefahr der Begehung weiterer Taten besteht, vgl. § 68 I StGB a.E.

1234 v.Münch/Kunig-Kunig, GG, Art. 11 Rn 22
1235 BGBl I 1996, 225
1236 v.Münch/Kunig-Kunig, GG, Art. 11 Rn 26
1237 OVG Bremen, NVwZ 1999, 314, 316; Blankenagel, DÖV 1989, 689, 697

Der Kriminalvorbehalt ist der in Praxis und Examen bedeutendste, weil viele landesrechtliche Regelungen des Polizei- und Ordnungsrechts an ihn anknüpfen. Auch nach diesen kommt ein Eingriff in Art. 11 I GG vielfach, aber nicht zwingend nur nach bereits erfolgter Begehung von Straftaten in Betracht.

BEISPIELE: Aufenthaltsverbote (vgl. z.B. § 34 II PolG NRW); Wohnungsverweisung mit Rückkehrverbot (vgl. z.B. § 34a PolG NRW).

KLAUSURHINWEIS
Insgesamt lässt sich sagen, dass Art. 11 II GG strenge und eng auszulegende qualifizierte Anforderungen enthält. Bei ihrer Anwendung über die o.g. realen Beispiele aus der Praxis hinaus ist daher Zurückhaltung geboten.

b) Gesetzgebungskompetenz

„Freizügigkeit" in Art. 73 I Nr. 3 GG

Nach Art. 71, 73 I Nr. 3 GG hat der Bund die ausschließliche Gesetzgebungskom- **591**
petenz für die Regelung der Freizügigkeit. Diese wird besonders dann zum Problem, wenn die Länder in Umsetzung des Kriminalvorbehalts aus Art. 11 II 5. Fall GG Gesetze zur vorbeugenden Bekämpfung von Straftaten erlassen. Die Lösung liegt in einem unterschiedlichen Verständnis des Begriffs der „Freizügigkeit" in Art. 11 I GG einerseits und in Art. 73 I Nr. 3 GG andererseits. Das Gefahrenabwehrrecht, dem der Kriminalvorbehalt zuzurechnen ist, war traditionell Ländersache. Hieran wollte der Parlamentarische Rat nichts ändern, zumal die Dezentralisierung der Polizeigewalt auf die Länder nach dem Machtmissbrauch der zentralen Polizeigewalt durch die SS im nationalsozialistischen Unrechtsstaat eine zentrale Forderung der alliierten Besatzungsmächte war. Deshalb ist die „Freizügigkeit" i.S.d. Art. 73 I Nr. 3 GG aus historischen und teleologischen Gründen einschränkend dahingehend auszulegen, dass sie nur insoweit mit dem Schutzbereich des Art. 11 I GG identisch ist, wie es nicht um das Gefahrenabwehrrecht geht.[1238]

MERKSATZ
Der Bund hat im Bereich des Art. 11 GG die Gesetzgebungskompetenz, soweit es nicht um den Kriminalvorbehalt geht.

c) Zitiergebot

Das Zitiergebot des Art. 19 I 2 GG gilt für Art. 11 GG uneingeschränkt.[1239] Wird in **592**
einem Gesetz nicht zitiert, wäre ein Eingriff in Art. 11 I GG verfassungsrechtlich nicht zu rechtfertigen. Ähnlich wie bei Art. 10 GG (Rn 572) ist in einem solchen Fall aber zunächst zu prüfen, ob die Norm überhaupt als Schranke des Art. 11 I GG herangezogen werden kann, bevor man sie wegen eines Verstoßes gegen Art. 19 I 2 GG für verfassungswidrig erklärt. Dies gilt besonders für Generalklauseln.

1238 *VerfGH München, NVwZ 1991, 664, 666; JP-Pieroth, GG, Art. 11 Rn 8*
1239 *JP-Pieroth, GG, Art. 11 Rn 11*

BEISPIEL: § 7 PolG NRW i.d.F. vom 25.7.2003[1240] zitiert mittlerweile Art. 11 GG, nachdem mit §§ 34 II, 34a PolG NRW die bereits oben erwähnten Umsetzungen des Kriminalvorbehalts (Aufenthaltsverbot und Wohnungsverweisung) in das PolG NRW aufgenommen wurden. Vor deren Erlass hätte die polizeirechtliche Generalklausel des § 8 PolG NRW schon deshalb nicht zur Rechtfertigung derartiger Maßnahmen herangezogen werden dürfen, weil § 7 PolG NRW eine Einschränkung des Art. 11 GG nicht zitierte. Fehlerhaft, weil diese verfassungskonforme Auslegung verkennend, wäre es hingegen gewesen, § 8 PolG NRW vor der Änderung des Zitats in § 7 PolG NRW gleichwohl zur Rechtfertigung eines Eingriffs in Art. 11 I GG heranzuziehen und ihn dann wegen eines Verstoßes gegen Art. 19 I 2 GG für unwirksam zu erklären.

16. Teil – Art. 12 GG - Berufsfreiheit

A. Einleitung

593 Art. 12 I GG gewährleistet die Berufsfreiheit als einheitliches, umfassendes Grundrecht. Sie setzt sich aus den Elementen der Berufswahl und der Berufsausübung zusammen. Bei der in Art. 12 II, III GG geregelten Freiheit von Arbeitszwang und Zwangsarbeit handelt es sich nicht um speziellere, besondere Grundrechte, sondern um Schranken-Schranken des Art. 12 I GG.

B. Systematik und Vertiefung

I. SCHUTZBEREICH BETROFFEN

594 Bei Art. 12 I GG ist zwischen sachlichem und personalem Schutzbereich zu differenzieren.

1. Sachlicher Schutzbereich

Einheitliches Grundrecht der Berufsfreiheit

595 Art. 12 I 1 GG gibt allen Deutschen das Recht, Beruf, Arbeitsplatz und Ausbildungsstätte frei zu „wählen". Bei rein wörtlicher Auslegung umfasste die Berufsfreiheit also nur die Berufswahl, das „Ob" der beruflichen Tätigkeit.[1241] Jedoch lässt die Schranke des Art. 12 I 2 GG eine Regelung der „Berufsausübung", also des „Wie" der beruflichen Tätigkeit zu. Welchen Sinn sollte es ergeben, dem Gesetzgeber einen Regelungsspielraum bzgl. der Berufsausübung zu eröffnen, wenn diese gar nicht von Art. 12 I 1 GG geschützt wäre? Hinzu kommt, dass sich Berufswahl und Berufsausübung auch nicht voneinander trennen lassen, denn in jeder Berufsausübung liegt zugleich eine aktualisierte Berufswahlentscheidung.

BEISPIEL: Ein Fließbandarbeiter, der Teile zusammensetzt, übt seinen Beruf aus. Indem er seine Tätigkeit ausübt, entscheidet er sich aber zugleich auch für die Fortsetzung seines Berufs, wählt diesen also gewissermaßen in jedem Augenblick neu (er könnte ja auch alles stehen und liegen lassen).

1240 GVBl NRW 2003, 410
1241 Hufen, NJW 1994, 2913, 2917

Deshalb entspricht es heute einhelliger Auffassung, dass Art. 12 I 1 GG ein einheitliches Grundrecht der Berufsfreiheit gewährleistet, das sich aus den Komponenten Berufswahl und Berufsausübung zusammensetzt.[1242]

KLAUSURHINWEIS
Der einheitliche Schutzbereich sollte kurz hergeleitet werden. Eine Abgrenzung zwischen Berufswahl und Berufsausübung ist danach jedenfalls im Schutzbereich obsolet (vgl. aber unten Rn 613 und 624).

a) Begriff

DEFINITION **596** Berufsbegriff
Ein **Beruf** ist jede der Schaffung und Erhaltung der Lebensgrundlage dienende, auf gewisse Dauer angelegte, erlaubte Tätigkeit.[1243]

Die Schaffung und Erhaltung der Lebensgrundlage ist ein objektives Merkmal: **597** Schaffung der Lebensgrundlage
Die Tätigkeit muss hierzu ihrer Art nach geeignet sein.[1244] Auf die Intention des Handelnden kommt es ebenso wenig an wie darauf, ob die Lebensgrundlage in selbstständiger oder unselbstständiger Arbeit verdient wird.

BEISPIEL: Ob ein Rechtsanwalt nur der Rechtspflege dienen oder Gebühren verdienen will, spielt keine Rolle. Ebenso wenig interessiert, ob er in einer Kanzlei angestellt ist oder eine eigene Kanzlei betreibt: Die Anwaltstätigkeit ist in jedem Fall objektiv dazu geeignet, eine Lebensgrundlage zu erwirtschaften.

Ob tatsächlich ein Gewinn erzielt wird oder nicht, spielt ebenfalls keine Rolle.

BEISPIEL: Ein Industrieunternehmen fällt nicht aus dem Schutzbereich des Art. 12 I 1 GG heraus, wenn es rote Zahlen schreibt.

Auch Zweitberufe und Nebentätigkeiten sind geschützt, nicht hingegen Hobbys.[1245]
Zur Frage, wie lang genau die „gewisse Dauer" sein muss, existiert bisher keine Rechtspre- **598** Gewisse Dauer
chung. Deshalb lässt sich keine feste Grenze nennen. Allerdings sind an dieses Merkmal keine strengen Anforderungen zu stellen. Schon einige Wochen genügen jedenfalls. Herauszufiltern ist lediglich ganz kurzfristiges oder gar einmaliges Handeln.[1246]

BEISPIELE: Ferienjobs, der Verkauf von Adventspostkarten in der Vorweihnachtszeit oder die Annahme eines Gelegenheitsjobs auf einer Baustelle genügen.

1242 *BVerfGE 95, 193, 214; 33, 303, 336; VerfGH Berlin, NVwZ 2002, 401, 402 (a.A. noch ders., JR 1996, 146, 147); Sachs-Tettinger/Mann, GG, Art. 12 Rn 8*
1243 *BVerfGE 111, 10, 28; BVerwGE 97, 12, 22; 1, 92, 93; Sachs-Tettinger/Mann, GG, Art. 12 Rn 29*
1244 *MD-Scholz, GG, Art. 12 Rn 21; Sachs-Tettinger/Mann, GG, Art. 12 Rn 32*
1245 *Sachs-Tettinger/Mann, GG, Art. 12 Rn 32; v.Münch/Kunig-Gubelt, GG, Art. 12 Rn 39*
1246 *BVerfGE 97, 228, 253; JP-Jarass, GG, Art. 12 Rn 4*

Zu beachten ist auch, dass die Tätigkeit nur auf Dauer „angelegt“, nicht aber bereits dauerhaft ausgeübt worden sein muss.[1247] Auch die erste berufliche Betätigung ist m.a.W. geschützt.

BEISPIEL: Versteigert jemand eine doppelte Eintrittskarte für ein Konzert bei einem Internet-Auktionshaus, liegt mangels dauerhafter Anlage kein Beruf vor. Anders ist es, wenn er als „Powerseller“ Hunderte von Tickets einstellt, und zwar selbst dann, wenn noch kein einziges Ticket versteigert worden ist.

Erlaubt

599 Das Merkmal „erlaubt“ darf nicht so missverstanden werden, dass eine bestimmte Tätigkeit irgendwo explizit für zulässig erklärt werden muss, um ein Beruf zu sein.

BEISPIEL: Ein Bäcker kann sich auf Art. 12 I 1 GG berufen, obwohl nirgendwo explizit steht, dass man Brot backen darf.

Aber auch das umgekehrte Verständnis, dass nämlich eine bestimmte Tätigkeit nicht gesetzlich verboten sein darf, wäre nicht richtig, denn dann würde die Berufsfreiheit vollkommen in das Belieben des einfachen Gesetzgebers gestellt.[1248] Derartige Verbote sind vielmehr häufig Eingriffe in die Berufsfreiheit, die ihrerseits an Art. 12 GG zu messen sind.

BEISPIEL: Würde ein „Anti-Bäcker-Gesetz“ erlassen, in dessen § 1 das Backen von Brot verboten würde, führte dies nicht etwa dazu, dass der Bäcker seine Berufsfreiheit verlöre. Vielmehr bliebe Bäcker trotzdem ein Beruf, und das Verbot des Brotbackens griffe in die Berufsfreiheit des Bäckers ein.

Ein Beruf liegt deshalb nur dann nicht vor, wenn die Tätigkeit schlechthin und von vornherein auf Gemeinschädlichkeit angelegt ist.[1249]

BEISPIELE: Ein Drogendealer verstößt mit jedem Geschäft gegen das BtMG und bringt Dritte zudem in gesundheits- oder gar lebensbedrohliche Abhängigkeit. Sein Handeln ist schlechthin gemeinschädlich und daher kein Beruf. Anders liegt es beim Spediteur, dessen LKW überladen ist, dessen Fahrer die Lenkzeiten überschreitet, sich nicht an die vorgeschriebene Geschwindigkeit hält usw. All dies ist nicht erlaubt, aber der Spediteur legt es nicht in seinem gesamten Handeln von vornherein darauf an.

Dass dem einfachen Gesetzgeber nach alledem noch ein gewisser Ausgestaltungsspielraum verbleibt, ist unausweichlich und muss in Kauf genommen werden, will man nicht auf das Merkmal „erlaubt“ gänzlich verzichten[1250] und auch Drogendealern, Taschendieben und Spionen die Berufsfreiheit zuerkennen.

1247 Sachs-Tettinger/Mann, GG, Art. 12 Rn 30
1248 BVerwGE 96, 293, 297
1249 BVerwGE 22, 286, 289; v.Münch/Kunig-Kunig, GG, Art. 12 Rn 9; Friauf, JA 1984, 537, 539
1250 MD-Scholz, GG, Art. 12 Rn 18; JP-Jarass, GG, Art. 12 Rn 7

BEISPIEL: Ging man vor Inkrafttreten des ProstG davon aus, dass jedes von einer Prostituierten abgeschlossene Geschäft sittenwidrig i.S.d. § 138 BGB war, legte sie es schlechthin auf Gemeinschädlichkeit an und übte daher keinen Beruf aus. Heute ist dies nach § 1 ProstG nicht mehr der Fall. Über die Regelung der Sittenwidrigkeit hat der einfache Gesetzgeber also Einfluss darauf, ob Prostitution ein Beruf ist oder nicht.

KLAUSURHINWEIS
Ist eine Tätigkeit offensichtlich nicht gemeinschädlich, sollte das Merkmal „erlaubt" nicht vertieft dargestellt werden. Nur wenn eine Tätigkeit nach den o.g. Maßstäben „auf der Kippe" liegt, muss ausgebreitet werden, was es genau bedeutet. Im Zweifel sollte man es großzügig auslegen, da den meisten unerwünschten Tätigkeiten noch auf Schrankenebene begegnet werden kann.

BEISPIEL: Man kann sich darüber streiten, ob ein Schwarzarbeiter einen Beruf ausübt: Seine konkrete Tätigkeit (Malen, Tapezieren usw.) ist nicht auf Gemeinschädlichkeit ausgerichtet, die planmäßige Hinterziehung von Sozialabgaben wohl. Im Zweifel sollte ein Beruf bejaht werden. Unhaltbare Ergebnisse sind nicht zu befürchten, denn die Schranken des Art. 12 I GG genügen, um Schwarzarbeit i.E. unterbinden zu können.

b) Schutzumfang

Nach dem zuvor Gesagten schützt Art. 12 I 1 GG die Berufsfreiheit umfassend. Sie **600** beginnt bei der Entscheidung, einen bestimmten Beruf ergreifen zu wollen und geht über Bewerbung, Ausbildung und Ausübung bis zur Beendigung der Tätigkeit. Geschützt ist auch die negative Komponente, also das Recht, einen Beruf nicht ergreifen oder ausüben zu wollen.[1251]

c) Problemfälle

aa) Art. 12 II, III GG

Arbeitszwang und Zwangsarbeit

Art. 12 II GG schützt - außerhalb der dort genannten Ausnahmen - davor, eine **601** bestimmte Arbeit annehmen zu müssen (Schutz vor Arbeitszwang), Art. 12 III GG erklärt Zwangsarbeit für unzulässig. Der Unterschied ist marginal; er verbirgt sich in der „bestimmten" Arbeit in Art. 12 II GG: Wird jemand zu einer konkreten Tätigkeit verpflichtet, liegt Arbeitszwang i.S.d. Art. 12 II GG vor. Geht es nur darum, dass jemand überhaupt arbeiten muss, ist dies Zwangsarbeit i.S.d. Art. 12 III GG.[1252]

BEISPIEL: Würden alle Männer zu Feuerwehrdiensten oder alle Arbeitslosen zur Straßenreinigung herangezogen, wäre Art. 12 II GG einschlägig, weil es um konkrete Arbeiten ginge. Würde hingegen jeder Bürger zu einer Stunde gemeinnütziger Arbeit in der Woche verpflichtet, läge Zwangsarbeit i.S.d. Art. 12 III GG vor, weil darunter diverse Tätigkeiten fallen können.

Verhältnis zu Art. 12 I 1 GG

Da schon Art. 12 I 1 GG die Berufsfreiheit umfassend schützt und sich diese vor allem auch auf die (negative) Freiheit erstreckt, nicht arbeiten zu müssen (Rn 600),

1251 *BVerfGE 58, 358, 364; Pieroth/Schlink, GR, Rn 813*
1252 *Sachs-Tettinger/Mann, GG, Art. 12 Rn 158*

konkretisieren Art. 12 II, III GG lediglich das, was Art. 12 I 1 GG ohnehin schon gewährleistet. Teilweise wird daher sogar vertreten, es handle sich nicht um eigene Grundrechte, sondern nur um Schranken-Schranken (und dies auch nur für Art. 2 I GG).[1253] Die ganz h.M. hält sie aber für eigene Grundrechte, die - soweit sie reichen - Art. 12 I 1 GG verdrängen.[1254] Unterschiedliche Ergebnisse folgen daraus nicht, die Relevanz des Meinungsstreits erschöpft sich im Zitat.

BEISPIEL: Ob eine Zwangsarbeit außerhalb einer gerichtlich angeordneten Freiheitsentziehung nun die Berufsfreiheit aus Art. 12 I 1 GG oder das Grundrecht auf Freiheit von Zwangsarbeit aus Art. 12 III GG verletzt ist, spielt i.E. keine Rolle - sie wäre in jedem Fall verfassungswidrig.

Außerdem sind Fälle von Arbeitszwang und Zwangsarbeit in praxi extrem selten. Art. 12 II, III GG müssen in erster Linie vor dem historischen Hintergrund der Naziherrschaft gesehen werden, in der Zwangsarbeit zu Kriegszwecken alltäglich war.[1255] Dergleichen ist heute nicht mehr zu befürchten. Die Rechtsprechung hat sich daher auch in Fällen, in denen es zumindest nicht fern gelegen hätte, Art. 12 II, III GG einmal anzuprüfen, sehr zurückhaltend gezeigt und sich auf Art. 12 I 1 GG beschränkt.

BEISPIEL: Kein Arbeitszwang i.S.d. Art. 12 II GG soll die ärztliche Notdienstpflicht sein, weil es sich nur um einen „Nebeneffekt" der von Art. 12 I 1 GG geschützten Berufsfreiheit als Arzt handele.[1256] Gleiches soll für die Pflicht der Taxifahrer zur Beförderung Schwerbehinderter gelten.[1257] Bürgerpflichten wie Wahlhelferschaft, Schöffendienst usw. sind übrigens schon kein „Berufe"; sie fallen daher weder unter Art. 12 II, III GG noch unter Art. 12 I 1 GG.

KLAUSURHINWEIS

Diese Zurückhaltung sei auch in Prüfungsarbeiten dringend empfohlen. Im Zweifel gilt: Art. 12 II, III GG als eigenständiges Grundrecht anprüfen, ablehnen und mit Art. 12 I 1 GG fortfahren.

bb) Art. 12 I 1 GG als Leistungsrecht

Leistungsrecht?

602 Art. 12 I 1 GG ist - wie alle Freiheitsgrundrechte - zunächst und vor allem ein Abwehrrecht gegen den Staat. Ein Anspruch darauf, einen Beruf - oder gar einen bestimmten Beruf - ergreifen und ausüben zu können, gibt die Berufsfreiheit daher nicht.

MERKSATZ

Art. 12 I 1 GG enthält kein „Recht auf Arbeit".[1258]

Der Staat muss somit keine Berufe schaffen oder Leistungen bereitstellen, die jedermann den Zugang zu einem Beruf ermöglichen. Nicht als Leistungs-, sondern

1253 *Pieroth/Schlink, GR, Rn 937*
1254 *Sachs-Tettinger/Mann, GG, Art. 12 Rn 148 m.w.N.*
1255 *BVerfGE 83, 119, 126; 74, 102, 116; 22, 380, 383*
1256 *BVerwGE 65, 362, 363; 41, 261, 264*
1257 *BVerfGE 68, 155, 170*
1258 *VGH Mannheim, DÖV 1984, 390, 391; Sachs-Tettinger/Mann, GG, Art. 12 Rn 13*

als Abwehrrecht kommt Art. 12 I 1 GG allerdings zum Tragen, wenn der Staat den Zugang zu vorhandenen Berufen, Ausbildungsstätten usw. beschränkt.

BEISPIEL: Art. 12 I 1 GG gibt keinen Anspruch auf staatliche Ausbildungsförderung. Die Abschaffung oder Einschränkung des BAföG berührt daher nicht den Schutzbereich. Anders liegt es bei der Erhebung von Studiengebühren: Hier wird den Studierenden nicht nur nichts gegeben, sondern etwas genommen.[1259]

cc) Schutz vor Konkurrenz

Ebenso wenig gibt Art. 12 I 1 GG einen Anspruch darauf, dass niemand anderes sich für den eigenen Beruf bewirbt, diesen ausübt usw. **603**

MERKSATZ
Art. 12 I 1 GG schützt nicht vor Konkurrenz.[1260]

Staatliche Förderung privater Konkurrenz

Die Berufsfreiheit ist aber dann betroffen, wenn der Staat dem Konkurrenten einen Wettbewerbsvorteil verschafft, etwa durch gezielte Subventionen.[1261] Denn in der Bevorzugung eines Konkurrenten liegt zugleich die Benachteiligung des anderen Unternehmens.

BEISPIEL: Fördert eine Gemeinde von zwei konkurrierenden Unternehmen eines mit einer Subvention von 100.000 €, hat das andere Unternehmen aus Art. 12 I 1 GG keinen Anspruch darauf, auch 100.000 € zu erhalten. Wird durch die Subvention aber ein Wettbewerbsnachteil geschaffen, kann es sich gegen die Subvention des Konkurrenten über Art. 12 I 1 GG zur Wehr setzen.

Staat als unmittelbarer Konkurrent

Auch vor unmittelbarer staatlicher Konkurrenz schützt Art. 12 I 1 GG zunächst nicht. Erst wenn die staatliche Betätigung zu einer Einschränkung der Berufsfreiheit des Privatunternehmens führt, die über „normalen" Wettbewerb hinausgeht, also etwa in einem Verdrängungswettbewerb besteht oder unlauter ist, ist Art. 12 I 1 GG betroffen.[1262]

BEISPIEL: Eröffnet eine Gemeinde auf ihrem Friedhof einen Blumenladen, kann sich ein angrenzender privater Blumenhändler hiergegen nicht unter Berufung auf Art. 12 I 1 GG wehren. Es liegt normaler Wettbewerb vor, vor dem Art. 12 I 1 GG nicht schützt. Dies gilt selbst dann, wenn die Gemeinde ihre Standortvorteile ausnutzt. Anders wäre es, wenn die Gemeinde ihre Blumen zu Dumpingpreisen anböte, um sich der privaten Konkurrenz zu entledigen und ein Monopol zu erwerben.

Das Konkurrenzproblem wird teilweise im Schutzbereich,[1263] teilweise aber auch erst im Eingriff unter der „berufsregelnden Tendenz" problematisiert.[1264]

1259 *BVerwGE 115, 32, 36; 102, 142, 146; MD-Scholz, GG, Art. 12 Rn 71*
1260 *BVerfGE 55, 261, 269; 34, 252, 256*
1261 *BVerfGE 46, 120, 137; BVerwGE 71, 183, 191*
1262 *BVerwG, NJW 1995, 2938, 2939; OVG Münster, NWVBl. 2003, 462, 466; VGH Kassel, DÖV 1996, 475, 477; VGH Mannheim, GewArch 1994, 464, 464*
1263 *Sachs-Tettinger/Mann, GG, Art. 12 Rn 9*
1264 *BVerfGE 97, 228, 254 zur staatlichen Zulassung von Kurzberichterstattung*

KLAUSURHINWEIS
Eine Abgrenzung von Schutzbereichsbetroffenheit und Eingriff ist in diesen Fällen in der Tat kaum möglich. Das Problem sollte deshalb unter der einheitlichen Überschrift „Eingriff in den Schutzbereich" erörtert werden.

Art. 2 I GG bleibt bei Verneinung desselben aber nach allg.M. als „wirtschaftliche Handlungsfreiheit" anwendbar,[1265] was dogmatisch natürlich dafür spricht, dass es sich letztlich doch um eine Schutzbereichsfrage handelt.

dd) Ausbildung und Bildung

Ausbildung und Bildung

604 Weiterhin problematisch ist die Abgrenzung zwischen der von Art. 12 I 1 GG geschützten Ausbildung und der nicht umfassten Bildung. Die Grenze verläuft dort, wo berufsspezifische Kenntnisse vermittelt werden, die über Allgemeinbildung hinaus gehen.

BEISPIEL: Universitäten, Fachhochschulen, Referendardienste und private Lehrstellen vermitteln berufsbezogene Kenntnisse und sind damit Ausbildungsstätten i.S.d. Art. 12 I 1 GG. Demgegenüber vermittelt die Grundschule nur Allgemeinbildung. Problematisch ist die Einordnung der weiterführenden Schulen, z.B. des Gymnasiums. Nach h.M. gehören sie bereits zu den Ausbildungsstätten mit der Folge, dass ein Schüler sich dort auf die Berufsfreiheit berufen kann.[1266]

ee) Verhältnis zu Art. 14 I 1 GG

Erwerb und Erworbenes

605 Art. 14 I 1 GG schützt das Eigentum, also die bereits vorhandenen konkreten vermögenswerten Positionen. Die Berufsfreiheit des Art. 12 I 1 GG hingegen umfasst das Hinzuverdienen, also den Erwerb von Vermögen.

MERKSATZ
Art. 12 I GG schützt den Erwerb, Art. 14 I 1 GG das Erworbene.[1267]

Diese scheinbar klare Abgrenzung ist so eindeutig wieder nicht, denn wenn der Erwerb dadurch beeinträchtigt oder unmöglich gemacht wird, dass auf das Erworbene zugegriffen wird, überschneiden sich die Schutzbereiche.

BEISPIEL: Wird ein Unternehmer enteignet (Erworbenes wird entzogen), kann er mit seinem Unternehmen auch keine Gewinne mehr machen (Erwerb wird vereitelt).

Während die Literatur in diesen Fällen z.T. Art. 12 I 1 und Art. 14 I 1 GG nebeneinander für anwendbar hält (Idealkonkurrenz),[1268] prüft das BVerfG nur das Grundrecht, auf dessen Beeinträchtigung der Schwerpunkt liegt.[1269] Unterschiedliche Rechtsfolgen ergeben sich daraus aber nicht, weil aus Art. 12 I 1 GG keine weitergehenden Rechte folgen als aus Art. 14 I 1 GG und umgekehrt.[1270] Ist m.a.W. das im Schwerpunkt

1265 *BVerfGE 98, 218, 259; 91, 207, 221; 73, 261, 270; Sachs-Tettinger/Mann, GG, Art. 12 Rn 162*
1266 *BVerfGE 58, 257, 273; 41, 251, 262*
1267 *BVerfGE 38, 61, 101; BGHZ 111, 349, 356*
1268 *MD-Scholz, GG, Art. 12 Rn 122; Hendler/Duikers, JURA 2005, 409, 412*
1269 *BVerfGE 102, 26, 40; JP-Jarass, GG, Art. 12 Rn 3*
1270 *BVerfGE 21, 150, 163; 17, 232, 248; Hendler/Duikers, JURA 2005, 409, 412*

betroffene Grundrecht nicht verletzt, kann dahinstehen, ob das andere Grundrecht daneben anwendbar ist oder nicht.

ff) Verhältnis zu Art. 5 I 1 1. Hs GG

Die Meinungsfreiheit aus Art. 5 I 1 1. Hs. GG tritt neben Art. 12 I 1 GG, wenn die Äußerung von Meinungen negative Folgen für die Berufsfreiheit hat. **606**

Meinungsfreiheit neben Art. 12 GG anwendbar

BEISPIEL (nach BVerwG, NVwZ-RR 2013, 357 = RA 2013, 362): Ein Bezirksschornsteinfegermeister wird abbestellt, weil er privat an NPD-Kundgebungen teilgenommen hat.

Argument: Art. 5 I 1 GG und Art. 12 I 1 GG haben unterschiedliche Schranken. Während Art. 12 I 2 GG einen einfachen Gesetzesvorbehalt regelt, fordert Art. 5 II GG ein „allgemeines" Gesetz, beinhaltet also einen qualifizierten Gesetzesvorbehalt (zu diesem vgl. oben Rn 364). Deshalb könnte Art. 5 I 1 1. Hs. GG verletzt sein, obschon ein Eingriff in Art. 12 I 1 GG gerechtfertigt wäre.

2. Personaler Schutzbereich

a) Natürliche Personen

In personaler Hinsicht schützt Art. 12 I 1 GG alle Deutschen i.S.d. Art. 116 GG. Die Berufsfreiheit von Ausländern ist nur über Art. 2 I GG geschützt.[1271] Zur besonderen Problematik der Anwendung von Deutschengrundrechten auf EU-Bürger i.S.d. Art. 20 AEUV, die gerade bei Art. 12 GG besonders häufig vorkommt (Stichwort: Freizügigkeit der Arbeitnehmer nach Art. 45 ff. AEUV), vgl. oben Rn 209. **607**

EU-Bürger

b) Juristische Personen

Auch auf inländische juristische Personen ist Art. 12 I GG über Art. 19 III GG regelmäßig anwendbar, weil sich die Berufsfreiheit „ihrem Wesen nach" auf Gewerbebetriebe und andere am Erwerbsleben teilnehmende juristische Personen übertragen lässt. Gerade bei Art. 12 GG ist zu beachten, dass zu den „juristischen Personen" i.S.d. Art. 19 III GG auch die Personenhandelsgesellschaften wie OHG und KG gehören[1272] (vgl. Rn 57). **608**

Für ausländische juristische Personen gilt Art. 12 I 1 GG schon wegen des eindeutigen Wortlauts des Art. 19 III GG („inländische") nicht. Aus diesem Grund ist für sie - im Unterschied zu natürlichen Personen - übrigens auch ein Rückgriff auf Art. 2 I GG verwehrt.[1273]

Kein Rückgriff auf Art. 2 I GG

II. EINGRIFF

Unproblematisch liegt ein Eingriff vor, wenn die vier Voraussetzungen des „klassischen" Eingriffsbegriffs (Rn 92 ff.) vorliegen. **609**

Klassischer Eingriff

BEISPIELE: Berufsverbot nach § 35 GewO; Entzug der Gaststättenkonzession nach § 15 II GastG.

Der erweiterte Grundrechtseingriffsbegriff, nachdem darüber hinaus jede Verkürzung des Schutzbereichs für einen Eingriff genügt, also letztlich nur Bagatellen ausgenommen

Erweiterter Eingriff zu weit

1271 BVerfGE 104, 337, 347; 35, 382, 399
1272 BVerfGE 53, 1, 13; 42, 212, 219; BVerwGE 96, 302, 306; Tettinger, AöR 108 (1983), 92, 105
1273 BFH, NJW 2001, 2199, 2199; Sachs-Tettinger/Mann, GG, Art. 12 Rn 22a

sind, lässt sich allerdings auf Art. 12 GG nicht übertragen, denn er wäre einfach zu weitgehend. Man müsste danach auch staatliche Verhaltensweisen an Art. 12 GG messen, vor denen Art. 12 GG offensichtlich nicht schützen sollte und die z.T. von den Schranken des Grundrechts auch nicht gedeckt wären, obwohl niemand daran zweifeln kann, dass sie zulässig sein müssen. Dies gilt besonders bei mittelbaren Eingriffen.

BEISPIEL: Empfängt die Bundesregierung den Dalai Lama zu einem Staatsbesuch und ziehen daraufhin verärgerte chinesische Investoren ihr Kapital aus Deutschland ab, mag dies bei einer betroffenen Bank zu Millioneneinbußen führen, die weit jenseits der Bagatellgrenze liegen. Gleichwohl würde niemand wollen, dass Staatsbesuche sich an Art. 12 I GG messen und über seine Schranken rechtfertigen lassen müssen, zumal dies zumindest im Ansatz problematisch wäre, weil es kein Gesetz i.S.d. Art. 12 I 2 GG gibt, das zu Staatsbesuchen ermächtigt.

1. Berufsregelnde Tendenz

610 Ein Eingriff in die Berufsfreiheit liegt daher nur vor, wenn das staatliche Verhalten eine „berufsregelnde Tendenz" aufweist. Diese kann subjektiver oder objektiver Natur sein.

a) Subjektiv

Finalität genügt für Eingriff

611 Subjektiv berufsregelnde Tendenz haben alle finalen Maßnahmen, also solche, mit denen der Staat zielgerichtet in die Berufsfreiheit eingreift.[1274] Will der Staat die Berufsfreiheit verkürzen, muss er sich an Art. 12 GG messen lassen, mag der Eingriff auch nur mittelbar-faktisch sein.

BEISPIEL: Versucht ein staatliches Unternehmen, durch Dumpingpreise einen privaten Konkurrenten vom Markt zu verdrängen und dadurch eine Monopolstellung zu erlangen, liegt nur ein mittelbarer Eingriff in die Berufsfreiheit des privaten Konkurrenten vor, da noch ein verändertes Käuferverhalten als unmittelbare Ursache hinzutreten muss. Auch handelt es sich nur um ein faktisches Verhalten, sodass neben der Unmittelbarkeit auch die weiteren Elemente des „klassischen" Eingriffsbegriffs nicht erfüllt sind. Gleichwohl liegt ein Eingriff in Art. 12 I 1 GG vor, weil der Staat es darauf anlegt, dem privaten Konkurrenten die Fortsetzung seiner Berufsausübung unmöglich zu machen (Finalität).

Das bloße Inkaufnehmen der Folge genügt für eine Absicht in diesem Sinne nicht.[1275]

BEISPIEL: Warnt das Auswärtige Amt vor Reisen nach Ägypten, nimmt es Umsatzeinbußen bei den betroffenen Reiseveranstaltern wohl in Kauf, beabsichtigt diese aber nicht.

b) Objektiv

Ansonsten Schwere und Vorhersehbarkeit der Folgen entscheidend

612 Eine objektiv berufsregelnde Tendenz liegt vor, wenn das staatliche Verhalten zwar nicht in die Berufsfreiheit eingreifen sollte, seine Folgen für die Betroffenen aber - erstens - von einigem Gewicht sind und - zweitens - dies auch vorhersehbar war.[1276]

1274 *BVerfGE 95, 267, 302; 70, 191, 214; Hendler/Duikers, JURA 2005, 409, 412*

1275 *BVerfG, NJW 2002, 2626, 2628; Holzner, NVwZ 2010, 489, 490;*

1276 *BVerfGE 111, 191, 213; 98, 218, 258; 13, 181, 186; BVerwGE 121, 23, 27; 115, 189, 196; Sachs-Tettinger/Mann, GG, Art. 12 Rn 73; Lege, DVBl 1999, 569, 571; Schoch, DVBl 1991, 667, 670*

BEISPIEL: Mit der Erhebung hoher Steuern auf Spielautomaten verfolgt der Staat den Zweck, der Spielsucht vorzubeugen und nicht, die Spielautomatenaufsteller zu ruinieren. Es fehlt daher an einer subjektiv berufsregelnden Tendenz. Gleichwohl sind die negativen Auswirkungen auf die Spielautomatenaufsteller vorhersehbar. Sind sie darüber hinaus gewichtig, was natürlich von der Höhe der Steuer abhängt, liegt eine objektiv-berufsregelnde Tendenz vor. Sog. „Lenkungssteuern" können also Eingriffe in Art. 12 I 1 GG sein, selbst wenn der Lenkungszweck nicht in der Einschränkung der Berufsfreiheit besteht.[1277]

Berufsbezogenheit als Indiz

Wann die Auswirkungen von „einigem Gewicht" sind, ist eine Frage des Einzelfalles und daher kaum verallgemeinerungsfähig. Jedenfalls ist dazu mehr nötig als die Überschreitung der Bagatellgrenze.[1278] Für die Vorhersehbarkeit kommt es natürlich auf den Einzelfall an. Hier kann aber die Berufsbezogenheit der Maßnahme einen gewissen Anhaltspunkt bieten: Handelt der Staat gerade im beruflichen Bereich, spricht mehr für eine Vorhersehbarkeit als bei einem Handeln auf anderem Gebiet.[1279]

BEISPIEL: Warnt das Gesundheitsministerium vor einem unsicheren Produkt, spricht mehr für eine Vorhersehbarkeit der Folgen für den Hersteller, als wenn der staatliche Wetterdienst eine Sturmwarnung abgibt, in deren Folge sich Hoteliers über das Ausbleiben von Gästen beklagen.

Mit diesen Beispielen ist gleichzeitig gesagt, dass unmittelbar eintretende Folgen leichter vorhersehbar sein mögen als mittelbare, letztere aber keineswegs a priori als Eingriff ausscheiden.

BEISPIEL (nach BVerwG, DÖV 2014, 345 ff.): Regelt eine Gemeindesatzung, dass auf Friedhöfen keine Grabsteine aus Indien verwendet werden dürfen, liegt darin keine subjektiv berufsregelnde Tendenz im Hinblick auf Steinmetze, da nicht deren Tätigkeit eingeschränkt, sondern Kinderarbeit sanktioniert werden soll. Auch wird die Tätigkeit der Steinmetze nur mittelbar tangiert. Wenn allerdings 80% des üblicherweise für Grabsteine verwendeten Materials aus Indien stammt, hat diese – durchaus vorhersehbare - Beeinträchtigung ein solches Gewicht, dass ihr objektiv berufsregelnde Tendenz zukommt. Ebenso hat das BVerfG für das sog. „Bestellerprinzip" bei Maklerprovisionen entschieden: Hierdurch solle zwar nicht die Berufsfreiheit der Makler eingeschränkt werden (daher keine Finalität und somit keine subjektiv berufsregelnde Tendenz); dass den Maklern damit ein weites Geschäftsfeld wegbreche, weil Vermieter die Maklerkosten nicht mehr auf den Mieter abwälzen können und daher keine Makler mehr beauftragen werden, sei aber vorhersehbar gewesen und für die Makler von erheblichem Gewicht, entfalte daher objektiv berufsregelnde Tendenz.[1280]

Allgemeingültigkeit als Gegenindiz

Die Subsumtion im konkreten Fall erleichtert es auch, einmal die Gegenbeispiele zu betrachten: Keine „berufsregelnde Tendenz" weisen solche Maßnahmen auf, die für jedermann gelten und jedermann treffen können, mögen darunter auch Berufsträger sein.

1277 *BVerfGE 47, 1, 21; 13, 181, 186*

1278 *Heintzen, VerwArch 81 (1990), 532, 544; Lege, DVBl 1999, 569, 571; Robbers, AfP 1990, 84, 86*

1279 *Holzner, NVwZ 2010, 489, 490; Murswiek, NVwZ 2003, 1, 3*

1280 *BVerfG, NJW-RR 2016, 1349 = RA 2016, 477*

BEISPIEL: Die Ökosteuer mag durch die Verteuerung der Kraftstoffpreise Speditionen besonders belasten. Sie gilt aber für jedermann und weist daher keine „berufsregelnde Tendenz" auf.[1281] Gleiches gilt für die Vorschriften des BGB[1282] oder die polizei- und ordnungsbehördlichen Generalklauseln der Länder.[1283] Demgegenüber waren in den vorstehenden Beispielen nur die Berufsgruppen der Steinmetze bzw. Makler betroffen.

KLAUSURHINWEIS
Wegen der Unbestimmtheit des Merkmals „von einigem Gewicht" sollte zuerst die subjektiv berufsregelnde Tendenz geprüft und auf die objektive nur eingegangen werden, wenn es an der subjektiven fehlt.

Liegt nach alledem keine berufsregelnde Tendenz vor, ist ein Eingriff in Art. 12 I 1 GG zu verneinen. Wird aber immerhin die Bagatellgrenze überschritten, und liegt ein Eingriff in ein anderes Grundrecht vor, sind die mittelbaren Auswirkungen auf die Berufsfreiheit innerhalb der Verhältnismäßigkeitsprüfung dieses anderen Grundrechts zu berücksichtigen. Es gibt also m.a.W. einen Zwischenraum oberhalb der Bagatelle und unterhalb der objektiv berufsregelnden Tendenz, innerhalb dessen so zu verfahren ist.

BEISPIEL (nach BVerfG, NJW 2008, 2422): Die Durchsuchung der Kanzlei eines Rechtsanwalts greift mangels berufsregelnder Tendenz nicht in Art. 12 I 1 GG, wohl aber in Art. 13 I GG ein. Dieser Eingriff in die Unverletzlichkeit der Wohnung kann u.a. deshalb unverhältnismäßig sein, weil mittelbar auch die Berufsfreiheit beeinträchtigt (wenn auch nicht in einer die Eingriffsschwelle übersteigenden Weise verkürzt) wird.

2. Drei-Stufen-Theorie

Drei-Stufen-Theorie

613 Liegt ein Eingriff im Sinne des klassischen Eingriffsbegriffs oder einer berufsregelnden Tendenz vor, so lassen sich mit der sog. „**Drei-Stufen-Theorie**" des BVerfG drei Eingriffsstufen unterscheiden:[1284] Auf einer ersten, untersten Stufe liegen Eingriffe in die **Berufsausübungsfreiheit**, auf der zweiten, mittleren Stufe solche in die **subjektive Berufswahlfreiheit** und auf der dritten, höchsten Stufe solche in die **objektive Berufswahlfreiheit**. Je höher die Stufe, umso höher sind die Anforderungen an die verfassungsrechtliche Rechtfertigung des Eingriffs.

MERKSATZ
Die Drei-Stufen-Theorie unterscheidet Eingriffe in die Berufsfreiheit nach ihrer Intensität. Je höher die Intensität, umso strenger die Rechtfertigungsanforderungen.

Die Drei-Stufen-Theorie dient im Sinne einer Richtschnur zur Vereinheitlichung der Anforderungen an die Verhältnismäßigkeit.

1281 *BVerfGE 110, 274, 288*
1282 *BVerfGE 96, 375, 397; Sachs-Tettinger/Mann, GG, Art. 12 Rn 74*
1283 *Sachs-Tettinger/Mann, GG, Art. 12 Rn 74*
1284 *Grundlegend BVerfGE 7, 377, 401; ferner BVerfGE 111, 10, 32; 104, 357, 364; 65, 116, 125*

a) Berufsausübung

1. Stufe: Berufsausübung

Die Berufsausübung (erste Stufe) ist betroffen, wenn es lediglich um das „Wie" der Berufsfreiheit geht, also niemand gänzlich daran gehindert wird, einen Beruf zu ergreifen oder fortzusetzen. Sie umfasst Form, Mittel, Inhalt und Umfang der Betätigung.[1285] 614

BEISPIELE: Eingriffe in diesen Bereich sind die Ladenschlussgesetze,[1286] Werbeverbote[1287] und die Beschränkung des Zusammenschlusses von Freiberuflern zu einer Sozietät.[1288]

b) Subjektive Berufswahl

2. Stufe: Subjektive Berufswahl

Die Berufswahl (zweite und dritte Stufe) ist demgegenüber betroffen, wenn es um das Ergreifen, Fortsetzen oder Wechseln eines Berufes geht, also das „Ob" in Rede steht.[1289] Subjektive Eingriffe in die Berufswahl (zweite Stufe) sind dann solche, die an Eigenschaften der Person wie Alter, Geschlecht, Qualifikation usw. anknüpfen. Dabei spielt es keine Rolle, ob man auf die Eigenschaften Einfluss nehmen kann oder nicht. 615

BEISPIELE: Altersgrenzen für Notare,[1290] Hebammen,[1291] Polizisten[1292]oder andere Berufe; Erfordernis eines Meisterbriefes zur Beschäftigung von Angestellten;[1293] numerus clausus als Zulassungsvoraussetzung für ein Studium;[1294] Abbestellung eines Bezirksschornsteinfegermeisters wegen politischer Aktivitäten.[1295]

c) Objektive Berufswahl

3. Stufe: Objektive Berufswahl

Auch bei objektiven Berufswahlschranken (dritte Stufe) geht es um das „Ob" der Berufsfreiheit, im Unterschied zu subjektiven Eingriffen knüpfen sie aber nicht an die Person des Berufstätigen, sondern an außerhalb seiner Person liegende Umstände an. 616

BEISPIELE: Sog. „Bedürfnisklauseln", mit denen der Zugang zu einem Beruf vom Vorhandensein freier Kontingente abhängig gemacht wird, wie es etwa bei Notaren[1296] oder Taxiunternehmen[1297] der Fall ist. Auch staatliche Monopole gehören hierher, wie etwa das bei Spielbanken.[1298] Ferner Erlaubnispflichten für die Gewerbeausübung als Ausnahme zur Gewerbefreiheit.[1299]

1285 v.Münch/Kunig-Gubelt, GG, Art. 12 Rn 38
1286 BVerfG, NJW 2004, 2363
1287 BVerfG, NJW 2006, 282; NJW 2001, 3324; NJW 1995, 712
1288 BVerfG, NJW 1998, 2269
1289 v.Münch/Kunig-Gubelt, GG, Art. 12 Rn 37
1290 BVerfG, NJW 1993, 1575
1291 BVerfGE 9, 338
1292 BVerwG, RA 2010, 227 = NVwZ 2010, 251
1293 BVerfG, NVwZ 2001, 187
1294 BVerfGE 33, 303
1295 BVerwG, NVwZ-RR 2013, 357, 358 = RA 2013, 362, 366
1296 BVerfGE 73, 280
1297 BVerfGE 79, 208
1298 BVerfGE 102, 197
1299 VG Berlin, MMR 2015, 117 = RA 2015, 36, wonach das Geschäftsmodell von „Uber", Mitfahrgelegenheiten zu vermitteln, gegen Zulassungsbeschränkungen des PBefG verstoße; ebenso OVG Hamburg, DÖV 2015, 118

d) Abgrenzung nach der Berufsbildlehre

Die Trennung der drei Stufen ist zuweilen problematisch, weil - wie im Schutzbereich dargelegt - in der Berufsausübung immer zugleich auch eine Berufswahlentscheidung liegt.[1300] Zudem gibt es Berufsausübungsregelungen, die jemanden vielleicht nicht rechtlich, wohl aber praktisch an der Berufswahl hindern. Ferner kommt es für die Einordnung auf eine Stufe darauf an, wie eng oder weit man den Begriff „Beruf" eigentlich fasst.

BEISPIEL: Nach § 95 VII SGB V scheidet aus der kassenärztlichen Vereinigung aus, wer das 68. Lebensjahr vollendet. Sieht man „Kassenarzt" als Beruf an, liegt darin ein Eingriff in die subjektive Berufswahl (zweite Stufe). Hält man hingegen die konkrete ärztliche Tätigkeit (Chirurg, Urologe usw.) für den „Beruf", wäre nur die Berufsausübung (erste Stufe) betroffen, denn der Arzt könnte seine Tätigkeit ja noch fortsetzen, indem er etwa Privatpatienten behandelt oder in einem Krankenhaus arbeitet. Allerdings wäre er vielfach zumindest faktisch an einer Fortsetzung seiner Tätigkeit gehindert, weil er eine Vielzahl seiner Patienten verlöre und mit 68 Jahren kaum noch eine Stelle in einem Krankenhaus fände.

Berufsbildlehre des BVerfG

617 Das BVerfG hat auf diese Unsicherheiten mit der sog. „**Berufsbildlehre**" reagiert, wonach für die Subsumtion unter die drei Stufen von einem bestimmten Berufsbild auszugehen ist.[1301] „Beruf" sind zunächst alle klassischen Lehr- und Lernberufe, die einfach-gesetzlich ausgestaltet sind und/oder solche Tätigkeiten, die allgemein als Beruf angesehen werden.[1302]

BEISPIELE: Maurer, Florist, Elektroinstallateur und Radio- und Fernsehtechniker sind klassische Lehrberufe in diesem Sinne (vgl. i.Ü. die auf § 45 HandwO basierenden, zahlreichen Berufsbildverordnungen). Gastwirt ist kein Lehrberuf, wird aber allgemein als eigenständiger Beruf angesehen.

Der Berufsbegriff ist aber nicht auf traditionelle, rechtlich fixierte oder gesellschaftlich anerkannte Berufe beschränkt, sondern in seinen Erscheinungsformen dynamisch-veränderlich.[1303] Eigenständige Berufsbilder sind daher ganz allgemein solche, die sich in ihrer konkreten Tätigkeit von anderen Berufen unterscheiden.

BEISPIEL: Der Chirurg übt eine andere Tätigkeit aus als der Urologe. Demgegenüber unterscheidet sich der Kassenarzt von anderen Ärzten nur durch seine Abrechnung, nicht durch seine konkrete Tätigkeit. „Beruf" im obigen Kassenarzt-Beispiel ist daher nicht „Kassenarzt", sondern Chirurg, Urologe usw. Mithin stellen Altersgrenzen für Kassenärzte rechtlich nur Berufsausübungsregelungen (erste Stufe) dar.

Faktische Betroffenheit der Berufswahl genügt

Allerdings ist zu beachten, dass die „berufsregelnde Tendenz" auch mittelbar-faktischer Natur sein kann (Rn 612). Daher genügt es für einen Eingriff in die Berufswahl (zweite oder dritte Stufe) auch, wenn der Berufstätige zwar nicht rechtlich, aber doch mittelbar-faktisch an der Ergreifung oder Fortsetzung seines Berufes gehindert wird.

1300 Einzelheiten bei Sachs-Tettinger/Mann, GG, Art. 12 Rn 52
1301 BVerfGE 59, 302, 315; 54, 301, 314; 17, 232, 241; BGHZ 97, 204, 208
1302 BVerfGE 32, 1, 30; OVG Münster, NWVBl. 1995, 26, 26; Sachs-Tettinger/Mann, GG, Art. 12 Rn 63
1303 BVerfGE 106, 62, 116; 97, 12, 32; Sachs-Tettinger/Mann, GG, Art. 12 Rn 54

BEISPIEL: Wegen der gravierenden Auswirkungen des Ausschlusses aus der kassenärztlichen Vereinigung für die betroffenen Ärzte hat das BVerfG die Altersgrenze für Kassenärzte doch als Eingriff in die Berufswahl angesehen und, da sie mit dem Alter an eine subjektive Eigenschaft anknüpfte, auf die zweite Stufe gestellt.[1304] Bei den Notaren lag es wesentlich einfacher: Der Notar unterscheidet sich in seiner Tätigkeit von anderen juristischen Berufen, sodass die Altersgrenze des § 48a BNotO unproblematisch unter die zweite Stufe fiel. Gar keinen Eingriff in die Berufsfreiheit vermochte das VG Freiburg hingegen in der Höchstaltersgrenze für die Aufnahme in das Versorgungswerk der Rechtsanwälte zu erkennen.[1305]

KLAUSURHINWEIS

Welche der drei Stufen betroffen ist, spielt letztlich für das Vorliegen eines Eingriffs keine Rolle. Da an jede Stufe jedoch unterschiedliche Rechtfertigungsanforderungen zu stellen sind (Rn 624), empfiehlt es sich, schon im Eingriff auf die Drei-Stufen-Theorie einzugehen und unter eine Stufe zu subsumieren, um dann in der verfassungsrechtlichen Rechtfertigung „den Ball wieder aufzunehmen" und auszuführen, welche Anforderungen an die Rechtfertigung auf der festgestellten Eingriffsstufe zu stellen sind.

III. VERFASSUNGSRECHTLICHE RECHTFERTIGUNG

1. Schranken

Einheitl. Schranke

Die bereits im Schutzbereich erwähnte Einheitlichkeit von Berufswahl und Berufsausübung setzt sich auf Schrankenebene fort. So ermöglicht Art. 12 I 2 GG seinem Wortlaut nach zwar nur die Regelung der Berufsausübung durch oder aufgrund eines Gesetzes. Dieser (einfache) Regelungsvorbehalt erstreckt sich aus den o.g. Gründen aber auch auf die Berufswahl.[1306] Das einheitliche Grundrecht der Berufsfreiheit unterliegt also einem einheitlichen Regelungsvorbehalt. 618

Regelungsvorbehalt = Gesetzesvorbehalt

Die Formulierung „geregelt werden" statt „eingeschränkt werden" hat nach Ansicht des BVerfG übrigens nur für die Schranken-Schranken Bedeutung. Namentlich sollen das Zitiergebot des Art. 19 I 2 GG[1307] und die Wesensgehaltsgarantie des Art. 19 II GG[1308] nicht gelten, weil Art. 19 I 1 GG, auf den sich Art. 19 I 2 und II GG beziehen, nur von „eingeschränkt" (und nicht von „geregelt") spricht. Das ändert aber nichts daran, dass der „Regelungsvorbehalt" schrankentechnisch nichts anderes als ein Gesetzesvorbehalt ist, die Berufsfreiheit also durch oder aufgrund eines Gesetzes eingeschränkt werden kann. Die Literatur sieht dies genauso.[1309] 619

1304 BVerfG, NJW 2001, 1779, 1779; NJW 1998, 1776, 1776
1305 VG Freiburg, RA 2013, 624, 624: Vom Gericht wird nur die Vereinbarkeit mit Art. 3 I GG geprüft.
1306 BVerfGE 110, 304, 321; 102, 197, 213; BVerfG, NJW 2006, 1261, 1263
1307 BVerfGE 64, 72, 80; 28, 36, 46
1308 BVerfGE 13, 97, 122
1309 JP-Jarass, GG, Art. 12 Rn 19; Sachs-Tettinger/Mann, GG, Art. 12 Rn 81

KLAUSURHINWEIS
Der Regelungsvorbehalt des Art. 12 I 2 GG ist kommentarlos wie ein (einfacher) Gesetzesvorbehalt zu prüfen. Von diesem unterscheidet er sich prüfungstechnisch nur dadurch, dass unter den Schranken-Schranken Art. 19 I 2, II GG nicht anwendbar sind.

Art. 12 II, III GG

620 Für Arbeitszwang und Zwangsarbeit enthalten Art. 12 II, III GG speziellere, qualifizierte Gesetzesvorbehalte. Dort ist zwar nicht explizit davon die Rede, dass die genannten Maßnahmen einer gesetzlichen Grundlage bedürfen, dies ergibt sich angesichts der besonderen Schwere des mit Arbeitszwang und Zwangsarbeit verbundenen Eingriffs jedoch aus einem Erst-Recht-Schluss.

BEISPIEL: Verfassungswidrig wegen eines Verstoßes gegen Art. 12 III GG wäre es, wenn ein Gericht einen Untersuchungshäftling zur Zwangsarbeit verpflichten würde, weil es eine gesetzliche Grundlage hierfür nicht gibt.[1310]

Art. 12a GG

621 Für die Wehr- und Ersatzdienstpflicht schließlich bildet Art. 12a GG eine eigene Schranke, ebenfalls in Form eines qualifizierten Gesetzesvorbehalts (nicht: verfassungsimmanente Schranke, denn Art. 12a I GG führt die Wehrpflicht nicht ein, sondern ermächtigt den Gesetzgeber nur zu ihrer Einführung). Sie ist spezieller als der Regelungsvorbehalt des Art. 12 I 2 GG und auch spezieller als die qualifizierten Gesetzesvorbehalte der Art. 12 II, III GG.[1311] Die Rechtfertigung der Wehr- und Ersatzpflicht bemisst sich m.a.W. allein nach Art. 12a GG.

2. Schranken-Schranken

622 Unter den Schranken-Schranken verdient der Grundsatz der Verhältnismäßigkeit aus Art. 20 III GG besondere Beachtung. Wie bereits oben zum Eingriff ausgeführt, unterscheidet das BVerfG mit seiner Drei-Stufen-Theorie nach der Intensität des Eingriffs und stellt strengere Anforderungen an die Verhältnismäßigkeit, je intensiver der Eingriff wirkt. Dies gilt für die Verfassungsmäßigkeit der Schranke selbst und ggf. die ihrer Anwendung gleichermaßen.

BEISPIEL: Die Ladenschlussgesetze greifen selbst in Art. 12 I 1 GG ein. Hier ist die Drei-Stufen-Theorie schon für die Verhältnismäßigkeit des beschränkenden Gesetzes selbst relevant. Anders liegt es beim Widerruf einer Gaststättenkonzession nach § 15 III GastG: Wegen des der Behörde eingeräumten Ermessens ist die Verhältnismäßigkeit der Norm recht unproblematisch, während die konkrete Entziehungsentscheidung einen intensiven Eingriff in die Berufsfreiheit des Gastwirts darstellt.

KLAUSURHINWEIS
Die **Drei-Stufen-Theorie** ist in der Erforderlichkeit und Angemessenheit zu prüfen. Wäre ein Eingriff auf einer niedrigeren Stufe zur Erreichung des legitimen Zwecks gleich geeignet, entfällt bereits die Erforderlichkeit. Die Abwägung der widerstreitenden Interessen gehört in die Angemessenheit.[1312]

1310 AG Zweibrücken, NJW 1979, 1557, 1557
1311 JP-Jarass, GG, Art. 12a Rn 1
1312 BVerfGE 7, 377, 379

Damit ist zugleich gesagt, dass die „Drei-Stufen-Theorie" keine eigene, ungeschriebene Schranken-Schranke ist, sondern nichts anderes als eine Richtschnur für die Prüfung der Verhältnismäßigkeit. Die folgenden Ausführungen entbehren daher in keinem Fall einer detaillierten, einzelfallbezogenen Abwägung. Sie sollen vielmehr nur eine Orientierung bieten, um Gesinnungsaufsätze zu verhindern. **623**

Drei-Stufen-Theorie ist in Verhältnismäßigkeit zu integrieren

a) Anforderungen nach der Drei-Stufen-Theorie

Liegt lediglich ein Eingriff in die Berufsausübungsfreiheit vor, ist also nur die erste, niedrigste Stufe betroffen, genügt jede „vernünftige Erwägung des Gemeinwohls" zu dessen Rechtfertigung.[1313] Das Gemeinwohl wird geschützt, wenn die Regelung nicht nur den Interessen Einzelner dient, etwa bestimmten Berufsgruppen oder Ständen, sondern einer Vielzahl von Menschen zugute kommt.[1314] **624**

1. Stufe: Vernünftige Gemeinwohlgründe

BEISPIEL (nach BVerwG, NJW 2005, 1736, 1737): Mit Art. 12 I 1 GG ist es nicht vereinbar, das Brauen von Bier ausnahmslos dem deutschen Reinheitsgebot zu unterwerfen. Die Pflege der deutschen Braukunst allein ist kein Gemeinwohlbelang. Gegenbeispiel: Wenn das Rechtsberatungsgesetz Laien verbietet, gegen Entgelt Rechtsrat zu erteilen, geschieht dies nicht zum Schutz der Anwaltschaft vor Konkurrenz, sondern zur Wahrung der Qualität der Rechtsberatung und damit letztlich zum Schutz der Rechtssuchenden vor unliebsamen Überraschungen.

Weil es sich um die niedrigste Eingriffsstufe handelt, ist der Spielraum des Gesetzgebers sehr weit. Es wird sich daher in aller Regel gut vertreten lassen, eine Rechtfertigung zu bejahen.

MERKSATZ

Eingriffe in die Berufsausübung sind i.d.R. gerechtfertigt, wenn ihnen eine vernünftige Erwägung des Allgemeinwohls zugrunde liegt.

Eine Rechtfertigung kann allerdings dann ausscheiden, wenn der verfolgte Gemeinwohlbelang bereits durch andere Normen so weitgehend gesichert ist, dass es eines weiteren Eingriffs in Art. 12 I 1 GG nicht bedarf.

BEISPIEL (BVerfG, DÖV 2016, 394 = RA 2016, 141): § 59a I 1 BORA verbot Anwälten den Zusammenschluss mit Berufsfremden zu einer Partnerschaft. Das BVerfG meint, dieser Regelung liege mit der Sorge um die Verschwiegenheitspflicht von Anwälten zwar eine vernünftige Gemeinwohlerwägung zugrunde; allerdings verpflichteten bereits §§ 30 S. 1, 33 II BORA Anwälte, Verschwiegenheit auch gegenüber Partnern zu wahren, sodass das Verbot nach § 59a I 1 BORA hierfür nicht erforderlich war; mangels weiterer ersichtlicher Gemeinwohlbelange erklärte des BVerfG die Norm für nichtig.

1313 BVerfGE 111, 10, 32; 104, 357, 364; 65, 116, 125; 16, 286, 297

1314 BVerfGE 82, 18, 28; Kimms, JuS 2001, 664, 667; Kluth, JURA 2001, 371, 375

2. Stufe: Besonders wichtige Gemeinwohlgründe

625 Liegt ein Eingriff auf der zweiten Stufe vor, ist also die subjektive Berufswahlfreiheit betroffen, müssen bereits „besonders wichtige Gemeinwohlgründe" zur Rechtfertigung vorliegen. Darunter sind vor allem wirtschafts-, sozial- und gesellschaftspolitische Ziele zu verstehen.

BEISPIELE: Mittelstandsförderung,[1315] Einsatzbereitschaft der Bundeswehr,[1316] Qualitätssicherung durch Hochschulreife als Studienvoraussetzung.[1317]

Der Gesetzgeber hat auch hier noch einen recht weiten Spielraum. Das BVerfG beschränkt sich i.d.R. auf eine Evidenzkontrolle dahingehend, ob die vom Gesetzgeber angestrebten Ziele „offensichtlich fehlsam" sind.[1318]

BEISPIEL: Die gerechte Verteilung knapper Studienplätze (besonders wichtiger Gemeinwohlbelang) kann eine „numerus clausus"-Regelung rechtfertigen, auch wenn es andere Lösungsmodelle geben mag (Spielraum des Gesetzgebers). Offensichtlich fehlsam und damit unangemessen wäre sie allerdings, wenn die Chancengleichheit aller Interessenten nicht gewahrt wäre.[1319]

MERKSATZ

Auch Eingriffe in die subjektive Berufswahlfreiheit sind im Zweifel verfassungsgemäß, weil der Gesetzgeber bei der Festlegung der zu schützenden „besonders wichtigen Gemeinschaftsgüter" einen gewissen Spielraum hat.

3. Stufe: Überragend wichtige Gemeinwohlgründe

626 Eingriffe auf der dritten Stufe schließlich, also objektive Berufswahlvoraussetzungen, dürfen nur zur Abwehr schwerwiegender Gefahren für „überragend wichtige Gemeinschaftsgüter" vorgenommen werden. Dies sind solche, die für das Zusammenleben der Menschen unerlässlich sind oder zum Schutz von hochwertigen Kollektivrechtsgütern dienen.

BEISPIELE: Für das Zusammenleben der Menschen unerlässlich sind die Funktionsfähigkeit der Rechtspflege,[1320] die Reduzierung der Arbeitslosigkeit[1321] oder der Bahnverkehr.[1322] Hochwertige Kollektivrechtsgüter sind die Volksgesundheit,[1323] der Jugendschutz[1324] oder die Sicherung der Ernährung.[1325] Als Schutzgut nicht hochwertig genug ist hingegen das soziale Ansehen eines Berufsstandes.[1326]

Erforderlich ist neben dem besonderen Rang des Schutzguts eine gewisse Nachhaltigkeit, die Verfolgung tagespolitischer Ziele genügt also nicht.[1327]

1315 BVerwG, GewArch 1997, 63, 63
1316 BVerwGE 35, 146, 149
1317 BVerfG, DVBl 1996, 1367, 1368
1318 BVerfGE 13, 97, 107; Sachs-Tettinger/Mann, GG, Art. 12 Rn 105
1319 BVerfGE 43, 291, 313; 33, 303, 338; BVerwGE 56, 31, 46
1320 BVerfGE 87, 287, 321
1321 BVerfGE 21, 245, 251
1322 BVerwGE 64, 70, 72
1323 BVerwGE 65, 323, 339
1324 VGH Kassel, GewArch 1996, 104, 105
1325 BVerfGE 25, 1, 16
1326 BVerfGE 75, 284, 296
1327 Sachs-Tettinger/Mann, GG, Art. 12 Rn 107

MERKSATZ
Objektive Berufswahlvoraussetzungen sind nur in sehr engen Grenzen zulässig.

b) Kritik

Die Drei-Stufen-Theorie des BVerfG wird in der Literatur nicht selten kritisiert. Schon die Abgrenzung der drei Stufen voneinander bereite Probleme. Vor allem aber sei es recht beliebig, welche Gemeinwohlerwägungen nun „vernünftig", „besonders wichtig" oder „überragend wichtig" sein sollen. **627**

BEISPIEL: Auch die „Funktionsfähigkeit des örtlichen Taxiverkehrs" soll ein „überragend wichtiger Gemeinwohlbelang" sein, der die in der Aufstellung von Taxikontingenten liegende objektive Berufswahlschranke rechtfertigt.[1328]

Deshalb wird gelegentlich vorgeschlagen, auf eine Einteilung in Eingriffsstufen zu verzichten und im Rahmen der Angemessenheit wie sonst auch eine allgemeine Abwägung der für und gegen die Regelung sprechenden Argumente vorzunehmen.[1329] Allerdings gewinnt man dadurch auch keine konkreteren Maßstäbe (eher im Gegenteil), und was die Abgrenzung der drei Stufen voneinander angeht, so bietet die Berufsbildlehre des BVerfG (Rn 617) immerhin eine Hilfe. Zudem kann man sie jedenfalls dann offen lassen, wenn selbst die Anforderungen an die höhere Eingriffsstufe erfüllt sind.

KLAUSURHINWEIS
Eine streitige Diskussion der „Drei-Stufen-Theorie" empfiehlt sich in einer Klausur daher nicht (ganz abgesehen davon, dass man sich damit in Widerspruch zum BVerfG und zu sämtlichen Fachgerichten setzen würde). Will man die Kritik unbedingt anbringen, so könnte eine Entscheidung zur Geltung der Drei-Stufen-Theorie jedenfalls offen gelassen werden, wenn eine allgemeine Abwägung zum selben Ergebnis wie sie führen würde.

C. Klausurfall: Der Losemilchverkäufer

SACHVERHALT

L verkauft in einem ländlich geprägten Gebiet seine Milch noch nach traditioneller Art: Seine Kunden stellen abends eine Milchkanne vor die Haustür, und L zieht in den frühen Morgenstunden von Haus zu Haus und befüllt diese mit frisch gemolkener Kuhmilch. **628**

Eines Tages wird L auf § 1 des Milch- und Fettgesetzes des Bundes (MFG) aufmerksam, wonach Milcherzeuger ihre Milch nur an Molkereien liefern dürfen. Hintergrund ist die Ermöglichung einer Qualitäts- und Hygienekontrolle zum Schutz der Gesundheit des Verbrauchers sowie eine gewisse Marktregulierung.

Neben dem Zwang zur Abgabe an Molkereien ermächtigt das MFG die zuständigen Behörden auch zur Festsetzung von Mindestabgabemengen, die sich im Fall des L auf 50 Liter täglich belaufen. Zudem stellt das MFG an Verkäufer loser Milch in puncto Sauberkeit und Zuverlässigkeit strengere Anforderungen als an solche, die ihre Milch in bereits abgefüllter Form an Molkereien verkaufen.

1328 *BVerwGE b79, 208, 210; 82, 295, 302*

1329 *Schwabe, DÖV 1969, 734, 738; Leisner, DVBl 1989, 1025, 1029; Hufen, NJW 1994, 2913, 2917; zum Ganzen Sachs-Tettinger/Mann, GG, Art. 12 Rn 123*

L sieht in dem Verbot des freien „Losemilchverkaufs" aus § 1 MFG eine Verletzung seiner Berufsfreiheit. Die Abgabe an Molkereien würde sich für ihn wegen seiner geringen Produktionsmenge nicht lohnen; diese liege zudem deutlich unter der Mindestmenge, sodass er seinem Beruf nicht mehr nachgehen könne. Auch sei die ganze Regelung unnötig, weil - was zutrifft - bisher keine Gesundheitsgefahren für die Bevölkerung im Zusammenhang mit dem Verkauf loser Milch bekannt geworden seien.[1330]
Ist L durch § 1 MFG in seinem Grundrecht aus Art. 12 I 1 GG verletzt?

LÖSUNG

Ein Verstoß gegen Art. 12 I 1 GG läge vor, wenn § 1 MFG in nicht gerechtfertigter Weise in den Schutzbereich der Berufsfreiheit des L eingriffe.

A. Schutzbereich betroffen

Art. 12 I 1 GG schützt die Berufsfreiheit aller Deutschen. L ist Deutscher i.S.d. Art. 116 I GG. Fraglich ist, ob er einem Beruf nachgeht.

I. BERUF

Ein Beruf ist jede der Schaffung und Erhaltung der Lebensgrundlage dienende, auf gewisse Dauer angelegte, erlaubte Tätigkeit. L verdient mit dem Verkauf von Milch seinen Lebensunterhalt, und dies nicht nur vorübergehend. Jedoch ist den Erzeugern das Verkaufen von Milch an andere Abnehmer als Molkereien gerade nicht erlaubt, sondern durch § 1 MFG verboten. Wollte man das Merkmal „erlaubt" so verstehen, dass ein einfach-gesetzliches Verbot bereits die Berufsfreiheit an sich entfallen ließe, stünde der gesamte Art. 12 I GG jedoch zur Disposition des einfachen Gesetzgebers, der das Grundrecht durch Verbote nach Belieben aushöhlen könnte. Ein Beruf liegt deshalb mangels Erlaubtseins nur dann nicht vor, wenn die Tätigkeit schlechthin und von vornherein auf Gemeinschädlichkeit angelegt ist. Davon kann beim Verkauf von Milch im Allgemeinen und durch L im konkreten Fall nicht die Rede sein. L übt also einen Beruf aus.

II. BERUFSWAHL UND -AUSÜBUNG

Bei rein wörtlicher Auslegung gibt Art. 12 I 1 GG nur das Recht, den Beruf frei zu „wählen", schützte also nur die Berufswahl, das „Ob" der beruflichen Tätigkeit. L könnte noch Milch an Molkereien verkaufen, sodass in seinem Fall nur die Berufsausübung, das „Wie" seiner Tätigkeit, betroffen sein könnte.

Jedoch lässt die Schranke des Art. 12 I 2 GG eine Regelung der „Berufsausübung" zu. Es ergäbe keinen Sinn, dem Gesetzgeber einen Regelungsspielraum bzgl. der Berufsausübung zu eröffnen, wenn diese gar nicht von Art. 12 I 1 GG geschützt wäre. Hinzu kommt, dass sich Berufswahl und Berufsausübung auch nicht voneinander trennen lassen, denn in jeder Berufsausübung liegt zugleich eine aktualisierte Berufswahlentscheidung. Deshalb gewährleistet Art. 12 I 1 GG ein einheitliches Grundrecht der Berufsfreiheit, das sich aus den Komponenten Berufswahl und Berufsausübung zusammensetzt. Die Berufsfreiheit des L ist somit in jedem Fall betroffen.

1330 *Fall nach BVerfGE 9, 39*

B. Eingriff

§ 1 MFG müsste in die Berufsfreiheit eingreifen. Ein klassischer Eingriff liegt vor, wenn ein mit Zwangsmitteln durchsetzbarer Rechtsakt final und unmittelbar die grundrechtlich geschützte Freiheit verkürzt. Das Verbot des Losemilchverkaufens dient aber nicht final der Einschränkung der Berufsfreiheit der Erzeuger, sondern der Ermöglichung einer Qualitäts- und Hygienekontrolle zum Schutz der Gesundheit des Verbrauchers sowie einer gewissen Marktregulierung. Allerdings können auch nicht intendierte, möglicherweise gar mittelbar-faktische Nebenfolgen erhebliche Belastungen für den Berufstätigen zur Folge haben, die ihn u.U. - wie hier - gar zur Aufgabe seiner Tätigkeit zwingen können. Deshalb ist der klassische Eingriffsbegriff hier zu eng. Zur Berufsfreiheit haben sich vielmehr eigene Eingriffsanforderungen herausgebildet, die auch nicht-klassische Fälle erfassen können:

I. BERUFSREGELNDE TENDENZ

Ein Eingriff in die Berufsfreiheit liegt vor, wenn das staatliche Verhalten eine „berufsregelnde Tendenz" aufweist. Diese kann subjektiver Natur sein, wenn die Regelung final auf eine Verkürzung der Berufsfreiheit zielt, oder objektiver Natur sein, wenn sie vorhersehbar und in ihren Folgen von gewisser Schwere ist.
Die Beschränkung des Milchverkaufs ist zwar, wie oben gezeigt, gerade nicht final. Allerdings sind die Auswirkungen auf die Milchproduzenten infolge der Einschränkung ihres Abnehmerkreises vorhersehbar. Auch treffen diese Folgen jedenfalls Produzenten wie L besonders hart, für die sich wegen geringer Produktionsmengen oder aus anderen Gründen eine Abgabe an Molkereien nicht lohnen würde. Diese Personen werden faktisch zur Aufgabe ihrer Tätigkeit gezwungen. Somit liegt eine objektiv-berufsregelnde Tendenz vor.

II. DREI-STUFEN-THEORIE

Liegt somit ein Eingriff vor, so lassen sich mit der sog. „Drei-Stufen-Theorie" des BVerfG drei Eingriffsstufen unterscheiden: Auf einer ersten, untersten Stufe liegen Eingriffe in die Berufsausübungsfreiheit, auf der zweiten, mittleren Stufe solche in die subjektive Berufswahlfreiheit und auf der dritten, höchsten Stufe solche in die objektive Berufswahlfreiheit. Die Drei-Stufen-Theorie wurde entwickelt, um einheitliche Kriterien für die Rechtfertigung bereitzustellen, welche die Intensität des Eingriffs berücksichtigen: Je höher die Eingriffsstufe, umso höher sind später die Anforderungen an ihre verfassungsrechtliche Rechtfertigung.

1. Voraussetzungen

Die Berufsausübung (erste Stufe) ist betroffen, wenn es lediglich um das „Wie" der Berufsfreiheit geht, also niemand gänzlich daran gehindert wird, einen Beruf zu ergreifen oder fortzusetzen. Sie umfasst Form, Mittel, Inhalt und Umfang der Betätigung. Die Berufswahl (zweite und dritte Stufe) ist demgegenüber betroffen, wenn es um das Ergreifen, Fortsetzen oder Wechseln eines Berufes geht. Subjektive Eingriffe in die Berufswahl (zweite Stufe) sind solche, die dabei an Eigenschaften der Person wie Alter, Geschlecht, Qualifikation usw. anknüpfen. Im Unterschied zu diesen knüpfen die objektiven Berufswahlschranken (dritte Stufe) nicht an die Person des Berufstätigen, sondern an außerhalb seiner Person liegende Umstände an.

2. Berufsbildlehre
Problematisch ist, auf welcher Stufe hier eingegriffen wird. Sieht man L als „Verkäufer" oder „Milchverkäufer" an, so handelt es sich nur um eine Berufsausübungsregelung (erste Stufe), denn L kann weiterhin Waren verkaufen, und auch Milch, nämlich an Molkereien oder in abgepackter Form. Sieht man ihn hingegen als freien „Losemilchverkäufer" an, läge eine objektive Berufswahlschranke (dritte Stufe) vor, denn die Abgabe an seine ländliche Kundschaft wird ihm losgelöst von in seiner Person liegenden Umständen aus objektiven Gründen (Gesundheitsschutz und Marktregulierung) unmöglich gemacht. Welche Stufe betroffen ist, richtet sich also ganz wesentlich danach, wie eng oder weit man das Berufsbild eines eigenständigen Berufs fasst.

Nach der sog. „Berufsbildlehre" sind eigenständige Berufe zunächst alle klassischen Lehr- und Lernberufe, zu denen der Milchverkauf allerdings nicht gehört. Der Berufsbegriff ist aber nicht auf traditionelle, rechtlich fixierte oder gesellschaftlich anerkannte Berufe beschränkt, sondern in seinen Erscheinungsformen dynamisch-veränderlich. Eigenständige Berufsbilder sind daher ganz allgemein solche, die sich in ihrer konkreten Tätigkeit von anderen Berufen unterscheiden.

Das MFG knüpft an die Person der Losemilchverkäufer strengere Voraussetzungen als an Verkäufer bereits abgefüllter Milch. Es stuft den Losemilchverkauf somit als eigene Tätigkeit ein, nicht nur als besonderes Warensortiment. Außerdem unterscheidet sich der Losemilchverkauf in Aufmachung und Abwicklung wesentlich von anderen Milchgeschäften, geschweige denn von anderen Verkaufsvorgängen. Somit liegt ein eigenständiger Beruf des „Losemilchverkäufers" vor. § 1 MFG greift auf der dritten Stufe in die Berufsfreiheit des L ein.

C. Verfassungsrechtliche Rechtfertigung
Fraglich ist, ob der Eingriff von den Schranken des Art. 12 I 1 GG gedeckt ist.

I. SCHRANKEN
Art. 12 I 2 GG stellt die Berufsausübung unter Regelungsvorbehalt. Darin liegt ein einfacher Gesetzesvorbehalt, der sich wegen der oben dargestellten Einheit von Berufswahl und -ausübung auch auf die Berufswahl erstreckt. § 1 MFG ist ein Parlamentsgesetz des Bundes, kommt also als taugliche Konkretisierung dieses Gesetzesvorbehalts in Betracht.

II. SCHRANKEN-SCHRANKEN
§ 1 MFG müsste aber auch im Übrigen verfassungsgemäß sein, um als taugliche Schranke in Betracht zu kommen.

1. Formelle Verfassungsmäßigkeit
Die Gesetzgebungskompetenz des Bundes für Regelungen des Verkehrs mit Lebensmitteln wie in § 1 MFG ergibt sich aus Art. 74 I Nr. 20 i.V.m. 72 II GG. Verfahrens- oder Formverstöße sind nicht ersichtlich.

2. Materielle Verfassungsmäßigkeit

§ 1 MFG müsste aber auch in materieller Hinsicht verfassungsgemäß sein. Hier könnte ein Verstoß gegen den aus Art. 20 III GG ableitbaren Grundsatz der Verhältnismäßigkeit gegeben sein. Danach ist eine gesetzliche Regelung nur mit dem Rechtsstaatsprinzip zu vereinbaren, wenn sie zur Erreichung eines legitimen Zwecks geeignet, erforderlich und angemessen ist.

a) Legitimer Zweck

Sinn und Zweck der Beschränkung des Milchverkaufs der Erzeuger an Molkereien ist die Ermöglichung einer Qualitäts- und Hygienekontrolle zum Schutz der Gesundheit des Verbrauchers sowie eine gewisse Marktregulierung. Das Grundgesetz berechtigt und verpflichtet den Staat an vielen Stellen zum Gesundheitsschutz (vgl. nur Art. 2 II 1 GG). Eine Marktregulierung, die zu gerechten Preisen und gleichen Wettbewerbsbedingungen führt, ist zudem im Interesse aller Marktteilnehmer und daher gleichfalls legitim.

b) Geeignetheit

Dieser legitime Zweck müsste durch § 1 MFG gefördert werden. Könnte Milch lose an jedermann abgegeben werden, wäre eine Hygienekontrolle faktisch unmöglich oder jedenfalls mit unverhältnismäßigem Aufwand verbunden, weil die einzelnen Verkaufsvorgänge überwacht werden müssten. Durch Einrichtung einer zentralen Anlaufstelle für alle Anbieter ist diese hingegen leicht möglich. Gleiches gilt für eine Marktregulierung, weil eine Marktüberwachung in gleicher Weise erleichtert wird.

c) Erforderlichkeit

Erforderlich ist eine Maßnahme nur, wenn keine milderen, gleich effektiven Mittel zur Zweckerreichung zur Verfügung stehen. Unter Anwendung der Drei-Stufen-Theorie bedeutet dies, dass eine Erforderlichkeit ausscheidet, wenn ein Eingriff auf einer niedrigeren Stufe den gleichen Erfolg verspräche. Weniger einschneidend und somit milder wäre etwa eine Selbstkontrolle der Hersteller oder die Durchführung von Stichproben. Deren Regelung würde das Verkaufen loser Milch nicht gänzlich unterbinden, sondern nur zusätzliche Kontrollpflichten einführen, stellte also einen Eingriff lediglich auf Berufsausübungsebene dar. Diese Alternativen sind aber nicht gleich effektiv wie eine umfassende, zentralisierte Kontrolle. Andere, gleich effektive Alternativen sind auch nicht ersichtlich, sodass die Regelung erforderlich ist.

d) Angemessenheit

In der Angemessenheit muss ein gerechter Ausgleich der widerstreitenden Interessen gefunden werden. Wie bereits oben ausgeführt, greift § 1 MFG auf der dritten, höchsten Stufe der objektiven Berufswahl in die Berufsfreiheit von Losemilchverkäufern wie L ein. An die Rechtfertigung eines derart gravierenden Eingriffs sind nach der Drei-Stufen-Theorie besonders strenge Anforderungen zu stellen. Ein solcher ist nur angemessen, wenn er zum Schutz eines überragend wichtigen Gemeinwohlgrundes zwingend erforderlich ist.

aa) Überragend wichtiger Gemeinwohlgrund
Leib und Leben gehören zu den höchsten Verfassungsgütern, vgl. Art. 2 II 1 GG. Sie zu schützen ist nicht nur Recht, sondern auch objektive Pflicht des Staates. Der Schutz des Verbrauchers vor Gesundheitsgefahren ist daher ein überragend wichtiger Gemeinwohlgrund in diesem Sinne. Nichts anderes gilt für das Funktionieren des Marktes im Interesse aller Marktteilnehmer.

bb) Zwingende Erforderlichkeit
Fraglich ist jedoch, ob das Verbot des Verkaufs loser Milch durch den Erzeuger außerhalb von Molkereien hierzu zwingend erforderlich ist. Kleinere Milchmengen mögen schneller verderben als große. Auch mögen Vertrieb und Umfüllung loser Milch zögerlicher und störungsanfälliger vonstatten gehen. Es ist jedoch nicht bekannt geworden, dass vor Inkrafttreten des § 1 MFG daraus Gesundheitsschäden für weite Teile der Bevölkerung oder auch nur in vermehrten Einzelfällen eingetreten sind, als dies seit Bestehen der Regelung der Fall ist. Auch stellt das MFG - wie erwähnt - ohnehin strenge Anforderungen an die Gewähr des Losemilchverkäufers für Sauberkeit und Zuverlässigkeit. Schließlich lässt sich auch nicht ausschließen, dass bei großen Produktionsmengen die Hygieneanforderungen sogar noch eher missachtet werden als bei Kleinanbietern, weil die Überwachung des Produktionsvorganges aufwendiger und mit höheren Kosten verbunden ist.

Nach alledem ist eine pauschale Beschränkung des Losemilchverkaufs auf die Abgabe an Molkereien, zumal i.V.m. Mindestmengen, zum Gesundheitsschutz der Verbraucher nicht zwingend erforderlich. Dass Kleinstanbieter wie L zudem keine marktverfälschende Wirkung entfalten können, liegt auf der Hand.

FALLENDE

§ 1 MFG ist daher unangemessen. Der Eingriff in die Berufsfreiheit des L ist nicht gerechtfertigt, L ist in seinem Grundrecht aus Art. 12 I 1 GG verletzt.

17. Teil – Art. 13 GG - Unverletzlichkeit der Wohnung

A. Einleitung

Verhältnis zu Art. 2 I i.V.m. 1 I GG

629 Bereits die Paulskirchenverfassung von 1849 enthielt in ihrem § 140 eine zu Art. 13 I GG wortgleiche Regelung. Sie sollte den Menschen die Möglichkeit eröffnen, sich vom Staat unbeobachtet und ungestört in ihr Refugium zurückziehen zu können. An der historischen Nähe der Unverletzlichkeit der Wohnung zur Privatsphäre und damit zum Persönlichkeitsrecht des Menschen hat sich bis heute nichts geändert. Art. 13 GG ist daher lex specialis zum allgemeinen Persönlichkeitsrecht aus Art. 2 I i.V.m. 1 I GG, soweit das Persönlichkeitsrecht infolge eines (physischen oder technischen) Eindringens in eine Wohnung betroffen ist.[1331]

1331 BVerfGE 109, 279, 325; Amelung, NJW 1991, 2533, 2535

BEISPIEL: Informationen über die Nutzung und Ausstattung der Wohnung, ihre Bewohner und deren Umgang unterfallen grundsätzlich dem Recht auf informationelle Selbstbestimmung als Unterfall des allgemeinen Persönlichkeitsrechts aus Art. 2 I i.V.m. 1 I GG. Greift der Staat auf diese Daten jedoch im Rahmen einer Durchsuchung (physisches Eindringen) oder eines sog. „**Lauschangriffs**" (technisches Eindringen) zu, ist allein Art. 13 GG einschlägig, das allgemeine Persönlichkeitsrecht tritt als subsidiär zurück.

B. Systematik und Vertiefung

I. SCHUTZBEREICH BETROFFEN

Art. 13 I GG schützt die Unverletzlichkeit der Wohnung. Diese Formulierung darf 630 Kein Anspruch auf Wohnung
nicht im Sinne eines „Rechts auf Wohnung" missverstanden werden, aus dem ein Anspruch auf Zuweisung einer Wohnung folge. Dies würde die Schutzrichtung des Art. 13 I GG vom Abwehr- in ein Leistungsrecht verkehren. Art. 13 I GG setzt das Innehaben einer Wohnung vielmehr voraus.[1332]

MERKSATZ

Art. 13 I GG schützt den Inhaber einer Wohnung vor staatlichem Eindringen.

Sowohl der Wohnungsbegriff als auch die Inhaberschaft sind dabei nicht so unproblematisch, wie der knappe Wortlaut des Art. 13 I GG vermuten lässt.

1. Sachlicher Schutzbereich

DEFINITION 631

Wohnung ist der elementare Lebensraum des Menschen, in den er sich zurückziehen kann und in dem er das Recht hat, in Ruhe gelassen zu werden.[1333]

Diese Definition des BVerfG betont die bereits erwähnte enge Verbindung des Schutzes der Wohnung mit der Privatsphäre und dem Persönlichkeitsrecht ihres Inhabers. Sie ist gleichzeitig jedoch recht weit gehalten und bedarf der Konkretisierung.

a) Elementarer Lebensraum

Streitig ist, ob zur „Wohnung" im o.g. Sinne eine Räumlichkeit erforderlich ist, oder 632 Nur Räumlichkeiten oder jedes befriedete Besitztum?
ob Art. 13 I GG sich auf das gesamte befriedete Besitztum (Garten, Feld, Weide etc.) erstreckt. Letzteres wird von einer m.M. vertreten, die sich vor allem auf einen Vergleich zu § 123 StGB beruft, der einen ähnlichen Schutzzweck wie Art. 13 I GG habe und sich auch auf das befriedete Besitztum erstrecke.[1334] Allerdings ist dieses dort auch ausdrücklich erwähnt, während sich bei Art. 13 I GG schon das Sprachgefühl sträubt.

1332 v.Münch/Kunig-Kunig, GG, Art. 13 Rn 1, 3

1333 BVerfGE 103, 142, 150; 51, 97, 110; 42, 212, 219; BVerfG, NJW 2003, 2669, 2669

1334 AK-Berkemann, GG, Art. 13 Rn 21; ähnlich v.Münch/Kunig-Kunig, GG, Art. 13 Rn 10

BEISPIEL: Der Bauer „wohnt" nicht auf dem Feld, mag der Acker auch eingezäunt (befriedet) sein.

Einfaches Bundesrecht wie § 123 StGB kann zudem nicht höherrangiges Verfassungsrecht definieren. Es darf allenfalls als Interpretationshilfe herangezogen werden, und selbst dazu taugt § 123 StGB schon wegen des fehlenden Bezugs des befriedeten Besitztums zu Privatsphäre und allgemeinem Persönlichkeitsrecht nicht, deren Schutz Art. 13 I GG allein im Auge hat. Lücken im Grundrechtsschutz ergeben sich auch nicht, denn staatliches Eindringen auf befriedetes Besitztum wird sich vielfach an Art. 14 I GG,[1335] mindestens jedoch an Art. 2 I GG messen lassen müssen. Mit der h.M. ist für die Eröffnung des Schutzbereichs des Art. 13 I GG daher das Vorhandensein einer Räumlichkeit erforderlich.[1336]
Eine Stellungnahme zu diesem Streit ist allerdings nicht selten entbehrlich, weil auch die h.M. bei der Annahme einer „Räumlichkeit" im o.g. Sinne recht großzügig ist. Diese muss insbesondere weder ortsgebunden noch von besonderer Stabilität sein. Auch auf die Dauer des Aufenthalts von Menschen in ihnen kommt es nicht an.

BEISPIELE: Neben Häusern und Etagenwohnungen genügen auch Keller, Garage, Wohnwagen, Wohnmobil, Hausboot, Zelt, Hotelzimmer, Schlafwagenabteil usw.

Auch genügen jedenfalls solche Einfriedungen, die selbst nicht umschlossener Raum sein mögen, bei wertender Betrachtung aber zu einer Räumlichkeit gehören, wobei die bauliche Nähe zu dieser besonders zu berücksichtigen ist.

BEISPIELE: Terrasse, Treppe vor dem Haus.

MERKSATZ
Eine „Wohnung" setzt eine Räumlichkeit im weitesten Sinne voraus.

Im Zweifel kommt es darauf an, ob die beiden Kernelemente des Wohnungsbegriffs, nämlich die (subjektive) Bestimmung der Sache zu Wohnzwecken und deren (objektive) Erkennbarkeit erfüllt sind.[1337]

BEISPIELE: Nicht ausreichend ist es mangels (objektiver) Erkennbarkeit einer Räumlichkeit, wenn ein Obdachloser unter einer Brücke schläft, auch wenn er seine Habseligkeiten dort deponiert und eine Schlafunterlage ausgebreitet hat (subjektive Zweckbestimmung). Anders liegt es, wenn er sich in einem Wald einen Verschlag gezimmert hat.

b) Rückzugsmöglichkeit

Staatliche Einrichtungen

633 Vom Schutz der Privatsphäre und des Persönlichkeitsrechts kann in solchen Räumlichkeiten nicht mehr gesprochen werden, die Kraft ihrer öffentlich-rechtlichen Zweckbestimmung dem jederzeitigen staatlichen Zugriff ausgesetzt sind. Solche sind daher von vornherein keine „Wohnungen" i.S.d. Art. 13 I GG.[1338]

1335 BVerfGE 89, 1, 7; Sachs-Kühne, GG, Art. 13 Rn 5
1336 OVG Schleswig, NVwZ-RR 2008, 249, 249; Sachs-Kühne, GG, Art. 13 Rn 5; Schoch, JURA 2010, 22, 23
1337 Sachs-Kühne, GG, Art. 13 Rn 2; v.Münch/Kunig-Kunig, GG, Art. 13 Rn 10
1338 BVerwG, NJW 1996, 2643, 2643; JP-Jarass, GG, Art. 13 Rn 4; Ruthig, JuS 1998, 506, 512

BEISPIELE: Soldatenstube in einer Kaserne,[1339] Gefängniszelle.

634 Streit bei Betriebs- und Geschäftsräumen

Problematisch ist es, wenn eine privatrechtliche Zweckbestimmung getroffen wird, die mit dem Begriff „Wohnung" im engeren, sprachlichen Sinn nicht zu vereinbaren ist. Dies ist vor allem bei Geschäfts- und Betriebsstätten der Fall. Eine Meinung will solche wegen des Wortlauts des Art. 13 I GG daher auch nicht in dessen Schutzbereich aufnehmen.[1340] Die Gegenansicht sieht hingegen alle Betriebs- und Geschäftsräume auch von Art. 13 I GG als geschützt an, weil sich am Arbeitsplatz die Persönlichkeit in ähnlicher Weise entfalten könne wie zu Hause. Zudem ließen sich Arbeitsplatz und Privatwohnung oftmals nicht trennen.[1341]

BEISPIELE: Durchsucht die Staatsanwaltschaft auf der Suche nach belastenden Unterlagen den Schreibtisch eines Verdächtigen, macht es aus dessen Sicht keinen Unterschied, ob der Schreibtisch nun in seinem Büro oder in seinem Wohnzimmer steht. Gar nicht trennen lassen sich Wohn- und Arbeitsplatz bei Heimarbeitsplätzen (Wohnung des Dichters, Heimarbeit am PC).

Außerdem spricht für diese Ansicht, dass schon zu Zeiten der Paulskirchenverfassung von 1849 und der Preußischen Verfassung von 1850 Geschäftsräume am Schutz der Unverletzlichkeit der Wohnung teilnahmen, es sich also um eine historische Errungenschaft handelt, die durch das Grundgesetz fortgeschrieben, nicht abgeschafft werden sollte.[1342]
Eine vermittelnde Ansicht[1343] differenziert bei Geschäfts- und Betriebsräumen hingegen danach, ob sie frei zugänglich oder von der allgemeinen Öffentlichkeit abgeschirmt sind. Nur letztere sollen unter den Schutzbereich des Art. 13 I GG fallen.

BEISPIELE: Der Verkaufsraum eines Kaufhauses und der Schalter einer Bank sind frei zugänglich, nicht aber das Büro des Filialleiters.

Die Rechtsprechung des BVerfG hierzu bietet kein einheitliches Bild. In manchen Entscheidungen wird eine solche Differenzierung explizit abgelehnt[1344] und betont, alle Geschäftsräume unterfielen Art. 13 I GG, in anderen kommt sie wortwörtlich vor.[1345] Für diese vermittelnde Ansicht spricht jedenfalls, dass sie einerseits den Argumenten der für eine Einbeziehung der Geschäfts- und Betriebsräume sprechenden Auffassung Rechnung trägt, andererseits aber erkennt, dass der Inhaber selbst über seinen Grundrechtsschutz disponiert, indem er seine Räumlichkeit der Allgemeinheit zur Verfügung stellt. Zudem kann von Privatsphäre und Persönlichkeitsentfaltung in einer der Allgemeinheit zugänglichen Räumlichkeit kaum noch die Rede sein.

MERKSATZ
Art. 13 I GG schützt auch Geschäftsräume, die nicht allgemein zugänglich sind.

1339 *BVerwG, NVwZ 2009, 378, 379*
1340 *EuGH, EuGRZ 1989, 395, 401; Sachs-Kühne, GG, Art. 13 Rn 4; Lübbe-Wolff, DVBl 1993, 762, 764*
1341 *BVerwGE 121, 345, 348; Lenz, AöR 122 (1997), 653, 654*
1342 *BVerfGE 32, 54, 68*
1343 *JP-Jarass, GG, Art. 13 Rn 2*
1344 *BVerfG, NJW 1998, 1627, 1631; NJW 1997, 2165, 2165*
1345 *BVerfG, NJW 2003, 2669, 2669*

KLAUSURHINWEIS
Nicht selten differenzieren die Gesetze nicht zwischen Wohn- und Geschäftsräumen (vgl. z.B. § 102 StPO). In diesem Fall spielt der Streit keine Rolle, denn wenn sich die Regelung zumindest auch auf Privaträume erstreckt, ist Art. 13 I GG stets betroffen.

Mischräume

635 Sog. „**Mischräume**", also solche, die sowohl gewerblich als auch privat genutzt werden, unterfallen nach allg.M. Art. 13 I GG. Für die Ansicht, welche Geschäfts- und Betriebsräume generell für geschützt hält, ist dieses Ergebnis selbstverständlich. Ähnlich liegt es für die vermittelnde Auffassung, denn Mischräume werden kaum allgemein zugänglich sein. Und selbst die ablehnende Ansicht spricht sich dafür aus, weil sich die Nutzungsarten in aller Regel nicht trennen lassen.[1346]

BEISPIELE: Ein Rechtsanwalt betreibt im Wohnzimmer seiner Privatwohnung zugleich eine Anwaltskanzlei. Eine Prostituierte bedient ihre Freier im selben Bett, in dem sie auch ruht. Ein Computer wird zur Abwicklung privater und geschäftlicher Korrespondenz genutzt.

MERKSATZ
„Mischräume" unterfallen Art. 13 I GG.

2. Personaler Schutzbereich

Faustformel: Unmittelbarer Besitzer geschützt

636 In personaler Hinsicht ist derjenige geschützt, dessen „elementarer Lebensraum" die Wohnung ist, denn dessen freie Persönlichkeitsentfaltung und Privatsphäre hat Art. 13 I GG im Auge. Dies wird in der Regel - aber nicht denknotwendig nur - der unmittelbare Besitzer sein.[1347]

BEISPIEL: Ein Kleinkind ist schon deshalb nicht „Besitzer" der elterlichen Wohnung, weil es keinen Besitzwillen entfaltet. Trotzdem liegt auch ihm gegenüber ein Eingriff in Art. 13 I GG vor, wenn sein gesprochenes Wort abgehört wird.[1348]

Fremd-, Teil- und Mitbesitz genügen, solange sie nur unmittelbar sind. Besitzer in diesem Sinne können auch juristische Personen nach Maßgabe des Art. 19 III GG sein.[1349] Der nur mittelbare Besitzer und/oder Eigentümer (z.B. Vermieter) ist hingegen allein über Art. 14 I 1 GG geschützt.

Rechtswidriger Besitz

Streitig ist, wie es bei rechtswidrigem Besitz liegt. Eine Ansicht hält die Rechtswidrigkeit für irrelevant; allein die Begründung einer Privatsphäre sei entscheidend.[1350] Überwiegend wird jedoch danach differenziert, ob der Besitz zumindest ursprünglich rechtmäßig war (dann ja, z.B. bei gekündigtem Mieter)[1351] oder von Anfang an rechtswidrig war (dann nein, z.B. Hausbesetzer).[1352] Dafür spricht, dass die Normen des einfachen Rechts über die Beendigung von Besitzrechtsverhältnissen nichts am

1346 *Sachs-Kühne, GG, Art. 13 Rn 4*
1347 *v.Münch/Kunig-Kunig, Art. 13 Rn 13*
1348 *BVerfGE 109, 279, 326*
1349 *BVerfGE 76, 83, 88; 44, 353, 371; 32, 54, 71; JP-Jarass, GG, Art. 13 Rn 6*
1350 *JP-Jarass, GG, Art. 13 Rn 6; Schoch, JURA 2010, 22, 23; Werwigk, NJW 1983, 2366, 2367*
1351 *BVerfGE 89, 1, 12; MD-Papier, GG, Art. 13 Rn 4*
1352 *LG Bückeburg, NStZ 1982, 71, 71; v.Münch/Kunig-Kunig, GG, Art. 13 Rn 14*

Fortbestehen des Grundrechtsschutzes gegenüber dem Staat ändern sollen, sich andererseits aber niemand ein Grundrecht selbst „nehmen" kann, indem er Rechte anderer verletzt.

Juristische Personen

Juristische Personen des Privatrechts sind nur, aber immerhin in Bezug auf Geschäfts- und Betriebsräume grundrechtsberechtigt, denn insoweit ist der Schutz des Art. 13 I GG „dem Wesen nach" auf sie anwendbar.[1353]

II. EINGRIFF

Verschiedene Eingriffsformen

637 Art. 13 GG kennt mit der Durchsuchung nach Abs. 2, dem gemeinhin als „Lauschangriff" bezeichneten Einsatz technischer Mittel nach Abs. 3 bis 6 und dem sonstigen Eingriff nach Abs. 7 drei unterschiedliche Eingriffsarten. Daneben gibt es noch Eingriffe i.S.d. Art. 17a II GG, die in praxi und Examen aber keine Rolle spielen (die Ausführungen dazu unter Rn 584 gelten sinngemäß auch hier). Wegen der jeweils unterschiedlichen Schranken und Schranken-Schranken müssen diese Eingriffsformen sauber unterschieden werden.

KLAUSURHINWEIS

An dieser Stelle sind aber nicht etwa schon die Voraussetzungen des Art. 13 II-VII GG zu prüfen. Diese gehören unter die verfassungsrechtliche Rechtfertigung. Es erfolgt lediglich die Feststellung, welche Form des Eingriffs vorliegt.

„Ob" des Eingriffs als Vorfrage

Über die vieldiskutierte Typisierung der Eingriffe in Art. 13 II-VII GG darf übrigens die Vorfrage nicht vergessen werden, ob überhaupt ein Eingriff vorliegt. Insoweit gilt bei Art. 13 GG die allgemeine **Bagatellformel**, nach der eine spürbare Verkürzung des Schutzbereichs - gleich in welcher Form - erforderlich, aber auch ausreichend ist.

BEISPIEL: Sieht sich der Gerichtsvollzieher mit Einverständnis des Schuldners in dessen Wohnung nach pfändbaren Gegenständen um, liegt überhaupt kein Eingriff in den Schutzbereich des Art. 13 I GG vor. Die Frage, um welche Form des Eingriff es sich dabei handelt (Durchsuchung nach Art. 13 II GG oder sonstiger Eingriff nach Art. 13 VII GG) stellt sich nicht.

MERKSATZ

Die Prüfung des Eingriffs erfolgt bei Art. 13 GG zweistufig: Liegt überhaupt ein Eingriff vor? Und wenn ja, in welcher Form?

1. Durchsuchung, Art. 13 II GG

Zwei Elemente: Betreten und Suchen

638 Eine Durchsuchung i.S.d. Art. 13 II GG setzt zunächst ein körperliches Eindringen staatlicher Bediensteter in die Wohnung voraus. Sodann ist entscheidend, dass diese es darauf anlegen, etwas zutage zu fördern, was nicht von selbst offen hervortritt. Eine Durchsuchung besteht also aus zwei Elementen: Betreten und Suchen.[1354]

1353 *BVerfGe 42, 212, 219; Schoch, JURA 2010, 22, 24*
1354 *Schoch, JURA 2010, 22, 25*

DEFINITION

Durchsuchung ist das ziel- und zweckgerichtete Suchen staatlicher Organe nach in der Wohnung verborgenen Personen oder Sachen oder zur Ermittlung eines Sachverhalts.[1355]

Nachschau keine Durchsuchung

Die bloße Augenscheinnahme des ohnehin Offenliegenden („Nachschau") ist daher keine Durchsuchung.[1356]

BEISPIEL: § 17 II HandwO.

Ferner ist darauf zu achten, dass wirklich die Wohnung durchsucht wird und nicht nur die in ihr befindlichen Personen.

BEISPIEL: Werden die Gäste einer Teestube auf Drogenbesitz untersucht, liegt in der Untersuchung kein Eingriff in Art. 13 I GG des Teestubenbetreibers (die Gäste fallen schon nicht in den personalen Schutzbereich).[1357] Anders, wenn die Teestube nach Drogen oder einem sich versteckenden Dealer abgesucht wird.

In aller Regel wird der Begriff „Durchsuchung" in den zur Durchsuchung ermächtigenden Gesetzen auch verwendet. Dies ist zwar nicht maßgeblich - nachrangiges, einfaches Recht kann nicht Verfassungsrecht definieren -, wohl aber eine Orientierungshilfe.

BEISPIELE: §§ 102 ff StPO, §§ 758 f. ZPO, § 4 IV VereinsG, § 41 PolG NRW.

2. Verdeckter Einsatz technischer Mittel, Art. 13 III-VI GG

Großer und kleiner Lauschangriff

639 Art. 13 III-VI GG regeln den Einsatz technischer Mittel zur Gewinnung von Informationen über Vorgänge, die sich in der Wohnung abspielen. Ob die technischen Mittel innerhalb (Wanze) oder außerhalb (Richtmikrofon) der Wohnung zum Einsatz gebracht werden, dabei spielt keine Rolle, weil in beiden Fällen eine Beeinträchtigung der Privatsphäre vorliegt.[1358] Bei diesem sog. „Lauschangriff" wird elementar zwischen dem „großen" und dem „kleinen" unterschieden. Der „große Lauschangriff" ist in Art. 13 III, IV GG geregelt, wobei Art. 13 III GG eingreift, soweit er zur Strafverfolgung dient, also einen repressiven Zweck verfolgt, und Art. 13 IV GG einschlägig ist, sofern er zur Gefahrenabwehr dient, also einen präventiven Zweck verfolgt.

BEISPIELE: Der große Lauschangriff zu repressiven Zwecken ist in §§ 100c ff. StPO geregelt, zu präventiven Zwecken in den Polizeigesetzen der Länder, z.B. in §§ 17 ff. PolG NRW.[1359]

Repression und Prävention

Entscheidend für diese Abgrenzung ist die Intention des Handelnden, wobei ggf. ein Schwerpunkt gebildet werden muss.[1360] Dieser liegt im Zweifel auf der Prävention.

1355 BVerfGE 76, 83, 89; BVerwGE 121, 345, 349; OVG Hamburg, DVBl 1997, 665, 666
1356 BVerwGE 47, 31, 37
1357 BVerwG, NJW 2005, 454, 455; OVG Bremen, NordÖR 2003, 457, 457 = RA 2004, 74, 74
1358 MD-Papier, GG, Art. 13 Rn 47; JP-Jarass, GG, Art. 13 Rn 21
1359 Vgl. den Überblick bei Kutscha, NJW 1994, 85, 85
1360 JP-Jarass, GG, Art. 13 Rn 22

BEISPIEL: Hält ein Geiselnehmer eine Geisel in seiner Wohnung fest, mag das Belauschen des in der Wohnung gesprochenen Worts sowohl der Ergreifung des Täters (Repression) als auch dem Schutz des Lebens der Geisel (Prävention) dienen. Im Vordergrund wird aber immer das Leben der Geisel stehen, sodass es sich um eine an Art. 13 IV GG zu messende Maßnahme handelt.

Vom „kleinen Lauschangriff" spricht man, wenn die Informationsgewinnung ausschließlich dem Schutz der in einer Wohnung eingesetzten staatlichen Bediensteten dient.[1361] Diesen regelt Art. 13 V GG.

BEISPIEL: Einsatz verdeckter Ermittler nach § 110a StPO.

Wichtig ist die Betonung des Wortes „ausschließlich" in Art. 13 V GG: Sobald die Informationen zumindest auch noch zu anderen Zwecken genutzt werden sollen, liegt ein großer Lauschangriff vor.[1362] Bei der Abgrenzung von großem und kleinem Lauschangriff geht es also - anders als bei der Abgrenzung innerhalb des großen Lauschangriffs zu repressiven oder präventiven Zwecken - nicht um den Schwerpunkt.

BEISPIEL: Wird das Gespräch eines verdeckten Ermittlers mit einem Drogendealer in dessen Wohnung überwacht, um bei einer Enttarnung sofort eingreifen zu können, liegt ein kleiner Lauschangriff nach Art. 13 V GG vor. Wird das Gespräch zugleich aufgenommen, um es ggf. als Beweismaterial verwenden zu können, liegt ein großer Lauschangriff zu repressiven Zwecken i.S.d. Art. 13 III GG vor, mag die Sorge um die Sicherheit des Beamten auch nach wie vor im Vordergrund stehen.

Immer auf Intention bei Datenerhebung abstellen

Wichtig ist der Hinweis, dass es wiederum nur auf die Intention, also die ursprüngliche Absicht ankommt, welche bei der Datenerhebung verfolgt wurde. Stellt sich im Nachhinein heraus, dass die zum Schutz der handelnden Beamten erhobenen Daten noch anderweitig verwendet werden können, steht dies der Anwendung von Art. 13 V GG nicht entgegen, wie Art. 13 V 2 GG beweist.

Vorbereitungs- und Begleitmaßnahmen

Soweit Vorbereitungsmaßnahmen zur Durchführung des Lauschangriffs unerlässlich sind, sind diese von Art. 13 III-V GG mit umfasst.[1363] Sie stellen keinen eigenen Eingriff dar, sondern sind im Lauschangriff als unselbstständige Teilakte enthalten. **640**

BEISPIEL: Soll ein Telefon durch Anbringen einer Wanze abgehört werden, sind das Eindringen in die Wohnung und der Einbau der Wanze in den Telefonhörer hierzu unerlässlich. Es handelt sich um einen einheitlichen Akt des Abhörens, der insgesamt an Art. 13 III-VI GG zu messen ist, und nicht um drei selbstständige Teilakte des Betretens, Installierens und Lauschens.

Anders verhält es sich beim großen Lauschangriff mit der Weiterverwendung der einmal gewonnenen Daten: Diese stellt einen eigenen, selbstständigen Eingriff dar, der seinerseits der verfassungsrechtlichen Rechtfertigung bedarf, denn die

1361 *Haverkamp, JURA 2010, 492, 497*
1362 *JP-Jarass, GG, Art. 13 Rn 32; Sachs-Kühne, GG, Art. 13 Rn 47*
1363 *JP-Jarass, GG, Art. 13 Rn 22*

Verwendung der Daten ist keine notwendige Voraussetzung ihrer Erhebung.[1364] Beim kleinen Lauschangriff ist die Tätigkeit des Ermittlers an sich vom Einsatz technischer Maßnahmen zu seinem Schutz zu unterscheiden.[1365]

BEISPIEL: Durchsucht ein verdeckter Ermittler eine Wohnung, handelt es sich um einen Eingriff i.S.d. Art. 13 II GG. Hiervon zu unterscheiden ist die Überwachung der Wohnung zum Schutz vor Entdeckung, die sich an Art. 13 V GG messen lassen muss.

3. Sonstige Eingriffe, Art. 13 VII

Auffangfunktion des Art. 13 VII GG

641 Art. 13 VII GG bildet das Auffangbecken für alle sonstigen Eingriffe, also solche, die nicht Art. 13 II-VI GG oder Art. 17a II GG unterfallen.[1366] Kein Eingriff in diesem Sinne ist jedoch der Entzug des Wohnraums an sich, denn Art. 13 I GG setzt - wie oben erwähnt - die Existenz einer Wohnung voraus. Auch Substanzverletzungen oder Emissionen genügen nicht, denn durch sie wird die von Art. 13 I GG geschützte räumliche Privatsphäre nicht verkürzt.[1367]

BEISPIELE: Keine Eingriffe sind danach: Abrissverfügungen, Kündigungsvorschriften des BGB, von staatlichen Müllkippen oder Kläranlagen ausgehender Gestank.

Für Art. 13 VII GG verbleibt nur ein relativ schmaler Anwendungsbereich. Maßnahmen, die einerseits mit einem Eindringen in die Wohnung verbunden sind, andererseits aber nicht in einer Durchsuchung oder technischen Überwachung bestehen, sind selten.

BEISPIELE: Betreten der Wohnung zum Entschärfen einer Bombe; zwangsweise Verbringung verwahrloster Kinder aus der elterlichen Wohnung in die Obhut des Jugendamtes.

4. Sonderfall: Betretungsrechte bei Geschäftsräumen

Sonderfall: Betretungsrechte

642 Hierher gehören grundsätzlich auch die sog. „Betretungsrechte", die staatlichen Organen - im Unterschied zu Durchsuchungen - nur die Anwesenheit und die Augenscheinnahme des offen zutage Tretenden gestatten. Zumindest soweit sie (auch) Privat- oder Mischräume betreffen, stellen sie Eingriffe i.S.d. Art. 13 VII GG dar.[1368]

Nichts anderes soll nach einer Literaturansicht gelten, wenn das Betretungsrecht sich ausschließlich auf Geschäfts- und Betriebsräume erstreckt.[1369]

Die Rechtsprechung sieht dies jedoch anders.[1370] Sie geht davon aus, dass solche Geschäfts- und Betriebsräume zwar auch in den Schutzbereich des Art. 13 I GG fallen (dies jedenfalls dann, wenn sie nicht allgemein zugänglich sind, Rn 634), die Privatsphäre sich in ihnen aber nicht in gleichem Ausmaß entfalten kann wie in reinen Privat- oder Mischräumen. Deshalb sei die Messlatte für an Art. 13 VII GG zu messende Eingriffe bei ihnen höher anzulegen. Unter vier kumulativ zu prüfenden

---

1364 BVerfGE 109, 279, 375; JP-Jarass, GG, Art. 13 Rn 27
1365 AK-Berkemann, GG, Art. 13 Rn 183; JP-Jarass, GG, Art. 13 Rn 32
1366 BVerwGE 47, 31, 35; 28, 285, 286; v.Münch/Kunig-Kunig, GG, Art. 13 Rn 57
1367 BVerfG, NVwZ 2009, 1494, 1498
1368 VerfGH München, NVwZ-RR 2006, 585, 586 = RA 2006, 626, 627
1369 Schoch, JURA 2010, 22, 30; Ennuschat, AöR 127 (2002), 252, 272; Voßkuhle, DVBl 1994, 611, 615
1370 BVerfG, NVwZ 2007, 1049, 1050 = RA 2007, 641, 642; BVerwG, NJW 2005, 454, 455

Voraussetzungen soll daher **kein „sonstiger Eingriff" i.S.d. Art. 13 VII GG** vorliegen:

- Es handelt sich um ein bloßes Betretungs- und Besichtigungsrecht
- Dieses erstreckt sich ausschließlich auf Geschäftsräume
- Es beschränkt sich auf die üblichen Geschäftszeiten
- Es existiert eine spezielle gesetzliche Grundlage, die einen legitimen, im Gesetz festgeschriebenen Zweck verfolgt

BEISPIEL: § 17 II HandwO. Gegenbeispiel: Art. 83 BayBauO ermächtigt die Bauaufsichtsbehörden zum Betreten und Besichtigen baulicher Anlagen. Da sich die Norm nicht auf Geschäftsräume beschränkt, liegt auch nach der Rspr. ein „sonstiger Eingriff" i.S.d. Art. 13 VII GG vor.

BVerfG: Eingriff sui generis

Liegen diese Voraussetzungen vor, ist ein Eingriff in Art. 13 I GG nach der Rechtsprechung aber auch nicht gänzlich zu verneinen. Vielmehr soll es sich bei den Betretungsrechten der genannten Art um einen in Art. 13 GG nicht geregelten Eingriff „sui generis" handeln. In der Literatur wird z.T. von einem ungeschriebenen „Art. 13 VIII GG" für Betretungsrechte gesprochen.[1371]
Für die Rechtsprechung spricht, dass sich solche Betretungsrechte, wollte man sie an Art. 13 VII GG messen, nicht rechtfertigen ließen, weil dessen strenge Anforderungen nicht zu erfüllen wären. Eine Einordnung als „sonstiger Eingriff" i.S.d. Art. 13 VII GG liefe somit auf eine Abschaffung der Betretungsrechte hinaus. Es lässt sich aber nicht erkennen, dass der Grundgesetzgeber diese seit langem existierenden Betretungsrechte abschaffen wollte, zumal sie sich historisch bewährt haben und faktisch nötig sind.

BEISPIEL: Dürften Mitarbeiter der Handwerkskammern nicht mehr die Betriebe betreten, könnten sie Verstöße gegen die HandwO praktisch nicht mehr kontrollieren. Das gesamte deutsche Kammerwesen wäre in Frage gestellt – eine Konsequenz, die der Grundgesetzgeber erkennbar nicht wollte.

Außerdem ist es aus Gründen der „Waffengleichheit" gerechtfertigt, bei einem im Schutzbereich extrem weiten, auf Geschäfts- und Betriebsräume erstreckten Wohnungsbegriff auf Eingriffsebene gewisse Korrekturen vorzunehmen. Und schließlich bleiben die Betroffenen auch nicht schutzlos, weil die Rechtsprechung - wie erwähnt - nicht einen Eingriff insgesamt verneint, sondern diesen nur milderen Rechtfertigungsanforderungen als Art. 13 VII GG unterwirft.

KLAUSURHINWEIS
Mit dem BVerfG sollte aus diesen Gründen von einem Eingriff „sui generis" im Sinne einer ungeschriebenen Schranke ausgegangen werden.

Kein Rückgriff auf Art. 2 I GG

Dass auch nach der Rechtsprechung ein Eingriff in Art. 13 I GG vorliegt, führt im **643**
Übrigen dazu, dass ein Rückgriff auf Art. 2 I GG auch für Betretungsrechte in jedem Fall gesperrt ist. Zwar hat das BVerfG in einer frühen Entscheidung Art. 2 I GG in diesem

1371 Lepsius, JURA 2002, 259, 260; Schoch, JURA 2010, 22, 30

Zusammenhang einmal erwähnt,[1372] jedoch schon damals nicht inhaltlich geprüft. In neueren Entscheidungen wird auf Art. 2 I GG konsequenterweise gar nicht mehr eingegangen.[1373] Für die Literatur, die Art. 13 VII GG anwendet, gilt dies ohnehin.

KLAUSURHINWEIS
Ein Rückgriff auf Art. 2 I GG lässt sich dogmatisch nicht begründen, wenn in den Schutzbereich eines spezielleren Grundrechts eingegriffen wird. Art. 2 I GG darf hinter Art. 13 I GG daher zwar angeprüft werden, ist dann aber kurz als subsidiär abzulehnen.

III. VERFASSUNGSRECHTLICHE RECHTFERTIGUNG

644 Die genaue Einordnung des Eingriffs in die Unverletzlichkeit der Wohnung stellt bereits die Weichen für die Prüfung der verfassungsrechtlichen Rechtfertigung, denn jede Eingriffsform unterliegt eigenen Schranken:

1. Schranken

Qualifizierte Gesetzesvorbehalte

645 Durchsuchungen können nach Art. 13 II GG, Lauschangriffe nach Art. 13 III-VI GG, sonstige Eingriffe nach Art. 13 VII GG, Regelungen zur Verteidigung und zum Zivilschutz nach Art. 17a II GG und Betretungs- und Besichtigungsrechte für Geschäftsräume während der üblichen Öffnungszeiten unter ungeschriebenen, von der Rechtsprechung entwickelten Voraussetzungen gerechtfertigt werden. Es handelt sich überwiegend um qualifizierte Gesetzesvorbehalte, die der Umsetzung durch ein Parlamentsgesetz bedürfen. Dies wegen der überragenden Bedeutung des Art. 13 I GG für den räumlichen Persönlichkeitsschutz selbst dann, wenn von einem Gesetz nicht ausdrücklich die Rede ist, wie z.B. in Art. 13 III GG.[1374] Eine Ausnahme bildet nur Art. 13 VII 1. Hs. GG, der eine verfassungsunmittelbare Schranke darstellt. Dass Art. 13 VII 1. Hs. GG gerade nicht durch ein Gesetz konkretisiert werden muss, ergibt sich entgegen einer m.M. schon aus seinem systematischen Verhältnis zu Art. 13 VII 2. Hs. GG, denn erst dieser fordert eine gesetzliche Grundlage („auf Grund eines Gesetzes auch...“), während von einem Gesetzeserfordernis im 1. Hs gerade nicht die Rede ist.[1375]

2. Schranken-Schranken

a) Qualifizierte Anforderungen der Art. 13 II-VII GG

aa) Durchsuchung, Art. 13 II GG

Richtervorbehalt

646 Eine Durchsuchung darf nur durch den Richter i.S.d. Art. 97 GG,[1376] bei Gefahr im Verzug auch durch andere Organe angeordnet werden, die im Gesetz genannt sein müssen. Ist der Richtervorbehalt im Gesetz nicht ausdrücklich geregelt, ergibt er sich nach der Rechtsprechung des BVerfG unmittelbar aus Art. 13 II GG.[1377] Das zur Durchsuchung ohne richterliche Anordnung ermächtigende Gesetz ist dann also nicht selbst verfassungswidrig, sondern im Lichte des Art. 13 II GG um einen

1372 *BVerfGE 32, 54, 75*
1373 *BVerfG, NVwZ 2007, 1049, 1049 = RA 2007, 641, 641*
1374 *JP-Jarass, GG, Art. 13 Rn 23; MD-Papier, GG, Art. 13 Rn 73*
1375 *Sachs-Kühne, GG, Art. 13 Rn 50; Schwabe, JZ 1993, 871, 871; a.A. JP-Jarass, GG, Art. 13 Rn 35*
1376 *v.Münch/Kunig-Kunig, GG, Art. 13 Rn 28*
1377 *BVerfGE 57, 346, 355*

(ungeschriebenen) Richtervorbehalt zu ergänzen. Erst die Anwendung der Norm wäre verfassungswidrig, wenn dieser nicht beachtet würde.

MERKSATZ

Diese verfassungskonforme Auslegung ist mit Vorsicht zu genießen, denn die Nichtbeachtung qualifizierter Anforderungen führt im Normalfall durchaus zur Nichtigkeit der Schranke. Sie ist für Art. 13 GG jedoch geradezu typisch und darf daher mutig vertreten werden.

BEISPIEL: § 758 ZPO genügt erst seit Aufnahme des § 758a ZPO im Jahre 1997 dem Richtervorbehalt des Art. 13 II GG. Zuvor wurde diese in der Praxis überragend wichtige Norm jahrzehntelang im Wege verfassungskonformer Auslegung um einen ungeschriebenen Richtervorbehalt ergänzt.[1378]

Präventivkontrolle

Die richterliche Anordnung muss vor der Durchsuchung vorliegen. Art. 13 II GG verpflichtet also zu präventiver richterlicher Kontrolle. Eine „Heilung" durch nachträgliche Beibringung einer richterlichen Anordnung ist nicht möglich.[1379]

„Gefahr im Verzug"

Das Merkmal „Gefahr im Verzug" ist eng dahingehend auszulegen, dass andere Stellen **647**
- solche sind in praxi die Staatsanwaltschaft nach § 105 StPO und die Polizei nach den Polizeigesetzen der Länder - nur dann eine Durchsuchung anordnen dürfen, wenn erstens ein Richter nicht rechtzeitig erreichbar ist, obwohl grundsätzlich organisatorische Vorkehrungen dafür getroffen wurden, dass er hätte erreichbar sein sollen (z.B. Notbereitschaften an Sonn- und Feiertagen sowie in der Nacht), und zweitens ein weiteres Abwarten den Durchsuchungszweck konkret gefährden würde.[1380] Keinesfalls darf der Staat, indem er selbst durch Organisationsmängel für die Unerreichbarkeit des Richters sorgt, den Richtervorbehalt umgehen.[1381]

bb) Großer Lauschangriff zu repressiven Zwecken, Art. 13 III GG

Geschriebene Anforderungen

Art. 13 III GG unterwirft den Lauschangriff zu repressiven Zwecken zahlreichen **648**
qualifizierten Anforderungen. Zu nennen ist zunächst und vor allem ein strikter Richtervorbehalt in Art. 13 III 3 GG. Die Erleichterung bei Gefahr im Verzug besteht nach Art. 13 III 4 GG allein darin, dass diesem dann nicht durch einen mit drei Richtern besetzten Spruchkörper, sondern auch durch einen Einzelrichter genügt werden kann. Die Anordnung ist zu befristen, Art. 13 III 2 GG, und kommt darüber hinaus nur als ultima ratio in Betracht, wenn die Sachverhaltserforschung auf andere Weise nicht oder nur unter unverhältnismäßigem Aufwand möglich wäre, Art. 13 III 2 GG. Ferner muss es um die Verfolgung „besonders schwerer Straftaten" i.S.d. Art. 13 III 1 GG gehen, worunter nur Verbrechen zu verstehen sind, die mit einer höheren Strafe als fünf Jahren Freiheitsstrafe bedroht sind.[1382] Diese Hürde liegt hoch, weil viele Verbrechen genau eine Höchststrafe von fünf Jahren aufweisen. Ferner muss es bereits einen „Beschuldigten" geben und dieser muss sich in der überwachten

1378 BVerfGE 51, 97, 114
1379 BVerfGE 103, 142, 151; 76, 83, 91; 51, 97, 114; JP-Jarass, GG, Art. 19 Rn 17
1380 BVerfGE 103, 142, 153; 51, 97, 111; JP-Jarass, GG, Art. 13 Rn 19
1381 BVerfGE 103, 142, 156; BVerfG, NVwZ 2006, 925, 926 = RA 2006, 556, 556
1382 BVerfG, NJW 2004, 999, 1010 = RA 2004, 153, 156

Wohnung vermutlich aufhalten. Abschließend ist zu beachten, dass bei Art. 13 III GG (im Gegensatz zu Art. 13 IV GG) wirklich nur eine akustische Wohnraumüberwachung zulässig ist, Kameras usw. als technische Mittel also ausscheiden.

Verfassungswidriges Verfassungsrecht?

649 Teilweise wird die Ansicht vertreten, bei Art. 13 III GG handele es sich um verfassungswidriges Verfassungsrecht, weil durch die heimliche Bespitzelung von Menschen in ihrem privaten Bereich in die Menschenwürde des Art. 1 I 1 GG eingegriffen werde, was wegen der sog. **„Ewigkeitsgarantie" des Art. 79 III GG** nicht einmal im Grundgesetz selbst ermöglicht werden dürfe.[1383] Das BVerfG hat dies differenzierter gesehen. Nicht jede akustische Wohnraumüberwachung zu repressiven Zwecken verstoße gegen die Menschenwürde, wohl aber in einem „absolut geschützten Kernbereich privater Lebensgestaltung",[1384] zu dem Gespräche mit engsten Familienangehörigen (Eheleute und Kinder), Geistlichen und Strafverteidigern sowie Selbstgespräche gehören.[1385] Es hat Art. 13 III GG daher im Lichte der Art. 1 I 1, 79 III GG verfassungskonform dahingehend ausgelegt, dass diese Bereiche vom Lauschangriff zu repressiven Zwecken vollständig auszunehmen sind.

MERKSATZ

Über die geschriebenen Voraussetzungen des Art. 13 III GG hinaus ist ein Lauschangriff zu repressiven Zwecken nur zulässig, wenn das ermächtigende Gesetz sicherstellt, dass ein Kernbereich privater Lebensführung unangetastet bleibt. Zu diesem gehören Gespräche mit engsten Familienangehörigen, Geistlichen und Strafverteidigern sowie Selbstgespräche.

KLAUSURHINWEIS

Die grundsätzlich **zweistufige Prüfung** der verfassungsrechtlichen Rechtfertigung (Verfassungsmäßigkeit der Schranke und ihrer Anwendung) wird hier also um eine dritte (Vor-)stufe erweitert. Erstens ist zu prüfen, ob Art. 13 III GG im Lichte der Menschenwürde verfassungsgemäß ist, zweitens die Verfassungsmäßigkeit der Schranke selbst (§§ 100c ff. StPO) und drittens die Verfassungsmäßigkeit ihrer Anwendung im konkreten Fall.

Im ersten Schritt hält das BVerfG - wie gesagt - Art. 13 III GG nur, aber immerhin nach der o.g. verfassungskonformen Auslegung für verfassungsgemäß. Die §§ 100c ff. StPO (zweiter Schritt) sind in ihrer jetzigen Fassung ebenfalls verfassungsgemäß. Insbesondere berücksichtigen sie die verfassungskonforme Auslegung des Art. 13 III GG, indem der Kernbereich privater Lebensführung vom Lauschangriff ausgenommen wird (vgl. § 100c IV StPO).[1386] Ob im dritten Schritt schließlich die Anwendung der §§ 100c ff. StPO im konkreten Fall verfassungsgemäß ist, ist eine Frage des Einzelfalls.

1383 *BVerfGE abwM 109, 279, 382; AK-Berkemann, GG, Art. 13 Rn 127*
1384 *BVerfGE 109, 279, 308*
1385 *BVerfGE 109, 279, 322; BGHSt 50, 206, 210; JP-Jarass, GG, Art. 13 Rn 26*
1386 *BVerfG, NJW 2007, 2753, 2753 = RA 2007, 493, 493*

BEISPIEL: Ein Mörder wird belauscht, wie er sich gegenüber Freunden mit seiner Tat brüstet. Eine solche Abhörmaßnahme kann nach Art. 13 III GG i.V.m. § 100c StPO gerechtfertigt sein. Anders liegt es, wenn er gegenüber seiner Ehefrau von der Tat berichtet. Zwar bleiben Art. 13 III GG und § 100c StPO selbst verfassungsgemäß, im konkreten Einzelfall ist jedoch der Kernbereich privater Lebensführung angetastet worden. Darin liegt nicht nur ein Verstoß gegen einfaches Recht, § 100c IV StPO, der zur Rechtswidrigkeit führt, sondern auch ein Verstoß gegen die verfassungsrechtlichen Vorgaben der Art. 13 III i.V.m. 1 I 1, 79 III GG, der das Lauschen auch verfassungswidrig macht.

KLAUSURHINWEIS

Die Menschenwürde aus Art. 1 I 1 GG wird vom BVerfG hier also nicht als eigenes Grundrecht, sondern als Schranken-Schranke innerhalb des Art. 13 III GG geprüft.

cc) Großer Lauschangriff zu präventiven Zwecken, Art. 13 IV GG

Die qualifizierten Anforderungen an den großen Lauschangriff zu präventiven 650 Zwecken nach Art. 13 IV GG sind deutlich liberaler, wenngleich immer noch streng. Sie sehen wiederum einen Richtervorbehalt vor, für den die obigen Ausführungen zu Art. 13 II GG sinngemäß gelten. Dies gilt auch für die Ausnahme bei Gefahr im Verzug, wobei Art. 13 IV 2 2. Hs. GG im Unterschied zu Art. 13 II GG für diesen Fall die Nachholung der richterlichen Anordnung vorschreibt.

DEFINITION

„Dringend“ i.S.d. Art. 13 IV GG ist die Gefahr für die öffentliche Sicherheit nur dann, wenn ein besonders hochwertiges Rechtsgut mit hoher Wahrscheinlichkeit gefährdet ist.

Beispielhaft für solche besonders hochwertigen Rechtsgüter nennt Art. 13 IV GG gemeine Gefahr und Lebensgefahr. Die Anforderungen an die Gefahrenprognose sind also sehr streng. Im Unterschied zu Art. 13 III GG enthält Art. 13 IV GG andererseits jedoch keine Beschränkung auf akustische Mittel zur Wohnraumüberwachung. Liegen seine Voraussetzungen vor, können vielmehr auch Kameras usw. zum Einsatz kommen, weshalb die gängige Bezeichnung „Lauschangriff“ hier eigentlich zu eng ist.

dd) Kleiner Lauschangriff, Art. 13 V GG

Gleiches gilt für den kleinen Lauschangriff nach Art. 13 V GG, der eine solche 651 Beschränkung auch nicht kennt. Dort ist auch nicht der Lauschangriff selbst, sondern nach Art. 13 V 2 GG nur die Verwertung der gewonnenen Informationen zu anderen Zwecken als dem Schutz der handelnden Personen unter Richtervorbehalt gestellt.

ee) Sonstige Eingriffe, Art. 13 VII GG

Art. 13 VII 1. Hs. GG: Verfassungsunmittelbare Schranke

Innerhalb des Art. 13 VII GG ist wiederum zu unterscheiden: Liegt eine „gemeine 652 Gefahr oder Lebensgefahr für eine einzelne Person“ i.S.d. Art. 13 VII 1. Hs. GG vor, darf in die Unverletzlichkeit der Wohnung nach h.M. (vgl. Rn 645) ohne einfach-gesetzliche Grundlage eingegriffen werden. „Ermächtigungsgrundlage“ für das staatliche

Handeln ist dann Art. 13 VII 1. Hs. GG selbst. Dadurch unterscheidet sich diese verfassungsunmittelbare Schranke von den qualifizierten Gesetzesvorbehalten der Art. 13 II-V GG und dem des Art. 13 VII 2. Hs. GG.[1387] Diese Befugnis steht jeder staatlichen Stelle zu, da Art. 13 VII 1. Hs. GG keine Zuständigkeiten regelt.

Art. 13 VII 2. Hs. GG: Qualifizierter Gesetzesvorbehalt

Außerhalb von Art. 13 VII 1. Hs. GG unterliegen alle sonstigen Eingriffe nach Art. 13 VII 2. Hs. GG einem qualifizierten Gesetzesvorbehalt. Zum Merkmal „dringend" gilt das oben zu Art. 13 IV GG Gesagte entsprechend, wobei Art. 13 VII 2. Hs. GG hinsichtlich der betroffenen Schutzgüter etwas weiter ist als Art. 13 IV GG, weil hier im Gegensatz zu dort auch eine Gefahr für die „öffentliche Ordnung" genügt.

Genügt eine Norm diesen Anforderungen nicht, ist sie im Zweifel wiederum verfassungskonform auszulegen und nur in dem von Art. 13 VII 2. Hs. GG vorgegebenen Rahmen anzuwenden.

BEISPIEL: Die Generalklauseln des Polizei- und Ordnungsrechts der Länder lassen eine konkrete Gefahr genügen. Soll auf dieser Grundlage nach Art. 13 VII GG in die Unverletzlichkeit der Wohnung eingegriffen werden, sind nicht etwa die Generalklauseln verfassungswidrig, sondern sie dürfen nur bei dringenden Gefahren angewendet werden.[1388]

ff) Betretungsrechte bei Geschäftsräumen

653 Die Rechtsprechung nimmt - wie oben ausführlich dargelegt - die Betretungs- und Besichtigungsrechte bei Geschäftsräumen während der üblichen Öffnungszeiten von den strengen Anforderungen des Art. 13 VII GG aus, wenn sie auf einer speziellen gesetzlichen Grundlage beruhen und zur Erreichung eines legitimen, im Gesetz festgeschriebenen Zwecks erforderlich sind.[1389] Wurde das Vorliegen dieser Voraussetzungen bereits im Eingriff geprüft und bejaht, bleibt als Schranken-Schranke dieses Eingriffs „sui generis" somit regelmäßig nur zu prüfen, ob die Regelung verhältnismäßig ist.

b) Zitiergebot

654 Das Zitiergebot aus Art. 19 I 2 GG gilt für alle Gesetzesvorbehalte der Art. 13 II-VII GG und Art. 17a II GG,[1390] nicht aber für die Betretungs- und Besichtigungsrechte, soweit sie von Art. 13 VII GG ausgenommen sind, und - da eine Konkretisierung durch Gesetz nach h.M. nicht erforderlich ist - konsequenterweise auch nicht für die verfassungsunmittelbare Schranke des Art. 13 VII 1. Hs. GG.

c) Verhältnismäßigkeit

655 Der Grundsatz der Verhältnismäßigkeit ist bei Eingriffen in die Unverletzlichkeit der Wohnung besonders streng zu prüfen. Rechtsprechung und Literatur betonen immer wieder, wie hoch die Bedeutung eines elementaren Lebensraums ist, in den sich die Menschen frei von staatlichem Zugriff zurückziehen können.[1391]

1387 *Sachs-Kühne, GG, Art. 13 Rn 50*
1388 *BVerwGE 47, 31, 40*
1389 *BVerfGE 32, 54, 77; BVerfG, NVwZ 2007, 1049, 1050 = RA 2007, 641, 642*
1390 *v.Münch/Kunig-Krebs, GG, Art. 19 Rn 17; JP-Jarass, GG, Art. 19 Rn 4*
1391 *BVerfGE 75, 318, 328; JP-Jarass, GG, Art. 13 Rn 30, 37; MD-Papier, GG, Art. 13 Rn 102*

18. Teil – Art. 14 GG - Eigentum und Erbrecht

A. Einleitung

Art. 14 GG schützt Eigentum und Erbrecht. Der Inhalt des Grundrechts wird gem. Art. 14 I 2 GG durch die Gesetze bestimmt. Bei Art. 14 I GG handelt es sich somit um ein normgeprägtes Grundrecht,[1392] bei dem der einfache Gesetzgeber (mit-) bestimmt, was Inhalt des Grundrechts sein soll. Gleichzeitig soll Art. 14 I 1 GG aber das Eigentum schützen, und dies auch vor Eingriffen durch den Gesetzgeber. Aus diesem Spannungsverhältnis resultieren eine Reihe von Problemen auf Schutzbereichs-, Eingriffs- und Rechtfertigungsebene, die Art. 14 GG zu einem der am schwersten handhabbaren Grundrechte überhaupt machen.[1393] **656**

B. Systematik und Vertiefung

I. SCHUTZBEREICH BETROFFEN

1. Sachlicher Schutzbereich

Art. 14 I 1 GG enthält mit Eigentum und Erbrecht zwei Grundrechte, wobei der Eigentumsschutz in Praxis und Examen deutlich im Vordergrund steht. **657**

a) Eigentum, Art. 14 I 1 1. Fall GG

DEFINITION **658**

Eigentum ist jede durch die Rechtsordnung gewährte, vermögenswerte Rechtsposition.[1394]

aa) Jede vermögenswerte Position

Durch dieses Merkmal ist klargestellt, dass der Eigentumsbegriff des Art. 14 GG viel weiter ist als der des einfachen Rechts.[1395] Neben dem Eigentum im engeren Sinn, also der rechtlichen Herrschaftsmacht über eine Sache nach §§ 903 ff. BGB, sind auch Besitz, beschränkt dingliche Rechte (Hypothek, Grundschuld, Pfandrecht, Nießbrauch usw.) und Vorkaufsrechte „vermögenswerte Rechtspositionen" in diesem Sinne. Der Eigentumsbegriff ist überhaupt nicht an eine Sache gebunden, weshalb auch schuldrechtliche Forderungen dazu gehören.[1396] **659** „Eigentum" weit zu verstehen

BEISPIEL: Ein Kaufpreisanspruch wird durch die Rechtsordnung, nämlich durch § 433 II BGB gewährt. Dass er einen Vermögenswert hat, liegt auf der Hand. Also nimmt er am Eigentumsschutz des Art. 14 I 1, Fall GG teil. Das zivilrechtliche Abstraktionsprinzip spielt hier keine Rolle.

Auch außerhalb des BGB gibt es zahllose vermögenswerte Rechtspositionen.

1392 *Lege, JURA 2011, 507, 508*
1393 *Berg, JURA 2005, 961, 962; Schoch, JURA 1989, 113, 114*
1394 *BVerfGE 58, 300, 335; v.Münch/Kunig-Bryde, GG, Art. 14 Rn 11*
1395 *Lege, JURA 2011, 507, 509*
1396 *BVerfGE112, 93, 107; Berg, JURA 2005, 961, 964; Jochum/Durner, JuS 2005, 220, 221*

BEISPIELE: „Geistiges“ Eigentum wie Patent-, Urheber- und Markenrechte, ferner festverzinsliche Wertpapiere, Aktien, Bergbaurechte u.v.m.

Eine abschließende Auflistung aller vermögenswerten Rechtspositionen ist nicht möglich, weil sich solche ständig neu entwickeln können. Man spricht von der „Wandelbarkeit des Eigentumsbegriffs“.[1397] Es kommt also nicht darauf an, ob sich eine Rechtsposition unter einen bestimmten Typus subsumieren lässt, sondern allein darauf, ob sie einen Vermögenswert hat (und ob sie gesetzlich geregelt ist, dazu sogleich).

BEISPIEL: Eine Internet-Domain hat einen Vermögenswert. Da sie zudem von zahlreichen gesetzlichen Vorschriften erfasst wird (vor allem vom Namensrecht), fällt sie in den Schutzbereich des Art. 14 I 1 GG.[1398]

bb) Durch die Rechtsordnung gewährt

Rechtsordnung bestimmt, was Eigentum ist

660 Anders als z.B. Leben oder körperliche Unversehrtheit ist das Eigentum nichts Gottgegebenes. Was „Eigentum“ eigentlich bedeutet, muss irgendwo festgelegt sein, weil sonst niemand sagen könnte, was unter diesem Begriff eigentlich zu verstehen ist.[1399] Diese Definitionsaufgabe weist Art. 14 I 2 GG dem Gesetzgeber zu, der neben den Schranken auch den „Inhalt“ des Eigentums zu bestimmen hat. Deshalb gilt:

> **MERKSATZ**
> Solange sich eine vermögenswerte Position nicht gesetzlich niederschlägt, ist sie nicht von Art. 14 I 1 GG geschützt, mag sie auch noch so existentielle Bedeutung haben.

Auch Rechtsverordnungen und Satzungen genügen dieser Anforderung, soweit sie nur ihrerseits auf parlamentsgesetzlicher Grundlage erlassen wurden.[1400]

BEISPIEL: Bebauungspläne nach § 10 BauGB.

Lediglich richter- oder gewohnheitsrechtlich begründete Rechtspositionen genügen aber nicht.

BEISPIEL: Dass Verträge unter bestimmten Voraussetzungen auch Schutzwirkung für Dritte entfalten können, ist im BGB nicht vorgesehen, sondern (nur) richterrechtlich entwickelt. Die daraus resultierenden Ansprüche des Dritten fallen also nicht unter Art. 14 I 1 GG.

Subsumiert man nur genau unter diese Definition, lassen sich auch die in Rechtsprechung und Literatur kontrovers diskutierten Problemfälle relativ einfach lösen:

1397 *BVerfGE 20, 351, 355; 2, 380, 401*
1398 *BVerfG, NJW 2005, 589, 589; Kazemi/Leopold, MMR 2004, 287, 288*
1399 *Berg, JURA 2005, 961, 962*
1400 *BVerfG, DVBl 1999, 777, 777; Lege, JURA 2011, 507, 512*

(1) Vermögen als solches

Kein Gesetz schützt das Vermögen als solches. Deshalb stellt es auch kein Eigentum i.S.d. Art. 14 I 1 GG dar.[1401] Regelungen, die nur das Vermögen abschöpfen, berühren den Schutzbereich des Art. 14 I 1 GG also nicht. Dazu gehören vor allem die Abgaben an den Fiskus (Steuern, Gebühren, Beiträge) sowie Geldstrafen und -bußen. Sie sind vom sehr wohl geschützten Eigentum an den Vermögensgegenständen zu unterscheiden. **661** Vermögen nicht geschützt

BEISPIEL: Wer eine Gebühr von 20,- € zu entrichten hat, muss nicht sein Eigentum an einem bestimmten Geldschein aufgeben, sondern sie nur aus seinem Vermögen begleichen. Anders liegt es, wenn ein 20,- €-Schein beschlagnahmt wird, weil es sich um Diebesgut handeln soll. Dies greift in Eigentum i.e.S. und Besitz am Geldschein ein, also in Rechtspositionen, die im BGB geregelt und somit von den Gesetzen gewährt sind.

Das BVerfG sah dies ursprünglich genauso,[1402] hat diese Grenze inzwischen jedoch aufgeweicht, indem es ausgeführt hat, jedenfalls die „direkten" Steuern, also solche, die unmittelbar auf vorhandenes Vermögen zugreifen (z.B. Einkommensteuer), dieses also nicht nur auf „Umwegen" abschöpfen wie die „indirekten" Steuern (z.B. Umsatzsteuer, Mineralölsteuer) seien an Art. 14 I GG zu messen.[1403] Für diese Ansicht spricht, dass die „direkten" Steuern das Vorhandensein einer von den Gesetzen gewährten Rechtsposition voraussetzen, während „indirekte" Steuern jedermann treffen, und dies auch nur mittelbar. **662** Sonderfall: Direkte Steuern

BEISPIEL: Die Grundsteuer setzt das Eigentum an einer Immobilie voraus, welches im BGB geschützt ist. Ihre nachteilige Folge (Zahlungsverpflichtung) knüpft also unmittelbar an das Vorhandensein einer konkreten, vom Gesetz gewährten Vermögensposition an. Demgegenüber knüpft die Mineralölsteuer nicht an das Vorhandensein von Mineralöl im Vermögen, sondern an dessen Erwerb an.

MERKSATZ

Art. 14 I 1 GG schützt das Vermögen vor dem Zugriff durch „direkte" Steuern. Im Übrigen ist das Vermögen als solches nur nach Art. 2 I GG geschützt.

(2) Eingerichteter und ausgeübter Gewerbebetrieb

Auch beim „Recht am eingerichteten und ausgeübten Gewerbebetrieb" zeigt sich die Notwendigkeit einer genauen Subsumtion. Vorausgeschickt sei, dass hierher nicht die Fälle gehören, in denen auf einzelne Vermögensgegenstände eines Gewerbebetriebes zugegriffen wird. Diese unterfallen unproblematisch Art. 14 I 1 GG. **663** Eingerichteter und ausgeübter Gewerbebetrieb als Oberbegriff

BEISPIELE: Das Eigentum an einer Maschine ist durch §§ 903 ff. BGB geschützt, das Nutzungsrecht an gemieteten Kanzleiräumen durch §§ 535 ff. BGB. Patent-, Urheber- und Markenrechte sind ebenfalls gesetzlich fixiert.

1401 *BVerwGE 87, 324, 330; BFHE 163, 162, 174; Sachs-Wendt, GG, Art. 14 Rn 38; Lege, JURA 2011, 507, 510*
1402 *BVerfGE 96, 375, 397; 95, 267, 300; 74, 129, 148; 4, 7, 17*
1403 *BVerfG, NJW 2006, 1191, 1192 = RA 2006, 323, 324; krit. Wernsmann, NJW 2006, 1169, 1170*

Mit dem „Recht am eingerichteten und ausgeübten Gewerbebetrieb" werden vielmehr solche immateriellen Werte, Aussichten und Chancen umschrieben, die sich gesetzlich gerade nicht fassen lassen.[1404]

BEISPIELE: Günstige Lage einer Raststätte an einer vielbefahrenen Straße, Ruf des Unternehmens, Stammklientel, Kundenkartei usw.

Genaue Subsumtion des konkreten Wertes erforderlich

664 Gerade weil es in der Rechtsordnung keinen Schutz derartiger Werte gibt, lehnt das BVerfG es (unter teilweiser Zustimmung in der Literatur) auch ab, den „eingerichteten und ausgeübten Gewerbebetrieb" - genauer gesagt die sich hinter diesem Oberbegriff verbergenden konkreten Werte - unter Art. 14 I 1 GG zu fassen.[1405] Finden sie hingegen ausnahmsweise in den Gesetzen Niederschlag, ist auch der Schutzbereich des Art. 14 I 1 GG eröffnet.

BEISPIELE: Der Zugang zu einer Straße wird dem Anlieger von den Straßen- und Wegegesetzen der Länder gewährt (als Äquivalent zu den Erschließungsbeiträgen, zu denen Anlieger für den Straßenbau herangezogen werden können). Deshalb unterfällt ein solcher Zugangsanspruch auch Art. 14 I 1 GG.[1406] Wird er vereitelt, etwa durch eine Sperrung (Baustelle), liegt ein Eigentumseingriff vor. Anders ist es mit der Lage an einer vielbefahrenen Straße, mag sie z.B. für eine Raststätte auch noch so wichtig sein. Kein Gesetz gewährt das Recht, an einer vielbefahrenen Straße anzuliegen. Deshalb ist es kein Eigentumseingriff gegenüber der Raststätte, wenn eine Straße für den Fernverkehr gesperrt wird.[1407]

KLAUSURHINWEIS

Beim „eingerichteten und ausgeübten Gewerbebetrieb" ist besonders sorgfältig zu prüfen, ob die konkret geltend gemachte Position von der Rechtsordnung geschützt ist.

Damit ist zugleich gesagt, dass der Begriff „eingerichteter und ausgeübter Gewerbebetrieb" für sich genommen lediglich eine nicht subsumtionsfähige Umschreibung der Vorstellung ist, dass ein Gewerbebetrieb als Ganzes mehr ist als die Summe seiner Teile.

KLAUSURHINWEIS

Der Begriff hat sich zwar eingebürgert und darf daher verwendet werden, wenn es um gewerbliche Eigentumspositionen geht. Es sollte dann aber klargestellt werden, dass nicht der Begriff als solcher, sondern die konkret in Rede stehende Position unter Art. 14 I 1 GG subsumiert werden muss, was - wie gesagt - in aller Regel nicht gelingen wird.

1404 *Zum Begriff BGH, NJW 1999, 279, 279 ff.*
1405 *BVerfGE 96, 375, 397; 66, 116, 145; 51, 193, 221; ähnlich v.Münch/Kunig-Bryde, GG, Art. 14 Rn 18*
1406 *BGHZ 48, 58, 63*
1407 *BVerwG, Buchholz 407.4 § 8a FStrG Nr. 11*

Der BGH und Teile der Literatur wollen hingegen den „eingerichteten und ausgeübten Gewerbebetrieb" als solchen unter Art. 14 I 1 GG fallen lassen.[1408] Dieser Ansicht genügt für die gesetzliche Verankerung, dass das Rechtsinstitut über § 823 I BGB als „sonstiges Recht" anerkannt ist. Dagegen spricht aber, dass es gerade nicht der Gesetzgeber war, der das Rechtsinstitut geschaffen und anerkannt hat, sondern die Rechtsprechung. Zudem handelt es sich - wie oben gezeigt - letztlich nur um eine undifferenzierte Umschreibung bestimmter, i.d.R. nicht gesetzlich geschützter Werte. **665**

cc) Ausgestaltung oder Eingriff?

Nach alledem bleibt festzuhalten, dass der einfache Gesetzgeber erst durch seine Gesetze festlegt, was überhaupt „Eigentum" i.S.d. Art. 14 I 1 GG ist. Wie soll dann aber Art. 14 I 1 GG vor Eigentumseingriffen durch den Gesetzgeber schützen? Die Lösung dieses bereits in der Einleitung angesprochenen Spannungsverhältnisses zwischen gesetzgeberischer Ausgestaltungsfreiheit und dem Schutz des Bürgers vor Eingriffen liegt im Zeitpunkt des Eigentumserwerbs.[1409] Alle zum Zeitpunkt des Erwerbs geltenden Gesetze regeln den Inhalt des Eigentums, bestimmen also den Schutzbereich. Tritt danach ein neues Gesetz in Kraft, das die Eigentümerstellung verschlechtert, ist es gegenüber dem Alteigentümer ein Eingriff, wohingegen es gegenüber zukünftigen Neueigentümern wiederum nur eine Inhaltsbestimmung ist, welche deren Schutzbereich bestimmt.[1410] **666** Zeitpunkt entscheidet, ob Inhalt oder Schranke

BEISPIEL: Ein fiktives Gesetz soll bestimmen, dass nur Aktien mit einem Nennwert von über 100,- € Stimmrecht verleihen. Für „Altaktionäre" wird dadurch das Stimmrecht ihrer Aktien beschnitten. Es liegt somit ein an Art. 14 I 1 GG zu messender Eingriff in ihr Eigentumsrecht vor. Erwirbt hingegen jemand nach Inkrafttreten dieser Regelung eine Aktie mit einem Nennwert von unter 100,- €, hat er nie ein Stimmrecht besessen. Ihm haben die Gesetze nie ein Stimmrecht gewährt, er kann sich daher nicht auf Art. 14 I 1 GG berufen.

MERKSATZ

Die Befugnisse, die einem Eigentümer nach Art. 14 I 1 GG zustehen, ergeben sich aus einer Zusammenschau aller in einem bestimmten Zeitpunkt geltenden Gesetze.[1411]

dd) Umfang des Eigentumsschutzes

Art. 14 I 1 GG enthält eine **Bestands-** und eine **Institutsgarantie**. Die „Bestandsgarantie" sichert den jeweiligen Eigentümer im Fortbestand seines Eigentums einschließlich der Unversehrtheit der Substanz bei Sacheigentum und der Nutzungsmöglichkeit (letztere nach h.M. nur in eingeschränktem Umfang, dazu Rn 668).[1412] Damit korrespondiert die „negative Eigentumsfreiheit", die darin besteht, Eigentum **667** Bestands- und Institutsgarantie

1408 *BVerwGE 81, 49, 54; 67, 93, 96; BGHZ 111, 349, 356*
1409 *Berg, JuS 2005, 961, 965*
1410 *Jochum/Durner, JuS 2005, 220, 221; Schoch, JURA 1989, 113, 115*
1411 *BVerfGE 58, 300, 336; Schoch, JURA 1989, 113, 115*
1412 *Schoch, JURA 1989, 113, 117*

nicht bilden, aufrechterhalten oder nutzen zu müssen. Die Institutsgarantie hingegen gewährleistet das Privateigentum an sich. Sie verpflichtet den Gesetzgeber also, eine Gesellschaftsordnung zu gewährleisten, in der der Einzelne Eigentum in einem Umfang genießen kann, das „den Namen Eigentum auch verdient".[1413] In der Theorie ist die Institutsgarantie sicherlich die bedeutendere, da ohne Existenz des Eigentums an sich auch der Eigentumsschutz des Einzelnen gegenstandslos wäre. In Praxis und Examen geht es aber immer nur um die Bestandsgarantie, weil das bestehende Recht das Eigentum als Rechtsinstitut hinreichend gewährleistet und der Gesetzgeber keine Anstalten macht, hieran etwas zu ändern.

ee) Problemfälle

668 Neben dem latenten Problem der Abgrenzung zwischen Schutzbereichsausgestaltung und Eingriff (Rn 666) bereiten vor allem die Einordnung der Nutzungsbeschränkungen und der öffentlich-rechtlichen Ansprüche Probleme. Zur ferner problematischen Abgrenzung des Art. 14 I 1 GG von Art. 12 I 1 GG siehe Rn 605.

(1) Nutzungsmöglichkeiten

669 Wie soeben zur Bestandsgarantie ausgeführt, schützt Art. 14 I 1 GG unstreitig den Fortbestand des Eigentums und den Erhalt der Substanz bei gegenständlichem Eigentum. Problematisch ist hingegen, wie weit das Nutzungsrecht in tatsächlicher und zeitlicher Hinsicht geschützt ist:

Zukünftige Nutzungsmöglichkeit geschützt?

670 In zeitlicher Hinsicht stellt die Rechtsprechung darauf ab, ob die Nutzung schon realisiert worden ist (oder sich die Nutzungsmöglichkeit jedenfalls aufdrängt),[1414] während eine m.M. auch zukünftige Nutzungsmöglichkeiten genügen lassen will.[1415] Gegen letztere spricht, dass die Gesetze eine zukünftige Nutzungsaussicht in aller Regel nicht schützen, sie deshalb also kein „Eigentum" i.S.d. Art. 14 I 1 GG darstellen (es zeigt sich also wieder, dass eine genaue Subsumtion unter den Eigentumsbegriff erforderlich ist). Außerdem ließe sich der Schutzbereich des Art. 14 I 1 GG sonst kaum noch begrenzen.

BEISPIEL: Der Inhaber eines Elektrogeschäfts mag irgendwann auf die Idee kommen, dieses aufzugeben und sein Ladenlokal in eine Gastwirtschaft umzuwandeln. Gleichwohl schützt Art. 14 I 1 GG ihn nicht vor einer Verschärfung der Bauvorschriften für Gaststätten, solange er noch mit Elektrowaren handelt.

Beschränkung auf eigentumsspezifische Nutzungen?

671 Darüber hinaus ist streitig, ob jegliche realisierte Nutzung unter Art. 14 I 1 GG fällt, oder diese „eigentumsspezifisch" sein muss. Die h.M. fordert auch hier eine gewisse Eingrenzung des Schutzbereichs, um Art. 14 I 1 GG nicht ausufern zu lassen.[1416] Danach sollen nur solche Nutzungen umfasst sein, die von der Verkehrsanschauung als Ausübung des Eigentumsrechts verstanden werden. Die damit verbundenen Abgrenzungsprobleme sind nicht zu leugnen, als „kleineres Übel" aber in Kauf zu nehmen. Notfalls ist ein Schwerpunkt zu bilden.

1413 BVerfGE 24, 367, 389; Berg, JURA 2005, 961, 963; Schoch, JURA 1989, 113, 117
1414 BVerwGE 94, 1, 14; BVerwG, NuR 1995, 455, 456; BGHZ 133, 271, 276
1415 Sachs-Wendt, GG, Art. 14 Rn 45
1416 Schoch, JURA 1989, 113, 117; a.A. Sachs-Wendt, GG, Art. 14 Rn 45

BEISPIEL: Das Verbot des „Reitens im Walde" wäre ebenso an Art. 14 I 1 GG zu messen wie ein Autofahrverbot bei Smogalarm, wenn man jede Nutzung des Eigentums genügen lassen würde. In diesen Fällen liegt der Schwerpunkt jedoch auf dem Verhalten (Reiten, Fahren), welches deshalb nur Art. 2 I GG unterfällt. Anders ist es, wenn ein Grundstück bebaut oder mit einer Hypothek belastet wird. Hier steht nicht das Verhalten, sondern der Vermögenswert des Grundstücks im Vordergrund.

Fällt die Nutzung nicht in den Schutzbereich des Art. 14 I 1 GG, ist Art. 2 I GG einschlägig, sofern nicht ein anderes, spezielleres Grundrecht eingreift. Es handelt sich also letztlich um ein Problem der Grundrechtskonkurrenz.

BEISPIELE: Das „Reiten im Walde" hat das BVerfG an Art. 2 I GG gemessen. Das Lesen einer Zeitung ließe sich hingegen unter die Informationsfreiheit des Art. 5 I 1 2. Hs. GG subsumieren, die ihrerseits spezieller ist als Art. 2 I GG.

Nicht verwechselt werden darf das hier erörterte Problem der Beschränkung von **672**
einzelnen, bestimmten Nutzungsmöglichkeiten mit der Vereitelung **jeglicher** Nutzung. Eine solche reduziert das Eigentum auf eine leere Hülse und ist daher immer ein Grundrechtseingriff.

BEISPIEL (nach OVG Lüneburg, DÖV 2016, 226 = RA 2016, 85): Die Beschlagnahme einer Immobilie zur Unterbringung von Flüchtlingen ist selbst dann ein Eingriff in Art. 14 I 1 GG, wenn diese seit langem brach lag, da dem Eigentümer durch die Beschlagnahme jegliche Nutzung unmöglich gemacht wird. Ein weiteres Beispiel ist sog. der Atomausstieg: da den Betreibern hierdurch jede sinnvolle Nutzung der Atomanlagen unmöglich gemacht wird, liegt ein Grundrechtseingriff vor.[1417]

(2) Öffentlich-rechtliche Ansprüche

Äquivalent eigener Leistung?

Ob Ansprüche des Bürgers gegen den Staat in den Schutzbereich des Art. 14 I 1 **673**
GG fallen, ist problematisch, weil Art. 14 I 1 GG als Freiheitsgrundrecht in erster Linie ein Abwehrrecht gegen den Staat ist, keine Anspruchsgrundlage auf staatliche Leistungen. Deshalb fallen freiwillige staatliche Leistungen nicht in den Schutzbereich.[1418]

BEISPIEL: Wird das BAföG gekürzt, handelt es sich nicht um eine Verkürzung des Schutzbereichs des Art. 14 I 1 GG der BAföG-Bezieher. Ihnen wird nichts genommen, sondern nur weniger gegeben.

Auch staatliche Erlaubnisse nehmen nicht am Eigentumsschutz teil.

BEISPIEL: Im Atomausstieg-Fall hat das BVerfG ausdrücklich betont, dass zum Eigentumsschutz nicht die atomrechtlichen Genehmigungen zur Errichtung und zum Betrieb der Anlagen, sondern nur die Anlagen und deren Betrieb selbst gehören.[1419]

1417 BVerfG, DÖV 2017, 120, 122 = RA 2017, 29, 33
1418 BVerfGE 69, 272, 301; 53, 257, 291; Berg, JURA 2005, 961, 964
1419 BVerfG, DÖV 2017, 120, 122 = RA 2017, 29, 33

Anders liegt es hingegen, wenn der Anspruch gegen den Staat ein Äquivalent eigener Leistung des Bürgers ist.[1420] Entfällt oder mindert sich dieser, handelt es sich nicht um ein „weniger Geben", sondern ein „Nehmen" von Anwartschaften.

BEISPIEL: Die Rente ist das Äquivalent eigener Einzahlungen in die Rentenkasse. Deshalb fallen Rentenanwartschaften in den Schutzbereich des Art. 14 I 1 GG. Anders liegt es bei der Hinterbliebenenrente, für die der Hinterbliebene nichts getan hat.[1421]

b) Erbrecht, Art. 14 I 1 2. Fall GG

Erbrecht

674 Eigentum und Erbrecht stehen nicht nur systematisch in engem Zusammenhang. Das Erbrecht garantiert, dass das Eigentum mit dem Tode des Eigentümers nicht untergeht, sondern nach seinem Willen fortbesteht und übergeht. Das Erbrecht ist also ein „verlängertes Eigentumsrecht". Die sachlichen Schutzbereiche sind identisch.[1422]

MERKSATZ

Eigentum kann vererbt werden. Was nicht vererbt werden kann, ist kein Eigentum.[1423]

675 Manche Eigentumspositionen können nicht vererbt werden. Dies liegt aber nur daran, dass die Gesetze insoweit kein Erbrecht gewähren. Das Erbrecht ist also in gleicher Weise normgeprägt wie das Eigentum. Art. 14 I 2 GG bezieht sich auf beide.

BEISPIEL: Der Anspruch auf Versorgungsausgleich erlischt nach § 1587e BGB mit dem Tod des Berechtigten, kann also nicht vererbt werden. Gerade wegen § 1587e BGB erstreckte sich der Eigentumsschutz, der ja durch die Gesetze bestimmt wird, aber nie auf die Übertragung nach dem Tode. Folglich stellt § 1587e BGB auch keinen Eingriff in das Erbrecht, sondern - ebenso wie bei Eigentum - eine Inhaltsbestimmung des Schutzbereichs dar.

Institutsgarantie

676 Zum Ausgleich enthält das Erbrecht aber auch eine Institutsgarantie, die den Gesetzgeber verpflichtet, ein Erbrecht zu schaffen, dass diesen Namen auch verdient.[1424] In praxi hat diese Institutsgarantie - ähnlich wie beim Eigentum - kaum Bedeutung, weil das 5. Buch des BGB allgemein als verfassungskonforme, ausreichende Umsetzung dieses Auftrags angesehen wird.

2. Personaler Schutzbereich

677 Eigentum und Erbrecht sind Jedermanngrundrechte, die nach allg.M. nach Maßgabe des Art. 19 III GG „dem Wesen nach" auch auf inländische juristische Personen anwendbar sind,[1425] allerdings nur auf solche des Privatrechts, nicht solche des öffentlichen Rechts (vgl. Rn 67).

1420 *BVerfGE 97, 271, 284; Jochum/Durner, JuS 2005, 220, 221*
1421 *Jochum/Durner, JuS 2005, 220, 221*
1422 *Sachs-Wendt, GG, Art. 14 Rn 193; EuGH, EuGRZ 1979, 454, 460*
1423 *Jochum/Durner, JuS 2005, 220, 221*
1424 *BVerfGE 93, 165, 173; 44, 1, 17; BGH, NJW 1980, 2582, 2582*
1425 *BVerfGE 53, 336, 345; Sachs-Wendt, GG, Art. 14 Rn 16; Jochum/Durner, JuS 2005, 220, 222*

MERKSATZ
Art. 14 GG schützt nicht das Privateigentum, sondern das Eigentum Privater.[1426]

BEISPIELE: Eine Gemeinde kann nach zivilrechtlichen Vorschriften Eigentum erwerben und der Staat kann nach § 1936 BGB erben. Damit ist der sachliche Schutzbereich eröffnet, nicht jedoch der personale.

Das Erbrecht schützt den Erblasser in seiner sog. „**Testierfreiheit**".[1427] Der Erbe ist in seinem Recht, in die Rechtsposition des Erblassers einzutreten, grundsätzlich erst nach Eintritt des Erbfalls geschützt. Zuvor handelt es sich um eine bloße Erwartung, wenn nicht ausnahmsweise bereits vor dem Tod des Erblassers eine gesicherte Anwartschaft besteht (z.B. Erbvertrag, gemeinschaftliches Testament).[1428]

II. EINGRIFF

Art. 14 GG kennt zwei Eingriffsformen: Die Inhalts- und Schrankenbestimmung nach Art. 14 I 2 GG und die Enteignung nach Art. 14 III GG. **678**

MERKSATZ
Zur Terminologie: Der Begriff „Inhalts- und Schrankenbestimmung" hat sich eingebürgert und wird in Rechtsprechung und Literatur kommentarlos gebraucht. Er darf daher auch im Gutachten verwendet werden. Genau genommen ist allerdings nur die „Schrankenbestimmung" i.S.d. Art. 14 I 2 GG ein Eingriff, während die „Inhaltsbestimmung" den Schutzbereich ausgestaltet (Rn 666).

Allein schon der Gesetzestext zeigt, wie grundverschieden diese sind. Die Enteignung darf nach Art. 14 III 1, 2 GG nur zum Wohl der Allgemeinheit erfolgen und ist - vor allem - stets mit einer Entschädigung zu verbinden. Gemeinwohlbezug und Entschädigungspflicht gibt es in Art. 14 I 2 GG nicht. Dafür setzt die Sozialbindung des Eigentums in Art. 14 II GG den Inhalts- und Schrankenbestimmungen gewisse Grenzen. Wegen dieser unterschiedlichen Anforderungen an die verfassungsrechtliche Rechtfertigung müssen Inhalts- und Schrankenbestimmung und Enteignung sauber unterschieden werden.

1. Bagatellformel

Vorausgeschickt sei jedoch, dass bei Art. 14 GG grundsätzlich auch die Bagatellformel gilt, wonach nur eine spürbare Verkürzung des Schutzbereichs einen Eingriff darstellt, nicht aber eine Bagatelle. Bevor man sich mit der Abgrenzung von Inhalts- und Schrankenbestimmung und Enteignung beschäftigt, also der Frage, welcher Eingriff vorliegt, muss klar sein, dass überhaupt eingegriffen wird. **679**

1426 BVerfGE 61, 82, 108; MD-Papier, GG, Art. 14 Rn 206; Berg, JuS 2005, 961, 962
1427 BVerfGE 93, 165, 174; MD-Papier, GG, Art. 14 Rn 290
1428 v.Münch/Kunig, GG, Art. 14 Rn 45

BEISPIEL: Die Pflicht zur Anbringung einer Vignette an der Windschutzscheibe ist für Substanz und Nutzung des Pkw nur eine Bagatelle und daher kein Eingriff in das Eigentum.

KLAUSURHINWEIS
In aller Regel sind Inhalts- und Schrankenbestimmungen keine Bagatellen, Enteignungen ohnehin nie. Die **Bagatellformel** ist daher bei Art. 14 GG vielfach lediglich eine gedankliche Vorprüfung, die nur zu Papier gebracht werden sollte, wenn Zweifel bestehen.

2. Abgrenzung von Inhalts- und Schrankenbestimmung und Enteignung

680 Die Abgrenzung von Inhalts- und Schrankenbestimmung nach Art. 14 I 2 GG und Enteignung nach Art. 14 III GG ist ein Jahrzehnte altes Problem, das zu den schwierigsten der gesamten Grundrechtsdogmatik gehört.

KLAUSURHINWEIS
Die Art des Eingriffs stellt die Weichen für die Rechtfertigung. Es ist daher - ähnlich wie bei Art. 12 und 13 GG - zweckmäßig, den Leser an dieser Stelle nicht im Unklaren über die Art des Eingriffs zu lassen und sich bereits hier festzulegen, zumal die Abgrenzung ohnehin geleistet werden muss. Vertretbar ist es aber auch, sich an dieser Stelle mit der Bagatellformel zufrieden zu geben und erst bei der Schrankenbestimmung die Art des Eingriffs genauer zu bestimmen.

a) Schwellentheorien

681 Ursprünglich wurde die Enteignung als besonders intensive Form der Inhalts- und Schrankenbestimmung angesehen, die wegen ihrer Schwere entschädigungspflichtig sei. Nach dieser Vorstellung existiert eine „**Intensitätsschwelle**", jenseits derer eine Inhalts- und Schrankenbestimmung in eine Enteignung umschlug. Nach dieser Vorstellung gab es also drei eigentumsrelevante Regelungen, die sich nur nach der Schwere ihrer Folgen für den Betroffenen unterschieden: Bagatellen (kein Eingriff), Inhalts- und Schrankenbestimmungen (mehr als Bagatellen, daher Eingriff, aber nicht so schwerwiegend wie eine Enteignung) und Enteignungen (besonders schwere Eingriffe). Diese Ansicht war in Literatur[1429] und Rechtsprechung verbreitet. Der BGH („**Sonderopferlehre**")[1430] und das BVerwG („**Schweretheorie**")[1431] vertraten sie mit marginalen Unterschieden.

Problem: Unbestimmtheit der „Schwelle"

682 Das Problem der Schwellentheorien bestand jedoch immer darin, Kriterien dafür festzulegen, wo die Schwelle zwischen Inhalts- und Schrankenbestimmung und Enteignung verläuft. In einigen Fällen führten sie gar zu dem paradoxen Ergebnis, dass ein- und dieselbe Regelung uno actu Bagatelle, Inhalts- und Schrankenbestimmung und Enteignung sein konnte.

1429 *Vgl. heute noch Sachs-Wendt, GG, Art. 14 Rn 150 sowie die Nachweise bei Lege, JURA 2011, 507, 511*
1430 *Ständige Rechtsprechung seit BGHZ 6, 270, 277; resümierend BGHZ 99, 24, 27*
1431 *Ständige Rechtsprechung seit BVerwGE 5, 143, 145*

BEISPIEL: Alle Verleger werden verpflichtet, ein sog. „**Pflichtexemplar**" jedes Druckwerks kostenlos an eine staatliche Bibliothek abzuliefern. Für den Verleger einer Zeitung mit Millionenauflage mag dies eine unmerkliche Bagatelle, für den Verleger eines Buches eine spürbare, aber erträgliche Inhalts- und Schrankenbestimmung, für den Verleger einer wertvollen Lutherbibel in Kleinstauflage mit goldenem Einband hingegen eine Enteignung sein. Das Beispiel zeigt auch die Beliebigkeit der „Schwelle": Wie viel Euro muss ein Buch wert sein, damit aus einer Inhalts- und Schrankenbestimmung eine Enteignung wird?

Auch wird die Gesetzesbindung der Verwaltung und Rechtsprechung aus Art. 20 III GG umgangen, wenn sie (und nicht der Gesetzgeber) die Schwelle festlegen.

b) Formelle Abgrenzung

Nassauskiesungsbeschluss des BVerfG

Diesen Stand der Dinge fand das BVerfG in seiner bahnbrechenden Nassauskiesungs- **683**
entscheidung[1432] vor. Darin erteilte das BVerfG den Schwellentheorien eine eindeutige Absage. Dies zum einen wegen der erwähnten Unsicherheiten und Probleme mit Art. 20 III GG bei der Bestimmung der Schwelle, vor allem aber aus dogmatischen Gründen: Schon die Vorstellung von einer Enteignung als besonders intensiver Inhalts- und Schrankenbestimmung sei verfehlt. Art. 14 GG trenne vielmehr schon systematisch zwischen diesen. Zudem sei die Enteignung ein historisch gewachsener Begriff, der sich anhand formeller Kriterien (zu diesen sogleich) bestimmen lasse. Das BVerfG vertritt die **formelle Abgrenzung** seither in ständiger Rechtsprechung[1433]

MERKSATZ
Die **Enteignung** nach Art. 14 III GG ist kein „Mehr" als eine Inhalts- und Schrankenbestimmung nach Art. 14 I 2 GG, sondern ein aliud.

Literatur,[1434] BVerwG[1435] und BGH[1436] sind dem BVerfG in dieser Vorstellung weitestgehend gefolgt. Damit ist nach heute nahezu allg.M. zugleich festzuhalten:

MERKSATZ
Die Intensität des Eingriffs spielt für die Abgrenzung zwischen Inhalts- und Schrankenbestimmung und Enteignung keine Rolle.

KLAUSURHINWEIS
In einer Klausur müssen Schwellentheorien und formelle Abgrenzung des BVerfG nicht mehr streitig dargestellt werden. Vielmehr kann ohne weiteres mit der formellen Abgrenzung begonnen werden. Allerdings ist es auch nicht verboten, mit den Schwellentheorien zu beginnen, deren Schwäche darzulegen, sie deshalb kurz abzulehnen und sodann auf die Linie des BVerfG einzuschwenken. Eine solche Darstellung wäre, wenn sie knapp gehalten wird, anschaulich und ließe auf besondere Kenntnisse schließen.

1432 *BVerfGE 58, 300*
1433 *BVerfGE 100, 226, 239; 83, 201, 211; 79, 174, 191; 70, 171, 199*
1434 *v.Münch/Kunig-Bryde, GG, Art. 14 Rn 55; Fischer, JuS 2005, 52, 53; Schwabe, JZ 1983, 273, 274*
1435 *BVerwGE 77, 295, 297*
1436 *BGHZ 99, 24, 28*

aa) Enteignung

Enteignung

684 **DEFINITION**

Eine **Enteignung** liegt vor, wenn der Staat durch oder aufgrund eines Gesetzes dem Bürger eine konkret-individuelle Eigentumsposition vollständig oder teilweise entzieht, um sie aus Gemeinwohlgründen auf sich zu übertragen..[1437]

BEISPIEL: Um eine Autobahn bauen zu können, werden Landwirte enteignet, die ihre Äcker nicht freiwillig übereignen. Solche Regelungen finden sich heute z.B. in §§ 85 ff. BauGB und den Enteignungsgesetzen der Länder.

„Entzug" eng zu verstehen

685 „Entzug" meint dabei den vollständigen oder jedenfalls so weitgehenden Verlust der Rechtsposition, dass dem Eigentümer von seinem Recht nichts oder praktisch nur eine leere Hülse verbleibt. Solange er aber auch nur einen gewissen Nutzen von seinem Eigentum hat, ist das BVerfG in der Annahme einer Enteignung äußerst zurückhaltend.

BEISPIELE: § 13 des Denkmalschutzgesetzes Rheinland-Pfalz beschränkte den Abriss eines Baudenkmals, ohne die Interessen des Eigentümers an der Nutzung seines Grundstücks zu berücksichtigen. Trotzdem handelte es sich laut BVerfG bei dem Abrissverbot nur um eine abstrakt-generelle Beschränkung des Eigentums an Baudenkmälern und nicht um einen Entzug von Eigentumsrechten.[1438]

Gleiches gilt, wenn dem Eigentümer als Surrogat im Wesentlichen gleich- oder gar höherwertiges Eigentum zufließt, mag das neue mit dem alten Eigentum auch nicht völlig identisch sein.

BEISPIEL: Flurbereinigung, in deren Rahmen ein Landwirt ein Flurstück auf den Staat übertragen muss, dafür aber ein anderes, mindestens gleichwertiges Flurstück erhält.

686 Ferner muss zur Enteignung mit dem Entzug eine durch das Gemeinwohl begründete Übertragung auf den Staat einhergehen. Die Literatur kritisiert dieses Merkmal, da es aus Sicht des Betroffenen gleichgültig sei, ob ihm das Eigentum „nur" entzogen, oder es auch noch auf den Staat übertragen werde.[1439] Auch das BVerfG hatte zwischenzeitlich die Ansicht vertreten, dass es darauf nicht ankomme.[1440] Jedoch ist es in seiner Atomausstieg-Entscheidung umgeschwenkt und ausdrücklich wieder zu diesem Merkmal zurückgekehrt.[1441] Es argumentiert, dass die Enteignung nicht aus der Sicht des Betroffenen, sondern aus der Sicht des Staates gesehen werden müsse, da der Verfassungsgeber bei Schaffung des Art. 14 GG für die Enteignung die **Güterbeschaffung des Staates** vor Augen hatte. Der Entzug des Eigentums soll deshalb selbst dann keine Enteignung sein, wenn der Staat das Eigentum zwar auf sich übertrage, an diesem - anders als bei der Güterbeschaffung - jedoch gar kein Interesse habe.

1437 BVerfGE 104, 1, 9; BVerfG, NVwZ 2003, 197, 198; Jochum/Durner, JuS 2005, 412, 413
1438 BVerfG, NJW 1999, 2877, 2877 = RA 1999, 529, 529
1439 Jarass, NJW 2000, 2841, 2843
1440 BVerfGE 83, 201, 211; 24, 367, 394
1441 BVerfG, DÖV 2017,120, 121 = RA 2017, 29, 30 f.

BEISPIEL: Entziehung deliktisch erlangten Eigentums als Nebenfolge einer strafrechtlichen Verurteilung. Hier hat der Staat kein Interesse am Erwerb des Eigentums, es mag ihm im Gegenteil eher lästig sein, dieses zu verwahren.

MERKSATZ
Jede Enteignung setzt einen Entzug voraus, aber nicht jeder Entzug ist eine Enteignung.[1442]

Der Entzug kann durch auf Gesetz beruhendem Verwaltungsakt (sog. „**Administrativenteignung**") oder unmittelbar durch Gesetz (sog. „**Legalenteignung**") erfolgen.[1443] Fehlt es an einer gesetzlichen Grundlage, kann es sich bei dem staatlichen Verhalten nie um eine Enteignung handeln (nochmals: Die Intensität des Eingriffs ist irrelevant). **687** Legal- und Administrativenteignung

BEISPIEL: Die Straßenverkehrsbehörde schaltet eine Ampel falsch. Infolge „feindlichen Grüns" kommt es zu einem Massenunfall mit erheblichen Sachschäden. Eine Enteignung kann darin schon deshalb nicht liegen, weil es für das „feindliche Grün" keine gesetzliche Grundlage gibt.

Der Staat hat auch nicht die freie Wahl zwischen Legal- und Administrativenteignung. Erstere ist vielmehr nur bei zwingenden praktischen Notwendigkeiten zulässig,[1444] da der Rechtsschutz des Bürgers auf diese Weise beeinträchtigt wird (es gibt vor den Fachgerichten keinen Rechtsschutz gegen Gesetze), und daher extrem selten.

KLAUSURHINWEIS
Dies betrifft allerdings nicht die Frage, ob eine Enteignung vorliegt, sondern ob sie gerechtfertigt ist, und wäre daher in der verfassungsrechtlichen Rechtfertigung zu prüfen.

Die Möglichkeit einer Administrativenteignung darf auch nicht den Blick dafür verstellen, dass es für die Abgrenzung zwischen Inhalts- und Schrankenbestimmung und Enteignung allein auf das ermächtigende Gesetz, niemals auf seine Anwendung ankommt.[1445] **688** Gesetz allein bestimmt Abgrenzung

BEISPIEL: Das Tierseuchengesetz lässt die Tötung eines Tieres zu. Wird eine solche angeordnet, wird dem Eigentümer sein Eigentum an dem Tier entzogen, und zwar konkret-individuell. Gleichwohl regelt das Tierseuchengesetz abstrakt-generell die Rechte und Pflichten von Tierhaltern im Seuchenfall. Dass es dabei auch zum Entzug konkret-individuellen Eigentums kommen kann, ändert nichts an seiner Einordnung als Inhalts- und Schrankenbestimmung.

MERKSATZ
Das Gesetz - nicht seine Anwendung - bestimmt die Art des Eingriffs.

1442 BVerfG, NVwZ 2001, 1023, 1023 = RA 2001, 563, 565 (vgl. auch Abschlussfall zu Art. 14 I GG)
1443 Zu den Begriffen Lege, JURA 2011, 507, 514
1444 BVerfGE 95, 1, 22; 24, 367, 401; Lege, JURA 2011, 507, 516; Jochum/Durner, JuS 2005, 412, 413
1445 BVerfGE 83, 201, 213; v.Münch/Kunig-Bryde, GG, Art. 14 Rn 57

Realakte

689 Deshalb können auch Realakte niemals Enteignungen sein (Negativmerkmal).[1446] Selbst wenn sie - was schon selten ist - konkret-individuelle Eigentumspositionen entziehen, kommt es eben nicht auf den Realakt selbst (Anwendung), sondern dessen gesetzliche Grundlage an, und gesetzliche Regelungen zur Enteignung durch Realakt gibt es nicht.

BEISPIELE: Ein Polizist zerstört bei einer Hausdurchsuchung eine Vase. Hier wird das Eigentum entzogen, aber nicht auf gesetzlicher Grundlage. Nicht anders liegt es, wenn er einen angreifenden Kampfhund erschießt: Hier mag zum Entzug sogar noch die polizeiliche Generalklausel als gesetzliche Ermächtigung hinzutreten; diese sieht aber nicht den Entzug konkret-individueller Eigentumspositionen vor, sondern ermächtigt allgemein zur Gefahrenabwehr.

Indizien: Wortlaut, Entschädigung

690 Eine Orientierungshilfe - wenngleich i.E. nicht maßgeblich, da es hier um die Auslegung von verfassungsrechtlichen Begriffen geht, die nicht im einfachen Recht erfolgen kann - ist zudem ein Blick in das fragliche Gesetz. Ist dort von „Enteignung" die Rede? Ist eine generelle Entschädigung vorgesehen? Beides spräche für eine Enteignung.

BEISPIEL: Die §§ 85 ff. BauGB sind mit „Enteignung" überschieben und sprechen passim von „Enteignung", „enteignen" usw. Darüber hinaus regeln §§ 93 ff. BauGB eine Entschädigung. Es handelt sich unzweifelhaft um Enteignungsvorschriften.

Soweit ersichtlich gibt es im deutschen Recht keinen einzigen Fall, in dem ein Gesetz von „Enteignung" spricht, tatsächlich aber Inhalts- und Schrankenbestimmung ist. Auf dieses Indiz ist daher jedenfalls bei existierenden Gesetzen Verlass (anders natürlich bei fiktiv zu Prüfungszwecken erfundenen Normen). Weniger sicher ist das Vorhandensein einer sog. **„Junktimklausel"** i.S.d. Art. 14 III 2 GG, denn es gibt auch Fälle, in denen eine Inhalts- und Schrankenbestimmung zu entschädigen ist (dazu ausführlich Rn 700).

bb) Inhalts- und Schrankenbestimmung

Inhalts- und Schrankenbestimmung

691 Inhalts- und Schrankenbestimmungen könnten grundsätzlich negativ definiert werden: Eingriffe, die den Anforderungen an eine Enteignung nicht genügen, sind automatisch Inhalts- und Schrankenbestimmungen i.S.d. Art. 14 I 2 GG.[1447] Das BVerfG bietet aber auch eine positive Definition an:

DEFINITION
Eine **Inhalts- und Schrankenbestimmung** ist die abstrakt-generelle Festlegung von Rechten und Pflichten eines jeden Eigentümers durch den Gesetzgeber.[1448]

Abstrakt-generelle Rechte und Pflichten

Inhalts- und Schrankenbestimmungen betreffen also keine konkret-individuellen Eigentumspositionen, sondern regeln das, was jedermann zu beachten hat.

1446 BVerwGE 84, 361, 366; 77, 295, 298; Jarass, NJW 2000, 2841, 2843
1447 Jarass, NJW 2000, 2841, 2843
1448 BVerfGE 100, 226, 240; 70, 191, 200; 58, 300, 330; 58, 137, 144

BEISPIEL: Die Polizei- und Ordnungsgesetze der Länder ermächtigen mit ihren Generalklauseln und z.T. auch in Standardmaßnahmen zu Eigentumseingriffen. Sie zielen jedoch nicht darauf ab, Eigentum zu entziehen (keine Finalität), sondern dienen der Gefahrenabwehr. Darüber hinaus regeln sie abstrakt-generelle Pflichten, denen sich jeder Bürger zu unterwerfen hat. Das Polizei- und Ordnungsrecht wird daher allgemein als Inhalts- und Schrankenbestimmung angesehen[1449] Gleiches gilt etwa für weite Teile des Baurechts, des Immissions- und Denkmalschutzrechts.

Typische Inhalts- und Schrankenbestimmungen sind gesetzgeberische Umgestaltungen eines ganzen Rechtsgebiets, weil damit neue abstrakt-generelle Pflichten für jedermann verbunden sind.[1450]

BEISPIELE: Das ursprünglich landesrechtlich geprägte Bergrecht wurde durch das BBergG vereinheitlicht. Auch die Schuldrechtsreform gehört hierher.

Bleiben nach alledem noch Zweifel, sollte eine Inhalts- und Schrankenbestimmung bejaht werden, weil auch das BVerfG mit der Annahme einer Enteignung - wie schon oben zum „Entzug" des Eigentums angedeutet - recht zurückhaltend ist. **692**

Im Zweifel: Inhalts- und Schrankenbestimmung

BEISPIEL (nach BVerfG, NJW 1996, 246): Das BVerfG hält den Verfall von Gegenständen des Täters nach §§ 73 ff. StGB für eine bloße Inhalts- und Schrankenbestimmung (ohne eine Enteignung auch nur anzuprüfen), obwohl der Staat damit auf konkret-individuelle Eigentumsrechte zugreift.

3. Vergesellschaftung, Art. 15 GG

Einen Eingriff eigener Art - kein eigenes Grundrecht, aber auch keinen bloßen Sonderfall der Enteignung- enthält die sog. Vergesellschaftung des Eigentums nach Art. 15 GG.[1451] Im Unterschied zur Inhalts- und Schrankenbestimmung wird dem Eigentümer das Eigentum hier nicht belassen, sondern - wie bei einer Enteignung - entzogen. Im Unterschied zur Enteignung wird aber nicht auf eine konkret-individuelle Vermögensposition, also einen einzelnen Eigentumsgegenstand zugegriffen, sondern das Privateigentum in bestimmten Bereichen - Art. 15 GG nennt abschließend Grund und Boden, Naturschätze und Produktionsmittel - vollständig abgeschafft. **693**

Abgrenzung zu Eingriffen i.S.d. Art. 14 GG

Art. 15 GG ist vor einem historischen Hintergrund zu sehen: Die SPD hätte seinerzeit dem Grundgesetz nicht zugestimmt, wenn es an Stelle des Privateigentums an volkswirtschaftlich bedeutenden Sachen nicht zumindest die Möglichkeit eröffnet hätte, eine andere, staatlich gelenkte Wirtschaftsordnung einzuführen.[1452] Bedeutung in Praxis oder Examen hat Art. 15 GG nie erlangt.

1449 *BVerfGE 20, 351, 358; BVerwGE 38, 209, 218; v.Münch/Kunig-Bryde, GG, Art. 14 Rn 66*

1450 *BVerfGE 83, 201, 212; 70, 191, 200; Schoch, JURA 1989, 113, 121*

1451 *v.Münch/Kunig-Bryde, GG, Art. 15 Rn 5, 6*

1452 *v.Münch/Kunig-Bryde, GG, Art. 15 Rn 1*

III. VERFASSUNGSRECHTLICHE RECHTFERTIGUNG

694 Die Weichen für die Prüfung der verfassungsrechtlichen Rechtfertigung wurden bereits durch die Festlegung der Art des Eingriffs gestellt: Eine Inhalts- und Schrankenbestimmung muss sich an Art. 14 I 2, II GG messen lassen, eine Enteignung an Art. 14 III GG, die Vergesellschaftung an Art. 15 GG. Und nochmals: Die Rechtsnatur des Eingriffs wird durch das Gesetz bestimmt, nicht durch dessen Anwendung, und sie ist unabhängig von der Eingriffsintensität. Dies muss auf auch Rechtfertigungsebene durchgehalten werden.

BEISPIEL: Wenn durch Verwaltungsakt der Abriss eines Hauses verfügt wird, wird eine konkret-individuelle Eigentumsposition entzogen. Es handelt es sich aber trotzdem um eine nur an Art. 14 I 2 GG zu messende Maßnahme, weil die gesetzliche Ermächtigung (Bauordnungsrecht) eine Inhalts- und Schrankenbestimmung darstellt. Der Wert des Hauses (Eingriffsintensität) ist völlig ohne Belang.

1. Schranken

a) Inhalts- und Schrankenbestimmung

Art. 14 I 2 GG als einfacher Gesetzesvorbehalt

695 In der Literatur wird vielfach betont, Art. 14 I 2 GG sei kein Gesetzesvorbehalt.[1453] Daran ist richtig, dass sich die dort geregelte Inhaltsbestimmung schon auf den Schutzbereich auswirkt und sich nicht in einer Beschränkung des Eigentums erschöpft, sondern den Gesetzgeber zur Ausgestaltung desselben verpflichtet (zu alledem Rn 666). Gleichwohl wird im selben Atemzug ausgeführt, dass eine in den Schutzbereich eingreifende Schrankenbestimmung der verfassungsrechtlichen Rechtfertigung bedarf, namentlich in Form eines Parlamentsgesetzes, das seinerseits formell und materiell verfassungsgemäß sein und auf den Einzelfall auch verfassungsgemäß angewendet werden müsse.[1454] Damit unterscheidet sich Art. 14 I 2 GG zumindest in einer gutachterlichen Prüfung durch nichts von einem (einfachen) Gesetzesvorbehalt.

b) Enteignung

Art. 14 III GG als qualifizierter Gesetzesvorbehalt

696 Eine Enteignung unterliegt nach Art. 14 III GG hingegen einem qualifizierten Gesetzesvorbehalt. Es ist also zunächst auch immer ein Parlamentsgesetz erforderlich, das entweder selbst enteignet (Legalenteignung) oder zur Enteignung ermächtigt (Administrativenteignung). Dieses muss zudem den qualifizierten Anforderungen des Art. 14 III GG genügen, also dem Allgemeinwohl dienen, Art. 14 III 1 GG, und eine angemessene Entschädigung vorsehen, Art. 14 III 2, 3 GG.

c) Vergesellschaftung

Art. 15 GG als qualifizierter Gesetzesvorbehalt

697 Für die Vergesellschaftung enthält Art. 15 GG ebenfalls einen qualifizierten Gesetzesvorbehalt. Das Gesetz darf nach Art. 15 S. 1 GG nur auf Grund und Boden, Naturschätze oder Produktionsmittel zugreifen und muss eine Entschädigung vorsehen, für deren Höhe nach Art. 15 S. 2 GG Art. 14 III 3 GG entsprechend gilt.

1453 v.Münch/Kunig-Bryde, GG, Art. 14 Rn 50
1454 Berg, JuS 2005, 961, 965

2. Schranken-Schranken

a) Inhalts- und Schrankenbestimmung

Der Grundsatz der Verhältnismäßigkeit aus Art. 20 III GG spielt für die Verfassungsmäßigkeit einer Inhalts- und Schrankenbestimmung (und ihrer Anwendung) eine besondere Rolle. Bei dessen Prüfung gibt es drei klassische Probleme: **698**

Verhältnismäßigkeit besonders wichtig

aa) Sozialbindung des Eigentums, Art. 14 II GG

Die Sozialbindung des Eigentums wird als besondere Ausprägung des Verhältnismäßigkeitsgrundsatzes angesehen.[1455] Danach sind grundsätzlich solche Inhalts- und Schrankenbestimmungen angemessen, die dem Wohl der Allgemeinheit dienen. Im Umkehrschluss sind nicht am Allgemeinwohl orientierte Inhalts- und Schrankenbestimmungen i.d.R. unangemessen. Generell lässt sich sagen: **699**

Art. 14 II GG als Ausprägung der Verhältnismäßigkeit

MERKSATZ

Je größer der soziale Bezug der Inhalts- und Schrankenbestimmung ist, umso mehr spricht für ihre Verhältnismäßigkeit.[1456]

BEISPIELE: Der Erhalt von Denkmälern liegt im Allgemeininteresse und kann daher Einschränkungen der Baufreiheit rechtfertigen. Bei Sozialwohnungen kann das Kündigungsrecht des Vermieters eingeschränkt werden.

Situationsgebundenheit von Grundstücken

In Bezug auf Grundstücke ist vielfach von der „Situationsgebundenheit des Eigentums" die Rede,[1457] die letztlich nichts anderes ist als eine Ausprägung der Sozialbindung des Eigentums aus Art. 14 II GG.[1458] Damit ist gemeint, dass jedes Grundstück durch seine Lage und seine Nutzung geprägt wird. Dienen diese vorwiegend dem Wohl der Allgemeinheit, ist eine Inhalts- und Schrankenbestimmung i.d.R. angemessen.

BEISPIELE: Der Eigentümer eines Waldes im Außenbereich muss nach Art. 141 III 1 BayVerf das Betreten durch die Allgemeinheit zu Erholungszwecken dulden.

Am Ende läuft die Prüfung der Angemessenheit aber – wie sonst auch – auf eine Abwägung der Allgemeininteressen mit denen des Eigentümers im Wege „praktischer Konkordanz" hinaus. Es ist also ein Ausgleich zu suchen.

BEISPIEL: Ob die Widmung einer Straße für den Durchgangsverkehr (Allgemeininteresse) trotz der damit verbundenen Emissionsbelästigungen für die Anwohner angemessen ist, wird davon abhängen, wie gravierend die Emissionen im Einzelfall sind und wie dringend die Straße benötigt wird. Ein Ausgleich könnte in der Errichtung einer Lärmschutzmauer liegen.

1455 *Berg, JuS 2005, 961, 965*
1456 *BVerfGE 64, 87, 101; JP-Jarass, GG, Art. 14 Rn 42; Jochum/Durner, JuS 2005, 320, 321*
1457 *BVerfGE 100, 226, 242; BVerwGE 67, 84, 87; BGHZ 105, 15, 18; JP-Jarass, GG, Art. 14 Rn 41*
1458 *Berg, JuS 2005, 961, 965*

bb) Entschädigungspflicht

700 Wie bereits mehrfach erwähnt, ist es gerade das Wesen einer Inhalts- und Schrankenbestimmung nach Art. 14 I 2 GG, dass sie im Unterschied zur Enteignung nach Art. 14 III GG entschädigungslos hinzunehmen ist. Das bleibt im Normalfall auch richtig. Es gibt jedoch ausnahmsweise auch Inhalts- und Schrankenbestimmungen, in denen aus Gründen der Verhältnismäßigkeit – also wegen Art. 20 III GG, nicht wegen Art. 14 III 2, 3 GG – eine Entschädigung in Geld gezahlt werden muss.[1459] Dies ist häufig zur Vermeidung besonderer Härten der Fall.[1460]

BEISPIEL: Bahnbrechend war insoweit die „Pflichtexemplar"-Entscheidung des BVerfG:[1461] Für einen Verleger ist die kostenlose Ablieferung eines Pflichtexemplars an eine staatliche Bibliothek im Normalfall zu verschmerzen, nicht jedoch für den Verleger, der wertvolle Bücher in kleinster Auflage verlegt, sodass die Ablieferung eines Pflichtexemplars wirtschaftlich seinen Ruin bedeuten und damit den ganzen Druck unmöglich machen würde. Zur Vermeidung solcher Härten, so das BVerfG, müsse das PflichtexemplarG entweder Ausnahmen von der Ablieferungspflicht oder andere Kompensationsmöglichkeiten, wie etwa einen Geldausgleich, vorsehen. Hieran fehlte es, sodass die Ablieferungspflicht unverhältnismäßig war, obwohl es sich nicht um eine Enteignung, sondern eine Inhalts- und Schrankenbestimmung handelte.

Salvatorische Klauseln zulässig

Weil Inhalts- und Schrankenbestimmungen nicht pauschal, sondern nur in solchen Härtefällen entschädigungspflichtig sind, werden hier sog. „**salvatorische Klauseln**", die eine Entschädigung generalklauselartig auf Härtefälle beschränken, ohne selbst zu regeln, was unter einem Härtefall zu verstehen ist, von der ganz h.M. für zulässig gehalten (zum Streit hierüber bei Enteignungen siehe Rn 705).[1462] Der Gesetzgeber darf sich allerdingsnicht auf eine Entschädigungsregelung zurückziehen. Er hat vielmehr primär zu versuchen, die Härte zu vermeiden, etwa durch Übergangsregelungen, Ausnahmen usw.[1463]

KLAUSURHINWEIS
Die entschädigungspflichtige Inhalts- und Schrankenbestimmung ist und bleibt die absolute Ausnahme. Sie sollte nur erörtert werden, wenn der Sachverhalt erkennbar eine besondere Härte schildert oder sich der Betroffene auf sie beruft.

cc) Institutsgarantie

701 Wie schon im Schutzbereich angesprochen, muss der Gesetzgeber durch die Gesamtheit seiner Normen ein Rechtsinstitut des Eigentums schaffen, dass diesen Namen auch verdient. Gingen die Belastungen des Eigentümers durch Inhalts- und Schrankenbestimmungen so weit, dass er sein Eigentum vernünftigerweise nicht mehr nutzen könnte, wären sie in jedem Fall unverhältnismäßig und daher

---

1459 Lege, JURA 2011, 507, 515
1460 BVerfGE 100, 226, 244; Fischer, JuS 2005, 52, 54
1461 BVerfGE 58, 137
1462 BVerwG, DVBl 1993, 1141, 1143; BGH, DVBl 1995, 104, 105; Hendler/Duikers, JURA 2005, 409, 415; Schlette, JURA 1996, 428, 432; a.A. Jochum/Durner, JuS 2005, 412, 414 (unter fälschlicher Berufung auf BVerfGE 100, 226, 246)
1463 BVerfGE 100, 226, 246 = RA 1999, 529, 531

verfassungswidrig. Der Eingriff in die Institutsgarantie ist also eine „letzte Grenze" für den Gesetzgeber, die er keinesfalls überschreiten darf.[1464]

BEISPIELE: Eine erdrückende, mit der Institutsgarantie nicht zu vereinbarende Belastung wären z.B. die völlige Abschaffung der Baufreiheit oder der Privatautonomie.

Da die bestehenden Gesetze von einer solchen Grenzüberschreitung weit entfernt sind, hat die Institutsgarantie jedoch nur theoretische Bedeutung.

b) Enteignung

aa) Qualifizierte Anforderungen

Eine Enteignung muss nach Art. 14 III 1 GG dem Wohl der Allgemeinheit dienen und **702**
nach Art. 14 III 2, 3 GG eine angemessene Entschädigung vorsehen.

(1) Zum Wohle der Allgemeinheit, Art. 14 III 1 GG

Der Gemeinwohlbezug des Art. 14 III 1 GG ist der Sozialbindung des Eigentums aus **703** Gemeinwohlbezug weit zu verstehen
Art. 14 II GG sehr ähnlich. Gutachterlich unterscheiden sich die Regelungen allerdings schon durch ihren Prüfungsstandort (qualifizierte Gesetzesvorbehalt hier, spezielle Ausprägung des **Verhältnismäßigkeitsgrundsatzes** dort). Zudem ist Art. 14 III 1 GG keine Sollvorschrift wie Art. 14 II GG. Das BVerfG tendiert gleichwohl dazu, die Norm recht weit auszulegen. So genügt auch ein mittelbarer Gemeinwohlbezug, und zwar selbst dann, wenn die Enteignung primär Individualinteressen dient.

BEISPIEL (nach BVerfGE 74, 264: „Boxberg"): Das BVerfG hat zwar eine Enteignung zur Ermöglichung des Baus einer Teststrecke für Daimler-Benz für verfassungswidrig erklärt, dies aber explizit nicht deshalb, weil sie primär dem Wohl von Daimler-Benz dienen sollte. Vielmehr heißt es im Leitsatz der Entscheidung: „Eine Enteignung zugunsten eines privatrechtlich organisierten Unternehmens ist nicht schon deswegen unzulässig, weil sich der Nutzen für das allgemeine Wohl nicht aus dem Unternehmensgegenstand selbst ergibt, sondern nur mittelbare Folge der Unternehmenstätigkeit ist."

Nicht ausreichend sind demgegenüber rein fiskalische Interessen des Staates.[1465] Auch die Enteignung zur Durchführung eines rechtswidrigen Vorhabens ist nie im Allgemeinwohlinteresse.[1466] Dieser Umstand kann eine Inzidenterprüfung des einfachen Rechts erfordern.

BEISPIEL: Ein Grundstückseigentümer soll enteignet werden, um einen Autobahnbau zu realisieren. Ist der Autobahnbau bauplanungsrechtlich bereits rechtswidrig, ist eine Enteignung zum Zweck seiner Ermöglichung verfassungswidrig wegen eines Verstoßes gegen Art. 14 III 1 GG.

(2) Gerechte Entschädigung

Die Enteignung muss nach Art. 14 III 2, 3 GG mit einer Regelung verbunden sein, die **704** Junktimklausel
eine Entschädigung regelt. Dies setzt dreierlei voraus: Vorhandensein, Wirksamkeit

1464 *Hendler/Duikers, JURA 2005, 409, 413*
1465 *BVerfGE 38, 175, 180; JP-Jarass, GG, Art. 14 Rn 80*
1466 *BVerwGE 77, 86, 91*

und Gerechtigkeit einer solchen „Junktimklausel".[1467] Die geringsten Probleme bereitet die Prüfung des Vorhandenseins, denn diese lässt sich durch einen einfachen Blick in das Gesetz klären.

BEISPIEL: §§ 93 ff. BauGB

Art. 14 III 2 GG gilt nicht für vorkonstitutionelles Recht.[1468] Dort ist das Fehlen einer Junktimklausel also unschädlich.

Problemfall: Salvatorische Klauseln

705 Ist eine Junktimklausel vorhanden, muss sie ihrerseits wirksam sein. Besondere Probleme bereiten insoweit die sog. „salvatorischen Klauseln". Darunter sind Regelungen zu verstehen, die eine Entschädigung nur für den Fall gewähren, dass eine Maßnahme eine Enteignung sein sollte, aber offen lassen, ob und wann dies der Fall ist (vgl. schon oben Rn 700).

BEISPIEL: § 19 III WHG

Dies ist im Hinblick auf den aus Art. 20 III GG ableitbaren **Bestimmtheitsgrundsatz** problematisch. Der BGH hält sie für wirksam,[1469] das BVerwG zumindest für verfassungskonform auslegbar,[1470] die h.L. hingegen für verfassungswidrig.[1471] Das BVerfG hat die Frage offen gelassen.[1472] Am überzeugendsten ist die Literaturansicht: Wenn schon der Gesetzgeber sich nicht sicher ist, ob seine Regelungen eine Enteignung darstellen oder nicht, kann er diese Unsicherheit nicht auf den Bürger abwälzen, indem er ihn im Unklaren über eine Entschädigung lässt. Salvatorische Klauseln verstoßen daher gegen den Bestimmtheitsgrundsatz. Sind sie nichtig, ist aber auch die Enteignung ihrerseits (da dann ohne Entschädigungsregelung) verfassungswidrig.

Gerichte dürfen keine Lücke schließen

Keinesfalls dürfen die Gerichte eine durch fehlende oder unwirksame Junktimklausel entstandene Lücke durch Richterrecht schließen, indem sie etwa eine Entschädigung unmittelbar aus Art. 14 III GG analog zusprechen,[1473] da sonst die qualifizierten Anforderungen an den Gesetzgeber umgangen würden.

Angemessenheit der Entschädigung

Schließlich muss die Entschädigung gerecht sein. Letztlich liegt in diesem Erfordernis nichts anderes als eine spezielle Ausprägung des **Verhältnismäßigkeitsgrundsatzes**, genauer gesagt der Angemessenheit. Weil Art. 14 III 3 GG genau wie diese eine Abwägung zwischen den widerstreitenden Interessen der Allgemeinheit und den Beteiligten vorschreibt, muss kein voller Schadensersatz gewährt, insbesondere kein entgangener Gewinn ersetzt werden, denn dies würde die Interessen des Betroffenen zu einseitig bevorteilen. Auch Zinsverluste, steigende Baukosten oder Notargebühren sind typische Schadensersatzpositionen. Diese sind nicht mit einzubeziehen. Grundsätzlich maßgeblich ist vielmehr der Verkehrswert des entzogenen Eigentums,[1474] wenngleich Ausnahmen zulässig sein sollen.[1475] Keinesfalls darf die Entschädigung aber zu einem Almosen verkommen.[1476]

1467 *Von „iunctum", lateinisch für „verbunden"*
1468 *BVerfGE 46, 268, 288; Jochum/Durner, JuS 2005, 412, 413*
1469 *BGHZ 99, 24, 28; 105, 15, 16*
1470 *BVerwGE 94, 1, 5*
1471 *JP-Jarass, GG, Art. 14 Rn 83; Jochum/Durner, JuS 2005, 412, 413; Pietzcker, JuS 1991, 369, 369*
1472 *BVerfGE 58, 300, 346*
1473 *Grundlegend BVerfGE 58, 300, 319; v.Münch/Kunig-Bryde, GG, Art. 14 Rn 89*
1474 *BGHZ 39, 198, 200; 6, 270, 292; Berg, JuS 2005, 961, 966; Jochum/Durner, JuS 2005, 412, 414*
1475 *BVerfGE 46, 268, 285; BGHZ 67, 190, 192*
1476 *MD-Papier, GG, Art. 14 Rn 600; v.Münch/KunigBryde, GG, Art. 14 Rn 92*

KLAUSURHINWEIS
Da die Frage der Angemessenheit einer Entschädigung keine juristische, sondern eine wirtschaftliche ist, wird sie in Prüfungsaufgaben in aller Regel offensichtlich sein. Die Ausführungen hierzu können daher knapp gehalten werden.

bb) Verhältnismäßigkeit

Die Verhältnismäßigkeit ist grundsätzlich auch bei einer Enteignung zu prüfen. **706** Allerdings filtern die qualifizierten Anforderungen des Art. 14 III GG bereits viele unverhältnismäßige Regelungen heraus. Umgekehrt gilt die Faustformel, dass eine Regelung, die diesen Anforderungen genügt, in aller Regel auch angemessen ist, wenngleich dies - wie bei jeder Faustformel - nicht zwingend so sein muss.

Filterfunktion des Art. 14 III GG

BEISPIEL: Ein Gesetz, das im Verteidigungsfall alle Privatfahrzeuge zwecks militärischer Nutzung enteignet, mag dem Wohl der Allgemeinheit dienen und eine Entschädigung regeln, wäre aber dennoch unangemessen, da das Militär schwerlich alle Privatfahrzeuge wird nutzen können.

Eine andere, häufiger problematische Frage ist hingegen, ob die Regelung im Einzelfall auch verhältnismäßig angewendet wurde.

BEISPIEL: §§ 85 ff. BauGB mögen in verfassungsgemäßer Weise eine Enteignung regeln. Wenn jedoch mehr Grund und Boden enteignet wird, als zur Erreichung des Enteignungszwecks nach § 85 I BauGB nötig ist, wäre die Enteignung im konkreten Fall ungeeignet und damit unverhältnismäßig.

KLAUSURHINWEIS
Bei einer Enteignung ist die Verhältnismäßigkeit im Schwerpunkt i.d.R. nicht bei der Verfassungsmäßigkeit der Schranke, sondern bei ihrer Anwendung zu erörtern.

Für eine Unverhältnismäßigkeit der Enteignungsregelung selbst verbleiben danach **707** vor allem drei Fallgruppen: 1. Die Institutsgarantie als „letzte Grenze" wird angetastet, 2. es wird enteignet, wo eine Inhalts- und Schrankenbestimmung ausgereicht hätte (Enteignung nur als „**ultima ratio**")[1477] oder 3. es wird eine Legalenteignung vorgenommen, obwohl eine Administrativenteignung praktisch möglich gewesen wäre (Verkürzung des Rechtsschutzmöglichkeiten des Bürgers, s.o. Rn 687).[1478]

Fälle unangemessener Enteignung

c) Vergesellschaftung

Sollte sich der Gesetzgeber zu einer Vergesellschaftung nach Art. 15 GG entschließen, **708** wären deren einzige Schranken-Schranken die qualifizierten Anforderungen des Art. 15 GG, also ihre Beschränkung auf Grund und Boden, Naturschätze und Produktionsmittel sowie die Entschädigungspflicht, für die wegen Art. 15 S. 2 GG das oben zur Enteignung Gesagte entsprechend gilt. Weitere Schranken-Schranken gibt es hier nicht, auch keine Bindung an den Verhältnismäßigkeitsgrundsatz,[1479] denn die Auslagerung der Vergesellschaftung in Art. 15 GG sollte gerade dem Zweck dienen, den Gesetzgeber von der Berücksichtigung der Eigentümerinteressen nach Art. 14 GG zu befreien.

Verhältnismäßigkeit nicht zu prüfen

1477 *BVerfGE 45, 297, 321; BGHZ 105, 94, 97; Jochum/Durner, JuS 2005, 412, 414*
1478 *BVerfGE 95, 1, 22; 24, 367, 401; Jochum/Durner, JuS 2005, 412, 413*
1479 *v.Münch/Kunig-Bryde, GG, Art. 15 Rn 10*

SACHVERHALT

C. Klausurfall: Die Baulandumlegung

Wenn landwirtschaftliche Flächen durch einen Bebauungsplan in Bauland umgewandelt werden sollen, stehen der Zuschnitt und die privatrechtlichen Eigentumsverhältnisse an den Flächen einer sinnvollen Bebauung nicht selten entgegen. Für den Fall, dass die Privateigentümer sich nicht über eine Neuverteilung des Eigentums einigen können, sehen die §§ 45 ff. BauGB mit der sog. Baulandumlegung ein staatliches Erzwingungsverfahren vor, mit dessen Hilfe die Gemeinden sicherstellen können, dass der Zuschnitt der Flächen und die Eigentumsverhältnisse am Ende so gestaltet sind, dass die Grundstücke dem Bebauungsplan entsprechend zweckmäßig genutzt werden können. Infolge dieser erzwungenen Umstrukturierung kann der einzelne Eigentümer sein Eigentum an bestimmten Flächen verlieren. Zuteilungskriterien und Abfindung sind im Gesetz im Detail geregelt.
Eigentümer E ist von einer solchen Baulandumlegung betroffen. Er meint, er sei zu schlecht weggekommen und hält die §§ 45 ff. BauGB insgesamt für verfassungswidrig, weil sie zu einer Enteignung ohne angemessene Entschädigung führten.[1480]
Verstoßen die §§ 45 ff. BauGB gegen Art. 14 I 1 GG?

LÖSUNG

Ein Verstoß gegen Art. 14 I 1 GG setzt einen nicht gerechtfertigten Eingriff in den Schutzbereich des Grundrechts voraus.

A. Schutzbereich betroffen

Art. 14 I 1 GG schützt das Eigentum. Eigentum ist jede durch die Rechtsordnung gewährte, vermögenswerte Rechtsposition. Die Baulandumlegung kann zum Verlust des Eigentums an bestimmten Grundstücksflächen führen. Hier geht es also um Eigentum im engsten, bürgerlich-rechtlichen Sinne, §§ 903 ff. BGB. Dieses ist von Art. 14 I 1 GG geschützt.

B. Eingriff

Fraglich ist, ob und wie in den Schutzbereich eingegriffen wird.

I. BAGATELLFORMEL

Unter einem Eingriff ist zunächst jede Verkürzung des Schutzbereichs zu verstehen. Beim Eigentum im engen, bürgerlich-rechtlichen Sinn kann eine Verkürzung z.B. in einer Substanzverletzung, im Entzug oder in der Beschränkung der Nutzungsmöglichkeiten liegen. Die Baulandumlegung schränkt zum einen die Verfügungsfreiheit des Eigentümers ein. Der Staat nimmt den Eigentümern vorübergehend die Verfahrensherrschaft, wenn diese die Bebaubarkeit der Grundstücke über privatautonome Regelungen einer Neuordnung der Eigentumsverhältnisse nicht erreichen. Außerdem bewirken Umlegungsbeschlüsse gem. § 51 BauGB eine Verfügungs- und Veräußerungssperre. Die mit der Neuzuteilung verbundene Änderung der Eigentumsverhältnisse führt zudem zu einem teilweisen oder gänzlichen Verlust des bisherigen konkreten Grundstücks notfalls auch gegen den Willen des Eigentümers. Somit liegt eine spürbare Verkürzung des Schutzbereichs des Art. 14 I 1 GG vor.

1480 Fall nach BVerfG, NVwZ 2001, 1023

II. INHALTS- UND SCHRANKENBESTIMMUNG ODER ENTEIGNUNG

Art. 14 GG kennt zwei Arten des Eingriffs: Die sog. „Inhalts- und Schrankenbestimmung" des Art. 14 I 2 GG und die Enteignung nach Art. 14 III GG. Fraglich ist, welche Form des Eingriffs hier vorliegt.

1. Schwellentheorien

Nach den früher vertretenen sog. „Schwellentheorien" wurde die Enteignung als besonders intensive Form der Inhalts- und Schrankenbestimmung verstanden. Jenseits einer Enteignungsschwelle schlug die Inhalts- und Schrankenbestimmung in eine entschädigungspflichtige Enteignung um. Es lässt sich jedoch nicht mit hinreichender Schärfe bestimmen, wo diese Schwelle verlaufen soll. Eine solch wesentliche Entscheidung müsste zudem wegen Art. 20 III GG dem Gesetzgeber vorbehalten bleiben und darf nicht vom Rechtsanwender (Verwaltung, Gericht) vorgenommen werden.

Diese Schwierigkeiten zeigt exemplarisch auch der vorliegende Fall auf: Bei geringen Einbußen mag die Baulandumlegung eine Inhalts- und Schrankenbestimmung sein, bei erheblichen Nachteilen wäre sie Enteignung. Der Gesetzgeber hat sie aber abstrakt geregelt mit der Folge, dass ein- und dieselbe Regelung je nach Wert des konkret betroffenen Grundstücks nach unterschiedlichen Maßgaben behandelt werden müsste. Zudem stellte sich die Frage, welche Wertgrenze die „Schwelle" bilden sollte. Deshalb sind die Schwellentheorien abzulehnen.

2. Formelle Abgrenzung

Die Abgrenzung hat sich vielmehr an formellen, hinreichend bestimmten Kriterien zu orientieren. Mit der Enteignung greift der Staat auf das Eigentum des Einzelnen zu. Sie ist auf die vollständige oder teilweise Entziehung konkreter subjektiver, durch Art. 14 I 1 GG gewährleisteter Rechtspositionen zur Erfüllung bestimmter öffentlicher Aufgaben gerichtet. Die Enteignung setzt also den Entzug konkreter Rechtspositionen voraus. Andererseits ist nicht jeder Entzug eine Enteignung i. S. von Art. 14 III GG. Diese ist vielmehr klassisch beschränkt auf solche Fälle, in denen Güter hoheitlich beschafft werden, mit denen ein konkretes, der Erfüllung öffentlicher Aufgaben dienendes Vorhaben durchgeführt werden soll. Werden hingegen abstrakt-generelle Rechte und Pflichten der Eigentümer geregelt, handelt es sich um eine Inhalts- und Schrankenbestimmung, auch wenn dabei einzelne Eigentumspositionen untergehen. „Entzug" i.S. einer Enteignung meint also den vollständigen oder jedenfalls so weitgehenden Verlust der Rechtsposition, dass dem Eigentümer von seinem Recht nichts oder praktisch nur eine leere Hülse verbleibt.

Die Gemeinde wird durch die §§ 45 ff. BauGB nicht ermächtigt, den Eigentümern ihre Grundstücke zu entziehen, um sie für ein konkretes, dem Wohl der Allgemeinheit dienendes Vorhaben einzusetzen. Das Instrument der Baulandumlegung ist in erster Linie auf den Ausgleich der privaten Interessen der Eigentümer gerichtet. Es soll diesen die bauliche Nutzung ihrer Grundstücke auch in den Fällen ermöglichen, in denen sie sich nicht selbst auf die hierzu notwendige Neuordnung ihrer Eigentumsrechte einigen können. Ihnen verbleibt somit mehr als eine leere Hülse, nicht selten gar ein wirtschaftlicher Vorteil. Die Baulandumlegung ist danach eine Inhalts- und Schrankenbestimmung i. S. des Art. 14 I 2 GG und nicht eine Enteignung i. S. des Art. 14 III GG.

C. Verfassungsrechtliche Rechtfertigung

Der Eingriff ist verfassungsrechtlich gerechtfertigt, wenn er von den Schranken des Grundrechts gedeckt ist.

I. SCHRANKEN

Als Schranken kommen grundsätzlich der einfache Gesetzesvorbehalt des Art. 14 I 2 GG und der qualifizierte Gesetzesvorbehalt nach Art. 14 III GG in Betracht. Hier liegt - wie gezeigt - eine Inhalts- und Schrankenbestimmung vor, die an Art. 14 I 2 GG zu messen ist.

II. SCHRANKEN-SCHRANKEN

Qualifizierte Anforderungen an die Schranke stellt Art. 14 I 2 GG (im Gegensatz zu Art. 14 III GG) nicht auf. Fraglich ist jedoch, ob die §§ 45 ff. BauGB auch den sonstigen Vorgaben des Grundgesetzes genügen, sie also ihrerseits im Übrigen verfassungsgemäß sind.

1. Formelle Verfassungsmäßigkeit

Die Gesetzgebungskompetenz des Bundes für das BauGB im Allgemeinen und §§ 45 ff. BauGB im Besonderen ergibt sich aus Art. 74 I Nr. 18 i.V.m. 72 GG. Verfahrens- oder Formverstöße sind nicht ersichtlich.

2. Materielle Verfassungsmäßigkeit

In materieller Hinsicht müssen die Voraussetzungen der Art. 19, 20 GG erfüllt sein. Hier ist allein fraglich, ob die §§ 45 ff. BauGB verhältnismäßig sind. Die Verhältnismäßigkeit der Mittel ist ein elementarer Teil des Rechtsstaatsprinzips aus Art. 20 III GG. Sie setzt voraus, dass die Maßnahme einen legitimen Zweck verfolgt und zu dessen Förderung geeignet, erforderlich und angemessen ist.

a) Legitimer Zweck

§§ 45 ff. BauGB dienen dem legitimen Regelungsziel, die Neuordnung der Grundstücke zum Zweck ihrer sinnvollen, plangerechten baulichen Nutzung zu ermöglichen.

b) Geeignetheit

Können sich die Eigentümer nicht selbst auf eine Neugestaltung der Eigentumsverhältnisse einigen, ist eine staatliche Schlichtung des Konflikts durch Zwang die einzige Möglichkeit, gleichwohl eine sinnvolle Nutzung der Grundstücke zu gewährleisten. Das Regelungsziel wird also gefördert.

c) Erforderlichkeit

Gleichzeitig muss die Regelung das mildeste unter mehreren gleich effektiven Mitteln sein. Milder als staatlicher Zwang ist in jedem Fall eine freiwillige Verständigung der Eigentümer. Die Baulandumlegung ist in § 46 I BauGB aber explizit auf die erforderlichen Fälle beschränkt, kommt also ausschließlich als ultima ratio zur Anwendung. Mildere, gleich effektive Mittel sind nach gescheiterter Einigung nicht ersichtlich.

d) Angemessenheit

Im Rahmen der Angemessenheit muss ein die Belange aller betroffenen Grundstückseigentümer hinreichend berücksichtigender Interessenausgleich gefunden werden.

Kommt es mangels einer einvernehmlichen Lösung zu einer hoheitlichen Baulandumlegung, können die Eigentümer zwar ihre bisherigen Grundstücke ganz oder teilweise verlieren. Sie müssen zudem einen Flächenabzug für die zur Erschließung des Baugebiets notwendigen Anlagen hinnehmen, § 55 II BauGB. Diese mit der Baulandumlegung verbundenen Belastungen stehen aber in angemessenem Verhältnis zu den mit der Umlegung verbundenen Vorteilen. Alle Eigentümer haben gem. §§ 56 I 1, 59 I BauGB grundsätzlich Anspruch auf Zuteilung von Bauland im Verhältnis der Flächen oder Werte, in dem die früheren Grundstücke vor der Umlegung zueinander gestanden haben. Eine unangemessene Belastung einzelner Eigentümer wird so vermieden. In der Regel wird das Neueigentum sogar wertvoller sein als die in das Umlegungsverfahren eingebrachten Grundstücke. Der Gesetzgeber hat auch Sorge dafür getragen, dass ein schutzwürdiges Interesse einzelner Eigentümer an der Beibehaltung des Grundstückszuschnitts und der bisherigen Nutzung Berücksichtigung finden kann. Über ein solches Interesse ist bereits bei der Aufstellung des Bebauungsplans zu entscheiden, der die bauliche Nutzung gem. § 1 VII BauGB als Ergebnis eines gerechten Ausgleichs gegenläufiger privater und öffentlicher Belange festsetzt und der gem. § 45 II 2 BauGB spätestens vor dem Beschluss über die Aufstellung des Umlegungsplans in Kraft getreten sein muss. Es entspricht im Übrigen den Anforderungen des Art. 14 I 1 GG, dass bei allen im Umlegungsverfahren zu treffenden Ermessensentscheidungen, die auf die Belastung von Eigentümerrechten gerichtet sind oder diese im Ergebnis bewirken, die Interessen der betroffenen Eigentümer im Verhältnis untereinander und im Verhältnis zu den mit der Umlegung verfolgten öffentlichen Interessen zu einem fairen Ausgleich gebracht werden, vgl. etwa § 56 I 2 BauGB.

Somit sind die §§ 45 ff. BauGB in ihrer Gesamtheit insgesamt verhältnismäßig. Der Eingriff in die Eigentumsfreiheit ist verfassungsrechtlich gerechtfertigt, Art. 14 I 1 GG ist nicht verletzt. **FALLENDE**

19. Teil – Art. 16 GG - Ausbürgerung und Auslieferung

A. Einleitung

Art. 16 GG enthält mit dem Ausbürgerungsverbot in Abs. 1 und dem Auslieferungs- **709**
verbot in Abs. 2 zwei Grundrechte, die sich, obwohl im selben Artikel geregelt, in Schutzbereich, Eingriff und Rechtfertigung elementar unterscheiden.

MERKSATZ

Art. 16 I GG und Art. 16 II GG haben nichts miteinander zu tun.

B. Systematik und Vertiefung

I. AUSBÜRGERUNGSVERBOT, Art. 16 I GG

Art. 16 I GG stellt eine Reaktion auf die willkürlichen Ausbürgerungen im Dritten **710**
Reich dar. Er soll zudem Staatenlosigkeit verhindern.

1. Schutzbereich betroffen

Keine Trennung sachlicher/personaler Schutzbereich

711 Die sonst übliche Differenzierung zwischen sachlichem und personalem Schutzbereich verbietet sich bei Art. 16 I GG, da er mit der deutschen Staatsangehörigkeit ausschließlich an eine personale Eigenschaft anknüpft.

Deutscher Staatsbürger

DEFINITION

Deutscher Staatsangehöriger ist, wer die deutsche Staatsbürgerschaft nach einfachem Recht legal erworben hat.[1481]

Bei Art. 16 I GG handelt es sich also um ein extrem normgeprägtes Grundrecht. Nicht das Grundgesetz, sondern ausschließlich das einfache Recht (vgl. §§ 3 ff. StAG: Geburt, Annahme als Kind, Einbürgerung usw.) bestimmt, wer in den Schutzbereich fällt. Dabei ist es ausreichend, wenn die Person nach dem zu irgendeinem Zeitpunkt geltenden Staatsangehörigkeitenrecht die deutsche Staatsbürgerschaft erworben hatte und sie im Zeitpunkt des Eingriffs noch inne hat.

BEISPIELE: Dazu gehören auch DDR-Bürger, Reichs- und Sudentendeutsche.

Illegal und damit nicht geschützt ist der Erwerb, wenn er rechtswidrig zustande gekommen ist und die Gründe dafür in der Sphäre des Betroffenen liegen.

BEISPIEL: Eine Einbürgerung wird durch Täuschung, Bestechung oder Erpressung des zuständigen Amtswalters erlangt. Legal und damit geschützt wäre die rechtswidrige Einbürgerung hingegen, wenn sie auf falscher Rechtsanwendung des Amtswalters beruht, also der Sphäre des Staates zuzuordnen ist.[1482]

Rücknahme einer Einbürgerung?

712 Damit ist auch die streitige Frage beantwortet, ob eine rechtswidrige Einbürgerung nach § 48 VwVfG zurückgenommen werden kann. Wollte man auch illegal erlangte Staatsbürgerschaften in den Schutzbereich aufnehmen, wäre dies wegen des absoluten Verbots des § 16 I 1 GG bzw. der drohenden Staatenlosigkeit nach Art. 16 I 2 GG unmöglich. Ist die illegal erlangte Position aber nicht geschützt, greift ihr Entzug auch nicht in den Schutzbereich des Art. 16 I GG ein.[1483] Eine m.M. argumentiert hiergegen, auch ein rechtswidriger Verwaltungsakt begründe eine Rechtsposition, solange er nur wirksam sei.[1484] Das stimmt, aber eben nur nach einfachem Recht. Für einen verfassungsrechtlichen Schutz derart illegal erlangter Rechtspositionen gibt Art. 16 I GG nichts her.[1485] Der EuGH sieht hierin auch keinen Verstoß gegen Unionsrecht.[1486]

MERKSATZ

Liegen die Gründe für die Rechtswidrigkeit in der Sphäre des Betroffenen, kann eine Einbürgerung unter den Voraussetzungen des § 48 VwVfG zurückgenommen werden. Liegen sie in der Sphäre der Behörde, ist sie hingegen unzulässig.[1487]

1481 *BVerfGE 14, 142, 150; JP-Jarass, GG, Art. 16 Rn 5*
1482 *BVerwGE 119, 17, 19; 118, 216, 218; JP-Jarass, GG, Art. 16 Rn 12*
1483 *BVerfG, NVwZ 2007, 807, 808 = RA 2006, 497, 498; BVerwGE 119, 17, 19; 118, 216, 218*
1484 *Lübbe-Wolff, JURA 1996, 57, 62*
1485 *BVerfG, NVwZ 2007, 807, 807 = RA 2006, 497, 498*
1486 *EuGH, RA 2010, 249, 250 = NVwZ 2010, 509, 510*
1487 *Art. 16 I 1 GG ist dann eine „entgegenstehende Bestimmung" i.S.d. § 1 I VwVfG*

2. Eingriff

Bei Art. 16 I GG gilt **nicht** die allgemeine **Bagatellformel**, sondern eine eigene, in Art. 16 I GG verankerte Eingriffsdogmatik. Danach sind Entzug nach Art. 16 I 1 GG und Verlust nach Art. 16 I 2 GG zu unterscheiden, wobei Art. 16 II 2 GG beim Verlust noch den mit Willen und den gegen den Willen des Betroffenen unterscheidet. Alle drei Eingriffsformen sind sauber zu trennen, weil sie unterschiedliche Rechtfertigungsanforderungen haben. **713** Entzug und Verlust

a) Entzug

DEFINITION **714** Entzug

Entzug i.S.d. Art. 16 I 1 GG ist der Verlust der Staatsbürgerschaft, die der Betroffene nicht oder nicht auf zumutbare Weise beeinflussen kann.[1488]

Hierzu gehören vor allem das Anknüpfen an persönliche Merkmale wie Geschlecht, Religion, Rasse oder Herkunft.[1489] Es sind aber auch andere Fälle denkbar.

BEISPIEL: Die Rücknahme einer aufgrund eines behördlichen Fehlers rechtswidrigen Einbürgerung nach § 48 VwVfG wäre unfreiwillig und daher als Entzug i.S.d. Art. 16 I 2 GG unzulässig. Ebenso liegt es beim Widerruf einer rechtmäßig erworbenen Einbürgerung nach § 49 II Nr. 3 VwVfG,[1490] anders jedoch bei § 49 II Nr. 2 VwVfG,[1491] weil die Auflagenerfüllung beeinflussbar ist.

Bei Minderjährigen kommt es statt auf die Einflussnahmemöglichkeit des Kindes auf die des gesetzlichen Vertreters an.

BEISPIEL: Die Annahme als Kind durch einen Ausländer führt nach § 27 StAG zum Verlust der deutschen Staatsbürgerschaft des minderjährigen Kindes, ist aber kein Entzug.

b) Verlust

DEFINITION **715** Verlust

Verlust i.S.d. Art. 16 I 2 GG ist jeder Untergang des deutschen Staatsangehörigkeit, der nicht durch Entzug i.S.d. Art. 16 I 1 GG eintritt.[1492]

Indem Art. 16 I 2 1. Hs. GG auch an den Verlust mit Einverständnis des Betroffenen Rechtfertigungsanforderungen stellt, ist zugleich klargestellt, dass das Einverständnis nicht etwa - wie bei vielen anderen Grundrechten - einen Eingriff (oder gar schon die Schutzbereichsbetroffenheit) ausschließt. Einverständnis schließt Verlust nicht aus

---

1488 *BVerfG, NVwZ 2006, 809, 809; BVerwGE 100, 139, 145; Becker, NVwZ 2006, 304, 306*
1489 *JP-Jarass, GG, Art. 16 Rn 9*
1490 *MD-Randelzhofer, GG, Art. 16 Rn 53; Sachs-Kokott, GG, Art. 16 Rn 26*
1491 *Nettersheim, DVBl 2004, 1144, 1147*
1492 *JP-Jarass, GG, Art. 16 Rn 10; Sachs-Kokott, GG, Art. 16 Rn 23*

BEISPIELE: Freiwillige Verluste sind z.B. die Entlassung nach §§ 18 ff. StAG, der Verzicht (§ 26 StAG) oder die Erklärung nach § 29 StAG.

Für einen unfreiwilligen Verlust i.S.d. Art. 16 I 2 2. Hs. GG bleiben angesichts des bereits von Art. 16 I 1 GG erfassten Entzugs kaum Anwendungsfälle übrig.

BEISPIEL: § 25 StAG lässt den Verlust infolge Erwerbs einer ausländischen Staatsangehörigkeit nur eintreten, wenn sie auf Antrag erworben wurde. Die Antragstellung ist beeinflussbar, § 25 StAG also kein Entzug. Andererseits mag der Verlust unfreiwillig eintreten, wenn der Antragsteller die deutsche Staatsbürgerschaft trotzdem gern behalten hätte.

3. Verfassungsrechtliche Rechtfertigung

716 Der Eingriff ist gerechtfertigt, soweit er von den Schranken gedeckt ist.

a) Entzug

Keine Rechtfertigung des Entzugs

717 Die verfassungsrechtliche Rechtfertigung eines Entzugs ist schon deshalb nicht möglich, weil Art. 16 I 1 GG keine Schranken kennt. Zwar wäre theoretisch eine Beschränkung durch verfassungsimmanente Schranken denkbar. Es gibt im Grundgesetz jedoch keine Artikel, die für den Entzug der deutschen Staatsbürgerschaft ins Feld geführt werden könnten.

b) Verlust

718 Der Verlust hingegen kann nach Maßgabe des Art. 16 I 2 GG gerechtfertigt sein.

aa) Schranken

719 Für den freiwilligen Verlust enthält Art. 16 I 2 1. Hs. GG einen einfachen Gesetzesvorbehalt. Für den unfreiwilligen Verlust ist der Gesetzesvorbehalt nach Art. 16 I 2 2. Hs. GG dahingehend qualifiziert, dass das Gesetz die Vermeidung von Staatenlosigkeit garantieren muss. Beide sind in §§ 17 ff. StAG konkretisiert.

bb) Schranken-Schranken

720 Hinsichtlich der formellen Verfassungsmäßigkeit ist auf die ausschließliche Gesetzgebungskompetenz des Bundes nach Art. 71, 73 I Nr. 2 GG hinzuweisen. In materieller Hinsicht ist für den seltenen Fall des unfreiwilligen Verlusts zunächst die qualifizierte Anforderung des Art. 16 I 2 2. Hs. GG zu beachten, wonach keine Staatenlosigkeit eintreten darf. Die §§ 17 ff. StAG beachten dieses Gebot nicht nur, sondern erstrecken es (ohne dass es von Verfassungs wegen notwendig wäre) sogar auf die freiwilligen Verlusttatbestände.

BEISPIELE: §§ 25, 27 StAG für den unfreiwilligen Verlust, §§ 26, 29 StAG für den freiwilligen Verlust.

Darüber hinaus ist - wie immer - der Grundsatz der Verhältnismäßigkeit zu prüfen.[1493]

1493 JP-Jarass, GG, Art. 16 Rn 11

KLAUSURHINWEIS
Der Schwerpunkt der Verhältnismäßigkeitsprüfung ist in aller Regel schon bei der Verfassungsmäßigkeit der Norm, nicht erst bei ihrer Anwendung anzusiedeln, weil §§ 17 ff. StAG zwingendes Recht enthalten.

II. AUSLIEFERUNGSVERBOT, Art. 16 II GG

Art. 16 II 1 GG verbietet die Auslieferung Deutscher an das Ausland. Dabei handelt es sich um ein eigenes Grundrecht.[1494] **721**

1. Schutzbereich betroffen

Auch Art. 16 II GG verfügt nicht über einen sachlichen Schutzbereich. Es genügt, „Deutscher" zu sein. Wer „Deutscher" ist, richtet sich nach Art. 116 GG, der auch, aber nicht nur die deutschen Staatsbürger erfasst. Art. 16 II GG ist also weiter als Art. 16 I GG. Diese im Grundgesetz noch angelegte Differenzierung hat sich jedoch so gut wie erledigt, da nach einfachem Recht § 40a StAG ipso iure alle Personen eingebürgert hat, die am 1.8.1999 Deutsche i.S.d. Art. 116 GG waren. Rein Statusdeutsche gibt es danach nicht mehr. **722** Art. 116 GG gilt

2. Eingriff

Ein Eingriff kann nur durch Auslieferung erfolgen. **723** Begriff der Auslieferung

DEFINITION
Auslieferung ist die Entfernung aus dem Territorium der BRD unter gleichzeitiger Überführung in den Machtbereich eines fremden Staates oder eines internationalen Gerichtshofs auf deren Ersuchen.[1495]

Auslieferung in diesem Sinne ist auch die sog. **„Durchlieferung"**, wenn also ein Deutscher bei der Überführung von einem Drittstaat in einen anderen Drittstaat das Territorium der BRD betritt (Beispiel: Zwischenlandung),[1496] nicht jedoch die sog. **„Rücklieferung"**, wenn also ein fremder Staat einen Deutschen vorübergehend nach Deutschland ausreisen lässt, weil deutsche Behörden seine Rückführung garantiert haben.[1497] Letztere verschlechtert nicht den status quo des Deutschen, sondern stellt ihn nur wieder her. **724** Durch- und Rücklieferung

Im fehlenden Ersuchen einer fremden Macht und der Bestimmung eines bestimmten Ziels unterscheidet sich die Auslieferung von der Ausweisung, die sich in dem Gebot erschöpft, die BRD zu verlassen (egal wohin). Die Ausweisung greift allerdings in den Schutzbereich des Art. 11 GG ein, der ggf. weiter zu prüfen ist. **725** Auslieferung und Ausweisung

3. Verfassungsrechtliche Rechtfertigung

Der Eingriff ist gerechtfertigt, soweit er von den Schranken gedeckt ist. **726**

1494 BVerfGE 113, 273, 293; JP-Jarass, GG, Art. 16 Rn 13; Sachs-Kokott, GG, Art. 16 Rn 34
1495 BVerfGE 113, 273, 293; Sachs-Kokott, GG, Art. 16 Rn 35
1496 BVerfGE 10, 136, 139; Sachs-Kokott, GG, Art. 16 Rn 43
1497 BVerfGE 29, 183, 193; Sachs-Kokott, GG, Art. 16 Rn 41

a) Schranken

727 Lediglich für die Auslieferung an Mitgliedsstaaten der EU oder einen internationalen Gerichtshof enthält Art. 16 II 2 GG einen qualifizierten Gesetzesvorbehalt.[1498]

BEISPIEL: Art. 89 des Statuts des Internationalen Strafgerichtshofs[1499] sieht eine Auslieferungspflicht ohne Rücksicht auf die Staatsangehörigkeit vor.

Ansonsten schützt Art. 16 II 1 GG absolut, enthält also keine Schranken. Ähnlich wie bei Art. 16 I 1 GG könnte man an verfassungsimmanente Schranken denken, wird jedoch keine finden, weil das Grundgesetz keine Kollisionsnormen enthält. Jede Auslieferung eines Deutschen außerhalb von Art. 16 II 2 GG (oder auch nur jede Mitwirkung daran) lässt sich folglich nicht rechtfertigen und ist daher verfassungswidrig.

b) Schranken-Schranken

728 Neben den qualifizierten Anforderungen des Art. 16 II 2 GG hat auch hier der Verhältnismäßigkeitsgrundsatz aus Art. 20 III GG besondere Bedeutung. Nur wenn eine Auslieferung an einen EU-Mitgliedsstaat oder einen internationalen Gerichtshof auch unter Berücksichtigung von Rechtssicherheit und Vertrauensschutz des Betroffenen angemessen ist, ist sie verfassungskonform.

BEISPIEL: Das Europäische Haftbefehlsgesetz ermöglicht die Auslieferung Deutscher an andere EU-Mitgliedsstaaten. Damit greift es in den Schutzbereich des Art. 16 II 1 GG ein, unterfällt aber der Schranke des Art. 16 II 2 GG. Gleichwohl erklärte das BVerfG es in seiner ursprünglichen Form[1500] für verfassungswidrig.[1501] Es sei unverhältnismäßig, weil der Gesetzgeber bei der Umsetzung der unionsrechtlichen Vorgaben nicht die grundrechtsschonendste Variante gewählt habe. Insbesondere missfiel dem Gericht, dass eine Auslieferung auch bei fehlendem Auslandsbezug nicht ausgeschlossen war, d.h. selbst dann möglich blieb, wenn die Straftat in Deutschland begangen wurde.

20. Teil – Art. 16a GG - Asylrecht

A. Einleitung

729 Das Asylgrundrecht war ursprünglich in Art. 16 II 2 GG verankert und schrankenlos gewährt. Mit Einführung des jetzt geltenden Art. 16a GG im Jahre 1993 hat es eine weitgehende Beschneidung erfahren, die zwar in der Literatur vielfach kritisiert worden ist,[1502] jedoch trotz der Nähe des Asylrechts zur Menschenwürde[1503] nicht gegen die Ewigkeitsgarantie des Art. 79 III GG verstößt, also gültiges Verfassungsrecht darstellt.[1504]

1498 *BVerfGE 113, 273, 299; Sachs, JuS 2005, 931, 932; Uhle, NJW 2001, 1889, 1892*

1499 *BGBl II 2000, 1394*

1500 *BGBl I 2004, 1748; außer Kraft seit Urteil des BVerfG v. 18.07.2005, BGBl I 2005, 2300; neue Fassung: BGBl I 2006, 1721*

1501 *BVerfG, NJW 2005, 2289, 2289 = RA 2005, 491, 491*

1502 *JP-Pieroth, GG, Art. 16a Rn 1: „Nur noch symbolischer Gehalt“; Tomuschat, EuGRZ 1996, 381, 386: „Grundrecht zweiter Klasse“; vgl. auch BVerfGE abwM 94, 157, 223*

1503 *Hehl, ZRP 1993, 301, 303; Rothkegel, ZRP 1992, 222, 226*

1504 *BVerfGE 94, 49, 49; Sachs-Pagenkopf, GG, Art. 16a Rn 9*

B. Systematik und Vertiefung

I. SCHUTZBEREICH BETROFFEN

1. Sachlicher Schutzbereich

Das Asylrecht schützt nach Art. 16 I GG politisch Verfolgte. **730**

Politische Verfolgung

DEFINITION

Politisch Verfolgter ist, wer wegen unabänderlicher persönlicher Merkmale anders ist, als er es nach Ansicht des Verfolgers zu sein hat, und deshalb befürchten muss, derart in seinen Rechtsgütern beeinträchtigt zu werden, dass er in eine ausweglose Lage gerät.[1505]

a) Verfolgung

Persönliche Merkmale und ausweglose Lage

Unabänderliche persönliche Merkmale in diesem Sinne sind Rasse, Geschlecht, Religion, Nationalität. politische Überzeugung, sexuelle Orientierung usw. Eine ausweglose Lage droht nur bei Gefahren für besonders bedeutende Rechtsgüter wie Leib und Leben oder die Menschenwürde (Verstümmelung, Tod, Folter etc.). Dass der Asylbewerber befürchten muss, in eine solche zu geraten, setzt die Prognose einer gegenwärtigen Gefahr voraus.[1506] Danach muss die Verfolgung entweder schon stattfinden oder wahrscheinlich sein, d.h. es muss mehr dafür sprechen als dagegen.[1507] **731**

BEISPIEL: An einer hinreichenden Wahrscheinlichkeit fehlt es, wenn der Asylbewerber eine Fluchtalternative hat, sei es im In- oder Ausland.[1508] Eine Gefahr liegt auch nicht mehr vor, wenn die Rechtsgutbeeinträchtigung abgeschlossen ist, er also z.B. gefoltert wurde, eine erneute Folter aber nicht mehr droht.[1509] Und auch der Emigrant, der mit den politischen Verhältnissen in seiner Heimat nicht einverstanden ist, ist solange kein Verfolgter, wie ihm keine der o.g. Nachteile drohen.[1510]

Keine Verfolgung liegt vor, wenn die Gefahr nicht von Menschen, sondern von Umweltereignissen wie Hungersnöten, Flutkatastrophen, Erdbeben usw. oder allgemein von wirtschaftlicher Not ausgeht. Wichtig ist auch, dass der Asylbewerber selbst tatsächlich verfolgt werden muss, nicht nur Personen wie er.

BEISPIEL: Bei einer sog. **„Gruppenverfolgung"** genügt es nicht, wenn der Asylbewerber vorträgt, selbst Teil der verfolgten Gruppe (Rasse, Partei usw.) zu sein. Er muss vielmehr darlegen, dass sich die Verfolgung gerade auch auf ihn individualisiert hat.[1511]

1505 BVerfGE 74, 51, 64; BVerwGE 67, 184, 186; 79, 143, 146
1506 JP-Pieroth, GG, Art. 16a Rn 15
1507 BVerfGE 76, 143, 167; BVerwGE 89, 162, 169
1508 BVerfGE 80, 315, 342; 81, 58, 65
1509 BVerwGE 87, 52, 53
1510 BVerwGE 54, 341, 359; v.Münch/Kunig-Schnapp, GG, Art. 16a Rn 10
1511 BVerwGE 101, 123, 124

b) Politisch

Staatliche Verfolgung erforderlich

732 Politisch ist die Verfolgung nur, wenn sie von einem anderen Staat ausgeht.[1512] Denn nur der Staat kann durch politische Wertentscheidungen für eine bestimmte Ordnung sorgen, in die sich der Asylbewerber ob seiner unabänderlichen persönlichen Merkmale nicht einfügt. Eine staatliche Verfolgung kann unmittelbar durch staatliche Organe, aber auch mittelbar dadurch geschehen, dass der Staat die Verfolgung durch Dritte unterstützt oder auch nur tatenlos hinnimmt, sei es, dass er zum Schutz des Asylbewerbers nicht Willens oder nicht in der Lage ist.[1513]

BEISPIEL: Die „ethnischen Säuberungen" in Bosnien-Herzegowina stellten eine politische Verfolgung der Betroffenen dar, gleich, ob sie von staatlichen Organen durchgeführt wurden (unmittelbare Verfolgung), der Staat die Tötungen ganzer Volksgruppen durch Dritte gebilligt hat oder er sie zwar missbilligte, mangels hinreichender Staatsgewalt aber nicht einschreiten konnte (jeweils mittelbare Verfolgung).

c) Kein Ausschluss

Art. 16 II 1 GG: Sicherer Drittstaat?

733 Als Schutzbereichsbegrenzung wirkt Art. 16a II 1 1. Hs. GG.[1514] Danach kann sich nicht auf das Asylrecht berufen, wer aus einem Mitgliedsstaat der EU einreist. Im 2. Halbsatz bezeichnet Art. 16a II 1 GG auch sonstige Staaten als „sichere Drittstaaten", in denen die Anwendung der Genfer Flüchtlingskonvention (GFK) und der Europäischen Menschenrechtskonvention (EMRK) sichergestellt sind. Da diese Staaten jedoch nach Art. 16a II 2 GG erst noch durch Gesetz benannt werden müssen, handelt es sich bei Art. 16a II 1 2. Hs, 2 GG nicht um eine Schutzbereichsbeschränkung, sondern um eine Grundrechtsschranke in Form eines qualifizierten Gesetzesvorbehalts (dazu s.u.).[1515]

MERKSATZ
Art. 16a II 1 GG ist Schutzbereichsbeschränkung, Art. 16a II 2 GG ist Schranke.

BEISPIEL: Reist der Asylbewerber aus Österreich ein, fällt er wegen Art. 16a II 1 1. Hs. GG schon nicht in den Schutzbereich. Reist er aus der Schweiz ein, fällt er in den Schutzbereich. Die Ablehnung seines Asylantrags (Eingriff) wäre aber durch die Schranke des Art. 16 II 1, 2. Hs, GG i.V.m. § 26a AsylVfG i.V.m. Anlage I verfassungsrechtlich gerechtfertigt, weil die Schweiz danach ein „sicherer Drittstaat" ist.

2. Personaler Schutzbereich

734 Art. 16a I GG ist ein Jedermanngrundrecht, das naturgemäß vor allem für Ausländer und Staatenlose Bedeutung hat. Juristische Personen können sich nicht auf Art. 16a I GG berufen.[1516]

1512 *Pieroth/Schlink, GR, Rn 1068*
1513 *BVerfGE 54, 341, 358; 80, 315, 336; BVerwGE 67, 317, 319*
1514 *Pieroth/Schlink, GR, Rn 1071*
1515 *JP-Pieroth, GG, Art. 16a Rn 19*
1516 *BVerfGE 97, 49, 99; JP-Pieroth, GG, Art. 16a Rn 19*

II. EINGRIFF

Unter einem Eingriff ist mit der allgemeinen **Bagatellformel** jede Verkürzung des Schutzbereichs zu verstehen. Dazu gehören aufenthaltsverweigernde, aufenthaltsbeendende und aufenthaltserschwerende Maßnahmen. Für aufenthaltsverweigernde Maßnahmen ist zu beachten, dass das Grundgesetz nur innerhalb der BRD gilt, weshalb der Asylbewerber das Territorium der BRD bereits betreten haben muss, wenn ein Eingriff in Art. 16a I GG vorliegen soll.[1517] **735**

BEISPIELE: Abschiebung (beendend), Zurückweisung am Flughafen (verweigernd), Beschlagnahme des Passes (erschwerend).

Kein Eingriff durch Nichtleistung

Da Art. 16a I GG wie alle Freiheitsgrundrechte ein Abwehrrecht ist, liegt bei der Verweigerung von Sozialleistungen an Asylbewerber (Unterkunft, Versorgung etc.) kein Eingriff vor.[1518]

MERKSATZ
Art. 16a I GG gibt Asylbewerbern keinen Anspruch auf Sozialleistungen.

III. VERFASSUNGSRECHTLICHE RECHTFERTIGUNG

Der Eingriff ist gerechtfertigt, soweit er von den Schranken gedeckt ist. **736**

1. Schranken

Art. 16 II-V GG enthält eine Reihe Grundrechtsschranken und sonstigen Regelungen, die nicht der Rechtfertigung von Eingriffen dienen, sondern verfassungsunmittelbar die Rahmenbedingungen regeln, unter denen Asyl gewährt wird. Im Einzelnen: **737**

a) Qualifizierte Gesetzesvorbehalte

Art. 16a II 2 GG

Ein qualifizierter Gesetzesvorbehalt findet sich zunächst in Art. 16a II 2 GG. Danach können sog. **„sichere Drittstaaten"** durch Gesetz bestimmt werden, die zwar nicht Mitglied der Europäischen Union sind, in denen aber die Anwendung der GFK und EMRK sichergestellt sind. Reist ein Asylbewerber aus einem solchen Land ein, steht unwiderlegbar fest, dass er nicht verfolgt wird. **738**

BEISPIEL: Art. 16a II 2 GG ist durch § 26a AsylVfG i.V.m. Anlage I umgesetzt worden. Danach sind „sichere Drittstaaten" Norwegen und die Schweiz.

Art. 16a III GG

Auch Art. 16a III 1 GG enthält einen qualifizierten Gesetzesvorbehalt. Danach können „sichere Herkunftsländer" durch Gesetz bestimmt werden. Im Gegensatz zu Art. 16a II 2 GG sind dies nicht solche, aus denen der Asylbewerber einreist, sondern solche, aus denen er stammt. Auch ist hier eine Verfolgung nicht ausgeschlossen, sondern es wird nach Art. 16a III 2 GG nur (widerlegbar) vermutet, dass eine solche nicht vorliegt. **739**

1517 BVerwGE 69, 323, 325; MD-Randelzhofer, GG, Art. 16a Rn 84
1518 BVerwGE 71, 139, 141; Rottmann, Der Staat 1984, 337, 346

BEISPIEL: Art. 16a III 1 GG ist durch § 29a AsylVfG i.V.m. Anlage II umgesetzt worden. Danach sind „sichere Herkunftsstaaten" Ghana und Senegal.

Art. 16a V GG

740 Art.16a V GG gewährleistet, dass die BRD bestimmten völkerrechtlichen Pflichten nachkommen kann, auch wenn sie asylrechtsbeschränkende Wirkung haben. Da derartige völkerrechtliche Verträge nach Art. 59 II GG stets der Umsetzung durch ein Parlamentsgesetz bedürfen, handelt es sich auch bei Art. 16a V GG um einen qualifizierten Gesetzesvorbehalt.[1519]

BEISPIEL: Konkreter Anlass für Art. 16a V GG waren namentlich die Abkommen von Schengen und Dublin über die Kontrollen des Personenverkehrs an den gemeinsamen Grenzen der Unterzeichnerstaaten.

b) Verfassungsunmittelbare Schranken

Art. 16a II 3, IV GG

741 Art. 16a II 3 GG und Art. 16a IV GG schließlich enthalten verfassungsunmittelbare Beschränkungen der Rechtsschutzmöglichkeiten.[1520] Sie wenden sich nicht an den Gesetzgeber, sondern unmittelbar an Exekutive und Judikative. Beide werden trotz ihres Wortlauts („aufenthaltsbeendend") auch auf aufenthaltsverhindernde Maßnahmen erstreckt, weil sie sich in ihrer Wirkung nicht unterscheiden.[1521]

BEISPIEL: Auch gegen die Verhinderung der Einreise am Flughafen nach § 18a AsylVfG kann ein Asylbewerber wegen Art. 16a III 2 GG nicht mit vollzugshemmender Wirkung widersprechen oder klagen.

Art. 16a II 3 GG und Art. 16a IV GG sind zugleich lex specialis zur Garantie effektiven Rechtsschutzes aus Art. 19 IV 1 GG, geraten mit dieser also nicht in Konflikt, sondern verdrängen sie.

BEISPIEL: § 34a II AsylVfG darf verfassungsrechtlich nicht an Art. 19 IV 1 GG, sondern nur an Art. 16a I GG gemessen werden. Der einfach-gesetzliche Ausschluss des Suspensiveffekts ist seinerseits eine aufenthaltserschwerende Maßnahme und daher ein Eingriff in Art. 16a I GG. Dieser ist jedoch durch Art. Art. 16a II 3 GG bzw. Art. 16a IV GG gerechtfertigt.[1522]

2. Schranken-Schranken

742 Neben der Wahrung der qualifizierten Anforderungen der Art. 16a II 2, III, V GG ist - wie immer - besonders auf den Grundsatz der Verhältnismäßigkeit der Maßnahme zu achten. Dieser gilt auch bei der Anwendung der verfassungsunmittelbaren Schranken der Art. 16a II 3, IV GG.

BEISPIEL: Der Ausschluss der aufschiebenden Wirkung nach Art. 16a II 3 GG darf aus Gründen der Verhältnismäßigkeit nicht dazu führen, dass dem Asylbewerber faktisch jegliche Rechtsschutzmöglichkeit genommen wird. Er muss daher vor einer Rückführung in jedem Fall angehört und sein Vorbringen bei der Entscheidung über eine Rückführung berücksichtigt werden.[1523]

1519 *Pieroth/Schlink, GR, Rn 1076*
1520 *JP-Pieroth, GG, Art. 16a Rn 29*
1521 *BVerfGE 94, 49, 101*
1522 *BVerfGE 94, 49, 113; JP-Pieroth, GG, Art. 16a Rn 29*
1523 *BVerfGE 94, 49, 101; JP-Pieroth, GG, Art. 16a Rn 29*

21. Teil – Art. 17 GG - Petitionsrecht

A. Einleitung

Das Petitionsrecht gewährt dem Petenten traditionell die Möglichkeit, sich mit formlosen Eingaben gegenüber staatlichen Stellen Gehör zu verschaffen.[1524] Heute führt es in Praxis und Examen allerdings ein Schattendasein, da eine Petition im Unterschied zu förmlichen Rechtsbehelfen i.S.d. Art. 19 IV 1 GG eine bestimmte Entscheidung nicht zu erzwingen, sondern nur anzuregen vermag. **743**

B. Systematik und Vertiefung

I. SCHUTZBEREICH BETROFFEN

Art. 17 GG gibt jedermann das Recht, sich allein oder gemeinsam mit anderen (sog. „**Sammelpetition**") mit schriftlichen Bitten und Beschwerden an die zuständige Stelle oder eine Volksvertretung zu wenden. **744**

1. Sachlicher Schutzbereich

„Bitten und Beschwerden" i.S.d. Art. 17 GG werden zusammenfassend als „Petition" bezeichnet. **745**

DEFINITION

„**Bitten**" i.S.d. Art. 17 GG sind Aufforderungen, zukünftig auf eine bestimmte Weise zu verfahren oder eine bestimmte Leistung zu gewähren. „Beschwerden" rügen eine in der Vergangenheit liegende Entscheidung oder Verfahrensweise.[1525]

Bitte und Beschwerde

Diese Unterscheidung ist letztlich nur sprachlicher Natur, da Bitten und Beschwerden sich in puncto Schutzbereich, Eingriff und Rechtfertigung nicht unterscheiden.

MERKSATZ

Zwischen „Bitte" und „Beschwerde" muss daher im Zweifel nicht unterschieden werden. Es genügt die Feststellung, dass überhaupt eine Petition vorliegt.

Zu ihnen gehören vor allem - aber nicht nur - die „klassischen" formlosen Rechtsbehelfe wie Dienst- und Fachaufsichtsbeschwerde und Gegenvorstellung.

BEISPIEL: Einen alternativen Entscheidungsvorschlag gegenüber der entscheidenden Stelle nennt man Gegenvorstellung. Dienst- und Fachaufsichtsbeschwerde werden an eine übergeordnete Stelle gerichtet, wobei mit der Dienstaufsichtsbeschwerde das persönliche Verhalten des Amtswalters, mit der Fachaufsichtsbeschwerde dessen Entscheidung in der Sache gerügt wird.

1524 *Vgl. schon § 159 der Paulskirchenverfassung von 1849*

1525 *Pieroth/Schlink, GR, Rn 1084*

a) Anforderungen an die Petition

Schriftlich

746 Die Petition muss schriftlich abgefasst werden. Streitig ist, ob dazu auch eine eigenhändige Unterschrift gehört,[1526] wobei jedenfalls die auch für förmliche Rechtsbehelfe ausreichenden Surrogate (digitale Signatur, Telefax usw.) genügen.[1527] Gegen das Erfordernis einer Unterschrift spricht im Zweifel, dass die Schriftform bei Art. 17 GG weniger Warn- (der Antragsteller hat nichts zu verlieren) als vielmehr nur Beweisfunktion hat.

BEISPIELE: Die Angabe des Namens und der Anschrift genügen also, wenn sonst keine Zweifel an der Identität des Absenders bestehen. Andererseits sind anonyme Petitionen aus demselben Grund nicht geschützt.[1528]

Richtiger Adressat

747 Sie muss ferner an den richtigen Empfänger gerichtet werden. „Volksvertretungen" i.S.d. Art. 17 GG sind neben Bundes- und Landtag auch Gemeinderat, Kreistag und andere unmittelbar gewählte Parlamente[1529] in den Grenzen ihrer jeweiligen Hoheitsgewalten. „Zuständige Stellen" sind die nach einfachem Recht zuständigen oder ihnen übergeordneten Entscheidungsträger, wobei der Instanzenzug nicht eingehalten werden muss.[1530]

BEISPIEL: Für eine ordnungsrechtliche Maßnahme mag das Ordnungsamt der kreisangehörigen Stadt S zuständig sein, in welcher der Betroffene wohnt. Es steht ihm frei, seine Petition hiergegen an das Ordnungsamt oder gleich an eine diesem übergeordnete Stelle (Landrat, Ministerium usw.) zu richten.

Verhältnis zu anderen Grundrechten

748 Nicht unter Art. 17 GG, sondern ausschließlich unter Art. 19 IV 1 GG fallen hingegen förmliche Rechtsbehelfe wie Klage, Berufung, Revision, Widerspruch usw.[1531] Auch bloße Meinungsäußerungen werden allein durch Art. 5 I 1 1. Hs. GG geschützt. Erst Recht gibt es keinen grundrechtlichen Schutz für die Verbreitung strafbarer Inhalte.[1532]

BEISPIEL: Wird der Sachbearbeiter in einer Beschwerde über sein Verhalten beleidigt, ist Art. 17 GG nicht einschlägig, da die Beleidigung zum einen ein Werturteil und damit Meinungsäußerung i.S.d. Art. 5 I 1 1. Hs. GG, zum anderen nach § 185 StGB strafbar ist. Es gibt somit auch keinen Anspruch auf Bescheidung einer solchen Petition.

Anders liegt es, wenn sich die Petition auf etwas bisher Rechtswidriges richtet, denn es kann gerade Sinn und Zweck der Petition sein, eine Rechtsänderung anzuregen.[1533]

MERKSATZ
Der Inhalt einer Petition darf nicht strafbar sein, wohl aber ihr Ziel rechtswidrig.

1526 Dafür JP-Jarass, GG, Art. 17 Rn 4; v.Münch/Kunig-Rauball, GG, Art. 17 Rn 11; dagegen MD-Klein, GG, Art. 17 Rn 62
1527 JP-Jarass, GG, Art. 17 Rn 4
1528 MD-Klein, GG, Art. 17 Rn 61
1529 OVG Münster, DVBl 1978, 895, 895; OLG Düsseldorf, NVwZ 1983, 502, 502
1530 BVerfGE 2, 225, 229
1531 JP-Jarass, GG, Art. 17 Rn 3; MD-Klein, GG, Art. 17 Rn 45
1532 BVerfGE 2, 225, 229; BVerwGE 103, 81, 89
1533 JP-Jarass, GG, Art. 17 Rn 5; MD-Klein, GG, Art. 17 Rn 55

b) Umfang des Grundrechtsschutzes

749 Leistungsrecht

Art. 17 GG ist als eines der wenigen Freiheitsgrundrechte auch, ja sogar vor allem ein Leistungsrecht. Um das Petitionsrecht nicht leer laufen zu lassen, kann es sich nicht im Abfassen der Petition erschöpfen. Vielmehr hat jedermann einen Anspruch auf Entgegennahme, inhaltliche Kenntnisnahme und Bescheidung der Petition.[1534] Der Bescheid muss zumindest erkennen lassen, wie mit der Petition verfahren wurde. Einen Anspruch auf eine bestimmte, vom Antragsteller gewünschte Entscheidung gibt es aber nicht.

BEISPIEL: Die Petition des P wird unter dem Hinweis beschieden, man habe sein Vorbringen erhalten und zur Kenntnis genommen, wolle aber nichts weiter unternehmen. Auch die Entscheidung, nichts zu unternehmen, ist eine zulässige Bescheidung über das weitere Verfahren.

750 Anspruch auf Begründung?

Ob darüber hinaus ein Anspruch auf Begründung des Bescheids besteht, ist zwischen Rechtsprechung (verneinend)[1535] und h.L. (bejahend)[1536] streitig. Allerdings lässt sich weder dem Wortlaut des Art. 17 GG noch Sinn und Zweck der Vorschrift ein solcher Anspruch entnehmen, denn das Petitionsrecht soll (nur) gewährleisten, dass der Bürger sich auch außerhalb von förmlichen Rechtsbehelfen Gehör verschaffen kann. Diesem Schutzzweck ist durch Entgegennahme, inhaltliche Kenntnisnahme und Bescheidung über das weitere Vorgehen genügt. Zudem wäre es ein Wertungswiderspruch, dass selbst Entscheidungen über förmliche Rechtsbehelfe nach einfachem Recht z.T. nicht begründet werden müssen (vgl. z.B. § 93d I 3 BVerfGG), ausgerechnet für formlose Petitionen aber ein verfassungsrechtlicher Begründungsanspruch bestehen soll.

KLAUSURHINWEIS

Liegt eine Begründung vor, kann der Streit offen gelassen werden. Besondere inhaltliche Anforderungen stellt auch die h.L. nicht - kurz und knapp genügt.

751 Abwehrrecht

Neben den o.g. Ansprüchen erfüllt Art. 17 GG aber auch eine Abwehrfunktion: Er schützt gegen Behinderungen beim Erstellen und vor Nachteilen infolge einer Petition.

BEISPIEL: Fällt die Leistungsbewertung eines Beamten negativ aus, weil er sich durch zahlreiche Petitionen als Querulant erwiesen habe, liegt darin ein Eingriff in Art. 17 GG in seiner Funktion als Abwehrrecht.

2. Personaler Schutzbereich

752

Art. 17 GG ist ein Jedermanngrundrecht, schützt also Deutsche wie Ausländer gleichermaßen. Auch juristische Personen des Privatrechts können gem. Art. 19 III GG durch ihre Organe Petenten sein.[1537]

1534 *BVerfGE 2, 225, 230; BVerwG, DÖV 1976, 315, 315*
1535 *BVerfGE 2, 225, 230; BVerfG, NJW 1992, 3033, 3033; BVerwG, NJW 1991, 936, 936*
1536 *JP-Jarass, GG, Art. 17 Rn 9; MD-Klein, GG, Art. 17 Rn 90*
1537 *JP-Jarass, GG, Art. 17 Rn 8*

II. EINGRIFF

753 Für Art. 17 GG gilt die allgemeine **Bagatellformel**. Jede spürbare Verkürzung des Schutzbereichs ist ein Eingriff, sei es durch Nichtgewährung der aus Art. 17 GG folgenden Ansprüche, sei es durch eine Beeinträchtigung seiner Abwehrfunktion.

III. VERFASSUNGSRECHTLICHE RECHTFERTIGUNG

754 Ein Eingriff ist gerechtfertigt, soweit er von den Schranken des Grundrechts gedeckt ist.

1. Schranken

Sonderfall: Sammelpetition

755 Zunächst enthält Art. 17a I GG einen qualifizierten Gesetzesvorbehalt, der durch § 1 IV WBO und § 41 III ZDG konkretisiert wird. Danach darf die Sammelpetition - und nur diese - im Bereich des Wehr- und Ersatzdienstes durch Gesetz eingeschränkt werden. Von diesem Sonderfall abgesehen unterliegt Art. 17 GG aber nur verfassungsimmanenten Schranken. Kollidierendes Verfassungsrecht wird zwar nur selten gegen das Petitionsrecht ins Feld geführt werden können, derartige Fälle sind aber nicht ausgeschlossen.

BEISPIEL: Die Kontaktsperre nach §§ 31 ff. EGGVG schirmt die betroffenen Gefangenen völlig von der Außenwelt ab und nimmt ihnen so auch das Petitionsrecht. Dies kann zum Schutz der freiheitlich-demokratischen Grundordnung sowie Leib und Leben der Bevölkerung vor terroristischen Anschlägen gerechtfertigt sein.[1538]

2. Schranken-Schranken

756 Besonderheiten bei den Schranken-Schranken gibt es zu Art. 17 GG nicht. Sie erschöpfen sich regelmäßig in der Beachtung des Verhältnismäßigkeitsgrundsatzes aus Art. 20 III GG. Dieser gilt für die Konkretisierung verfassungsimmanenter Schranken und Gesetze nach Art. 17a I GG gleichermaßen. Stets ist ein Ausgleich der Interessen zu suchen.

BEISPIEL: § 1 IV WBO schließt zwar Sammelpetitionen aus, lässt aber das Recht unberührt, allein eine Petition einzureichen. Da zudem § 7 WBeauftrG eine weitere Beschwerdemöglichkeit eröffnet, lässt der in § 1 IV WBO liegende Eingriff noch genügend Platz für Petitionen von Soldaten und ist somit verhältnismäßig.

22. Teil – Art. 19 IV 1 GG - Effektiver Rechtsschutz

A. Einleitung

757 Wird jemand durch die öffentliche Gewalt in seinen Rechten verletzt, steht ihm hiergegen nach Art. 19 IV 1 GG der Rechtsweg offen. Damit die Rechtsschutzmöglichkeit nicht zur leeren Hülse verkommt, garantiert Art. 19 IV 1 GG über seinen Wortlaut hinaus aber nicht nur die Eröffnung, sondern auch die Effektivität des beschrittenen Rechtswegs.

1538 BVerfGE 49, 24, 64

BEISPIEL: Über den bloßen Zugang zu den Gerichten hinaus ist Rechtsschutz nur effektiv, wenn in angemessener Frist eine Entscheidung beansprucht werden kann, die das Vorbringen des Rechtsschutzsuchenden berücksichtigt und ggf. vollstreckbar ist.

Art. 19 IV 1 GG enthält somit denknotwendig zunächst einen verfassungsunmittelbaren Auftrag, eine funktionierende Judikative aufzubauen, und zwar in rechtlicher wie faktischer Hinsicht. Man spricht von der „institutionellen Garantie der Gerichtsbarkeit".[1539] **758** Institutionelle Garantie

BEISPIEL: Prozessnormen wie VwGO, ZPO, StPO, FGG usw. müssen erlassen, Gerichtsgebäude gebaut, ausreichend Personal beschäftigt und mit Arbeitsmitteln ausgestattet werden.

Über diesen objektiven Gehalt hinaus ist Art. 19 IV 1 GG aber auch ein subjektives Recht in Gestalt eines umfassenden Prozessgrundrechts,[1540] das sich gut mit seinem materiellen Pendanten aus Art. 2 I GG vergleichen lässt: Sofern nicht spezieller geregelt (vgl. z.B. das Recht auf den gesetzlichen Richter aus Art. 101 I GG), garantiert Art. 19 IV 1 GG lückenlosen Rechtsschutz gegen Akte der öffentlichen Gewalt.[1541] **759** Prozessuales Auffanggrundrecht

MERKSATZ

Art. 19 IV 1 GG hat in prozessualer Hinsicht dieselbe Auffangfunktion wie Art. 2 I GG in materieller Hinsicht.

B. Systematik und Vertiefung

I. SCHUTZBEREICH BETROFFEN

1. Sachlicher Schutzbereich

a) Öffentliche Gewalt

Art. 19 IV 1 GG garantiert seinem eindeutigen Wortlaut nach nur Rechtsschutz gegen Akte der öffentlichen Gewalt. Zivilrechtliche Streitigkeiten sind somit nicht erfasst. Das BVerfG hat für diese allerdings einen „allgemeinen Justizgewährungsanspruch" aus Art. 20 III GG hergeleitet.[1542] Dieser ist inhaltlich mit Art. 19 IV 1 GG nahezu identisch, im Unterschied zu diesem aber kein eigenes Grundrecht. Das BVerfG hilft sich, indem es in seiner Verletzung zugleich einen Verstoß gegen die allgemeine Handlungsfreiheit aus Art. 2 I GG sieht, der mittels Verfassungsbeschwerde geltend gemacht werden kann.[1543] **760** (Nur) allg. Justizgewährungsanspruch im Zivilrecht

1539 v.Münch/Kunig-Krebs, GG, Art. 19 Rn 49
1540 BVerfGE 60, 253, 297; v.Münch/Kunig-Krebs, GG, Art. 19 Rn 48; v.Mutius, NJW 1982, 2150, 2155
1541 Pieroth/Schlink, GR, Rn 1108 ff.
1542 BVerfGE 97, 169, 185; 85, 337, 345; 80, 103, 107
1543 BVerfG, DVBl 2002, 968, 968

KLAUSURHINWEIS

Ist eine Streitigkeit zivilrechtlicher Natur, ist zunächst Art. 19 IV 1 GG anzuprüfen und abzulehnen. Sodann ist Art. 2 I GG zu prüfen. Dort ist auszuführen, dass dieser i.V.m. Art. 20 III GG einen „allgemeinen Justizgewährungsanspruch" gibt, dessen Inhalt der Garantie effektiven Rechtsschutzes aus Art. 19 IV 1 GG entspricht.

Unterschiede zwischen Art. 19 IV 1 GG und dem allgemeinen Justizgewährungsanspruch verbleiben danach nur auf Schrankenebene.

Öffentliche Gewalt

DEFINITION

Unter **öffentlicher Gewalt** i.S.d. Art. 19 IV 1 GG ist (nur) die Exekutive zu verstehen.

761 Diese Definition entspricht der ständigen Rechtsprechung des BVerfG,[1544] erstaunt jedoch auf den ersten Blick, denn beim insoweit wortgleichen Art. 93 I Nr. 4a GG werden neben der Exekutive auch Judikative und Legislative zur „öffentlichen Gewalt" gezählt, wie es auch Art. 20 II 2 GG vorgibt. Deshalb werden die Ausklammerung der Judikative[1545] und der Legislative[1546] durchaus bestritten.

aa) Judikative

Judikativakte nicht im Schutzbereich

762 Erstere lässt sich jedoch leicht begründen: Wollte man effektiven Rechtsschutz gegen Judikativakte garantieren, führte Art. 19 IV 1 GG zu einem endlosen Instanzenzug. Dies war offensichtlich nicht gewollt und wäre auch mit dem Bedürfnis nach Rechtssicherheit nicht vereinbar.[1547] Damit ist zugleich gesagt, dass Art. 19 IV 1 GG überhaupt keinen Anspruch auf einen Instanzenzug vermittelt.[1548]

BEISPIEL: Die Beschränkung des Berufungsverfahrens auf bestimmte Streitwerte (vgl. § 511 ZPO) oder zugelassene Berufungen (vgl. §§ 124 ff. VwGO) berührt daher ebenso wenig den Schutzbereich des Art. 19 IV 1 GG, wie es die Abschaffung der Berufung insgesamt würde.

MERKSATZ

Art. 19 IV 1 GG gewährt Schutz durch den Richter, nicht gegen den Richter.

Unterlasst es die Judikative gänzlich, Rechtsschutz zu gewähren, misst das BVerfG dies ausnahmsweise aber auch an Art. 19 IV 1 GG, denn ein Richter, der überhaupt nicht entscheidet, ist so gut wie kein Richter. Ein endloser Instanzenzug ist in diesen Fällen auch nicht zu befürchten, es geht nur um das Herbeiführen irgendeiner Entscheidung.

1544 *Grundlegend BVerfGE 4, 74, 95; vgl. ferner BVerfGE 104, 220, 231; 96, 27, 39*

1545 *v.Münch/Kunig-Krebs, GG, Art. 19 Rn 57; Kunig, VVDStRL 61 (2002), 34, 72*

1546 *Maurer, FS 50 Jahre BVerfG II, 2001, 467, 479*

1547 *BVerfGE 107, 395, 404; 76, 93, 98; 49, 329, 340; BVerwGE 86, 48, 51; Sachs-Sachs, GG, Art. 19 Rn 120; Bethge, NJW 1991, 2391, 2394*

1548 *BVerfGE 112, 185, 207; BVerwGE 120, 87, 93; Sachs-Sachs, GG, Art. 19 Rn 120*

BEISPIEL: Eine überlange Verfahrensdauer kann einer Rechtsvereitelung gleichkommen.[1549] Nimmt ein Richter Parteivortrag nicht zur Kenntnis, kommt es ebenfalls überhaupt nicht zu einer Entscheidung über diesen mit der Folge, dass Art. 19 IV 1 GG betroffen ist.[1550]

bb) Legislative

Legislativakte geschützt?

763 Der Widerstand gegen die Ausklammerung der Gesetzgebung lässt sich hingegen nicht so leicht brechen. Die m.M. meint, dass man im Wortlaut dann statt „öffentliche Gewalt" auch gleich „Verwaltung" hätte schreiben können.[1551] Außerdem stünde das Bedürfnis nach Rechtssicherheit der Einbeziehung der Legislative ebenso wenig entgegen, wie in diesem Fall ein endloser Instanzenzug zu befürchten sei. Die h.M. kontert mit einem systematischen Argument: Aus Art. 93 I Nr. 2 GG (abstrakte Normenkontrolle), Art. 100 I GG (konkrete Normenkontrolle) und aus Art. 93 I Nr. 4a GG (Verfassungsbeschwerde) ergebe sich, dass Gesetze nach dem Willen des Grundgesetzgebers nur vom BVerfG, nicht aber von den Fachgerichten überprüft werden sollen. Diese Wertung würde umgangen, wollte man aus Art. 19 IV 1 GG einen Anspruch auf fachgerichtliche Überprüfbarkeit von Parlamentsgesetzen ableiten.[1552] Letztlich kann der Streit offen bleiben, wenn man jedenfalls die Verfassungsbeschwerde nach Art. 93 I Nr. 4a GG als ausreichende Rechtsschutzmöglichkeit gegen Gesetze ansieht, wie dies unter Vertretern der m.M. verbreitet der Fall ist.[1553]

MERKSATZ

Das BVerfG kann Legislativakte an Art. 19 IV 1 GG messen. Einen Anspruch auf fachgerichtliche Überprüfung von Gesetzen gibt Art. 19 IV 1 GG aber nicht.

BEISPIEL: K möchte unmittelbar gegen ein Parlamentsgesetz klagen. Dass das einfache Recht eine solche Klage nicht zulässt, berührt nach h.M. schon den Schutzbereich des Art. 19 IV 1 GG nicht. Nach der m.M. wäre dies der Fall, es läge jedoch kein Eingriff vor, weil Art. 93 I Nr. 4a GG einen ausreichenden Rechtsbehelf darstellte.

KLAUSURHINWEIS

Der Streit über den Ausschluss der Judikative sollte ggf. knapp, der über den Ausschluss der Gesetzgebung ausführlicher erörtert werden.

cc) Exekutive

Alle Exekutivakte im Schutzbereich

764 Zu den danach verbleibenden Exekutivakten gehört jegliches Handeln der Verwaltung, also neben dem klassischen Erlass von Verwaltungsakten auch der von untergesetzlichen Normen wie Rechtsverordnungen und Satzungen,[1554] ferner Realakte und Rechtsakte sui generis wie Flächennutzungspläne, Ratsbeschlüsse usw. Zur Exekutive gehören auch Rechtspfleger[1555] und Staatsanwaltschaft;[1556]

1549 BVerfGE 60, 253, 269
1550 BVerfGE 103, 142, 156; 64, 261, 279
1551 v.Münch/Kunig-Krebs, GG, Art. 19 Rn 56
1552 BVerwGE 80, 355, 360; Sachs-Sachs, GG, Art. 19 Rn 123
1553 MD-Schmidt-Aßmann, GG, Art. 19 IV Rn 94; v.Münch/Kunig-Krebs, GG, Art. 19 Rn 56
1554 BVerfG, NVwZ 2006, 922, 923; BVerwGE 80, 355, 360; Schenke, JZ 2006, 1004, 1004
1555 BVerfGE 101, 397, 407
1556 BVerfGE 103, 142, 156

ferner solche Handlungen, die von Legislativ- oder Judikativorganen vorgenommen werden, aber nicht der Gesetzgebung oder Rechtsprechung dienen.[1557]

BEISPIELE: Gerichtliche Zwangsvollstreckungsmaßnahmen nach ZPO; Verweis eines störenden Zuschauers aus dem Gerichtssaal nach § 175 I GVG; gerichtliche Vorauswahl von Insolvenzverwaltern;[1558] Ausübung des Hausrechts im Deutschen Bundestag nach Art. 40 II 1 GG.

Ausnahme: Art. 44 IV GG

765 Die einzige Ausnahme bildet Art. 44 IV 1 GG, wonach Beschlüsse von Untersuchungsausschüssen der richterlichen Erörterung entzogen sind. Dies gilt trotz des umfassenden Wortlauts nach Sinn und Zweck einschränkend aber auch nur für Ergebnisbeschlüsse.[1559]

BEISPIEL: Verhängt ein Untersuchungsausschuss wegen unberechtigter Verweigerung der Zeugenaussage ein Ordnungsgeld nach Art. 44 II 1 GG i.V.m. § 70 I 2 StPO, steht hiergegen der Rechtsweg offen.[1560]

b) Verletzung eigener Rechte

766 Art. 19 IV 1 GG gilt nur für denjenigen, welcher eigene Rechte einklagt. Verbands- und Popularklagen sind nicht geschützt (wenngleich auch nicht verboten).[1561]

Eigene Rechte

DEFINITION
Eigene Rechte sind alle subjektiven Rechte, gleichgültig welchen Rangs.[1562]

Jedes subjektive Recht genügt

Gemeint sind also nicht etwa nur Grundrechte, sondern auch Rechte aus einfachem Recht (Gesetze, Rechtsverordnungen, Satzungen), auch Europa- und Gewohnheitsrecht.

BEISPIEL: Eine überlange Verfahrensdauer verstößt gegen Art. 19 IV 1 GG,[1563] gleichgültig, ob in dem Verfahren die Versammlungsfreiheit aus Art. 8 I GG, die Freizügigkeit aus Art. 45 AEUV, ein Zugangsanspruch aus der Satzung eines öffentlich-rechtlich organisierten Schwimmbades oder der gewohnheitsrechtlich anerkannte Folgenbeseitigungsanspruch (FBA) geltend gemacht werden.

Die Reichweite des Art. 19 IV 1 GG steht also z.T. auch zur Disposition des Gesetzgebers. Man kann sagen:

MERKSATZ
Nur soweit das Recht Ansprüche gibt, garantiert Art. 19 IV 1 GG deren prozessuale Durchsetzung.[1564]

1557 BVerfGE 107, 395, 406; Sachs-Sachs, GG, Art. 19 Rn 120a
1558 BVerfG, NJW 2004, 2725, 2727
1559 MD-Klein, GG, Art. 44 Rn 231, Sachs-Magiera, GG, Art. 44 Rn 28
1560 BVerfGE 79, 339, 340; OVG Berlin, OVGE 10, 163, 164
1561 BVerfG, NVwZ 2001, 1148, 1149
1562 BVerfGE 15, 275, 281; Sachs-Sachs, GG, Art. 19 Rn 126
1563 BVerfGE 60, 253, 269; BVerfG, NJW 2005, 3488, 3488
1564 BVerfGE 83, 184, 194; Sachs-Sachs, GG, Art. 19 Rn 130

BEISPIEL: Nach § 45 VwVfG können bestimmte Verfahrensmängel geheilt werden. Die Norm verhindert also schon eine Rechtsverletzung. Da Art. 19 IV 1 GG eine solche voraussetzt (und nicht etwa begründet), wird dessen Schutzbereich hierdurch nicht berührt.[1565]

Deshalb kann auch der Streit darüber, ob Gnadenakte (z.B. Art. 60 II GG) bzw. deren Verweigerung nun zur „öffentlichen Gewalt" gehören[1566] oder nicht[1567] hier dahinstehen - es gibt jedenfalls kein subjektives Recht auf Gnade.[1568] **767** Gnadenakte

c) Rechtsweg

Mit „Rechtsweg" i.S.d. Art. 19 IV 1 GG ist der zu den staatlichen Gerichten gemeint, im Zweifel zu den ordentlichen Gerichten, Art. 19 IV 2 GG. **768**

DEFINITION

Staatliche Gerichte sind solche, die den Anforderungen der Art. 92 ff. GG genügen, also insbesondere auf Dauer eingerichtet und mit unabhängigen Richtern besetzt sind.[1569]

2. Personaler Schutzbereich

Auf Art. 19 IV 1 GG können sich zunächst alle natürlichen Personen berufen, also auch Ausländer,[1570] unstreitig ferner alle inländischen juristischen Personen des Privatrechts, wobei „juristische Person" hier wie bei Art. 19 III GG in einem weiten, umfassenden Sinn zu verstehen ist, sodass neben solchen i.e.S. wie GmbH, AG usw. auch GbR, OHG, KG usw. dazu gehören (Rn 57).[1571] Streitig ist allerdings, ob auch die weiteren Voraussetzungen des Art. 19 III GG - „inländisch" und Anwendbarkeit „dem Wesen nach" - für Art. 19 IV 1 GG gelten. Die h.M. verneint dies, weil Art. 19 III GG systematisch vor Art. 19 IV 1 GG steht, sich also nur auf die Grundrechte aus Art. 1 bis 17a GG bezieht. **769** Probleme bei juristischen Personen

MERKSATZ

Art. 19 III GG gilt nicht für Art. 19 IV 1 GG.

Folglich können sich auch ausländische juristische Personen auf Art. 19 IV 1 GG berufen.[1572] Anders liegt es bei juristischen Personen des öffentlichen Rechts, also Körperschaften, Anstalten und Stiftungen.[1573] Diesen kann zwar nach dem zuvor Gesagten nicht entgegengehalten werden, dass es an einem „personalen Substrat" fehle und Art. 19 IV 1 GG deshalb nicht „dem Wesen nach" auf sie anwendbar sei. Es bleibt aber das Konfusionsargument: Grundrechte sind Abwehrrechte gegen den

1565 *Sachs-Sachs, GG, Art. 19 Rn 141*
1566 *BVerfGE abwM 25, 352, 360; MD-Schmidt-Aßmann, GG, Art. 19 IV Rn 80*
1567 *BVerfGE 25, 352, 357*
1568 *BVerfG NJW 2001, 3771, 3771; Sachs-Sachs, GG, Art. 19 Rn 119*
1569 *BVerfGE 49, 329, 340; 11, 232, 233*
1570 *BVerfGE 67, 43, 58*
1571 *JP-Jarass, GG, Art. 19 Rn 48; Sachs-Sachs, GG, Art. 19 Rn 113*
1572 *JP-Jarass, GG, Art. 19 Rn 48; a.A. Sachs-Sachs, GG, Art. 19 Rn 114*
1573 *BVerfGE 39, 302, 312; v.Münch/Kunig-Krebs, GG, Art. 19 Rn 51; Sachs-Sachs, GG, Art. 19 Rn 114; a.A. BFHE 62, 115, 118; Bettermann, NJW 1969, 1321, 1322; offen gelassen BVerfGE 61, 82, 109*

Staat, sodass der Staat nicht selbst Grundrechtsträger sein kann. Dafür, dass Art. 19 IV 1 GG in ähnlich spezifischer Weise auf Hoheitsträger zugeschnitten wäre wie etwa die Rundfunkfreiheit aus Art. 5 I 2 GG auf die öffentlich-rechtlichen Rundfunksender (zu dieser und den weiteren Ausnahmen Rn 67), ist auch nichts ersichtlich.

KLAUSURHINWEIS
Die Anwendbarkeit des Art. 19 IV 1 GG auf ausländische Personen und solche des öffentlichen Rechts muss ggf. streitig dargestellt und unter Verwendung der o.g. Argumente entschieden werden.

II. EINGRIFF

770 Unter einem Eingriff sind alle Akte der öffentlichen Gewalt zu verstehen, die dem Bürger effektiven Rechtsschutz verwehren.

BEISPIEL: Eine Behörde schafft unter Missachtung des Suspensiveffekts aus § 80 I VwGO vollendete Tatsachen.

„Öffentliche Gewalt" ist hier natürlich im oben genannten Sinne zu verstehen, d.h. nur insoweit, als der Schutzbereich überhaupt eröffnet ist.

BEISPIEL: Schafft der Gesetzgeber die Prozesskostenhilfe ab, stellt sich schon im Schutzbereich die Frage, ob man Legislativakte unter Art. 19 IV 1 GG fasst. Bejaht man dies, läge ein Eingriff vor, denn dies machte es Bedürftigen unmöglich, einen Prozess zu führen.[1574]

Ausgestaltung oder Eingriff?

771 Allerdings liegt die Latte gerade für Eingriffe durch den Gesetzgeber recht hoch, denn Art. 19 IV 1 GG ist zugleich ein normgeprägtes Grundrecht.[1575] Kein Eingriff liegt daher vor, wenn der Gesetzgeber den Zugang zu den Gerichten näher ausgestaltet, um diese vor Missbrauch zu schützen und insgesamt eine funktionierende, leistungsfähige Rechtspflege zu gewährleisten. Die Zulässigkeitsvoraussetzungen nach ZPO, VwGO, GVG usw. sind deshalb keine Eingriffe in Art. 19 IV 1 GG, solange sie effektiven Rechtsschutz nicht ausschließen. Gleiches gilt für Darlegungs- und Beweislasten, solange diese nicht in einer Rechtsschutz faktisch ausschließenden Weise überspannt werden.[1576]

BEISPIEL: Klagebefugnis, angemessene Fristen, Beteiligten- und Prozessfähigkeit sind verfassungsrechtlich ebenso unproblematisch wie Vertretungszwang oder Rechtskraftbindung.

Inzidenterkontrolle genügt

772 Keine hinreichende Eingriffsqualität liegt ferner vor, wenn das einfache Recht nur, aber immerhin eine Inzidenterkontrolle des Exekutivakts ermöglicht.[1577]

1574 *BVerfG, DVBl 2001, 1748, 1748*
1575 *Pieroth/Schlink, GR, Rn 1097*
1576 *BVerfG, NVwZ 2001, 552, 552*
1577 *BVerfG, NVwZ 2006, 922, 923; Sachs-Sachs, GG, Art. 19 Rn 125*

BEISPIEL: In NRW ist § 47 I Nr. 2 VwGO nicht umgesetzt worden mit der Folge, dass dort unmittelbar gegen Rechtsverordnungen keine Klagemöglichkeit besteht. Die Gerichte können die RVO aber inzidenter prüfen und ggf. selbst verwerfen, wenn gegen auf ihrer Grundlage ergangene Maßnahmen geklagt wird. Aus dem selben Grund verneint die h.M. auch eine Verfassungswidrigkeit des § 44a VwGO: Die Verfahrenshandlung kann inzidenter in der Klage gegen die Endentscheidung überprüft werden.[1578]

Kein Eingriff von hinreichender Intensität liegt ferner vor, wenn Prozessrecht oder materielles Recht den Behörden einen Beurteilungs- oder Ermessensspielraum gewährt,[1579] solange den Gerichten nur eine ausreichende Kontrolldichte verbleibt.[1580] **773** Ermessens- und Beurteilungsspielraum

BEISPIELE: Nach § 114 VwGO dürfen die Verwaltungsgerichte nur, aber immerhin Ermessensfehler prüfen. Bei Prüfungsleistungen steht dem Prüfer ein Beurteilungsspielraum zu. Gleichwohl bleibt auch eine Prüfungsnote gerichtlich überprüfbar, z.B. auf Verfahrensfehler, sachfremde Bewertungskriterien oder die Zugrundelegung eines unrichtigen Sachverhalts. Speziell für juristische Prüfungen hat die Rechtsprechung aus Art. 19 IV 1 GG die sog. „Vertretbarkeitskontrolle" entwickelt. Danach darf eine vertretbare Ansicht nicht als falsch bewertet werden, mag es sich auch um eine Mindermeinung handeln oder der Prüfer anderer Ansicht sein.[1581]

MERKSATZ

Bei der Bejahung eines Eingriffs ist Zurückhaltung geboten, da Art. 19 IV 1 GG grundsätzlich keine Schranken kennt, jeder Eingriff also automatisch verfassungswidrig ist (dazu sogleich). Die Eingriffshürde verbleibt als einziges Korrektiv, sie muss somit deutlich höher sein als nach der allgemeinen Bagatellformel.

III. VERFASSUNGSRECHTLICHE RECHTFERTIGUNG

Die verfassungsrechtliche Rechtfertigung eines Eingriffs in Art. 19 IV 1 GG ist grundsätzlich schon deshalb nicht möglich, weil das Grundrecht keinen Schranken unterliegt.[1582] Es kennt insbesondere keinen allgemeinen Gesetzesvorbehalt. Zwar kommt grundsätzlich kollidierendes Verfassungsrecht als verfassungsimmanente Schranke in Betracht, das Grundgesetz enthält jedoch keine Artikel, die mit der Garantie effektiven Rechtsschutzes in Konflikt geraten könnten. Dies gilt namentlich auch für die Funktion der Rechtspflege nach Art. 92 ff. GG und die Rechtssicherheit aus Art. 20 III GG, denn sofern diese eine Regelung gebieten, liegt in selbiger nach dem unter Rn 771 Gesagten schon kein Eingriff, sondern eine Ausgestaltung des Schutzbereichs. **774** Art. 19 IV 1 GG kennt keine Schranken

1578 *Schoch/Schmidt-Aßmann/Pietzner-Stelkens, VwGO, § 44a Rn 5*
1579 *Zu diesen Begriffen Maurer, Allg. VerwR, § 7 Rn 1*
1580 *BVerfGE 88, 40, 56*
1581 *BVerfGE 84, 34, 54; BVerwGE 104, 203, 206*
1582 *Pieroth/Schlink, GR, Rn 1115*

BEISPIEL: Zum Schutz der Rechtssicherheit sind viele Rechtsbehelfe fristgebunden (vgl. nur §§ 47 II, 74 I, 124a VwGO). Diese angemessenen Fristen greifen nicht in den Schutzbereich des Art. 19 IV 1 GG ein, sondern gestalten diesen näher aus. Anders wäre es, wenn es unzumutbar kurze Fristen von wenigen Tagen oder gar Stunden gäbe. Diese wären aber wiederum nicht zum Schutz der Rechtssicherheit erforderlich, ließen sich also nicht rechtfertigen.

Ausnahme: Art. 10 II 2 GG

775 Von der Schrankenlosigkeit des Art. 19 IV 1 GG kennt das Grundgesetz nur eine recht exotische Ausnahme, nämlich den qualifizierten Gesetzesvorbehalt des Art. 10 II 2 GG, der auch die Garantie effektiven Rechtsschutzes beschränken kann, wie Art. 19 IV 3 GG deklaratorisch klarstellt. Bzgl. dessen sei auf die Ausführungen unter Rn 568 verwiesen.

23. Teil – Art. 20 IV GG - Widerstandsrecht

A. Einleitung

Geringe Relevanz

776 Das Widerstandsrecht aus Art. 20 IV GG sollte klarstellen, dass nicht nur der Staat selbst, sondern auch die Bürger die Verfassung verteidigen dürfen. Es handelt sich um ein mit der Verfassungsbeschwerde einklagbares grundrechtsgleiches Recht (vgl. den eindeutigen Wortlaut des Art. 93 I Nr. 4a GG), das jedoch in Praxis und Examen völlig bedeutungslos ist, weil es erstens einen zum Widerstand nach Art. 20 IV GG berechtigenden Umsturzversuch noch nie gegeben hat und zweitens eine Situation rechtlich geregelt wird, in der das Recht gerade versagt.

BEISPIEL: Gelingt ein Putschversuch und wird jemand wegen Widerstandes gegen diesen Putsch belangt, wird es ihm nichts nutzen, dass Art. 20 IV GG einmal ein Widerstandsrecht gewährte, denn dieses ist ja durch den Putsch gerade außer Kraft gesetzt worden. Ebenso bliebe die Anrufung des BVerfG eine theoretische Möglichkeit.

B. Systematik und Vertiefung

I. SCHUTZBEREICH BETROFFEN

1. Sachlicher Schutzbereich

Hohe Hürden für zulässigen Widerstand

777 Zunächst muss ein Versuch vorliegen, die in Art. 20 I-III GG normierte Ordnung zu beseitigen. Dies muss ein ernsthafter, im Ansatz tauglicher Versuch sein, der das Stadium der bloßen Vorbereitung bereits überschritten hat.[1583] Dieser kann von staatlichen Organen oder Privaten ausgehen. Erforderlich ist ferner eine gewisse Intensität, welche die Schwelle der Ewigkeitsgarantie des Art. 79 III GG überschreitet.[1584]

MERKSATZ
Nur ein Verstoß gegen die Ewigkeitsgarantie löst das Widerstandsrecht aus.

1583 MD-Herzog, GG, Art. 20 IV Rn 24
1584 JP-Jarass, GG, Art. 20 Rn 129

BEISPIEL: Einzelne Einschränkungen des Sozialstaatsprinzips verletzen nicht die Grundsätze des Art. 20 I GG und lösen damit kein Widerstandsrecht aus. Anders wäre es bei der Abschaffung von Demokratie und Gewaltenteilung durch Wiedereinsetzung eines absolutistischen Monarchen.

Sodann darf andere Abhilfe als durch den Widerstand der Bürger nicht möglich sein. Das Widerstandsrecht ist m.a.W. ein subsidiäres Ausnahmerecht, das nur als ultima ratio dann in Betracht kommt, wenn alle Rechtsbehelfe so wenig Aussicht auf wirksame Abhilfe bieten, dass die Ausübung des Widerstandes das letzte Mittel zur Erhaltung des Rechts ist.[1585] Ferner muss das relativ mildeste Widerstandsmittel gewählt werden.[1586]

2. Personaler Schutzbereich

Das Widerstandsrecht haben nach dem Wortlaut des Art. 20 IV GG alle Deutschen **778**
i.S.d. Art. 116 GG.

II. EINGRIFF

Eingriffe sind - wie einleitend erwähnt - kaum denkbar, denn Voraussetzung wäre **779**
zum einen, dass der Widerstand gelänge (sonst gäbe es keinen Art. 20 IV GG mehr, in den eingegriffen werden könnte) und zweitens der Staat die erfolgreiche, seinen Bestand sichernde Widerstandshandlung trotzdem sanktionierte.

BEISPIEL: X vereitelt einen Umsturzversuch, indem er den Rädelsführer erschießt. Anschließend wird er hierfür wegen Totschlags verurteilt. Liegen die Voraussetzungen des Widerstandsrechts vor, greift es aber als Rechtfertigungsgrund ein. Die Verurteilung des X wäre ein Eingriff in Art. 20 IV GG.

III. VERFASSUNGSRECHTLICHE RECHTFERTIGUNG

Die verfassungsrechtliche Rechtfertigung eines Eingriffs wäre ausgeschlossen, da **780**
Art. 20 IV GG keine Schranken kennt.

24. Teil – Art. 33 V GG - Grundsätze des Berufsbeamtentums

A. Einleitung

Neben der institutionellen Garantie des Berufsbeamtentums enthält Art. 33 V GG **781**
nach ständiger Rechtsprechung des BVerfG und der h.L. ein grundrechtsgleiches, mit der Verfassungsbeschwerde einklagbares Grundrecht des Beamten auf Berücksichtigung der hergebrachten Grundsätze des Berufsbeamtentums.[1587] Soweit es eingreift, ist es lex specialis zu Art. 12 GG.[1588] Besondere Bedeutung gewinnt Art. 33 V GG darüber hinaus als verfassungsimmanente Schranke. So kann z.B. das Streikverbot für Beamte, welches in deren Vereinigungs- und Koalitionsfreiheit aus Art. 9 I, III GG eingreift, (nur) über Art. 33 V GG gerechtfertigt werden.[1589] Hinsichtlich solcher

---

1585 *BVerfG, Urteil vom 30.6.2009, 2 BvE 2/08 u.a., Rn 186 (insoweit in NJW 2009, 2267 nicht abgedruckt)*
1586 *JP-Jarass, GG, Art. 20 Rn 130*
1587 *BVerfGE 71, 39, 62; 8, 1, 11; BVerfG, NJW 2006, 2177, 2179; Sachs-Battis, GG, Art. 33 Rn 65*
1588 *BVerfGE 73, 301, 315; Sachs-Battis, GG, Art. 33 Rn 66*
1589 *BVerfGE 44, 249, 264*

Grundrechte, die einem Gesetzesvorbehalt unterliegen, kommt Art. 33 V GG eine die gesetzliche Schranke „verstärkende Wirkung" im Rahmen der Verhältnismäßigkeitsabwägung zu, die dazu führen kann, dass das Grundrecht i.E. zurücktreten muss, der Eingriff also gerechtfertigt ist.

BEISPIEL (nach BVerfG, DVBl 2008, 1056): Ein Beamter der Bundespolizei, der mit Ermittlungen im Mordfall Uwe Barschel betraut war, wollte ein Buch über diesen Fall schreiben. Die hierzu notwendige Nebenverdienstgenehmigung wurde ihm verweigert. Das BVerfG entschied, dass dadurch in die Meinungsfreiheit des Beamten eingegriffen werde, das Nebentätigkeitsrecht als „allgemeines Gesetz" das Grundrecht beschränke, dieses wiederum zwar „im Lichte des Art. 5 I 1 1. Hs GG" anzuwenden sei (sog. „**Wechselwirkungslehre**", Rn 376), die Meinungsfreiheit aber zurücktreten müsse, soweit die Äußerung mit den aus Art. 33 V GG folgenden Pflichten des Beamten unvereinbar sei.[1590]

B. Systematik und Vertiefung

I. SCHUTZBEREICH BETROFFEN

1. Sachlicher Schutzbereich

Definition durch Tradition

782 **DEFINITION**

Die **hergebrachten Grundsätze des Berufsbeamtentums** sind die Strukturprinzipien, welche allgemein während eines langen, Tradition bildenden Zeitraums, mindestens jedoch unter Geltung der Weimarer Reichsverfassung, als verbindlich anerkannt waren.[1591]

Fürsorge- und Treuepflicht als Kernelemente

Diese Definition des BVerfG ist immer noch reichlich abstrakt. Sie lässt dem Gericht Raum für eine unüberschaubare Einzelfallkasuistik,[1592] die in einer Prüfungssituation weder beherrscht werden kann noch muss. Zu ihrer Konkretisierung sollte stattdessen auf die Faustformel zurückgegriffen werden, dass sich ein „Grundsatz" i.S.d. Art. 33 V GG auf eines der beiden Kernelemente des Berufsbeamtentums zurückführen lassen muss, nämlich auf die Fürsorgepflicht des Staates für seine Beamten oder die Treuepflicht der Beamten gegenüber dem Staat.

BEISPIELE: Gehorsamspflicht, unparteiische Amtsführung, Streikverbot und volle Hingabe zum Amt folgen aus der Treuepflicht des Beamten, Ansprüche auf lebenslange Anstellung, amtsangemessene Beschäftigung und Alimentation aus der Fürsorgepflicht des Staates. Sie alle gehören zu den Grundsätzen i.S.d. Art. 33 V GG.

„Hergebracht" = vorkonstitutionell

Diese Grundsätze sind aber nur „hergebracht", wenn sie i.S. der o.g. Definition bereits vor Inkrafttreten des Grundgesetzes bestanden.

1590 Grundlegend BVerfGE 69, 315, 363 - Extremistenbeschluss
1591 BVerfGE 107, 218, 237; 106, 225, 232; 83, 89, 98; 71, 255, 268; 8, 332, 343
1592 Vgl. die umfassende Zusammenstellung von Jarass/Pierot-Pieroth, GG, Art. 33 Rn 49

BEISPIEL: Die Beihilfe zur Krankenversicherung der Beamten lässt sich auf die Alimentationspflicht und diese wiederum auf die Fürsorgepflicht des Staates zurückführen. Sie wurde aber erst nach Inkrafttreten des Grundgesetzes eingeführt. Das Beihilferecht mag daher ein Grundsatz des Berufsbeamtentums sein; dieser ist jedoch nicht „hergebracht" und fällt deshalb nicht in den Schutzbereich von Art. 33 V GG.[1593]

KLAUSURHINWEIS

Die Prüfung erfolgt also zweistufig: Liegt ein auf die Fürsorge- oder Treuepflicht rückführbarer Grundsatz vor? Wenn ja, hatte dieser schon vorkonstitutionell Tradition?

2. Personaler Schutzbereich

Auf Art. 33 V GG können sich alle Statusbeamten berufen, also Personen, die wirksam **783**
zu Beamten ernannt worden sind,[1594] und nach ständiger Rechtsprechung des BVerfG ferner alle Richter.[1595] Zu beachten ist, dass nicht alle hergebrachten Grundsätze des Berufsbeamtentums für alle Beamten gleichermaßen gelten, sondern je nach Status Unterschiede möglich sind.

BEISPIEL: Für Beamte im Vorbereitungsdienst gibt es kein hergebrachtes Recht auf Alimentation. Deshalb können sich verbeamtete Referendare nicht auf Art. 33 V GG berufen, wenn man ihnen ihr Gehalt kürzt.[1596]

II. EINGRIFF

Eingriffe in Art. 33 V GG sind in erster Linie Verkürzungen der Fürsorgepflicht des **784** Fürsorge als Recht, Treue als Pflicht
Staates, weil nur diese ein subjektives Recht der Beamten ist. Allerdings können auch übersteigerte Anforderungen an die Treuepflicht Eingriffe sein, weil mit ihnen normalerweise zugleich eine Verkürzung der Fürsorgepflicht verbunden ist.

BEISPIEL: Würde der Staat eine Arbeitszeit von 20 Stunden pro Tag von seinen Beamten verlangen, wäre dies eine übersteigerte Anforderung an deren Treuepflicht, die mit einer Verletzung der Fürsorgepflicht (Erhaltung der Gesundheit und Arbeitsfähigkeit) einher ginge.

In jedem Fall liegt die Schwelle für einen Eingriff in Art. 33 V GG aber sehr hoch, denn **785** Enger Eingriffsbegriff
Art. 33 V GG gibt nur einen Anspruch auf „Berücksichtigung", nicht auf „Beachtung" oder gar absoluten Schutz der hergebrachten Grundsätze des Berufsbeamtentums. Zudem gibt der Wortlaut des Art. 33 V GG seit der Verfassungsänderung 2006[1597] dem Gesetzgeber nun auch explizit das Recht zur Fortentwicklung des Rechts des öffentlichen Dienstes. Art. 33 V GG zwingt somit nicht zum statischen Verharren bei traditionellen, hergebrachten Grundsätzen. Ein Eingriff liegt daher nur vor, wenn ein „hergebrachter Grundsatz" bei einer hoheitlichen Maßnahme völlig unberücksichtigt bleibt.[1598] Dass er verkürzt wird, genügt allein nicht.

1593 BVerfGE 58, 68, 76
1594 Sachs-Battis, GG, Art. 33 Rn 69
1595 BVerfGE 55, 372, 392; 12, 81, 88
1596 BVerfGE 33, 44, 50; BVerwG, NVwZ 2004, 348, 348
1597 BGBl I 2006, 2863
1598 BVerfGE 8, 1, 16; 3, 58, 137

BEISPIEL: Senkt der Staat die Beamtengehälter, liegt darin noch kein Eingriff in die Alimentationspflicht. Erst wenn ein „Minimum an Lebenskomfort" nicht mehr gewährleistet ist, liegt ein Eingriff vor.[1599]

Schutz des Kernbereichs

786 Allerdings erkennen BVerfG[1600] und h.L.[1601] einen gewissen „Kernbereich" an, der unantastbar sein soll. Diese „Grundsätze innerhalb der Grundsätze" sind auch einer Veränderung durch Fortentwicklung entzogen.

BEISPIELE: Das Beamtenrecht darf nicht insgesamt abgeschafft werden. Auch eine Neuregelung, die die Fürsorgepflicht des Staates abschaffte und das Beamtenrecht auf die Treuepflicht reduzierte, wäre ein Eingriff in diesen Kernbereich.

Kein Eingriff bei Fortentwicklung

Nach alledem ist Folgendes festzuhalten:

MERKSATZ

Ein **Eingriff** liegt jedenfalls vor, wenn der Kernbereich des Berufsbeamtentums angetastet, d.h. dieses abgeschafft oder die Fürsorgepflicht insgesamt ausgehöhlt wird. Wird demgegenüber „nur" ein einzelner aus der Fürsorgepflicht folgender Grundsatz verkürzt, liegt solange kein Eingriff vor, wie sich die Maßnahme mit notwendiger Fortentwicklung begründen lässt.

BEISPIEL: Die generelle Einführung eines Teilzeitbeamtenverhältnisses würde weder das Beamtentum als solches noch Fürsorgepflicht insgesamt beseitigen. Sollten die Haushaltslage oder andere Gründe den Staat zu einem solchen Schritt zwingen, wäre er als Fortentwicklung möglich.[1602]

Sonst: Besondere Schwere?

Zwischen diesen beiden Extremen sollte ein Eingriff nur bei besonderer Schwere bejaht, d.h. im Zweifel verneint werden.

III. VERFASSUNGSRECHTLICHE RECHTFERTIGUNG

787 Art. 33 V GG kennt keinen Gesetzesvorbehalt. Eine Rechtfertigung von Eingriffen ist daher allenfalls über verfassungsimmanente Schranken denkbar.[1603]

BEISPIEL: Haushaltsrechtliche Erwägungen als Schranke der Alimentationspflicht.

Darin liegt übrigens ein weiterer Grund für ein enges Verständnis des Eingriffsbegriffs, denn würde man z.B. die allgemeine Bagatellformel anwenden, würde dem Gesetzgeber eine Fortentwicklung des Beamtenrechts mangels Rechtfertigungsmöglichkeit vielfach unmöglich gemacht.

1599 BVerfGE 99, 300, 315

1600 BVerfGE 8, 1, 16

1601 Sachs-Battis, GG, Art. 33 Rn 67; a.A. v.Münch/Kunig-Kunig, GG, Art. 33 Rn 59

1602 Sachs-Battis, GG, Art. 33 Rn 68

1603 BVerfGE 87, 348, 356

25. Teil – Art. 38 I 1 GG - Wahlrecht

A. Einleitung

Art. 38 I 1 GG gewährleistet seinem Wortlaut nach allgemeine, unmittelbare, freie, gleiche, geheime und – darüber hinaus nach BVerfG-Rechtsprechung[1604] – auch öffentliche Wahlen zum Deutschen Bundestag. Diesen Wahlrechtsgrundsätzen ist das Wahlrecht an sich immanent. Während die Gleichheit und Allgemeinheit der Wahl zu den Gleichheitsgrundrechten gehören und daher auch dort erörtert werden (Rn 949 f.), zählen Unmittelbarkeit, Freiheit, Geheimheit und Öffentlichkeit zu den Freiheitsrechten. Die Möglichkeit, bei ihrer Verletzung eine Verfassungsbeschwerde zu erheben, wird von Art. 93 I Nr. 4a GG zwar ausdrücklich gewährleistet, ist jedoch subsidiär zu dem spezielleren Wahlprüfungsverfahren nach Art. 41 GG.[1605] **788**

B. Systematik und Vertiefung

I. SCHUTZBEREICH BETROFFEN

1. Sachlicher Schutzbereich

a) Wahlrecht

Art. 38 I 1 GG schützt zunächst das Wahlrecht an sich, denn gäbe es keine Wahlen, wären auch die Wahlrechtsgrundsätze wie frei, gleich, geheim usw. obsolet. Seinem Wortlaut und seiner systematischen Stellung nach gilt Art. 38 I 1 GG zwar nur für Wahlen zum Deutschen Bundestag, nach allg.M. jedoch ungeschrieben auch für sonstige Wahlen und Abstimmungen, soweit diese nicht an anderer Stelle im Grundgesetz geregelt sind und/oder die besonderen Eigenheiten dieser Wahlen eine Anwendung ganz oder teilweise ausschließen. **789** Nicht nur Bundestagswahl erfasst

BEISPIELE: Wegen der Sonderregelung in Art. 28 I 2 GG gilt Art. 38 I 1 GG nicht für Landtags-, Kreis- und Kommunalwahlen. Dagegen findet er über seinen Wortlaut hinaus Anwendung auf Wahlen der Sozialversicherung[1606] oder der Personalvertretung.[1607] Eingeschränkt gilt er für Wahlen an Hochschulen.[1608]

Geschützt sind das aktive Wahlrecht (zu wählen) und das passive Wahlrecht (gewählt zu werden), und zwar in einem umfassenden Sinn. **790** Aktives und passives Wahlrecht

BEISPIELE: Zum aktiven Wahlrecht gehören neben der Stimmabgabe auch Vorbereitungshandlungen wie die Beteiligung an Wahlvorschlägen,[1609] ungehinderte Anreise zum Wahllokal usw. Zum passiven Wahlrecht gehört auch die Werbung für die eigene Kandidatur.

1604 BVerfG, NVwZ 2008, 991, 992
1605 BVerfGE 16, 128, 130; 14, 154, 154; 11, 329, 329; Sachs-Magiera, GG, Art. 38 Rn 105
1606 BVerfGE 30, 227, 246
1607 BVerfGE 60, 162, 169
1608 BVerfGE 54, 363, 388; 39, 247, 254
1609 BVerfGE 69, 92, 106

b) Prinzip der repräsentativen Volksherrschaft

Euro-Rettungsschirm

791 In seiner Entscheidung zur Verfassungsmäßigkeit des sog. „Euro-Rettungsschirms"[1610] hat das BVerfG ferner das **„Prinzip der repräsentativen Volksherrschaft"** aus Art. 38 I 1 GG entwickelt. Der Wähler habe nicht nur Anspruch darauf, dass überhaupt Wahlen stattfinden (dazu oben a.) und dabei die in Art. 38 I 1 GG genannten Wahlrechtsgrundsätze eingehalten werden (dazu unten c.), sondern auch darauf, dass das von ihm gewählte, somit unmittelbar demokratisch legitimierte Parlament die wesentlichen Entscheidungen im Staat treffe. Diese Herrschaftsmacht dürfe dem Parlament weder genommen werden, noch dürfe sich das Parlament dieser freiwillig begeben.
Begebe sich das Parlament also z.B. seiner Haushaltsautonomie dadurch, dass es der Bundesregierung die alleinige Entscheidungsmacht über die Vergabe von Milliardenbeträgen überlasse, liege in der damit verbundenen Selbstaufgabe seiner Herrschaftsmacht eine Verletzung von Art. 38 I 1 GG, die jeder Wahlbürger mittels Verfassungsbeschwerde rügen könne.[1611] Die h.L.[1612] lehnt dies allerdings ab, weil dadurch der Popularklage Tür und Tor geöffnet werde: Jeder Einzelne können sich nun zum Bewahrer der Staatsfinanzen aufschwingen. Dies ist der Literatur zuzugeben; dennoch überzeugt die Ansicht des BVerfG, denn man wird das „Prinzip der repräsentativen Volksherrschaft" nur in Extremfällen als verletzt ansehen können, sodass der Popularklage über die Beschwerdebefugnis aus § 90 I BVerfGG hinreichend Einhalt geboten werden kann. Zudem können prozessuale Erwägungen letztlich nicht maßgebend für die Reichweite des Grundrechtsschutzes sein.
Selbstverständlich lassen sich solche Fallkonstellationen nicht nur zum „Euro-Rettungsschirm konstruieren. Das „Prinzip der repräsentativen Volksherrschaft" hat vielmehr umfassende Gültigkeit.

BEISPIEL: Mit dem Ermächtigungsgesetz vom 24. März 1933 übertrug der Reichstag seine Gesetzgebungskompetenz auf die Reichsregierung. Würde der Deutsche Bundestag in ähnlicher Weise die Bundesregierung ermächtigen, verstieße dies nicht nur gegen elementare Staatsprinzipien wie Art. 20 I, II, III GG, sondern auch gegen Art. 38 I 1 GG, der im Unterschied zu Art. 20 GG mittels Verfassungsbeschwerde einklagbar ist.

c) Wahlrechtsgrundsätze

792 Art. 38 I 1 GG erschöpft sich nicht in den Garantien von Wahlen an sich und der Herrschaftsmacht des gewählten Parlaments, sondern macht bestimmte Vorgaben für den Ablauf der Wahl. Neben den bei den Gleichheitsgrundrechten behandelten „Allgemeinheit" und „Gleichheit" der Wahl sind dies:

aa) Unmittelbare Wahl

793

Unmittelbar

DEFINITION
Unmittelbarkeit bedeutet die Wahl der Abgeordneten durch den Wähler selbst, ohne Einschaltung einer weiteren Zwischeninstanz.[1613]

1610 *BVerfG, RA 2011, 540, 543 (AZ: 2 BvR 987/10)*
1611 *BVerfG, RA 2011, 540, 543 (AZ: 2 BvR 987/10) - für den „Euro-Rettungsschirm" überwiegend verneint*
1612 *Nettesheim, NJW 2009, 2867, 2869; Terhechte, EuZW 2009, 724, 725; Schönberger, Der Staat 48 [2009], 535, 539*
1613 *BVerfGE 7, 77, 84; 3, 45, 49*

Danach ist z.B. eine Einschaltung von Wahlmännern wie in den USA unzulässig. Eine Listenwahl hingegen bleibt zulässig, solange nur ausgeschlossen ist, dass die Liste ohne neues Wählervotum verändert oder ergänzt wird.[1614]

bb) Freie Wahl

DEFINITION 794 Frei

Freiheit der Wahl bedeutet Stimmabgabe ohne Einflussnahme auf die Willensbildung durch Zwang oder Druck.[1615]

Der Staat darf danach in keinster Weise auf die Wahlentscheidung des Bürgers Einfluss nehmen. Dass eine unmittelbare Einflussnahme unzulässig ist, leuchtet im Rahmen einer freiheitlich-demokratischen Grundordnung wie selbstverständlich ein.

BEISPIEL: Staatliche Organe dürfen keine Werbung für bestimmte Parteien oder Personen machen.

Aber auch mittelbare Beeinflussungen sind unzulässig.

BEISPIEL (nach VerfGH Koblenz, NVwZ 2014, 1089, 1089 ff.): Auf dem Stimmzettel einer Kommunalwahl stand der Aufdruck „Männer und Frauen sind gleichberechtigt", verbunden mit der Frauenquote in dem zu wählenden Organ (wobei Frauen regelmäßig unterrepräsentiert waren). Der VerfGH Koblenz entschied, dass damit mittelbar Druck auf den Wähler ausgeübt wurde, die Gleichberechtigung von Frau und Mann mit seiner Stimme zu verwirklichen und vorzugsweise eine Frau zu wählen. Dies verstoße gegen die frei Wahl und sei daher verfassungsgwidrig.

MERKSATZ

Der Grundsatz der **„freien Wahl"** ist streng zu handhaben. Er verbietet jede staatliche Einflussnahme auf die Wahlentscheidung, auch eine mittelbare.

Sowohl das „Ob" des Wahlgangs als auch das „Wie" der Wahlentscheidung sind einzig und allein dem Wähler überlassen. Der Ausspruch „Wählen ist erste Bürgerpflicht" stimmt also nicht. Wählen ist keine Pflicht, sondern ein Recht.

cc) Geheime Wahl

DEFINITION 795 Geheim

Eine **Wahl** ist **geheim**, wenn ausschließlich der Wähler Kenntnis davon hat, welche Wahlentscheidung er getroffen hat.[1616]

1614 BVerfGE 97, 317, 323; 3, 45, 49; Sachs-Magiera, GG, Art. 38 Rn 84

1615 BVerfGE 44, 125, 139

1616 Sachs-Magiera, GG, Art. 38 Rn 97

Diese Beschränkung auf den Inhalt der Stimmabgabe bedeutet zugleich, dass es nicht gegen den Grundsatz der geheimen Wahl verstößt, wenn der Staat Kenntnis davon erlangt, dass ein Bürger überhaupt zur Wahl gegangen ist. Die Gründe dafür liegen zum einen in zwingenden Notwendigkeiten des Wahlablaufs, denen Art. 38 I 1 GG nicht im Wege stehen wollte, zum anderen in der Möglichkeit der Stimmenthaltung.

BEISPIELE: Dass jeder Wähler bei seiner Stimmabgabe auf der Wahlliste „abgehakt" wird, ist zur Vermeidung von Mehrfachstimmabgaben zwingend notwendig und besagt nichts über den Inhalt seiner Wahlentscheidung. Auch die Ausstellung eines Wahlscheins bei der Briefwahl ist unvermeidlich, besagt nichts über den Inhalt der Wahlentscheidung und tangiert daher - wie die gesamte Briefwahl in ihrer derzeitigen Ausgestaltung (vgl. § 36 BWahlG) - nicht die geheime Wahl.[1617]

Öffentlich

dd) Öffentliche Wahl

796 **DEFINITION**

Der **Grundsatz der Öffentlichkeit der Wahl** gebietet, dass alle wesentlichen Schritte der Wahl öffentlicher Überprüfbarkeit unterliegen.[1618]

Im Gegensatz zu Unmittelbarkeit, Freiheit und Geheimheit ist dieser Grundsatz in Art. 38 I 1 GG nicht genannt, wird vom BVerfG aber aus Art. 38 I 1 i.V.m. 20 I, II GG abgeleitet. Er soll die Transparenz der Umsetzung der Stimmen in Mandate gewährleisten. Kann der Bürger diesen Schritt nicht mehr nachvollziehen, liegt ein Eingriff vor.

BEISPIEL (nach BVerfG, NVwZ 2009, 708): Der Einsatz von Wahlcomputern ist unzulässig, wenn ein computertechnischer Laie nicht mehr nachvollziehen kann, ob seine Stimme korrekt erfasst worden ist.

2. Personaler Schutzbereich

Nur Deutsche geschützt

797 In personaler Hinsicht gilt Art. 38 I 1 GG nur für alle (volljährigen)[1619] Deutschen i.S.d. Art. 116 GG. Dies ergibt sich zwar nicht aus seinem Wortlaut, wohl aber daraus, dass nur diese das Staatsvolk i.S.d. Art. 20 II 1 GG bilden, von dem nach dem **Demokratieprinzip** alle Staatsgewalt auszugehen hat.[1620] Geschützt sind ferner Personenvereinigungen wie politische Parteien und sonstige Wählergruppen, die sich im Bereich der Wahl betätigen.[1621]

II. EINGRIFF

798 Eingriffe können zunächst das Wahlrecht an sich betreffen, indem es abgeschafft, inhaltlich beschränkt oder faktisch beeinträchtigt wird.

1617 BVerfGE 59, 119, 127; 21, 200, 204
1618 BVerfG, NVwZ 2008, 991, 992
1619 Sachs-Magiera, GG, Art. 38 Rn 101
1620 BVerfGE 83, 37, 50; JP-Jarass, GG, Art. 38 Rn 4
1621 BVerfGE 95, 408, 417; 60, 162, 167

BEISPIELE: Der Dienstvorgesetzte verbietet es dem Beamten, zur Wahl zu gehen (aktives Wahlrecht) oder sich um ein Mandat zu bewerben (passives Wahlrecht); das Wahllokal schließt zu früh; es wird eine Höchstzahl an Bewerbern für ein Mandat eingeführt.

Ferner stellt jede rechtliche oder tatsächliche, spürbare Beeinträchtigung eines der im Schutzbereich genannten Wahlrechtsgrundsätze einen Eingriff dar.

BEISPIELE: Gegen die Unmittelbarkeit der Wahl verstieße es, wenn bei der Listenwahl nach § 1 II BWahlG eine Liste nach Abschluss der Wahl noch abgeändert[1622] oder aufgefüllt wird.[1623] Gegen die freie Wahlentscheidung verstieße es, wenn einem Beamten eine Beförderung in Aussicht gestellt wird, falls er eine Partei wählt. Die geheime Wahl wird verletzt, wenn ein Gericht über eine Wahlentscheidung Beweis erhebt.[1624]

799 Staatliches und privates Verhalten

Besondere Beachtung verdient bei Art. 38 I 1 GG die Tatsache, dass zunächst - wie bei allen Grundrechten und grundrechtsgleichen Rechten - nur der Staat grundrechtsverpflichtet ist, weshalb auch nur staatliche Maßnahmen Eingriffe darstellen können. Bei Wahlwerbung etwa ist danach zu differenzieren, ob ein staatliches Organ als solches wirbt, oder nur die Person, die es verkörpert.

BEISPIEL: Wirbt ein Abgeordneter auf amtlichem Papier für seine Wiederwahl, liegt ein der freien Wahl zuwiderlaufender Eingriff in Art. 38 I 1 GG vor. Anders, wenn ein Bürgermeister sich in einem Flyer seiner Partei um eine Wiederwahl bewirbt.[1625]

Dass Art. 38 I 1 GG ebenso wie alle anderen Grundrechte auch auf das Zivilrecht über dessen Generalklauseln ausstrahlen kann[1626] (ausführlich dazu Rn 26 ff.), steht auf einem anderen Blatt. Das Verhalten Privater wird dadurch nicht zu einem Eingriff im Sinne eines mit Verfassungsbeschwerde nach Art. 93 I Nr. 4a GG oder Wahlprüfungsbeschwerde nach Art. 41 GG angreifbaren Akts öffentlicher Gewalt, und zwar selbst dann nicht, wenn man sogar eine unmittelbare Drittwirkung bejaht.

BEISPIEL: Kündigt der Arbeitgeber wegen einer bestimmten Wahlentscheidung seines Arbeitnehmers das Arbeitsverhältnis, mag die Kündigung wegen §§ 134, 138 BGB nichtig sein.[1627] Einen Eingriff in Art. 38 I 1 GG stellt sie aber schon deshalb nicht dar, weil sie kein Hoheitsakt ist. Anders wäre es erst, wenn ein Gericht die Kündigung bestätigte: Das entsprechende Urteil - nicht die Kündigung selbst - wäre ein mit Verfassungsbeschwerde angreifbarer Judikativakt.

800 Verhältnis zur Meinungsfreiheit

Die Beeinflussung der Wahlentscheidung durch Private ist im Gegenteil erlaubt, da von der Meinungsfreiheit des Art. 5 I 1 1. Hs. GG (und, wenn sie durch Parteien erfolgt, auch durch Art. 21 I GG) geschützt. Ihre Grenzen findet sie in den erwähnten Generalklauseln des Zivilrechts wie Sittenwidrigkeit usw., ferner in den Strafgesetzen nach §§ 108 ff. StGB.[1628]

1622 BVerfGE 47, 253, 279
1623 BVerfGE 3, 45, 51
1624 BVerwGE 49, 75, 76; BGHSt 29, 380, 385
1625 BVerwGE 104, 323, 327
1626 BVerfGE 66, 369, 380; JP-Pieroth, GG, Art. 38 Rn 15, 17
1627 v.Münch/Kuing-Trute, GG, Art. 38 Rn 43
1628 BVerwGE 18, 14, 17 (kirchliche Hirtenbriefe)

III. VERFASSUNGSRECHTLICHE RECHTFERTIGUNG

801 Eine verfassungsrechtliche Rechtfertigung von Eingriffen in den Freiheitsgehalt des Art. 38 I 1 GG ist - anders als bei Ungleichbehandlungen im Rahmen von Allgemeinheit und Gleichheit (Rn 949 f.) - grundsätzlich nicht möglich, da Art. 38 I 1 GG keine Schranken kennt.

1. Gesetzesvorbehalt

Art. 38 III GG kein Gesetzesvorbehalt

802 Insbesondere stellt auch Art. 38 III GG keinen Gesetzesvorbehalt dar, da diese Norm den einfachen Gesetzgeber nur in die Lage versetzen will, das Wahlrecht näher auszugestalten.[1629] Das auf Grundlage des Art. 38 I 1 GG erlassene BWahlG muss sich also an den Vorgaben des Art. 38 I 1 GG orientieren und darf diese nicht verkürzen.

2. Verfassungsimmanente Schranken

803 Auch verfassungsimmanente Schranken gibt es nicht, wenngleich die Rechtsprechung gelegentlich ausführt, nicht jeder Wahlrechtsgrundsatz könne „in voller Reinheit" gewährleistet werden[1630] oder Eingriffe für „gerechtfertigt" erklärt, wenn sie zur Durchführung der Wahl unbedingt erforderlich sind.[1631] Solche Ausführungen verbieten sich in einem Prüfungsgutachten, weil es nicht Sache des Prüflings sein kann, derartige Entscheidungen zu treffen.

> **KLAUSURHINWEIS**
> Tangiert eine hoheitliche Maßnahme den Schutzbereich des Art. 38 I 1 GG, und ist sie gleichwohl für einen geordneten Ablauf der Wahl unabdingbar, sollte im Zweifel lieber die Eingriffsqualität verneint als kreativ nach einer Rechtfertigung gesucht werden.

BEISPIEL: Die nach §§ 20 II, III, 27 I BWahlG notwendigen Unterschriften für Wahlvorschläge könnten in die Geheimheit der Wahl eingreifen. Statt eine Rechtfertigung zu versuchen, sollte schon ein Eingriff unter dem Hinweis verneint werden, dass die Unterstützung eines Wahlvorschlags noch keinen zwingenden Rückschluss auf eine spätere Wahlentscheidung zulässt.

26. Teil – Art. 101 I 2 GG - Gesetzlicher Richter

A. Einleitung

Leistungs- und Abwehrrecht

804 Art. 101 I 2 GG ist ein grundrechtsgleiches, mit der Verfassungsbeschwerde nach Art. 93 I Nr. 4a GG einklagbares Recht, das jedermann einen Anspruch auf den „gesetzlichen" Richter gibt. Darin liegt zugleich ein Leistungs- (auf Bereitstellung eines gesetzlichen Richters) und ein Abwehrrecht (gegen den Entzug eines bereitgestellten Richters).[1632]

1629 BVerfGE 95, 335, 349; JP-Pieroth, GG, Art. 38 Rn 21; Sachs-Magiera, GG, Art. 38 Rn 115
1630 BVerfGE 59, 119, 124; BVerwG, DVBl 1986, 240, 240
1631 BVerfGE 12, 135, 137
1632 BVerfGE 95, 322, 328; JP-Pieroth, GG, Art. 101 Rn 1

B. Systematik und Vertiefung

I. SCHUTZBEREICH BETROFFEN

1. Sachlicher Schutzbereich

In sachlicher Hinsicht kann zwischen dem Anspruch auf den zuständigen Richter und der Institutsgarantie einer funktionierenden Rechtspflege unterschieden werden. 805

a) Gesetzlicher Richter

DEFINITION 806 Gesetzlicher Richter

Gesetzlicher **Richter** ist der staatliche, nach den existierenden Prozess- und Verfahrensordnungen zur Entscheidung im Einzelfall berufene Richter.[1633]

aa) Richter

Damit werden alle Richter erfasst, von der untersten Instanz bis zu den Bundesgerichten, einschließlich der Richter am BVerfG[1634] und beim EuGH,[1635] weil es Gesetze gibt, die ihre Zuständigkeit begründen (BVerfGG und die durch Parlamentsgesetz in innerstaatliches Recht transformierten europäischen Verträge). Auch ehrenamtliche Richter und Schöffen gehören dazu,[1636] nicht hingegen Rechtspfleger, Untersuchungsausschüsse[1637] oder nichtstaatliche Richter wie Schiedsgerichte nach §§ 1025 ff. ZPO oder § 14 PartG. Mit „Richter" in diesem Sinn kann auch ein Kollegialorgan (Kammer oder Senat) gemeint sein, wenn nach den Gesetzen nicht eine Einzelperson, sondern ein Spruchkörper zu entscheiden hat.[1638] 807 Auch EuGH ist gesetzlicher Richter

bb) Gesetzlich

DEFINITION 808 Wesentliche Regelungen nur in Parlamentsgesetzen

„Gesetzlich" bedeutet, dass die Zuständigkeit in einem Parlamentsgesetz geregelt sein muss (VwGO, ZPO, GVG, StPO usw).

Es ist also Sache des Gesetzgebers, losgelöst vom konkreten Fall vorab, d.h. durch abstrakt-generelle Normen zu regeln, welcher Richter zu entscheiden hat.[1639] In Anlehnung an die zum Vorbehalt des Gesetzes aus Art. 20 III GG entwickelte **„Wesentlichkeitstheorie"**[1640] geht das BVerfG allerdings davon aus, dass nur die „fundamentalen Zuständigkeitsregeln"[1641] in einem Parlamentsgesetz stehen müssen. Unwesentliche Einzelheiten können auch in einer Rechtsverordnung oder

1633 *JP-Pieroth, GG, Art. 101 Rn 2*
1634 *Pieroth/Schlink, GR, Rn 1159*
1635 *BVerfGE 82, 159, 192; 73, 339, 366*
1636 *BVerfGE 91, 93, 117; 48, 300, 317; BGHZ 127, 327, 329*
1637 *BVerfGE 77, 1, 42*
1638 *BVerfGE 40, 356, 361*
1639 *BVerfGE 95, 322, 328, 82, 286, 298; 63, 77, 79*
1640 *Grundlegend BVerfGE 33, 125, 160; ferner BVerfG, NJW 1998, 2515, 2520 (Rechtschreibreform)*
1641 *BVerfGE 19, 52, 60*

Satzung geregelt werden.[1642] Solange diese ihrerseits wirksam sind, d.h. nicht gegen gesetzliche Vorgaben verstoßen, regeln also auch sie, wer „gesetzlicher" Richter im o.g. Sinne ist.

BEISPIEL: Welcher Richter genau welchen Fall zu bearbeiten hat, wird erst durch die Geschäftsverteilungspläne der Gerichte geregelt. Diese sind keine Gesetze, sondern (nur) Satzungen. [1643] Die Person des Richters gehört nicht zu den fundamentalen Zuständigkeitsregeln im o.g. Sinne, kann also im Geschäftsverteilungsplan geregelt werden. Demgegenüber sind Rechtswegzuweisung und Instanzenzug wesentliche, allein dem Gesetzgeber vorbehaltene Regelungen.

Art. 101 II GG

809 Eine Klarstellung enthält Art. 101 II GG: Gerichte für besondere Sachgebiete zu errichten ist stets eine wesentliche Maßnahme im o.g. Sinne und hat daher stets durch Parlamentsgesetz zu erfolgen.

BEISPIELE: Gerichte für besondere Sachgebiete sind etwa ärztliche Berufsgerichte,[1644] Disziplinargerichte für Beamte[1645] oder Ehrengerichte für Rechtsanwälte.[1646]

b) Institutsgarantie

Einbeziehung der Art. 92, 97 GG

810 Darüber hinaus versteht das BVerfG Art. 101 I 2 GG als Institutsgarantie einer funktionierenden, den Anforderungen des Grundgesetzes entsprechenden Judikative.[1647] Damit werden de facto die Anforderungen der Art. 92, 97 GG verfassungsbeschwerdefähig gemacht.

BEISPIEL: Unterlägen die Richter an einem bestimmten Amtsgericht den Weisungen des Amtsgerichtspräsidenten, wäre dies ein Verstoß gegen ihre richterliche Unabhängigkeit i.S.d. Art. 97 I GG. Erblickt man hierin zugleich einen Verstoß gegen die Institutsgarantie des Art. 101 I 2 GG, könnte dieser mit der Verfassungsbeschwerde gerügt werden, obwohl Art. 97 GG selbst weder ein Grundrecht ist, noch als grundrechtsgleiches Recht in Art. 93 I Nr. 4a GG genannt ist.

MERKSATZ
Eingriffe in Art. 92, 97 GG verkürzen zugleich den Schutzbereich des Art. 101 I 2 GG.

2. Personaler Schutzbereich

Art. 19 III GG nicht anwendbar

811 Träger des Grundrechts sind alle Prozessbeteiligten (Parteien, Beigeladene usw.), gleichgültig ob natürliche oder juristische Personen. Unter den juristischen Personen sind insbesondere auch solche des öffentlichen Rechts[1648] und ausländische[1649] berechtigt, weil Art. 19 III GG nach Systematik und Wortlaut (mit „die

1642 BVerfGE 27, 18, 34; 17, 294, 298
1643 Pieroth/Schlink, GR, Rn 1161
1644 BVerfGE 71, 162, 178
1645 v.Münch/Kunig-Kunig, GG, Art. 101 Rn 42
1646 BVerfGE 26, 186, 192
1647 BVerfGE 82, 286, 298; 60, 175, 214
1648 BVerfGE 61, 82, 104; 18, 441, 447
1649 BVerfGE 64, 1, 11; 21, 362, 373

Grundrechte" sind jene zwischen Art. 1 und 19 GG gemeint) nicht für Art. 101 I 2 GG gilt. Nicht geschützt sind hingegen die Richter selbst,[1650] ebenso wenig Zeugen oder Sachverständige.[1651]

II. EINGRIFF

Ein Eingriff in Art. 101 I 2 GG liegt in der „Entziehung" des gesetzlichen Richters. **812** „Entziehung"

DEFINITION

Entziehung ist die Verhinderung oder Behinderung der Verhandlung oder Entscheidung des Falles durch den gesetzlichen Richter.

Eine solche Entziehung kann grundsätzlich durch alle drei Staatsgewalten erfolgen. Es gibt jedoch Besonderheiten, die eine Differenzierung gebieten:

1. Legislativakte

Die Gesetzgebung bestimmt den „gesetzlichen" Richter, gestaltet zunächst und vor **813**
allem also den Schutzbereich des Grundrechts aus. Gesetze sind aber dann Eingriffe, wenn sie ihrerseits den Vorgaben des Art. 101 I GG widersprechen. Denkbare Eingriffsformen sind etwa folgende:

- Entgegen Art. 101 I 1 GG wird ein Ausnahmegericht eingeführt. Ausnahmegerichte sind solche, deren Zuständigkeit für einen konkreten Fall begründet, also nicht abstrakt-generell für eine Vielzahl von Fällen vorformuliert worden ist.[1652] Ausnahmegerichte
- Die Gesetze sind unbestimmt oder widersprüchlich, sodass nicht klar ist, welcher Richter zuständig sein soll oder gar eine Doppelzuständigkeit begründet wird.[1653] Unbestimmte Regelung

BEISPIEL: § 24 I Nr. 3 StGB überträgt dem Staatsanwalt die Entscheidung, ob in Strafsachen beim Amts- oder Landgericht Anklage erhoben wird. Die Literatur hält diese Wahlmöglichkeit für verfassungswidrig,[1654] das BVerfG hingegen sieht keinen Eingriff, weil sie nicht frei, sondern an Voraussetzungen geknüpft sei.[1655]

- Die Institutsgarantie (insbesondere die in Art. 92 und 97 GG verbürgten Grundsätze) wird missachtet. Institutsgarantie missachtet

BEISPIEL: § 6 II 2 FGG a.F. schloss die Möglichkeit aus, einen befangenen Richter abzulehnen. Das BVerfG sah darin einen verfassungswidrigen Eingriff in die Institutsgarantie des Art. 101 I 2 GG, weil ein solches Recht in einer rechtsstaatlichen Judikative unerlässlich sei.[1656]

1650 BVerfGE 15, 298, 301
1651 JP-Pieroth, GG, Art. 101 Rn 2
1652 BVerfGE 3, 213, 223
1653 JP-Pieroth, GG, Art. 101 Rn 9
1654 JP-Pieroth, GG, Art. 101 Rn 9
1655 BVerfGE 22, 254, 259; 9, 223, 226
1656 BVerfGE 21, 139, 146

2. Judikativakte

Willkürmaßstab

814 Bei Judikativakten ist Zurückhaltung geboten. Würde jede Missachtung der gesetzlichen Zuständigkeitsregeln durch die Recht anwendenden Richter zugleich einen Verstoß gegen Art. 101 I 2 GG darstellen, verkäme das BVerfG zur „Superrevisionsinstanz" für Zuständigkeitsfragen. Deshalb ist nicht jeder error in procedendo, sondern nur eine willkürliche, unvertretbare Missachtung der Vorschriften ein Eingriff.[1657]

BEISPIEL: Eine derart willkürliche Abweichung liegt vor, wenn ein letztinstanzliches Gericht entgegen Art. 267 AEUV dem EuGH eine Frage nicht zur Vorabentscheidung vorlegt, obwohl es eine Entscheidung treffen will, die von der Rechtsprechung des EuGH abweicht.[1658] Anders, wenn das Gericht nicht vorlegt, weil es (i.E. irrig, aber nicht völlig unvertretbar) glaubt, mit seiner Entscheidung ohnehin auf der Linie des EuGH zu liegen.

MERKSATZ
Nur eine willkürliche Missachtung der gesetzlichen Zuständigkeiten durch die Gerichte greift in Art. 101 I 2 GG ein.

Klarstellend sei angemerkt, dass für Willkür in diesem Sinne die objektive Unvertretbarkeit der Entscheidung genügt. Subjektive Elemente (Vorsatz) sind nicht erforderlich.[1659]

3. Exekutivakte

815 Auch Exekutivakte können den gesetzlichen Richter entziehen, wenngleich dies in praxi selten vorkommen wird, weil die Verwaltung nicht die Macht hat, den Bürger daran zu hindern, seinen gesetzlichen Richter in Anspruch zu nehmen.[1660] Denkbar sind etwa entziehende Maßnahmen der Justizverwaltung oder Fälle, in denen sich die Verwaltung selbst gerichtliche Kompetenzen anmaßt.

BEISPIEL: Der Leiter einer JVA entscheidet an Stelle des Haftrichters über Maßnahmen im Vollzug der Untersuchungshaft.[1661]

Die obigen Ausführungen zur notwendigen Willkür gelten hier entsprechend.

III. VERFASSUNGSRECHTLICHE RECHTFERTIGUNG

Keine Schranken

816 Eine verfassungsrechtliche Rechtfertigung von Eingriffen ist mangels vorhandener Schranken nicht möglich. Ein Gesetzesvorbehalt existiert nicht und ist auch nicht erforderlich, da ohnehin nur der „gesetzliche" Richter geschützt ist, die Gesetze also bereits den Schutzbereich ausgestalten können. Kollidierendes Verfassungsrecht als verfassungsimmanente Schranke kommt ebenfalls nicht in Betracht, da solches nicht ersichtlich ist.

1657 BVerfGE 87, 282, 284; BVerfG, NStZ 1995, 253, 254
1658 BVerfGE 75, 223, 234
1659 BVerfG, NJW 1985, 125, 126
1660 JP-Pieroth, GG, Art. 101 Rn 10
1661 BVerfG, NStZ 1995, 253, 254

27. Teil – Art. 103 I GG - Rechtliches Gehör

A. Einleitung

Art. 103 I GG gewährt einen Anspruch auf rechtliches Gehör, betrifft also das Verfahren vor Gericht. Dadurch grenzt er sich von Art. 19 IV 1 GG ab, der das Recht auf einen Richter gewährt. Der Unterschied ist also ein zeitlicher. **817** Abgrenzung zu Art. 19 IV GG

MERKSATZ

Art. 19 IV 1 GG regelt den Zugang zum Gerichtsverfahren, Art. 103 I GG dessen Verlauf.[1662]

Soweit es doch einmal zu Überschneidungen kommt, ist Art. 103 I GG lex specialis.[1663]

BEISPIEL: Wenn ein Gericht ein Urteil fällt, ohne die Klage dem Beklagten überhaupt zugestellt zu haben, wird grundsätzlich sowohl dessen Zugang zum Verfahren nach Art. 19 IV 1 GG als auch dessen Anspruch auf rechtliches Gehör aus Art. 103 I GG verletzt. Art. 19 IV 1 GG wird dann aber von Art. 103 I GG verdrängt.

B. Systematik und Vertiefung

I. SCHUTZBEREICH BETROFFEN

1. Sachlicher Schutzbereich

a) Rechtliches Gehör, Art. 103 I GG

Der Anspruch auf rechtliches Gehör lässt sich zeitlich in eine Informations-, Stellungnahme- und Berücksichtigungsphase unterteilen. Die jeweils zeitlich frühere wäre ohne die spätere sinnlos. **818** Drei Phasen rechtlichen Gehörs

MERKSATZ

Art. 103 I GG schützt drei Phasen des rechtlichen Gehörs: Information, Stellungnahme, Berücksichtigung.[1664]

In Phase 1 hat das Gericht allen Beteiligen umfassende Kenntnis über den gesamten Gegenstand des Prozesses zu verschaffen. Dies geschieht z.B., indem Schriftsätze von Amts wegen zugestellt, prozessleitende Beschlüsse erlassen oder richterliche Hinweise erteilt werden. **819** 1. Information

BEISPIELE: Im Zivilprozess erfolgt die Zustellung von Schriftsätzen gem. §§ 166 ff. ZPO von Amts wegen. Erörterungs- und Hinweispflichten enthält § 139 ZPO. Hierher gehört auch das Recht auf Akteneinsicht gem. § 299 ZPO. Entsprechende Vorschriften finden sich in den anderen Prozessordnungen.

1662 BVerfGE 107, 395, 409
1663 JP-Pieroth, GG, Art. 103 Rn 2
1664 Augsberg/Burkiczak, JA 2008, 59, 59

Allerdings ist das Gericht grundsätzlich nicht verpflichtet, seine eigene Rechtsauffassung im Vorfeld zu offenbaren. Erstens kann sich diese bis zur Urteilsfindung noch ändern, und zweitens ist es Sache der Parteien selbst, sich ggf. juristisch beraten zu lassen. Lediglich dann, wenn eine völlig überraschende Entscheidung getroffen wird, die unter keinem von den Parteien vorgebrachten oder früher einmal erörterten Gesichtspunkt zu erwarten war, wäre Art. 103 I GG ohne vorherige Information verletzt.[1665]

MERKSATZ
Art. 103 I GG schützt vor Überraschungen.

2. Stellungnahme

820 Phase 2 ist das Äußerungsrecht im engeren Sinne, also die Gelegenheit, zu den in Phase 1 übermittelten Informationen Stellung zu beziehen, und zwar in rechtlicher und tatsächlicher Hinsicht.[1666] Diese besteht i.d.R. spätestens in der mündlichen Verhandlung. Findet eine solche nicht statt, genügt auch eine schriftliche Stellungnahmemöglichkeit.[1667]

BEISPIEL: Nach § 107 III VwGO kann das Verwaltungsgericht im Beschlussverfahren ohne mündliche Verhandlung entscheiden. In diesem Fall genügt es Art. 103 I GG, wenn dem Antragsgegner eine schriftliche Stellungnahmemöglichkeit eingeräumt wird.

3. Berücksichtigung

821 Phase 3 ist der Anspruch auf Berücksichtigung des mit der Äußerung Vorgebrachten durch aufnahmefähige und -bereite Richter. Ob das Vorbringen eines Beteiligten berücksichtigt worden ist oder nicht, ergibt sich vor allem aus der Begründung der abschließenden Entscheidung. Das Gericht muss darin aber nicht auf jeden völlig nebensächlichen oder gar sachwidrigen Vortrag eingehen. Die Berücksichtigung des Vorgebrachten ist vielmehr zunächst zu vermuten.[1668] Nur wenn die Entscheidungsgründe keinerlei Auseinandersetzung mit dem Kernvortrag einer Partei erkennen lassen, ist Art. 103 I GG betroffen.[1669] Wird dem Vorbringen irrig nicht entsprochen, ist dies hingegen kein Problem des Art. 103 I GG,[1670] sondern allenfalls des Art. 19 IV 1 GG.

BEISPIEL: Wird die Einrede der Verjährung erhoben, dies aber in den Gründen eines der Klage stattgebenden Urteils nicht erwähnt, liegt eine Verletzung von Art. 103 I GG vor, denn dabei handelt es sich um einen ggf. zur Klageabweisung führenden Kernvortrag. Anders, wenn die Gründe rechtsirrig ausführen, eine Verjährung liege nicht vor.

Str., ob weitergehende Ansprüche

822 Gelegentlich wird versucht, aus Art. 103 I GG weitergehende Ansprüche abzuleiten, wie etwa das Recht auf anwaltliche Vertretung.[1671] Für eine Ausdehnung über die drei Phasen des rechtlichen Gehörs hinaus geben aber weder die Motive noch der Wortlaut des Art. 103 I GG etwas her. Um es in den Worten des BVerfG zu sagen: „Art. 103 Abs. 1 GG gewährleistet nur das rechtliche Gehör als solches, nicht rechtliches Gehör gerade durch die Vermittlung eines Anwalts."[1672]

1665 BVerfGE 98, 218, 263; 86, 133, 145; 84, 188, 10; Augsberg/Burkiczak, JA 2008, 59, 60
1666 BVerfGE 98, 218, 263; Augsberg/Burkiczak, JA 2008, 59, 60
1667 BVerfGE 86, 133, 144; Augsberg/Burkiczak, JA 2008, 59, 60
1668 BVerfGE 96, 205, 216; 25, 137, 140; Augsberg/Burkiczak, JA 2008, 59, 61
1669 BVerfGE 86, 133, 145; 63, 80, 85
1670 BVerfGE 69, 145, 149; 60, 1, 5
1671 MD-Schmidt-Aßmann, GG, Art. 103 I Rn 103
1672 BVerfGE 9, 124, 132; vgl. auch BVerfGE 39, 156, 168

KLAUSURHINWEIS
Über die drei Phasen hinausgehende Ansprüche sollten im Zweifel nicht aus Art. 103 I GG, sondern aus dem in Art. 2 I GG enthaltenen Gebot des „fair trial" abgeleitet werden, wobei Art. 103 I GG anzuprüfen (und abzulehnen) ist.[1673]

BEISPIEL: In der Literatur wird das Recht auf einen Dolmetscher gelegentlich als Teil des Anspruchs auf rechtliches Gehör angesehen. Das BVerfG prüft dies jedoch als Ausprägung des Rechts auf ein faires Verfahren nach Art. 2 I i.V.m. 20 III GG.[1674]

b) Vor Gericht

Der Anspruch auf rechtliches Gehör besteht nach Art. 103 I GG nur „vor Gericht". **823** Gericht = Richter
Damit sind alle staatlichen Gerichte i.S.d. Art. 92 ff. GG gemeint, also (nur) der Teil der Judikative, welcher den Richtern anvertraut ist.[1675]

BEISPIELE: Verfahren vor dem Rechtspfleger[1676] oder der Staatsanwaltschaft[1677] fallen nicht unter Art. 103 I GG. Erst recht nicht hierher gehören Verwaltungsverfahren, z.B. Widersprüche nach §§ 68 ff. VwGO.[1678]

Vor anderen Entscheidungsträgern kann allerdings aus anderen Grundrechten auch ein Anspruch auf rechtliches Gehör folgen.

BEISPIEL (nach BVerfG, NJW 2002, 2772): Mitteilungen der Staatsanwaltschaft nach §§ 171, 406d StPO sind am allgemeinen Persönlichkeitsrecht des Beschuldigten aus Art. 2 I i.V.m. 1 I GG zu messen.

2. Personaler Schutzbereich

In personaler Hinsicht gilt das oben zu Art. 101 I 2 GG Gesagte entsprechend. Danach **824** Kein Art. 19 III GG
sind alle natürlichen und juristischen Personen (einschließlich der ausländischen[1679] und solcher des öffentlichen Rechts[1680]) grundrechtsberechtigt.[1681] Sie müssen entweder Verfahrensbeteiligte im engeren Sinne (Parteien, Beigeladene etc.) oder sonst wie unmittelbar von der Entscheidung betroffen sein.[1682] Letzteres ist selten der Fall.

BEISPIEL: Kein Beteiligter i.e.S., aber unmittelbar von der Entscheidung betroffen ist der Vater eines nichtehelichen Kindes im Adoptionsverfahren.[1683]

Ferner können sich Prozessbevollmächtigte (z.B. Rechtsanwälte) auf Art. 103 I GG berufen.[1684]

1673 *BVerfGE 113, 29, 47; 109, 13, 34; BVerwGE 107, 363, 368*
1674 *Vgl. die Nachweise bei JP-Pieroth, GG, Art. 103 Rn 35*
1675 *JP-Pieroth, GG, Art. 103 Rn 5*
1676 *BVerfGE 101, 397, 404; JP-Pieroth, GG, Art. 103 Rn 5*
1677 *BVerfGE 27, 88, 103*
1678 *BVerfGE 101, 397, 404; BFHE 202, 231, 237*
1679 *BVerfGE 64, 1, 11*
1680 *BVerfGE 61, 82, 104*
1681 *JP-Pieroth, GG, Art. 103 Rn 6*
1682 *JP-Pieroth, GG, Art. 103 Rn 8*
1683 *BVerfGE 92, 158, 183*
1684 *BGHZ 144, 390, 392; JP-Pieroth, GG, Art. 103 Rn 33*

II. EINGRIFF

Spezifischer Verfassungsverstoß

825 Ein Eingriff liegt grundsätzlich bei jeder Verkürzung des Schutzbereichs vor. Ein Verschulden des Gerichts ist nicht erforderlich.[1685] Ähnlich wie bei Art. 101 GG (Rn 804) genügt aber nicht schon jede Verletzung einfachen Rechts, weil das BVerfG sonst zu einer „Superrevisionsinstanz" für Verfahrenshandlungen verkäme. Vielmehr müssen die im Schutzbereich genannten, spezifisch verfassungsrechtlichen Vorgaben verletzt werden.[1686]

BEISPIEL: Nach § 139 III ZPO hat das Gericht auf Zulässigkeitsmängel hinzuweisen. Eine solche Pflicht kennt Art. 103 I GG nicht. Unterlässt das Gericht also einen Hinweis nach § 139 III ZPO, liegt darin wohl ein Rechtsverstoß, aber kein Eingriff in Art. 103 I ZPO.

Entscheidungserheblichkeit

826 Ferner muss der Eingriff entscheidungserheblich sein, d.h. die Entscheidung muss auf der Nichtgewähr rechtlichen Gehörs beruhen.[1687] Dafür genügt, dass nicht ausgeschlossen werden kann, dass das Gericht zu einer anderen Entscheidung gekommen wäre. Die Entscheidungserheblichkeit wird m.a.W. vermutet.[1688]

BEISPIEL: Bestreitet der Beklagte vor Gericht die Kausalität zwischen Unfallgeschehen und Schaden, liegt kein Eingriff in Art. 103 I GG vor, wenn das Gericht dies zwar nicht zur Kenntnis nimmt, die Klage aber gleichwohl wegen Verjährung des Anspruchs abweist. Gibt es der Klage hingegen statt, ist im Rahmen einer auf Art. 103 I GG gestützten Verfassungsbeschwerde nicht vollumfänglich nachzuprüfen, wer den Kausalitätsbeweis zu erbringen hatte und ob dieser hätte geführt werden können. Vielmehr genügt für einen Eingriff in Art. 103 I GG die nicht ganz fernliegende Möglichkeit, dass das Gericht die Kausalität verneint hätte.

Heilung

827 Eine „Heilung" durch Nachholung ist möglich, wobei diese im selben Prozess - wenn auch nicht in derselben Instanz - geschehen muss.[1689]

BEISPIEL: Es genügt also, wenn das Berufungs- oder Revisionsgericht die Heilung herbeiführt.[1690] Wegen Heilung ist auch der Ausschluss rechtlichen Gehörs vor richterlicher Anordnung einer Durchsuchung nach § 105 StPO kein Eingriff, denn dieses ist nach § 107 StPO auf Verlangen nachzuholen.[1691]

Judikativ- und Legislativakte

828 Da sich Art. 103 I GG an die Gerichte wendet, werden Eingriffe in aller Regel Judikativakte sein und, da Art. 103 I GG einen Anspruch gewährt, häufig in einem Unterlassen bestehen. Denkbar sind aber auch Eingriffe durch die Legislative, wenn das Prozessrecht nicht so ausgestaltet wird, dass rechtliches Gehör möglich bleibt. Allerdings ist diesbezüglich Vorsicht geboten, denn Art. 103 I GG ist ein normgeprägtes Grundrecht, also ein solches, das dem Gesetzgeber gerade einen gewissen

---

1685 *BVerfGE 53, 219, 222; Augsberg/Burkiczak, JA 2008, 59, 59*
1686 *BVerfGE 75, 302, 312; 72, 119, 121; A ugsberg/Burkiczak, JA 2008, 59, 62*
1687 *BVerfGE 89, 381, 392; 69, 145, 150*
1688 *Augsberg/Burkiczak, JA 2008, 59, 61*
1689 *BVerfGE 42, 172, 175*
1690 *BVerfGE 5, 9, 10*
1691 *BVerfGE 18, 399, 404*

Spielraum bei der Umsetzung in einfaches Recht einräumt.[1692] Keine Eingriffe sind daher Gesetze, die aus Gründen der Rechtssicherheit oder einer effektiven Rechtspflege das rechtliche Gehör beschränken.

BEISPIELE: Präklusionsnormen, Rügefristen, Zurechnung des Anwaltsverschuldens.

KLAUSURHINWEIS
Ein Eingriff durch Gesetz sollte nur angenommen werden, wenn in einem Verfahren rechtliches Gehör grundsätzlich ausgeschlossen ist.

III. VERFASSUNGSRECHTLICHE RECHTFERTIGUNG

Eine verfassungsrechtliche Rechtfertigung von Eingriffen ist in aller Regel nicht **829** Schrankenlos
möglich, weil Art. 103 I GG keine Schranken kennt, insbesondere keinem Gesetzesvorbehalt unterliegt. Eine Rechtfertigung durch verfassungsimmanente Schranken ist hingegen grundsätzlich möglich. Da das BVerfG aber angesichts des Ausgestaltungsrechts des Gesetzgebers schon einen Eingriff verneint, wenn Gesetze zum Schutz der Rechtssicherheit oder einer funktionierenden Rechtspflege erlassen werden (Rn 825), bleibt auch insoweit kaum ein Anwendungsfall.[1693]

BEISPIEL: Eine Rechtfertigung durch kollidierende Grundrechte Dritter kann etwa angenommen werden, wenn das Verwaltungsgericht entgegen § 100 VwGO eine Gerichtsakte zum Schutz persönlicher oder betrieblicher Geheimnisse, Art. 2 I i.V.m. 1 I GG bzw. Art. 14 I GG, nicht herausgibt.

28. Teil – Art. 103 II GG - Keine Strafe ohne Gesetz

A. Einleitung

Der Grundsatz „**nullum crimen, nulla poena sine lege**" aus § 1 StGB erhält über **830** Schranken-Schranke und Grundrecht
Art. 103 II GG Verfassungsrang. Die Norm hat eine Doppelfunktion: Sie ist zum einen Schranken-Schranke des Grundrechts auf Freiheit der Person aus Art. 2 II 2 GG,[1694] zum anderen ein eigenes, mit der Verfassungsbeschwerde nach Art. 93 I Nr. 4a GG einklagbares grundrechtsgleiches Recht.[1695]

B. Systematik und Vertiefung

I. SCHUTZBEREICH BETROFFEN

1. Sachlicher Schutzbereich

Art. 103 II GG enthält vier Tatbestandsmerkmale: Er geht von einer „Tat" aus, bezieht **831**
sich auf deren „Strafbarkeit" und fordert, dass diese „gesetzlich bestimmt" war, und zwar bereits „bevor die Tat begangen wurde".

1692 BVerfGE 67, 208, 211; JP-Pieroth, GG, Art. 103 Rn 9
1693 JP-Pieroth, GG, Art. 103 Rn 31
1694 Appel, JURA 2000, 571, 576
1695 BVerfGE 109, 133, 168; Sachs-Degenhart, GG, Art. 103 Rn 53

a) Tat

832 Das Merkmal der „Tat" darf nicht - wie der Wortlaut des Art. 103 II GG es zuließe - so missverstanden werden, dass andere Dinge als Taten auch ohne gesetzliche Bestimmung bestraft werden können. Vielmehr meint Art. 103 II GG, dass eine Bestrafung ohne Vorliegen einer „Tat", d.h. eines Verhaltens (Handelns, Duldens oder Unterlassens) von vornherein ausgeschlossen ist.

BEISPIELE: Ein Gesinnungsstrafrecht ist danach ebenso unzulässig wie die Sippenhaft.

b) Strafbarkeit

833 **DEFINITION**
Die **Strafbarkeit** wird geregelt, wenn der Staat als Reaktion auf ein rechtswidriges, schuldhaftes Verhalten zum Schuldausgleich einen Nachteil verhängt.[1696]

Jede Form von Repression erfasst

Dazu gehört der gesamte Bereich repressiven staatlichen Handelns, also neben dem „Kriminalstrafrecht" (StGB und Nebenstrafrecht) auch das Ordnungswidrigkeiten-, Disziplinar- und Standesrecht.[1697] Keine repressiven Maßnahmen sind hingegen die Maßregeln der Besserung und Sicherung nach §§ 61 ff. StGB, weil diese keinen repressiven, sondern einen präventiven Zweck verfolgen.[1698] Auch die Strafverfolgung ist selbst keine Strafbarkeitsregelung, sondern setzt das Bestehen einer solchen voraus.[1699]

BEISPIELE: Wird die Verjährungsfrist rückwirkend verlängert oder abgeschafft, wird dadurch nicht die Strafbarkeit an sich, sondern eine Verfolgungsvoraussetzung geändert. Ebenso ist es, wenn das Erfordernis eines Strafantrags nach der Tat gestrichen wird.

Prävention nicht erfasst

Auch nicht an Art. 103 II GG zu messen sind präventive Regelungen des Polizei- und Ordnungsrechts, mögen Verstöße gegen sie auch repressive Folgen haben.

BEISPIEL (nach BVerfG, NVwZ 2009, 905): Art. 297 I 1 Nr. 2 EGStGB ermächtigt zum Erlass einer Sperrgebietsverordnung. Die Ausübung der Prostitution innerhalb des Sperrgebiets mag nach § 120 I Nr. 1 OWiG ordnungswidrig, nach § 184e StGB sogar strafbar sein. Die Ausweisung der Sperrbezirke verfolgt aber einen präventiven Zweck. Deshalb sind weder Art. 297 I 1 Nr. 2 EGStGB selbst noch die auf seiner Grundlage ergangenen Sperrbezirksverordnungen an Art. 103 II GG zu messen.

c) Gesetzlich bestimmt

834 Streng genommen verbergen sich hinter der Notwendigkeit einer gesetzlichen Bestimmung zwei Merkmale: Es muss ein Gesetz vorhanden sein, und dieses muss bestimmt genug sein.

1696 *BVerfGE 110, 1, 13; 109, 133, 167*
1697 *Sachs-Degenhart, GG, Art. 103 Rn 59*
1698 *BVerfGE 109, 133, 167; Sachs-Degenhart, GG, Art. 103 Rn 58*
1699 *BVerfGE 81, 132, 135; 25, 269, 284*

aa) Gesetz

Eine gesetzliche Bestimmung in diesem Sinne kann nur ein Parlamentsgesetz sein. **835** Parlamentsgesetz erforderlich
Nur die Legislative, nicht aber Judikative oder Exekutive darf also die Strafbarkeit dem Grunde nach bestimmen.

BEISPIELE: § 15 II FernmG stellte den Verstoß gegen die in der Genehmigung einer Fernmeldeanlage enthaltenen Bedingungen unter Strafe. Da es im Ermessen der Postbehörde **836**
stand, ob und welche Bedingungen sie der Genehmigung beifügte, wurde ihr dadurch unter Verstoß gegen Art. 103 II GG auch die Ausdehnung oder Einengung der Strafbarkeit in die Hand gegeben.[1700]

RVO, Satzung

Allerdings lässt das BVerfG - wenig konsequent - gesetzliche Verweise auf Rechtsverordnungen oder Satzungen jedenfalls dann zu, wenn diese nicht die Strafbarkeit dem Grunde nach, sondern nur Marginalien („Spezifizierungen") regeln.[1701] Dem liegt die schon aus der **„Wesentlichkeitstheorie"** zum Vorbehalt des Gesetzes aus Art. 20 III GG bekannte Vorstellung zugrunde, dass der Gesetzgeber nur die wesentlichen Dinge selbst regeln muss.[1702] Teilweise wird sogar ein Verweis auf Verwaltungsvorschriften für zulässig gehalten.[1703]

KLAUSURHINWEIS

Was unter einer „Spezifizierung" in diesem Sinne zu verstehen ist, bleibt in der Rechtsprechung vage. Im Zweifel sollte gelten, dass jedenfalls das strafbewährte Verhalten in groben Zügen, die Schuldform (Vorsatz/Fahrlässigkeit) sowie Art und Maß der Strafe im Gesetz selbst geregelt sein müssen.[1704]

BEISPIEL: § 69a StVZO ist danach verfassungsgemäß, weil § 24 StVG das strafbewährte Verhalten in groben Zügen (Verkehrsverstöße), die Schuldform (Vorsatz oder Fahrlässigkeit) sowie Art und Maß der Strafe (Ordnungswidrigkeit, Geldbuße) regelt.

Ebenso werden durch das Erfordernis eines Parlamentsgesetzes die Anwendung von **837** Gewohnheitsrecht, Analogieverbot
Gewohnheitsrecht und die Analogiebildung verboten. Die Grenze zwischen zulässiger Auslegung eines Strafgesetzes und unzulässiger Analogie bildet der Wortlaut der Norm: Wird dieser in sein Gegenteil verkehrt, liegt eine unzulässige Analogie vor.[1705]

BEISPIEL: Eine gewaltlose Sitzblockade kann keine „Gewalt" i.S.d. § 240 StGB sein.[1706] Da das BVerfG „menschenähnliche Wesen" auch nicht als „Menschen" i.S.d. § 131 StGB durchgehen ließ,[1707] wurde eine Neufassung des § 131 StGB[1708] nötig. Keine Analogie, sondern zulässige Auslegung ist hingegen die „schadensgleiche Vermögensgefährdung" bei § 263 StGB, denn das Vermögen muss nur „beschädigt", nicht „geschädigt" worden sein.

1700 BVerfGE 78, 374, 383
1701 BVerfGE 14, 174, 185 (RVO); BVerfGE 32, 346, 362 (Satzung)
1702 BVerfGE 88, 103, 116; 61, 260, 275
1703 Sachs-Degenhart, GG, Art. 103 Rn 65; Schröder, VVDStRL 50 (1991), 196, 215
1704 Sachs-Degenhart, GG, Art. 103 Rn 64
1705 BVerfGE 71, 108, 115
1706 BVerfGE 104, 92, 101; 92, 1, 14
1707 BVerfGE 87, 209, 225
1708 BGBl I 2003, 3007

bb) Bestimmtheit

838 Jedermann soll vorhersehen können, welches Verhalten mit welcher Strafe bedroht ist, und sein Verhalten entsprechend einrichten können. Dies ist aber nur möglich, wenn das Gesetz den Straftatbestand hinreichend bestimmt fasst.[1709] Deshalb enthält Art. 103 II GG eine spezielle Ausprägung des Bestimmtheitsgrundsatzes, die dem allgemeinen Bestimmtheitsgebot aus Art. 20 III GG (Rn 153) vorgeht und im Unterschied zu diesem mittels Verfassungsbeschwerde geltend gemacht werden kann. Wegen der gravierenden Auswirkungen von Strafen für den Betroffenen ist Art. 103 II GG zudem strenger als Art. 20 III GG. Es gilt:

MERKSATZ
Je höher die Strafe, umso bestimmter das Gesetz.[1710]

Die Verwendung generalklauselartiger, unbestimmter Rechtsbegriffe ist aber auch im Strafrecht zulässig, solange diese zumindest bestimmbar bleiben. Das BVerfG ist diesbezüglich trotz des o.g. Merksatzes sehr großzügig.

BEISPIEL (nach BVerfGE 26, 41): Selbst die Strafbarkeit des „groben Unfugs" nach § 360 I Nr. 11 2. Fall StGB a.F. sollte mit Art. 103 II GG vereinbar sein, weil jedermann zumindest eine grobe Vorstellung davon habe, was damit gemeint sei.

KLAUSURHINWEIS
Es ist äußerste Zurückhaltung damit geboten, ein tatsächlich existierendes Strafgesetz für zu unbestimmt zu erklären.

d) Vor Tatbegehung

Rückwirkungsverbot

839 Dass die Strafbarkeit vor Tatbegehung gesetzlich bestimmt sein musste, ist nichts anderes als ein spezielles Rückwirkungsverbot für Strafgesetze, das dem allgemeinen Rückwirkungsverbot aus Art. 20 III (Rn 157) vorgeht und im Unterschied zu diesem nicht abwägungsfähig ist. Es gilt:

MERKSATZ
Jede strafrechtliche Rückwirkung zu Lasten des Täters ist verfassungswidrig.

BEISPIELE: Historisches Lehrbuchbeispiel ist das Gesetz vom 22.6.1938 über die Strafbarkeit von Straßenraub mittels Autofallen, dass zum 1.1.1936 in Kraft trat.[1711]

Durchbrechung bei „Mauerschützen"

In der Geschichte der BRD hat es noch keinen Verstoß gegen das strafrechtliche Rückwirkungsverbot gegeben. Diskutiert wurde es allerdings im sog. „**Mauerschützenprozess**". Die Rechtsprechung hielt eine Bestrafung der DDR-Machthaber als „Hintermänner" im in diesem Fall für zulässig, weil der zur Rechtfertigung der Mauerschützen eingreifende § 27 DDR-GrenzG seinerseits wegen offensichtlichen und unerträglichen Verstoßes gegen völkerrechtlich geschützte Menschenrechte unwirksam sei.[1712]

1709 *BVerfGE 25, 269, 285; 14, 245, 252*
1710 *BVerfGE 75, 329, 342; BVerfG, NVwZ 2009, 905, 905*
1711 *RGBl 1938, 651*
1712 *BVerfGE 95, 96, 133; BGHSt 41, 101, 103; krit. JP-Pieroth, GG, Art. 103 Rn 54*

KLAUSURHINWEIS
Derartiges mag Sache des BVerfG und des BGH sein, ist in einem Prüfungsgutachten jedoch nicht angezeigt. Man sollte sich strikt an den o.g. Merksatz halten, wenn nicht gerade der Mauerschützenfall selbst zu prüfen ist.

2. Personaler Schutzbereich

Art. 103 II GG ist ein „Jedermannrecht", gilt neben natürlichen Personen mithin auch für juristische Personen.[1713] Deren Strafbarkeit ist zwar nach geltendem Recht reine Theorie, aber nicht undenkbar.

BEISPIEL: Eine GmbH wird mit einer Geldstrafe belegt, weil ihr Geschäftsführer Geschäftspartner betrogen hat. Die Strafbarkeit der GmbH ist nicht geregelt, sie könnte einen Verstoß gegen Art. 103 II GG rügen.

II. EINGRIFF

Jede Verkürzung des Schutzbereichs in einem der o.g. vier Punkte ist ein Eingriff. **840**
Dieser wird in aller Regel von der Legislative oder Judikative begangen werden, ist aber auch durch die Exekutive denkbar, wenn diese sich ohne gesetzliche Grundlage Strafgewalt anmaßt.

BEISPIEL: Ein Feldwebel bestraft den Ehebruch eines Gefreiten mit einer Woche Haft in einer Kasernenzelle.

Änderung der st. Rechtsprechung als Eingriff?

Streitig ist, ob auch eine Änderung der ständigen höchstrichterlichen Rechtspre- **841**
chung ein Eingriff sein kann. Dies wird in der Literatur überwiegend mit dem Hinweis bejaht, eine solche bilde einen vergleichbaren Vertrauensschutz beim Bürger wie die Norm selbst.[1714] Der BGH lehnt dies hingegen ganz ab,[1715] das BVerfG differenziert danach, ob sich die Auslegung von Tatbestandsmerkmalen (dann nicht) oder das Unwerturteil ändert (dann wohl).[1716]

BEISPIEL: Der BGH senkt die Promillegrenze für die Trunkenheit im Straßenverkehr. Dies wäre nach der Literatur ein Eingriff in Art. 103 II GG, nach der Rechtsprechung des BGH hingegen nicht. Das BVerfG wäre in diesem Fall auf der Seite des BGH, denn die Promillegrenze betrifft das Tatbestandsmerkmal der Fahruntüchtigkeit.[1717]

Die besseren Argumente sprechen für den BGH. Gegen einen Eingriff spricht, dass die verfassungsrechtliche Rechtfertigung eines solchen nicht möglich ist (dazu sogleich), die Rechtsprechung also statisch bei einer einmal gefassten Ansicht verharren müsste, auch wenn sie diese als falsch erkennt oder sich die Verhältnisse ändern. Fehlende Rechtfertigungsmöglichkeiten sprechen tendenziell für einen

---

1713 *Sachs-Degenhart, GG, Art. 103 Rn 53*
1714 *JP-Pieroth, GG, Art. 103 Rn 53; Sachs-Degenhart, GG, Art. 103 Rn 73*
1715 *BGHSt 48, 197, 205; BayObLG, NJW 1990, 2833, 2834*
1716 *BVerfG, NJW 1990, 3140, 3140*
1717 *BVerfG, NJW 1990, 3140, 3140; BGHSt 37, 89, 91*

engen Eingriffsbegriff. Zudem lässt Art. 103 II GG die Verwendung unbestimmter Rechtsbegriffe und damit einen gewissen Auslegungsspielraum der Gerichte ja zu (Rn 838). Gegen die Differenzierung des BVerfG spricht schließlich, dass eine Unterscheidung zwischen Tatbestandsmerkmalen und Unwerturteil vielfach unmöglich ist.

BEISPIEL: Soll ein bisher immer als Totschlag eingestuftes Verhalten nunmehr als Mord gelten, wird dadurch einerseits der Tatbestand des § 211 StGB anders interpretiert (ein bisher abgelehntes Mordmerkmal bejaht), zugleich aber auch das Unwerturteil intensiviert (Mörder statt Totschläger).

III. VERFASSUNGSRECHTLICHE RECHTFERTIGUNG

Keine Schranken

842 Eine verfassungsrechtliche Rechtfertigung von Eingriffen ist schon mangels vorhandener Schranken ausgeschlossen. Ein Gesetzesvorbehalt existiert nicht, und als verfassungsimmanente Schranke theoretisch in Betracht kommendes kollidierendes Verfassungsrecht ist nicht ersichtlich.[1718]

29. Teil – Art. 103 III GG - Verbot der Doppelbestrafung

A. Einleitung

ne bis in idem

843 Art. 103 III GG enthält mit dem Verbot der Doppelbestrafung („ne bis in idem") ebenso wie Art. 103 II GG zugleich eine Schranken-Schranke zu Art. 2 II GG und ein eigenes, mit der Verfassungsbeschwerde nach Art. 93 I Nr. 4a GG einklagbares grundrechtsgleiches Recht.[1719]

B. Systematik und Vertiefung

I. SCHUTZBEREICH BETROFFEN

1. Sachlicher Schutzbereich

844 Art. 103 III GG verbietet eine mehrmalige Bestrafung derselben Tat nach den allgemeinen Strafgesetzen. Dahinter verbergen sich drei Tatbestandsmerkmale:

a) Dieselbe Tat

Prozessuale Tat

845 Im Rahmen des Art. 103 III GG gilt der sog. **„prozessuale" Tatbegriff**, wonach mit der „Tat" derselbe Lebensvorgang (Handlung, Duldung, Unterlassung) gemeint ist.[1720] Demgegenüber spielt es keine Rolle, welche Straftatbestände verwirklicht worden sind. Art. 103 III GG hat also mit dem „materiellen" Tatbegriff i.S.d. §§ 52, 53 StGB nichts zu tun.

1718 BVerfGE 109, 133, 172
1719 BVerfGE 56, 22, 32; JP-Pieroth, GG, Art. 103 Rn 56
1720 BVerfGE 23, 191, 202; BGHSt 43, 252, 255

BEISPIEL: A schießt auf B und verwundet ihn. Wird A nun nach §§ 223 ff. StGB verurteilt und erliegt B später seinen Verletzungen, ist eine erneute Bestrafung des A ausgeschlossen, weil der Lebenssachverhalt (Schuss auf B) bereits abgeurteilt ist. Dass A nicht wegen eines Tötungsdelikts angeklagt wurde (bzw. werden konnte), spielt keine Rolle. Auch der umgekehrte Fall ist denkbar: Stellt sich erst nach Verurteilung wegen einer Entführung heraus, dass der Täter das Opfer auch missbraucht hat, greift Art. 103 III GG nicht ein, denn Entführung und Missbrauch sind zwei unterschiedliche Lebensvorgänge.

b) Allgemeine Strafgesetze

Alle Gesetze, also auch alle Strafgesetze, sind „allgemein" im Sinne einer generellen Geltung. Diese Selbstverständlichkeit meint Art. 103 III GG nicht, wenn er betont, dass eine Doppelbestrafung nur nach den „allgemeinen" Strafgesetzen ausgeschlossen sein soll. Vielmehr wollte der Verfassungsgeber damit zum Ausdruck bringen, dass Repressionen im Standes- und Disziplinarrecht sowie im Ordnungswidrigkeitenrecht nicht gegen Art. 103 III GG verstoßen.[1721] **846** Nur „Kriminalstrafrecht" erfasst

MERKSATZ

Art. 103 III GG gilt nur für das sog. „**Kriminalstrafrecht**", d.h. das StGB einschließlich des Nebenstrafrechts.[1722]

Dies hat in zweifacher Hinsicht Bedeutung: Zum einen darf innerhalb des Standes-, Ordnungswidrigkeiten- und Disziplinarrechts doppelt, zum anderen neben dem Kriminalstrafrecht gestraft werden, ohne dass der Schutzbereich des Art. 103 III GG berührt ist. Allerdings schließt dies eine Verletzung anderer Grundrechte (z.B. Art. 2 I GG bei Geld- und Art. 2 II 2 GG bei Freiheitsstrafen) nicht aus. Nicht selten wird eine Doppelbestrafung unverhältnismäßig sein, besonders wenn bei der zweiten Strafe die bereits verhängte erste Strafe nicht berücksichtigt wird. **847** Andere Grundrechte verletzt?

BEISPIEL: Eine disziplinäre Arreststrafe muss auf die Dauer einer später verhängten Freiheitsstrafe angerechnet werden.[1723]

Präventivmaßnahmen wie Ordnungs- oder Beugemittel gehören schon nicht zum „Strafrecht", tangieren Art. 103 III GG also erst Recht nicht. Gleichwohl gilt hier das zuvor Gesagte zur möglichen Verletzung anderer Grundrechte entsprechend. **848** Sonstige Maßnahmen

BEISPIEL: Ein Zeuge kann wegen Beleidigung des Richters sowohl mit einem sitzungsrechtlichen Ordnungsgeld belegt als auch nach § 185 StGB verurteilt werden. § 178 III GG bestimmt für diesen Fall eine Anrechnung des Ordnungsgeldes auf die Strafe.

c) Mehrfache Strafe

Über den Wortlaut hinaus verbietet Art. 103 III GG nicht nur die mehrfache Bestrafung, sondern schützt auch die Rechtskraft des Freispruchs, weil der historische Grundsatz „**ne bis in idem**", den der Verfassungsgeber im Grundgesetz **849** Freispruch, Strafbefehl, Einstellung

1721 *BVerfGE 43, 101, 105; Sachs-Degenhart, GG, Art. 103 Rn 80*
1722 *BVerfGE 21, 378, 387; speziell zum OWiG BVerfGE 31, 142, 144*
1723 *BVerfGE 21, 378, 388*

verankern wollte, sich auch hierauf erstreckte.[1724] Verboten ist auch eine nochmalige Bestrafung nach rechtskräftigem Strafbefehl,[1725] nicht nach gerichtlicher (oder gar staatsanwaltschaftlicher) Einstellung des Verfahrens, weil sich dies zum einen (wie beim Strafbefehl) dem historischen „ne bis in idem" nicht entnehmen lässt, vor allem aber einer Einstellung (im Unterschied zum Strafbefehl, vgl. § 410 III StPO) nicht der gleiche Vertrauensschutz zukommt wie einer rechtskräftigen Entscheidung.[1726]

2. Personaler Schutzbereich

850 Hier gilt das oben zu Art. 103 II GG Gesagte entsprechend: Art. 103 III GG gilt zunächst für alle natürlichen, zumindest theoretisch aber auch für juristische Personen.

II. EINGRIFF

851 Nicht erst die Doppelbestrafung, sondern schon die nochmalige Strafverfolgung greift in Art. 103 III GG ein (sog. „**Strafklageverbrauch**").[1727] Grund für diese extensive Auslegung sind die besonderen Belastungen, die schon das Strafverfahren an sich dem Angeklagten abverlangt. Exekutivmaßnahmen greifen hingegen schon deshalb nicht in Art. 103 III GG ein, weil sie nicht zum „allgemeinen Strafrecht" gehören, d.h. schon der Schutzbereich nicht tangiert ist.

BEISPIEL: Verzichtet ein Gericht auf die Entziehung der Fahrerlaubnis nach § 69 StGB, ist die Straßenverkehrsbehörde nicht daran gehindert, sie ihrerseits nach § 4 StVG zu entziehen. § 4 StVG ist kein „allgemeines Strafrecht".

III. VERFASSUNGSRECHTLICHE RECHTFERTIGUNG

Verfassungs-immanente Schranken

852 Genau wie die anderen Grundrechte des Art. 103 GG kennt auch Art. 103 III GG keinen Gesetzesvorbehalt. Eine verfassungsrechtliche Rechtfertigung ist daher regelmäßig schon mangels tauglicher Schranken nicht möglich. Nur in Ausnahmefällen kann ein Eingriff verfassungsimmanent gerechtfertigt werden. Als kollidierendes Verfassungsrecht kommt vor allem der im **Rechtsstaatsprinzip** des Art. 20 III GG verankerte Leitgedanke der Herbeiführung materieller Gerechtigkeit durch das Recht in Betracht.

BEISPIEL: Die Wiederaufnahme des Verfahrens zuungunsten des Angeklagten nach §§ 362 ff. StPO ist verfassungsimmanent über das Rechtsstaatsprinzip gerechtfertigt.[1728]

Es wäre jedoch verfehlt, diesen extensiv anzuwenden, weil Art. 103 III GG den Konflikt zwischen Gerechtigkeitsstreben des Staates und Vertrauensschutz des Betroffenen gerade zugunsten des letzteren entscheidet.[1729]

KLAUSURHINWEIS
In einer Prüfung sollte eine verfassungsimmanente Rechtfertigung über Art. 20 III GG nur bejaht werden, wenn ein Vertrauensschutz nicht besteht oder jedenfalls ganz nachrangig ist.

1724 *Pieroth/Schlink, GR, Rn 1217*
1725 *BVerfGE 65, 377, 382; Sachs-Degenhart, GG, Art. 103 Rn 79*
1726 *MD-Schmidt-Aßmann, GG, Art. 103 III Rn 296; Sachs-Degenhart, GG, Art. 103 Rn 79*
1727 *BVerfGE 12, 62, 66; Sachs-Degenhart, GG, Art. 103 Rn 79*
1728 *JP-Pieroth, GG, Art. 103 Rn 65; Sachs-Degenhart, GG, Art. 103 Rn 84*
1729 *Sachs-Degenhart, GG, Art. 103 Rn 84*

DIE PRÜFUNG DER GLEICHHEITSGRUNDRECHTE

1. Teil – Einleitung

Das Grundgesetz versieht neben der Freiheit auch die Gleichheit der Bürger mit grundrechtlichem Schutz. Zur Gleichbehandlung verpflichtet ist - wie bei den Freiheitsgrundrechten - wegen Art. 1 III GG zunächst nur der Staat. „Gleichheit" bedeutet also Gleichheit vor der staatlichen Gewalt, nicht Gleichheit der Menschen untereinander. **853**

BEISPIEL: Gleiche Vermögen müssen vom Staat gleich besteuert und gleiche Straftaten gleich bestraft werden. Demgegenüber tangiert es die Gleichheitsgrundrechte nicht, wenn eine Mutter ein Kind gegenüber dem anderen bevorzugt.

Die so verstandenen Gleichheitsgrundrechte lassen sich auf verschiedene Weise systematisieren. Für die Prüfung relevant sind die Unterscheidung zwischen allgemeinen und speziellen sowie absoluten und relativen Gleichheitssätzen:

A. Allgemeine und spezielle Gleichheitssätze

Spezielle Gleichheitssätze finden sich in Art. 3 II-III, 6 V, 33 I-III, 38 I 1 GG. Hier stellt das Grundgesetz die Notwendigkeit der Gleichbehandlung in bestimmten Bereichen oder in Bezug auf bestimmte Kriterien heraus. So gilt Art. 33 II GG speziell für den Bereich des Zugangs zu einem öffentlichen Amt; Art. 3 III GG ordnet die Gleichbehandlung im Hinblick auf die dort genannten Kriterien an. Demgegenüber enthält Art. 3 I GG den sog. **allgemeinen Gleichheitssatz**, der nicht von vornherein an bestimmte Bereiche oder Kriterien anknüpft, sondern schlicht bestimmt: „Alle Menschen sind vor dem Gesetz gleich". **854** Art. 3 I GG als Auffanggrundrecht

KLAUSURHINWEIS
Die speziellen Gleichheitssätze sind leges speciales zum allgemeinen Gleichheitsgrundsatz und daher stets vor Art. 3 I GG zu prüfen.

B. Absolute und relative Gleichheitsgrundrechte

Die Gleichheitssätze lassen sich ferner in absolute und relative Gleichheitsrechte unterteilen. Bei relativen Gleichheitsgrundrechten, also bei Art. 3 I, 6 V, 33 I, 38 I 1 GG, ist nicht jede Ungleichbehandlung verboten, sondern nur eine solche, die sich sachlich nicht rechtfertigen lässt. Zwar stellt das BVerfG je nach Norm unterschiedlich strenge Anforderungen an die Rechtfertigung, gemeinsam haben sie jedoch, dass eine Rechtfertigung grundsätzlich möglich ist. Bei absoluten Gleichheitssätzen, also bei Art. 3 II-III, 33 II, III GG ist dies anders. Dort begründet - von wenigen Ausnahmen abgesehen - jede Ungleichbehandlung zugleich einen Grundrechtsverstoß. **855** Unterscheidung nach Rechtfertigungsmöglichkeit

BEISPIEL: Eine Norm, welche die Gewährung von Sozialleistungen auf Christen beschränkte, verstieße gegen Art. 3 III GG, ohne dass eine Rechtfertigung denkbar wäre.

In diesem entscheidenden Unterschied liegt gerade die eigene Bedeutung der absoluten Gleichheitsgrundrechte. Bestünde er nicht, wären sie überflüssig.

BEISPIEL: Würde schon Art. 3 I GG eine völlige Gleichbehandlung gebieten, bedürfte es der Art. 3 II, III GG nicht, die eben dies (nur) für bestimmte Fälle anordnen.

Die Unterscheidung nach allgemeinen und besonderen Gleichheitsrechten einerseits und nach absoluten und speziellen andererseits hat miteinander nichts zu tun und darf auch nicht miteinander verwechselt werden.

MERKSATZ
Die Abgrenzung zwischen allgemeinen und besonderen Gleichheitsrechten betrifft ihr Rangverhältnis, die Abgrenzung zwischen absoluten und relativen Gleichheitsrechten die mögliche Rechtfertigung von Ungleichbehandlungen.

2. Teil – Prüfungsschema

PRÜFUNGSSCHEMA

856 **A. Ungleichbehandlung von wesentlich Gleichem**
- **I. Wesentlich Gleiches**
- **II. Ungleichbehandlung**

B. Verfassungsrechtliche Rechtfertigung
- **I. Formelle Verfassungsmäßigkeit**
- **II. Materielle Verfassungsmäßigkeit**
  - **1. Absolute Gleichheitsgrundrechte**
  - **2. Relative Gleichheitsgrundrechte**
    - **a) Willkürformel**
    - **b) Neue Formel**

857 Selbstverständlich bedarf es nicht in jedem Gutachten der Prüfung aller dieser Punkte. Es hängt immer vom konkreten Fall ab, ob einzelne Prüfungspunkte wegfallen oder zweckmäßigerweise zusammengefasst werden können. Weitere Unterschiede ergeben sich daraus, ob es sich um ein spezielles oder allgemeines, absolutes oder relatives Gleichheitsgrundrecht handelt.

BEISPIEL: Bei einem absoluten Gleichheitsgrundrecht wird sich i.d.R. die Frage nach der Abgrenzung von **Willkürverbot** und **neuer Formel** nicht stellen, weil eine Rechtfertigung schon dem Grunde nach ausscheidet.

3. Teil – Grundfall: Der verschwiegene Sozialarbeiter

SACHVERHALT

§ 53 I StPO gewährt bestimmten Personengruppen (Geistlichen, Rechtsanwälten, Ärzten, Abgeordneten, Journalisten usw.) aus beruflichen Gründen ein gerichtliches Zeugnisverweigerungsrecht. Der staatlich anerkannte Sozialarbeiter S meint, dass Sozialarbeiter zu Unrecht nicht mit aufgenommen worden seien und bittet um ein Gutachten zu der Frage, ob diese Nichtaufnahme gegen Art. 3 I GG verstößt.[1730] 858

LÖSUNG

Die Nichtaufnahme von Sozialarbeitern in § 53 I StPO verstößt gegen Art. 3 I GG, wenn der Gesetzgeber damit wesentlich Gleiches in verfassungsrechtlich nicht zu rechtfertigender Weise ungleich behandelt hat.

A. Ungleichbehandlung von wesentlich Gleichem

Zunächst müsste wesentlich Gleiches ungleich behandelt worden sein.

I. WESENTLICH GLEICHES

Fraglich ist, ob die in § 53 I StPO genannten Berufe und der Beruf des Sozialarbeiters wesentlich gleich sind. Dann müsste ein gemeinsamer Oberbegriff existieren, der diese Vergleichsgruppen mit hinreichender Schärfe kennzeichnet.

Den in § 53 I StPO genannten Berufen ist gemeinsam, dass ihre Ausübung typischerweise Leistungen einschließt, die sich als individuelle Beratung in persönlichen, rechtlichen, finanziellen und wirtschaftlichen Angelegenheiten oder als unmittelbarer Dienst an der Gesundheit des Menschen kennzeichnen lassen. Diese sind in besonderem Maße von einem zwischenmenschlichen Vertrauensverhältnis abhängig. Der gemeinsame Oberbegriff für die geregelten Fälle lautet also „Beratungs- und Heilberufe", wobei die individuelle, unmittelbare Hilfe und das gesteigerte Vertrauensverhältnis hinreichend scharfe Abgrenzungskriterien zu anderen Gruppen darstellen. Berufe, die unter den so verstandenen Begriff des Beratungs- und Heilberufs fallen, sind daher mit denen in § 53 I StPO „wesentlich gleich".

Der Beruf des Sozialarbeiters ist ebenso in besonderem Maße von zwischenmenschlichen Kontakten geprägt, die zum Zweck der Beratung und Hilfe in persönlichen Angelegenheiten entstehen. Auch hier kommt es für eine erfolgreiche Arbeit auf ein besonderes Vertrauensverhältnis des Sozialarbeiters zu seinen Klienten an. Es handelt sich daher um einen „Beratungs- und Heilberuf" im o.g. Sinne. „Wesentlich Gleiches" liegt also vor.

II. UNGLEICHBEHANDLUNG

Eine Ungleichbehandlung liegt vor, wenn an die wesentlich gleichen Sachverhalte verschiedene Rechtsfolgen geknüpft werden, d.h. ein Sachverhalt anders geregelt worden ist als der andere. Vorliegend steht den in § 53 I StPO aufgenommenen Berufsgruppen ein Zeugnisverweigerungsrecht zu, den Sozialarbeitern aber nicht. Somit liegt eine Ungleichbehandlung vor.

1730 Fall nach BVerfGE 33, 367

B. Verfassungsrechtliche Rechtfertigung

Die Ungleichbehandlung ist verfassungsrechtlich gerechtfertigt, wenn § 53 I StPO formell ordnungsgemäß zustande gekommen und mit den materiellen Anforderungen des GG an eine Ungleichbehandlung vereinbar ist.

I. FORMELL

Die Gesetzgebungskompetenz des Bundes für § 53 I StPO folgt aus Art. 74 I Nr. 1 GG. Bzgl. Verfahren und Form liegen keinerlei Anhaltspunkte für einen Verfassungsverstoß vor.

II. MATERIELL

Art. 3 I GG ist ein relatives Gleichheitsgrundrecht, in dessen Rahmen eine Rechtfertigung von Ungleichbehandlungen grundsätzlich möglich ist. Ob sie gelingt, richtet sich grundsätzlich nach der sog. „Willkürformel", wonach dem Gesetzgeber nur willkürliche, durch keinerlei sachliche Gründe zu rechtfertigende Ungleichbehandlungen verboten sind. Allerdings steigen die Anforderungen an die Rechtfertigung nach der sog. „neuen Formel" mit dem Grad der Belastung. Liegt eine besonders intensive Belastung vor, genügt das Vorliegen eines sachlichen Grundes allein nicht mehr. Vielmehr ist dieser im Rahmen einer Verhältnismäßigkeitsprüfung mit den gesetzgeberischen Zielen abzuwägen.
Liegen selbst die strengeren Anforderungen dieser „neuen Formel" vor, gelingt die Rechtfertigung in jedem Fall. Fraglich ist also, ob die Ungleichbehandlung verhältnismäßig ist. Das setzt wiederum voraus, dass die Nichtaufnahme der Sozialarbeiter in § 53 I StPO zur Erreichung eines legitimen Zwecks geeignet, erforderlich und angemessen ist.

1. Legitimer Zweck

Es müsste zunächst ein legitimer Zweck verfolgt werden. Zeugnis- und Aussageverweigerungsrechte nach §§ 52 ff. StPO sind die Ausnahme. Grundsätzlich ist jedermann zur Zeugenaussage verpflichtet. Dies ist im Interesse einer effektiven Strafverfolgung vonnöten, deren Notwendigkeit sich wiederum aus dem Rechtsstaatsprinzip ergibt, Art. 20 III GG. Jede Ausdehnung des strafprozessualen Zeugnisverweigerungsrechtes auf neue Personengruppen schränkt jedoch die Beweismöglichkeiten der Strafverfolgungsbehörden zur Erhärtung oder Widerlegung eines Verdachts strafbarer Handlungen ein. Ziel des Gesetzgebers bei der Nichtaufnahme der Sozialarbeiter in § 53 I StPO war daher der Erhalt einer effektiven Strafverfolgung. Dieses Ziel ist verfassungsrechtlich nicht nur unbedenklich, sondern - wie gezeigt - sogar durch das Rechtstaatsprinzip geboten.

2. Geeignetheit

Die Nichtaufnahme der Sozialarbeiter fördert diesen Zweck und ist somit geeignet, eine effektive Arbeit der Strafverfolgungsbehörden zu ermöglichen.

3. Erforderlichkeit

Mildere, gleich effektive Mittel zur Zweckerreichung sind nicht ersichtlich.

4. Angemessenheit

Fraglich ist jedoch, ob die Regelung auch angemessen ist. Dann müssten die Gründe, die den Gesetzgeber motiviert haben, in einem ausgewogenen Verhältnis zu den Folgen für die Betroffenen stehen (sog. „Zweck-Mittel-Relation").
Sinn der Nichtaufnahme der Sozialarbeiter in § 53 I StPO ist, dass sie im Verhältnis zu den

in § 53 I StPO genannten Berufen nicht dieselbe Gewähr für einen zuverlässigen Umgang mit dem Zeugnisverweigerungsrecht bieten. Für sie existieren nämlich keine festen, von der Gemeinschaft gebilligten Maßstäbe dafür, wann ein Berufsgeheimnis besteht und inwieweit es Schweigen gebietet. Auch ein durchgängig anerkannter Berufskodex oder eine allgemeine Berufsordnung fehlen ebenso wie öffentlich-rechtliche Standesvertretungen (Kammern), Berufs- oder Ehrengerichte oder eine geregelte Dienstaufsicht, also Kontrollmechanismen, die in der Lage wären, die Ausübung des Zeugnisverweigerungsrechts zu überwachen und gegen Missbrauch zu sichern. Aus diesen Gründen bieten Sozialarbeiter nicht die gleiche Gewähr für einen eigenverantwortlich sorgfältigen Umgang mit einem Zeugnisverweigerungsrecht wie die anderen Berufsgruppen. Die Effektivität der Strafrechtspflege wäre erheblich beeinträchtigt, würde man Zeugen ein Zeugnisverweigerungsrecht zur Hand geben, bei denen die Ausübung desselben nicht von allgemein verbindlichen, feststehenden und sanktionsbewährten Maßstäben, sondern vom unkalkulierbaren Belieben des Zeugen abhängig ist.
Demgegenüber halten sich die Nachteile für Sozialarbeiter in Grenzen. Insbesondere können sie ihrem Beruf weiterhin ohne nennenswerte Einschränkung nachgehen. Es ist nicht typischer, alltäglicher Inhalt ihrer Tätigkeit, mit strafverfahrensrechtlich relevanten Umständen konfrontiert zu werden. Sie werden nicht im Bereich der Ahndung von Straftaten, sondern im Bereich von Prävention und Resozialisierung tätig. Zudem ist die Effektivität der Strafrechtspflege ein besonders wichtiges Gemeingut, an dessen Einschränkung strenge Maßstäbe anzulegen sind. Aus diesen Gründen besteht auch ein angemessenes Verhältnis zwischen dem gesetzgeberischen Ziel und seinen Folgen.

III. ERGEBNIS

Mithin ist die Ungleichbehandlung der Sozialarbeiter mit den anderen, in § 53 I StPO genannten Berufsgruppen auch nach den strengen Anforderungen der „neuen Formel" sachlich gerechtfertigt. Sie verstößt nicht gegen Art. 3 I GG.

FALLENDE

4. Teil – Systematik und Vertiefung

Im Unterschied zu den Freiheitsgrundrechten gewährleisten Gleichheitsgrundrechte keinen Handlungsspielraum des Einzelnen, sondern sichern seine Gleichheit in Bezug auf andere. Deshalb kann bei der Prüfung von Gleichheitsgrundrechten auch nicht von einem „Schutzbereich" bzw. einem „Eingriff" in selbigen gesprochen werden, und wenn es keinen Schutzbereich gibt, dann können auch keine Schranken desselben existieren, die einen Eingriff rechtfertigen könnten. Die Prüfung eines Gleichheitsgrundrechts unterscheidet sich also grundlegend von der eines Freiheitsgrundrechts. Bei Gleichheitsgrundrechten geht es vielmehr um die Frage, ob eine Ungleichbehandlung von Gleichem vorliegt. Falls ja stellt sich die weitere Frage, ob eine Rechtfertigung der Ungleichbehandlung gelingt. **859** Elementare Unterschiede zwischen Freiheits- und Gleichheitsrechten

A. Ungleichbehandlung von wesentlich Gleichem

Vorbedingung einer Ungleichbehandlung von wesentlich Gleichem ist, dass sie innerhalb derselben Staatsgewalt geschieht.[1731] Unterschiedliche Hoheitsträger **860** Gleichheit nur innerhalb derselben Staatsgewalt

1731 BVerfGE 33, 224, 231; 21, 54, 68; BVerwGE 70, 127, 132

können im Verhältnis zueinander nicht gleichheitsgebunden sein, weil sie ihre Kompetenzen sonst nicht mehr ausüben könnten.

BEISPIELE: Die gesamte Gesetzgebungszuständigkeit der Länder nach Art. 70 GG würde ad absurdum geführt, wenn alle Länder identische Gesetze erlassen müssten. Ebenso wenig könnte eine Gemeinde ihr Selbstverwaltungsrecht aus Art. 28 II 1 GG noch ausüben, wenn alle Gemeinden identische Satzungen erlassen, Einrichtungen schaffen und Bescheide erlassen müssten.

Das gilt für Rechtssetzungs- und Rechtsanwendungsgleichheit gleichermaßen. Ebenso wenig wie ein Gesetz des Landes X mit dem des Landes Y verglichen werden darf, darf also ein Urteil des Amtsgerichts A mit dem des Amtsgerichts B oder ein Verwaltungsakt der Stadt S mit einem solchen der Stadt T verglichen werden.

MERKSATZ
Jede staatliche Stelle muss Gleichheit nur innerhalb ihres Kompetenzbereichs herstellen.

I. WESENTLICH GLEICHES

Vergleichsgruppen im Grundrecht genannt?

861 Unproblematisch „gleich" sind die Fälle, in denen das Gleichheitsgrundrecht selbst die gleich zu behandelnden Gruppen, Merkmale oder Sachverhalte nennt. Dies ist bei den besonderen Gleichheitsgrundrechten der Fall. Bei diesen genügt die kurze Feststellung, dass man es schon de lege lata mit „Gleichem" zu tun hat.

BEISPIEL: „Gleich" sind nach Art. 3 II 1 GG Männer und Frauen, nach Art. 3 III GG neben den Geschlechtern auch alle Rassen, Religionen usw., nach Art. 6 V GG ferner eheliche und uneheliche Kinder.

„Wesentlich" gleich ist nicht „identisch"

862 Anders liegt es insbesondere beim allgemeinen Gleichheitssatz des Art. 3 I GG, der nicht auf bestimmte Situationen oder Personen beschränkt ist, sondern seinem Wortlaut nach immer und überall gilt. Hier ist genau festzustellen, ob die ungleich behandelten Sachverhalte wirklich „gleich" sind, damit man nicht sprichwörtlich Äpfel mit Birnen vergleicht. Andererseits müssen diese Sachverhalte aber in irgendeiner Hinsicht auch verschieden sein. Wäre nämlich eine völlige Identität gegeben, läge in Wahrheit nur ein Sachverhalt vor, sodass eine Gleichheitsaussage gar nicht getroffen werden könnte.[1732]

BEISPIEL: Man kann Äpfel nicht mit Äpfeln vergleichen, höchstens diverse Apfelsorten untereinander. In der unterschiedlichen Sorte liegt dann aber bereits eine Verschiedenheit der Vergleichsgruppen.

Diesem Umstand trägt das BVerfG Rechnung, wenn es in ständiger Rechtsprechung zu Art. 3 I GG genügen lässt, dass die zu vergleichenden Sachverhalte „wesentlich" gleich sind.[1733]

1732 v.Münch/Kunig-Gubelt, Art. 3 Rn 12
1733 BVerfGE 49, 148, 165

DEFINITION

Die Vergleichsgruppen sind **wesentlich gleich**, wenn sie sich unter einen gemeinsamen Oberbegriff subsumieren lassen, der hinreichend konkret ist, um andere Gruppen auszuschließen.[1734]

Wesentlich gleich

863 Danach gliedert sich die Prüfung in zwei Schritte: Zunächst muss ein Oberbegriff gefunden werden, der den geregelten und den nicht geregelten Sachverhalt umfasst. Hieran fehlt es nur in Fällen, in denen die Prüfung von Art. 3 I GG ohnehin fernliegt.

1. Schritt: Oberbegriff finden

BEISPIEL: Kriegswaffenhersteller benötigen eine Genehmigung nach § 2 KriegswaffenG, Spaziergänger nicht. Es wäre abwegig, wenn der Kriegswaffenhersteller unter dem Gesichtspunkt der Gleichbehandlung mit dem Spaziergänger auch für sich Genehmigungsfreiheit fordern würde, und zwar schon deshalb, weil sich kein Oberbegriff finden ließe, der beide umfasste.

864 In einem zweiten Schritt ist dann zu klären, ob dieser Oberbegriff auch wirklich genau die zu vergleichenden Sachverhalte charakterisiert und sie so gewissermaßen zu wesentlich gleichen Sachverhalten verbindet, oder ob der Oberbegriff so unscharf ist, dass auch andere Sachverhalte darunter fallen.

2. Schritt: Hinreichend konkret?

BEISPIEL: Blumenhändler bedürfen keiner besonderen Erlaubnis, Gastwirte nach § 2 GastG wohl. Hier lässt sich ein gemeinsamer Oberbegriff finden, nämlich der des „Gewerbetreibenden". Dieser ist jedoch zu unbestimmt, da er nicht gerade Blumenhändler und Gastwirte umschreibt, sondern zahlreiche andere Gruppen (vom Copyshop bis zum Energieversorgungsunternehmen) mit einschließt.

Keinesfalls taugliche Oberbegriffe sind danach auf jedermann zutreffende Bezeichnungen wie „Menschen", „Verkehrsteilnehmer" oder „Verbraucher".

MERKSATZ

Umso genauer der Oberbegriff die Vergleichsgruppen bezeichnet und umso deutlicher er andere Gruppen ausschließt, umso eher ist er tauglich.

865 Um Missverständnissen vorzubeugen: Der Oberbegriff muss nicht etwa aus einem Wort bestehen. Vielmehr ist eine Umschreibung der Vergleichsgruppen zulässig, ja vielfach sogar zur hinreichenden Konkretisierung angezeigt.

BEISPIEL: Wenn Parteien in der Fußgängerzone Werbeflyer verteilen dürfen, Gewerbetreibende aber nicht, lautet der Oberbegriff nicht „Werbende", da es nur um die Fußgängerzone geht, und auch nicht „Werbende in der Fußgängerzone", da dies z.B. auch gemeinnützige Spendenwerbung einschließen würde. Vielmehr ist die Umschreibung „Werbende in der Fußgängerzone zu kommerziellen oder politischen Zwecken" nötig.

1734 *Pieroth/Schlink, GR, Rn 433; Scherzberg/Mayer, JA 2004, 137, 138*

Durch die Wahl des Oberbegriffs wird zugleich die Vergleichsgruppe festgelegt. Vergleicht sich jemand mit mehr als einer Vergleichsgruppe, sind daher auch mehrere Oberbegriffe zu bilden mit der Folge, dass selbstverständlich auch die weitere Prüfung unterschiedlich verlaufen kann, sodass ggf. differenziert werden muss.

BEISPIEL: Für nach 1940 geborene Rechtsanwälte wird eine Altershöchstgrenze von 65 Jahren eingeführt. Der 1941 geborene Rechtsanwalt R fühlt sich zum einen gegenüber vor 1940 geborenen Rechtsanwälten benachteiligt, zum anderen gegenüber solchen, die nach 1940 geboren, aber noch nicht 65 Jahre alt sind. Dies sind zwei verschiedene Vergleichsgruppen, die durch die Oberbegriffe „Vor und nach 1940 geborene Rechtsanwälte" bzw. „Rechtsanwälte über und unter 65 Jahren" zu kennzeichnen sind.

II. UNGLEICHBEHANDLUNG

Ungleichbehandlung

866 **DEFINITION**
Eine **Ungleichbehandlung** liegt vor, wenn an die wesentlich gleichen Sachverhalte verschiedene Rechtsfolgen geknüpft werden.

Rechtssetzungsgleichheit

867 Eine solche Ungleichbehandlung kann schon durch die Legislative erfolgen. Man spricht von „Rechtssetzungsgleichheit". Diese ist nicht gegeben, wenn einer der beiden wesentlich gleichen Sachverhalte sich nicht unter den Tatbestand des Gesetzes subsumieren lässt oder das Gesetz unterschiedliche Rechtsfolgen regelt.[1735]

BEISPIEL: Würden alleinerziehende Mütter bei der Vergabe von Kindergärtenplätzen bevorzugt, läge im Verhältnis zu alleinerziehenden Vätern - diese sind „wesentlich gleich", weil mit „Alleinerziehende" ein hinreichend konkreter gemeinsamer Oberbegriff existiert - eine Ungleichbehandlung vor, weil diese sich nicht unter das Tatbestandsmerkmal „Mütter" subsumieren ließen. Würde hingegen allen Alleinerziehenden ein Kindergartenplatz gewährt, müssten Väter jedoch mehr dafür zahlen als Mütter, würden unterschiedliche Rechtsfolgen bewirkt, was auch für eine Ungleichbehandlung genügte.

Rechtsanwendungsgleichheit

868 Im Bereich der sog. **„Rechtsanwendungsgleichheit"**, also bei der Anwendung von Gesetzen durch die Judikative oder Exekutive, ist zu fragen, ob bei der Anwendung der Norm in beiden Fällen dieselben Maßstäbe angelegt wurden. Eine Ungleichbehandlung liegt hier insbesondere vor, wenn ein eventueller Beurteilungs- oder Ermessensspielraum uneinheitlich ausgefüllt wurde.

BEISPIEL: Stünde es im Ermessen der Behörde, Alleinerziehende bei der Vergabe von Kindergartenplätzen zu bevorzugen, läge eine Ungleichbehandlung (erst) auf Rechtsanwendungsebene vor, wenn der zuständige Sachbearbeiter dieses Privileg stets nur Müttern, nicht aber Vätern zukommen ließe.

1735 BVerfG, NJW 2008, 2409, 2418 - Rauchverbot in Gaststätten

869 Nur innerhalb desselben Machtbereichs

Legislative, Judikative und Exekutive können und müssen Gleichheit allerdings nur in ihrem jeweiligen Machtbereich herstellen. Eine zu rechtfertigende Ungleichbehandlung kann daher immer nur innerhalb bestehender Kompetenzen vorliegen.[1736]

BEISPIEL: Gesetze unterschiedlicher Bundesländer dürfen ebenso wenig an Art. 3 I GG gemessen werden wie die unterschiedliche Verwaltungspraxis in zwei Gemeinden oder einander widersprechende Urteile zweier Gerichte in identisch gelagerten Ausgangsfällen (siehe schon oben Rn 860).

B. Verfassungsrechtliche Rechtfertigung

I. FORMELLE VERFASSUNGSMÄSSIGKEIT

870

Ist ein Gesetz formell verfassungswidrig, ist es bereits aus diesem Grund nichtig und kann nicht zur Rechtfertigung von Grundrechtseingriffen dienen.[1737] Mithin sind zunächst mögliche Verstöße gegen die Gesetzgebungskompetenz, Verfahren und Form zu erörtern. Insoweit ergeben sich keinerlei Unterschiede zu dem oben im Aufbau der Freiheitsgrundrechte Gesagten, sodass darauf verwiesen wird.

KLAUSURHINWEIS
Ist die formelle Verfassungsmäßigkeit völlig unproblematisch, kann sie in einem Ergebnissatz festgestellt werden.

II. MATERIELLE VERFASSUNGSMÄSSIGKEIT

871 Differenzierung nach absoluter und relativer Gleichheit

In materieller Hinsicht ist zwischen absoluten und relativen Gleichheitsgrundrechten zu differenzieren. Während bei ersteren eine verfassungsrechtliche Rechtfertigung von wenigen Ausnahmen abgesehen ausgeschlossen ist (Rn 911), ist sie bei letzteren grundsätzlich möglich. Die folgenden Ausführungen beziehen sich daher nur auf die Rechtfertigung von Ungleichbehandlungen bei relativen Gleichheitsgrundrechten. Sie wurden von Rechtsprechung und Literatur zu Art. 3 I GG entwickelt, gelten sinngemäß aber auch bei allen anderen relativen Gleichheitsgrundrechten, sofern in den Ausführungen dort nichts anderes vermerkt ist.

1. Willkürformel

872 Sachlicher Grund genügt

Nach traditioneller Rechtsprechung des BVerfG erfolgt die materielle Rechtfertigung der Ungleichbehandlung nach der sog. „Willkürformel". Danach ist der Gleichheitssatz verletzt, wenn - so das BVerfG wörtlich - „sich ein vernünftiger, aus der Natur der Sache folgender oder sonst wie einleuchtender Grund für die Differenzierung nicht finden lässt, kurzum, wenn die Bestimmung als willkürlich bezeichnet werden muss."[1738]

MERKSATZ
Eine Ungleichbehandlung ohne sachlichen Grund ist **willkürlich**.[1739]

1736 BVerfGE 79, 127, 158; OVG Münster, NWVBl. 2008, 22, 26; Scherzberg/Mayer, JA 2004, 137, 138
1737 BVerfGE 6, 32, 37
1738 BVerfGE 33, 367, 384
1739 BVerfGE 71, 39, 53; 31, 212, 218; 17, 122, 130; 1, 14, 52

Ziel, Kriterium, Relation

Ein sachlicher Grund muss sich sowohl für das vom Gesetzgeber angestrebte Ziel, als auch für das verwendete Differenzierungskriterium, also auch für das Verhältnis von Ziel und Kriterium finden lassen.[1740] Es ist also auf drei Ebenen zu klären, was „sachlich" ist und was nicht. Die Willkürformel verleitet allerdings dazu, die eigenen Wertungen unzulässiger Weise zum allgemeinen Maßstab der Sachlichkeit zu machen.[1741] Im älteren Schrifttum ist die Willkürformel deshalb z.T. ganz abgelehnt worden.[1742]

BEISPIEL: Mancher mag eine Altersgrenze von 18 Jahren für den Erwerb einer Pkw-Fahrerlaubnis für sachgemäß halten, manche würden diese lieber auf 21 Jahre erhöhen, wieder andere auf 16 Jahre absenken.

a) Differenzierungsziel und -kriterium

873 Bei Differenzierungsziel und -kriterium ist dieser Gefahr noch relativ einfach zu begegnen: Sie sind „sachlich", wenn das Grundgesetz sie selbst billigt, und unsachlich, wenn es sie verbietet.

BEISPIEL: Die steuerliche Privilegierung der Ehe gegenüber anderen Lebensgemeinschaften ist eine Ungleichbehandlung. Die Förderung der Ehe ist jedoch ebenso ein sachliches Ziel wie die Unterscheidung nach der Form des Zusammenlebens ein sachliches Kriterium ist, weil Art. 6 I GG selbst einen besonderen Schutz der Ehe postuliert.

Dass Ziel oder Kriterium bereits unsachlich sind, kommt in praxi und Prüfung höchst selten vor, weil der einfache Gesetzgeber sich nicht von vornherein gegen die Wertmaßstäbe des Grundgesetzes auflehnt.

BEISPIELE: Das Grundgesetz verbietet die Vorbereitung eines Angriffskrieges in Art. 26 GG ebenso wie die Umweltverschmutzung in Art. 20a GG und die Todesstrafe in Art. 102 GG. Dass eine Regelung solchen oder ähnlichen illegalen Zielen zuwider erlassen werden könnte, ist nicht zu befürchten.

b) Zweck-Mittel-Relation

874 Der Schwerpunkt der Willkürprüfung liegt daher in aller Regel auf der Zweck-Mittel-Relation, also auf der Frage nach einem angemessenen Verhältnis zwischen Ziel und Kriterium.[1743] Hier ist die oben erwähnte Gefahr, einen Gesinnungsaufsatz zu schreiben, besonders groß. Gleichwohl bleibt eine objektive Prüfung möglich, denn die Kernaussage der Willkürformel ist, dass dem Gesetzgeber ein weiter Spielraum bei der Beurteilung einer angemessenen Zweck-Mittel-Relation zuzubilligen ist.[1744] „Willkür" ist daher nur anzunehmen, wenn sich das Gerechtigkeitsempfinden derart sträubt, dass - in den Worten des BVerfG - die Unsachlichkeit „evident" ist.[1745]

1740 v.Münch/Kunig-Gubelt, GG, Art. 3 Rn 20; Koenig, JuS 1995, 313, 314
1741 Maaß, NVwZ 1988, 14, 20; Schoch, DVBl 1988, 863, 875
1742 Apelt, JZ 1951, 353, 358; Thoma, DVBl 1951, 457, 459
1743 v.Münch/Kunig-Gubelt, GG, Art. 3 Rn 22; Schoch, DVBl 1988, 863, 874
1744 BVerfGE 80, 109, 118; Koenig, JuS 1995, 313, 314; Scherzberg/Mayer, JA 2004, 137, 139
1745 BVerfGE 88, 87, 96; 55, 72, 90; v.Münch/Kunig-Gubelt, GG, Art. 3 Rn 11

MERKSATZ
Willkürliche Entscheidungen kommen in der Praxis eines Rechtsstaats so gut wie nicht vor und sind auch in Prüfungsaufgaben äußerst selten.

BEISPIELE: Es werden sich Argumente für den Erwerb einer Pkw-Fahrerlaubnis mit 16, 18 und 21 Jahren finden lassen. Diese Altersgrenzen sind daher allesamt „sachlich". Als evident unsachlich und willkürlich hat das BVerfG hingegen unterschiedliche Kündigungsfristen für Arbeiter und Angestellte angesehen.[1746]

KLAUSURHINWEIS
Drängt sich die Unsachlichkeit nicht auf, sollte die Differenzierung im Zweifel für willkürfrei gehalten werden. Dazu genügt bereits, wenn sich irgend eine vernünftige, einleuchtende Überlegung finden lässt, die eine Ungleichbehandlung nachvollziehbar macht.[1747]

Keine Abwägung

Dass irgendein vernünftiger Grund bereits zur Rechtfertigung genügt, impliziert zugleich, dass es unbeachtlich ist, ob es auch gegen die Regelung sprechende Gründe gibt. Ferner spielt es keine Rolle, ob es noch vernünftigere (zweckmäßigere, gerechtere) Möglichkeiten gegeben hätte.[1748]

BEISPIEL (nach BVerfG, NVwZ 2008, 1102, 1104): Die Gewerbesteuerfreiheit freier Berufe ist nicht willkürlich, da aus traditionellen Gründen gerechtfertigt. Dass freie Berufe mit vielen gewerbesteuerpflichtigen Tätigkeiten Ähnlichkeiten aufweisen, spielt angesichts dessen keine Rolle.

2. „Neue Formel"

Neue Formel = Verhältnismäßigkeitsprüfung

875 Das BVerfG hat sich jedoch schleichend von der reinen Willkürkontrolle verabschiedet. Grundlegend für die Entwicklung der „neuen Formel" zur Rechtfertigung von Ungleichbehandlungen war eine Entscheidung des 1. Senats des BVerfG aus dem Jahr 1980 zur Präklusion prozessualer Angriffs- oder Verteidigungsmittel nach § 528 III ZPO a.F., in der es heißt, es müssten „Unterschiede von solcher Art und solchem Gewicht bestehen, dass sie die ungleiche Behandlung rechtfertigen könnten".[1749] Es ist also nicht mehr von einer bloßen Willkürkontrolle die Rede, für die jeder sachliche Grund genügt, sondern von einer Gewichtung der Unterschiede. Dies bedeutet nichts anderes als eine Verhältnismäßigkeitsprüfung,[1750] in deren Rahmen Für und Wider einer Regelung gegeneinander abgewogen werden müssen.[1751]

MERKSATZ
Nach der **„neuen Formel"** ist eine Ungleichbehandlung (nur) gerechtfertigt, wenn sie verhältnismäßig ist.

1746 BVerfGE 82, 126, 148
1747 v.Münch/Kunig-Gubelt, GG, Art. 3 Rn 14
1748 BVerfGE 68, 287, 301; Koenig, JuS 1999, 313, 316
1749 BVerfGE 55, 72, 88
1750 BVerfGE 93, 99, 111; 88, 87, 96; 82, 126, 146; krit. Sachs, JuS 1997, 124, 129
1751 Eingehend zur „neuen Formel" Koenig, JuS 1999, 313, 315; Schoch, DVBl 1988, 863, 875

a) Anwendbarkeit

Verhältnis zur Willkürformel

876 Mit der „neuen Formel" ist jedoch keine völlige Abkehr von der Willkürformel in dem Sinne verbunden, dass diese nunmehr abzulehnen wäre. Vielmehr ist immer zunächst die Willkürfreiheit der Differenzierung festzustellen.[1752] Liegt bereits Willkür vor, kommt es nicht mehr zur Anwendung der „neuen Formel", denn deren Rechtfertigungsanforderungen wären ja nur noch strenger. Ist die Ungleichbehandlung hingegen willkürfrei, stellt sich die Frage, ob sie nach der „neuen Formel" auch noch verhältnismäßig sein muss. BVerfG und Literatur haben hierzu Kriterien erarbeitet. Grob gesagt:

MERKSATZ

Je höher die mit der Ungleichbehandlung verbundene Belastung für den Betroffenen ist, umso mehr spricht dafür, die „neue Formel" anzuwenden.[1753]

Hohe oder niedrige Belastung?

Um den Grad der Belastung zu ermitteln, ist immer eine Gesamtschau aller Umstände des Einzelfalles erforderlich. Es lassen sich jedoch einige Hilfskriterien aufstellen, die wertend - nicht statisch - zu berücksichtigen sind. Anders ausgedrückt: Es kommt nicht darauf an, ob eines oder alle dieser Kriterien betroffen sind, sondern wie sehr sie betroffen sind: Je mehr und je intensiver, umso eher gilt die „neue Formel".

KLAUSURHINWEIS

Im Zweifel sollte nach der „neuen Formel" geprüft werden. Ihre Anwendbarkeit kann notfalls sogar offen bleiben, wenn die Rechtfertigung jedenfalls gelingt.

Als Hilfskriterien für eine hohe Belastungsintensität werden genannt:

aa) Personenbezogenheit des Kriteriums

Personenbezogenheit

877 Knüpft die Ungleichbehandlung an ein personen- oder gruppenbezogenes Merkmal an, spricht mehr für die „neue Formel", als wenn es sich um ein sachbezogenes Merkmal handelt.[1754] Die Belastung ist nämlich bei personenbezogenen Merkmalen häufig besonders groß, weil der Betroffene an ihnen selbst nichts ändern kann.

KLAUSURHINWEIS

Dieses und die folgenden Hilfskriterien sind nicht gottgegeben. Es empfiehlt sich daher sehr, in einem Gutachten auch zu begründen, warum sie für eine hohe Belastungsintensität sprechen, anstatt dies nur zu behaupten.

BEISPIELE: Alter, Körpergröße, sexuelle Orientierung. Geschlecht, Rasse, Religion, Herkunft usw. sind ebenfalls personenbezogene Merkmale, gehören aber nicht hierher, weil sie schon vom absoluten Gleichheitsrecht des Art. 3 III GG erfasst werden, die „neue Formel" sich aber nur mit der Rechtfertigung von Eingriffen in relative Gleichheitssätze befasst..

1752 *Bryde/Kleindiek, JURA 1999, 36, 37; Scherzberg/Mayer, JA 2004, 137, 139*

1753 *BVerfGE 107, 27, 46; 99, 367, 388; 95, 267, 316*

1754 *BVerfGE 93, 99, 111; v.Münch/Kunig-Gubelt, GG, Art. 3 Rn 14*

Die Personenbezogenheit kann unmittelbar oder mittelbar vorliegen: Unmittelbar, wenn nach dem personenbezogenen Merkmal selbst unterschieden wird, mittelbar, wenn zwar an ein sachbezogenes Merkmal angeknüpft wird, sich dies aber auf eine bestimmte Personengruppe besonders nachteilig auswirkt.[1755]

Unmittelbar und mittelbar

BEISPIEL: Dass nur mit Abitur studiert werden kann, knüpft an ein sachbezogenes Kriterium (Hochschulreife) an. Mittelbar ist aber auch das Alter (personenbezogenes Merkmal) betroffen, weil das Abitur zwangsläufig nicht erworben werden kann, ohne ein gewisses Alter erreicht zu haben. Gegenbeispiel: Werden Telefax und Brief unterschiedlich behandelt, handelt es sich um ein rein sachbezogenes Kriterium, weil es auch mittelbar nichts über die Person des Absenders aussagt.[1756]

bb) Ähnlichkeit zu Art. 3 III GG

Viele personenbezogene Merkmale ähneln den in Art. 3 III GG genannten Differenzierungsverboten, die ihrerseits allesamt personenbezogen sind. Darin liegt ein weiteres Argument für die Anwendung der „neuen Formel", denn Art. 3 III GG ist ein absolutes Gleichheitsgrundrecht, bei dem eine Rechtfertigung von Ungleichbehandlungen grundsätzlich ganz ausscheidet.[1757] Dann ist es aber angemessen, bei ähnlichen Kriterien zumindest eine Verhältnismäßigkeitsprüfung zu fordern, anstatt mit der Willkürformel ins andere Extrem zu verfallen und praktisch jeden vernünftigen Grund genügen zu lassen. **878**

Vergleich mit Art. 3 III GG

BEISPIEL: Die transsexuelle Orientierung ähnelt dem Merkmal „Geschlecht" aus Art. 3 III GG. Für Ungleichbehandlungen nach dem TranssexuellenG gilt daher die „neue Formel".[1758]

cc) Eingriff in Freiheitsgrundrechte

Je mehr und je intensiver die Ungleichbehandlung zugleich in Freiheitsgrundrechte eingreift, umso höher ist die Belastungsintensität.[1759] Eine Ungleichbehandlung bei der Nichtgewähr von Leistungen wird danach im Zweifel nicht so schwer wiegen wie eine ungleiche Zufügung von Nachteilen. **879**

Eingriff oder Nichtleistung?

BEISPIEL: Würde das BAföG auf Studierende mit besonders gutem Abitur beschränkt, läge darin lediglich eine Nichtgewähr von Vorteilen und kein Eingriff in Freiheitsgrundrechte. Würde hingegen eine Rentenkürzung mit zunehmendem Alter beschlossen, griffe dies zugleich in Art. 14 I GG ein, weil Rentenanwartschaften keine staatlichen Leistungen, sondern Äquivalent eigener Beitragszahlungen sind (s.o. Rn 673).

KLAUSURHINWEIS
Schon um eine Inzidenterprüfung zu vermeiden, sollten die betroffenen Freiheits- vor den Gleichheitsgrundrechten geprüft werden, wenn nicht der Schwerpunkt ganz eindeutig auf der Rüge des Gleichheitsverstoßes liegt.

1755 *Sachs, JuS 1997, 124, 128*
1756 *BVerfG, NJW 1996, 2857, 2858; Sachs, JuS 1997, 124, 128*
1757 *BVerfGE 88, 87, 96; Bryde/Kleindieck, JURA 1999, 36, 40*
1758 *v.Münch/Kunig-Gubelt, GG, Art. 3 Rn 14; Bryde/Kleindieck, JURA 1999, 36, 40*
1759 *BVerfGE 92, 53, 69; 82, 126, 146; Sachs, JuS 1997, 124, 127*

Chancengleichheit der Parteien

880 Ähnlich belastungsintensivierend wie der Eingriff in ein Freiheitsgrundrecht wirkt eine Beeinträchtigung von Art. 21 GG, der den Parteien eine besonders wichtige Rolle in der Demokratie zuweist. Ungleichbehandlungen politischer Parteien sind daher regelmäßig an der „neuen Formel" zu messen. Das BVerfG spricht vom Grundrecht der „Chancengleichheit der Parteien aus Art. 3 I i.V.m. 21 GG".[1760]

BEISPIEL (nach VG Köln, NVwZ-RR 2011, 475 = RA 2011, 396): Die Bundeszentrale für politische Bildung hatte in ihre Internet-Homepage einen „Wahl-O-Mat" integriert, der mit Hilfe von 38 Fragen dem geneigten Wähler eine seiner politischen Orientierung am nächsten stehende Partei zur Wahl vorschlug. Das VG sah darin keinen Verstoß gegen die Chancengleichheit der Parteien aus Art. 3 I i.V.m. 21 GG, weil die Auswahl der Fragen nicht willkürlich erfolgte (Vorprüfung der „Willkürformel") und der „Wahl-O-Mart" in verhältnismäßiger Weise dem legitimen Zweck der politischen Bildung diente („Neue Formel").

MERKSATZ
Die „Chancengleichheit der Parteien" ist nicht zu verwechseln mit ihrer Gründungs-, Betätigungs- und Organisationsfreiheit. Diese sind keine Gleichheits-, sondern unmittelbar aus Art. 21 GG folgende Freiheitsrechte (zu deren Grundrechtscharakter Rn 515).

b) Prüfung

Verhältnismäßigkeit nach allgemeinen Regeln prüfen

881 Auch für die Prüfung des Verhältnismäßigkeitsgrundsatzes im Rahmen der **„neuen Formel"** gelten grundsätzlich die Ausführungen aus der allgemeinen Grundrechtslehre, wonach ein legitimer Zweck verfolgt werden und die Regelung zu seiner Förderung geeignet, erforderlich und angemessen sein muss. Dass ein „legitimer Zweck" vorliegt, ist allerdings im Rahmen der Willkürformel zwangsläufig schon vorab geprüft worden, sodass im Gutachten insoweit auf oben verwiesen werden kann. Ebenso dürfte es bzgl. der Geeignetheit liegen, denn ein ungeeignetes Differenzierungskriterium wird in aller Regel willkürlich sein.

KLAUSURHINWEIS
Der Schwerpunkt der Verhältnismäßigkeitsprüfung liegt im Rahmen des Art. 3 I GG in aller Regel in der Angemessenheit (Abwägung).

1760 BVerfGE 69, 257, 268

DIE GLEICHHEITSGRUNDRECHTE IM EINZELNEN

Die Prüfung aller Gleichheitsgrundrechte erfolgt nach dem soeben ausführlich dargestellten Muster. Da sie im Unterschied zu den Freiheitsgrundrechten keine eigenen Schutzbereiche mit z.T. eigener Eingriffsdogmatik und unterschiedlichen Schranken haben, ähneln sie sich in ihrer Prüfung viel stärker als jene. Im Folgenden soll zur Vermeidung von Wiederholungen daher nur noch auf die Besonderheiten der einzelnen Gleichheitsgrundrechte innerhalb des o.g. Schemas eingegangen werden. **882**

1. Teil – Art. 3 I GG - Allgemeiner Gleichheitssatz

A. Einleitung

Rechtssetzungs- und Rechtsanwendungsgleichheit

Art. 3 I GG bestimmt, dass alle Menschen „vor" dem Gesetz gleich sind. Dieser Wortlaut suggeriert, dass nur bei der Rechtsanwendung, also im Bereich von Judikative und Exekutive, Gleichheit gewährleistet sei. Jedoch bindet Art. 1 III GG alle staatliche Gewalt unmittelbar an die Grundrechte, sodass Art. 3 I GG trotz seines missverständlichen Wortlauts auch für die Legislative gilt,[1761] neben der „Rechtsanwendungsgleichheit" also auch eine „Rechtssetzungsgleichheit" gebietet, wenngleich mit z.T. unterschiedlicher Intensität (vgl. dazu oben Rn 867 f.). **883**

B. Systematik und Vertiefung

I. UNGLEICHBEHANDLUNG VON WESENTLICH GLEICHEM

Wie eine Ungleichbehandlung von wesentlich Gleichem im Rahmen von Art. 3 I GG geprüft wird, wurde oben unter der „Prüfung der Gleichheitsgrundrechte", die sich an Art. 3 I GG orientiert, mit Aufbauschema, Grundfall sowie Systematik und Vertiefung ausführlich dargelegt. Auf die dortigen Ausführungen kann in vollem Umfang verwiesen werden. Lediglich auf einige Besonderheiten sei an dieser Stelle ergänzend hingewiesen: **884**

1. Grundrechtsberechtigung

Auf Art. 3 I GG können sich alle natürlichen Personen berufen, ferner juristische Personen nach Maßgabe des Art. 19 III GG, also z.B. nicht ausländische oder solche des öffentlichen Rechts,[1762] wohl aber juristische Personen im weiten Sinne wie OHG, KG etc.[1763] **885**

2. Keine Gleichheit im Unrecht

Selbstbindung der Verwaltung als Ausgangspunkt

Vielfach zu lesen ist, es gebe keinen Anspruch auf „Gleichheit im Unrecht". Gemeint ist Folgendes: Die Verwaltung kann sich durch die immer gleiche Handhabung bestimmter, typischer, wiederkehrender Vorgänge selbst binden („Selbstbindung der Verwaltung"). Hat sich einmal eine solche Verwaltungspraxis gebildet, hat die **886**

1761 BVerfGE 1, 14, 52; Gusy, JuS 1982, 30, 33
1762 BVerfGE 78, 101, 102
1763 BVerfGE 23, 353, 373

Behörde ihr Ermessen (oder einen tatbestandlichen Beurteilungsspielraum)[1764] durch die selbstgewählte ständige Praxis gewissermaßen selbst reduziert.[1765] Eine Abweichung in einem künftigen Einzelfall bedarf dann der Rechtfertigung nach Art. 3 I GG.

BEISPIEL: Für Anwohnerparkausweise in einem bestimmten Gebiet kann die Verwaltung Gebühren von 50,- bis 90,- € verlangen. Erhebt sie ständig eine Gebühr von 60,- €, gegenüber dem Anwohner A jedoch plötzlich 70,- €, bewegt sich die Entscheidung zwar grundsätzlich noch innerhalb des Ermessensspielraums. Sie verstößt jedoch trotzdem gegen Art. 3 I GG, da ein eine Rechtfertigung der Ungleichbehandlung des A mit anderen Anwohnern nicht ersichtlich ist.

Rechtswidrige Praxis bindet nicht

887 Eine solche Gleichbehandlungspflicht gibt es nach h.M. jedoch nicht, wenn die Verwaltungspraxis ihrerseits rechtswidrig war.[1766] Art. 3 I GG gibt keinen Anspruch auf „Gleichheit im Unrecht". Dies liefe dem **Rechtsstaatsprinzip** zuwider und würde die Verwaltung zu fortgesetzten Rechtsverstößen zwingen. Zudem würde der Grundsatz des Vorrangs des Gesetzes aus Art. 20 III GG unterlaufen, wenn die Verwaltung durch eine gesetzeswidrige ständige Praxis verbindliche Wirkung schaffen könnte.

BEISPIEL: Hätte die Verwaltung im obigen Beispiel rechtswidriger Weise immer nur 40,- € verlangt und verlangte sie nun von A den rechtmäßigen Mindestbetrag von 50,- €, könnte A sich nicht auf Art. 3 I GG berufen.

888 Die Gegenansicht will demgegenüber dann einen Gleichbehandlungsanspruch auch bei rechtswidriger Verwaltungspraxis zusprechen, wenn ein überwiegendes schutzwürdiges Vertrauen des Bürgers auf die Gewähr einer staatlichen Leistung besteht.[1767] Dies würde jedoch dazu führen, dass Art. 3 I GG zu einer Grenze des Rechtsstaatsprinzips umfunktioniert würde. Gegen diese m.M. sprechen zudem die bereits oben bei der h.M. angeführten Argumente.

KLAUSURHINWEIS

Das Problem ist im Gutachtenaufbau nicht ganz leicht zu verorten. Am besten passt es noch unter das „wesentlich Gleiche". Man kann sagen, dass „wesentlich Gleiches" nicht vorliegt, wenn (zumindest) eine Vergleichsgruppe nach unrechtmäßiger Verwaltungspraxis behandelt wurde.

Bindung nur bei Exekutive

889 Zu beachten ist schließlich, dass sich nur die Exekutive im o.g. Sinne selbst binden kann. Einer Gesetzesänderung oder einer Änderung der Rechtsprechung steht Art. 3 I GG m.a.W. generell nicht im Wege.[1768]

BEISPIEL: Legt der BGH neue Promillegrenzen für Trunkenheit im Straßenverkehr fest, kann sich der erste nach den neuen Grenzwerten behandelte Täter nicht darauf berufen, dass früher andere, u.U. für ihn günstigere Grenzwerte angenommen wurden.

1764 BVerwGE 72, 195, 205
1765 BVerwGE 118, 379, 383; 34, 278, 280; JP-Jarass, GG, Art. 3 Rn 34
1766 BVerfGE 50, 142, 166; BVerwGE 92, 153, 157; JP-Jarass, GG, Art. 3 Rn 36
1767 VGH Mannheim, DVBl 1972, 186, 187; Berg, JuS 1980, 418, 421; Götz, NJW 1979, 1478, 1479
1768 BVerfGE 19, 38, 47

Deshalb besteht natürlich erst Recht kein Anspruch auf Wiederholung einer vom Gericht als fehlerhaft erkannten Rechtsansicht („kein Anspruch auf zweites Fehlurteil").[1769]

3. Verfassungsrechtliche Rechtfertigung von Grenzwerten

Das BVerfG billigt dem Gesetzgeber gerade im Rahmen des Art. 3 I GG einen relativ weiten Gestaltungsspielraum zu. Besonders deutlich zeigt sich dies bei der Festlegung von Grenzwerten. Würde man hier eine Rechtfertigung im Verhältnis zum nächsten Näherungswert (wesentlich Gleiches) fordern, wäre diese schon nach der Willkürformel - erst recht natürlich unter den strengeren Anforderungen der „neuen Formel" - praktisch unmöglich. Anders ausgedrückt: Jeder Grenzwert würde gegen Art. 3 I GG verstoßen. **890** Grenzwerte als Problem

BEISPIEL: Es ist kein sachlicher Grund dafür ersichtlich, warum ein 18jähriger nach §§ 2, 104 ff. BGB voll geschäftsfähig ist, nicht aber ein 17jähriger einen Tag vor seinem 18. Geburtstag.

Die Gewährung eines gesetzgeberischen Gestaltungsspielraums behebt das Problem. Grenzwerte verstoßen danach solange nicht gegen Art. 3 I GG, wie sie selbst innerhalb eines sachlich gerechtfertigten Spielraums liegen. Dass man auch noch andere, ebenfalls sachliche Grenzwerte hätte regeln können, ist dann gleichgültig. Gestaltungsspielraum als Lösung

BEISPIEL: Für den Eintritt der Vollgeschäftsfähigkeit ab 18 gibt es eine sachliche Rechtfertigung, nämlich die Vermutung für einen gewissen Reifegrad. Dass der Gesetzgeber die notwendige Reife auch auf 17 oder 19 Jahre hätte festsetzen können, schadet der Festlegung auf 18 Jahre also nicht.

KLAUSURHINWEIS

Diese Prüfung ist unter Geltung der „Willkürformel" bei der Suche nach einem sachlichen Grund für die Festlegung des Grenzwerts, unter Geltung der „neuen Formel" bei der Erforderlichkeit (anderer Grenzwert als „milderes, gleich effektives Mittel"?) und Angemessenheit des Grenzwerts vorzunehmen.

II. GLEICHBEHANDLUNG VON WESENTLICH UNGLEICHEM

Das BVerfG entnimmt Art. 3 I GG in ständiger Rechtsprechung neben dem Verbot der Ungleichbehandlung von wesentlich Gleichem auch das Verbot der Gleichbehandlung von wesentlich Ungleichem.[1770] **891** Ungleiches gleich?

MERKSATZ

Gleiches darf nicht ungleich, Ungleiches nicht gleich behandelt werden.

Ob die eine oder andere Konstellation einschlägig ist, ist von der Wahl der Vergleichsgruppe abhängig. Denkbar ist sogar, dass in einem Fall beides vorliegt. **892**

1769 BVerfGE 50, 142, 166; JP-Jarass, GG, Art. 3 Rn 37
1770 BVerfGE 98, 365, 385; 49, 148, 165

BEISPIEL: Nach dem Ladenschlussgesetz mussten Bahnhofsapotheken wie alle anderen Apotheken auch schließen, obwohl sie im Bahnhof höhere Mieten zu zahlen hatten (Ungleiches wird gleich behandelt), während alle anderen Bahnhofsläden, die auch hohe Mieten zu zahlen hatten, länger öffnen durften (Gleiches wird ungleich behandelt).[1771]

Unterschiedliche Rechtfertigung

893 Die Abgrenzung zwischen diesen beiden Konstellationen ist entscheidend für die Anforderungen an die Rechtfertigung: Während die Ungleichbehandlung von wesentlich Gleichem den o.g. Anforderungen an die Willkürformel bzw. die „neue Formel" genügen muss, wird eine Rechtfertigung der Gleichbehandlung von Ungleichem grundsätzlich vermutet. Nur wenn sie völlig unerträglich ist, d.h. sich nicht mehr am Gerechtigkeitsgedanken orientiert, liegt ein Verfassungsverstoß vor.[1772]

BEISPIEL: Völlig unerträglich wäre es etwa, eine Haftentschädigung neben den unschuldigen auch den schuldigen Häftlingen zukommen zu lassen.

Der Grund für diesen selbst im Vergleich zur Willkürformel noch liberaleren Rechtfertigungsmaßstab liegt darin, dass es schlicht unmöglich - und deshalb auch nicht vom Grundgesetz gefordert - ist, verschiedene Sachverhalte immer verschieden zu behandeln. Gesetzgeber und Rechtsanwender würden praktisch handlungsunfähig, wenn sie bei jeder Regelung eine unüberschaubare Vielzahl von anders gelagerten Fällen einbeziehen und um eine Rechtfertigung im Verhältnis zu diesen bemüht sein müssten.

BEISPIEL: Will man ein gegenüber X festgesetztes Zwangsgeld i.H.v. 10.000 € für den Nichtabriss seines Hauses für einen Verstoß gegen Art. 3 I GG halten, nur weil vor Jahren Y auch ein Zwangsgeld i.H.v. 10.000 € für die Nichtentsorgung von Chemieabfällen verwirkt hat?

Insbesondere sind weitgehende Typisierungen in diesem Bereich zulässig. Die Rechtsprechung billigt dem Gesetzgeber dabei einen weiten Spielraum zu, wobei Einzelfallhärten in Kauf genommen werden.

BEISPIEL (nach VerfGH München, NJW 2014, 3215, 3215 ff.): Der Rundfunkbeitrag wird – anders als früher die Rundfunkgebühr - von jedem Haushalt verlangt, gleichgültig ob ein Fernsehgerät vorhanden ist oder nicht. Damit wird Ungleiches (Fernseher oder nicht) gleich behandelt. Der VerfGH München ließ es zur Rechtfertigung ausreichen, dass in Deutschland nahezu alle Haushalte über einen Fernseher verfügen, sodass es nicht lohne, dies für jeden Haushalt gesondert zu prüfen, zumal eine solche Prüfung mit einem Eingriff in die Privatsphäre verbunden sei.

894 In der Literatur wird die Forderung nach der Ungleichbehandlung von Ungleichem daher z.T. ganz abgelehnt.[1773]

1771 *BVerfGE 13, 225,228*

1772 *BVerfGE 98, 365, 385; 86, 81, 87; 52, 256, 263; JP-Jarass, GG, Art. 3 Rn 28*

1773 *Pieroth/Schlink, GR, Rn 468*

KLAUSURHINWEIS
Jedenfalls in einer Klausur müssen die kritischen Literaturstimmen nicht erwähnt werden, da sie sich der ständigen Rechtsprechung des BVerfG gegenübersehen.

2. Teil – Art. 3 II, III GG - Besondere Gleichheitsgebote

A. Einleitung

Art. 3 II, III GG sind leges speciales zu Art. 3 I GG. Sie enthalten besondere, personen- **895** bezogene Merkmale, an die laut Grundgesetz keine Ungleichbehandlungen geknüpft werden dürfen.

B. Systematik und Vertiefung

Steht eine solche Ungleichbehandlung gleichwohl in Rede, ist auf den oben dargestellten Prüfungsaufbau zurückzugreifen. In diesem Rahmen ergeben sich bei Art. 3 II, III GG allerdings einige Besonderheiten:

I. UNGLEICHBEHANDLUNG VON WESENTLICH GLEICHEM

1. Wesentlich Gleiches

Bei Art. 3 II, III GG muss kein gemeinsamer Oberbegriff für die Vergleichsgruppen **896** gesucht werden, weil diese Oberbegriffe im Grundgesetz selbst enthalten sind. Vielmehr ist festzustellen, ob die Ungleichbehandlung tatsächlich an eines der dort genannten Merkmale anknüpft. Diese sind also zunächst zu definieren:

a) Geschlecht

DEFINITION **897** Geschlecht
Eine **Ungleichbehandlung** wegen des **Geschlechts** liegt vor, wenn eine Person wegen ihrer biologischen Eigenschaft als Mann oder Frau besser oder schlechter behandelt wird als das jeweils andere Geschlecht.

Das Geschlecht darf nicht mit anderen personenbezogenen Merkmalen verwechselt **898** werden, insbesondere nicht mit der sexuellen Orientierung.

BEISPIEL: Die Nichtgewährung eines Familienzuschlags für in eingetragenen, gleichgeschlechtlichen Lebenspartnerschaften lebende Personen im Unterschied zu Verheirateten ist nicht an Art. 3 III 1 GG, sondern nur an Art. 3 I GG zu messen, da der Familienzuschlag homosexuellen Männern und Frauen gleichermaßen verwehrt bleibt. Anknüpfungspunkt der Ungleichbehandlung ist die Form des Zusammenlebens, nicht das Geschlecht.[1774]

Probleme bereitet die Abgrenzung des Art. 3 III 1 1. Fall GG von Art. 3 II 1 GG, wonach **899** Abgrenzung von Art. 3 II 1 GG zu Art. 3 III 1 GG
Männer und Frauen gleichberechtigt sind. Einigkeit besteht nur darin, dass die Merkmale

---

1774 BVerfG, NJW 2012, 2790 L = RA 2012, 561, 563; DVBl 2007, 1431, 1432 = RA 2007, 741, 742 inhaltsgleich sind.[1775] Umstritten ist aber ihr Verhältnis zueinander. In der Literatur wird überwiegend der Vorrang des Art. 3 II 1 GG vor Art. 3 III 1 1. Fall GG vertreten.[1776] Danach hätte das „Geschlecht" in Art. 3 III 1 GG nur deklaratorische Bedeutung. Das BVerfG hingegen unterscheidet die Anwendungsbereiche nach der Art der Ungleichbehandlung: Art. 3 II 1 GG soll einschlägig sein, wenn es um mittelbar-indirekte Ungleichbehandlungen und/oder die einseitige Förderung eines Geschlechts geht.[1777]

BEISPIEL: Wird unter Anwendung einer sog. „**Frauenquote**" die Frau gegenüber einem männlichen Bewerber um eine Stelle bevorzugt, handelt es sich um eine Förderung des einen Geschlechts, die an Art. 3 II 1 GG zu messen ist. Ebenso, wenn ein „Hausarbeitstag" nur Frauen gewährt wird.[1778]

Eine mittelbar-indirekte Ungleichbehandlung ist gegeben, wenn das Gesetz nicht unmittelbar an die Eigenschaften „Mann" und „Frau" anknüpft, sondern es um einen Sachverhalt geht, der typischerweise vom einen oder anderen Geschlecht verwirklicht wird.

BEISPIEL: Die Haushaltsführung wird traditionell überwiegend von Frauen erledigt. Deshalb kann die Benachteiligung der Hausarbeit gegenüber anderen beruflichen Tätigkeiten eine indirekte Ungleichbehandlung der Geschlechter sein.[1779] Diese wäre an Art. 3 II 1 GG zu messen.

Für die Ansicht des BVerfG sprechen vor allem Teleologie und Systematik. Systematisch stellt nämlich Art. 3 II 2 GG den Art. 3 II 1 GG in den Zusammenhang mit der Förderung eines Geschlechts. Teleologisch wäre eine rein deklaratorische Erwähnung des Geschlechts in Art. 3 III 1 GG sinnlos.

MERKSATZ

Art. 3 II 1 GG ist anzuwenden, wenn nur eine mittelbar-indirekte Ungleichbehandlung von Mann und Frau vorliegt und/oder ein Geschlecht gefördert wird. In allen anderen Fällen ist Art. 3 III 1 GG anzuwenden.

b) Abstammung

Abstammung 900 **DEFINITION**

Abstammung ist die natürlich-biologische Beziehung eines Menschen zu seinen Vorfahren.[1780]

Insbesondere dürfen Nachkommen danach nicht wegen Eigenschaften oder Verhalten ihrer Vorfahren ungleich behandelt werden. Die Abstammung ist hingegen nicht betroffen, wenn es um die eigene soziale Stellung geht.

1775 *Pieroth/Schlink, GR, Rn 480*
1776 *v.Münch/Kunig-Gubelt, GG, Art. 3 Rn 95*
1777 *BVerfGE 104, 373, 393; 97, 35, 43; 92, 91, 109; JP-Jarass, GG, Art. 3 Rn 78*
1778 *BVerfGE 52, 369, 374*
1779 *BVerfGE 17, 1, 15; JP-Jarass, GG, Art. 3 Rn 86*
1780 *BVerfGE 9, 124, 128; v.Münch/Kunig-Gubelt, GG, Art. 3 Rn 96*

BEISPIEL: Die fehlende Möglichkeit einer Anwaltsbeiordnung in der Sozialgerichtsbarkeit mag in erster Linie Arme treffen, die sich keinen Rechtsanwalt leisten können. Deren Bedürftigkeit resultiert aber aus ihrer eigenen sozialen Stellung. Deshalb ist Art. 3 III GG nicht einschlägig.[1781]

c) Rasse

DEFINITION 901 Rasse

Unter einer **Rasse** ist eine Gruppe von Menschen mit bestimmten vererbbaren Eigenschaften zu verstehen.[1782]

Im Hinblick auf die Vorkommnisse in der NS-Zeit sollte dieses Merkmal vor allem die Diskriminierung von Juden, Zigeunern, Farbigen und anderen Minderheiten verhindern. Solche sind im Rechtsstaat ohnehin nicht zu befürchten, sodass Art. 3 III 1 3. Fall GG keine praktische Bedeutung erlangt hat.

d) Sprache

DEFINITION 902 Sprache

Unter **Sprache** ist die Muttersprache einschließlich der Dialekte zu verstehen.[1783]

Zu achten ist hier besonders darauf, dass wirklich eine Ungleichbehandlung wegen der Sprache vorliegt. Faktische Nachteile dadurch, dass eine bestimmte Sprache beherrscht wird oder nicht, sind irrelevant.[1784]

BEISPIEL: Die Amtssprache ist nach § 23 I VwVfG deutsch. Dies gilt für jedermann und ist daher keine Ungleichbehandlung nach der Sprache, mag jemand auch besser oder schlechter deutsch sprechen als ein anderer.[1785]

e) Heimat

DEFINITION 903 Heimat

Heimat ist die Gegend, zu der jemand Kraft Geburt oder Ansässigkeit eine besondere emotionale Bindung empfindet.[1786]

Nicht hierher gehören die Staatsangehörigkeit und der Wohnsitz, denn beide setzen keine besondere Beziehung zu einem Land voraus.[1787]

1781 BVerfGE 9, 124, 129
1782 Pieroth/Schlink, GR, Rn 480
1783 JP-Jarass, GG, Art. 3 Rn 125
1784 BVerfGE 64, 135, 154
1785 v.Münch/Kunig-Gubelt, GG, Art. 3 Rn 98
1786 BVerfGE 102, 41, 53; Pieroth/Schlink, Rn 480
1787 BVerfGE 92, 26, 50; 23, 258, 262; v.Münch/Kunig-Gubelt, GG, Art. 3 Rn 99

BEISPIEL: Werden bei der Studienplatzvergabe „Landeskinder" bevorzugt, ist diese Regelung nicht an Art. 3 III GG zu messen, wenn an den Wohnsitz angeknüpft wird.[1788] Anders, wenn es um den Geburtsort geht.

f) Herkunft

Herkunft

904 **DEFINITION**
Herkunft ist die von den Vorfahren hergeleitete Zugehörigkeit zu einer bestimmten sozialen Schicht.[1789]

Hier ist - ähnlich wie beim Merkmal Abstammung - darauf zu achten, dass die Ungleichbehandlung tatsächlich wegen der Herkunft erfolgt, und nicht etwa wegen einer aus den eigenen Lebensumständen folgenden Schichtenzugehörigkeit.[1790]

BEISPIELE: Würden Adelskinder beim Zugang zum Studium bevorzugt, wäre dies eine Ungleichbehandlung wegen der Herkunft. Anders, wenn kein hinreichendes Vermögen vorhanden ist, um in den Genuss bestimmter staatlicher Leistungen zu kommen, z.B. Bücher in einer Bibliothek ausleihen oder in der städtischen Kantine essen zu können.

g) Glauben und religiöse Anschauung

Glauben und religiöses Bekenntnis

905 „Glauben" und „religiöse Anschauung" sind Synonyme. Ihre Definition unterscheidet sich nicht von der Glaubens- und Religionsfreiheit aus Art. 4 I, II GG (Rn 277). Beide Grundrechte sind nebeneinander anwendbar.[1791] Allerdings gewährt Art. 4 I, II GG als Abwehrrecht keine Ansprüche. Geht es daher um Leistungen oder Teilhabe, ist nur auf Art. 3 III GG abzustellen. Dieser wird seinerseits durch Art. 33 III GG verdrängt, sofern die „Leistung" im Zugang zum öffentlichen Amt besteht.[1792]

BEISPIEL: Würden Sozialleistungen nur Christen zugebilligt, könnten Andersgläubige sich auf Art. 3 III 1 GG berufen. Wird hingegen einer Kopftuchträgerin die Übernahme ins Beamtenverhältnis verwehrt, ist Art. 33 II, III GG einschlägig.[1793]

Nur forum internum geschützt

906 Allerdings wendet die Rechtsprechung Art. 3 III GG im Unterschied zu Art. 4 GG nur auf das Haben und Halten des Glaubens, also das „forum internum" an, nicht auf die Glaubensausübung (das „forum externum").[1794] Dies Ansicht lässt sich gegen eine Literaturmeinung, die dem identischen Wortlaut auch einen identischen Schutzumfang entnimmt,[1795] mit systematischen Erwägungen verteidigen: Der Glauben steht in Art. 3 III GG im Kontext von Eigenschaften wie Rasse, Herkunft, Geschlecht usw., nicht im Kontext von Tätigkeiten. Unterschiede werden sich hieraus aber nur selten ergeben, denn erst durch die Glaubensausübung wird die innere Überzeugung offenbar.

1788 BVerwG, NVwZ 1983, 223, 224
1789 BVerfGE 48, 281, 287
1790 v.Münch/Kunig-Gubelt, GG, Art. 3 Rn 100
1791 JP-Jarass, GG, Art. 3 Rn 117
1792 BVerwGE 19, 252, 261; JP-Jarass, GG, Art. 33 Rn 26
1793 BVerfG, NJW 2003, 3111, 3111 = RA 2003, 601, 601; BVerwG, NJW 2004, 3581, 3581 = RA 2004, 749, 749
1794 BVerfGE 39, 334, 368; BVerwGE 81, 22, 24; OVG Münster, OVGE 10, 93, 95
1795 JP-Jarass, GG, Art. 3 Rn 127; Sachs-Osterloh, GG, Art. 3 Rn 303

BEISPIEL: Wird einem Beamten muslimischen Glaubens das Beten während der Dienstzeit untersagt, während es christlichen Beamten erlaubt wird, liegt zugleich eine Sanktion der Betätigung (des Betens) als auch der inneren Überzeugung (Christen dürfen Beten, Muslime nicht) vor. Erst durch die Art des Betens wird überhaupt ersichtlich, welchem Glauben der jeweilige Beamte sich zugehörig fühlt.

MERKSATZ
Art. 3 III GG ist zu prüfen, wenn zumindest auch die innere Überzeugung sanktioniert wird.

h) Politische Anschauung

Politische Anschauung

Ähnlich ist es bei der politischen Anschauung. Geschützt ist nach dem BVerfG wiederum nur ihr „Haben",[1796] während eine Literaturansicht[1797] auch die politische Betätigung als geschützt ansieht. Unterschiede sind auch hier kaum denkbar, weil die politische Anschauung ebenso wenig wie die Glaubensüberzeugung ohne Betätigung offenbar wird. 907

BEISPIEL: Würde ein SPD wählender Beamter stets mit minderwertigeren Aufgaben betreut als sein CDU wählender Kollege, liegt in der Sanktion seiner Wahl (Ausübung) zugleich eine Sanktion seiner Anschauung.

i) Behinderung

Behinderung: Nur Benachteiligungsverbot

DEFINITION 908
Behinderung ist eine dauerhafte Beeinträchtigung körperlicher, geistiger oder seelischer Funktionen.[1798]

Nach Art. 3 III 2 GG ist nur eine Benachteiligung Behinderter verboten, ihre Begünstigung ist m.a.W. nicht an Art. 3 III 2 GG zu messen, auch nicht, wenn darin zugleich eine Benachteiligung von Nichtbehinderten liegt. Auch Art. 3 I GG ist dann durch Art. 3 III 2 GG gesperrt.[1799]

BEISPIEL: Wird ein Behinderter wegen seiner Behinderung in einer Behörde bevorzugt bedient (Vorteil), sind damit zugleich längere Wartezeiten für Dritte verbunden (Nachteil). Es liegt jedoch weder eine verfassungswidrige Ungleichbehandlung i.S.d. Art. 3 III 2 GG vor, noch kann sich der nichtbehinderte Dritte auf Art. 3 I GG berufen (Subsidiarität).

2. Ungleichbehandlung

Offene und verdeckte Ungleichbehandlung

„Ungleichbehandlung" bedeutet auch im Rahmen der Art. 3 II, III die Bewirkung unterschiedlicher Rechtsfolgen (vgl. Rn 866). Wie bereits oben zur Gleichheit der Geschlechter angedeutet, kann eine solche offen (direkt, unmittelbar) oder verdeckt 909

1796 *BVerfGE 39, 344, 368; BAGE 51, 246, 255*
1797 *v.Münch/Kunig-Gubelt, GG, Art. 3 Rn 102*
1798 *BVerfGE 99, 341, 356; Neumann, NVwZ 2003, 897, 897*
1799 *v.Münch/Kunig-Gubelt, GG, Art. 3 Rn 106*

(indirekt, mittelbar) erfolgen. Erstere ist unproblematisch. Sie liegt vor, wenn das Gesetz expressis verbis an eines der in Art. 3 II, III GG genannten Kriterien anknüpft.[1800] Solche Fälle sind aber selten, da der Gesetzgeber die Differenzierungsverbote des Art. 3 II, III GG honoriert. Gleichwohl kommen sie vor, hauptsächlich im Bereich „Geschlecht".

BEISPIEL: Wehrpflicht nur für Männer gem. § 1 WehrPflG, Mutterschutzgesetz, „Frauenquoten".

Problematisch ist hingegen die verdeckte (indirekte, mittelbare) Ungleichbehandlung. Darunter sind Fälle zu verstehen, in denen im Gesetz zwar keines der in Art. 3 II, III GG genannten Kriterien expressis verbis genannt wird, es aber auf sie hinausläuft, weil die geregelten Vor- oder Nachteile überwiegend bei einer der genannten Gruppen eintreten.

BEISPIEL: Die Schlechterstellung von Teilzeitbeschäftigten trifft überwiegend Frauen.[1801]

Keine Finalität erforderlich

910 Das BVerfG hat anerkannt, dass auch solche verdeckten Ungleichbehandlungen an Art. 3 II, III GG zu messen sind.[1802] Insbesondere kommt es nicht auf eine Finalität an, d.h. es spielt keine Rolle, ob der Gesetzgeber bewusst eine verdeckte Regelung getroffen hat, um einen möglichen Konflikt mit Art. 3 II, III GG zu kaschieren, oder er die mittelbare, indirekte Ungleichbehandlung gar nicht bedacht hat.[1803] Allerdings lässt sich nicht immer mit hinreichender Schärfe abgrenzen, wann eine Regelung auf eine Ungleichbehandlung einer der in Art. 3 II, III GG genannten Gruppen „hinausläuft".

BEISPIEL: Die Genehmigungspflicht für das Schächten eines Opferlamms nach § 4a II Nr. 2 TierschG soll nicht an den Glauben anknüpfen, weil sie für jedermann gilt.[1804] Jedoch hätte man auch argumentieren können, dass sie vor allem Muslime und Juden trifft, die aus Glaubensgründen schächten bzw. nur koscheres Fleisch konsumieren.

KLAUSURHINWEIS
Mit der Bejahung einer verdeckten Diskriminierung sollte sparsam umgegangen werden. Insbesondere sollte man sie nicht selbst „erfinden", wenn sich im Sachverhalt niemand darauf beruft. In praxi kommt sie besonders bzgl. des „Geschlechts" gelegentlich vor, sodass man sie tendenziell hier eher bejahen sollte (dann: Art. 3 II 1 GG einschlägig) als bei den anderen Merkmalen.

II. VERFASSUNGSRECHTLICHE RECHTFERTIGUNG

911 Die Rechtfertigung einer Ungleichbehandlung nach Art. 3 II, III GG ist grundsätzlich ausgeschlossen. Die absolute Wirkung der dort genannten Differenzierungsverbote wird allerdings in zwei Fälle aufgeweicht, die sich vor allem im Hinblick auf das Merkmal „Geschlecht" ergeben:

1800 JP-Jarass, GG, Art. 3 Rn 119
1801 BVerfGE 97, 35, 43; v. Münch-Kunig-Gubelt, GG, Art. 3 Rn 86
1802 BVerfGE 97, 35, 43; zust. Sachs-Osterloh, GG, Art. 3 Rn 255
1803 BVerfGE 114, 357, 364; 97, 35, 43; 85, 191, 206; Sachs-Osterloh, GG, Art. 3 Rn 249
1804 BVerfGE 104, 337, 355

1. Objektiv-biologische Unterschiede

912 Schwangerschaft und Geburt

Es gibt Ereignisse, die ihrer Natur nach nur bei Männern oder Frauen auftreten können, wie z.B. Schwangerschaft und Geburt. Knüpft eine gesetzliche Regelung an einen solchen Sachverhalt an, und ist dies zwingend erforderlich, ist die Ungleichbehandlung gerechtfertigt, denn Art. 3 II, III GG wollen nicht verbieten, was objektiv-biologisch unabänderlich ist.[1805]

BEISPIEL: Da nur Frauen schwanger werden können, bedürfen auch nur Frauen des Schutzes durch das Mutterschutzgesetz. Dass nur die Mutter während der Schwangerschaft Kündigungsschutz nach § 9 MuSchG genießt, ist also eine durch objektiv-biologische Unterschiede zu rechtfertigende Ungleichbehandlung i.S.d. Art. 3 II 1 GG.

913 Leistungsfähigkeit i.d.R. kein Rechtfertigungsgrund

Früher wurden unter diese Fallgruppe auch Sachverhalte subsumiert, in denen Frauen als „schwachem Geschlecht" bestimmte Belastungen nicht zugemutet (oder auch gegen ihren Willen vorenthalten) wurden.

BEISPIEL: Eine Feuerwehrabgabe nur für Männer ist von den Verwaltungsgerichten mit dem Argument zu rechtfertigen versucht worden, der Feuerwehrdienst sei Frauen nicht zumutbar, da körperlich zu anstrengend. Erst das BVerfG hat dem eine Absage erteilt.[1806]

Derartige Tendenzen sind aber spätestens seit der „Kreil"-Entscheidung des EuGH zur Unionsrechtswidrigkeit des generellen Ausschlusses von Frauen vom Wehrdienst in Kampfverbänden deutlich auf dem Rückzug.[1807] Dies zu Recht, denn nur in völlig außergewöhnlichen Konstellationen wird man annehmen können, dass Frauen aufgrund ihrer biologischen Konstitution eine Aufgabe von vornherein nicht wahrnehmen können.

BEISPIEL (nach EuGH, DVBl 2000, 37 = RA 2000, 65: „Sirdar"): Der Ausschluss von Frauen vom Dienst bei den britischen Royal Marines ist nach Ansicht des EuGH zulässig, weil die Ausbildung zur „allseitigen Verwendbarkeit" der Marines Belastungen mit sich brächte, die für Frauen nicht tragbar seien.

KLAUSURHINWEIS
Eine Rechtfertigung nach objektiv-biologischen Unterschieden sollte im Zweifel nur bei Sachverhalten bejaht werden, die mit Schwangerschaft und Geburt zusammenhängen.

2. Kollidierendes Verfassungsrecht

914

Im Gegensatz zu den objektiv-biologischen Unterschieden kann kollidierendes Verfassungsrecht theoretisch nicht nur Ungleichbehandlungen wegen des Geschlechts, sondern jegliche Ungleichbehandlung nach Art. 3 II, III GG rechtfertigen. De facto gibt es aber nur für das Merkmal „Geschlecht" kollidierende Verfassungsnormen:

1805 BVerfGE 92, 91, 109; 85, 191, 207
1806 BVerfGE 92, 91, 109
1807 EuGH, NJW 2000, 497, 497 = RA 2000, 61, 61

a) Art. 3 II 2 GG

Problem: Quotenregelungen

915 Art. 3 II 2 GG enthält den Verfassungsauftrag, die Gleichberechtigung von Frauen und Männern durchzusetzen und bestehende Nachteile zu beseitigen. Darin liegt zwar (nur) eine Staatszielbestimmung und kein eigenes, mittels Verfassungsbeschwerde einklagbares Grundrecht;[1808] diese könnte aber geeignet sein, Ungleichbehandlungen entgegen Art. 3 II 1 GG zu rechtfertigen, denn die gezielte Förderung eines Geschlechts stellt jedenfalls dann zugleich eine Ungleichbehandlung i.S.d. Art. 3 II 1 GG dar (zur Abgrenzung von Art. 3 III 1 GG vgl. Rn 899), wenn sie automatisch eine Benachteiligung des anderen Geschlechts bedeutet. Praktisch geworden ist dies insbesondere bei sog. „**Quotenregelungen**", nach denen eine Stelle im Zweifel an einen Bewerber bestimmten Geschlechts - in aller Regel an Frauen - zu vergeben ist.

aa) Anwendungsvorrang des Unionsrechts

EuGH: Starre und weiche Quoten

916 Hier ist zunächst der Anwendungsvorrang des Unionsrechts zu beachten. Vielfach ist der Zugang zur Beschäftigung unionsrechtlich geregelt (vgl. nur RL 76/207/EWG vom 9.2.1976) mit der Folge, dass das Unionsrecht Art. 3 II GG vorgeht.[1809] Ohne dass auf die dann geltenden unionsrechtlichen Grundsätze hier im Einzelnen eingegangen werden kann, lässt sich grob festhalten, dass der EuGH sog. „**starre Quoten**" für unzulässig hält, nach denen pauschal ein Geschlecht bevorzugt wird, sog. „**weiche Quoten**" hingegen überwiegend absegnet, nach denen das Geschlecht nur Sekundärkriterium ist oder Öffnungs- und Härtefallklauseln existieren.[1810]

BEISPIEL (nach EuGH, NJW 1997, 3429): Unionsrechtskonform ist § 26 VI 2 LBG NRW, der bestimmt: „Soweit im Bereich der für die Beförderung zuständigen Behörde im jeweiligen Beförderungsamt der Laufbahn weniger Frauen als Männer sind, sind Frauen bei gleicher Eignung, Befähigung und fachlicher Leistung bevorzugt zu befördern, sofern nicht in der Person eines Mitbewerbers liegende Gründe überwiegen."

bb) Anwendung nationalen Rechts

Streit um Übertragung auf nationales Recht

917 Unter Anwendung nationalen Rechts lehnt sich eine Ansicht an die oben skizzierte EuGH-Rechtsprechung an und hält derartige Quotenregelungen wegen Art. 3 II 2 GG jedenfalls dann für gerechtfertigt, wenn eine faktische Unterrepräsentation eines Geschlechts im geregelten Bereich besteht und die Quote nur bei gleicher Eignung und Befähigung den Ausschlag gibt.[1811] Nur so lasse sich der Verfassungsauftrag in praxi verwirklichen. Zudem seien Staatszielbestimmungen auch an anderer Stelle als taugliche Schranken anerkannt.

BEISPIEL: Der Tierschutz aus Art. 20a GG kann es als verfassungsimmanente Schranke der Glaubensfreiheit aus Art. 4 I, II GG gebieten, das „Schächten" von Opfertieren einzuschränken.[1812]

1808 *Jahn, DVBl 1994, 183, 185; Sannwald, NJW 1994, 3313, 3314*
1809 *Schmidt, NJW 1996, 1724, 1725*
1810 *EuGH, NJW 1995, 3109, 3109; v.Münch/Kunig-Gubelt, GG, Art. 3 Rn 93*
1811 *Kokott, NJW 1995, 1049, 1051; König, DÖV 1995, 837, 837*
1812 *JP-Jarass, GG, Art. 20a Rn 15; vgl. auch BVerwG, DVBl 2001, 485, 485 = RA 2001, 185, 187*

Die h.M. lehnt eine Rechtfertigung von Quotenregelungen über Art. 3 II 2 GG hingegen ab, denn Art. 3 II 2 GG solle nicht eine Gruppe gegenüber der anderen privilegieren, sondern nur eine individuelle Chancengleichheit des einzelnen Mannes oder der einzelnen Frau anstreben.[1813] Deshalb könne er auch keine gruppenbezogenen Quoten rechtfertigen. Dafür spricht, dass der Gesetzgeber in Art. 3 II 2 GG bewusst auf die Einführung einer Quotenklausel verzichtet hat und dort auch nicht von „Parität" oder „Gleichstellung" der Geschlechter spricht. Ferner knüpft Art. 3 II 2 GG nach Wortlaut und Systematik an Art. 3 II 1 GG an, der auch das Individuum, nicht die Gruppe meint. Die Förderung eines Geschlechts nach Art. 3 II 2 GG ist nach dieser Ansicht also nur zulässig, wenn sie ohne Benachteiligung des anderen Geschlechts erfolgt.

BEISPIEL: Ein Gesetz stellt es unter Strafe, Frauen für gleiche Arbeit schlechter zu bezahlen als Männer.

Verneint man mit der h.M. eine Rechtfertigung von Quotenregelungen über Art. 3 II 2 GG, stellt sich logischerweise die weitere Streitfrage, ob er ihre generelle Zulässigkeit oder eine Abwägung mit dem Gleichheitsgebot des Art. 3 II 1 GG gebietet, nicht mehr.

b) Art. 6 IV GG

Nach Art. 6 IV GG hat jede Mutter Anspruch auf Schutz und Fürsorge. Darin liegt **918** Mutterschutz
ein eigenes Grundrecht der Mütter (Rn 424), aber auch ein Verfassungsauftrag, der zugleich die Bevorzugung von Müttern gegenüber Vätern rechtfertigen kann.[1814]

BEISPIEL: Die Beschränkung des Kündigungsschutzes in § 9 MuSchG auf Frauen ließe sich neben objektiv-biologischen Unterschieden auch über den Verfassungsauftrag des Art. 6 IV GG rechtfertigen.

c) Art. 12a I, IV 2 GG

Aus Art. 12a I, IV 2 GG schließlich rechtfertigt es sich, dass allein Männer der Wehr- **919** Wehrpflicht
und Ersatzpflicht unterliegen, Frauen hingegen nicht zum Dienst an der Waffe gezwungen werden dürfen.[1815]

1813 *OVG Münster, NVwZ 1996, 494, 495; Hofmann, FamRZ 1995, 257, 261*
1814 *v.Münch/Kunig-Coester-Waltjen, GG, Art. 3 Rn 106*
1815 *BVerfGE 48, 127, 165; MD-Scholz, GG, Art. 12a Rn 31*

SACHVERHALT

C. Klausurfall: Der neidische Mietwagenunternehmer

920 Unterstellen Sie, dass der Bund in seinem Umsatzsteuergesetz (UStG) die Personenbeförderung in Taxen steuerlich günstiger behandelt als die entgeltliche Personenbeförderung auf andere Weise, z.B. Mietwagen. M betreibt ein Mietwagenunternehmen. Er fühlt sich diskriminiert und meint, für die Ungleichbehandlung von Taxen und Mietwagen in steuerlicher Hinsicht sei keine Rechtfertigung ersichtlich. Deshalb liege eine Verletzung seiner Gleichheitsgrundrechte vor. Taxifahrer T hingegen verweist darauf, dass er im Gegensatz zu M für sein Taxi eine Konzession erwerben musste, und mit zahlreichen weiteren Erschwernissen zu kämpfen habe (vor allem der Beschränkung der Entgelttarife, ferner Kennzeichnungspflichten, Standortgebundenheit usw.), sodass ein steuerlicher Ausgleich nur gerecht sei. Auch könne M sich seine Kunden aussuchen, wohingegen er aufgrund der gesetzlichen Beförderungspflicht jedermann mitnehmen müsse.[1816]
Verletzt die steuerliche Begünstigung von Taxen im Verhältnis zu Mietwagen ein Gleichheitsgrundrecht?

LÖSUNG

In Betracht kommt hier nur eine Verletzung des allgemeinen Gleichheitsgrundrechts aus Art. 3 I GG. Dann müsste wesentlich Gleiches ungleich behandelt werden, ohne dass dies sachlich zu rechtfertigen ist.

A. Ungleichbehandlung von wesentlich Gleichem

Fraglich ist zunächst, ob hier wesentlich Gleiches ungleich behandelt wird.

I. WESENTLICH GLEICHES

„Wesentlich Gleiches" liegt vor, wenn sich für die Vergleichsgruppen ein gemeinsamer, hinreichend konkreter Oberbegriff finden lässt, der sie mit hinreichender Schärfe kennzeichnet.
Vergleichsgruppen sind hier Taxen einerseits und Mietwagen andererseits. Diese haben gemeinsam, dass Personen mit Kraftfahrzeugen entgeltlich befördert werden. Zwar weisen sie auch Unterschiede auf; so bedarf ein Taxifahrer einer besonderen Konzession; ferner werden Taxen mit Fahrer und i.d.R. für einzelne, kurze Fahrten angemietet, wohingegen Mietwagen i.d.R. ohne Fahrer und für eine gewisse Dauer angemietet werden. Die Vergleichbarkeit i.S.d. Art. 3 I GG verlangt jedoch nicht, dass die Vergleichsgruppen sich nicht unterscheiden; vielmehr läge ohne Unterschiede eine Identität vor, die einen Vergleich gar nicht zuließe. Gewisse Unterschiede schließen eine Vergleichbarkeit also nicht aus, sondern machen diese im Grunde erst möglich. Sie dürfen nur im Vergleich zu den Gemeinsamkeiten nicht überwiegen. Hier lässt sich mit „entgeltlicher Personenbeförderung mittels Kraftfahrzeugen" ein einheitlicher Oberbegriff finden, unter dem sich die Vergleichsgruppen zusammenfassen lassen, und der sie mit hinreichender Kantenschärfe von anderen Fällen unterschei-det, namentlich durch das Merkmal „entgeltlich" von unentgeltlicher Gebrauchsüberlassung von Fahrzeugen wie der Leihe oder der Nutzung gemeinschaftlichen Eigentums, z.B. eines Familienfahrzeugs, und durch das Merkmal „mit

1816 Fall nach BVerfGE 85, 238

Kraftfahrzeugen" von anderen Fortbewegungsmitteln, für die ein Entgelt zu zahlen ist (z.B. Bahn oder Flugzeug). Somit handelt es sich bei Taxen einerseits und Mietwagen andererseits um „wesentlich Gleiches" i.S.d. Art. 3 I GG.

II. UNGLEICHBEHANDLUNG

Im Rahmen des Art. 3 I GG genügt jede Form der Ungleichbehandlung, um die Notwendigkeit einer sachlichen Rechtfertigung zu begründen. Diese liegt hier in der steuerlichen Begünstigung von Taxen im Vergleich zu Mietwagen.

III. VERFASSUNGSRECHTLICHE RECHTFERTIGUNG

Fraglich ist, ob sich diese Ungleichbehandlung verfassungsrechtlich rechtfertigen lässt. Nach der sog. „Willkürformel" genügt es, wenn sich ein vernünftiger, einleuchtender Grund für die Differenzierung finden lässt. Nach der sog. „neuen Formel" müssen besonders belastende Maßnahmen darüber hinaus verhältnismäßig sein.

1. Willkürverbot

Fraglich ist also zunächst, ob sich ein vernünftiger, einleuchtender Grund für die unterschiedliche Behandlung von Taxen und Mietwagen in steuerlicher Hinsicht finden lässt. T weist darauf hin, dass Taxen zwar steuerlich begünstigt werden, ihnen aber auch besondere Lasten auferlegt seien. Tatsächlich unterliegt die Ausübung des Berufs „Taxifahrer" nach dem PBefG zahlreichen Einschränkungen, vor allem einer Genehmigungspflicht, der Pflicht zum Abschluss von Beförderungsverträgen mit jedermann, ferner zur Einhaltung behördlich festgesetzter Beförderungstarife und des Betätigungsbereichs. Auch müssen Taxen ein eigenes Erscheinungsbild haben und dürfen nur an dafür vorgesehenen öffentlichen Plätzen und unterwegs Fahrgäste aufnehmen. Diese Nach-teile lassen sich ihrerseits durch ein öffentliches Interesse, wonach der Allgemeinheit ein öffentliches Verkehrsmittel für individuelle Fahrten zu einem festgelegten Tarif zur Verfügung stehen soll, rechtfertigen.[1817] Dem steht spiegelbildlich das gesetzgeberische Ziel gegenüber, den Betrieb des Taxiverkehrs in einem gewissen Umfang vor der Konkurrenz des weniger belasteten Mietwagenverkehrs zu schützen, gerade um ihn als für jedermann zugängliches und erschwingliches Transportmittel zu erhalten. Der Konkurrenzschutz ist also kein Selbstzweck, sondern dient der Allgemeinheit. Somit kann er nicht als willkürlich bezeichnet werden, sondern kommt als die Ungleichbehandlung rechtfertigender, sachlicher Grund in Betracht.

2. „Neue Formel"

Fraglich ist, ob die Rechtfertigung damit bereits gelingt, oder ob es hierzu noch einer Abwägung der widerstreitdenden Interessen im Rahmen einer Verhältnismäßigkeitsprüfung bedarf.

a) Anwendbarkeit

Eine Abwägung wird vor allem dann vonnöten sein, wenn die Ungleichbehandlung für die Benachteiligten besonders belastend ist. Dies ist eine Frage des Einzelfalles; jedoch haben sich eine Reihe von Indizien herausgebildet, die für eine besondere Belastung sprechen können.

1817 BVerfGE 11, 168, 186 f.; 65, 237, 246 f.; 81, 70, 86 f.

So wirken personenbezogene Merkmale, auf die der Betroffene keinen Einfluss hat (z.B. Alter oder Körpergröße), häufig besonders belastend. Hier wird indes nicht an die Person, sondern an eine bestimmte Form der Gewerbeausübung angeknüpft.
Weiterhin spräche es für eine besondere Belastung, wenn neben dem Gleichheitssatz auch Freiheitsgrundrechte betroffen wären. Hier kommt allenfalls die Berufsfreiheit der Mietwagenunternehmen aus Art. 12 GG in Betracht. Allerdings schützt Art. 12 GG nicht vor Konkurrenz. Auch läge allenfalls eine mittelbare Betroffenheit vor, denn steuerliche Fragen hindern unmittelbar weder die Berufswahl noch die Berufsausübung.[1818]

b) Verhältnismäßigkeit

Letztlich kann die Anwendbarkeit der „neuen Formel" jedoch offenbleiben, wenn die Ungleichbehandlung jedenfalls auch verhältnismäßig, also zur Erreichung eines legitimen Zwecks geeignet, erforderlich und angemessen ist.
Dass der Erhalt des Taxiverkehrs als für jedermann zugängliches Transportmittel einen legitimen Zweck darstellt, wurde oben bereits ausgeführt.
Zur Geeignetheit genügt jede - auch mittelbare - Förderung dieses Zwecks. Steuerliche Vorteile fördern den Taxiverkehr, weil sie diesen als wirtschaftlich lohnend erhalten.
Mildere, gleich effektive Mittel, aufgrund derer an der Erforderlichkeit zu zweifeln wäre, sind nicht ersichtlich.
Es bleibt die Frage nach der Angemessenheit. Hierzu ist festzustellen, dass es weder zu einer Existenzgefährdung von Mietwagenunternehmen, noch zu einem wirtschaftlichen Ungleichgewicht zwischen ihnen und Taxiunternehmen gekommen ist. Vielmehr zeigt die Lebenswirklichkeit, dass eben jene Balance aus verschiedenen Beförderungsmöglichkeiten am Markt eingetreten ist, die der Gesetzgeber sich erhofft hat. Ferner wiegt es weniger schwer, an einem (steuerlichen) Vorteil Dritter nicht zu partizipieren, als selbst mit einem (steuerlichen) Nachteil gegenüber Dritten belastet zu werden.

IV. ERGEBNIS

Die steuerliche Privilegierung von Taxen im Vergleich zu Mietwagen lässt sich auch unter den strengeren Anforderungen der „neuen Formel" rechtfertigen. Sie verstößt nicht gegen Art. 3 I GG.

FALLENDE

1818 *Das BVerfG hat in BVerfGE 85, 238 Art. 12 GG kurz angeprüft (und zwar nach Art. 3 I GG, weil es den Schwerpunkt eindeutig bei der Gleichheitsprüfung sah), und i.E. offengelassen, ob ein Eingriff vorliegt, da es sich allenfalls um eine Berufsausübungsregelung handelt, für deren Rechtfertigung im Rahmen des Art. 12 GG nichts anderes gelte als bei Art. 3 I GG.*

3. Teil – Art. 6 V GG - Eheliche und uneheliche Kinder

A. Einleitung

Ähnlich wie Art. 3 II 2 GG enthält auch Art. 6 V GG seinem Wortlaut nach nur einen Verfassungsauftrag an den Gesetzgeber zur Schaffung gleicher Bedingungen für eheliche und uneheliche Kinder. Im Unterschied zu jenem sieht das BVerfG Art. 6 V GG jedoch nicht als bloße Staatszielbestimmung, sondern auch als vollwertiges, mittels Verfassungsbeschwerde einklagbares Gleichheitsgrundrecht an.[1819] Inhaltlich gilt: **921** Staatszielbestimmung und Grundrecht

MERKSATZ
Art. 6 V GG ist zu prüfen und zu handhaben wie Art. 3 III GG.

B. Systematik und Vertiefung

I. UNGLEICHBEHANDLUNG VON WESENTLICH GLEICHEM

1. Wesentlich Gleiches

922 Uneheliche Kinder

Art. 6 V GG enthält zwei Anknüpfungspunkte: Es muss sich um ein „Kind" handeln, und es muss „unehelich" sein.

DEFINITION
„**Kinder**" i.S.d. Art. 6 V GG sind nicht nur Minderjährige, sondern generell alle Nachkommen.[1820] „Unehelich" sind sie, wenn die Eltern im Zeitpunkt der Geburt nicht miteinander verheiratet waren.[1821]

2. Ungleichbehandlung

Art. 6 V GG zielt auf eine Gleichbehandlung von ehelichen und unehelichen Kindern. Keine Ungleichbehandlungen sind daher solche Regelungen, die zwar an den Status des Kindes anknüpfen, deren Ziel aber eine optimale Gleichstellung ist. **923** Optimierungsgebot

BEISPIEL: Bei der Bestimmung des Kindesnamens kann bei nichtehelichen Kindern nicht auf den Ehenamen zurückgegriffen werden. §§ 1616 ff. BGB müssen daher zwangsläufig zwischen ehelichen und unehelichen Kindern unterscheiden. Indem sie nichteheliche Kinder aber mit ehelichen Kindern gleichstellen, deren Eltern keinen Ehenamen führen, verwirklichen sie optimal den Gleichstellungsauftrag des Art. 6 V GG. Eine verfassungswidrige Ungleichbehandlung liegt nicht vor.

Nicht hierher gehört ferner die unterschiedliche Behandlung verheirateter und nicht verheirateter Eltern in Bezug auf ihre Kinder, weil Grundrechtsträger nur die Kinder, nicht aber die Eltern sind. **924** Grundrechtsträger nur die Kinder

---

1819 BVerfGE 84, 168, 184; 25, 167, 178; 17, 148, 155
1820 BVerfGE 44,1, 29
1821 v.Münch/Kunig-Coester-Waltjen, GG, Art. 6 Rn 116

BEISPIEL: Das Umgangsrecht des leiblichen, nichtehelichen Vaters hat das BVerfG aus Art. 6 II 1 GG,[1822] das Recht zur Anfechtung der Vaterschaft aus Art. 2 I i.V.m. 1 I GG abgeleitet.[1823]

Gesamtschau nötig

925 Keine Ungleichbehandlung i.S.d. Art. 6 V GG ist schließlich eine partielle Besserstellung nichtehelicher Kinder, wenn eine Gesamtschau der einschlägigen Materie ergibt, dass die Rechtsstellung insgesamt doch gleich ist.[1824] Art. 6 V GG schreibt also keinen Gleichheitsschematismus vor.[1825]

BEISPIEL: Fließt eine bestimmte Sozialleistung nur nichtehelichen Kindern zu, stehen eheliche Kinder zunächst schlechter. Fließen diesen allerdings andere Sozialleistungen zu, sodass eine Gesamtschau aller Leistungen sie finanziell doch wieder gleichstellt, liegt keine Ungleichbehandlung i.S.d. Art. 6 V GG vor.

Das gilt im Grundsatz auch für eine partielle Schlechterstellung der nichtehelichen Kinder, wobei eine Gesamtschau dann allerdings häufig ergeben wird, dass Gleichheit nicht besteht, da nichteheliche Kinder es gesellschaftlich und seelisch in aller Regel ohnehin bereits schwerer haben als eheliche.[1826]

II. VERFASSUNGSRECHTLICHE RECHTFERTIGUNG

Absolute Wirkung

926 Art. 6 V GG ist, wie bereits erwähnt, wie Art. 3 III GG ein absoluter Gleichheitssatz, der jede Ungleichbehandlung aufgrund des Familienstandes der Eltern verbietet. Eine Rechtfertigung ist grundsätzlich ausgeschlossen, und da weder kollidierendes Verfassungsrecht ersichtlich ist noch objektiv-biologische Unterschiede existieren, bleibt es hier - unter Beachtung der o.g. einschränkenden Voraussetzungen für das Vorliegen einer Ungleichbehandlung - bei der Formel:

MERKSATZ
Jede Ungleichbehandlung ehelicher und unehelicher Kinder ist eine Verletzung von Art. 6 V GG.

4. Teil – Art. 33 GG - Staatsbürgerliche Rechte

A. Einleitung

Art. 33 GG enthält drei staatsbürgerliche Rechte, die als grundrechtgleiche Rechte mit der Verfassungsbeschwerde geltend gemacht werden können: Die gleichen staatsbürgerlichen Rechte und Pflichten in jedem Bundesland nach Art. 33 I GG, den gleichen Zugang zum öffentlichen Amte nach Art. 33 II GG und das Diskriminierungsverbot wegen des religiösen Bekenntnisses aus Art. 33 III GG. Alle drei sind nach dem für Gleichheitsgrundrechte geltenden Schema zu prüfen.

1822 *BVerfGE 108, 82, 99*
1823 *BVerfG, NJW 2007, 732, 732*
1824 *BVerfGE 85, 80, 87; 58, 377, 390; 17, 280, 284*
1825 *Sachs-Schmitt-Kammler, GG, Art. 6 Rn 88*
1826 *BVerfGE 84, 168, 185; 74, 33, 39*

B. Systematik und Vertiefung

I. ART. 33 I GG

Nach Art. 33 I GG haben alle Deutschen in allen Bundesländern die gleichen staatsbürgerlichen Rechte und Pflichten. Dieses Gleichheitsgebot ist spezieller als Art. 3 I GG und tritt neben die Differenzierungsverbote des Art. 3 II, III GG. Es gilt: **927**

MERKSATZ
Art. 33 I GG ist so zu prüfen und anzuwenden wie Art. 3 II, III GG.

Verhältnis zu Art. 3 I GG

Die Spezialität zu Art. 3 I GG wird - obwohl allgemein anerkannt[1827] - vom BVerfG häufig nicht beachtet. Es finden sich zahlreiche Fälle, die an Art. 33 I GG zu messen gewesen wären, deren Entscheidungsgründe sich aber auf Art. 3 I GG beziehen.

BEISPIEL: Die Beschränkung von Schulfördermitteln auf „Landeskinder",[1828] „Landeskinderbonus" beim Zugang zu Hochschulen.[1829]

KLAUSURHINWEIS
Wenn im Sachverhalt von Art. 33 I GG die Rede ist und/oder eine Verletzung desselben gerügt wird, sollte dieser geprüft werden. Ansonsten sollte im Zweifel Art. 3 I GG geprüft werden, wenn unklar ist, ob die Ungleichbehandlung wirklich an die Landeszugehörigkeit anknüpft (dazu sogleich).

1. Ungleichbehandlung von wesentlich Gleichem

a) Wesentlich Gleiches

„Landeskinder" als Vergleichsgruppe

Art. 33 I GG gilt nur für alle Deutschen i.S.d. Art. 116 I GG (für Ausländer und juris- **928**
tische Personen bleibt Art. 3 I GG anwendbar)[1830] und nur für die staatsbürgerlichen Rechte und Pflichten, also solche öffentlich-rechtlicher Natur (im Unterschied zum Privatrecht).[1831] Dies vorausgeschickt, stellt die Norm ein spezielles Differenzierungsverbot auf: Eine Ungleichbehandlung darf nicht an die Herkunft aus einem bestimmten Bundesland anknüpfen. Vergleichsgruppe sind m.a.W. „Landeskinder" und Personen aus anderen Bundesländern.

BEISPIELE: Gewährung von Sozialleistungen nur für „Landeskinder"; Beschränkung des Wahlrechts auf „Landeskinder".

b) Ungleichbehandlung

Begriff der Landeszugehörigkeit

Die Ungleichbehandlung muss an die Landeszugehörigkeit anknüpfen, d.h. an die **929**
Geburt in einem Bundesland, die Abstammung von einem Landesangehörigen oder einen langjährigen Wohnsitz in einem Bundesland.[1832] Nicht gemeint sind

1827 *JP-Jarass, GG, Art. 33 Rn 2 m.w.N.*
1828 *BVerfGE 112, 74, 90*
1829 *BVerfGE 33, 303, 353*
1830 *JP-Jarass, GG, Art. 33 Rn 4*
1831 *JP-Jarass, GG, Art. 33 Rn 2*
1832 *JP-Jarass, GG, Art. 33 Rn 3*

der momentane Aufenthaltsort, ein erst kürzlich gewählter Wohnsitz oder sonstige Anknüpfungspunkte.

BEISPIEL: Ob eine Prüfung in einem bestimmten Bundesland abgelegt wurde, hat i.d.R. nichts mit der Geburt, der Abstammung oder dem langjährigen Wohnsitz zu tun. Die Nichtanerkennung eines Abschlusses in einem anderen Bundesland ist daher nicht an Art. 33 I GG, sondern an Art. 3 I GG (und ggf. an Art. 12 I GG) zu messen.[1833] Nur wenn der Abschluss einen langjährigen Aufenthalt in dem Bundesland voraussetzt, wie etwa ein Hochschulabschluss, kommt Art. 33 I GG zur Anwendung.[1834]

Gleichbehandlung

930 Nicht verboten, sondern geboten ist die Gleichbehandlung von Bürgern unterschiedlicher Bundesländer in einem Bundesland.

BEISPIEL (nach BVerwGE 79, 339): Der Pflicht, vor einem Landesuntersuchungsausschuss auszusagen, unterliegen nicht nur „Landeskinder", sondern alle Deutschen.

Nur innerhalb derselben Staatsgewalt

931 Dass die Ungleichbehandlung nicht länderübergreifend sein darf, sondern innerhalb eines Bundeslandes (oder auf Bundesebene) stattfinden muss, wurde einleitend zu Art. 3 I GG bereits ausgeführt und verdient hier besondere Beachtung.

BEISPIEL: Jedes Bundesland darf ein unterschiedliches Schulrecht haben, nur darf das Schulrecht eines Landes keine unterschiedlichen Rechte und Pflichten von „Landeskindern" und anderen Schülern vorsehen. Eine Beschränkung von Fördermitteln auf Landeskinder ist daher eine Ungleichbehandlung i.S.d. Art. 33 I GG.[1835]

2. Verfassungsrechtliche Rechtfertigung

Absolute Wirkung

932 Eine Rechtfertigung von Ungleichbehandlungen ist wie bei Art. 3 II, III GG grundsätzlich ausgeschlossen und kommt nur ausnahmsweise durch kollidierendes Verfassungsrecht in Betracht.

BEISPIELE: Stellt die Bundespolizei an einem Standort im Land X vorzugsweise Personen ein, die aus dem Land X stammen, ist dies durch Art. 36 I 2 GG gerechtfertigt. Ebenso liegt es nach Art. 36 II GG für die bevorzugte Einberufung von Soldaten in eine Kaserne in ihrem Bundesland.

Ausnahmen ähnlich Art. 3 II, III GG

Vergleichbar den objektiv-biologischen Eigenschaften zum Merkmal „Geschlecht" bei Art. 3 II, III GG ist eine Rechtfertigung ferner dann möglich, wenn eine Differenzierung nach Landeszugehörigkeit zwingend geboten ist.[1836]

BEISPIELE: Beschränkung des Landtagswahlrechts auf im Land Sesshafte.

1833 BVerfGE 73, 301, 321
1834 JP-Jarass, GG, Art. 33 Rn 3
1835 JP-Jarass, GG, Art. 33 Rn 6a; vgl. auch BVerfGE 112, 74, 90 (dort: Art. 3 I GG)
1836 JP-Jarass, GG, Art. 33 Rn 6a ; v.Münch/Kunig-Kunig, GG, Art. 33 Rn 13

II. Art. 33 II GG

Nach Art. 33 II GG hat jeder Deutsche nach Eignung, Befähigung und fachlicher Leistung gleichen Zugang zum öffentlichen Amt. Es handelt sich wie bei Art. 33 I GG um ein grundrechtsgleiches, im Verhältnis zu Art. 3 I GG spezielleres,[1837] neben die Differenzierungsverbote des Art. 3 II, III GG tretendes[1838] Gleichheitsgrundrecht. Problematisch ist das Verhältnis zu Art. 12 I GG. Das BVerfG prüft Art. 12 I GG, wenn es um die abstrakt-generelle Festlegung von Zugangskriterien zu öffentlichen Ämtern geht, wobei das BVerfG dann nicht selten „Art. 12 I GG i.V.m. Art. 33 II GG" zitiert und Art. 33 II GG eine „verstärkende Wirkung" beimisst.[1839] 933

Verhältnis zu anderen Grundrechten

BEISPIEL: Bei der Festlegung der Kriterien für den Zugang zum Anwaltsnotariat prüft das BVerfG inhaltlich Art. 12 I GG und zitiert „Art. 12 I GG i.V.m. Art. 33 II GG",[1840] obwohl es um den Zugang zu einem öffentlichen Amt geht, seinem Wortlaut nach also auch Art. 33 II GG selbstständig hätte geprüft werden können.

KLAUSURHINWEIS

Diese Vorgehensweise sollte in einem Gutachten übernommen werden. Aufbautechnisch ist Art. 12 I GG zu prüfen, also das Freiheitsgrundrecht nach Schutzbereich, Eingriff und Rechtfertigung. Erst in der Verhältnismäßigkeitsabwägung ist zugunsten des Betroffenen auf die „verstärkende Wirkung" des Art. 33 II GG einzugehen.

Hingegen wird Art. 33 II GG selbstständig geprüft, wenn einer bestimmten Person Eignung, Befähigung oder fachliche Leistung abgesprochen werden. 934

Verstärkende Wirkung von Freiheitsgrundrechten

BEISPIEL (nach BVerfGE 108, 282: „Kopftuch"): Wird eine Kopftuch tragende Lehrerin in spe nicht in das Beamtenverhältnis übernommen, weil ihr die persönliche Eignung abgesprochen wird, ist Art. 33 II GG zu prüfen, nicht Art. 12 I GG.

In diesem Fall kann jedoch anderen Freiheitsgrundrechten eine ähnlich „verstärkende Wirkung" zukommen wie Art. 33 II GG in Art. 12 I GG.

BEISPIEL: Die Glaubensfreiheit der Kopftuch tragenden Lehrerin verstärkt ihren Zugangsanspruch aus Art. 33 II GG.[1841]

KLAUSURHINWEIS

Dies wirkt sich in der Prüfung der verfassungsrechtlichen Rechtfertigung aus, wenn die Verweigerung des Zugangs mit kollidierendem Verfassungsrecht zu rechtfertigen versucht wird: Dem Recht des Zugang Suchenden kommt mehr Gewicht zu, also sind die Rechtfertigungsanforderungen strenger.

1837 *JP-Jarass, GG, Art. 33 Rn 8*
1838 *BVerwGE 61, 325, 330; v.Münch/Kunig-Kunig, GG, Art. 33 Rn 28*
1839 *BVerfGE 92, 140, 151; 96, 152, 163*
1840 *BVerfGE 110, 304, 321*
1841 *BVerfGE 108, 282, 294*

Nicht einschlägig ist Art. 33 II GG für Ämter in obersten Staatsorganen, die durch Wahlen vergeben werden.

BEISPIEL: Abgeordnete in Parlamenten von Bund, Ländern und Gemeinden. Die Wahl eines Bundesrichters fällt nach Ansicht des BVerfG hingegen unter Art. 33 II GG, weil dieser weder ein oberstes Bundesorgan sei, noch eine Wahl im engeren Sinne vorliege, da es am Merkmal der zeitlichen Befristung des Amtes fehle.[1842]

1. Ungleichbehandlung von wesentlich Gleichem

a) Wesentlich Gleiches

Aufbau

935 Art. 33 II GG ist ein Gleichheitsgrundrecht. Anders als bei den übrigen Gleichheitsgrundrechten bedarf es jedoch keiner Vergleichsgruppenbildung. Vielmehr wird Art. 33 II GG zweckmäßigerweise nach seinen tatbestandlichen Voraussetzungen geprüft.[1843]

aa) Jeder Deutsche

936 Nur Deutsche i.S.d. Art. 116 I GG können sich auf Art. 33 II GG berufen. Juristische Personen gehören nicht dazu, auch wenn sie ihren Sitz im Inland haben.[1844] Gleichgestellt sind hingegen wegen des Diskriminierungsverbots aus Art. 18, 45 AEUV alle EU-Bürger[1845] (vgl. im einfachen Recht auch § 4 I Nr. 1 BBG, ferner oben Rn 209).

bb) Öffentliches Amt

Weite Definition des „öffentlichen Amts"

937

DEFINITION

Unter einem **öffentlichen Amt** ist die Ausübung hoheitlich-staatlicher Funktion für eine juristische Person des öffentlichen Rechts zu verstehen, sofern der Amtswalter nicht unmittelbar vom Volk oder durch einen unmittelbar vom Volk gewähltes Gremium gewählt wird.[1846]

Diese weite Definition erfasst nicht nur Beamte, sondern auch Arbeiter und Angestellte im öffentlichen Dienst von Bund, Ländern, Gemeinden oder anderen Körperschaften, Anstalten oder Stiftungen des öffentlichen Rechts. Unbedeutend ist auch, ob haupt- oder ehrenamtlich gearbeitet wird. Dass Wahlen auszunehmen sind, versteht sich von selbst, denn niemand hat ein Recht darauf, gewählt zu werden.

BEISPIEL: Der Bürgermeister bekleidet kein öffentliches Amt i.S.d. Art. 33 II GG, weil er entweder vom Gemeindevolk oder vom Rat als unmittelbar vom Volk gewähltem Gremium gewählt wird.[1847] Anders ist es z.B. bei der Richterwahl durch den Richterwahlausschuss nach dem Richterwahlgesetz.

1842 *BVerfG, NVwZ 2017, 313 = RA 2016, 649*

1843 *Ebenso gliedert z.B. Sachs-Battis, GG, Art. 33 Rn 23 ff.; in BVerfGE 108, 282 wird ebenfalls anspruchsähnlich geprüft, die Begriffe „Gleiches" und „Ungleichbehandlung" kommen nicht vor. JP-Jarass, GG, Art. 33 Rn 9, 11 spricht gar von „Schutzbereich" wie bei einem Freiheitsgrundrecht.*

1844 *JP-Jarass, GG, Art. 33 Rn 11*

1845 *JP-Jarass, GG, Art. 33 Rn 11; Sachs-Battis, GG, Art. 33 Rn 23*

1846 *JP-Jarass, GG, Art. 33 Rn 9; Sachs-Battis, GG, Art. 33 Rn 25*

1847 *OVG Schleswig, NVwZ 1993, 1124, 1124; Sachs-Battis, GG, Art. 33 Rn 25*

Nicht dazu gehören bloße Vorbereitungsdienste (für Referendare gilt Art. 12 I GG, der nicht zur Bestenauslese verpflichtet),[1848] ferner nicht Beliehene (mit Ausnahme der Notare)[1849], weil diese nicht für eine juristische Person des öffentlichen Rechts, sondern als Privatperson hoheitlich tätig werden.[1850]

cc) Zugang

Auch der Zugangsbegriff wird weit verstanden. Er umfasst neben der Einstellung **938** auch den Aufstieg (z.B. Beförderungen) und - als Kehrseite - den Schutz vor Entzug des Amtes.[1851] Nicht hierher gehört hingegen das „Wie" der Amtsführung, z.B. Versetzungen, Verteilung konkreter Aufgaben usw.

dd) Eignung, Befähigung, fachliche Leistung

Zentrales Kriterium für die von Art. 33 II GG geforderte Bestenauslese ist die „Eignung" **939** des Kandidaten für das öffentliche Amt.

Eignungsbegriff

DEFINITION

„**Eignung**" ist die Gesamtheit aller Eigenschaften, die ein öffentliches Amt von seinem Inhaber fordert.[1852]

Gesundheitlich, fachlich, persönlich

Diese Definition wird auch als „Eignung i.w.S." bezeichnet. Sie umfasst drei Komponenten:

- **Gesundheitliche Eignung**
  Physische und psychische Fähigkeiten.

- **Fachliche Eignung**
  „Befähigung" (d.h. Vorhandensein der notwendigen Kenntnisse und Erfahrungen) und „fachliche Leistung" (d.h. der Erbringung von Arbeitsergebnissen)

- **Persönliche Eignung**
  Charakterliche Merkmale des Amtswalters

Die persönliche Eignung, auch „Eignung i.e.S." genannt, spielt die Hauptrolle in Prüfungsaufgaben. Charakterliche Merkmale in diesem Sinne sind z.B. die Verfassungstreue des Kandidaten[1853] (d.h. Eintreten für Demokratie, Rechtsstaat, Menschenwürde usw.) und speziell bei Beamten die Gewähr, dass die hergebrachten Grundsätze des Berufsbeamtentums befolgt werden,[1854] also vor allem die Treuepflicht. Hingegen darf dem Kandidaten unter keinen Umständen die Eignung für ein öffentliches Amt anlässlich eines Verhaltens abgesprochen werden, das nur eine zulässige Grundrechtsausübung darstellt.

1848 *Sachs-Battis, GG, Art. 33 Rn 25*
1849 *BVerfG, DVBl 2002, 1629, 1629; v.Münch/Kunig-Kunig, GG, Art. 33 Rn 20*
1850 *JP-Jarass, GG, Art. 33 Rn 9; Sachs-Battis, GG, Art. 33 Rn 22*
1851 *JP-Jarass, GG, Art. 33 Rn 10*
1852 *BVerfGE 92, 140, 155; BVerwGE 47, 330, 336; Sachs-Battis, GG, Art. 33 Rn 27*
1853 *BVerfGE 39, 334, 348*
1854 *Sachs-Battis, GG, Art. 33 Rn 32*

BEISPIELE: Ist das Verbot des Kopftuchtragens im Dienst nicht durch eine taugliche Schranke verboten, stellt es eine zulässige Glaubensausübung nach Art. 4 I, II GG dar und kann deshalb nicht dazu führen, einer Lehramtsanwärterin die Eignung abzusprechen.[1855] Ebenso unzulässig ist die Anknüpfung an ein bestimmtes Wahlverhalten, auch wenn die sog. „Ämterpatronage" nach Parteizugehörigkeit faktisch weit verbreitet sein mag.[1856]

KLAUSURHINWEIS
Ob eine zulässige Grundrechtsausübung vorliegt, ist ggf. in vollem Umfang inzidenter im Merkmal „Eignung" zu prüfen.

b) Ungleichbehandlung

940 Eine Ungleichbehandlung liegt vor, wenn sich die Entscheidung über den Zugang zu einem öffentlichen Amt nicht an der von Art. 33 II GG vorgeschriebenen Bestenauslese orientiert, also von anderen Kriterien als der Eignung i.w.S. abhängig gemacht wird.

BEISPIEL: „Ämterpatronage" aufgrund von Partei-, Verbands- oder Religionszugehörigkeit.

2. Verfassungsrechtliche Rechtfertigung

Absolute Wirkung

941 Eine Rechtfertigung von Ungleichbehandlungen ist grds. ausgeschlossen. Art. 33 II GG ist ein absolutes Gleichheitsgrundrecht. Ähnlich wie bei Art. 3 II, III GG kommt jedoch ausnahmsweise eine Rechtfertigung durch kollidierendes Verfassungsrecht in Betracht.

BEISPIEL: Bei der Wahl eines Bundesrichters ist ein gewisser Spielraum des Ministers und des Richterwahlausschusses nach Art. 95 II GG anzuerkennen; es ist daher nicht zwangsläufig der am besten geeignete Kandidat auszuwählen.[1857]

KLAUSURHINWEIS
Wenn die Verfassung besondere Anforderungen an ein öffentliches Amt stellt, führt deren Nichterfüllung allerdings schon zur fehlenden „Eignung" i.S.d. Art. 33 II GG, sodass es sich nicht erst um eine Frage der Rechtfertigung handelt; vielmehr ist ggf. schon „wesentlich Gleiches" zu verneinen.

BEISPIELE: Ein Rechtsradikaler ist schon nicht geeignet, ein öffentliches Amt zu bekleiden (fehlende Verfassungstreue).[1858] Ebenso, wenn ein Soldat die körperlichen Voraussetzungen für einen Dienst beim BND nicht erfüllt.[1859] Werden als Leiterin einer Mädchenschule ausschließlich Frauen berücksichtigt, bedarf dies auch nicht der Rechtfertigung über Art. 3 II 2 GG, denn Männer wären für einen solchen Posten nicht gleich geeignet; ebenso liegt es bei einer Gleichstellungsbeauftragten.[1860]

1855 BVerfGE 108, 282
1856 Sachs-Battis, GG, Art. 33 Rn 39
1857 BVerfG, NVwZ 2017, 313 = RA 2016, 649
1858 BVerfGE 39, 334, 348
1859 BVerwGE 122, 237
1860 StGH Bückeburg, DÖV 1996, 659, 659; JP-Jarass, GG, Art. 33 Rn 23

3. Rechtsfolge

Die ungerechtfertigte Ablehnung eines Bewerbers aus anderen als den in Art. 33 II GG genannten Gründen ist verfassungswidrig.[1861] Art. 33 II GG ist nach Ansicht des BVerfG aber keine eigene, verfassungsunmittelbare Anspruchsgrundlage auf Zugang zum öffentlichen Amt.[1862] Ein Verstoß gegen die o.g. Voraussetzungen führt also zwar zur Begründetheit einer auf Art. 33 II GG gestützten Verfassungsbeschwerde. Ist jedoch nach einem Anspruch auf Zugang zum öffentlichen Amt gefragt, kann dieser sich nur aus dem einfachen Recht ergeben. Verstößt die in diesem Rahmen getroffene Entscheidung gegen Art. 33 II GG, hat der Bewerber also (nur) aus einfachem Recht einen Anspruch auf Neubescheidung, weil seine Ablehnung rechtswidrig ist,[1863] wobei sich dieser Anspruch natürlich auf Ernennung verdichten kann, wenn eine Ermessensreduktion auf null zu seinen Gunsten besteht oder er der einzige Bewerber ist. **942** Kein Anspruch auf Zugang

BEISPIEL: Die Kopftuch tragende Lehrerin hätte aus Art. 33 II GG keinen Anspruch auf Übernahme in das Beamtenverhältnis, selbst wenn ihre Ablehnung wegen des Kopftuchtragens gegen Art. 33 II GG verstoßen sollte. Sie könnte nur verlangen, dass ihr Kopftuchtragen als sachfremde, nicht an Eignung, Befähigung und fachlicher Leistung orientierte Erwägung bei der Einstellungsentscheidung unberücksichtigt bleibt.

Anders liegt es mit einem Anspruch auf Schadensersatz. Dieser soll dem abgelehnten Bewerber unmittelbar aus Art. 33 II GG zufließen,[1864] wenn den Staat bei der Ablehnung ein Verschulden trifft und er erfolglos alles Zumutbare und Mögliche getan hat, um die eigene Ernennung zu erreichen. **943** Schadensersatz

III. Art. 33 III GG

Art. 33 III GG ist eigentlich überflüssig, denn die Diskriminierung aus religiös-weltanschaulichen Gründen ist allgemein bereits wegen Art. 3 III GG und speziell für die in Art. 33 III genannten Gebiete bereits wegen Art. 33 II GG und Art. 140 GG i.V.m. Art. 136 II WRV verboten. Der Grund dafür, dass das Grundgesetz dies mehrfach ausspricht, ist in den Erfahrungen im Dritten Reich und der historisch als notwendig erachteten besonders deutlichen Distanzierung von diesen zu sehen.[1865] Der daraus entstehende Knoten lässt sich prüfungstechnisch aber relativ leicht entwirren: **944** Verhältnis zu anderen Grundrechten

Art. 140 GG i.V.m. Art. 136 II WRV ist kein mit der Verfassungsbeschwerde einklagbares Grundrecht i.S.d. Art. 93 I Nr. 4a GG, kann daher im Rahmen einer solchen auch nicht geprüft werden. Im Verhältnis zu diesem bleibt also allein Art. 33 III GG.

Auch gegenüber Art. 3 III 1 GG ist Art. 33 III 1 GG spezieller.

BEISPIEL: Wird einem Ratsmitglied die weitere Ausübung seiner Tätigkeit verwehrt, weil es eine Eidesleistung aus religiösen Gründen verweigert hat, verstößt dies gegen Art. 33 III GG.[1866] Art. 3 III GG tritt zurück, Art. 33 II GG ist nicht einschlägig, weil Ratsmitglieder gewählt sind und somit kein „öffentliches Amt" ausüben.

1861 Sachs-Battis, GG, Art. 33 Rn 22
1862 BVerfGE 39, 334, 354; 108, 282, 295; BVerwGE 75, 133, 135; a.A. JP-Jarass, GG, Art. 33 Rn 19
1863 BVerwGE 118, 370, 373
1864 BVerwG, NJW 2010, 3592, 3593 = RA 2010, 517, 519
1865 Sachs-Battis, GG, Art. 33 Rn 42
1866 BVerfGE 79, 69, 75

Zu Art. 33 II GG besteht Idealkonkurrenz, wobei der Prüfungsschwerpunkt in aller Regel auf Art. 33 II GG liegt.

BEISPIEL: Im bereits mehrfach erwähnten „Kopftuch"-Fall hat das BVerfG ausführlich Art. 33 II GG geprüft und sich mit der knappen Feststellung begnügt, dass daneben auch noch Art. 33 III GG betroffen sei.[1867]

KLAUSURHINWEIS
In einem Gutachten sollte ebenso verfahren werden: Beginn und Schwerpunkt der Prüfung ist Art. 33 II GG, daran anschließend folgt ggf. die knapp gehaltene Feststellung, dass daneben noch Art. 33 III 1 GG verletzt ist.

945 Für Ausländer ist hingegen allein Art. 33 III 1 GG einschlägig, denn dieser gilt im Gegensatz zu Art. 33 II GG für jedermann (zu EU-Bürgern Rn 936).

Art. 33 III 2 GG

946 Art. 33 III 2 GG hingegen wiederholt nur noch einmal das, was sich aus Art. 33 III 1 GG ohnehin schon ergibt, hat also im Verhältnis zu diesem keine eigene Bedeutung.

5. Teil – Art. 38 I 1 GG - Allgemeine, gleiche Wahl

A. Einleitung

Nur Bundestags-, nicht Landtags- u. Kommunalwahlen

947 Die Allgemeinheit und Gleichheit der Bundestagswahl sind besondere Gleichheitsgrundrechte und als solche **lex specialis** zu Art. 3 I GG. Im Gegensatz zur Wahlrechtsgleichheit auf Landes- und Kommunalebene aus Art. 28 I 2 GG können sie mittels Verfassungsbeschwerde vor dem BVerfG geltend gemacht werden, vgl. Art. 93 I Nr. 4a GG. Für die unter Art. 28 I 2 GG fallenden Wahlen ist übrigens auch der „Umweg" über Art. 3 I GG versperrt, weil dieser auch von Art. 28 I 2 GG verdrängt wird, mit der Folge, dass ein Gleichheitsverstoß bei Landtags- und Kommunalwahlen nicht vor dem BVerfG, sondern allenfalls vor den Verfassungsgerichten der Länder gerügt werden kann, sofern diese einen entsprechenden Rechtsbehelf vorsehen.[1868] Die übrigen in Art. 38 I 1 GG genannten **Wahlrechtsgrundsätze** gehören zu den Freiheitsgrundrechten (Rn 788).

B. Systematik und Vertiefung

I. UNGLEICHBEHANDLUNG VON WESENTLICH GLEICHEM

1. Wesentlich Gleiches

Zeitlich umfassender Schutz

948 Allgemeine und gleiche Wahl gelten für das aktive Wahlrecht (zu wählen) und das passive Wahlrecht (gewählt zu werden) gleichermaßen, und dies für die gesamte Wahl von der Wahlvorbereitung über den Wahlkampf bis zur Stimmabgabe und Feststellung des Wahlergebnisses.[1869]

1867 BVerfGE 108, 282, 298
1868 BVerfGE 99, 1, 10
1869 Sachs-Magiera, GG, Art. 38 Rn 91

a) Allgemeine Wahl

DEFINITION 949 Allgemeinheit
Allgemeinheit bedeutet, dass alle Deutschen Zugang zur Wahl haben.[1870]

Dass der Zugang zur Bundestagswahl nur allen Deutschen eröffnet ist, steht zwar nicht expressis verbis in Art. 38 I 1 GG, ergibt sich jedoch zwingend aus einem Umkehrschluss zu Art. 28 I 3 GG, der das Wahlrecht bei Kommunalwahlen auch EU-Bürgern eröffnet, sowie aus dem **Demokratieprinzip** des Art. 20 II GG, wonach alle Staatsgewalt vom Volk ausgeht. Zum Staatsvolk gehören aber nur die Deutschen i.S.d. Art. 116 GG.[1871] Für das passive Wahlrecht bedeutet „Zugang" das Recht, sich zur Wahl stellen zu können.

b) Gleiche Wahl

DEFINITION 950 Zähl- und Erfolgswertgleichheit
Die **gleiche Wahl** umfasst für das aktive Wahlrecht die Zähl- und Erfolgswertgleichheit aller Stimmen, für das passive Wahlrecht die Chancengleichheit aller Bewerber.[1872]

„Zählwertgleichheit" bedeutet, dass alle Stimmen gleich zählen („one man, one vote"). Ein Kastenwahlrecht, in dem etwa die Stimmen des Adels im Verhältnis zu denen der Bauern zehnfach zählen, soll so vermieden werden. Die „Erfolgswertgleichheit" setzt in einem Verhältniswahlsystem voraus, dass jeder Wähler mit seiner Stimme im Parlament von einer gleichen Zahl an Abgeordneten repräsentiert wird.[1873] Sollte sich der einfache Gesetzgeber einmal für ein reines Mehrheitswahlsystem entscheiden, was wegen Art. 38 III GG möglich wäre, gäbe es jedoch keine Erfolgswertgleichheit, denn diese ist der Mehrheitswahl a priori fremd. Das BVerfG spricht daher nur von einer „Erfolgswertchance" aus Art. 38 I 1 GG, die sich (nur) solange realisiere, wie ein Verhältniswahlsystem bestehe.[1874]

2. Ungleichbehandlung

Ungleichbehandlung ist hier wie bei allen anderen Gleichheitsgrundrechten auch jede unterschiedliche Bewirkung von Rechtsfolgen. 951

BEISPIELE: Ungleichbehandlungen in Bezug auf die allgemeine Wahl enthalten bzgl. des aktiven Wahlrechts §§ 12-14 BWahlG (z.B. Altersgrenze von 18 Jahren, Residenzpflicht, Ausschluss vom Wahlrecht). Ähnliches regelt § 15 BWahlG für das passive Wahlrecht. Ungleichbehandlungen bzgl. der Erfolgswertgleichheit sind z.B. die 5%-Sperrklausel des § 6 VI 1 1. Hs BWahlG, die Grundmandatsklausel des § 6 VI 1 2. Hs BWahlG und der ausgleichslose Erhalt der Überhangmandate nach § 6 V BWahlG. Ungleichbehandlungen in Bezug auf die Zählwertgleichheit gibt es von Gesetzes wegen nicht. Hier könnte allenfalls eine faktische Ungleichbehandlung vorkommen, wenn etwa Stimmzettel nicht gezählt werden, verloren gehen usw.

1870 *Sachs-Magiera, GG, Art. 38 Rn 79*
1871 *BVerfGE 83, 37, 51*
1872 *BVerfGE 71, 81, 94*
1873 *JP-Pieroth, GG, Art. 38 Rn 6*
1874 *BVerfGE 95, 335, 349; zust. Sachs-Magiera, GG, Art. 38 Rn 90*

II. VERFASSUNGSRECHTLICHE RECHTFERTIGUNG

Zählwertgleichheit absolut; i.Ü. „zwingender Grund" erforderlich

952 Bei der verfassungsrechtlichen Rechtfertigung der Ungleichbehandlung ist die bereits oben dargestellte Unterscheidung zwischen „Zählwertgleichheit" und der „Erfolgswertgleichheit" wieder aufzunehmen:

1. Ungleichbehandlung bei der Zählwertgleichheit

Ungleichbehandlungen bei der Zählwertgleichheit sind keinesfalls zu rechtfertigen. Insoweit wirkt Art. 38 I 1 GG absolut.

MERKSATZ

Jede Ungleichbehandlung beim Zählwert verstößt gegen die Wahlrechtsgleichheit aus Art. 38 I 1 GG.

2. Sonstige Ungleichbehandlungen

Die übrigen Ungleichbehandlungen, also solche in puncto Allgemeinheit, Erfolgswertgleichheit und Chancengleichheit der Bewerber, können hingegen aus „zwingenden Gründen" gerechtfertigt werden.[1875] Ein „zwingender Grund" ist mehr als nur ein „sachlicher Grund" i.S.d. Willkürformel bei Art. 3 I GG, denn er muss ein besonderes Gewicht haben. Dieses kommt zweifellos jedenfalls grundlegenden Verfassungsprinzipien zu.

Als Faustformel gilt daher:

MERKSATZ

„Zwingende Gründe" müssen sich aus dem Grundgesetz selbst ergeben.

Im einfachsten Fall sind sie dort expressis verbis geregelt.

BEISPIELE: Die in der Beschränkung des Wahlrechts auf Volljährige liegende Ungleichbehandlung bei der allgemeinen Wahl ist durch Art. 38 II GG gedeckt. Ebenso liegt es bzgl. der beschränkten Wählbarkeit von Beamten, Richtern usw. durch Art. 137 I GG.

Vielfach müssen sie jedoch aus anderen Normen des Grundgesetzes oder einer Gesamtschau derselben abgeleitet werden.

BEISPIEL: Die 5%-Sperrklausel auf Bundesebene wird mit dem Erhalt der Funktionsfähigkeit des Parlaments gerechtfertigt, denn ohne 5%-Sperrklausel drohte eine Zersplitterung, die eine stabile Mehrheitsfindung erschweren oder gar unmöglich machen würde.[1876] Dass der Deutsche Bundestag funktionsfähig sein muss, ist eine den Art. 38 ff. GG immanente Selbstverständlichkeit, die nicht explizit geregelt werden musste.

1875 BVerfGE 95, 408, 418; 82, 322, 338; 69, 92, 106; 1, 208, 247
1876 BVerfGE 1, 208, 247

Naturgemäß bringt jede Verhältniswahl Ungleichbehandlungen in Bezug auf die Erfolgswertgleichheit mit sich. Andere Ungleichbehandlungen ergeben sich zwangsläufig aus dem Procedere. **953** Einzelfälle

BEISPIELE: Wählerstimmen 1:1 in Abgeordnetenmandate umzusetzen ist rechnerisch unmöglich. Bei der Briefwahl wird zwangsläufig anders gewählt als beim Urnengang. Parteien (Kollektiv) und parteilose Kandidaten (Individuen) können auch nicht völlig gleichbehandelt werden.

Sie alle bedürfen der Rechtfertigung durch „zwingende Gründe" im o.g. Sinne.

Auf die wichtigsten Entscheidungen des BVerfG hierzu sei verwiesen:

Rechtfertigung durch „zwingende Gründe" bejaht:
- 5%-Klausel, § 6 V 1 1. Hs BWahlG,[1877] einschließlich der Rückausnahme für Parteien von Volksminderheiten, § 6 III 2 BWahlG[1878]
- Grundmandatsklausel, § 6 VI 1 2. Hs BWahlG[1879]
- Überhangmandate, § 6 V BWahlG[1880]
- Briefwahl, § 36 BWahlG[1881]
- Verfahren zur Umrechnung von Stimmen in Mandate, § 6 II, III BWahlG, nach d'Hondt (bis 1987), Hare/Niemeyer(bis 2008) und Sainte-Laguë/Schepers (seit 2008)[1882]

Rechtfertigung durch „zwingende Gründe" verneint
- Monopol der Parteien für die Aufstellung von Landeslisten, § 28 I 1 BWahlG a.F.[1883]
- Ausschluss parteiloser Bewerber von der Wahlkampfkostenerstattung[1884]
- Listenverbindungen zur Umgehung der 5%-Klausel[1885]
- Negatives Stimmgewicht bei Wahlen, § 7 III 2 i.V. m. § 6 IV, V BWahlG[1886]
- 3%-Klausel bei Europawahlen[1887]

1877 BVerfGE 95, 408, 419; 82, 322, 338
1878 LVerfG SH, NVwZ 2013, 1546 = RA 2013, 749 zum gleichlautenden § 3 I 2 LWahlG SH
1879 BVerfGE 95, 408, 420
1880 BVerfGE 95, 335, 357
1881 BVerfGE 21, 200, 204
1882 BVerfGE 96, 264, 283; 79, 169, 170
1883 BVerfGE 41, 399, 417
1884 BVerfGE 41, 399, 412
1885 BVerfGE 82, 322, 345
1886 BVerfG, DVBl 2008, 1045, 1046
1887 BVerfG, NJW 2014, 1431, 1431

DIE VERFASSUNGSBESCHWERDE

1. Teil – Einleitung

954 In Praxis und Examen können Grundrechte an vielen Stellen eine Rolle spielen.

BEISPIELE: Eine einfach-gesetzliche Norm wäre unwirksam, wenn sie gegen Grundrechte als höherrangiges Recht verstieße; unbestimmte Rechtsbegriffe können im Lichte der Grundrechte auszulegen sein; die Ermessensentscheidung einer Behörde muss sich von einer Abwägung der widerstreitenden Grundrechte leiten lassen u.v.m.

Der häufigste Einstieg in die Grundrechtsprüfung im Examen ist jedoch die Verfassungsbeschwerde vor dem BVerfG. Sie stellt das prozessuale Mittel zur Durchsetzung der Grundrechte dar. Auch in der Praxis hat sie erhebliche Bedeutung: Jedes Jahr sind über 90% der Verfahren vor dem BVerfG Verfassungsbeschwerden.

2. Teil – Prüfungsschema

955 Eine gutachterliche Prüfung der Zulässigkeit einer Verfassungsbeschwerde wird im **Grobschema** wie folgt aufgebaut:

PRÜFUNGSSCHEMA

A. Zulässigkeit
- **I. Zuständigkeit des BVerfG**
- **II. Beteiligtenfähigkeit**
- **III. Prozessfähigkeit**
- **IV. Tauglicher Beschwerdegegenstand**
- **V. Beschwerdebefugnis**
  - **1. Möglichkeit einer Grundrechtsverletzung**
  - **2. Selbst, gegenwärtig und unmittelbar betroffen**
- **VI. Rechtswegerschöpfung**
- **VII. Grundsatz der Subsidiarität**
- **VIII. Form**
- **IX. Frist**

B. Begründetheit

Nicht alle der o.g. Zulässigkeitsvoraussetzungen sind in jedem Fall zu prüfen. Ein Gutachten zeichnet sich auch durch eine gelungene Schwerpunktsetzung aus. Generell lässt sich sagen, dass die Punkte A.I., A.II., A.IV., A.V. und A.VI. in jedem Gutachten vorkommen sollten, da es kaum eine Fallkonstellation gibt, in der sie keine Rolle spielen. A.VIII und A.IX können in einem Ergebnissatz zusammengefasst werden, wenn sie unproblematisch vorliegen. Die übrigen Punkte sollten nur erörtert werden, wenn der konkrete Sachverhalt dazu Anlass gibt.

3. Teil – Grundfall: Die genehmigungspflichtige Versammlung

SACHVERHALT

Das Bundesland X erlässt ein Versammlungsgesetz, dessen § 5 Versammlungen in geschlossenen Räumen nur zulässt, wenn sie zuvor auf Antrag des Veranstalters von der zuständigen Versammlungsbehörde genehmigt worden sind, wobei die Erteilung der Genehmigung in das Ermessen der Behörde gestellt wird. 956
V ist Vorsitzender des Ortsverbandes einer politischen Partei in X, für den er in regelmäßigen Abständen Treffen in einer Gaststätte organisiert. Er fühlt sich durch die Genehmigungspflicht in seiner Versammlungsfreiheit aus Art. 8 I GG verletzt und erhebt sechs Wochen nach Inkrafttreten des § 5 VersG X Verfassungsbeschwerde zum BVerfG. Ist die Verfassungsbeschwerde zulässig?

LÖSUNG

Die Verfassungsbeschwerde ist zulässig, wenn die Zulässigkeitsvoraussetzungen der §§ 90 ff. BVerfGG erfüllt sind.

I. ZUSTÄNDIGKEIT DES BVerfG

Das BVerfG ist nach Art. 93 I Nr. 4a GG i.V.m. §§ 13 Nr. 8a, 90 ff. BVerfGG für die Entscheidung über die Verfassungsbeschwerde zuständig.

II. BETEILIGTENFÄHIGKEIT

Nach Art. 93 I Nr. 4a GG i.V.m. § 90 I BVerfGG kann „jedermann" eine Verfassungsbeschwerde erheben. „Jedermann" in diesem Sinne ist, wer grundrechtsfähig ist. V ist als natürliche Person grundrechtsfähig.

III. TAUGLICHER BESCHWERDEGEGENSTAND

Gem. Art. 93 I Nr. 4a GG i.V.m. § 90 I BVerfGG kann eine Verfassungsbeschwerde gegen „die öffentliche Gewalt" erhoben werden. Zur öffentlichen Gewalt in diesem Sinne gehören alle Akte der Legislative, Judikative und Exekutive, denn diese sind über Art. 1 III GG an die Grundrechte gebunden. V wendet sich gegen § 5 VersG X, also gegen einen Akt der Legislative. Damit liegt ein tauglicher Beschwerdegegenstand vor.

IV. BESCHWERDEBEFUGNIS

V müsste ferner beschwerdebefugt i.S.d. Art. 93 I Nr. 4a GG i.V.m. § 90 I BVerfGG sein. Dies setzt voraus, dass er behauptet, in einem seiner Grundrechte oder einem der dort genannten sog. grundrechtsgleichen Rechte verletzt zu sein. Ferner müsste er selbst, gegenwärtig und unmittelbar betroffen sein.

1. Möglichkeit einer Grundrechtsverletzung

Zur Behauptung einer Grundrechtsverletzung genügt die Möglichkeit einer solchen, d.h. eine Grundrechtsverletzung darf nicht von vornherein ausgeschlossen sein. Durch § 5 VersG X wird die Versammlungsfreiheit des Art. 8 I GG beschränkt, indem sie von einer Genehmigung abhängig gemacht wird, sofern die Versammlung in geschlossenen Räumen stattfinden soll. Die Erteilung der Genehmigung wird zudem in das Ermessen der Behörde gestellt. Potenziellen Versammlungsteilnehmern und

-veranstaltern wie V wird es dadurch erschwert oder unmöglich gemacht, sich nach freiem Willen in geschlossenen Räumen zu versammeln. Demnach erscheint es zumindest möglich, dass V in seiner Versammlungsfreiheit aus Art. 8 I GG verletzt ist.

2. Selbst, gegenwärtig und unmittelbar betroffen

Art. 93 I Nr. 4a GG i.V.m. § 90 I BVerfGG fordert ferner, dass der Beschwerdeführer durch den angegriffenen Akt der öffentlichen Gewalt selbst, gegenwärtig und unmittelbar betroffen ist.

a) Selbst betroffen

Selbst betroffen ist von einer Rechtsnorm wie § 5 VersG X jeder, auf den ihre Rechtsfolgen potenziell Anwendung finden können. § 5 VersG X findet auf alle Personen potenziell Anwendung, die sich in geschlossenen Räumen versammeln wollen. Zu diesen gehört auch V.

b) Gegenwärtig betroffen

Die gegenwärtige Betroffenheit setzt voraus, dass die mögliche Grundrechtsverletzung weder in der Vergangenheit liegen und bereits abgeschlossen sein, noch erst in ferner Zukunft drohen darf. § 5 VersG X gilt seit seinem Inkrafttreten für jede Versammlung in geschlossenen Räumen. V wird daher schon jetzt - nicht erst in ferner Zukunft - und noch - nicht ausschließlich in der Vergangenheit - durch das Genehmigungserfordernis in seiner Versammlungsfreiheit eingeschränkt.

c) Unmittelbar betroffen

Unmittelbar betroffen ist jemand durch einen Hoheitsakt, wenn dieser die letzte Ursache für die behauptete Grundrechtsverletzung darstellt. An der unmittelbaren Betroffenheit fehlt es also, wenn diese erst durch einen weiteren Zwischenakt eintritt. Bei Gesetzen ist dies häufig der Fall, wenn sie lediglich die Exekutive oder Judikative zum Handeln ermächtigen. Hier wird in § 5 VersG X die Erteilung der Genehmigung einer Versammlung in geschlossenem Raum zwar in das Ermessen der zuständigen Behörde gestellt, sodass erst die Verweigerung der Genehmigung durch die Behörde die Versammlung endgültig unmöglich macht. Schon das Genehmigungserfordernis selbst und die Unsicherheit über deren Erteilung wegen des bestehenden behördlichen Ermessens beschränken jedoch die Versammlungsfreiheit des Art. 8 I GG. Die Pflicht, eine Genehmigung einzuholen, ergibt sich unmittelbar aus § 5 VersG X.

V. RECHTSWEGERSCHÖPFUNG

Gem. § 90 II 1 BVerfGG ist vor Erhebung der Verfassungsbeschwerde der Rechtsweg zu erschöpfen, sofern ein solcher eingeräumt ist. Gegen ein Parlamentsgesetz wie § 5 VersG X steht einem Bürger wie V jedoch kein Rechtsweg offen, vgl. § 93 III BVerfGG.

VI. GRUNDSATZ DER SUBSIDIARITÄT

Das BVerfG hat § 90 II 1 BVerfGG aber dahingehend weiter entwickelt, dass über die formale Erschöpfung des Rechtswegs hinaus der Beschwerdeführer alle in seiner Macht stehenden Mittel ausschöpfen muss, um die gerügte Grundrechtsverletzung auf andere Weise als durch eine Verfassungsbeschwerde abzuwenden. V könnte etwa bei einer von ihm geplanten Versammlung zunächst eine Feststellungsklage nach § 43 I 2. Fall VwGO auf Feststellung der Genehmigungsfreiheit erheben. Dort wäre dann inzidenter die Wirksamkeit der angegriffenen Regelung zu überprüfen. Hielte auch das entscheidende Gericht die Norm für verfassungswidrig, müsste es dem BVerfG die Frage unter Darlegung seiner Rechtsauffassung im Wege einer konkreten Normenkontrolle nach Art. 100 I GG vorlegen. Dem BVerfG würde auf diese Weise ein rechtlich bereits aufbereiteter Sachverhalt präsentiert, wodurch das Gericht entlastet würde.

In der Literatur wird die Notwendigkeit einer solchen Inzidenterkontrolle hingegen vielfach verneint. Diese Ansicht beruft sich vor allem auf § 93 III BVerfGG, aus dem zu entnehmen sei, dass unmittelbar gegen ein Gesetz Verfassungsbeschwerde erhoben werden könne, weil dem Bürger gegen dieses ein Rechtsweg nicht offen stehe. Ferner würde es für ihn eine unzumutbare Härte bedeuten, sich mit ungewissen Erfolgsaussichten durch die Instanzen klagen zu müssen.

Sofern ein schwerer und unabwendbarer Nachteil droht, geht allerdings auch das BVerfG in Anlehnung an § 90 II 2 BVerfGG davon aus, dass sofort Verfassungsbeschwerde gegen das Gesetz erhoben werden kann. Ein solcher Fall liegt vor allem vor, wenn ein Vorgehen gegen den Vollzugsakt unzumutbar oder gar unmöglich ist. Müsste V zunächst die Genehmigungsfreiheit auf dem Rechtsweg feststellen lassen, könnte die Versammlung angesichts der zu erwartenden Verfahrensdauer zumindest nicht zeitnah stattfinden. Hieran wird aber bei Versammlungen in aller Regel ein besonderes Bedürfnis bestehen. Zwar wäre insoweit grundsätzlich die Ausnutzung des vorläufigen Rechtsschutzes über § 123 I VwGO möglich. Diese böte jedoch wegen der nur summarischen Prüfung und der dem Begehren des V entgegenstehenden Regelung des § 5 VersG X einerseits sowie des Verbots der Vorwegnahme der Hauptsache im Rahmen von § 123 I VwGO andererseits keine hinreichend sicheren Erfolgsaussichten. Hinzu kommt, dass V immer wieder Versammlungen veranstaltet, sodass ihm eine Vielzahl von Verfahren abverlangt würden. Deshalb ist davon auszugehen, dass es für ihn eine besondere Härte i.S.d. § 90 II 2 BVerfGG bedeuten würde, wollte man V auf diesen Weg verweisen.

Jedenfalls hier ist mithin nach beiden Ansichten eine Verfassungsbeschwerde unmittelbar gegen das Gesetz möglich, ohne zuvor eine Inzidenterüberprüfung durch die Fachgerichte in die Wege geleitet zu haben.

VII. FORM

Die Verfassungsbeschwerde ist in der in §§ 23 i.V.m. 92 BVerfGG vorgesehenen Form zu erheben. Es ist davon auszugehen, dass V diese Formalien beachtet hat.

VIII. FRIST

Gem. § 93 I 1 BVerfGG beträgt die Frist zur Einlegung einer Verfassungsbeschwerde grundsätzlich einen Monat. Gegen Gesetze beträgt die Frist jedoch gem. § 93 III BVerfGG ein Jahr seit Inkrafttreten. V hat seine Verfassungsbeschwerde bereits nach sechs Wochen erhoben und somit die Frist gewahrt.

Damit ist die Verfassungsbeschwerde des V insgesamt zulässig.

FALLENDE

4. Teil – Systematik und Vertiefung

A. Zulässigkeit

I. ZUSTÄNDIGKEIT DES BVerfG

Ggf. Auslegung des Begehrens

957 Die Zuständigkeit des BVerfG für die Entscheidung über die Verfassungsbeschwerde ergibt sich aus Art. 93 I Nr. 4a GG i.V.m. §§ 13 Nr. 8a, 90 ff. BVerfGG. Einige Bundesländer sehen Verfassungsbeschwerden vor, mit denen in der jeweiligen Landesverfassung enthaltene Grundrechte eingeklagt werden können. Für die Grundrechte i.S.d. Art. 1-19 GG sowie die in Art. 93 I Nr. 4b GG genannten „grundrechtsgleichen Rechte" ist hingegen ausschließlich das BVerfG zuständig.
Falls im Sachverhalt oder in der Fallfrage ausdrücklich von einer Verfassungsbeschwerde die Rede ist, sollte die Zuständigkeit des BVerfG im Gutachten nur mit dem vorstehenden Ergebnissatz mitgeteilt werden. Ist hingegen unklar, welcher Rechtsbehelf überhaupt vorliegt (der Bürger „bittet das BVerfG um Hilfe" etc.), so muss an dieser Stelle zunächst ausgelegt werden, ob es sich überhaupt um eine Verfassungsbeschwerde handelt. Diese ist gem. Art. 93 I Nr. 4a GG immer dann einschlägig, wenn der Antragsteller vor dem BVerfG eine Verletzung seiner Grundrechte rügt.

958 Nicht zu verwechseln ist die hier behandelte Verfassungsbeschwerde zur Durchsetzung von Grundrechten mit der sog. „**Kommunalverfassungsbeschwerde**" nach Art. 93 I Nr. 4b GG, mit der Gemeinden ihre Selbstverwaltungsautonomie durchsetzen.

II. BETEILIGTENFÄHIGKEIT

Jedermann

959 Nach Art. 93 I Nr. 4a GG i.V.m. § 90 I BVerfGG kann „jedermann" Verfassungsbeschwerde erheben.

DEFINITION
„**Jedermann**" ist, wer grundrechtsfähig ist, also alle natürlichen Personen und juristische Personen nach Maßgabe des Art. 19 III GG.

Zur Grundrechtsfähigkeit siehe die ausführliche Darstellung unter Rn 37 ff.

MERKSATZ
Beteiligtenfähigkeit bedeutet Grundrechtsfähigkeit.

Staatliche Organe oder Organteile können danach keine Verfassungsbeschwerde erheben.[1888] Eine Ausnahme lässt das BVerfG allerdings zu, wenn alle anderen Rechtsbehelfe vor dem BVerfG ausscheiden (sog. „**Auffangfunktion der Verfassungsbeschwerde**").[1889]

1888 BVerfG, NVwZ-RR 2005, 494, 494 = RA 2005, 512, 515 (Fraktion)
1889 BVerfG, NVwZ 2013, 1468, 1468 ff. = RA 2013, 769, 769 ff.; DVBl 2003, 1316, 1316 = RA 2003, 525, 525 (jeweils zu Bundestagsabgeordneten)

III. PROZESSFÄHIGKEIT

Das Erfordernis einer Prozessfähigkeit ist im BVerfGG nicht geregelt. Gleichwohl versteht es sich von selbst, dass jemand, der einen Prozess führen will, dazu auch fähig sein muss. Es ist daher unstreitig, dass es eine solche Zulässigkeitsvoraussetzung gibt. Das BVerfG entnimmt sie einer Teilanalogie zu §§ 51, 52 ZPO, 62 VwGO. Teilanalogie deshalb, weil es nicht - wie dort - auf eine starre Altersgrenze von 18 Jahren, also auf die Geschäftsfähigkeit des Beschwerdeführers ankommt, sondern auf dessen Einsichtsfähigkeit.[1890] **960** Einsichtsfähigkeit entscheidet

DEFINITION

Prozessfähig ist, wer einsichtsfähig ist, d.h. zumindest laienhaft begreifen kann, was Inhalt und Umfang seiner Grundrechte ausmacht.

Diese Einsichtsfähigkeit wird als „Grundrechtsmündigkeit" bezeichnet.

MERKSATZ

Prozessfähigkeit bedeutet Grundrechtsmündigkeit.

Die Prozessfähigkeit kann also (ausnahmsweise) schon vor der Volljährigkeit eintreten. Andererseits ist auch ein Volljähriger nicht grundrechtsmündig, wenn er z.B. infolge Geistesschwäche nicht erkennen kann, was Grundrechte ausmacht. **961**

BEISPIELE: Der minderjährige Redakteur einer Schülerzeitung mag sich gegen das vom Schulleiter ausgesprochene Verbot, einen bestimmten Artikel zu veröffentlichen, in letzter Konsequenz mit der Verfassungsbeschwerde wehren können, wenn sein Vortrag keinen Zweifel daran lässt, dass er den Inhalt der Pressefreiheit aus Art. 5 I 2 1. Fall GG einsehen kann. Umgekehrt kann ein Geistesschwacher nicht seine Meinungsfreiheit aus Art. 5 I 1 1. Fall GG geltend machen, wenn offensichtlich ist, dass er nicht weiß wovon er redet.

Ein nicht Grundrechtsmündiger kann nur vertreten durch seine gesetzlichen Vertreter Verfassungsbeschwerde erheben.[1891] Hiervon gibt es eine Ausnahme: Wenn es gerade um die Frage seiner Grundrechtsmündigkeit geht, bleibt er selbst prozessfähig. Man spricht von „partieller Prozessfähigkeit".[1892] **962** Partielle Prozessfähigkeit

BEISPIEL: In Verfahren, die die Betreuung betreffen, ist der Betroffene ohne Rücksicht auf seine Geschäftsfähigkeit verfahrensfähig (vgl. im einfachen Recht auch § 66 FGG).

IV. TAUGLICHER BESCHWERDEGEGENSTAND

Beschwerdegegenstand kann nach Art. 93 I Nr. 4a GG i.V.m. § 90 I BVerfGG nur ein Akt der öffentlichen Gewalt sein. **963**

1890 *BVerfGE 1, 87, 88; M/S/K/B-Schmidt-Bleibtreu, BVerfGG, § 90 Rn 35*

1891 *BVerfGE 1, 97, 102*

1892 *BVerfGE 10, 302, 306; M/S/K/B-Schmidt-Bleibtreu, BVerfGG, § 90 Rn 36*

1. Öffentliche Gewalt

Legislative, Exekutive, Judikative

964 **DEFINITION**
Zur **öffentlichen Gewalt** gehören nach Art. 20 II, III GG Legislative, Judikative und Exekutive.

Verfassungsbeschwerde kann also gegen jeden Akt der drei Staatsgewalten erhoben werden, denn sie sind alle über Art. 1 III GG an die Grundrechte gebunden. Der Akt der öffentlichen Gewalt kann allgemeiner oder individueller, rechtlicher oder tatsächlicher und (zumindest an dieser Stelle, vgl. aber Rn 969 zur Beschwerdebefugnis) mittelbarer oder unmittelbarer Art sein.

BEISPIELE: Gesetze, Rechtsverordnungen, Satzungen, Verwaltungsakte, Realakte, Verwaltungsvorschriften, Weisungen, Urteile, Beschlüsse, Gerichtsbescheide, Verfügungen u.v.m.

Weite Auslegung; Grenzen

965 Es muss sich auch nicht um Subordinationsakte handeln. Vielmehr genügt jedes hoheitliche Verhalten, sei es auch im Rahmen der Leistungsverwaltung oder unter gleichgeordneten Hoheitsträgern. Kein Akt der öffentlichen Gewalt liegt hingegen vor, wenn der Staat rein privatrechtlich handelt, also in der sog. „**Fiskalverwaltung**" (Rn 71).[1893] Innerkirchliche Maßnahmen sind ebenfalls ausgenommen, weil diese nichtstaatlich und damit nicht grundrechtsgebunden sind.[1894]

2. Deutsche Staatsgewalt

Nur Umsetzungsakte angreifbar

966 Mit der „öffentlichen Gewalt" ist zunächst nur die deutsche Staatsgewalt gemeint.[1895] Akte ausländischer Staaten oder supranationaler Organisationen sind deshalb grundsätzlich nicht mit der Verfassungsbeschwerde angreifbar, wohl aber Umsetzungsakte.[1896]

BEISPIELE: EU-Richtlinien bedürfen nach Art. 288 AEUV zu ihrer Wirksamkeit der Umsetzung in innerstaatliches Recht. Nicht die Richtlinie, wohl aber der Umsetzungsakt (das nationale Transformationsgesetz) ist tauglicher Beschwerdegegenstand. Ebenso kann ein auf einer EU-Verordnung beruhender Verwaltungsakt angegriffen werden, nicht aber die Verordnung selbst.[1897] Ob der Beschwerdeführer in diesen Fällen beschwerdebefugt ist, spielt an dieser Stelle keine Rolle. Nicht angefochten werden können ferner Urteile des EuGH oder des Europäischen Gerichtshofs für Menschenrechte, Entscheidungen der EU-Kommission und andere supranationale Rechtsakte.

Ausnahme: Art. 79 III GG angetastet

Eine Ausnahme soll allerdings gelten, wenn der supranationale Rechtsakt elementare Verfassungsgrundsätze außer Kraft setzen würde, namentlich die von der Ewigkeitsgarantie des Art. 79 III GG erfassten Grundsätze der Art. 1 und 20 GG.[1898]

Transformationsgesetze

967 Auch Transformationsgesetze zu völkerrechtlichen Verträgen nach Art. 59 II 1 GG

1893 M/S/K/B-Schmidt-Bleibtreu, BVerfGG, § 90 Rn 68
1894 BVerfGE 18, 385, 386; M/S/K/B-Schmidt-Bleibtreu, BVerfGG, § 90 Rn 68
1895 BVerfGE 58, 1, 27; 22, 293, 295; 6, 15, 18; 1, 10, 10
1896 BVerfGE 84, 90, 113; 40, 141, 156; 6, 290, 294
1897 BVerfGE 22, 293, 295
1898 BVerfG, NVwZ 2010, 641, 642 = RA 2010, 132, 134

können grds. mit der Verfassungsbeschwerde angegriffen werden.[1899] Wegen der Bindungswirkung der völkerrechtlichen Verträge nach erfolgter Ratifizierung ist dies sogar schon vor ihrem Inkrafttreten zulässig (und geboten).[1900] Dies ist gleichzeitig der einzige Fall, in dem eine „Präventivverfassungsbeschwerde" möglich ist. Ansonsten gilt:

MERKSATZ
Der Akt der öffentlichen Gewalt muss zunächst abgewartet werden. „Präventivverfassungsbeschwerden" gegen drohende Akte sind unzulässig.

3. Unterlassen

Im Einzelfall kann als tauglicher Beschwerdegegenstand auch ein Unterlassen in Betracht kommen. **968**

BEISPIELE: Nichteinschreiten der Behörde zum Schutz des Beschwerdeführers trotz Rechtspflicht zum Handeln; Nichterlass von Gesetzen trotz objektiver Schutzpflicht aus den Grundrechten.

V. BESCHWERDEBEFUGNIS

Der Beschwerdeführer muss behaupten, durch den Akt der öffentlichen Gewalt in einem seiner Grundrechte oder in einem der in Art. 93 I Nr. 4a GG, § 90 I BVerfGG genannten „grundrechtsgleichen Rechte" aus Art. 20 IV, 33, 38, 101, 103, 104 GG verletzt zu sein. **969**

1. Möglichkeit einer Grundrechtsverletzung

Möglichkeitstheorie

Die „Behauptung" einer Grundrechtsverletzung genügt, sodass an dieser Stelle nicht zu prüfen ist, ob eine solche tatsächlich vorliegt. Vielmehr ist ausreichend, dass eine solche möglich, d.h. nicht von vornherein ausgeschlossen ist. Es gilt - ähnlich wie bei § 42 II VwGO - die „**Möglichkeitstheorie**".[1901] **970**

MERKSATZ
Zur Möglichkeit einer Grundrechtsverletzung genügt, dass die angegriffene Maßnahme geeignet ist, eine grundrechtlich geschützte Position des Beschwerdeführers zu seinem Nachteil zu verändern.

Außenrechtsakt?

Dazu muss der Akt der öffentlichen Gewalt zunächst überhaupt rechtliche Relevanz im Außenverhältnis haben. Reine Innenrechtsakte mögen taugliche Beschwerdegegenstände sein, sie sind aber nicht geeignet, Grundrechte zu verkürzen. Gleiches gilt für Vorbereitungsakte. **971**

BEISPIELE: Äußerung von Rechtsansichten, Sachstandsmitteilungen, Beschlüsse der Kultusministerkonferenz, Verwaltungsvorschriften. Entwürfe für Gesetze, Verwaltungsakte oder Urteile sind demgegenüber schon keine tauglichen Beschwerdegegenstände, weil ihnen die Rechtsqualität an sich fehlt (es liegt noch kein „Akt öffentlicher Gewalt" vor).

1899 BVerfGE 84, 90, 113; 40, 141, 156; 4, 157, 162
1900 BVerfGE 24, 33, 54; Sachs-Streinz, GG, Art. 59 Rn 74
1901 BVerfGE 52, 303, 327; 6, 445, 447

Belastung?

972 Liegt ein Außenrechtsakt vor, ist seine Belastungswirkung zu prüfen. Verfassungsbeschwerden gegen begünstigende Akte sind danach ganz, gegen nur partiell belastende Akte teilweise unzulässig.[1902]

BEISPIELE: Eine Verfassungsbeschwerde gegen einen Freispruch „aus Mangel an Beweisen" mit dem Ziel, einen solchen wegen „erwiesener Unschuld" zu erreichen, ist unzulässig. Klagt jemand 1.000 € ein und bekommt 600,- € zugesprochen, ist die Verfassungsbeschwerde auf die Beschwer (den klageabweisenden Teil von 400,- €) zu beschränken; eine Verfassungsbeschwerde gegen „das Urteil" wäre teilweise unzulässig.

Grundrechtsrelevanz?

973 Liegt auch eine Belastung vor, muss diese noch grundrechtsrelevant sein. Die Grundrechtsrelevanz kann auf allen Ebenen entfallen: Bei Freiheitsgrundrechten kann der Schutzbereich nicht eröffnet sein oder es an einem Eingriff mangeln. Bei Gleichheitsgrundrechten mag sich keine Vergleichsgruppe finden lassen oder keine Ungleichbehandlung vorliegen. Eingriff oder Ungleichbehandlung könnten auch evident gerechtfertigt sein. Manchmal fehlt es schon an der Anwendbarkeit der Grundrechte.

BEISPIEL: Ob die Grundrechte im Zivilrecht (mittelbar) gelten, ist eine Frage der Beschwerdebefugnis, nicht erst der Begründetheit. Denn gelten die Grundrechte nicht, ist ihre Verletzung offensichtlich ausgeschlossen.[1903] Ebenso liegt es nach der „Solange"-Rechtsprechung des BVerfG, wenn der Anwendungsvorrang des Unionsrechts in Rede steht (vgl. zu dieser schon oben Rn 14).[1904]

Gesetzgeberisches Unterlassen

974 Besonders streng sind die Anforderungen bei gesetzgeberischem Unterlassen: Nur wenn der Gesetzgeber seinem Schutzauftrag überhaupt nicht oder in gänzlich ungeeigneter Weise nachgekommen ist, ist eine Verfassungsbeschwerde zulässig. Grundrechte sind grundsätzlich Abwehrrechte, keine Anspruchsgrundlagen auf gesetzgeberisches Tätigwerden.

KLAUSURHINWEIS
Abgesehen von diesem Sonderfall sollte die Prüfung aber im Zweifel in der Begründetheit erfolgen. Nur wenn eine Grundrechtsverletzung wirklich auf den ersten Blick evident ausscheidet, ist schon die Beschwerdebefugnis zu verneinen. Ansonsten sollte zumindest die Möglichkeit einer Verletzung bejaht und alles weitere in der Begründetheit erörtert werden.

BEISPIELE: Der Staat ist grundrechtsverpflichtet, nicht grundrechtsberechtigt. Beruft sich also eine Gemeinde auf ihr Eigentum aus Art. 14 I 1 GG, ist der personale Schutzbereich evident nicht eröffnet, die Verfassungsbeschwerde bereits unzulässig.[1905] Anders, wenn ein EU-Bürger sich auf ein Deutschengrundrecht beruft; deren Anwendbarkeit auf EU-Bürger ist nicht von vornherein ausgeschlossen (siehe Rn 209).

1902 *BVerfGE 97, 391, 394; 96, 152, 162*
1903 *BVerfGE 7, 198, 203*
1904 *BVerfGE 73, 339, 387*
1905 *BVerfGE 61, 82, 100; BVerfG, LKV 2007, 511, 511 = RA 2007, 293, 294*

2. Selbst, gegenwärtig und unmittelbar betroffen

Die somit festgestellte Belastung muss den Beschwerdeführer selbst, gegenwärtig und unmittelbar treffen. Diese Notwendigkeit ergibt sich auch aus Art. 93 I Nr. 4a GG i.V.m. § 90 I BVerfGG: Der Beschwerdeführer muss möglicherweise verletzt „sein", also gegenwärtig (Präsens), und zwar in einem „seiner" Grundrechte, also er selbst, und „durch" die öffentliche Gewalt (und nicht durch irgendwelche Zwischenakte Dritter, also unmittelbar). Diese Merkmale sind nicht mit der Möglichkeit einer Grundrechtsverletzung zu verwechseln und daher selbstständig zu prüfen. **975**

BEISPIEL: Bewilligt das Land L dem S ein Stipendium, ist S hiervon selbst, gegenwärtig und unmittelbar betroffen, es fehlt aber an der Möglichkeit einer Grundrechtsverletzung, weil er durch das Stipendium begünstigt ist. Umgekehrt verletzt eine rechtswidrige Versammlungsauflösung möglicherweise Art. 8 I GG, ein nicht an der Versammlung teilnehmender Zuschauer ist hiervon aber nicht „selbst" betroffen.

KLAUSURHINWEIS

Ob es sich lohnt, gliederungstechnisch auch noch zwischen selbst, gegenwärtig und unmittelbar zu differenzieren, ist vom Einzelfall abhängig. Im Zweifel sollte man sich im Interesse eines sauberen Gutachtens dafür entscheiden, in unproblematischen Fällen genügt ein Ergebnissatz.

a) Selbst

Durch dieses Merkmal werden **Popularverfassungsbeschwerden** und **Prozessstandschaft** ausgeschlossen.[1906] Besondere Sorgfalt ist bei juristischen Personen geboten. **976**

BEISPIEL: Wird eine GmbH enteignet, ist die GmbH, nicht ihr Geschäftsführer, „selbst" und „unmittelbar" in ihrem Eigentumsrecht aus Art. 14 I 1 GG betroffen. Fehlerhaft wäre es also, wenn der Geschäftsführer in eigenem Namen Verfassungsbeschwerde erheben würde. Vielmehr muss die GmbH, vertreten durch den Geschäftsführer, als Beschwerdeführerin auftreten.

Derartige Probleme mit der (zulässigen) Stellvertretung im Unterschied zur (unzulässigen) Prozessstandschaft können sich aber auch bei natürlichen Personen ergeben.

BEISPIEL: Wird eine Schülerin entgegen ihrer religiösen Überzeugung gezwungen, am Sportunterricht teilzunehmen, muss sie selbst, ggf. vertreten durch ihre Eltern (Rn 962), Verfassungsbeschwerde erheben. Legen die Eltern im eigenen Namen Verfassungsbeschwerde ein, können sie nicht die Glaubensfreiheit ihrer Tochter geltend machen. Sie müssten vielmehr darlegen, dass sie in eigenen Grundrechten - etwa ihrer eigenen Glaubensfreiheit, zu der auch die Glaubensvermittlung an ihre Tochter gehört, oder ihrem Erziehungsrecht - beeinträchtigt sind.

Das soeben angeführte Beispiel zeigt auch, dass der Beschwerdeführer nicht notwendigerweise Adressat des angegriffenen Hoheitsakts sein muss,[1907] die eigene

1906 *BVerfGE 79, 1, 14; M/S/K/B-Schmidt-Bleibtreu, BVerfGG, § 90 Rn 35a*

1907 *BVerfGE 107, 104, 115; 43, 58, 68*

Beschwer in Fällen der Drittbeteiligung aber besonders kritisch zu prüfen ist (ebenso die Unmittelbarkeit, Rn 980).

b) Gegenwärtig

Schon und noch betroffen

977 Die Gegenwärtigkeit verlangt eine Beeinträchtigung im „Jetzt", also nicht erst in ferner Zukunft oder allein in der Vergangenheit.

MERKSATZ

Die Beschwer muss „schon" und „noch" gegeben sein.

978 „Schon" betroffen ist der Beschwerdeführer, wenn der Akt der öffentlichen Gewalt ihn bereits im Zeitpunkt der Erhebung der Verfassungsbeschwerde belastet. Unproblematisch ist dies gegeben, wenn bereits nachteilige Rechtsfolgen eingetreten sind. Aber auch erst zukünftig eintretende Rechtsfolgen genügen, wenn sie bereits im „Jetzt" zu Dispositionen zwingen oder die spätere Beschwer unabwendbar wäre.[1908] Entscheidend ist, ob sich die Beschwer im Einzelfall schon hinreichend konkretisiert, verdichtet, ausgewirkt hat.

BEISPIEL: Würde eine Altersobergrenze für Rechtsanwälte von 60 Jahren eingeführt, müsste auch ein jetzt erst 40jähriger Rechtsanwalt über seine berufliche Zukunft (Altersvorsorge etc.) disponieren. Er wäre „schon" betroffen. Anders läge es bei einem Abiturienten, der später Jura studieren möchte. Bei einem Rechtsreferendar könnte man verschiedener Auffassung sein.[1909]

979 „Noch" betroffen ist ein Beschwerdeführer auch bei in der Vergangenheit liegenden Belastungen, wenn diese noch fortwirken, sei es rechtlich oder faktisch, zum Beispiel durch **Wiederholungsgefahr**[1910] oder **Rehabilitationsinteresse**.[1911]

MERKSATZ

Bei **Erledigung** kann die Gegenwärtigkeit jedenfalls dann bejaht werden, wenn eine Fallgruppe des Fortsetzungsfeststellungsinteresses nach § 113 I 4 VwGO vorliegt.

Keinesfalls darf die nach § 90 II BVerfGG vorgeschriebene Rechtswegerschöpfung, die ja ihre Zeit dauert, dazu führen, dem Beschwerdeführer anschließend die Beschwerdebefugnis abzusprechen.

1908 *BVerfGE 75, 78, 95; 65, 1, 37*
1909 *Bejahend BVerfGE 26, 246, 251 für in der Ausbildung befindliche Ingenieure.*
1910 *BVerfGE 56, 99, 106; 52, 42, 51*
1911 *BVerfGE 15, 226, 230*

BEISPIEL: Die Schülerin, die entgegen ihrer Glaubensüberzeugung zur Teilnahme am Sportunterricht gezwungen wurde, wird nach Widerspruch, Klage, Berufung und Revision seit langem der Schule entwachsen und deshalb infolge Erledigung der Maßnahme nicht mehr rechtlich betroffen sein. Allein die Tatsache, dass sie gleichwohl den Rechtsweg erschöpft hat und noch Verfassungsbeschwerde erhebt zeigt jedoch, dass diese Belastung noch faktisch-emotional in ihr fortwirkt und sie ein legitimes Rehabilitationsinteresse hat.

KLAUSURHINWEIS
Die **Gegenwärtigkeit** ist aus diesen Gründen großzügig zu handhaben.

c) Unmittelbar

Die Unmittelbarkeit setzt voraus, dass im Anschluss an den angegriffenen Akt öffentlicher Gewalt keine weiteren Zwischenakte mehr erforderlich sind, um zu einer Grundrechtsbeeinträchtigung des Beschwerdeführers zu kommen.[1912] Solche **„Zwischenakte"** können in einem Verhalten Dritter, aber auch in anderen Hoheitsakten liegen. Das Problem wird sich häufig bei der Umsetzung von Gesetzen durch die Verwaltung stellen. **980** Kein Zwischenakt

BEISPIEL: Eine Ermächtigungsgrundlage greift nicht unmittelbar in Grundrechte ein, weil sie erst noch der Umsetzung durch Verwaltungs- oder Realakt bedarf (staatlicher Zwischenakt).

In diesen Fällen ist dem Unmittelbarkeitserfordernis (nur) genügt, wenn es entweder unmöglich oder unzumutbar ist, den unmittelbar beeinträchtigenden Zwischenakt abzuwarten und gegen ihn vorzugehen.[1913] **981** **Ausnahme:** Unmöglichkeit oder Unzumutbarkeit

BEISPIELE: § 14 III LuftSichG ermächtigte zum Abschuss entführter Flugzeuge. Für einen potenziellen Passagier wäre es aber unzumutbar, den Abschuss (Zwischenakt) abzuwarten. Er kann direkt gegen § 14 III LuftSichG Verfassungsbeschwerde erheben, obwohl ihm noch nichts passiert ist.[1914] Unmöglich ist ein Vorgehen gegen heimliche Akte wie die Telefonüberwachung beim „Lauschangriff" nach Art. 13 III-VI GG.

Dabei genügt die Darlegung, dass der Beschwerdeführer mit „einiger Wahrscheinlichkeit"[1915] von der Umsetzung des angegriffenen Gesetzes betroffen werden könnte.

1912 BVerfGE 70, 35, 50; 53, 366, 389
1913 BVerfGE 81, 70, 82
1914 BVerfG, NJW 2006, 751, 752 = RA 2006, 104, 106
1915 BVerfG, NJW 2010, 833, 834 = RA 2010, 121, 125

BEISPIEL: Bei der Vorratsdatenspeicherung von Telekommunikationsdaten hat das BVerfG die Beschwerdebefugnis unmittelbar gegen das Gesetz bejaht, obwohl die Speicherung und der staatliche Zugriff auf die Daten erst noch als Umsetzungsakte hinzu kommen müssen, um einen unmittelbaren Grundrechtseingriff beim Bürger zu bewirken. Dem Gericht genügte, dass die Beschwerdeführer als Handy-Nutzer von diesen (heimlichen und daher für sie unabwendbaren) Maßnahmen hätten betroffen werden können.[1916] Ähnlich war es mit den Beschwerdeführern im o.g. LuftSichG-Fall, die sich als „Vielflieger" bezeichneten.

Strafgesetze

982 In jedem Fall genügt es aber, wenn eine Norm zumindest auch „self-executing" wirkt, also einen nicht umsetzungsbedürftigen Teil aufweist.

BEISPIEL: Strafgesetze betreffen den Täter nicht erst infolge einer Verurteilung (Zwischenakt), sondern wirken unmittelbar, soweit sie ein bestimmtes Verhalten verbieten. Das Verbot zu töten aus § 212 StGB bedarf keines Umsetzungsaktes (ganz abgesehen davon, dass es dem Täter auch nicht zugemutet werden könnte, eine Straftat zu begehen, sich verurteilen zu lassen und dann erst Verfassungsbeschwerde mit dem Argument zu erheben, die Strafnorm verletze seine Grundrechte).[1917]

983 Dass die Probleme mit der Unmittelbarkeit hauptsächlich bei Gesetzesverfassungsbeschwerden auftreten, darf schließlich nicht den Blick dafür trüben, dass sich auch bei Exekutiv- und Judikativakten[1918] solche Fälle bilden lassen. Dann wäre ebenso wie bei Gesetzesverfassungsbeschwerden eine Beschwerdebefugnis nur gegeben, wenn ein Vorgehen gegen den Vollzugsakt unmöglich oder unzumutbar ist.

BEISPIEL: Beschließt der Gemeinderat, einen gemeindeeigenen Blumenladen zu eröffnen, führt dieser Beschluss nicht unmittelbar, sondern erst nach Eröffnung des Ladens - und auch dann erst durch ein verändertes Käuferverhalten - zu Nachteilen für konkurrierende Privatbetriebe.

VI. RECHTSWEGERSCHÖPFUNG

Filter- und Vorbereitungsfunktion

984 Nach § 90 II BVerfGG ist eine Verfassungsbeschwerde - von den in § 90 II 2 BVerfGG geregelten Härtefällen abgesehen - erst zulässig, wenn der Rechtsweg erschöpft ist. Dadurch soll das BVerfG zum einen entlastet und ihm zum anderen ein bereits durch die Fachgerichte juristisch aufbereiteter Streitgegenstand unterbreitet werden.[1919] „**Erschöpft**" ist der Rechtsweg, wenn gegen den angegriffenen Hoheitsakt kein Rechtsbehelf mehr möglich ist (Rechtskraft des Urteils, Bestandskraft des Verwaltungsakts). Gemeint ist selbstverständlich eine „ordnungsgemäße" Rechtswegerschöpfung.

1916 *BVerfG, NJW 2010, 833, 834 = RA 2010, 121, 125*
1917 *BVerfGE 81, 70, 82*
1918 *Zu einem solchen Fall vgl. BVerfG, RA 2010, 254, 254*
1919 *BVerfGE 88, 384, 400*

MERKSATZ
Der Beschwerdeführer muss alle prozessualen Mittel optimal ausgeschöpft haben, bevor er Verfassungsbeschwerde erheben kann.[1920]

BEISPIELE: Es verstößt gegen § 90 II BVerfGG, wenn der Beschwerdeführer den Rechtsweg selbst dadurch „abgekürzt" hat, dass er Fristen versäumt, eine Klage zurückgenommen oder irgendwelche erforderlichen Anträge nicht gestellt hat (Beweisantrag, Antrag auf Wiedereinsetzung, Prozesskostenhilfeantrag, Antrag auf vorläufigen Rechtsschutz etc.).

Gibt es vor den staatlichen Gerichten hingegen keinen Rechtsweg, muss logischerweise auch keiner erschöpft werden. Ausnahme: Auch der Widerspruch zählt als Rechtsbehelf vor den Behörden bereits zum „Rechtsweg" i.S.d. § 90 II BVerfGG.[1921] **985**

BEISPIELE: Gegen Parlamentsgesetze gibt es für den Bürger vor den Fachgerichten keine Rechtsschutzmöglichkeit. Ebenso ist z.B. in NRW die Kontrolle von landesrechtlichen Rechtsverordnungen nicht möglich, weil § 47 I Nr. 2 VwGO im Landesrecht NRW nicht umgesetzt wurde.

Bei Unzumutbarkeit der Rechtswegerschöpfung nach § 90 II 2 BVerfGG ist diese ebenfalls entbehrlich. **986** § 90 II 2 BVerfGG

BEISPIELE: Entgegenstehende ständige Rechtsprechung oberster Bundesgerichte[1922] oder Versäumung eines Rechtsbehelfs wegen fehlerhafter Rechtsbehelfsbelehrung.[1923]

Das BVerfG stellt allerdings sehr strenge Anforderungen an eine solche Ausnahme.[1924]

BEISPIEL: Die Einlegung eines Rechtsbehelfs soll (trotz z.T. erheblichen Kostenrisikos) selbst dann zumutbar sein, wenn bereits seine Statthaftigkeit umstritten ist.[1925]

VII. GRUNDSATZ DER SUBSIDIARITÄT

Über die Rechtswegerschöpfung hinaus fordert das BVerfG, dass der Beschwerdeführer auch sonst alles getan haben muss, um seiner Beschwer selbst abzuhelfen und auf diese Weise eine Verfassungsbeschwerde zu vermeiden. § 90 II BVerfGG ist durch diese Rechtsprechung zu einem „Grundsatz der Subsidiarität" fortentwickelt worden,[1926] der besonders in zwei Konstellationen Bedeutung erlangt: **987**

1. Inzidenterkontrolle von Normen

Gegen **Parlamentsgesetze** gibt es für den Bürger keinen Rechtsweg. Hält er eine Norm für verfassungswidrig, könnte er also sofort Verfassungsbeschwerde erheben. Das BVerfG fordert in diesen Fällen jedoch in ständiger Rechtsprechung, dass der **988** Gesetzes-verfassungs-beschwerden

1920 *Pieroth/Schlink, GR, Rn 1258*
1921 *Pieroth/Schlink, GR, Rn 1256*
1922 *BVerfGE 84, 59, 72*
1923 *BVerfGE 19, 253, 256*
1924 *BVerfGE 79, 1, 24*
1925 *BVerfGE 70, 180, 185*
1926 *BVerfGE 91, 1, 25; 77, 273, 282*

Streitstoff zunächst im Wege einer Inzidenterkontrolle aufbereitet wird.[1927] Bei **self-executing** wirkenden Normen könnte eine Feststellungsklage nach § 43 I VwGO des Inhalts erhoben werden, dass der Kläger der normierten Pflicht nicht unterliegt. Bei nicht self-executing wirkenden Normen könnte der Kläger ein auf die Norm gestütztes Handeln der Verwaltung abwarten und hiergegen klagen (z.B. im Wege der Anfechtungsklage gegen einen Verwaltungsakt gem. § 42 I 1. Fall VwGO) oder eine Leistung einklagen, obwohl sie ihm die für verfassungswidrig gehaltene Norm verwehrt (z.B. mittels Verpflichtungsklage nach § 42 I 2. Fall VwGO oder allgemeiner Leistungsklage). In allen Fällen müssten die Fachgerichte inzidenter die Verfassungsmäßigkeit der streitentscheidenden Norm prüfen. Teilten sie die Bedenken des Klägers, käme es zu einer konkreten Normenkontrolle nach Art. 100 GG; teilten sie sie nicht, könnte der Kläger am Ende des so beschrittenen Rechtswegs immer noch Verfassungsbeschwerde erheben. In beiden Fällen läge dem BVerfG ein durch die Fachgerichte aufbereiteter Streitstand vor, anders als wenn eine unmittelbare Verfassungsbeschwerde zugelassen würde.

BEISPIEL: § 2 IHKG ordnet die Pflichtmitgliedschaft in der Industrie- und Handelskammer an. Der Betroffene könnte nach § 43 I VwGO feststellen lassen, dass er trotzdem nicht Mitglied der IHK sei, weil die Zwangsmitgliedschaft verfassungswidrig sei. Ferner könnte er einen Beitragsbescheid abwarten und diesen mit derselben Begründung gem. § 42 I 1. Fall VwGO anfechten.

U.U. auch bei anderen Rechtsnormen

989 Die Notwendigkeit einer solchen Inzidenterkontrolle sieht das BVerfG i.Ü. auch bei anderen Rechtsnormen als Gesetzen, wenn ein Rechtsweg nicht eröffnet ist.

BEISPIEL: Infolge Nichtumsetzung des § 47 I Nr. 2 VwGO im Landesrecht NRW gab es keinen verwaltungsgerichtlichen Rechtsschutz gegen eine Kampfhundeverordnung. Das BVerfG sah es als zumutbar an, einen Halte- oder Zuchtverbotsbescheid abzuwarten und diesen zu bekämpfen und erklärte eine direkt gegen die Kampfhunde-VO erhobene Verfassungsbeschwerde für unzulässig.[1928]

990 In der Literatur wird die Notwendigkeit einer solchen Inzidenterkontrolle bei Normverfassungsbeschwerden hingegen z.T. verneint.[1929] Diese Ansicht beruft sich vor allem auf § 93 III BVerfGG, dem zu entnehmen sei, dass unmittelbar gegen ein Gesetz Verfassungsbeschwerde erhoben werden könne, weil dem Bürger gegen dieses ein Rechtsweg nicht offenstehe. Ferner würde es für ihn eine unzumutbare Härte bedeuten, sich mit ungewissen Erfolgsaussichten durch die Instanzen klagen zu müssen. Auch würde die Sperrwirkung des § 47 VwGO umgangen, der eine richterliche Verwerfungskompetenz nur bei Satzungen und Rechtsverordnungen vorsieht, wollte man eine Feststellungsklage auf Nichtbestehen gesetzlicher Rechtsfolgen für statthaft erklären.[1930]

Rechtsgedanke des § 90 II 2 BVerfG

991 Vielfach wird eine Streitentscheidung dahin stehen können, denn sofern ein schwerer und unabwendbarer Nachteil i.S.d. § 90 II 2 BVerfGG droht, geht auch das BVerfG von der unmittelbaren Zulässigkeit einer Gesetzesverfassungsbeschwerde aus.

1927 *BVerfG, NVwZ 2006, 923, 923 = RA 2006, 651, 653*
1928 *BVerfG, NVwZ 2000, 1407, 1407 = RA 2001, 4, 5*
1929 *Schenke, NJW 1986, 1451, 1451*
1930 *Vgl. zum Ganzen M/SK/B-Schmidt-Bleibtreu, BVerfGG, § 90 Rn 192*

BEISPIEL: Gegen die Abschussmöglichkeit von Flugzeugen nach § 14 III LuftSichG hat das BVerfG die Verfassungsbeschwerde unmittelbar zugelassen, weil den beschwerdeführenden Vielfliegern während des laufenden verwaltungsgerichtlichen Verfahrens über Jahre Lebensgefahr gedroht hätte und diese zu erdulden - mag die Wahrscheinlichkeit eines Abschusses auch gering sein - wegen der überragend wichtigen Rechtsgüter Leben und Menschenwürde nicht zumutbar sei.[1931]

Ist dies nicht der Fall, sprechen die besseren Argumente für das BVerfG. § 93 III BVerfGG verdeutlicht nur, dass ein Rechtsweg gegen das Gesetz nicht offensteht. Zur Inzidenterkontrolle verhält sich die Norm nicht. Sie wird auch nicht überflüssig, weil sie jedenfalls in den nach § 90 II 2 BVerfGG zulässigen Fällen einer unmittelbaren Gesetzesverfassungsbeschwerde greift. Die Filter- und Aufbereitungsfunktion des fachgerichtlichen Rechtswegs könnte außerdem sonst bei Gesetzesverfassungsbeschwerden nicht erreicht werden, dem BVerfG drohte eine Überlastung durch eine Flut von Verfassungsbeschwerden. Auch umginge eine Feststellungsklage nicht die Sperrwirkung des § 47 VwGO, denn im Rahmen einer solchen hätten die Verwaltungsgerichte - anders als bei § 47 VwGO - gerade keine eigene Verwerfungskompetenz, sondern müssten die Norm nach Art. 100 GG dem BVerfG vorlegen.[1932]

MERKSATZ

Vor Erhebung einer Gesetzesverfassungsbeschwerde muss versucht werden, eine **Inzidentkontrolle durch die Fachgerichte** zu erreichen, es sei denn, ein solcher Versuch wäre unzumutbar i.S.d. § 90 II 2 BVerfGG.

2. Vorläufiger Rechtsschutz

Im vorläufigen Rechtsschutz ist der Rechtsweg im engeren Sinn schnell erschöpft, 992
denn gegen einen Beschluss des VG nach §§ 80 V 1, 80a oder 123 I VwGO gibt es nur eine Beschwerdemöglichkeit nach §§ 146 ff. VwGO. Ausgangs- und Beschwerdeverfahren bieten wegen ihrer Eilbedürftigkeit und der oftmals nur möglichen summarischen Prüfung keine ausreichende Filter- und Vorbereitungsgewähr. In der ZPO und anderen Verfahrensordnungen ist es ebenso. Deshalb lässt das BVerfG Verfassungsbeschwerden gegen im vorläufigen Rechtsschutz ergangene Entscheidungen grundsätzlich nicht zu, bevor nicht auch das Hauptsacheverfahren erschöpfend durchgeführt wurde (mit der Folge, dass sich das vorläufige Rechtsschutzverfahren in aller Regel durch Zeitablauf erledigt, die Verfassungsbeschwerde also nur noch gegen die Hauptsacheentscheidung einzulegen ist).

MERKSATZ

Vor Erhebung einer Verfassungsbeschwerde gegen eine Entscheidung im vorläufigen Rechtsschutz muss grundsätzlich das Hauptsacheverfahren durchgeführt werden.

1931 *BVerfG, NJW 2006, 751, 751 = RA 2006, 104, 106*
1932 *BVerfG, NVwZ 2006, 923, 924 = RA 2006, 651, 654*

993 Hiervon gibt es zwei Ausnahmen: Zum einen wiederum die Unzumutbarkeit nach § 90 II 2 BVerfGG, wobei das BVerfG auch hier strenge Anforderungen stellt.[1933]

BEISPIEL: Das BVerfG hatte keine Probleme damit, eine Verfassungsbeschwerde gegen die Verweigerung vorläufigen Rechtsschutzes gegen eine Kohleabbaugenehmigung zu verweigern, selbst wenn sich während des laufenden Hauptsacheverfahrens leichte bis mittlere Bergschäden am Haus des Betroffenen einstellen würden.[1934]

Grundrechtsverletzung gerade im vorläufigen Rechtschutz

Zum anderen kann die Hauptsache nichts helfen, wenn der mit der Verfassungsbeschwerde gerügte Grundrechtsverstoß nicht in der angegriffenen Sachentscheidung, sondern im Verfahren des vorläufigen Rechtsschutzes selbst liegt.[1935]

BEISPIEL: Wendet sich der Betroffene gegen eine Enteignung unter Berufung auf Art. 14 I 1 GG, richtet er sich gegen die Sachentscheidung. Diese Rüge kann er auch in der Hauptsache erheben. Anders etwa, wenn ihm bei der Entscheidung über seinen vorläufigen Rechtsschutzantrag der gesetzliche Richter i.S.d. Art. 101 I GG entzogen oder entgegen Art. 19 IV 1 GG effektiver Rechtsschutz verweigert wird.

VIII. FORM

994 Die Verfassungsbeschwerde bedarf nach § 23 BVerfGG der **Schriftform**, wobei § 92 BVerfGG zusätzliche Anforderungen an die Begründung stellt.

1. Schriftform

Telefax, Telegramm

995 Bei der Schriftform ist das BVerfG sehr großzügig, Telefax[1936] und sogar ein Telegramm[1937] genügen. Hintergrund ist, dass die Schriftform im Rechtsverkehr eine Warn- und Beweisfunktion hat, die Warnfunktion hier aber nur eine völlig untergeordnete Rolle spielt, da der Beschwerdeführer einer Verfassungsbeschwerde nichts zu verlieren hat - das Verfahren ist gem. § 34 I BVerfGG kostenfrei, das ganze Risiko besteht in einer Missbrauchsgebühr nach § 34 II BVerfGG. Auch die Beweisfunktion ist in aller Regel gewahrt, weil die Urheberschaft der Verfassungsbeschwerde und der Wille, sie zu erheben, sich aus den gesamten Umständen (Briefkopf, Sachvortrag, beigefügte Entscheidungen der Behörden und Gerichte) eindeutig ergibt, auch wenn es wie bei Telefax oder Telegramm an einer eigenhändigen Unterschrift fehlt. Mindestvoraussetzung ist allerdings, dass ein Schriftstück das BVerfG erreicht.

BEISPIEL: Eine Verfassungsbeschwerde kann deshalb nicht per E-Mail erhoben werden. Auf der Homepage des BVerfG heißt es dazu: „Es wird darauf hingewiesen, dass mit diesem Kommunikationsmittel Verfahrensanträge oder Schriftsätze nicht rechtswirksam eingereicht werden können. Sollte Ihre Nachricht einen entsprechenden Schriftsatz beinhalten, ist eine Wiederholung der Übermittlung mittels Telefax oder auf dem Postwege unbedingt erforderlich."

1933 *BVerfGE 79, 275, 279; 70, 180, 186*
1934 *BVerfG, NVwZ 1998, 1173, 1173 = RA 1999, 1, 2*
1935 *BVerfGE 86, 15, 22; 79, 275, 278; BVerfG, NVwZ 2002, 1230, 1230 = RA 2002, 626, 628*
1936 *BVerfG, NJW 2001, 3473, 3473*
1937 *BVerfGE 32, 365, 368*

2. Begründung

Für eine hinreichende Begründung nach §§ 23, 92 BVerfGG genügt, dass der wesentliche Inhalt der angegriffenen Entscheidung in einer Weise wiedergegeben wird, die eine Beurteilung erlaubt, ob die Entscheidung mit dem Grundgesetz in Einklang steht oder nicht.[1938] § 92 BVerfGG fordert nicht die Nennung des verletzten Grundrechts seiner Nummer nach. Vielmehr genügt eine inhaltliche Rüge.[1939] **996**

IX. FRIST

1. Normalfall

Die Frist zur Erhebung und Begründung der Verfassungsbeschwerde beträgt nach § 93 I 1 BVerfGG im Normalfall einen Monat, wobei die Frist je nach Fallkonstellation zu den in § 93 I 2, 3 BVerfGG bezeichneten Zeitpunkten beginnt. Wegen der Rechtswegerschöpfung nach § 90 II BVerfGG ist dies i.d.R. die Zustellung des letztinstanzlichen Urteils. **997** **Monatsfrist,** § 93 I BVerfGG

2. Sonderfälle

Von diesem Grundsatz gibt es **geschriebene** und **ungeschriebene Ausnahmen**: **998**

a) Keine Rechtswegeröffnung

Für Verfassungsbeschwerden gegen Hoheitsakte, gegen die der Rechtsweg nicht offen steht, beträgt die Frist nach § 93 III BVerfGG ein Jahr seit Inkrafttreten des Hoheitsakts. Hauptanwendungsfall ist die Gesetzesverfassungsbeschwerde, die in § 93 III BVerfGG beispielhaft genannt ist. Es lassen sich aber auch andere Fälle bilden. **999** Jahresfrist, § 93 III BVerfGG

BEISPIEL: In NRW wurde § 47 I Nr. 2 VwGO nicht umgesetzt mit der Folge, dass neben Gesetzen auch gegen Rechtsverordnungen und Satzungen außerhalb von § 47 I Nr. 1 VwGO kein Rechtsweg offensteht.

Tritt ein Gesetz rückwirkend in Kraft, ist § 93 III BVerfGG dahingehend auszulegen, dass es dann nicht auf das Inkrafttreten, sondern auf die Verkündung ankommt.[1940] Wird eine Vorschrift eines Gesetz geändert mit der Folge, dass diese Änderung sich auf eine andere Vorschrift dieses Gesetzes auswirkt, so beginnt die Frist des § 93 III BVerfGG nicht nur für die geänderte Vorschrift, sondern auch für die von der Änderung betroffene Vorschrift erneut zu laufen.[1941]

BEISPIEL: Ein unbestimmter Rechtsbegriff wird vorne im Gesetz legal definiert und in diversen folgenden Vorschriften verwendet. Ändert sich die Legaldefinition, eröffnet § 93 III BVerfGG für alle Vorschriften, die den unbestimmten Rechtsbegriff verwenden, (insoweit) eine neue Frist.

b) Unterlassen

Bei behördlichem, gerichtlichem oder gesetzgeberischem Unterlassen gilt grundsätzlich keine Frist mit der Folge, dass eine Verfassungsbeschwerde solange **1000** Frist bei Unterlassen

1938 BVerfG, NJW 2000, 3413, 3413; BVerfGE 93, 266, 288
1939 BVerfGE 59, 98, 101; zur Begründung ausführlich Zuck, NJW 1993, 1310, 1310
1940 BVerfGE 1, 415, 416
1941 BVerfG, NVwZ 2010, 181, 182 = RA 2010, 66, 67

erhoben werden kann, wie das Unterlassen fortdauert.[1942] Allerdings hat das BVerfG auch entschieden, dass analog § 93 I BVerfGG die Monatsfrist beginnt, sobald die Beendigung des Unterlassens zur Kenntnis des Beschwerdeführers gelangt ist.[1943] Entsprechendes dürfte für § 93 III BVerfGG gelten.

BEISPIEL: Der Beschwerdeführer rügt, dass eine Norm zu spät erlassen worden sei. Analog § 93 III BVerfGG hätte er hierfür nur ein Jahr seit (verspätetem) Inkrafttreten der Norm Zeit.

c) Verfassungswidrig gewordene Hoheitsakte

1001 Wenn ein Hoheitsakt während des Fristlaufs noch verfassungsgemäß ist und erst nach Fristablauf verfassungswidrig wird, besteht eine Zwickmühle: Wendet man die Frist in diesen Fällen an, kann der Bürger den Hoheitsakt überhaupt nicht mit der Verfassungsbeschwerde angreifen, weil sie während des Fristlaufs noch unbegründet, nach Fristablauf zwar begründet, aber unzulässig wäre. Wendet man die Frist nicht an, besteht nie Rechtssicherheit.

BEISPIEL: Ein Grundrecht wird geändert oder ein neues Staatsschutzziel in das Grundgesetz aufgenommen. Einfach-gesetzliche Normen können nach der alten Verfassungslage verfassungsgemäß, nach der neuen nunmehr verfassungswidrig sein.

Eine Entscheidung des BVerfG hierzu existiert noch nicht, der HessStGH gibt in diesem Fall aber dem Bedürfnis nach Rechtssicherheit Vorrang vor dem Rechtsschutzinteresse des Einzelnen und wendet die Fristen an.[1944]

d) Wiedereinsetzung in den vorigen Stand

Nur bei § 93 I BVerfGG

1002 Bei unverschuldetem Fristversäumnis gibt es unter Anwendung des § 93 I BVerfGG die Möglichkeit der Wiedereinsetzung in den vorigen Stand nach § 93 II BVerfGG. Wegen seiner systematischen Stellung und den eindeutigen Motiven des Gesetzgebers gilt § 93 II BVerfGG jedoch nicht für die Frist des § 93 III BVerfGG.[1945]

B. Begründetheit

1003 **MERKSATZ**

Die **Verfassungsbeschwerde** ist **begründet**, soweit der Beschwerdeführer in einem seiner Grundrechte oder grundrechtsgleichen Rechte verletzt ist.

Diesem Art. 93 I Nr. 4a GG i.V.m. § 90 I BVerfGG entnommenen Obersatz folgt die Prüfung der problematischen Grundrechte und grundrechtsgleichen Rechte in der oben zu den Freiheits- und Gleichheitsgrundrechten dargestellten Form (zu den Aufbauschemata vgl. oben Rn 86 für Freiheitsgrundrechte, Rn 856 für Gleichheitsgrundrechte). Die Grundrechte sind grundsätzlich separat zu prüfen, wobei mit dem schwerpunktmäßig betroffenen Grundrecht zu beginnen ist.

1942 BVerfGE 6, 257, 266
1943 BVerfGE 58, 208, 218
1944 HessStGH, NVwZ 2004, 981, 981 = RA 2004, 555, 556
1945 M/S/K/B-Schmidt-Bleibtreu, BVerfGG, § 93 Rn 4

MERKSATZ
Lässt sich kein Schwerpunkt ausmachen, gilt im Zweifel die Prüfungsreihenfolge **„Freiheits- vor Gleichheitsrecht"**.

Wie die einzelnen Grundrechte inhaltlich geprüft werden, wurde oben ausführlich dargestellt. Ebenso prüft das BVerfG im Rahmen einer Verfassungsbeschwerde. Allerdings sind zwei Besonderheiten zu beachten:

I. OBJEKTIVE FUNKTION DER VERFASSUNGSBESCHWERDE

Das BVerfG prüft die Verfassungsmäßigkeit des Hoheitsaktes umfassend, d.h. mög- **1004**
licherweise über die Rechtsverletzung des Beschwerdeführers hinaus. Dazu ist es berechtigt, weil die Verfassungsbeschwerde neben der Rechtsschutzfunktion für den Einzelnen auch die objektiv-rechtliche Funktion hat, das BVerfG in die Lage zu versetzen, das Verhalten der drei Staatsgewalten vollumfänglich auf seine Verfassungsmäßigkeit hin zu kontrollieren.[1946]

BEISPIEL: Das BVerfG kann Gesetzgebungskompetenz, -verfahren und Form in vollem Umfang prüfen. Ebenso Zitiergebot, Bestimmtheitsgrundsatz und andere Verfassungsprinzipien, obwohl diese keine Individualrechte des Bürgers (Beschwerdeführers) darstellen.

Daraus folgt auch, dass das BVerfG nicht nur die gerügten Grundrechte prüft, sondern alle in Betracht kommenden, einschließlich der Grundrechte Dritter.[1947]

KLAUSURHINWEIS
In einer Prüfungsaufgabe wird es aber nur sehr selten vorkommen, dass ein entscheidendes Problem im Sachverhalt nicht angesprochenen ist. Meint man gleichwohl ein solches entdeckt zu haben, sollte man die eigene Lösung daher besonders kritisch hinterfragen.

Selbst sonstiges Verfassungsrecht, das für sich genommen nicht mittels Verfassungsbeschwerde gerügt werden kann, ist zu prüfen.[1948] Dieser Umstand ist in der oben ausführlich dargestellten Prüfung der Freiheits- und Gleichheitsgrundrechte aber bereits berücksichtigt. „Aufhänger" bleibt in der Verfassungsbeschwerde immer ein Grundrecht.

BEISPIEL: Hat der Bund keine Gesetzgebungskompetenz zum Erlass einer Norm, ist diese ihrerseits verfassungswidrig und kann keinen Grundrechtseingriff rechtfertigen. Die Verfassungsbeschwerde ist also letztlich wegen eines Verstoßes gegen Art. 70 ff. GG begründet, obwohl diese keine Grundrechte enthalten. Art. 70 ff. GG sind jedoch nicht isoliert zu prüfen, sondern in den Aufbau der Freiheitsgrundrechte zu integrieren, wie im hier dargestellten Aufbau geschehen, wonach unter „Schranken-Schranken" u.a. die formelle Verfassungsmäßigkeit der Norm zu prüfen ist.

1946 *BVerfGE 79, 365, 367; 45, 63, 74*
1947 *BVerfGE 42, 312, 325*
1948 *Pieroth/Schlink, GR, Rn 1273*

II. BVerfG KEINE „SUPERREVISIONSINSTANZ"

Nur spezifische Verfassungsverstöße überprüfbar

1005 Andererseits ist das BVerfG keine „Superrevisionsinstanz", d.h. es prüft den ihm vorgelegten Sachverhalt nicht auf die Vereinbarkeit des Hoheitsaktes mit einfachem Recht, sondern nur auf die spezifische Verletzung von Verfassungsrecht.

BEISPIEL: Wie eine Willenserklärung auszulegen, ein Straftatbestand zu interpretieren oder eine Ermächtigungsgrundlage anzuwenden sind, ist von den Fachgerichten zu beurteilen. Nur wenn dabei gegen Verfassungsnormen verstoßen wird, ist es Sache des BVerfG, diesen Verstoß zu korrigieren.

Auch dieser Umstand ist in der oben ausführlich dargestellten Prüfung der Freiheits- und Gleichheitsgrundrechte bereits berücksichtigt, wo unter „Schranken-Schranken" klargestellt wird, dass die Anwendung einer Schrankennorm nicht vollumfänglich auf Vorliegen von Tatbestand und Rechtsfolge, sondern nur auf Verfassungsverstöße (insbesondere ihre Verhältnismäßigkeit, Art. 20 III GG) hin zu prüfen ist.

STICHWORTVERZEICHNIS

Die Zahlen beziehen sich auf die **Randnummern** der Abschnitte.

123

5%-Klausel 953

A

Abstammung 900
Administrativenteignung 687
Adoption 422
Akademisches Selbstverwaltungsrecht 401
Allgemeine Gesetze 364
Allgemeine Handlungsfreiheit **195**
  Ausländer 208
  EU-Bürger 209
Allgemeine Strafgesetze 846
Allgemeine Wahl 949
Allgemeiner Gleichheitssatz 883
Allgemeiner Justizgewährungsanspruch 760
Allgemeines Persönlichkeitsrecht 216
Allgemeinwohlbezug 703
Angemessenheit 164
Arbeitsbedingungen 527
Arbeitszwang 601
Asylrecht 729
Aufenthaltsrecht 578
Aufrührerischer Verlauf 477
Ausbürgerungsverbot 710
Ausgestaltungsvorbehalt 113
Ausländer 428
Auslegung
  grundrechtskonforme 24
Auslieferungsverbot **721**
  Durchlieferung 724

B

Bagatellformel 103, 679
Behinderung 908
Bekenntnisfreiheit 289
Beliehene 73, 82
Berufsbeamtentum 542, 781
Berufsbildlehre 616
Berufsfreiheit **593**
  Arbeitszwang 601
  Ausbildung und Bildung 604
  Berufsregelnde Tendenz 610
  Drei-Stufen-Theorie 613, 624
  Zwangsarbeit 601
Berufsgerichte 809
Berufsregelnde Tendenz 105, 609
Beschlagnahmeverbot 10
Beschwerdebefugnis 39, 516, 969
Besonderes Gewaltverhältnis 50, 533
Bestimmtheitsgrundsatz **153, 705, 838**
  Salvatorische Klauseln 705
Beteiligtenfähigkeit 39
Betretungsrechte 642
Beurteilungsspielraum 155
Bewegungsfreiheit 255
Boykottaufrufe 325
Briefgeheimnis 548
Bundesflagge 122
Bundeswehr 122
Bürgerrechte 48

D

Datenschutz 234
Demokratieprinzip 170
Deutsche Staatsgewalt 966
Deutscher 722
d'Hondt 953
Disziplinargerichte 809
Doppelbestrafungsverbot 843
Drei-Stufen-Theorie 613, 624
Drittwirkung der Grundrechte im Zivilrecht 26
Drogenscreening 218
Durchsuchung 638

E

Echte Rückwirkung 158
Effektiver Rechtsschutz 757
- Exekutive 764
- Judikative 762
- Legislative 763
- Staatliche Gerichte 768

Ehe 404
Eheliche Kinder 921
Ehrengerichte 809
Ehrschutz 369
Eigentum 658
- Eingerichteter und ausgeübter Gewerbebetrieb 663
- Enteignung 684
- Entschädigungspflicht 700
- Inhalts- und Schrankenbestimmung 680
- Institutsgarantie 701
- Junktimklausel 704
- Nutzungsmöglichkeit 669
- Öffentlich-rechtliche Ansprüche 673
- Sozialbindung 699
- Vermögen 661

Eilversammlung 507
Einbürgerung 712
Eingerichteter und ausgeübter Gewerbebetrieb 663
Eingriff 91
Eingriffsvorbehalt 113
Einrichtungsgarantie 31
Einzelfallgesetz 138
Elfes-Urteil 195
Elternrecht 419
E-Mail 557
Enteignung 680
Erbrecht 674
Ergänzungsschulen 454
Ermessensbindung durch Grundrechte 25
Erweiterter Eingriffsbegriff 97
Erziehung der Kinder 419
Erziehungsberechtigte 423
Ethikunterricht 453
EU-Bürger 49, 209
Europäische Menschenrechtskonvention 13, 733
Europäisches Haftbefehlsgesetz 728
Euro-Rettungsschirm 791
Ewigkeitsgarantie 777
Extrakorporales Leben 45

F

Faires Verfahren 200
Familie 416
Feiertagsruhe 122
Fernmeldegeheimnis 555
Festnahme 256
Filmfreiheit 353
Finanzmonopole 122
Föderalismusprinzip 170
Folter 181
Forschung 399
forum externum 273
forum internum 273
Freie Wahl 794
Freiheit der Person 253
Freiheitlich-demokratische Grundordnung 541
Freiheitsbeschränkung 260
Freiheitsentziehung 260
Freiheitsgrundrechte
- Prüfungsschema 86

Freizügigkeit 255, 577
- Ein - und Ausreise 579
- Jugendschutzvorbehalt 589
- Katastrophenvorbehalt 588

Kriminalvorbehalt 590
Notstandsvorbehalt 587
Sozialvorbehalt 586
Freizügigkeit der Person 204
Friedlich 476
Fristenlösung 23
Fürsorgepflicht 782

G

Gebot effektiven Rechtsschutzes 757
Geeignetheit 161, 162
Geheime Wahl 795
Gehirnwäsche 181
Gemeingebrauch 200
Genfer Flüchtlingskonvention 733
Genforschung 181
Geschäftsräume 634
Geschlecht 897
Gesellschaft 517
Gesetzesvorbehalt 108
Gesetzgeberisches Unterlassen 974
Gesetzgebungskompetenz 134, 591
Gesetzlicher Richter 804
Gewalttätigkeit 477
Gewissensfreiheit 269, 281
Glaubensfreiheit 269
Gleichbehandlung von wesentlich Ungleichem 891
Gleiche Wahl 950
Gleichgeschlechtliche Lebenspartnerschaft 411
Gleichheitsgrundrechte **853**
Absolute und relative 855
Abstammung 900
Allgemeine Wahl 949
Behinderung 908
Geschlecht 897
Glauben 905
Gleiche Wahl 950
Heimat 903
Herkunft 904
Neue Formel 875
Objektiv-biologische Unterschiede 912
Politische Anschauung 907
Prüfungsschema 856
Quotenregelung 917
Rasse 901
Rechtssetzungs- und Rechtsanwendungsgleichheit 860
Sprache 902
Uneheliche Kinder 921
Ungleichbehandlung 866
Wesentlich Gleiches 861
Willkürformel 872
Zugang zum öffentlichen Amt 933
Zweck-Mittel-Relation 874
Gnadenakte 767
Grenzwerte 890
Großfamilie 417
Grundrecht
Begriff 4
Grundrechtsberechtigung 885
Grundrechtsbindung 80
Grundrechtsfähigkeit 37
Grundrechtsgefährdung 106
Grundrechtsgleiche Rechte 9
Grundrechtsmündigkeit 43
Grundrechtstypische Gefährdungslage 65

H

Haartracht 200
Habeas-Corpus-Akte 2
Hare/Niemeyer 953
Heimat 903
Hergebrachte Grundsätze des Berufsbeamtentums 782
Herkunft 904
Hinkende Ehe 408
Hörfalle 564

I

Informationelle Selbstbestimmung 218
Informationsfreiheit 328
Inhalts- und Schrankenbestimmung 678, 691
Inländisch 59
Institutionelle Garantie 33, 341
Institutsgarantie 32, 701, 813
Institutsgarantien 438
Interne Pressefreiheit 344

Internet 557
Intimsphäre 197, 229
Inzidenterkontrolle 988

J

Jedermann 959
Jugendschutz 122, 368
Jugendschutzvorbehalt 589
Junktimklausel 704
Juristische Person 54
Justizgewährungsanspruch 760
Justizgrundrechte 62

K

Katastrophenschutz 285
Katastrophenvorbehalt 588
Keine Gleichheit im Unrecht 886
Kernbereich des Berufsbeamtentums 786
Kinder 922
Kindeswohl 436
Klassischer Eingriffsbegriff 92
Kleinfamilie 417
Klonen 181
Koalition 534
Koalitionsfreiheit 526
Konkurrenzschutz 603
Kopftuch-Entscheidung 50, 125, 934
Kriegsdienstverweigerung 285
Kriminalstrafrecht 846
Kriminalvorbehalt 590
Kunstfreiheit 380

L

Landeskinder 930
Landesverfassung 12
Lauschangriff 559, 639
Lauschangriff-Entscheidung 220
Lebenslange Freiheitsstrafe 181, 266
Lebenspartnerschaft 411
Legalenteignung 687
Legalverweis 156
Lehre 398
Leihmutter 425
Leistungsrechte 19
Luftsicherheitsgesetz 188
Lügendetektor 181
Lüth-Urteil 30

M

Meinungsfreiheit 282, 313
  Fragesätze 323
  Fremdbehauptungen 322
  Wirtschaftliche Betätigung 323, 324
Menschenhandel 181
Menschenrechte 48
Menschenwürde 173
  Disponibilität 185
  Leistungsrecht 182
Mephisto-Beschluss 383
Minderjährige 42
Minderjährigenschutz 218
Minusmaßnahmen 493
Mischräume 635
Missbrauch von Grundrechten 79
Misshandlungsverbot 250
Mitgifttheorie 177
Mitwirkungsrechte 21
Mutterschutz 424

N

nasciturus 44
Nationalhymne 122
Natürliche Person 41
ne bis in idem 268, 843
Negative Interpretationsmethode 179
Negatives Stimmgewicht 953
Nemo tenetur 218
Neue Formel 875
Nichteheliche Lebenspartnerschaft 410
Normenhierarchie 166
Notstandsvorbehalt 587
nullum crimen, nulla poena sine lege 268, 830
numerus clausus 20

O

Objektformel 178
Objektiv-biologische Unterschiede 911
objektive Wertentscheidung 22
Öffentliche Ordnung 511
Öffentliche Schule 443
Öffentliches Amt 937
Öffentlich-rechtlich korporierte Kirchen 83
Öffentlich-rechtliche Ansprüche 673
Öffentlich-rechtliche Zwangsmitgliedschaft 525
Online-Durchsuchung 218
Organhandel 181
Organschaftliche Rechte 51

P

Partei
Gründungsfreiheit 10
Parteigründungsfreiheit 516
Paulskirchenverfassung 634
Paulskirchenversammlung 3
Personaler Schutzbereich 90
Personales Substrat 64
Personenbezogene Daten 234
Persönlichkeitskerntheorie 197
Petitionsrecht **743**
Bitten und Beschwerden 745
Volksvertretungen 747
Pflege der Kinder 419
Platzverweis 255
Politisch Verfolgter 730
Politische Anschauung 907
Polizeifestigkeit der Versammlung 492, 510
Popularklage 766
Postgeheimnis 552
Postmortaler Persönlichkeitsschutz 47
Postmortales Persönlichkeitsrecht 184
Praktische Konkordanz 167
Pressefreiheit 335
Prinzip der repräsentativen Volksherrschaft 791
Privatautonomie 32
Privatschulen 32
Privatschulfreiheit 449
Privatsphäre 230, 633
Prozessfähigkeit 960
Prozessgrundrecht 759
Prügelstrafe 181

Q

Qualifizierter Gesetzesvorbehalt 112
Quotenregelung 917

R

Rasse 901
Rasterfahndung 218
Recht am eigenen Bild 218
Recht am eigenen Namen 218
Recht am eigenen Wort 218
Recht auf Arbeit 602
Recht auf informationelle Selbstbestimmung 218
Rechtliches Gehör 817
Rechtspflege 774
Rechtssetzungs- und Rechtsanwendungsgleichheit 860
Rechtsweg 768
Rechtswegerschöpfung 984
Regelungsvorbehalt 113
Rehabilitationsinteresse 979
Reiten im Walde 200
Relevanztheorie 198
Religionsfreiheit 269
Religionsgemeinschaft 446
Religionsgemeinschaften 279
Religionsunterricht 442
Religiöse Anschauung 905
Religiöse Vereinigungsfreiheit 278
Resozialisierung 218
Richter 807
Rückwirkung, strafrechtliche 839
Rückwirkungsverbot 157
Rundfunkanstalten 69
Rundfunkfreiheit 347
Rundfunkgebühren 200

S

Sachlicher Schutzbereich 89
Sainte-Laguë/Schepers 953
Salvatorische Klausel 705
Sammelpetition 744
Sasbach-Entscheidung 67
Scheinehe 409
Schranken 108
Schranken-Schranken 129
Schriftform 995
Schule 439
Schutzbereich 88
Schutzpflichten des Staates 23
Schwellentheorie 681
Selbstbestimmungsrecht von Religionsgemeinschaften 279
Self-executing Norm 982
Sicherungsverwahrung 181
Sittengesetz 215
Sitztheorie 60
Sozialbindung des Eigentums 699
Sozialsphäre 231
Sozialstaatsprinzip 170
Sozialversicherung 122
Sozialvorbehalt 586
Sphärentheorie 228
Spontanversammlung 508
Sprache 902
Staatenlosigkeit 712
Staatsbürgerliche Rechte 926
Staatsbürgerschaft 714
Staatsvolk 48, 797
Stasi-Akten 218
Status negativus 17
Status positivus 18
Strafbarkeit 833
Strafgefangenen-Entscheidung 50
Strafgesetze 541
Strafklageverbrauch 851
Streikverbot 782
Superrevisionsinstanz 825

T

Tat 831, 845
Tatsachenbehauptung 315
Teilhaberechte 20
Teilrechtsfähige Organisationen 57
Telefax 995
Telekommunikationsfreiheit 221, 555
  Betriebsbezogene Maßnahmen 563
  Hörfalle 564
Todesstrafe 181, 249
Transsexuelle 412
Treuepflicht 782

U

Überhangmandate 953
ultima ratio 707
UN-Charta 15
Unechte Rückwirkung 159
Uneheliche Kinder 921
Ungleichbehandlung 909
Universitäten 69
Unmittelbare Wahl 793
Unschuldsvermutung 200
Untersuchungshaft 256, 267

V

Vaterschaftstest 218
Verein 517
Vereinigungsfreiheit 203, 515
Verfassungsbeschwerde 954
  Begründetheit 1003
  Beschwerdebefugnis 969
  Beteiligtenfähigkeit 39, 959
  Form 994
  Frist 997
  Grundsatz der Subsidiarität 987
  Jedermann 959
  Objektive Funktion 1004
  Prozessfähigkeit 43, 960
  Prüfungsschema 955
  Rechtswegerschöpfung 984
  Selbst, gegenwärtig und unmittelbar 975

Superrevisionsinstanz 1005
Tauglicher Beschwerdegegenstand 963
Wiedereinsetzung in den vorigen Stand 1002
Zuständigkeit 957
Verfassungsimmanente Schranken 108, 118
Verfassungsmäßige Ordnung 213, 541
Verfassungsrechtliche Rechtfertigung 107
Verfassungsunmittelbare Schranke 645
Verfassungsunmittelbare Schranken 108, 128
Vergesellschaftung 693, 708
Verhältnismäßigkeit 160
Vermögen 661
Vermögenswerte Rechtsposition 659
Versammlung 458
Anmeldepflicht 505
Aufrührerischer Verlauf 478
Friedlich 476
Minusmaßnahmen 493
Öffentliche 497
Öffentliche Ordnung 511
Ohne Waffen 480
Unfriedlichkeit Einzelner 479
Unter freiem Himmel 490
Vertraulichkeit informationstechnischer Systeme 218, 238
Verwirkung von Grundrechten 77
Verzicht auf Grundrechte 75
Videoüberwachung 239
Volk 48
Völkerverständigung 541
Volksschule 451
Volkszählung 218
Volkszählungsurteil 304
Vorfeldmaßnahmen 472
Vorkonstitutionelles Recht 145
Vorläufiger Rechtsschutz 992
Vorratsdatenspeicherung 236

W

Waffe 480
Wahlkampfkostenerstattung 953
Wahlprüfungsbeschwerde 799
Wahlrecht 788
Wechselwirkungslehre 376
Wehrdienst 500, 621
Weimarer Reichsverfassung 782
Weltanschauliches Bekenntnis 288
Werbung 324
Werkbereich 386
Werturteil 314
Wesensgehaltsgarantie 148
Widerstandsrecht 776
Wiedereinsetzung in den vorigen Stand 1002
Wiederholungsgefahr 979
Willkür 814
Willkürformel 871
Wirkbereich 386
Wirtschaftsbedingungen 527
Wissenschaft 398
Wohnung 630
Betretungsrechte 642
Durchsuchung 638
Fremd-, Teil- und Mitbesitz 636
Geschäftsräume 634
Lauschangriff 639
Mischräume 635

Z

Zensurverbot 373
Zeugnisverweigerungsrecht 10
Zitiergebot 144, 251, 503, 572, 592, 654
Zivildienst 370
Zugang zum öffentlichen Amt 933
Zwangsarbeit 601
Zwangsmitgliedschaften 525
Zweck-Mittel-Relation 164, 873